Johann Weigert

Qualitätsmanagement

Ein praktischer Leitfaden für die ambulante, teil- und vollstationäre Altenpflege

3., vollständig überarbeitete Auflage

schlütersche

Johann Weigert ist Heimleiter, TQM-Auditor® für den Bereich Sozial- und Gesundheitswesen sowie Lehrer in Alten- und Krankenpflegeschulen. Er war in Neustadt am Rbg. als Leiter des Qualitätsmanagements, der Qualitätssicherung und -beratung in einem größeren Unternehmen beschäftigt und implementierte u. a. in verschiedenen Branchen Qualitätsmanagementsysteme auf der Basis der ISO-Normen. Nebenberuflich hat er 2016 den Bachelor of Arts – Medizinalfachberufe (B.A.) abgeschlossen und absolviert derzeit den Masterstudiengang »Master Angewandte Gerontologie« (M.A.) als Fernstudiengang an der APOLLON Hochschule der Gesundheitswirtschaft in Bremen.

Seit knapp zwanzig Jahren ist er Leiter des zentralen Qualitätsmanagements bei der DANA Senioreneinrichtungen GmbH mit dem Hauptsitz in Hannover. Johann Weigert ist Verfahrenspfleger für Fixierungsvermeidung nach dem Werdenfelser Weg (IFB) und Multiplikator für die Einführung des Strukturmodells zur Entbürokratisierung der Pflegedokumentation sowie zur Einführung des Indikatorenansatzes zur Beurteilung der Ergebnisqualität in der stationären Langzeitpflege.

»Vergessen Sie die Pflegenoten – jetzt geht's um Qualitätsindikatoren.«

JOHANN WEIGERT

pflegebrief

– die schnelle Information zwischendurch
Anmeldung zum Newsletter unter www.pflegen-online.de

Bibliografische Information der Deutschen Nationalbibliothek
Die Deutsche Nationalbibliothek verzeichnet diese Publikation in der Deutschen Nationalbibliografie; detaillierte bibliografische Daten sind im Internet über http://dnb.de abrufbar.

ISBN 978-3-8426-0809-2 (Print)
ISBN 978-3-8426-9004-2 (PDF)
ISBN 978-3-8426-9005-9 (EPUB)

Titelbild: Web Buttons Inc – stock.adobe.com
Covergestaltung und Reihenlayout: Lichten, Hamburg
Druck: Beltz Bad Langensalza GmbH, Bad Langensalza

Inhalt

Vorwort zur 3., vollständig überarbeiteten Auflage

Das zugrundeliegende professionelle Qualitätsverständnis und die internen und externen Themen an ein Qualitätsmanagementsystem prägen weltweit mit der Einführung der International Organization for Standardization (ISO-Normen) im Jahr 1987 mehr als 1,1 Millionen Organisationen. Die Qualitätsnormen nach der ISO mit der Prozess- und Ergebnisorientierung kennzeichnen seit vielen Jahren den nachhaltigen Erfolg von Qualitätsmanagementsystemen. So gab es in der Normenreihe der DIN EN ISO 9000 ff. in den letzten drei Jahrzehnten einige Vorgänger-Normen für Qualitätsmanagementsysteme (im Folgendem kurz QM-System genannt), sodass sich noch heute einige QM-Verantwortliche an die Einführung und Aufrechterhaltung der 20 Elemente nach dem »Modell zur Qualitätssicherung und QM-Darlegung« auf der Grundlage der internationalen DIN EN ISO 9001:1994 gut erinnern können. Grundsätzlich wird jedes Qualitätsmanagement durch ein Prozessmanagement gestaltet, welches sich jetzt auch in den relevanten Begriffen und in der Darlegung der neuen Qualitätsmaßstäbe nach § 113 ff. SGB XI n. F. (Soziale Pflegeversicherung) in der vollstationären Pflege bemerkbar gemacht hat. Die QM-Darlegungen und Qualitätsanforderungen in der Pflege erwarten in der Wahrnehmung, dass sowohl die Erfordernisse als auch die realistischen Erwartungen der Kunden im Sinne einer stärkeren Kundenorientierung durch die Pflegeeinrichtung erfüllt werden.

Durch die neuen Qualitätsanforderungen für die Qualität in der stationären Langzeitpflege ist es jetzt die Aufgabe des Managements, die Qualitätspolitik und deren stetige Prozesse zur Dienstleistungserbringung in dem einrichtungsinternen Qualitätsmanagement festzulegen und zu regeln, damit auch die unausgesprochenen Kundenerwartungen erfüllt werden können. Nur so lassen sich die festgelegten Qualitätsziele unter Einbeziehung der branchenspezifischen Qualitätsanforderungen, z. B. auf der Grundlage und Struktur der ISO-Normenreihe und nach den bundesweit gültigen Qualitätsprüfungs-Richtlinien und der »Maßstäbe und Grundsätze für die Qualität« in einer Pflegeeinrichtung bzw. in der ambulanten Pflege, erfolgreich erreichen.

Mit der international anerkannten Normenfamilie und der grundlegend neuen Struktur der ISO 9000:2015 »Qualitätsmanagementsysteme – Grundlagen und Begriffe« als eine Unterstützungsnorm, sind im Verständnis nicht nur Definitionen für normenkonforme QM-Systeme angepasst und verändert worden, sondern es sind auch mit der parallelen Revision der ISO 9000 wichtige Begrifflichkeiten, z. B. der Qualitätsbegriff oder die fortlaufende Verbesserung etc., für die Anwender erläutert worden. In der ISO 9000 (Qualitätsmanagementsysteme – Grundlagen und Begriffe) sind auch die sieben Grundsätze des Qualitätsmanagements inhaltlich verändert und weiterentwickelt worden. Durch die Beschreibung von Begriffen in der ISO 9000 können die festgelegten QM-Anforderungen in der neuen ISO 9001:2015 »Qualitätsmanagementsysteme – Anforderungen« branchenspezifisch in einer Organisation angewendet und implementiert werden. Zur Weiterentwicklung und fortlaufenden Verbesserung eines prozessorientierten Managementsystems kann als konsistentes Paar zur ISO 9001 als weitere Bezugsnorm die ISO 9004:2018 »Qualität einer Organisation – Anleitung zum Erreichen nachhaltigen Erfolgs« zur Unterstützung und zur Selbstbewertung eines QM-Systems durch die QM-Verantwortlichen und Qualitätsmanager herangezogen werden.

Die Revision der ISO 9001 als Qualitätsnorm mit seinen branchenneutralen Anforderungen für QM-Systeme beinhalten mit dem »WAS IST ZU TUN?« eine grundlegende Überarbeitung der ISO 9001:2008 als Zertifizierungsnorm. Die internationale ISO 9001:2015 mit seinen zehn Anwendungsabschnitten für Managementsystem-Normen ist nach einer dreijährigen Übergangszeit durch das »International Accreditation Forum« (IAF) als alleinige Zertifizierungsnorm für QM-Systeme seit dem 15.09.2018 für alle Organisationen verbindlich. In der neuen Grundstruktur zeichnet sich die ISO 9001 im Wesentlichen durch Beibehaltung der Prozessorientierung und durch den durchgängigen PDCA-Zyklus in den Abschnitten aus. In der Zertifizierungsnorm der ISO 9001 lassen sich auch andere ISO 9001-basierte Zertifizierungsmodelle, wie z. B. die Managementanforderungen der Berufsgenossenschaft für Gesundheitsdienst und Wohlfahrtspflege (BGW) zum Arbeitsschutz (MAAS-BGW), integrieren.

In diesem Werk wird die gemeinsame und einheitliche »High Level Structure« (HLS) der Anwendungsabschnitte der ISO-Norm 9001 für den Leser mithilfe von Übersichtdarstellungen anwenderfreundlich und verständlich erläutert. Durch die gemeinsame Gliederungsstruktur (HLS) wurde das Verständnis und die Implementierung eines Managementsystems im Kontext der Organisationen für andere Managementsystem-Normen erheblich erleichtert. Kennzeichnend für die neue »High Level Structure« ist die grundlegende Ausrichtung des QM-Systems nach dem PDCA-Zyklus mit den Schritten PLAN, DO, CHECK und ACT der als ein fortwährender Kreislauf auch in der ambulanten, teil- und vollstationären Altenpflege in Anbetracht der neuen gesetzlichen Qualitätsanforderungen eine Gültigkeit hat. Der PDCA-Zyklus ist ein kybernetischer Regelkreis und wird verstanden als eine durchgehende Führungsverantwortung der obersten Leitung im gesamten Wertschöpfungsprozess einer Pflegeeinrichtung oder eines ambulanten Pflegedienstes. Der PDCA-Kreislauf beinhaltet mit der Zuordnung in den Anforderungsteilen eine Ist-Analyse (Plan), Umsetzung (Do), Überprüfung der Wirksamkeit der Maßnahmen (Check) sowie im vierten Schritt die Anpassung der Maßnahmen (Act) als ein Auftrag zur fortlaufenden Verbesserung. Da die Fehlervermeidung immer besser ist als einen Fehler und einen eingetretenen Schaden zu beseitigen oder durch andere Mittel zu regulieren, dient die Anwendung des PDCA-Zyklus im Sinne der neuen ISO 9001 als eine wichtige Methode in einem Qualitätsmanagement.

Durch die einzelnen Anforderungsteile der ISO 9001 wurde für alle Organisationen, die interne und externe Qualitätsaudits von Managementsystemen planen und durchführen oder ein Auditprogramm steuern müssen, der Leitfaden zur Auditierung von Managementsystemen ebenso neu angepasst. Die Planung und Durchführung von internen und externen Qualitätsaudits oder die Steuerung von Auditprogrammen wurde im Oktober 2018 für die QM-Auditoren und QM-Verantwortlichen in der revidierten ISO 19011:2018 »Leitfaden zur Auditierung von Managementsystemen« dargelegt. Durch den risikobasierten Ansatz in den Anforderungen der ISO 9001 im 6. Normabschnitt »Planung« müssen jetzt auch in der Auditplanung, Auditdurchführung sowie in der Audit-Berichterstattung die Risiken und Chancen zur fortlaufenden Verbesserung miterfasst werden. Auch wenn in der neuen ISO 9001 der risikobasierte Ansatz als vorbeugender Charakter im Anforderungsteil »Maßnahmen zum Umgang mit Risiken und Chancen« eine wichtige Anforderung darstellt, sind Organisationen nicht verpflichtet ein formelles Risikomanagement nach einer bestimmten Norm, z. B. nach der DIN ISO 31000:2018 »Risikomanagement – Leitlinien« als Grundlage für die Zertifizierung eines QM-Systems zu implementieren.

Neben den neuen Qualitätsanforderungen der ISO-Normenreihe hat sich auch dass Berufs- und Selbstverständnis der Pflegefachkräfte in den letzten Jahren deutlich verändert und weiterentwickelt. Mit der Neuausrichtung des Qualitäts- und Prüfsystems sind auch neue Begriffe in der Versorgungslandschaft entstanden, die sowohl methodisch als auch fachlich trennscharf voneinander abzugrenzen sind. Die Rückbesinnung auf die pflegerische Fachlichkeit und die Stärkung des fachlichen Selbstbewusstseins der Pflegefachkräfte kennzeichnen die komplexe Trias: der selbstbestimmten Pflegekunden/Bewohner und deren individuelle Präferenzen – der Pflegenden als eine eigenständige Profession – der internen Unternehmens- und Führungskultur auf der Organisations- bzw. Einrichtungsebene. Die neuen gesetzlichen »Maßstäbe und Grundsätze für die Qualität« in der stationären Pflege spannen den Bogen zu den zentralen Anforderungen eines QM-Systems nach der branchenneutralen ISO-Qualitätsnorm deren Implementierung auf einer Freiwilligkeit beruht. Die neuen Grundlagen des einrichtungsinternen Qualitätsmanagements mit dem Fokus auf die Qualitätsindikatoren (QI) zur Darstellung von Ergebnisqualität und deren vergleichende Messung und Berechnung mit anderen Pflegeeinrichtungen durch die Datenauswertungsstelle (kurz: DAS) und die externen Qualitätsprüfungen sowie die freiwilligen durch die Pflegeeinrichtungen bereit gestellten Informationen bilden den Rahmen für das neue Prüf- und Qualitätssystem in den vollstationären Pflegeeinrichtungen. Durch diese neuen Anforderungen werden die in der Öffentlichkeit umstrittenen »Pflegenoten« in den vollstationären Pflegeeinrichtungen ab dem 01.11.2019 abgelöst.

Die Medizinischen Dienste (MD) und die PKV-Prüfdienste haben z. B. die Aufgaben neben der Feststellung der Pflegebedürftigkeit und des Grades bei einer Bedürftigkeit eines Menschen u. a. auch die Versorgungsqualität (u. a. die Pflegequalität) in den ambulanten, teil- und vollstationären Pflegeeinrichtungen zu überwachen, persönlich zu untersuchen und zu beurteilen. Durch das MDK-Reformgesetz wird u. a. die deutlichere Trennung zwischen dem Medizinischen Dienst der Krankenversicherung (MDK) und den Krankenkassen und deren größere Unabhängigkeit herbeigeführt. Somit wird durch das MDK-Reformgesetz der MDK als Mitglied des Medizinischen Dienstes Bund (MD Bund) zukünftig als Medizinischer Dienst (MD) benannt.

Info

Die Bezeichnungen von »MDK-Gutachter« (Medizinischer Dienst der Krankenversicherung) oder Medizinischer Dienst (MD) beziehen die PKV-Prüfdienste des Verbands der privaten Krankenversicherung e. V. (PKV) selbstverständlich immer mit ein. Der Verlag und der Autor gehen davon aus, dass die Angaben und Informationen besonders im Bezug der Erhebung der Indikatoren und des Ablaufs zu den neuen externen Qualitäts- und Prüfsystems zum Zeitpunkt der Erstellung der Veröffentlichung korrekt sind.

Im Rahmen der Versorgungsqualität ist es für alle Pflegeheime wichtig, sich frühzeitig an die bewohnerbezogenen Versorgungsergebnisse durch einen personenzentrierten Ansatz in der Langzeitpflege auszurichten. In einem personenzentrierten Ansatz stehen die Potenziale und Stärken und vor allen Dingen die individuellen Bedürfnisse und Interessen von hilfe- und pflegebedürftigen Menschen im Mittelpunkt. Die Qualität in der Langzeitpflege und deren inhaltliche Vergleichbarkeit haben sich durch das neuartige System zur Weiterentwicklung der Qualitätsbeurteilung im Wesentlichen durch das BMG/BMFSFJ-Projekt »Entwicklung der Instrumente und Verfahren für Qualitätsprüfungen nach §§ 114 ff. SGB XI n. F. und die Qualitätsdarstellung nach § 115 Abs. 1a SGB XI n. F. in der stationären Pflege« zu einem indikatorengestützten Ansatz verfestigt (vgl. Wingenfeld et al., 2018a).

Durch wissenschaftliche Erkenntnisse sind erstmalig einzelne Qualitäts- bzw. Ergebnisindikatoren als ein Indikatorenset zu wichtigen zehn Themenbereichen im Rahmen der pflegefachlichen Versorgung sowie zu weiteren sechs Qualitätsbereichen in den neuen Qualitätsprüfungs-Richtlinien (QPR vollstationär, 2018) und durch eine neue Darstellungsform der Qualität sowie deren Ergebnisse auch aus Sicht der Verbraucher in den Mittelpunkt gerückt. Die Förderung und *»die Erhaltung der Selbstständigkeit der Bewohnerinnen und Bewohner ist ein wichtiges pflegerisches Ergebnis«* (QDVS, Anlage 3, 2019: 4). In den *»Maßstäben und Grundsätzen für die Qualität, die Qualitätssicherung und -darstellung sowie für die Entwicklung eines einrichtungsinternen*

Qualitätsmanagements nach § 113 SGB XI n. F. in der vollstationären Pflege« (nachfolgend kurz: »Maßstäbe und Grundsätze für die Qualität« oder »MuG«) und deren vier Anlagen wird nach den allgemeinen Grundsätzen und Zielen (MuG, 2018a), die Umsetzung des Indikatorenverfahrens (MuG, Anlage 1, 2018b), die Qualitätsindikatoren zur Messung der Ergebnisqualität (MuG, Anlage 2, 2018c), das Erhebungsinstrument (MuG, Anlage 3, 2018d) und das Verfahren zur Datenaufbereitung und -übermittlung sowie die Stichprobenbildung (MuG, Anlage 4, 2018e) näher geregelt. Die statistische Beurteilung der Ergebnisqualität sowie deren vergleichende Messung und die Berechnung auf Bundesebene als auch deren Veröffentlichung und Darstellung der Indikatoren (u.a. für die Verbraucher) wurden in der Qualitätsdarstellungsvereinbarung (QDVS) nach § 115 Abs. 1a SGB XI mit acht Anlagen zu einer gesetzlichen Verbindlichkeit im Elften Buch der sozialen Pflegeversicherung (SGB XI) kodifiziert.

Mit den gesetzlichen Rahmenbedingungen wird eine neue Zeitepoche durch ein neues Qualitäts- und Prüfsystem für die vollstationären Pflegeeinrichtungen einschließlich der Kurzzeitpflege (§ 42 SGB XI) ab 01. November 2019 geschaffen. Das zukünftige indikatorengestützte Verfahren ab dem 01. Oktober 2019 in der stationären Pflege bezieht sich auf die Versorgungsergebnisse und bedeutet für über 14.500 Pflegeheimbetreiber (vgl. StBA, 2018) eine Abkehr vom bisherigen »alten« Schulnotensystem und bedeutet auch eine Neuorientierung für die vollstationären Pflegeeinrichtungen. Aber, das neue Qualitätsprüfungsverfahren beinhaltet kein zusätzliches Dokumentationserfordernis für die Pflege- und Betreuungskräfte in den Pflegeheimen (vgl. IPW, 2019: 15). Die neuen Anforderungen der externen Qualitätsprüfer der Medizinischen Dienste der Krankenversicherungen (MDK) und der PKV-Prüfdienste des Verbands der privaten Krankenversicherung e. V. (PKV) beziehen sich in der Zukunft auf die Fragen: »Hätte der Bewohner evtl. einen Pflegeschaden oder ein Pflegerisiko erleiden können?« bzw. »Hat der Bewohner einen Pflegeschaden durch Versorgungsdefizite erlitten?« Durch den Fokus auf die Versorgungsergebnisse und deren Beurteilung i. S. von Ergebnisqualität hat die Frage: »Haben unsere pflegerischen Bemühungen zu einem positiven Ergebnis geführt?« in den Pflegeeinrichtungen einen sehr hohen Stellenwert und Relevanz erhalten.

Damit beginnen nun die vorgeschalteten Prozesse und Maßnahmen zur internen gesteuerten Qualitätssicherung **bevor** die Prüfgutachter der Medizinischen Dienste bzw. die PKV-Prüfdienste zu einer externen jährlichen Qualitätsprüfung gem. § 114 ff. SGB XI n. F. in die vollstationäre Pflegeeinrichtung kommen. Die Pflegeeinrichtungen einschließlich der Kurzzeitpflege sind in der gesetzlichen Verpflichtung das einrichtungsinterne Qualitätsmanagement auf dem Fundament des Verfahrens der »Maßstäbe und Grundsätze für die Qualität« fortwährend zu aktualisieren und die Versorgungsergebnisse von allen Bewohnern in einer Pflegeeinrichtung alle sechs Monate proaktiv, d. h. in eigener Verantwortung zu erheben und zu beurteilen sowie die Ergebnisse der Indikatoren an die unabhängige Datenauswertungsstelle zur Berechnung und zur Veröffentlichung ab 01. Juli 2020 als Datensätze zu übermitteln.

Die bundesgesetzlichen Vorschriften als auch die behördlichen Vorgaben und Vereinbarungen auf Landesebene nach den heimrechtlichen Vorschriften machen es erforderlich, sich mit den veränderten neuen Herausforderungen und mit den daraus resultierenden Konsequenzen für das einrichtungsinterne Qualitätsmanagement auseinanderzusetzen. Bei diesen Neuerungen ist unbestritten, dass die fachlichen neuen Qualitätsanforderungen in der stationären Pflege eine gute interdisziplinäre und professionelle interne Kommunikation sowie eine positive innere Haltung durch die Gesundheitsakteure im Pflege- und Betreuungskontext voraussetzen.

Neue Anforderung!
Die externen MDK/PKV-Prüfgutachter beurteilen in der Zukunft, inwieweit die Bewohner in der Mobilität und in der Selbstversorgung durch die Pflegefachkräfte gefördert und wie der Umgang mit krankheits- und therapiebedingten Anforderungen sowie die Verfahrensweisen mit altersassoziierten Pflege- und Risikofaktoren in der Pflegeeinrichtung geregelt wurden.

Auch der Aufgabenbereich der Sozialen Betreuung und die Angebote zur Alltagsgestaltung sowie die soziale Teilhabe haben durch die neuen gesetzlichen Anforderungen eine neue Qualität angenommen und stellen sich in den individuellen zielgruppenspezifischen Unterstützungsleistungen zur Förderung und zum Erhalt der Selbstständigkeit und der Fähigkeiten der Bewohner dar. Die Versorgungsergebnisse und die externe Beurteilung der sechs Qualitätsbereiche mit weiteren Fragen zu unterschiedlichen Qualitätsaspekten werden nach den Qualitätsprüfungs-Richtlinien (QPR vollstationär, 2018) durch den Medizinischen Dienst (MD/MDK) bzw. den PKV-Prüfdiensten, neben der statistischen Plausibilitätskontrolle durch die DAS, bewertet. Die Qualitätsindikatoren für die zehn Themenbereiche und die Ergebnisse aus den externen Qualitätsprüfungen sowie die Einrichtungsinformationen werden entsprechend den Qualitätsdarstellungsvereinbarungen (QDVS, 2019 ff.) für die stationäre Pflege durch eine webbasierte Lösung bzw. als ein umfassendes Informationsangebot im Internet für die interessierten Verbraucher und Nutzer veröffentlicht. Allerdings sind die beiden Verfahren (Ergebniserfassung und externe Qualitätsprüfungen) trennscharf voneinander zu betrachten, da die Vorgehensweise und die beabsichtigten Ziele und die Ergebnisse in keinem unmittelbaren Zusammenhang stehen.

Die Qualitätsprüfberichte der Medizinischen Dienste (MD/MDK) bzw. der Privaten Krankenversicherungen (PKV) ohne zusammenfassende Bewertung in Form von Schulnoten dienen gemeinsam mit dem einrichtungsinternen Erhebungsreport und dem Feedbackbericht der Datenauswertungsstelle als wichtige Informationsgrundlage für die Weiterentwicklung des internen Qualitätsmanagements und werden für die QM-Verantwortlichen und Pflegedienstleitungen in der Zukunft zu einem unentbehrlichen Instrument im Rahmen der Qualitätssicherung und -entwicklung. Zweifelsohne müssen dadurch die grundlegenden Managementprozesse in einer Pflegeeinrichtung als ein fester Bestandteil im einrichtungsinternen Qualitätsmanagement bestimmt und deren Funktionsweisen gut geregelt sein. Gut funktionierende Strukturen, Regelungen von Verantwortungen und Befugnisse sowie ein förderndes Kommunikations-, Wissens- und Risikomanagement auf dem Fundament der neuen Qualitätsanforderungen zeichnen in der Zukunft das individuelle Versorgungsgeschehen und deren positive Effekte in den Pflegeeinrichtungen aus.

Unabhängig von den ISO-Qualitätsnormen richtet sich dieses Werk durch die neuen gesetzlichen Maßstäbe und Grundsätze für die Qualität in der Pflege, die gar nicht so weit entfernt von den Qualitätsansprüchen der ISO entfernt sind, an die QM-Verantwortlichen, Heim- und Pflegedienstleitungen sowie an die Pflegemitarbeiter als auch an die Mitarbeiter in der Sozialen Betreuung in den ambulanten, teil- und vollstationären Pflegeeinrichtungen. Es versteht sich als eine Unterstützung, ein einrichtungsinternes Qualitätsmanagement in einer Pflegeeinrichtung oder in einem ambulanten Pflegedienst im Kontext der relevanten Rechtsvorschriften zu verwirklichen. Dies gelingt am besten, wenn die Wissensbestände und das »Können« (vorhandene Fähigkeiten) einer Pflegeeinrichtung auf breiter Basis ausgerichtet werden und alle beteiligten Akteure in den Pflegeeinrichtungen und Pflegediensten die Umsetzung von geplanten Veränderungen durch ein »Wollen« gemeinsam im Team planen und in ihrer aktiven Rolle durch ausreichende vorherige Informationen mitgestalten können.

Die Leser erhalten mit diesem Werk eine Vielzahl von Hinweisen und Anleitungen an die Hand, die beim Aufbau und bei der Weiterentwicklung eines einrichtungsinternen Qualitätsmanagements unterstützen können, um clever und schnell die neuen Managementanforderungen in einer Pflegeeinrichtung oder in einem ambulanten Pflegedienst umsetzen zu können.

Im ersten Teil werden für den Leser die Basisanforderungen und dass grundlegende professionelle Qualitätsverständnis für das einrichtungsinterne Qualitätsmanagement mit der Fokussierung auf Ergebnisqualität nach dem neuen Qualitäts- und Prüfsystem dargestellt. Die Umsetzungshinweise und Erläuterungen sollen verhelfen, Strukturen und Prozesse durch die wirksame Anwendung eines internen Qualitätsmanagements und die Qualitätssicherung mithilfe verschiedener QM-Methoden weiter voranzutreiben und zu professionalisieren.

Der zweite Teil des Werkes widmet sich der Darlegung, Interpretation und den Ansätzen zur Implementierung der ISO-Anforderungen in den Pflegeeinrichtungen, um ein prozessorientiertes QM-System auf der Basis der ISO 9001 einführen, verwirklichen und aufrechterhalten zu können. Da sich bestimmte Qualitätsanforderungen aus der Zertifizierungsnorm auch in den neuen Qualitätsprüfungs-Richtlinien ableiten lassen, können zur Unterstützung auch bestimmte Anforderungsteile aus der ISO-Qualitätsnorm, z. B. die Durchführung von internen Qualitätsaudits oder die Festlegung von Qualitätszielen, in das bestehende einrichtungsinterne Qualitätsmanagement integriert und als ein Bestandteil berücksichtigt werden.

Die überarbeitete und aktualisierte 3. Auflage mit dem neuen Titel »Qualitätsmanagement« generiert sich mit seinen Themen u. a. neben den beruflichen Kernkompetenzen aus den positiven Erfahrungen und Fachdiskussionen mit vielen Berufskolleginnen und Berufskollegen aus dem Pflegemanagement und des Qualitätsmanagements.

Mein besonderer Dank richtet sich deshalb an meine Kolleginnen und Kollegen Stefanie Banasch, Saskia Ersoy, Sandra Stefanovic, Julian Kühn und Sebastian Timsries für deren fachliche Expertise und pflegefachlichen Diskurs im Themengebiet des Qualitätsmanagements und der internen Qualitätssicherung im zentralen Qualitätsmanagement in den DANA Senioreneinrichtungen.

Für die Erstellung der Grafiken möchte ich mich ganz besonders bei Thomas Riedel-Weigert sowie bei Claudia Flöer und Petra Heyde von der Schlüterschen Verlagsgesellschaft für die redaktionelle Unterstützung bedanken.

Ich wünsche den Lesern viel Erfolg bei der Umsetzung der neuen gesetzlichen und normativen Qualitätsanforderungen in den ambulanten, teil- und vollstationären Pflegeeinrichtungen und verbinde mit diesem Werk den Anspruch, die fortlaufende Qualitätsentwicklung sowie den personenzentrierten Ansatz in der Altenpflege auch weiterhin im Mittelpunkt zu behalten.

Seelze, im Oktober 2019 Johann Weigert

Teil A

Qualitätsverständnis und Qualitätsmessung

1 Einleitung

Ein neuer »Pflege-TÜV« entsteht ... und Verbraucher sollen besser informiert werden!

»Quality exists, when the price is long forgotten.« So wurde *Frederick Henry Royce*, der Mitbegründer von Rolls Royce, häufig zitiert oder wer kennt nicht den Satz: *»Qualität ist, wenn der Kunde wiederkommt, und nicht das Produkt.«* Trotz der wirtschaftlich zu beobachtenden Mega- und Großtrends in den vergangenen Jahren und der zunehmenden Deindustrialisierung mag diese Aussage im verarbeitenden Gewerbe sicherlich noch richtig sein. Die Großtrends durch die Globalisierung und die Handelsoffenheit, Digitalisierung (»Arbeit 4.0«), Technisierung und der Wandel von einer Industriegesellschaft zu einer Dienstleistungsgesellschaft (Tertiarisierung) haben große Auswirkungen und Effekte auf den Kaufentscheid von Produkten und Konsumgütern oder auf die Inanspruchnahme von Dienstleistungen. Der technologische Wandel hat bedeutende Auswirkungen auf die Arbeitsbedingungen und auf die Qualifikationsanforderungen der Mitarbeiter die tendenziell eher ansteigen als abnehmen werden. Somit hat sich auch das Bewusstsein größtenteils in der Gesellschaft von den Leistungs- und Qualitätsanforderungen in der Pflegewirtschaft geschärft, wie z. B. eine qualitativ angemessene und gute pflegerische Versorgungsqualität bei bestehenden knappen Ressourcen gestaltet und organisiert sein müssen.

Wie sieht es im Dienstleistungsbereich und insbesondere in der »Pflege, Betreuung und der personenbezogenen Versorgungssituation« im Verständnis aus, wenn man den Begriff von »Qualität« der interprofessionell stark verzweigt ist, näher fassen möchte? Die Determinanten der Qualität in der Pflege und die Qualitätsanforderungen sind stark mit vielen interdisziplinären Wissenschaftsfeldern verschränkt bzw. mit vielen komplexen Fragestellungen verlinkt und lassen sich keinesfalls auf die

Einhaltung von QM-Verfahrensanweisungen oder auf ein »Gut-umsorgt-Werden« reduzieren. Durch die gesetzliche Präzisierung der Qualitätsanforderungen sind alle zugelassenen Pflegeeinrichtungen sowie die ambulanten Pflegedienste gem. § 72 SGB XI durch den Abschluss eines Versorgungsauftrages (u. a. § 84 Abs. 4 SGB XI) zur Sicherung einer qualitativ ausreichenden Versorgung der Bewohner und Pflegekunden verpflichtet. Durch den Versorgungsvertrag besteht neben der Leistungsfähigkeit und Wirtschaftlichkeit der Auftrag und die Verpflichtung, die Zulassungsvoraussetzungen (§ 71 SGB XI; § 10 WTPG) zu erfüllen und eine intern gestützte Qualitätssicherung durch die Entwicklung eines einrichtungsinternen Qualitätsmanagements gem. § 113 SGB XI n. F. unter der Anwendung der nationalen Expertenstandards (§ 113a SGB XI n. F.) zu implementieren.

Der Medizinische Dienst des Spitzenverbandes Bund der Krankenkassen e. V. (MDS) berichtete neben den Qualitätsdefiziten in der Prozessqualität über eine unzureichende Versorgungssituation und fachliche Defizite insbesondere in den Bereichen der Dekubitusprophylaxe, Ernährungs- und Flüssigkeitsversorgung, Inkontinenzversorgung und im Rahmen der Versorgung von Personen mit gerontopsychiatrischen Beeinträchtigungen (vgl. MDS, 2007: 17 f.).

1.1 Vorzeichen für einen neuen »Pflege-TÜV«

Durch die skandalisierten Reportagen in der Öffentlichkeit und Zusammenfassungen sowie schlechte Schlagzeilen, z. B. mit dem Titel und der Überschrift *»Alptraum Pflegeheim« – Für die Bewohner blanker Horror« – »Tausende Schwerkranke werden unzureichend behandelt und versorgt«* (Bildzeitung vom 31.08.2007) in den unterschiedlichen Medien sowie in den Darstellungen des 2. Berichts der Medizinischen Dienste der Spitzenverbände der Krankenkassen e. V. (MDS) nach dem § 118 Abs. 4 SGB XI im August 2007 über die Ergebnisse von durchgeführten Qualitätsprüfungen, war der Gesetzgeber in die Pflicht genommen mit dem Gesetz zur strukturellen Weiterentwicklung der Pflegeversicherung (PfWG, 2008) zu reagieren (vgl. Büscher; Wingenfeld und Igl, 2018: 40 ff.). Vor diesem Hintergrund haben das Bundesministerium für Gesundheit (BMG) und des Bundesministeriums für Familie, Senioren, Frauen und Jugend (BMFSFJ) bereits im Jahr 2008 einen Projektauftrag mit dem Arbeitstitel »Entwicklung und Erprobung von Instrumenten zur Beurteilung der Ergebnisqualität in der stationären Altenhilfe« vergeben. Das Projekt (2008–2010) wurde durch das Institut für Pflegewissenschaft an der Universität Bielefeld (IPW, Projektleitung Prof. Dr. Klaus Wingenfeld et al.) und dem Institut für Sozialforschung und Gesellschaftspolitik GmbH (ISG, Projektleitung Dr. Dietrich Engels et al.) durchgeführt, dessen Ergebnisse im Jahr 2011 in einem umfassenden Abschlussbericht vorgestellt wurden (vgl. BMG; BMFSFJ, 2011). Mit dem PfWG wurden die externen jährlichen Qualitätsprüfungen und die Veröffentlichung von einigen Teilen der Prüfergebnisse im Rahmen der Pflege-Transparenzvereinbarungen nach den Pflege-Transparenzkriterien für alle Pflegeheimbetreiber (PTVS) und für die ambulanten Pflegedienste (PTVA) durch eine »Schulnote« als »Zwischenlösung«, also »vorläufig«, bis gesicherte Erkenntnisse über Indikatoren der Ergebnisqualität vorliegen, im Jahr 2009 gesetzlich verankert.

Info

*»Im Rahmen der Umsetzung des § 113 Abs. 1 Nr. 4 SGB XI werden bis Anfang 2017 die Ergebnisse (Indikatoren) des vom Bundesministerium für Gesundheit und vom Bundesministerium für Familie, Senioren, Frauen und Jugend geförderten Modellprojekts »Entwicklung und Erprobung von Instrumenten zur Beurteilung der Ergebnisqualität in der stationären Altenhilfe« einer modellhaften Pilotierung unterzogen.«**

* Vorwort zu den PTVen, MDS, 17. Dezember 2008 i.d.F. vom 11. August 2016: 131.

Mit der Einführung der viel gescholtenen Pflegenoten ab dem Jahr 2009 sollten die unterschiedlichen Pflegeangebote für die Bevölkerung verdeutlicht werden, um einen Überblick über eine »gute oder schlechte Qualität« in der stationären und ambulanten Versorgung zu erhalten. In der Auseinandersetzung mit dem Qualitätsbegriff ist in der öffentlichen Wahrnehmung berechtigt oft zu hören: »Ich will, dass es meinem pflegebedürftigen Angehörigen in dem Pflegeheim gut geht.« Seit knapp zehn Jahren wird von einem Versagen der Pflegenoten und der Bewertungssystematik gesprochen sowie eine bessere Erfassung und Darstellung von Ergebnisqualität von unterschiedlichen Träger- und Pflegeverbänden eingefordert.

Im Jahr 2012 wurden mit dem Pflege-Neuausrichtungs-Gesetz (PNG) die Einführung eines Indikatorenansatzes und neue Konzepte zur Durchführung von Qualitätsprüfungen sowie eine neue Qualitätsdarstellung gesetzlich mitgetragen. Mit dem Zweiten Pflege-Stärkungsgesetz (PSG II) vom 21.12.2015 wurden die verbindlichen Vorgaben zur Entwicklung einer neuen Bewertungssystematik und weitere Maßgaben verbindlich festgelegt und der Entwicklungsauftrag an die Geschäftsstelle des Qualitätsausschuss Pflege übertragen (vgl. IPW, 2019: 6 f.). Ziel war es, ein neues System zur öffentlichen Darstellung der externen Qualitätsprüfungen für die stationäre Pflege zu schaffen und Indikatoren zur vergleichenden Messung von Ergebnisqualität sowie eine neue Qualitätsdarstellungsform zu entwickeln und bundesweit voranzutreiben und gesetzlich zu verankern. Auch sollte durch ein neues Qualitäts- und Prüfsystem sowie durch eine Neukonzeption die Messung und die Qualitätsdarstellung von Ergebnisqualität in einem neuen Qualitätsbericht, durch die Abschaffung der Transparenzberichte und der Ausfüllanleitung (vollstationäre Pflege) mit den Anhaltspunkten zur Ergebnisqualität, als Ausdruck einer individuellen bedarfs- und bedürfnisgerechten Versorgungsqualität in den vollstationären Pflegeeinrichtungen (§ 43 SGB XI) ermöglicht werden.

Dieser Projektauftrag wurde im Jahr 2017 an das Institut für Pflegewissenschaften der Universität Bielefeld (IPW; Prof. Dr. Klaus Wingenfeld) sowie an das Institut für angewandte Qualitätsförderung und Forschung im Gesundheitswesen GmbH (aQua) erteilt und pilotiert. In dem Abschlussbericht mit dem Projektnamen »Entwicklung der Instrumente und Verfahren für Qualitätsprüfungen nach §§ 114 ff. SGB XI und die Qualitätsdarstellung nach § 115 Abs. 1a SGB XI in der stationären Pflege« wurden die Projektergebnisse der Öffentlichkeit vorgestellt (vgl. Abschlussbericht, Wingenfeld et al., 2018a). Der Projektauftrag umfasste auch eine Revision der externen jährlichen Qualitätsprüfungen im Rahmen des SGB XI sowie eine Neugestaltung der einrichtungsbezogenen öffentlichen Qualitätsberichte (vgl. Wingenfeld et al., 2018b). Folgernd sind im Ergebnis die neuen Qualitätsprüfungs-Richtlinien (QPR) mit neun Anlagen zur Beurteilung der personenbezogenen Versorgung (QPR, Prüfbogen A, 2018) und zur Beurteilung der Einrichtungsebene (QPR, Prüfbogen B, 2018) als auch die Plausibilitätskontrolle (QPR, Prüfbogen C, 2018) der Qualitätsindikatoren vor Ort und die Sichtung des Erhebungsreports der Pflegeeinrichtung sowie weitere Anlagen zur Umsetzung von Qualitätsprüfungen mit dem Pflegepersonal-Stärkungsgesetz (PpSG) im November 2018 gesetzlich verabschiedet, die jetzt für alle zugelassenen vollstationären Pflegeeinrichtungen einschließlich der Kurzzeitpflege verbindlich geworden sind. Die neuen QPR werden zu einer verbindlichen Prüfgrundlage für die Medizinischen Dienste bzw. die PKV-Prüfdienste für die externen Qualitätsprüfungen und für die Untersuchung von Versorgungsqualität ab dem 01. November 2019 in den vollstationären Pflegeeinrichtungen einschließlich der Kurzzeitpflege.

Dies waren wichtige Voraussetzungen, da das Zustandekommen der Pflegenoten schon seit Jahren in vielen Fachkreisen in der Öffentlichkeit bemängelt und kritisiert wurden, sodass die Abkehr der Pflegenoten dringend geboten war. Auch der Bundesgesundheitsminister Jens Spahn konsentiert: *»Ein TÜV, bei dem heute fast jedes Heim ein ›sehr gut‹ bekommt, verdient seinen Namen nicht. Das werden wir ändern.«* (Vincentz Network, 2018). Der Gesetzgeber hat mit dem Zweiten Pflegstärkungsgesetz zum Jahresende 2018 den Umfang für die »Maßstäbe und Grundsätze für die Qualität in der vollstationären Pflege« für alle Träger von vollstationären Pflegeeinrichtungen veröffentlicht. Mit den Maßstäben und Grundsätzen für die Qualität gem. § 113 SGB XI n. F. (vom 23.11.2018) und den neuen Qualitätsprüfungs-Richtlinien (QPR vollstationär vom 17.12.2018) wird ab 01. November 2019 für alle stationären Pflegeeinrichtungen ein umfassendes gesetzliches Regelwerk geschaffen, welches für alle Träger von Pflegeeinrichtungen einschließlich der Kurzzeitpflege verbindlich ist. Durch die neuen QPR für die vollstationären Pflegeeinrichtungen und durch die »MuG« als auch durch die QDVS tritt die Pflege-Transparenzvereinbarung stationär (PTVS) mit seinen Transparenzkriterien in der letzten Fassung vom 11. August 2016 endgültig zum 31. Oktober 2019 außer Kraft. Die neuen Prüfverfahren (Qualitätsprüfungen, Plausibilitätskontrollen des Erhebungsreports und Erhebung von Versorgungsdaten) sowie deren Darstellungsformen sind nicht miteinander vergleichbar. Gerne und allzu oft wurde in der Vergangenheit immer wieder im Zusammenhang mit dem »Schulnotensystem« und dem »Pflege-TÜV« angeführt, dass eine schlechte Versorgungsqualität z. B. im Qualitätsbereich 1 »Pflege und medizinische Versorgung« mit dem Transparenzkriterium »Wird der Speiseplan in gut lesbarer Form eines Wochenplanes bekannt gegeben?« durch eine bessere Einzelbenotung in diesem Qualitätsbereich eine schlechte Versorgungssituation im Gesamtergebnis ausgeglichen werden konnte. Ein häufiges Vorurteil gegenüber dem vorherigen »Pflege-TÜV« und der »alten« Bewertungssystematik mit den Ausfüllanleitungen zu den Pflege-Transparenzkriterien für die vollstationären Pflegeeinrichtungen (PTVS) waren auch die mangelnde Transparenz und die verfehlte Aussagekraft aus der Verbrauchersicht sowie die fehlende wissenschaftliche Auseinandersetzung und Evidenz.

Zum Verbraucherschutz können bspw. andere europäische Länder wie z. B. die Niederlande mit dem staatlichen Zorginstituut bereits seit dem Jahr 2014 im Vergleich zu Deutschland aufzeigen, wie die Patientenorganisation als eine wichtige Stimme, in der Festlegung der Messung von Qualität in der Pflege durch einen Qualitätsrahmen »Kwaliteitskader Verpleeghuiszorg« (Transparenzkalender) aussehen und mit welchen Messinstrumenten die Versorgungsqualität und die Patientenzufriedenheit gemessen werden kann (vgl. Delnoij, 2017: 7).

Trotz der kritischen Stimmen und der häufig vorschnellen Vorurteilsbildung und Übergeneralisierung über die althergebrachten »Pflegenoten« sowie deren Darstellung nach den Transparenzkriterien, darf nicht außer Acht gelassen werden, dass sich neben der Wahrnehmung des subjektiven Gesundheitszustandes und der gesundheitsbezogenen Lebensqualität gleichfalls in den letzten Jahren das erfolgreiche Alter(n) in unserer Gesellschaft in einem Wandel befindet und sich durch die Betrachtung verschiedener Qualitätsansprüche und -aspekte neu verorten muss. Damit sind nicht nur die demografischen Veränderungen und der soziale Wandel sowie deren Bestimmungsmerkmale oder die Entwicklung der Bevölkerungsstruktur und der Anstieg der ferneren Lebenserwartung, wie die Zahlen der Bevölkerungsvorausberechnungen dies bis 2060 vorhersagen, gemeint (vgl. StBA, 2015). »Als fernere Lebenserwartung werden die Lebensjahre bezeichnet, die unter den gegenwärtigen Sterblichkeitsverhältnissen ab einem bestimmten Alter noch zu erwarten sind« (RKI, 2015: 22).

Gegenwärtig ist die Zunahme von altersassoziierten Erkrankungen sowie deren individuelle und optimale flächendeckende Versorgung in einer segmentierten Versorgungslandschaft, z. B. im ländlichen Raum auch wichtige externe Themen, die in öffentlichen Diskussionen, neben den Pflegenoten, immer wieder angesprochen werden. Durch den Versorgungsanspruch in einem sektorenübergreifenden Versorgungsmanagement hat die Inanspruchnahme von qualitativ hochwertigen Gesundheitsleistungen zugenommen, mit dem Anliegen eine Über-, Unter- oder Fehlversorgung zu vermeiden. Durch die absehbar ansteigende Anzahl der pflegebedürftigen älteren Menschen muss aus Versorgungssicht an oberster Stelle ein flächendeckendes Versorgungsangebot bei Pflegebedürftigkeit durch politische Entscheidungen in der Versorgungslandschaft unterstützt und verankert werden. Ein Qualitätsmanagement und die intern gestützte Qualitätssicherung kann nur durch eine gute Versorgungsstruktur und durch das Vorhandensein von qualifizierten und gesunden Pflegefachkräften realisiert werden, um eine Versorgungskontinuität dauerhaft sicherzustellen.

Verschiedene kombinierte Studien (Quer- und Längsschnittuntersuchungen) und Datensätze, wie z. B. des Deutschen Alterssurveys (DEAS), dem Deutschen Gesundheitssurveys des Deutschen Zentrums für Altersfragen (DZA), die Generali Altersstudie 2017 (GAS) oder die Daten des Sozio-oekonomischen Panels (SOEP) können aufzeigen, in welcher Art und Weise sich die Bedürfnislagen und die Qualitätsansprüche als auch die Erwartungen an externe Anbieter (Dienstleister) mit zunehmendem Alter bei guter funktionaler Gesundheit verändert haben. Diese Veränderungen erwarten insbesondere von den Pflegeeinrichtungen ein Umdenken in einem generalistisch ausgerichteten Team als auch einen Perspektivenwechsel durch die Neuordnung des internen Qualitätsmanagements. Die Güte und Qualität der Pflege definiert sich in den stationären Pflegeeinrichtungen nicht mehr nur an dem Anspruch **»Umsorgt-zu-Sein«**, sondern sie bemisst sich an den individuellen Bedürfnis- und Lebenslagen sowie den persönlichen Interessen im biografischen Kontext mit der Fokussierung einer guten Ergebnisqualität sowie der Beachtung der Selbstbestimmung und der Wahrung als auch dem Schutz von Persönlichkeitsrechten des Menschen.

Um die Wirklichkeit und die Qualität sowie die Transparenz in der Pflege besser abzubilden sind in den vollstationären Pflegeeinrichtungen einschließlich der Kurzzeitpflege die Pflegenoten durch eine neue Prüf- und Bewertungssystematik sowie durch drei neue Darstellungsformen ab 01. November 2019 als herkömmlicher »Pflege-TÜV« passé geworden (vgl. Wingenfeld, 2018c). Dadurch, dass die Ergebnisse von Qualitätsbewertungen in der Zukunft nicht mehr in Bereichs- oder Gesamtbewertungen zusammengefasst werden, sind in der deutschen Pflegelandschaft die Pflegenoten zugunsten von vier Qualitätsabstufungen im Rahmen der externen Qualitätsprüfungen durch die Medizinischen Dienste bzw. PKV-Prüfdienste verschwunden. Das herkömmliche Qualitätsprüfungsverfahren und die damit verbundenen Transparenzkriterien waren nach Auffassungen einiger Pflegewissenschaftler zu wenig pflegewissenschaftlich und die Auflistung der »alten« prüfrelevanten Qualitätskriterien haben ebenso wenig die wissenschaftlichen grundsätzlichen drei Hauptgütekriterien der Validität (ist losgelöst von der untersuchenden Person),

Reliabilität (Exaktheit der Erfassung von Merkmalen) und Objektivität (Ergebnis kann durch die Person nicht beeinflusst werden) entsprochen. Neben der inhaltlichen Funktionstüchtigkeit (Validität) wird als Reliabilität die Zuverlässigkeit und Genauigkeit einer Messung oder Methode bezeichnet. Im Rahmen der Validität muss die Frage beantwortet werden: Kann die Methode oder das Verfahren das messen, was beabsichtigt ist?

Wichtig **Verfahrensobjektivität**

Bei einer Objektivität eines Verfahrens oder einer Methode müssen unterschiedliche testende Menschen bei der Untersuchung von einem Sachverhalt mit denselben Verfahren oder Methoden zu vergleichbaren Resultaten kommen, d. h. hier hat die Nichtverfälschbarkeit eine bedeutende Rolle (vgl. Bortz; Döring, 2006: 195 f.)

In Deutschland haben bislang zur vergleichenden Messung von Ergebnisqualität keine pflegewissenschaftlichen Erkenntnisse zur Verfügung gestanden. Nach Prof. Dr. Klaus Wingenfeld bestand im »alten System« der externen Qualitätsprüfungen durch den MDK bzw. durch die PKV-Prüfdienste der Qualitätsmangel darin, *»dass weniger die tatsächliche Versorgung geprüft wurde, sondern eher der Nachweis der Versorgung in der Dokumentation«* (Wingenfeld, 2018c). Durch die fehlende wissenschaftliche Evidenz der »alten« Qualitätskriterien wurde für viele Pflegeeinrichtungen und auch im bundesweiten Vergleich nach der Pflege-Transparenzvereinbarung (PTVA bzw. PTVS) fast immer die »Pflegenote 1« vor dem Komma als Bestnoten von der DatenClearingStelle (DCS) mathematisch errechnet und veröffentlicht. Die zukünftigen Aufgaben der DCS, z. B. die Veröffentlichung der Transparenzberichte (ambulante Pflege), der MDK-Prüfergebnisse und die Indikatorenergebnisse in den vollstationären Pflegeeinrichtungen als auch die Übermittlung der Prüfergebnisse an die entsprechenden Veröffentlichungsplattformen (Webportale) nach Prüfung und Freigabe durch die Landesverbände der Pflegekassen, bleiben nach den bisherigen Informationen auch durch die zukünftigen neuen Aufgaben der unabhängigen DAS, davon unberührt. Auch die Bundesregierung konsentiert in dem 6. Bericht über die Entwicklung der sozialen Pflegeversicherung (SGB XI), dass die veröffentlichenden Bereichs- und Gesamtnoten keine differenzierte Qualitätsdarstellung ermöglichen und zu wenige Informationen über die tatsächliche Ergebnisqualität der Einrichtungen ermöglichen (vgl. BMG, 2016: 106 f.). Die Pflege-Transparenzvereinbarungen und die QPR für die stationären Pflegeeinrichtungen waren bis 31. Oktober 2019 die Grundlagen für alle externen Qualitätsprüfungen für die stationären Pflegeeinrichtungen.

Die öffentlich zugänglichen Daten zu den Pflegenoten konnten im Internetportal, z. B. dem Pflegelotsen (www.pflegelotse.de) oder dem AOK-Pflege-Navigator (www.pflegenavigator.de) entnommen werden und wurden bspw. in der vollstationären Pflege in fünf Qualitätsbereiche untergliedert:

- Pflege und medizinische Versorgung
- Umgang mit demenzkranken Bewohnern
- Betreuung und Alltagsgestaltung
- Wohnen, Verpflegung, Hauswirtschaft und Hygiene
- Befragung der Bewohner (Kein Einfluss auf die Gesamtnote)

Auch wenn die Pflegenoten für die vollstationären Pflegeeinrichtungen ab dem 01. November 2019 abgeschafft werden, bleiben die regelmäßigen externen jährlichen Qualitätsprüfungen nach § 114 Abs. 1 SGB XI n. F. im Auftrag der Landesverbände der Pflegekassen mit dem neuem Qualitäts- und Prüfsystem grundsätzlich bestehen. Auch in der ambulanten Pflege erfolgen weiterhin die jährlichen Qualitätsprüfungen nach den Transparenzvereinbarungen und -kriterien gem. § 114 Abs. 1 SGB XI und der Qualitätsprüfungs-Richtlinie häusliche Krankenpflege (QPR-HKP) nach dem SGB V (Fünftes Buch – Gesetzliche Krankenversicherung) mit Anlagen bzw. die Qualitätsprüfungs-Richtlinien (QPR) nach den SGB XI (Soziale Pflegeversicherung) durch die Medizinischen Dienste bzw. PKV-Prüfdienste. Neben der Neuorientierung in den vollstationären Pflegeeinrichtungen wird mit Blickrichtung in die Zukunft eine analoge Anpassung der externen Qualitätsprüfungen für die ambulanten Leistungserbringer die Qualitätsprüfungs-Richtlinien mit den Pflege-Transparenzvereinbarungen (PTVA) durch eine Pilotierung bereits politisch diskutiert und eine neue QPR für die ambulante Pflege ab dem Jahr 2020 angestrebt. Da jeder Investor und Pflegeheimbetreiber trotz der demografischen Alterung und des sozialen Wandels auch von den Empfehlungen unterschiedlicher Multiplikatoren (z. B. Krankenhäuser, Hausärzte, Angehörige, Betreuer, Beratungsstellen, Pflegestützpunkte u.v.m.) und von einer guten wohnortnahen Marktpositionierung und einer guten Versorgungsqualität lebt, ist heute ein systematisches Empfehlungsmarketing (Image der Pflegeeinrichtung) durch optimale Qualitäts- und Versorgungsergebnisse als auch der »gute Ruf« sowie der persönliche Eindruck von unschätzbaren Marktwert.

Wichtig **Im Mittelpunkt: Personenzentrierter Ansatz**

Gute Versorgungsergebnisse können in der Verantwortung der Pflegeeinrichtung gut gelingen, wenn die Beantwortung der Frage: »Wie geht es dem Bewohner?« durch einen personenzentrierten Ansatz im Mittelpunkt des Versorgungsgeschehens stehen.

Mit dem Begriff der zukünftigen Versorgungsergebnisse und deren Messung werden in einer halbjährlichen Verlaufsbetrachtung (Zeitpunkt 1 – Veränderung – Zeitpunkt 2) ab der Bekanntgabe der einrichtungsindividuellen Stichtage (01.07.2020) die unterstützenden pflegerischen Maßnahmen als »personelle Hilfe« bei allen Bewohnern (mit definierten Ausschlussgründen z. B. bei Kurzzeit- oder Verhinderungspflege) als Grundgesamtheit in der Pflegeeinrichtung als ein wichtiges pflegerisches Ergebnis bezeichnend. Die Erhebung und Auswertung der Versorgungsergebnisse versteht sich als eine Grundgesamtheit (alle Bewohner mit definierten Merkmalen) im Gegensatz zu einer Stichprobe hinsichtlich von ausgewählten Merkmalen (Indikatoren). Unter einer Grundgesamtheit versteht man die Gesamtmenge aller Beobachtungseinheiten, über die Aussagen getroffen werden sollen (vgl. Bortz; Döring, 2006: 394). Eine Stichprobe ist im Gegensatz zu einer Grundgesamtheit (Totalerhebung) eine (kleine) Auswahl von Merkmalen oder Elementen der Grundgesamtheit. Die zukünftige und bewusste Frage lautet in der Zukunft für jeden einzelnen Bewohner als »Merkmalsträger«: »Was hat die Pflege durch die professionell Pflegenden bei dem Bewohner in dem festgelegten Zeitverlauf bewirkt?« Und: »Sind erwünschte oder unerwünschte Ereignisse in den Versorgungsergebnissen bei den Bewohnern aktuell aufgetreten?«

Durch diese Fragestellungen steht der personenzentrierte Ansatz mit der Frage: »Wie hat sich die Gesundheit und das Gesundheitsverhalten bzw. die Selbstständigkeit **und** die Fähigkeiten eines pflegebedürftigen Bewohners im Verlauf entwickelt?« im Mittelpunkt. Mit dem Vorliegen des neuen Qualitäts- und Prüfsystems wurde nach Auffassung einiger Branchenexperten oft darüber debattiert, dass die Indikatoren zur Messung der Ergebnisqualität *»überwiegend einem pflegefachlichen, medizinisch-naturwissenschaftlichen und ökonomischen Ansatz«* verfolgen und *»dass sie nicht den gesamten Prozess der Versorgung und Betreuung umfassen«* (Hasseler; Stemmer, 2018: 24). Die Wissenschaftlerin Prof. Dr. Martina Hasseler warnte durch den strukturellen Fachkräftemangel davor, dass die Indikatoren einen unnötigen Druck auf die Pflegekräfte ausüben könnten und dass die Einrichtungen die Bewohner nach negativen Risiken selektieren und diese dann evtl. nicht mehr aufnehmen werden (vgl. Hasseler, 2018). So wirkte u. a. auch Prof. Dr. Martina Hasseler von der Ostfalia Hochschule für angewandte Wissenschaften in Wolfsburg (seit 4/2019) als Kooperationspartner an der Studie »Modellhafte Pilotierung von Indikatoren in der stationären Pflege« (MoPIP) mit. Im Auftrag der Vertragsparteien nach § 113 SGB XI umfasste diese Studie die 15 gesundheitsbezogenen Indikatoren aus dem von Wingenfeld et al. (2011) entwickelten Indikatorenset *»hinsichtlich ihrer Eignung und Reichweite für den Einsatz in einem bundesweit einheitlichen, indikatorengestützten Verfahren zur vergleichenden Messung und Darstellung von Ergebnisqualität« zu analysieren* (UBC, 2017: II).

Zur ersten Ergebniserfassung nach dem Indikatorenmodell ist der Zeitaufwand in dem festgelegten Erhebungszeitraum von 14 Tagen für die **vergangenen** sechs Monate durch die Verantwortlichen und dem Management einer Pflegeeinrichtung im

Blick zu behalten und zukünftig in der Jahresplanung, z. B. bei Feste und Feiern oder in der Urlaubsplanung der Bezugspflegefachkräfte sowie von der verantwortlichen Pflegefachkraft gut zu organisieren und zu planen. Auch ist die Wissensvermittlung über die Kriterien der Begutachtungsmodule und Abstufungen der Selbstständigkeit und der Fähigkeiten zur Feststellung der Pflegebedürftigkeit eines Bewohners nach dem Pflegeversicherungsgesetz im Kontext des neuen Qualitätsindikatorenset (QIs) zur proaktiven stichtagsbezogenen Erhebung und Berechnung von Ergebnisqualität durch die DAS bei den Bezugspflegemitarbeiter in der stationären Pflege von größter Bedeutung. Deshalb ist für die reibungslose halbjährliche Erhebung der Versorgungsergebnisse in dem festgelegten Erhebungszeitraum wichtig, dass die Bezugspflegefachkräfte, die später in die Erhebung der Indikatoren einbezogen werden, durch ein frühzeitiges Coaching und durch Schulungen oder durch kollegiale Fallberatungen durch die verantwortliche Pflegefachkraft bzw. durch die QM-Verantwortlichen in der Pflegeeinrichtung **vorher** informiert und zur stichtagsbezogenen Erhebung der Versorgungsergebnisse sowie zu den Begutachtungs-Richtlinien (BRi) trainiert und angeleitet werden. Einige Trägerverbände wie z. B. der Bundesverband privater Anbieter sozialer Dienste e. V. (bpa) sowie die Bundesarbeitsgemeinschaft der Freien Wohlfahrtspflege e. V. (BAGFW) bieten für ihre Mitgliedseinrichtungen entsprechende Schulungen zum Thema des Begutachtungsassessments als auch entsprechende Arbeitshilfen mit Softwareunterstützung zur Einstufung der Pflegegrade an, damit die Pflegemitarbeiter in der stationären und ambulanten Pflege sich mit den Bewertungskriterien und Inhalten vertraut machen können (vgl. bpa, 2016). Auch wenn ein umfassendes Wissensmanagement und der Umgang mit Wissen in der Qualitätsnorm nicht unmittelbar angesprochen werden, so wurden erstmalig die Anforderungen für das »Wissen einer Organisation« in der ISO 9001 festgelegt.

Neue Anforderung!
Die Fähigkeit ein Wissen und die Fertigkeiten anzuwenden, um beabsichtigte und erwünschte Ergebnisse zu erzielen, ist eine grundlegende und neue Wissensmanagementanforderung nach der ISO 9001 die im Kapitelabschnitt 7.1.6 »Wissen der Organisation« der Managementsystemnorm branchenneutral festgeschrieben wurde.

Im Zuge der stichtagsbezogenen Erhebung der Versorgungsdaten (synonym: Erhebungsindikatoren) ist es grundlegend wichtig, dass sich die Bezugspflegemitarbeiter mit der Systematik des Begutachtungsinstruments (BI) auseinandersetzen und sich mit dem neuen Prüfverfahren nach den Qualitätsprüfungs-Richtlinien (QPR vollstationär, 2018) vertraut machen. Für die Schulungen zur Erhebung von Indikatoren bezogenen Versorgungsdaten können die zugelassenen Pflegeeinrichtungen im

Jahr 2019 einen einmaligen Förderbetrag in Höhe von 1000 Euro aus den Mitteln des Ausgleichsfonds der Pflegeversicherung erhalten (vgl. § 114 Abs. 3 SGB XI n. F.).

Die Qualitätsdiskussionen und politischen Debatten über die Messung von Ergebnisqualität sind durch den 360-Grad Blick auf die Kernprozesse in der Pflege in den Vordergrund des öffentlichen Interesses gerückt, nach dem Motto: »Gute Qualität zu einem annehmbaren Preis.« Dennoch ist festzuhalten, *»dass Qualitätsdefizite im Bereich von Strukturen, Prozessen und Ergebnissen in der Öffentlichkeit nicht gut auseinandergehalten werden«* (IPW, 2019: 7). In der Praxis wurden allzu oft Dokumentationsschwächen in der Pflege mit gesundheitlichen Schädigungen verwechselt oder gleichgesetzt. Dieser Rückschluss ist methodisch als auch pflegefachlich nicht immer korrekt. Durch das neue jährliche externe Prüfsystem ist ab 01. November 2019 die Hoffnung damit verbunden, dass die gute Pflegequalität durch die hochmotivierten Pflegenden befördert und für die Öffentlichkeit, d. h. insbesondere für die Angehörigen und aus Verbrauchersicht besser durch drei neuen Darstellungsformen nach der Qualitätsdarstellungsvereinbarung für die stationäre Pflege (QDVS, 2019) nachvollziehbarer wird. Es wird mit Spannung die Reaktion der interessierten Verbraucher abzuwarten sein, wenn die neuen drei einrichtungsindividuellen Darstellungsformen nach der QDVS und insbesondere durch das neue Standarddokument mit einer Vielzahl von unterschiedlichen Informationen über die Ergebnisse und Bewertungen von Pflegeeinrichtungen zu einer Wirklichkeit durch den neuen »Pflege-TÜV« geworden sind. Fachexperten erhoffen sich auch mit dem neuen und veränderten Qualitäts- und Prüfverfahren, dass sich die Fachlichkeit der Pflegenden dadurch wieder lohnt und die gute Pflege durch die Vielzahl von unterschiedlichen Informationen auch im Interesse der Öffentlichkeit und für die Verbraucher, z. B. im Internet in den entsprechenden Webportalen nachvollziehbarer wird. Die drei gesetzlich geregelten Qualitätsdarstellungsformen für die stationäre Pflege und teilweise auch für die Kurzzeitpflege beziehen sich in dem Standarddokument auf die nachfolgenden Bereiche (vgl. QDVS, 2019, Anlage 1: 1; Vincentz Network, 2019):

- Bewertungen der Ergebnisqualität anhand der Indikatoren (nur vollstationäre Langzeitpflege)
- Überblick der Ergebnisse aus externen Qualitätsprüfungen (vollstationäre Langzeitpflege und Kurzzeitpflege)
- Darstellung der Angaben einer Pflegeeinrichtung (vollstationäre Pflegeeinrichtungen und Kurzzeitpflege)
- Erläuterungen der Bewertungen der Ergebnisqualität
- Erläuterungen der Ergebnisse aus externen Qualitätsprüfungen

Durch die neuen Qualitätsdarstellungsformen ist es für die vollstationären Pflegeeinrichtungen möglich, freiwillige und ergänzende Angaben zur Personalausstattung, Größe der Zimmer, besondere Qualifikationsprofile der Mitarbeiter, die Möglichkeit des Probewohnens etc. als weitere Informationen für die interessierten Menschen zur Verfügung zu stellen. Bei der Fülle der Informationen in den verschiedenen (Pflege)-Webportalen ist allerdings zu befürchten, dass einige Übungen und eine gewisse Affinität von den Verbrauchern abverlangt wird, um bei der Vielzahl der unterschiedlichen Informationen den Überblick zu behalten, um sich dann als Angehöriger eines hilfe- und pflegebedürftigen Menschen für eine wohnortnahe geeignete spezielle Pflegeeinrichtung zu entscheiden (s. z. B. QDVS, Anlage 1, 2019).

Die Einführung von verschlankten Prozessen unter der Berücksichtigung des bundesweiten strukturellen Fachkräftemangels, der die Freude und die Attraktivität am Pflegeberuf schwächen lässt, werden ebenso die besonderen Herausforderungen in der heutigen Versorgungslandschaft, die durch die einzelnen Träger von Pflegeeinrichtungen und durch die »Konzertierten Aktion Pflege« (KAP) und Fachkräftestrategie der Bundesregierung unterschiedlich, begegnet werden. So soll u. a. nach der Präsentation am 04. Juli 2019 der KAP (Arbeitsgruppe 4) der rechtliche Rahmen des Fachkräfteeinwanderungsgesetzes (FEG, Dezember 2018) mit Erleichterungen im Anerkennungs- und Visumverfahren zur Gewinnung von Pflegefachkräften aus dem Ausland weiterentwickelt und erleichtert werden (vgl. BMG; BMFSFJ; BMAS, 2019). Der Abbau von bürokratischen Hürden und ein schnelles und einheitliches Anerkennungsverfahren in den einzelnen Bundesländern gemeinsam mit der Bundesagentur für Arbeit sollte durch einen Masterplan zur Sicherstellung des Versorgungsauftrages im Gesundheits- und Pflegesektor politisch vertreten und unterstützt werden. Diese politischen Herausforderungen sind zwingend geboten, um u. a. auch Pflegefachpersonen aus dem europäischen Ausland zurückzugewinnen und z. B. auch Pflegefachkräfte aus Drittstaaten außerhalb der EU gezielt anzuwerben, um auf den strukturellen Pflegenotstand in Deutschland in den Krankenhäusern und in der ambulanten Pflege sowie in der stationären Langzeitversorgung zu reagieren. Nur durch hochmotivierte Mitarbeiter bei guten Rahmenbedingungen lassen sich die gesetzlich gesetzten Qualitätsanforderungen und der verpflichtende Auftrag und das Bekenntnis zur »Qualität« zielgerichtet in der Praxis umsetzen.

Neben dem Erwerb der Sprachkompetenzen nach dem »Gemeinsamen Europäischen Referenzrahmen« (GER) für Sprachen (mindestens B2-Niveaustufe oder Deutsch Pflege B2-Kurse) ausländischer Pflegefachkräfte z. B. am Goethe-Institut, müssen die Pflegefachkräfte aus Staaten jenseits der EU zusätzlich nach der Prüfung und der Erteilung eines individuellen Feststellungs- und Defizitbescheids ihrer Berufsabschlüsse durch die Landesbehörden, einen Anpassungslehrgang oder als zweite Variante eine Kenntnisprüfung erfolgreich absolvieren. Nur durch eine behördliche Anerkennung ist eine Beschäftigung als Pflegefachkraft in Deutschland möglich. Der Anpassungslehrgang dauert insgesamt zehn Monate und wird in Vollzeit grundsätzlich an staatlich anerkannten Gesundheits- und Krankenpflegeschulen oder kann durch einen dafür anerkannten Bildungsträger für Pflegeberufe durchgeführt werden, um die unterschiedlichen fachlichen Defizite in den festgeschriebenen Lernbereichen durch den Antragsteller auszugleichen. Die kürzere Variante ist die Kenntnisprüfung im Rahmen einer staatlichen Externenprüfung nach der Teilnahme eines Vorbereitungskurs mit hohem medizinischem und rechtlichem Anspruch Dabei ist allerdings wichtig zu wissen, dass nicht alle Pflegeschulen die einen Vorbereitungslehrgang zur Kenntnisprüfung anbieten, die notwendige Prüfung organisatorisch durchführen können. Diese Vorbereitungskurse (zwei bis vier Monate) sind oftmals durch die Agentur für Arbeit förderfähig und deren Dauer kann sehr unterschiedlich geregelt sein.

So machte der Hannoveraner Geschäftsführer eines der größeren privaten Anbieter im Pflegesektor, Dr. Yazid Shammout mit dem Titel »Die ersten Pfleger sind da« (HAZ) oder »Der Pfleger kommt aus Jordanien« (FAZ) Schlagzeilen, indem der Unternehmer die ersten Pflegefachkräfte aus der jordanischen Hauptstadt Amman angeworben hat und sein Vorhaben mit Erfolg fortsetzt (vgl. Koll, HAZ, 2019; Kloepfer, FAZ, 2019).

© Johann Weigert

Abb. 1: DANA Geschäftsführer Dr. Yazid Shammout »Pfleger kommen aus Jordanien«.

Nur mithilfe von politischen und strukturellen sowie gesetzlichen Verfahrens- und Prozessänderungen, lassen sich solche Projekte die am Ende eine Strahlkraft haben werden, gemeinsam realisieren und für den Pflegemarkt meistern.

Auch mit den Grundlagen der neuen »MuG« (Maßstäbe und Grundsätze zur Qualität und Qualitätssicherung) und den QPR für die vollstationäre Pflege bemisst sich die Pflegequalität weiterhin an den Ebenen und Qualitätsdimensionen der bekannten Struktur-, Prozess- und Ergebnisqualität. Das einrichtungsinterne Qualitätsmanagement in den Pflegeeinrichtungen muss durch die politischen und strukturellen Neureglungen auf der Ebene der Ergebnisqualität daran interessiert sein, ein gutes Versorgungsergebnis für die Gesamtheit der Bewohner und Pflegekunden in der Pflegepraxis zu erreichen und abzubilden. Die Bewohner und Pflegekunden sowie die Angehörigen in der ambulanten, teil- und vollstationären Pflege haben klare Vorstellungen über den Qualitätsanspruch und verbinden den Qualitätsbegriff im Kontext der pflegerischen Versorgung und Betreuung mit Information, Beratung, Aufklärung und vor allen Dingen mit der Autonomie und dem Erhalt der Selbstbestimmung sowie dem Schutz ihrer Persönlichkeitsrechte. Die Wahrung der Persönlichkeitsrechte sowie das Recht auf körperliche Unversehrtheit werden als prüfungsrelevante Qualitätsaspekte (QA), z. B. bei »Freiheitsentziehenden Maßnahmen« (FeM) oder bei der Durchführung von körperbezogenen Pflegemaßnahmen als wichtige interne Themen in der neuen QPR für die stationäre Pflege berücksichtigt.

Professionell Pflegende und QM-Verantwortliche erinnern sich bei diesen Begriffen oder bei der Einführung der Pflegeversicherung am 01.01.1995 als jüngster Zweig der Sozialversicherung in Deutschland an die grundlegenden Rechte hilfe- und pflegebedürftiger Menschen die in der »Charta der Rechte hilfe- und pflegebedürftiger Menschen« im Jahr 2007 durch eine mehrjährige Vorbereitung durch eine Expertenkommission verankert wurden (vgl. BMFSFJ; BMG, 2019). Neben dem ICN-Ethikkodex (International Council of Nurses) sind in der Pflege-Charta die ideellen Rechte von hilfe- und pflegebedürftigen Menschen näher beschrieben worden. So basieren bspw. die bestehenden Berufsordnungen für Pflegefachberufe auf der Grundlage des Ethik-Kodexes für professionell Pflegende, und der Deutsche Berufsverband für Pflegeberufe e. V. (DBfK) hat bereits 1992 im Zuge der Professionalisierung der Pflege eine Berufsordnung für die Pflegefachberufe und für die Mitglieder als eine Verbindlichkeit ausformuliert (vgl. Kellnhauser, 2014: 58 f.). Die Pflege-Charta beschreibt in insgesamt acht Artikeln den uneingeschränkten Anspruch darauf, dass die Menschenwürde und deren Einzigartigkeit im Rahmen der aktivierenden Pflege nach dem Selbstbestimmungsrecht ausnahmslos respektiert und durch die Gesundheitsakteure beachtet werden müssen (vgl. Anforderungen an den Betrieb einer stationären Einrichtung gem. § 10 Abs. 2 WTPG).

Die Pflege-Charta umfasst das Recht auf:[1]

Artikel 1: Selbstbestimmung und Hilfe zur Selbsthilfe
Artikel 2: Körperliche und seelische Unversehrtheit, Freiheit und Sicherheit
Artikel 3: Privatheit und Schutz der Intimsphäre
Artikel 4: Individuelle, gesundheitsfördernde und qualifizierte Pflege, Betreuung und Behandlung
Artikel 5: Umfassende Information, Beratung und Aufklärung
Artikel 6: Kommunikation, Wertschätzung und Teilhabe an der Gesellschaft
Artikel 7: Respekt vor Religion, Kultur und Weltanschauung
Artikel 8: Palliative Begleitung und würdevolles Sterben und Tod

Der würdevolle und respektvolle Umgang mit einer personenzentrierten Ausrichtung der Pflege muss der grundlegende Anspruch des internen Qualitätsmanagements sein.

1 Vgl. www.zqp.de/pflege-charta, abgerufen am 23.07.2019.

1.2 Zufriedene Kunden als »Maßstab«

Die Verbraucher und die Angehörigen erwarten in der Langzeitpflege, dass die pflegebedürftigen Menschen methodisch als auch pflegefachlich gut versorgt und professionell nach fachkundigen Standards oder Verfahrensanleitungen oder -anweisungen gepflegt werden, die Pflegekräfte »immer« nett und freundlich sind und vor allen Dingen auch die Zeit haben, sodass eine »Rund-um-die-Uhr-Pflege« und Betreuung sichergestellt ist. Sie erwarten ebenso eine familiäre und harmonische Atmosphäre, damit sich die pflegebedürftigen Menschen vom ersten Tag des Pflegeauftrages oder Heimeinzugs an wohlfühlen können – auch bei einer schwierigen Pflege u. a. bei einem herausfordernden erlebtem Verhalten (z. B. Demenz etc.). Dies setzt im Pflegekontext und in der Beziehungsgestaltung neben der Empathie und dem respektvollen Umgang eine enge und vertrauensvolle Bindung mit den Bewohnern bzw. mit den Pflegekunden und ihren Angehörigen durch die Pflege- und Betreuungsmitarbeiter voraus. Diese innere Haltung macht deutlich, dass bei »Qualität« und deren vergleichenden »Messung« und »Darstellung« sowie dem »Managen von Qualität im Verbund« neben der Wirtschaftlichkeit und der Leistungsfähigkeit einer Pflegeeinrichtung auch gesellschaftliche, sozialpolitische und gerontologische Aspekte einen hohen Stellenwert eingenommen haben.

Nie waren die Begriffe der extern bzw. intern gesteuerten Qualitätssicherung und das einrichtungsinterne Qualitätsmanagement so bedeutungsvoll wie in der Gegenwart und wie dies durch die Neuausrichtung der Pflegequalität in der stationären Pflege in der Zukunft noch der Fall sein wird.

Die Träger von Pflegeeinrichtungen werden stark daran interessiert sein, dass die einrichtungsinternen Versorgungsergebnisse nach deren Auswertung sich nicht zu sehr von den Versorgungsergebnissen der Gesamtheit der Einrichtungen im Bundesvergleich negativ, d. h. »Ergebnisqualität liegt weit unter dem Durchschnitt«, abweichen werden.

Dem Pflegemanagement kommt durch die halbjährliche stichtagsbezogene Erhebung der Versorgungsergebnisse sowie durch die neue Prüf- und Bewertungssystematik eine herausragende Rolle zu, die nur gemeinsam mit den Pflegeteams in einer vollstationären Pflegeeinrichtung gut zu meistern sein werden. Durch die Neuausrichtung des internen Qualitätsmanagements als ein neues System sowie dem frühzeitigen Erkennen von Pflegerisiken, wird das fachliche Selbstverständnis und Selbstbewusstsein der professionell Pflegenden in den Pflegeeinrichtungen deutlich angehoben und gestärkt..

Fazit

1

Qualitätsmanagement als Führungsaufgabe der obersten Leitung mit einer strategischen und operativen Unternehmensplanung und -steuerung sowie die Darstellung von Ergebnisqualität verhelfen durch viele kleine Schritte zur fortlaufenden Verbesserung, die Leistungsfähigkeit und den nachhaltigen Erfolg einer Pflegeeinrichtung als ein Selbstverständnis sicherzustellen.

Der Begriff »Qualität« ist stark geprägt von dem subjektiven Gehalt und ist vor allen Dingen von den vorausgesetzten, d. h. unausgesprochenen Kundenerwartungen, Kundenerfahrungen als auch von den Kundenerlebnissen und Kommunikationsereignissen abhängig. Die Erfassung und das Erkennen der festgelegten Kundenanforderungen (z. B. Angebot, Verträge etc.), Kundenerwartungen und den Kundenerlebnissen in der Vergangenheit sind bedeutende Maßnahmen und sollten im gesamten Pflegeheim und in einem ambulanten Pflegedienst eine sehr hohe Bedeutung haben. Die Alleinstellungsmerkmale einer Pflegeeinrichtung und eines ambulanten Pflegedienstes, z. B. durch ein ISO-Zertifikat bzw. die Werbung mit einem »TÜV-Zertifikat« in Verbindung mit einem branchenspezifischen Güte- oder Qualitätssiegel (z. B. Qualitätssiegel Pflegemanagement etc.) und eine gute bis exzellente Versorgungssituation, werden in der Zukunft das fortdauernde Bestehen einer Pflegeeinrichtung bestimmen, wenn frühzeitig die zugrundeliegenden Impulse sowie die gesetzlichen Regelungen und Vereinbarungen aufgegriffen und umgesetzt werden. Durch die Beteiligung der Mitarbeiter können in den Pflegeeinrichtungen die Verbesserungspotenziale besser und schneller identifiziert und nutzbar gemacht werden. Dadurch können die Motivation und die Zufriedenheit jedes Einzelnen am Arbeitsplatz gestärkt werden. Ein internes Qualitätsmanagement funktioniert nur dann reibungslos, wenn es von jedem gelebt und mitgetragen wird. Und: Wer kein Qualitätsmanagement eingeführt und keine Strukturen im Sinne einer marktorientierten Unternehmenskultur geschaffen hat, kann am Pflegemarkt nicht mehr dauerhaft überleben und muss um seine eigene Existenz in der Pflegewirtschaft befürchten. Um diese Herausforderungen und Chancen auszuschöpfen, sollten im einrichtungsinternen Qualitätsmanagement geeignete Marketinginstrumente in der Organisation entwickelt und in der Verantwortung der obersten Leitung als ein fester Bestandteil implementiert werden. Aufbauend darauf können marktbezogene Vertriebsziele in der Organisation verankert und zur Verwirklichung die Strukturen zur Umsetzung geschaffen werden.

Wichtig **QM = Managementaufgabe!**

Die Sicherstellung und die Aufrechterhaltung sowie die Beurteilung der Wirksamkeit von Verbesserungsmaßnahmen sind zur Zukunftssicherung auf lange Sicht in jedem Qualitätsmanagement wichtige Managementaufgaben geworden.

Das Aufgabenprofil für QM-Verantwortliche und der verantwortlichen Pflegefachkräfte hat sich im Verständnis in den letzten Jahren gravierend verändert. Durch das veränderte Pflegeverständnis, dem neuen Pflegebedürftigkeitsbegriff, den Begutachtungs-Richtlinien (BRi) und dem Strukturmodell zur Neuausrichtung der Pflegedokumentation sind für die ambulanten, teil- und vollstationären Pflegeeinrichtungen – neben dem neuen Qualitäts- und Prüfsystem – neue Handlungsoptionen entstanden. Menschen mit Pflege- und Betreuungsbedarf verbleiben heute sehr viel länger in ihrer eigenen Häuslichkeit und nehmen bei Pflegebedürftigkeit oft zunächst einen ambulanten Pflegedienst in Anspruch (was gesetzlich auch gewollt ist), bis eine pflegerische Versorgung in der eigenen Häuslichkeit nicht mehr funktioniert. Durch das längere Verbleiben in der eigenen Häuslichkeit bei Pflegebedarf ist eine wohnortnahe indikationsspezifische und zeitliche Versorgungsstruktur in der Zukunft, insbesondere im ländlichen Raum wichtig. Es ist deshalb bedeutungsvoll, die Informations-, Kommunikations- und Medizintechnologien (IKMT) gemeinsam mit anderen Leistungserbringern und den Kostenträgern sowie weiteren externen Anbietern (Lieferanten) weiter auszubauen und in der Zukunft durch unterschiedliche Leuchtturmprojekte, z. B. gemeinsam mit den verschiedenen Typen von Gesundheitsregionen in den einzelnen Bundesländern mit ihren Hauptzielsetzungen weiter im Verbund mit anderen Gesundheitsakteuren in der Vernetzung voranzutreiben.

Neue Anforderung!

Durch Änderungen der Begrifflichkeit wurde im herkömmlichen Sinn mit der revidierten ISO 9001:2015 der Begriff »Lieferant« umfassender betrachtet und dabei in »Externe Anbieter« umbenannt.

So bestehen bspw. durch einen Zusammenschluss in Deutschland mehr als 100 Gesundheitsregionen und davon haben sich rund 20 Mitgliederregionen in dem Dachverband »Netzwerk Deutsche Gesundheitsregionen e. V.« (NDGR) organisiert (vgl. Kettner-Nikolaus, 2017: 23 f.). Von besonderer Aufmerksamkeit wird für die Zukunft sein, den weiteren Ausbau eines telemedizinischen Netzwerks und das Dienstleistungsangebot zu unterstützen sowie den Umgang mit technischen Assistenzsystemen durch die demographische Entwicklung flächendeckender auszubauen. Dabei sollte die Anwendung von technikunterstützten Assistenzsystemen (Ambient Assisted Living – kurz: AAL-Systeme) zielgruppenspezifischer, z. B. durch Kurse an Volkshochschulen oder dem Sanitätsfachhandel etc. weiter in der älteren Bevölkerung bekannt gemacht und deren Anwendungen geschult werden, um die Akzeptanz zu erhöhen.

Nach der Pflegestatistik (▸ Tab. 1), gab es z. B. 2017 nach den Angaben 3,4 Millionen Pflegebedürftige, von denen 76 Prozent (2,59 Millionen) zu Hause versorgt wurden und für 24 Prozent (818 000) erfolgte die pflegerische Versorgung in einer vollstationären Pflegeeinrichtung. Im Rahmen des PSG II wurde ein neuer Pflegebedürftigkeitsbegriff gem. § 14 Abs. 2 SGB XI n. F. eingeführt, welcher zu den wichtigsten Merkmalen der Pflegereform vom 21.12.2015 gehört. Der Pflegebedürftigkeitsbegriff mit der Unterteilung in fünf Pflegegrade berücksichtigt die Aspekte der sozialen Teilhabe und die Kommunikation sowie den individuellen Bedarf an Betreuung, Beaufsichtigung und Anleitung der Menschen mit eingeschränkter Alltagskompetenz und verwendet durchgängig den Krankheitsbegriff nicht mehr. Durch den neuen Pflegebedürftigkeitsbegriff und der ständigen Auseinandersetzung durch das neue Qualitätssystem in der stationären Pflege »wird ausschließlich der Part der Selbstständigkeit und die Fähigkeiten des zu Pflegenden betrachtet und überprüft« (Penzlien; Schmidt-Statzkowski, o. J.: 3). Das neue Qualitäts- und Prüfsystem baut durch die Heranziehung von bestimmten Begutachtungsmodulen und Beurteilungskriterien auf den Pflegebedürftigkeitsbegriff auf und ist auf die Stärkung und den Erhalt von **Selbstständigkeit** und der **Fähigkeiten** der pflegebedürftigen Menschen ausgerichtet. Es beschränkt sich nicht mehr ausschließlich auf den individuellen Hilfebedarf und die Verrichtungen im Ablauf des täglichen Lebens.

Tab. 1: Pflegebedürftige 2017 nach Versorgungsart (vgl. StBA, 2017)

3,4 Millionen Pflegebedürftige (insgesamt)		
2,59 Millionen (76 %) zu Hause versorgt		818 000 (24 %) in Pflegeeinrichtungen betreut
		→ in 14.500 Pflegeheimen einschließlich teil-stationärer Pflegeheime mit 764.600 Beschäftigten
1,76 Millionen Pflegebedürftige durch Angehörige versorgt	830.000 Pflegebedürftige zusammen mit/durch ambulante/n Pflegedienste	
	→ durch 14.100 ambulante Pflegedienste mit 390.300 Beschäftigten	

Durch den reformierten Pflegebedürftigkeitsbegriff und dem neuen pflegefachlich begründeten Begutachtungsassessment nach den Begutachtungs-Richtlinien (BRi) erfolgte bundesweit eine Leistungsverbesserung für versicherte Menschen mit Pflegebedarf sowie für Menschen mit eingeschränkten Alltagskompetenzen (z. B. Altersdemenz). Für die einzelnen sechs Module werden auf der Grundlage des Begutachtungsassessments nach den Begutachtungs-Richtlinien (BRi) zum Verfahren der Feststellung von Pflegebedürftigkeit entsprechende Punktewerte je nach Beeinträchtigungen in der Selbstständigkeit (Module 1, 4 und 6 sowie der Kategorie 5,16), der Fähigkeiten (Modul 2), Häufigkeiten von Verhaltensweisen und psychische Problemlagen (Modul 3) sowie der Häufigkeit der **personellen Hilfe** (Modul 5 mit Ausnahme der Kategorie 5.16 »Einhalten einer Diät ...«) vergeben. Durch die Ermittlung und Gewichtung des jeweiligen Moduls ergeben sich für die Bestimmung eines Pflegegrads (PG 1–5) gem. § 15 SGB XI n. F. ein Gesamtpunktwert. Durch den Pflegebedürftigkeitsbegriff werden die individuellen Beeinträchtigungen und Fähigkeiten der pflegebedürftigen Menschen in sechs Lebensbereichen erfasst. Dabei steht die Frage »Was kann der pflegebedürftige Mensch noch selbstständig bewältigen?« im Vordergrund (vgl. Penzlien, Schmidt-Satzkowski, o. J.: 3).

Es wurden die Pflegstufen ab dem 01.01.2017 durch eine neue Einstufungssystematik mit den fünf Pflegegraden gem. § 15 SGB XI n. F. ersetzt und die Höhe der Leistungsansprüche sind vom Pflegegrad abhängig. Die Leistungsverbesserungen und die Ausweitung der Leistungsansprüche hat mehrere Konsequenzen: Die Verweildauer von Pflegebedürftigen in den stationären Pflegeeinrichtungen hat sich trotz des Anstiegs der ferneren Lebenserwartung stark verkürzt; durch die multimorbiden Erkrankungen im zunehmendem Alter und der Gebrechlichkeit bzw. chronisch kranker älterer Menschen sind durch die Pflegemitarbeiter potenzielle gesundheitsbezogenen Risiken in der stationären und ambulanten Pflege rechtzeitig pflegefachlich einzuschätzen, um durch Prophylaxen und Schutzfaktoren als Lebenskompetenzen die Lebensqualität und die Selbstständigkeit älterer Menschen zu stärken.

Auch wenn die Zertifizierungsnorm der ISO 9001 die Implementierung eines Risikomanagements nicht explizit fordert, ist im risikobasierten Ansatz der Risikomanagementrahmen für die Risikoüberwachung sowie die Risikoüberprüfung durch die oberste Leitung (oL) und dem Pflegemanagement immer im Blick zu behalten. Das Risikomanagement ist unabhängig einer Normierung (z. B. ISO 31000 –Risikomanagement – Grundsätze und Richtlinien) eine grundlegende Selbstverpflichtung und Bestandteil im Pflegeprozess nach den sechs Schritten bzw. nach dem Strukturmodell mit der strukturierten Informationssammlung (SIS®) als eine neue fachlich begründete Pflegeprozessgestaltung. Das ohnehin immer knappe Budget, der anhaltende Kosten-Leistungsdruck sowie die Einhaltung der kontinuierlich ansteigenden gesetzlichen und behördlichen Anforderungen sowie eine tradierte und verfestigte Sichtweise der Gesundheitsakteure erschweren oftmals die Ist-Situation in den Versorgungssituationen, um neue Dinge umzusetzen oder auszuprobieren. Gewachsene Strukturen, die aufgelockert und fachlich kritisch hinterfragt werden müssen, aber auch Aussagen wie: »Das haben wir immer schon so gemacht …« erschweren heute die Auseinandersetzung mit den neuen externen Rahmenbedingungen und können die Argumentationen für die Neuausrichtung des neuen Qualitätssystems lähmen.

Info

Mit Blick auf die Versorgungsergebnisse und deren halbjährliche stichtagsbezogene Erhebung und Berechnung durch die Datenauswertungsstelle (DAS) ist das neue Prüf- und Qualitätssystem eine Chance, die gute Pflege in der praktischen Arbeit sichtbar zu machen, die in der Vergangenheit oftmals verblendet und durch die Verantwortlichen nicht immer methodisch oder fachlich ausreichend abgesichert dargestellt werden konnte.

Das Qualitätsmanagement bietet verschiedene Möglichkeiten und Kompetenzen an, um in den wichtigsten Prozessen die Risiken und Chancen (risikobasierter Ansatz!) zu ermitteln, damit die gewünschten Ergebnisse in einem QM-System erfolgsversprechend erreicht werden können. Bei der Neuausrichtung oder Neuanpassung von Prozessen sind erfolgskritische Faktoren einer Pflegeeinrichtung zu analysieren (z. B. die Anzahl der Doppelzimmer, geringe Fachkraftquote und die personelle Besetzung u.v.m.), um daraus z. B. geeignete Marketingaktivitäten und optimale Vertriebsziele im Wettbewerb des Seniorenmarktes festlegen zu können. Eine Neubewertung der Ist-Situation (Ist-Soll-Vergleich) verhilft Altbewährtes loszulassen und neue Wege zu wagen, um sich weiterzuentwickeln und Prozesse und Ergebnisse zu optimieren.

Die Pflegesachkundigen in den ambulanten und stationären Pflegeeinrichtungen antworten auf die Frage nach der Qualität häufig mit Umschreibungen wie: »Gut, sauber, fach- und sachgerechte Pflege, ordentlich und reibungslos« und mit der Aussage: »Den Bewohnern soll es hier gut gehen«, oder: »Wir brauchen in Anbetracht der Erfordernisse mehr Zeit für unsere Bewohner bzw. Pflegekunden.« Der Anspruch der Bewohner bzw. Pflegekunden und ihrer Angehörigen als auch die Aussagen der Pflegemitarbeiter sind gar nicht so gegensätzlich. Die Unterschiede zwischen den Mitarbeitern und den Angehörigen könnten darin bestehen, dass beide Anspruchsgruppen unterschiedliche Vorstellungen und Erwartungen mit dem Qualitätsbegriff verknüpfen und in Wechselbeziehung zueinander bringen.

Werden Einrichtungsträger zum Qualitätsbegriff im Zusammenhang der Leistungserbringung befragt, so kann die Qualität sehr häufig in dem ausgewogenen Verhältnis von Kosten-Nutzen (Effektivität und Effizienz), Investition und in »Return on Investment« gesehen werden. Gute fach- und sachgerechte Pflege und die Vergütungsvereinbarungen je nach Versorgungsaufwand (§§ 82-91 SGB XI), d. h. entsprechend der Pflegegrade der Bewohner, die mit den Pflegekassen verhandelt und vereinbart wurden, gehören gleichrangig dazu. Zu den Voraussetzungen und Betrieb einer vollstationären Pflegeeinrichtung ist neben der wirtschaftlichen Leistungsfähigkeit des Trägers wichtig, dass die Leistungen und die Versorgung an den individuellen Bedürfnissen und Interessen mit Blickrichtung auf den erforderlichen Pflege- und Betreuungsbedarf, neben dem allgemein anerkannten Stand fachlicher Erkenntnisse, auszurichten sind (vgl. § 10 Abs. 1 WTPG). Ob man in dem derzeitigen Versorgungsmanagement durch den Mangel an freien Kapazitäten durch den strukturell bedingten Fachkräftemangel überhaupt von optimalen externen oder internen Rahmenbedingungen im Kontext der Pflegeorganisationen ausgehen kann, sei kritisch zu hinterfragen. So kann nur vermutet werden, dass ein prekäres Pflegemanagement mit einer schizoiden Unternehmenskultur mit internen Diskontinuitäten und Instabilitäten in der Versorgung sowie ein gleichgültiges Verhalten trotz einer guten Belegungs- und Auslastungssituationen und der zukünftigen Transparenz der Qualität aus Verbrauchersicht, in puncto der Gewinnung und Bindung von Pflegefachkräften für ein weiteres Fortbestehen einer vollstationären Pflegeeinrichtung bestimmend und kennzeichnend sein werden. Eine schizoide Unternehmenskultur oder ein schlechtes Arbeitsklima zwischen den Führungskräften und den Mitarbeitern kann die Flucht aus der Pflegeeinrichtung und somit auch die Fluktuation, zu Lasten der zu betreuenden Bewohnern oder Kunden, noch zusätzlich verstärken. So ist bspw. eines der größten Sorgen der Verbraucher in der ambulanten Versorgung »überhaupt irgendeine Form von Unterstützung zu erhalten«, da die erforderlichen personellen Kapazitäten zu einer kurzfristigen Übernahme einer Versorgung oder sonstige Versorgungsanfragen, z. B. nach einer Krankenhausbehandlung, derzeit oftmals in der Praxis fehlen (Jurgschat-Geer, 2019).

Auch wenn bundesweit in der Pflegebranche gute Pflegeassistenten die alltägliche Arbeit verrichten, so sind die professionell Pflegenden durch die dreijährige Berufsausbildung nicht in der Pflegepraxis wegzudenken und stellen einen der wichtigsten Garanten für eine individuelle bedarfs- und bedürfnisgerechte sowie für eine qualifizierte Versorgungsqualität gegenüber den Kostenträgern und Heimaufsichten, dar. Die Pflegeheimbetreiber und Träger von ambulanten Pflegediensten brauchen heute oft sehr lange, um eine offene Stelle wieder besetzen zu können und dass dürfte sich nach Auffassungen der Bundesagentur für Arbeit vorerst auch nicht so schnell verändern. Durch den Mangel an qualifizierten Pflegefachkräften sind die Mitarbeiterbindung und die Beibehaltung der Innovationskraft für jeden Betreiber einer Pflegeeinrichtung oder eines ambulanten Pflegedienstes zu wichtigen Qualitätsmerkmalen geworden. Dazu bilanziert die Nürnberger Bundesagentur: »In keinem Bundesland stehen rechnerisch ausreichend arbeitslose Bewerber zur Verfügung, um damit die der Bundesagentur gemeldeten Stellen besetzen zu können« (Prössl, 2019). Interessant wird dabei auch die Frage sein, inwieweit die Generalistik den Pflegeberuf ab dem Jahr 2020 mit der erwarteten Attraktivitätssteigerung nach dem Pflegeberufegesetz (PflAPrV) zur Pflegefachfrau oder zum Pflegefachmann positiv befördern wird.

Einsatzfreude, alters- und alternsgerechte Arbeitsgestaltung und Arbeitsbedingungen, niedrige Krankenquoten als auch belastbare, hochmotivierte und langjährige sowie gesunde und leistungsfähige Mitarbeiter, gute externe und interne Rahmenbedingungen, eine gute Belegungs- und Auslastungssituation sowie gute Versorgungsergebnisse sollten aus Trägersicht die heutigen Qualitätsansprüche sein. Dies ist erforderlich, um den neuen Herausforderungen und die technologischen Innovationen z. B. durch die Digitalisierung und anderer Systeme gewachsen zu sein. *»Angesichts der demographischen Entwicklung können sich die Betriebe die Verschwendung der Potenziale der Älteren nicht mehr lange leisten«* (Wagner, 2011). Arbeitswissenschaftliche Forschungsergebnisse können in einigen Studien verdeutlichen, dass durch den Anstieg der älteren Mitarbeiter in den Betrieben und somit auch in den Pflegeeinrichtungen, die alters- und alternsgerechte Arbeitsgestaltung in der Zukunft erheblich für jede Leitung an Bedeutung gewinnen müssen, damit die individuelle und gesundheitliche Arbeits- und Leistungsfähigkeit der Mitarbeiter gefördert und erhalten bleibt. So waren beispielsweise 77 Prozent der 55–59-Jährigen in Deutschland im Jahr 2014 erwerbstätig (vgl. Mühlenbrock, 2017). Die altersgerechte Arbeitsgestaltung orientiert sich an den jeweiligen Lebensphasen und konkreten Lebenssituationen sowie an den individuellen Bedürfnislagen der Mitarbeiter. Die alternsgerechte Arbeitsgestaltung stellt den Alterungsprozess in den Mittelpunkt und umfasst die präventiven Maßnahmen zur langfristigen Gesunderhaltung und die gesundheitsbezogenen Verhaltensweisen der Mitarbeiter, z. B. durch ein betriebliches Gesundheitsmanagement (BGM) oder durch eine gesundheitsförderliche Gestaltung der Arbeitsplätze.

Der Kompetenzerhalt und -entwicklung, die Gesundheit der Mitarbeiter, die Arbeitsmotivation und die Anpassung von guten Arbeitsbedingungen an den Arbeitsplatz sowie die Übernahme von besonderen Funktionen in den Pflegeheimen und Pflegediensten stehen bei diesen großartigen Herausforderungen in jedem Qualitätsmanagement im Vordergrund. Bedeutungsvoll dabei ist, dass arbeitserleichternde Hilfen zur Verfügung gestellt werden, damit die Mitarbeiter durch die Arbeit gesund bleiben und ein vorzeitiges Altern minimiert wird, um später gesund und mit Freude in die Rente gehen zu können. Langfristige belastende Arbeitsbedingungen und Arbeitsumstände, z. B. durch eine hohe Arbeitsdichte, chronischer Zeitmangel und Leistungsdruck sowie ein schlechtes Betriebsklima tragen zur vorzeitigen Alterung bei, welches sich nicht am kalendarischen Alter eines Menschen bemisst. Deshalb ist es wichtig, dass gerade auch die älteren Mitarbeiter an einer betrieblichen Weiterbildung mit positiven Lernerfahrungen teilnehmen können, da eine Weiterbildung z. B. die Arbeitsmotivation erhöhen und den Verrentungszeitpunkt erheblich beeinflussen kann.

Die qualifikatorischen Anforderungen sind unabhängig der ISO-Anforderungen der Normabschnitte »7.1.6 Wissen der Organisation« und »7.2 Kompetenz« im gesamten Lebenslauf in der Arbeitswelt der Mitarbeiter mit der Frage wie: »Sind unsere Mitarbeiter für die Anforderungen hinreichend qualifiziert?« zu fördern. In der Studie »Die Weiterbildungsverlierer« von Frick et al. (2013) konnte festgestellt werden, dass manche ältere Mitarbeiter die Möglichkeit an einer Weiterbildung teilzunehmen nicht erhalten, da sie ohnehin bald in den Ruhestand gehen bzw. oft in der Pflegeeinrichtung nur mit einer geringen Wochenstundenanzahl arbeiten. Dies erfolgt meistens auch tatsächlich, weil sie keine Weiterbildungen erhalten haben und sich im Arbeitskontext überfordert fühlen. Durch die vorzeitige Verrentung kann durch das Fehlen eines systematischen Wissensmanagements auch nicht mehr an die Berufserfahrungen erfolgreich durchgeführter Projekte der älteren Mitarbeiter angeknüpft werden. Somit geht wertvolles individuelles Wissen verloren, da es vorher nicht hinreichend einrichtungsintern abgesichert und bewahrt wurde. Des Weiteren dient die betriebliche Weiterbildung auch als ein wichtiges Führungsinstrument und als eine marktorientierte Unternehmenskultur, um den strukturell bedingten Fachkräftemangel aktiv zu begegnen.

Wichtig **Kompetenzen der Älteren**

Um die Konkurrenz- und Wettbewerbsfähigkeit einer Pflegeeinrichtung und eine lohnende Marktpositionierung dauerhaft sicherzustellen, kann trotz der Alterung des Erwerbspersonenpotenzials in der Zukunft nicht auf die wissens- und erfahrungsbasierten Kenntnisse der älteren Kolleginnen und Kollegen verzichten werden, da dieses Wissen auch durch Neueinstellungen nicht mehr so schnell kompensiert werden kann.

Da Wissen eines Mitarbeiters in der Volkswirtschaft als vierter Produktionsfaktor sowie als Unternehmenskapital in der Wertschöpfungskette nicht eins zu eins von Mitbewerbern kopiert werden kann, führt ein Ausscheiden eines leistungsfähigen Mitarbeiters auch immer zu einem Qualitätsverlust sowie zu einer Unzufriedenheit in den (Pflege-)Teams und kann die Innovationsprozesse in einer Pflegeeinrichtung oder in einem ambulanten Pflegedienst schwächen (vgl. Sutter, 2018). Unbenommen sind dabei eine wertschätzende Unternehmens- bzw. Organisationskultur mit positiven Werten und Handlungsnormen sowie die innere positive Haltung der Führungskräfte als auch die Förderung einer generationsübergreifenden Zusammenarbeit durch altersgemischte Teams wichtige Voraussetzungen, um Mitarbeiter im Wertschöpfungsprozess an das Pflegeunternehmen zu binden oder zu begeistern. Durch zusätzliche Gesundheitsangebote, z. B. die Förderung der körperlichen Fitness könnten neben der Stärkung des »Wir-Gefühls« die Gesundheitsförderung und einen gesunden Lebensstil sowie die Lebensqualität der älteren Mitarbeiter positiv beeinflussen und die Fehltage durch Krankheit reduzieren. Die individuelle Kompetenzentwicklung der Mitarbeiter und die behutsame Auseinandersetzung mit den internen und externen Themen des Qualitätsmanagements sind ein entscheidender Erfolgsfaktor für die Implementierungsstrategie deren Wirkung durch die Leitung nicht unterschätzt werden sollte. Die Kompetenzentwicklung von Mitarbeitern ist immer eine komplexe Form des Lernens die den Neuerwerb, die Festigung, die Verbesserung oder die Ausdifferenzierung kognitiver, emotionaler, sozialer und motorischer Fertigkeiten und Fähigkeiten umfassen sollte. Von daher ist es sinnvoll für das Qualitätsmanagement die Pflegefachkräfte für die Übernahme von Leitungsfunktionen oder zielgruppenspezifischen Weiterbildungen zu qualifizieren, z. B. durch eine Fachweiterbildung als Praxisanleiter(in) (300 Weiterbildungsstunden nach der PflAPrV durch die Generalistik der Pflegeberufe), Wundexperte, Hygienebeauftragte etc. fortzubilden.

Die Kosten für der Einführung, Verwirklichung, Aufrechterhaltung und Wirksamkeit eines QM-Systems, die Entwicklung von einrichtungsspezifischen Qualitätsstandards oder QM-Verfahrensanweisungen, die Ermittlung des bestehenden Wissens der Mitarbeiter und die damit verbundene berufliche Weiterqualifizierung, sind anfänglich relativ hoch. Qualität, Nutzen, Aufwand und Kosten stehen verständlicherweise im Vordergrund sowie immer wieder die Frage der Refinanzierung durch unterschiedliche Kostenträger und Vertragspartner.

Zwangsläufig stellt sich deswegen auch für Heim- und Pflegedienstbetreiber oft die Qualitätsfrage, ob:

- der Nutzen der im Rahmen eines Qualitätsmanagements zu treffenden Maßnahmen die Kosten überwiegt (Kosten/Nutzenverhältnis);
- die in einem einrichtungsinternen Qualitätsmanagement investierten Mittel einen besseren Effekt erzielen als mit den herkömmlichen Maßnahmen zu erreichen sind;
- sich die neuen Qualitätsanforderungen in das einrichtungsinterne Qualitätsmanagement nahtlos implementieren lassen;
- die einrichtungsinternen Versorgungsergebnisse sich im Ergebnis im Bereich »Ergebnisqualität liegt weit über dem Durchschnitt« befinden.

Von daher sollten die Mitarbeiter zur Orientierung als eine arbeits- und aufgabenbezogene Gruppe und als eine Teamleistung ein Verständnis für die Qualitätsnorm(en) und den festgelegten gesetzlichen QM-Anforderungen als externe Rahmenbedingungen durch Schulungen und interne Workshops in kleinen Schritten kennenlernen. Wichtig dabei ist, dass die Arbeitsgruppen und Teams einen Handlungsspielraum im Rahmen der Umsetzung erhalten, in dem sie ihre Aufgaben und Tätigkeiten in ihrer aktiven Rolle gemeinsam planen, entscheiden und ausführen können. Die Heimleitung muss dazu z. B. im ersten Schritt die Mitarbeiter über die Absicht informieren ein

QM-System einzuführen, damit die Teams als Gesamteinheit ein »Wir-Gefühl« und eine Gruppenharmonie zur Zielerreichung entwickeln können. Dabei ist zu beherzigen, dass ohne eine Klarheit und Offenheit über die Qualitätsziele der Erfolg gefährdet sein kann. Denn: Jedes »Qualitätsmanagement erfordert die Festlegung von Zielen« und wird prozessorientiert, durch die Planung, Ausführung, Überprüfung und durch die fortlaufende Verbesserung bestimmt (MuG, 2018a: 3 f.). Jeder Mitarbeiter muss die für seinen Arbeitsbereich geltenden Regelungen und die verbindlichen Strukturen sowie Rahmenbedingungen kennen, damit diese als »Spielregeln« eingehalten werden können. Somit kann für beide Seiten eine Win-win-Situation durch das Finden von gemeinsamen Lösungen und faktengestützte Entscheidungen geschaffen werden, die dann von allen Mitarbeitern getragen und akzeptiert werden können. Treten durch neue Verfahren Widersprüche zu bisherigen Regelungen auf, müssen Übergangsregelungen im Verständigungsprozess getroffen und ungültige Regelungen eingezogen werden. Dazu eignen sich Informationsgespräche, moderierte Workshops, Blitzumfragen, Qualitätszirkel, Dienstbesprechungen, Einführungsseminare sowie interne Mitteilungen und Aushänge (Kommunikationsstrukturen). Auch eine kollegiale Beratung ist für die Führungskräfte eine wirkungsvolle Methode. Die strukturierte kollegiale Beratung hat zum Ziel, »Lösungen für eine konkrete berufliche Schlüsselfrage zu entwickeln« (Tietze, 2003). Um Informationen zu vermitteln, setzt bei den Mitarbeitern die kollegiale Beratung grundsätzlich die Freiwilligkeit und die innere Bereitschaft voraus, um die Beziehungen und das Arbeitsklima zwischen einer Leitungskraft und eines Mitarbeiters für die Zukunft in den Arbeitsbeziehungen nicht unnötig zu belasten.

Die Pflegeteams in den Pflegeeinrichtungen sollten sich mit den Gründen für das interne Qualitätsmanagement und mit dem Umfang der damit verbundenen Qualitätssicherungsmaßnahmen und letztendlich mit den Auswirkungen auseinandersetzen. Sie sollten bereit sein, es konsequent umzusetzen. Daher ist es von Anfang wichtig, die Mitarbeiter in den Arbeitsbereichen »ins Boot zu holen« und zu motivieren, aufzuklären und sie in diese Arbeit zum Aufbau einzubeziehen.

Info

Als neues »lernendes System« mit der Messung und Berechnung von Ergebnisqualität wird nach Auffassung von Branchenexperten verbunden, dass die Fachlichkeit und dass Selbstbewusstsein der professionell Pflegenden gestärkt und dadurch das Gesamtbild in der stationären Versorgungslandschaft aufgewertet werden kann (vgl. bpa, Musterpräsentation, 2019a: 10, 92).

Es wurde bereits deutlich, dass die Herausforderungen des indikatorengestützten Verfahrens keinesfalls als ausschließliche Aufgabe einer Pflegedienstleitung oder als ein neues Wirkungsfeld von QM-Verantwortlichen betrachtet werden kann. Denn, die korrekte und vollständige sowie zeitnahe stichtagsbezogene Erhebung der Versorgungsergebnisse und der damit verbundene Perspektivenwechsel können nur von denjenigen Pflegemitarbeitern übernommen werden, die den personellen Hilfe- und Versorgungsbedarf sowie die individuelle Versorgungssituation der Bewohner im zeitlichen Verlauf pflegefachlich und im Gesamtüberblick gut kennen.

Die organisatorischen und strukturellen Anforderungen und Vorrausetzungen zur Durchführung, Erhebung, Übermittlung von Versorgungsergebnisse an die DAS an dem einmal festgelegten Stichtag gehören in der Zukunft für alle Pflegedienstleitungen in der stationären Pflege zu den neuen Managementaufgaben. Der einmal festgelegte Stichtag zur Übermittlung der Datensätze ab dem 01. Juli 2020 für alle Bewohner ist dabei für alle vollstationären Pflegeeinrichtungen nach ihrer erstmaligen Anmeldung und der Registrierung auf der Internetseite der DAS (www.das-pflege.de) verbindlich. Der einmal festgelegte Stichtag zur Ergebniserfassung und -übermittlung ist nicht mehr veränderbar. Durch die stichtagsbezogene Erhebung der Versorgungsergebnisse aller Bewohner (mit definierten Ausschlussgründe) und deren Übermittlung der Versorgungsdaten an die unabhängige Datenauswertungsstelle (DAS) gem. § 113 Abs. 1b SGB XI n. F. kann der Statuserhalt, z. B. durch die Stabilisierung einer Pflegesituation oder die Verbesserung einer Versorgungssituation von einem Bewohner, d. h. die personelle Unterstützung durch die Pflegemitarbeiter, abgebildet werden. Die DAS übernimmt dabei als eine unabhängige Institution neben der Zusammenführung der Ergebnisse die prozentuale Auswertung und Berechnung der von den stationären Pflegeeinrichtungen erhobenen Indikatoren und weitere Informationen zur Messung und Berechnung der Ergebnisqualität und ermöglichen eine Vergleichbarkeit aller vollstationären Pflegeeinrichtungen im Bundesdurchschnitt. Der errechnete Durchschnittswert dient für die Bewertung als ein Referenzwert der mit Zunahme der Bewertungen sich ständig verändern und nach der Evaluation der validen Referenz- und ggf. Schwellenwerte zur vergleichenden Messung stets angepasst wird. Die Startbedingungen als ein Referenzwert beziehen sich auf einen rechnerischen Durchschnitt aus einer Gesamtheit der einbezogenen Pflegeeinrichtungen (vgl. QDVS, Anlage 2, 2019: 2 f.). Schwellenwerte bedeuten hingegen den Sprung nach oben oder unten, also »Die Ergebnisqualität liegt leicht unter dem Durchschnitt« zu einer nächst höheren z. B. »Die Ergebnisqualität liegt weit über dem Durchschnitt« in der Gesamtheit aller Pflegeeinrichtungen der durch ein »überschritten« oder »unterschritten« ermittelt wird. Die Umsetzung des neuen Prüf- und Qualitätssystems ist insgesamt nur durch die rechtzeitige Vermittlung eines Wissens-, Innovations- und Veränderungsmanagements möglich. Dabei ist es lohnenswert, den kontinuierlichen Wissensaustausch mit den relevanten Akteuren in den Pflegeeinrichtungen im Hinblick auf die Qualitätsanforderungen untereinander zu fördern und durch die Leitung zu initiieren und in die gewünschte Richtung zu steuern, damit die benannten Pflegefachkräfte die neuen Aufgaben, behutsam kennenlernen und korrekt umsetzen können.

Um diese neuen Aufgaben im Qualitätsmanagement reibungslos umsetzen zu können, wird ein kooperativer Führungsstil mit einer kultursensiblen und sinnstiftenden als auch mit einer gestaltbaren Organisationskultur mit seinen Werten und Normen (Mission) als eine Orientierung vorausgesetzt, um die Betroffenen in ihrer aktiven Rolle in den Pflegeeinrichtungen an dem Wissensmanagementprozess durch eine Motivationsarbeit zu beteiligen und in die neuen Aufgaben einzubeziehen. Für den Wissenstransfer die den Kernprozess unterstützen, sind geeignete Interaktions- Kommunikations-, Informations- und Kollaborationsstrukturen nach dem Verständnis »Open ears, open doors, open minds« erforderlich (Gerhards; Trauner, 2010). Dies hat u. a. auch der Normungsausschuss Qualitätsmanagement erkannt und eine neue Wissensmanagementanforderung in dem Normabschnitt 7.1.6 »Wissen der Organisation« in der ISO 9001:2015 festgelegt, damit das Wissen (Knowledge-Flow) als eine Wertschöpfung in einer Organisation bewahrt, geteilt und sich vermehren kann (vgl. North, 2016: 166 f.). Dabei kann ein gemeinsamer Aufenthaltsraum oder Cafeteria ein einfacher Ort sein, um den Wissensaustauch und den Erfahrungsaustausch der Mitarbeiter positiv zu unterstützen damit sich wichtige Themen im Verständnis durch Wissen weiter verdichten und genutzt werden können. Dies sind wichtige Voraussetzungen, damit sich ein neues Wissen und die richtigen Kompetenzen, z. B. mündlich bzw. schriftlich oder in der Teamkommunikation durch Teilung an andere Kollegen vermehren und bedarfsgerecht als Wissensbilanz zur Anwendung kommen kann.

Fazit **Erfolgreiches Wissensmanagement**

Ein bedeutender Erfolgsfaktor ist, dass Wissensmanagement-Barrieren, z. B. durch die Angst vor Veränderungsprozessen, frühzeitig abgebaut sowie immaterielle und materielle Anreizsysteme zum Wissensaufbau durch die Leitung aufgegriffen und geschaffen werden.

Um eine wissensstimulierende Wissensmanagementkultur aufzubauen, sind neben der Aufbauorganisation als Organigramm, ebenso konzeptionelle und strukturelle Anforderungen, wie z. B. eine Unternehmensstrategie mit der Verankerung eines Leitbildes oder Qualitätspolitik und Qualitätszielen sowie eine Organisationskultur und -klima mit Perspektiven zu implementieren sowie die Kompetenzen innerhalb der Pflegeeinrichtung oder des Pflegedienstes unmissverständlich zu klären. Durch ein Organigramm mit seinen Verbindungslinien werden die Beziehungs- und Entscheidungsstrukturen sowie die Zuständigkeiten und Verantwortungen für die Mitarbeiter gut verdeutlicht. Das neue Qualitäts- und Prüfsystem erfordert ebenso klare Organisationsstrukturen im Pflegeheim (»Wer macht was?«) und ein rechtzeitiger Reset des »alten« Systems durch ein konsequentes Umlenken im bisherigen internen Qualitätsmanagement mit der Fokussierung auf das neue System in der stationären Pflege. Allerdings, lohnt sich der verbundene Aufwand und das Engagement damit die Umstellung zum neuen Qualitäts- und Prüfsystems in der Pflegeeinrichtung sowie die Erhebung der Versorgungsergebnisse zur vergleichenden Messung und Darstellung von Ergebnisqualität ressourcenschonend erfolgen kann.

In dem neuen Qualitäts- und Prüfsystem in der vollstationären Pflege ist das Qualitätsindikatorenset zu den zehn Themenbereichen losgelöst vom pflegerischen Verständnis oder von einer Pflegekonzeption bzw. von einem bestimmten Pflegemodell (-theorie) zu verstehen. Auch wenn die Einzelindikatoren in den Themenbereichen zur Beurteilung, Messung und Darstellung von Ergebnisqualität wichtige Themen darstellen, haben diese Indikatoren nicht den Anspruch, dass vollumfassend alle pflegerelevanten Themenbereiche in den Pflegeheimen angesprochen werden. Des Weiteren ist die einrichtungsinterne stichtagsbezogene Erhebung der Versorgungsergebnisse (Ergebnisindikatoren) unabhängig von den externen MDK-Qualitätsprüfungen bzw. der PKV-Prüfdienste zu betrachten, die im Auftrag der Landesverbände der Pflegekassen erfolgen. Um die Motivation der Mitarbeiter zu den Strategien des neuen Qualitätsmanagements anzukurbeln, sollten im Rahmen einer qualitätsorientierten Reorganisation verbesserte interne Rahmenbedingungen und -strukturen sowie motivationale gruppen- oder teambezogene Anreizsysteme mit Wertebezug zur eigenen Pflegeeinrichtung als ein wichtiger »Humanfaktor« geschaffen werden. Denn allein durch ein Leitbild oder eine Qualitätspolitik lässt sich die innere Haltung eines Mitarbeiters nicht vermitteln. Die innere Haltung ist entscheidend, damit bei den Mitarbeitern bestehende Barrieren, z. B. durch Aussagen »Mit mir nicht« bis »Ist mir doch egal« durch die Angst vor Veränderung und die Ablehnung von neuen Prozessen sowie Misstrauen, frühzeitig auf der Leitungsebene einer Pflegeeinrichtung identifiziert und bei den Mitarbeitern überwunden werden können. Die Anreizsysteme, seien sie materiell oder immateriell, können unterstützend wirken und die Implementierungsstrategien und das Erfolgspotenzial eines QM-Systems beschleunigen. Ist das gelungen, wird man sehr schnell beobachten können, dass die Mitarbeiter sich untereinander motivieren, sich mit der Einrichtung und deren Unternehmenszielen und Aufgaben schneller identifizieren und an der Arbeit und Umsetzung von erforderlichen Maßnahmen mehr Freude haben.

Die langjährige Heimleitung *Anne Schäfer* (DANA Pflegeheim Appen) sieht die einrichtungsinterne Qualitätsarbeit eng verbunden mit der Motivationsarbeit und dem Wissensmanagement der Mitarbeiter: »*... das Verständnis der Mitarbeiter für das Qualitätsmanagement und für die interne Qualitätssicherung zu wecken, gelingt am besten durch das Erkennen und durch die Förderung individueller Ressourcen. D. h. jeden Mit-*

arbeiter in einer Pflegeeinrichtung mit seinen Fähigkeiten, Qualitäten und Ideen ernst zu nehmen, den Mitarbeitern zuzuhören und sie für ihre Aufgaben zu befähigen. Durch die gegenseitige Akzeptanz und Wertschätzung fühlen sich die Mitarbeiter in ihrer täglichen Arbeit wohl und motivieren sich dann selbst im Team ...«

Die Schulung und die Begleitung der Mitarbeiter ist notwendig, um die neuen Qualitätsanforderungen des zugrunde gelegten QM-Modells oder QM-Systems als Teamleistung umsetzen zu können und um den Informationsbedarf der Mitarbeiter genauer zu ermitteln und zu begegnen. Je besser die Mitarbeiter ihre Bedeutung und ihre Aufgaben im Qualitätsmanagement verinnerlichen, umso rascher sinken die Kosten für das Erreichen der Selbstmotivation, die Überwachungskosten und damit die Gesamtkosten – bei steigender Sicherheit und Transparenz, fortlaufender Verbesserung und Optimierung der betrieblichen Abläufe. Dies ist ein wichtiger Qualitätsaspekt, der zwar zeitaufwändig ist, aber langfristig einen sehr großen Nutzen für die Pflegeeinrichtung oder einen ambulanten Pflegedienst darstellen kann.

Wichtig **Erkennen sie es rechtzeitig!**

Qualitätsmanagement ist ein Prozess in kleinen Schritten unter Einbeziehung der Mitarbeiter als wichtigstes Bindeglied zwischen Leitung und Bewohner bzw. den Pflegekunden und ihrer Angehörigen. Dass gerade durch ein umfassendes Qualitätsmanagement auch die Wirtschaftlichkeit und somit die Existenzgrundlage einer Einrichtung dauerhaft gesichert ist und die Kosten mittelfristig reduziert werden können, wird oft nicht oder zu spät erkannt.

Selbstverständlich müssen die für die Einführung und Aufrechterhaltung eines QM-Systems die erforderlichen Ressourcen und Mittel als eine Aufgabe bereitgestellt werden, damit nicht das Gefühl bei den Mitarbeitern aufkommt, die ISO ist durch den Formalismus zu bürokratisch und bringt für den einzelnen Bewohner oder den Pflegekunden nichts. Nur wer die einzelnen Anforderungen in den Normabschnitten genauer unter Lupe nimmt, kann erkennen, dass viele der genannten ISO-Anforderungen auch in den neuen QPR, wenn sprachlich auch etwas anders verpackt enthalten sind und von jeder Pflegeeinrichtung oder einem ambulanten Pflegedienst ausnahmslos erfüllt werden müssen. Darüber hinaus ist das dafür benötigte Fachpersonal (Verantwortliche im Qualitätsmanagement, Sicherheitsbeauftragte, Datenschutzbeauftragte, Hygienebeauftragte, Beauftragte für Medizinproduktesicherheit etc.) zur Verfügung zu stellen, das Personal zur Übernahme der Aufgaben zu qualifizieren und deren Befugnisse und Verantwortungen in Funktions- oder Stellenbeschreibungen festzulegen. Die Zuordnungen von Verantwortungen ist in der ISO 9001 in dem Normabschnitt 5.3 der ISO-Norm »Rollen, Verantwortungen und Befugnisse in der Organisation« (vgl. DIN 9001, 2015) aber auch z. B. in den Qualitätsprüfungs-Richtlinien als grundlegende Anforderungen zur Beurteilung der personenbezogenen Versorgung sowie der einrichtungsbezogenen Merkmale, festgeschrieben (vgl. QPR, Anlage 1 und 2, 2018). Doch diese Investitionen lohnen sich in jedem Fall!

1.3 Verständnis von Qualität

Auch wenn die Redewendung »Der Weg ist das Ziel« mehrere Bedeutungen haben kann, so tragen viele Menschen dazu bei, ein gemeinschaftliches Ziel oder ein Vorhaben zu erreichen, von dem anschließend eine einzelne Person ohne einen Beitrag geleistet zu haben i. S. von »Public-Goods« profitieren kann (vgl. Fischer et al., 2014). Dabei werden unter dem Begriff »Public« die Gesellschaft und unter »Goods« die Produkte oder die Dienstleistungen verstanden.

Neue Anforderung!
Um die Dienstleistungsbranche und die Verständlichkeit für Dienstleistungsbetriebe hervorzuheben, wird nunmehr ausdrücklich nach der Revision der ISO 9001 (8.1–8.5 Abschnitt) anstatt nur von »Produkten« nunmehr von »Produkte **und** Dienstleistungen« bzw. von »Produktion **und** Dienstleistungserbringung« als Wortpaar gesprochen.

Beim Qualitätsverständnis lässt sich sozusagen durch die unterschiedlichsten einzelnen Sichtweisen und dem Konflikt »zwischen dem Eigeninteresse eines Einzelnen und dem Gesamtinteresse einer Gruppe oder Interessen einer Gesellschaft« auch von einem »Public-Goods-Dilemma« sprechen (vgl. Wirtz, 2017: 1381). Zum einen kann etwas für den Einzelnen von großem Nutzen sein ohne sich dabei aktiv an dem Vorhaben beteiligt zu haben und trotzdem aus dem Nutzen der Gemeinschaft für sich etwas daraus generieren ohne einen eigenen Beitrag dabei geleistet zu haben. Das professionelle Qualitätsverständnis ist neben dem eigenen Verständnis von der Verfügbarkeit von Güter oder dem Vorhandensein von Dienstleistungen abhängig und der Einzelne kann davon profitieren oder einen persönlichen Nutzen daraus haben was durch ein kollektives Verhalten oder einer ganzen Gruppe geschaffen wurde.

Die Qualitätsorientierung und die fortlaufende Qualitätssicherung sowie die Verstetigung des neuen Qualitätsmanagements, verbunden mit der Entwicklung von Qualitätsstandards, sind nicht nur eine immense Herausforderung die von Pflegeeinrichtungen erwartet wird sondern sie sind auch von dem gesamten Sozial- und

Gesundheitssystem und den Entscheidungen der politischen Gesundheitsakteure auf der Makroebene abhängig. Qualität wird natürlich vom Kunden als auch von den Geschäftspartnern überall und in allen Branchen vorausgesetzt, aber zu einem optimalen und vor allen Dingen bezahlbaren Preis. Slogans wie: »Stimme des Kunden hören« oder »Der Kunde ist bei uns König« prägen viele Betriebe. Eine Pflegeeinrichtung in einer Region mit einem guten Ruf genießt Anerkennung und Lob.

Die Gesellschaft, d. h. die unmittelbaren Nachbarn der Pflegeeinrichtung sind durch ihr gemeinsames kollektives Verhalten in diesem Fall sehr stolz auf ihre Pflegeeinrichtung und transportieren diese Anerkennung und Wertschätzung in die unmittelbare Umgebung. Die Nachbarn und Geschäftskunden kommunizieren gerne über die Pflege und Betreuung sowie über das Wohnen und gute pflegerische Versorgung in diesem Pflegeheim. Die Auflösung eines sozialen Dilemmata gelingt am besten nach der Redewendung »Der Weg ist das Ziel« durch die kollektive Freischaltung einer ganzen Gruppe und durch den Beitrag jedes Einzelnen etwas zum gesellschaftlichen Wohl verändern zu wollen. Die Anforderungen moderner Qualitätsmanagement-Konzepte und die Maßnahmen zur internen Qualitätssicherung fokussieren durch ein kollektives Verhalten im Team die Kundenbedürfnisse und die Erfüllung ihrer Anforderungen als eine sehr wichtige Größe in einem QM-System. Die Ermittlung und die Auswirkungen der Kundenzufriedenheit müssen bei der Darlegung eines QM-Systems durch den ISO-Anforderungsteil »9.1.2 Kundenzufriedenheit« entsprechend in den Festlegungen der »Kundenbezogene Prozesse« ermittelt, identifiziert, beschrieben und bewertet werden sowie die Kundenerwartungen neben den Kundenanforderungen zu entsprechen (vgl. Hödl, 2015: 261).

Neue Anforderung!
Die Revision der ISO 9001:2015 schafft an dieser Stelle in dem Normabschnitt für die Anwender mehr Klarheit, da ebenso die Wahrnehmungen der Kunden über den Erfüllungsgrad der Erwartungen mit der Frage: »Sind unsere Kunden zufrieden?« ermittelt, überwacht und bewertet werden müssen.

Die ISO-Normen und die gesetzlichen Qualitätsanforderungen nach dem Pflegeversicherungsrecht mit den »MuG« zur Kundenzufriedenheit ergeben sich als eine Teamleistung aus dem Erfüllungsgrad und der Überwachung von Erfordernissen sowie den realistischen Erwartungen. Demnach muss u. a. jeder ambulante Pflegedienst und jede vollstationäre Pflegeeinrichtung die »Aufnahme, Bearbeitung und ggf. Lösung von Kundenbeschwerden« sicherstellen (MuG, 2018a: 4). Der Erfüllungsgrad von Erwartungen misst sich in der Verschränkung mit anderen Anwendungsabschnitten der

ISO 9001, wie z. B. in der Festlegung von Qualitätszielen oder der Unternehmenspolitik bzw. durch ein Pflegeleitbild im Kontext einer gestaltbaren Organisationskultur. Dass grundlegende Ziel ist es, dass durch die wirksame Anwendung des Qualitätsmanagements die Kundenzufriedenheit und die vorausgesetzten Kundenerwartungen erhöht, d. h. am besten übertroffen werden. Dies gelingt am besten, wenn die Bewohner bei den Pflege- und Betreuungsprozessen und deren Ausgestaltung einbezogen werden und selbstbestimmt mitwirken können (vgl. § 9 WTPG). So kann durch objektive sowie kundenorientierte Messverfahren die Dienstleistungsqualität beurteilt werden, z. B. durch Beobachtungen, Befragungen und Feedbackgespräche. Nur durch die Ermittlung oder eine Messung ist es möglich, Rückschlüsse auf die Dienstleistungsqualität für die Zukunft zu ziehen. Im Kundenkontakt ist es für jede Pflegeeinrichtung bedeutungsvoll, vorher abzuklären, wer die Kundenrückmeldungen bearbeitet und welche Personen bei Kundenbeschwerden einrichtungsintern für weitere Entscheidungen zu informieren sind. Eine Kundenreklamation oder eine mitgeteilte personenbezogene Beschwerde sollte niemals im Sande verlaufen oder ausgesessen werden und könnte auch eine Anlassprüfung u.a. im Auftrag der Landesverbände der Pflegekassen durch die externen Prüfinstitutionen auslösen.

Die ISO Norm 9001 beinhaltet die unausgesprochenen, d. h. vorausgesetzten Erwartungen der Kunden und sie werden definiert als »Wahrnehmungen des Kunden über den Erfüllungsgrad seiner Erfordernisse und Erwartungen«. Durch diese Normforderungen wird erkennbar, dass sich die Kundenzufriedenheit nicht nur an den gesetzlichen und behördlichen Anforderungen bemisst, sondern auch auf die unausgesprochenen Ansprüche, d. h. auf die Erwartungen beziehen, welche nicht immer explizit in einem Heim- oder Pflegevertrag genannt oder schriftlich formuliert werden. So kann ein Bewohner in der stationären Pflege die Erwartung haben, jeden Morgen ein Angebot zum Duschen zu erhalten, ohne dass diese körperbezogenen Einzelleistungen im Heimvertrag erwähnt werden. Es ist für alle Leistungserbringer in der Pflegebranche wichtig, neben den gesetzlichen und behördlichen Anforderungen auch die zu realisierenden Erwartungen von Pflegekunden zu (er-)kennen und die individuellen Präferenzen im Ablauf der Organisation einzubeziehen und zu beachten. Werden die Qualitätsanforderungen der internationalen Norm der ISO 9001 näher betrachtet, wird sehr schnell festzustellen sein, dass neben der Forderung eines einrichtungsinternen Qualitätsmanagements ebenso viele Begrifflichkeiten und auch Anforderungen, z. B. die Regelungen von Verantwortungen sowie personelle Zuständigkeiten, die Prozess- und Kundenorientierung sowie deren Zufriedenheit den Eingang in die »Maßstäbe und Grundsätze für die Qualität« sich wiederfinden lassen. So finden sich bspw. in den Zielen der »MuG« als Leistungen einer vollstationären Pflegeeinrichtung u. a. die Bestrebungen »die Förderung und den Erhalt von Lebensqualität und Zufriedenheit des pflegebedürftigen Menschen unter Berücksichtigung seiner Biografie, kulturellen Prägung und Lebensgewohnheiten sowie die Förderung und den Erhalt der Fähigkeiten, Selbstständigkeit und Selbstpflegekompetenzen« wieder (MuG, 2018a: 2).

Fazit

Die Kundenbegeisterung und das Wohlbefinden der Pflegekunden und der Bewohner ist ein wertvoller Beitrag für die fortlaufende Verbesserung und sollte eine Anstrengung für jede Pflegeeinrichtung oder Pflegedienstes sein, um z. B. erwünschte und exzellente Versorgungsergebnisse in der Pflege und Betreuung zu erzielen.

Kundenbefragungen, Rückmeldungen als ein Feedback und ein Beschwerdemanagement sowie die Maßnahmen der internen Qualitätssicherung gehören als Methoden im Dienstleistungsbereich schon seit geraumer Zeit zum Alltag, um Rückschlüsse zur Dienstleistungsqualität und Aussagen zur Kundenzufriedenheit zu erhalten. Sie nehmen einen sehr wichtigen Stellenwert im Qualitätsmanagement ein, nicht nur bei der Optimierung von Produkten und Dienstleistungen, sondern auch bei der Neuentwicklung von Angeboten sowie bei einrichtungsinternen Veränderungen. In der Versorgungslandschaft wird oftmals an diesem Punkt »Ist die Pflege fach- und bedarfsgerecht?« viel zu lange mit Maßnahmen zur internen Qualitätssicherung und demzufolge mit einer fachlich durchdachten Qualitätsplanung und Qualitätslenkung abgewartet.

Wichtig

Grundsätzlich hat die Pflege *»fachlich kompetent nach dem allgemeinen anerkannten Stand medizinisch-pflegerischer Erkenntnisse unter Berücksichtigung des fachlichen Standes der beteiligten Professionen bedarfsgerecht und wirtschaftlich«* zu erfolgen (MuG, 2018a: 2).

Die Kundenzufriedenheit und das Wohlbefinden sowie die Lebenszufriedenheit der Bewohner gehören zum Beschwerde- und Zufriedenheitsmanagement eines einrichtungsinternen Qualitätsmanagements und erfordern die Einbeziehung der Erwartungen der hilfe- und pflegebedürftigen Menschen in der ambulanten und stationären Versorgung. Die »MuG« verdeutlichen die Bedeutung der Zufriedenheit der pflegebedürftigen Menschen in den vollstationären Pflegeeinrichtungen sowie in der Kundenkommunikation die Lösung bei Kundenbeschwerden. Die Kundenkommunikation und der Umgang mit Kundenreklamation und Rückmeldungen von Kunden ist eine bedeutende Anforderung in jedem Qualitätsmanagement.

Als eine Maßnahme kann die Kundenbefragung in einer ganzen Reihe von Aktivitäten gesehen werden. Die Planung, Ermittlung und Auswertung der Kundenzufriedenheit nach dem PDCA-Zyklus als fortlaufende Verbesserung sollte ein grundlegender Baustein und Anspruch des einrichtungsinternen Qualitätsmanagements sein. Nach den Qualitätsprüfungs-Richtlinien werden für die ambulanten Pflegedienste (QPR-HKP-Richtlinie gem. § 275b SGB V n. F. und QPR gem. §§ 114 ff. SGB XI n. F.) im Rahmen der Ergebnisqualität die auskunftsfähigen Pflegekunden zur Kundenzufriedenheit im Zuge eines strukturierten Interviews nach dem 18. Kapitel »Zufriedenheit des Leistungsbeziehers« durch die externen Medizinischen Dienste bzw. durch die PKV-Gutachter befragt (vgl. QPR-ambulant, 2017). Der 5. Pflege-Qualitätsbericht dokumentiert sehr hohe Zufriedenheitswerte bei den Bewohnerbefragungen im Rahmen der externen Qualitätsprüfungen durch die Medizinischen Dienste (MD) bzw. PKV-Prüfdienste. Insgesamt bewerten die Bewohner im Rahmen der gesetzlichen Qualitätsprüfungen und Zufriedenheitsbefragungen den weitaus größten Teil der Pflegeeinrichtungen mit »absolut zufrieden« und somit eindeutig positiv. *»Allenfalls wenn es um ausreichend Zeit der Mitarbeiter, den Geschmack des Essens, die Angebote zur sozialen Betreuung, die Zufriedenheit mit der Wäscheversorgung und den Umgang mit Beschwerden geht, zeigen sich verhaltene Hinweise auf Optimierungsbedarfe aus Perspektive der Bewohner«* (MDS, 2017b). In der ambulanten Pflege gibt es aus der Perspektive der Pflegekunden lediglich dezente Hinweise auf Optimierungen im Bereich des Beschwerdemanagements. Bei diesen Befragungen sollte berücksichtig werden, dass die Bewohner- und Kundenbefragungsergebnisse bei einer externen Überprüfung nur sehr bedingt als Indikator für eine gute Pflegequalität herangezogen werden können. Die Gründe sind neben der Methode der Befragung, dass generationsbedingt die derzeitigen Bewohner oder die älteren Pflegekunden in der ambulanten Versorgung oft nur sehr bedingt zu motivieren sind, vorhandenen Unmut oder Kritik gegenüber unbekannten Dritten zu äußern. Manche Bewohner und Pflegekunden befürchten unbegründet, dass ihnen der Pflegegrad aberkannt wird oder die gesundheitliche Beeinträchtigung ihrer Selbstständigkeit oder der Fähigkeiten durch die Medizinischen Dienste (MD) bzw. PKV-Prüfdienste neu beurteilt werden und sich schlimmstenfalls die individuellen Leistungsansprüche verringern könnten.

In der ISO 9001 wird nicht explizit zur Ermittlung der Kundenzufriedenheit eine schriftliche Kundenbefragung mithilfe eines standardisierten Fragebogens gefordert. Durch die neuen ISO-Anforderungen können zum Nachweis der Kundenzufriedenheit mit der Revision ebenso andere Methoden und Varianten systematisch geplant und eingesetzt werden, wie z. B. die Durchführung von Interviews (sehr anspruchsvoll, aber auch ideal!), Feedbackgespräche, Reklamationsgespräche, Befragungen der Multiplikatoren, Beschwerdemanagement und -controlling oder idealerweise auch die Aussagen und Rückschlüsse zu Kennzahlensystemen, z. B. Balanced Score Card (BSC). Von besonderer Bedeutung ist, dass eine Einschätzung in Bezug auf die Zufriedenheit der Kunden durchgeführt und die Ergebnisse grundsätzlich auch an das betroffene Pflegeteam als Feedback zurück gekoppelt werden. Falls Kundenzufriedenheitsermittlungen durchgeführt werden, obliegt die Verantwortung für die Planung,

Durchführung und Auswertung bei den Leitungs- und Führungskräften. An der Planung und Umsetzung können interessierte Mitarbeiter beteiligt werden. So wie eine Mitarbeiterbefragung in ein übergeordnetes System der Organisationsentwicklung integriert sein sollte, ist es sinnvoll, eine Kunden- bzw. Bewohnerbefragung in ein übergeordnetes System des internen Beschwerde- und Zufriedenheitsmanagements zu integrieren. Durch die Integration der Kundenzufriedenheitsbefragung in das Managementsystem einer Pflegeeinrichtung können sämtliche Potenziale, die dieses Instrument bietet, auch ausgeschöpft werden. Die Abbildung (▸Abb. 2) verdeutlicht eine Vorgehensweise zu einer Zufriedenheitsbefragung in der ambulanten, teil- und vollstationären Pflege.

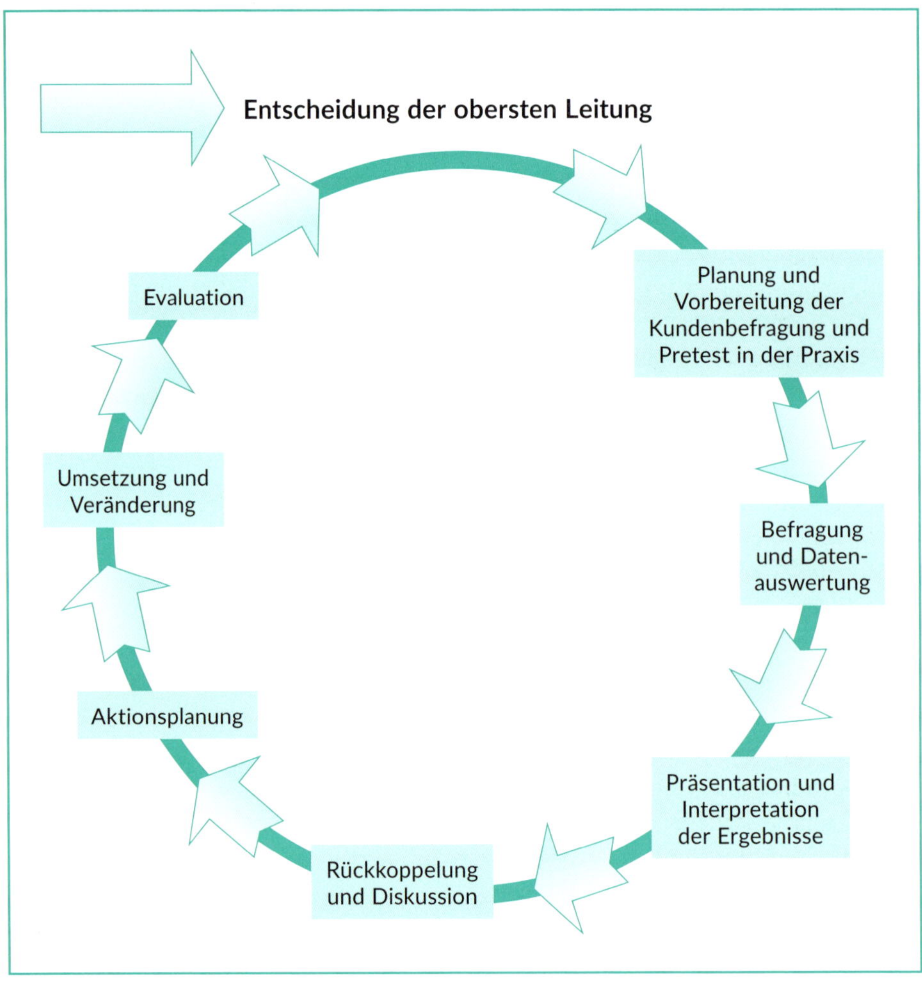

Abb. 2: Ablauf einer Kundenbefragung

Die »eigentliche Arbeit« beginnt nachdem die Ergebnisse der Befragung auf der Grundlage eines Maßnahmenplans herausgearbeitet wurden. Dann sind wiederum alle Mitarbeiter gefragt: Die, die jeden Tag mit den Bewohnern und Kunden in Kontakt sind sowie die, die jeden Tag die personenbezogene pflegerische Versorgung erbringen. Die Pflegemitarbeiter wissen am besten, wo den Bewohnern und Kunden der Schuh drückt und welche konkreten Veränderungen notwendig sind, um fortlaufende Verbesserungen auch im Zusammenhang der Versorgungsergebnisse, zeitnah zu erzielen. Die Leitung einer Einrichtung muss die organisatorischen und infrastrukturellen Voraussetzungen und Rahmenbedingungen schaffen und bereitstellen, damit Verbesserungsmaßnahmen zügig umgesetzt werden können. Die Entwicklung des Kundenbefragungsbogens ist in hohem Maße davon abhängig, zu welchem Zweck, mit welchem Hintergrund und mit welchen Zielen eine Kundenbefragung durchgeführt werden soll. Deshalb gibt es hinsichtlich der Kundenbefragung keine Standardlösungen. Hier kommt es vielmehr darauf an, die Zielvorstellungen der Heim- und Pflegedienstbetreiber auf der Leitungsebene klar herauszuarbeiten, um dann ein exakt darauf abgestimmtes Instrument einsetzen zu können.

Ablauf einer Kundenbefragung:

1. Erstgespräch zur Durchführung einer Kundenzufriedenheitsbefragung mit dem Leitungsteam einer Pflegeeinrichtung: »Was wollen wir erfahren?« und: »Was für Ziele werden daran angeknüpft?«
2. Erläuterung der Vorgehensweise und des Ablaufs.
3. Ermittlung der Anforderungen und Erwartungen hinsichtlich der Kundenbefragung in einer gemeinsamen Sitzung. Wer soll befragt werden: Bewohner, Pflegekunden, Angehörige und Betreuer?
4. Gibt es Ausschlussgründe bei der Durchführung der Befragung?
5. Wie und auf welche Art und Weise erfolgt die Auswertung z. B. einer »EDV-gestützten Kundenbefragung?«
6. Entwicklung und Bereitstellung der vorhandenen Befragungsmodule zur Kundenbefragung und Erstellung des Fragebogens und Testlauf (Pretest).
7. Rahmenbedingungen für die Planung und Durchführung der Befragung schaffen.
8. Durchführung der Befragung in einem festgelegten Zeitraum.
9. Anonyme Auswertung der ausgefüllten Fragebögen.
10. Interpretation der Ergebnisse und Präsentation der Ergebnisse im Leitungsteam.
11. Umsetzung und Planung von Verbesserungsmaßnahmen im Sinne einer fortlaufenden Qualitätsverbesserung auf der Basis des PDCA-Zyklus.

Die Planung, Ermittlung, Bewertung, Überwachung und das Wissen über den aktuellen Stand der Kundenzufriedenheit unter Berücksichtigung unterschiedlicher Informationsquellen sind wichtige Größen in jedem Qualitätsmanagement. Die Vorgehensweise nach dem PDCA-Zyklus als Reflexionsinstrument welches Verbesserungspotenziale aufzeigen kann ist eine wichtige Voraussetzung, um die erwarteten Ergebnisse zu erreichen und somit die Kundenzufriedenheit innerhalb der Einrichtung zu erhöhen. In der nachfolgenden Tabelle werden die Kundenanforderungen (Spezifikationen) bzgl. der Ursachen und deren Auswirkungen für Pflegeeinrichtungen bei »Nicht-Erfüllung« von Kundenanforderungen anhand verschiedener Beispiele und Situationen verdeutlicht.

Tab. 2: Voraussetzungen und deren Wirkungen bei einer Kundenbefragung

Voraussetzungen:	Wirkungen:
Die Leitung einer Einrichtung (Träger) muss hinter dem gesamten Projekt stehen	• Aktion erhält höheren Stellenwert • Rückendeckung für die mit dem Projekt beauftragten Mitarbeiter bei Schwierigkeiten • logistische und administrative Unterstützung • keine Verwässerung und Verzögerung des Vorhabens
Die Beteiligung der Kunden muss freiwillig sein. Kunden können nach Zufallsprinzip ausgewählt werden	• Ernsthaftigkeit und Engagement wird erhöht • Mitwirkung als Recht statt als Pflicht
Anonymes Ausfüllen und anonyme Auswertung gewährleisten	• ehrliche Antworten • höhere Beteiligungsquote
Unterstützung durch externe Stellen klären?	Vorteile: • Fachwissen und einschlägige Erfahrungen • garantiert anonyme Auswertung • Wirkt als neutrale Instanz
Aus den Ergebnissen der Kundenbefragung müssen Konsequenzen oder Auswirkungen in Form von Verbesserungen durch umzusetzende Maßnahmen gezogen werden	• Keine vordergründige Aktion mit Frustration und Resignation der Kunden • Erarbeitung und Durchführung von Verbesserungsmaßnahmen mit Steigerung von Zufriedenheit und Kundenbindung • als PR-/Marketingmaßnahme zu nutzen
Wiederholung der Kundenbefragung	• eröffnet eine vergleichende Beurteilung • Identifikation besonders problematischer Bereiche • erhöht die Glaubwürdigkeit der Maßnahme

1.3.1 Kundenanforderungen nachhaltig erfüllen

Zu den wichtigste internen und externen Themen gehört u. a. die Kundenorientierung, d. h. im Fokus stehen gleichrangig die Pflegekunden als auch die Mitarbeiter die für die strategische Planung und Gestaltung des einrichtungsinternen Qualitätsmanagements oder eines QM-Systems nach der ISO 9001 im Normabschnitt 4.1 »Verstehen der Organisation und ihres Kontextes« von besonderer Bedeutung sind. Eigentlich sollte gerade in der ambulanten und stationären Pflege vorausschauendes Denken und Verlässlichkeit, die Einbeziehung der Pflegebedürftigen und ihrer Angehörigen sowie deren Erwartungen viel stärker vorherrschen, als dies oft der Fall ist. Die Bewohner antworten auf die Frage: »Wie gefällt es ihnen hier?« mit folgenden Umschreibungen, die oftmals als sozial erwünschtes Antwortverhalten bewertet werden können:

- »... die ›Schwestern‹ sind hier alle nett ... und sind sehr bemüht ...«
- »... Ich mag nicht klingeln, denn die ›Schwestern‹ haben so viel zu tun ...«
- »... das Essen schmeckt mir gut ...«
- »... die sind alle freundlich ... und haben sehr viel zu tun ...«
- »... ich würde gerne mal spazieren gehen, aber dafür hat man hier keine Zeit ...«
- »... wo soll ich denn noch hin, meine Kinder haben keine Zeit und sind auch berufstätig ...«
- »... ich bin nur vorübergehend hier, meine Kinder holen mich bald wieder ab ...« und verweisen auf ein Bild von den Kindern mit den Enkelkindern auf dem Nachtschrank...

Wichtig **Scheinbare Zufriedenheit**

Keine Reklamationen oder Beschwerden bedeuten noch lange nicht eine hohe und erfüllte Kundenzufriedenheit! Auch bei einem schlechten und schizoiden Betriebs- oder Pflegemanagement und einer düsteren Pflegeeinrichtung äußern sich die Bewohner/Pflegekunden oftmals durchaus zufrieden.

So kann erlebt werden, dass z. B. manche Bewohner in den stationären Pflegeeinrichtungen oftmals lächelnd auf ihr noch verbliebenes »Hab und Gut« verweisen, dass sie doch noch mit ins Heim nehmen durften. Diese scheinbare Zufriedenheit spiegelt sich häufig in ihren Gesichtern nicht wider. Sie lässt sich auch manchmal nicht immer von einem guten Pflegezustand (z. B. Beurteilung der Haar- und Hautpflege, Hautzustand, Körpergewicht, Bekleidung, Bartrasur, Fuß- und Fingernägel etc.) unmittelbar in den unterschiedlichen Versorgungsarten und -situationen ableiten. Auch das Mitbringen von Kleinmöbeln oder lieb gewonnenen Haustieren ist nicht in allen stationären Pflegeeinrichtungen die Regel und dass obwohl die positiven Wirkungen von Haustieren bei älteren Menschen belegt sind. Es wird vielmehr immer wieder als Problem thematisiert, weil das Aufstellen der Möbel (in den meist zu kleinen Zimmern) die Reinigung und Instandhaltung dabei Schwierigkeiten machen können. Viele, gerade ältere stationäre Pflegeeinrichtungen verfügen durch ihre bauliche Konzeption manchmal noch nicht einmal über einen eigenen Telefonanschluss mit größeren Tastaturen und über entsprechend größere Anzeigen oder über einen eigenen Internetzugang in ihren Zimmern, ein Radio wird häufig als störend empfunden. Die Verweigerung oder die ablehnende Haltung kann dann mit dem Satz: »Die Zimmernachbarin fühlt sich dadurch gestört und das wollen WIR doch nicht ...« begründet werden und dass obwohl die Gestaltung des Alltagslebens und die Förderung der sozialen Kontakte unter der Berücksichtigung der Biografie sich als eine Anforderung in den »alten« als auch in den neuen Qualitätsprüfungs-Richtlinien (QPR) wiederfinden lassen (vgl. QPR, Anlage 2, 3. und 5. Qualitätsbereich, 2018). Der Umgang und die Verbreitung von digitalen Medien und die Technikakzeptanz, welche von unterschiedlichen Faktoren abhängig gemacht werden muss, haben schon lange Einzug gehalten in den Wohnungen der älteren Menschen. So kann die Altersstudie 2017 aufzeigen, dass z. B. jeder zweite 65–85-Jährige das Internet benutzt und dass es sich in diesem Alterssegment weiter verbreitet (vgl. Generali Altersstudie, 2017).

»Ich benutze mein Internet täglich: In erster Linie nutze ich es, um ein paar Spiele für mein geistiges Training durchzuführen. Und dann ist es für die Urlaubssuche sehr schön. Und ich benutze es zum Einkaufen, für allgemeine Produktinformationen und Testergebnisse.« (Mann, 75 Jahre, mit Partnerin) (Auszug aus der Generali Altersstudie, 2017: 113 f.).

Dies sind nur einige Beispiele für die veränderten Kundenanforderungen und die individuellen Präferenzen der älteren Menschen, die sich insbesondere auch bei gesundheitsbezogenen Beeinträchtigungen nicht unbedingt verändern werden. So können beispielsweise viele ältere Menschen bereits vor dem Einzug in eine Pflegeeinrichtung sehr geübt in dem Gebrauch von technikunterstütztem Wohnen sein, z. B. durch technische, integrierte und vernetzte Assistenzsysteme in ihrer eigenen Häuslichkeit. Die Bedienung von Raum- und Gebäudefunktionen sollten grundsätzlich verstanden werden, um eine Stigmatisierung von »Alter(n)« zu vermeiden und das erfolgreiche und gesunde Alter(n) zu fördern (vgl. BMFSFJ, 2015). Die technischen Assistenzsysteme (AAL-Systeme) als technische Hilfsmittel haben den Vorteil, dass durch diese intelligente Technik ein Höchstmaß an Lebensqualität sowie die selbstständige Lebensführung in einer gewohnten Umgebung für einen längeren Zeitraum erhalten bleiben. Bei den AAL-Systemen und anderen Gerontechnologien handelt es sich um »komplexe Konglomerate aus Technologie und Dienstleistungen, die Menschen in der selbstständigen Bewältigung des Alltags unterstützen« (Fachinger et al., 2014: 14) und gehören heute zum normalen Alterungsprozess. So können durch eine sensorische Raumüberwachung z. B. Gefahrensituationen frühzeitig erkannt und ein automatischer Notalarm abgesetzt werden, ohne dass dabei durch den älteren Menschen in seinem Zuhause eine aktive Bedienung erforderlich ist. Unterstützende Systeme und bauliche Konzeptionen sind Bestandteil von Qualität und kennzeichnen das Wohlbefinden, Lebensqualität und die bestmögliche Lebenszufriedenheit von älteren Menschen mit individuellen Pflegebedarf.

Eine Vielzahl von Beispielen können die vorausgesetzten und unausgesprochenen Erwartungs- und Anspruchshaltungen sowie die Kundenerlebnisse der hilfe- und pflegebedürftigen älteren Menschen nach Einzug in eine Pflegeeinrichtung aufzeigen. Ein Zimmer mit einem Bett, Nachtschrank, Notruf und einer Nasszelle genügen heute als ein gewisser »Goldstandard« schon lange nicht mehr. Manchmal sind die Pflegeeinrichtungen in ihrer baulichen Konzeption nicht immer optimal ausgerichtet, z. B. ein viel zu großer Wohnbereich mit vielen unterschiedlichen Wohn- und Bewohnergruppen, fehlende Rückzugsmöglichkeiten für die Pflegenden oder zu kleine Dienstzimmer für die Pflegemitarbeiter, um ungestört Übergaben und Besprechungen durchführen zu können, erschweren die Organisation und haben negative Auswirkungen auf eine gute Versorgungsqualität. Daneben wird beispielweise auch durch eine ungünstige bauliche Konzeption die Handlungsfreiheit von Bewohner und Bewohnerinnen stark eingeschränkt, sodass die älteren Menschen mit einer demenziellen Erkrankung in ihrem Bewegungsdrang durch zu kleine Gänge in den Fluren und durch dunkle Treppenhäuser in ihren Freiheitsrechten eingeengt und beschnitten werden (vgl. Wahl; Heyl, 2015: 201 f.).

Trotz allem verneinen oft selbst Bewohner, die gesundheitlich und körperlich dazu in der Lage wären, häufig einen Umzug in eine andere Pflegeeinrichtung. So kann die Frage: »Wie gefällt es ihnen hier« auch mit einem: »Na ja, es muss ja ...« oder: »Wo soll ich denn in dem hohen Alter noch hin?« beantwortet werden. Andere Bewohner hoffen in diesen vorgefundenen Lebensbedingungen in Pflegeheimen auf ihre Angehörigen: »Meine Kinder kommen bald und holen mich hier wieder ab ...ich bin doch nur vorübergehend hier!« Dass sie in der eigenen Häuslichkeit oft nicht mehr zurechtkommen, dass die eigenen Kinder sie nicht immer betreuen und aus verschiedenen Gründen auch nicht immer pflegen können, realisieren sie dabei oft nicht mehr oder verdrängen diese Tatsache in ihrer eigenen Lebenswelt. Somit warten diese Bewohner, Tage, Wochen und Monate, bis das »Abwarten« irgendwann einmal vergessen oder verdrängt wurde und das Pflegeheim und die Abläufe zum Alltag geworden sind und hingenommen werden. Das Heim, und sei es noch so emotional belastend, wird dann zwangsläufig das neue »Zuhause« dass man dann nicht wieder auf »gut Glück« so einfach aufgeben möchte.

Allein der Umzug in eine andere Pflegeeinrichtung ist mit großen Mühen und Strapazen verbunden, was die Bewohner ihren Angehörigen (oder umgekehrt) nicht zumuten möchten. Von daher verbleiben gezwungenermaßen die Bewohner fast immer in einem schlecht organisierten und unstrukturierten Pflegeheim mit wenig Angeboten zur Unterstützung bei der Tagesstrukturierung und Beschäftigung oder der personellen Förderung zur sozialen Teilhabe und Kommunikation, nehmen eine schicksalsergebende Haltung ein und kommunizieren dies mit eigenen Schuldgefühlen oder einem schlechtem Gewissen: »Ich mag nicht klingeln, denn die ›Schwestern‹ haben so viel zu tun.« Dabei ist eine auf das Alter(n) spezifische Herausforderung, dass die Beschäftigungsangebote und die Aktivitäten im Alltag in Einklang mit den persönlichen Präferenzen der älteren Menschen stehen müssen (vgl. QPR, Anlage 2: Prüfbogen B, 3.2 Qualitätsaspekt, 2018: 17).

So gibt es durchaus Bewohner in einem Pflegeheim, die in diesen schwierigen und prekären Versorgungssituationen sehr schnell hospitalisieren, stereotype Verhaltensweisen annehmen, vereinsamen und sich in eine »ICH-Zurückgezogenheit« sowie in ihre Vergangenheit durch Instabilitäten der inneren und äußeren Lebenssituationen zurückziehen und sich dadurch kognitive und körperliche Beeinträchtigungen nicht mehr selbstständig ausbalancieren lassen. Dies kann zur Folge haben, dass sich die älteren Menschen von ihrer Außenwelt abschirmen, dem ein kontinuierlicher irreversibler Leistungsabfall und Funktionsverlust unterliegt (vgl. Becker; Brandenburg, 2014: 43 f). Diese Lebenssituationen und »Schreckensbilder des Alterns« erhöhen das Risiko, die individuelle Autonomie und die Entscheidungsfähigkeit zu verlieren und können ebenso zu einem Verlust der vorhandenen Selbstmanagement- und Anpassungskompetenzen führen. Durch diese schwierigen Lebens- und Versorgungssituationen können die Bewohner in der stationären Pflege ihre bestehenden Funktionseinschränkungen und Beeinträchtigungen, z. B. nach dem sogenannten **SOK**-Modell (**S**elektion, **O**ptimierung und **K**ompensation) dann nicht mehr selbstständig ausgleichen, d. h. selbstständig ausbalancieren, damit ein selbstständiges Leben möglich wird und die Autonomie und die Selbstbestimmung erhalten bleiben. Die Wahrnehmung der Autonomie eines Bewohners ist weder vom Alter eines Menschen noch seiner Geschäftsfähigkeit abhängig.

Durch eine gezielte Selektion und Optimierung durch Kompensation können eingetretene Verluste im Alter durch Hilfen und kleinere »Tricks« im Alltag durch die älteren Menschen ausgeglichen werden. Das nachfolgende Beispiel des Pianisten Arthur Rubenstein wird allzu gerne in im Zusammenhang des SOK-Modells herangezogen: Rubenstein wurde nach einem Konzert gefragt, wie er trotz seines hohen Alters das hohe Niveau seiner Vorstellungen in seinen Darbietungen halten könne. Dieser antwortete, » dass er (a) sein Repertoire einschränke (Selektion), (b) intensiver das, was er noch spiele, übe (Optimierung) und (c) einige Tricks , wie z. B. das bewusste Langsamer-Spielen von schnelleren Passagen, einsetze (Kompensation) (Becker; Brandenburg, 2014: 48; Wahl et al., 2012: 134 f).

Die Vernachlässigung der eigenen Kompetenzen und Ressourcen sowie der bedeutsamen Ziele können zur Konsequenz führen, dass der Prozess des Funktionsverlustes (sog. Deconditioning) und die eigenen Gestaltungs- und Handlungsspielräume sowie die AEDL-Performance oftmals nicht mehr aufgehalten werden kann und dadurch die Beeinträchtigungen im Verhältnis dominieren. Durch ein Deconditioning können sich neben dem Frailty-Syndrom (Gebrechlichkeit), ein getriggerter Verlust mit Abbau von Muskelmasse und durch die Abnahme der Muskelkraft (Sarkopenie) eine Immobilität mit Ortsfixierung (schlimmstenfalls eine Bettlägerigkeit) als negative Folgen resultieren (vgl. Siebens, 1990). Im Hintergrund der Lebensspannenkonzeption beschreibt das SOK-Kompetenzmodell in jedem Entwicklungsprozess den Erhalt von Handlungskompetenzen, die Maximierung von Gewinnen und die Minimierung von

Verlusten auf der Grundlage von Prozessen der Selektion, Optimierung und Kompensation (vgl. Baltes & Baltes, 1990). Somit können grundsätzlich alle Menschen auf körperbezogene Verluste und Beeinträchtigungen der Selbstständigkeit mit Anpassungsprozesse (Selektion), Optimierungs- (Training der Leistungsfähigkeiten) und Kompensationsmechanismen (Ausgleichen) durch die Anwendung und Verstärkung von alternativen Möglichkeiten und Anpassungsstrategien bewusst oder unbewusst reagieren, um die gewohnte Lebensqualität in ihrem persönlichen Umfeld aufrechtzuerhalten. Die Förderung und der Erhalt der Selbstständigkeit und Lebensqualität ist ein wichtiges Qualitätsziel i. S. von Ergebnisqualität nach dem neuen Qualitäts- und Prüfsystems.

Andere Bewohner in den vollstationären Pflegeeinrichtungen können sich bei der Vernachlässigung einer individuellen Tagesstrukturierung mit unangemessenen Strukturen und Abläufen allein und in ihrem individuellen Alternsverlauf im Stich gelassen fühlen. Durch diese Lebenssituationen kann ein herausfordernd erlebtes Verhalten ausgelöst werden, da tagsüber keine sinnvollen tagesstrukturierenden Maßnahmen und Angebote zur Förderung der subjektiven Gesundheit und der individuellen Interessen und Gewohnheiten der Bewohner angeboten werden. Unter einer subjektiven (selbst wahrgenommenen) Gesundheit ist zu verstehen, dass die Menschen ihren eigenen Gesundheitszustand und das eigene Wohlbefinden nicht ausschließlich auf der Basis von objektiven (tatsächlich vorliegenden) medizinischen Diagnosen beurteilen (vgl. RKI, 2015). Diese Phänomenologie der subjektiven Gesundheit und deren individuelle Wahrnehmung wird als »Wohlbefindlichkeitsparadoxen« beschrieben (vgl. Staudinger, 2000). Auch die Altersstudien bspw. durch das Zentrum für Altersfragen (DZA) im Rahmen des Deutschen Alterssurveys (DEAS) können im Ergebnis aufzeigen, dass trotz vorhandener Erkrankungen und Einschränkungen z. B. in der Mobilität, ältere Menschen ihre eigene Gesundheit geschlechtsunspezifisch trotz objektiver Erkrankungen oft positiver bewerten und nach außen darstellen als die Diagnosen diese eigene Beurteilung zulassen (vgl. RKI, 2015; Spuling et al., 2017).

Pflegeheimbetreiber mit unangemessenen Struktur- und Rahmenbedingungen können neben den Versäumnissen in der baulichen Konzeption mehrere Kennzeichen aufweisen: Durch den täglichen Wettlauf mit der Zeit und den damit verbundenen Arbeitsspitzen bei bestehender strukturell personeller Unterbesetzung des Pflegepersonals und der Fachkräftemangel in allen anderen Arbeitsbereichen können die Bewohner im betriebsbedingten Tagesablauf häufig nur mit dem Notwendigsten versorgt werden. Sie erleiden Gesundheitsrisiken, sowohl körperlich als auch psychisch. Dadurch können die Bewohner in Vergessenheit geraten, es sei denn, sie äußern sich lautstark, wehren sich oder haben engagierte Angehörige, die sich für die Belange und Bedürfnisse einsetzen und oftmals als Anlaufstelle die Heimaufsicht oder die Kranken- und Pflegekassen aufsuchen. Es wird oft zu wenig oder zu spät darüber nachgedacht, die vereinbarten Kundenanforderungen und die realistischen

Erwartungen mit Nachdruck zu erfüllen und mit anderen Berufsgruppen im interdisziplinären Kontext zusammenzuarbeiten. Bei einem unstrukturierten und unorganisierten Betriebsmanagement und bei »unangemessenen Struktur- und Rahmenbedingungen« werden die Bewohner allein gelassen und die gesetzlich umfassenden Informationspflichten durch den Träger (§ 3 WBVG) werden in diesen Situationen oftmals vernachlässigt oder unverständlich an die Bewohner und ihrer Angehörigen kommuniziert. Ihre individuellen Bedürfnisse und Interessen bleiben unerkannt, sodass vorhandene individuelle Fähigkeiten in ihrem Alltagsleben nicht gefördert werden und schlimmstenfalls Pflegefehler entstehen können. Durch die Neuausrichtung des Qualitäts- und Prüfsystems in den neuen Qualitätsbereichen und der halbjährlichen Erhebung, Messung und Darstellung der Versorgungsergebnisse mithilfe von Ergebnisindikatoren ist zu erwarten, dass solche Beobachtungen im Zuge der neuen Qualitätsbewertungen und Verfahren sich im Ergebnis frühzeitiger zeigen werden, sodass nach dem Anhörungsverfahren die Anordnung und die Erteilung eines Maßnahmenbescheides gem. § 115 Abs. 2 S. 1 SGB XI n. F. auch gerechtfertigt ist.

Auch wenn die Pflegedokumentation als Grundlage und Steuerung für den Pflegeprozess nicht mehr als alleinige Informationsquelle nach den neuen Qualitätsanforderungen herangezogen wird, so zeigen die Pflegedokumentationen in den genannten Pflegeeinrichtungen trotzdem häufig gravierende Mängel und große Lücken sowie Dokumentationsdefizite sowohl in der Nachvollziehbarkeit als auch in den Evaluationen und Anpassungen bei Veränderungen von Pflegesituationen oder gesundheitsbezogenen Aspekten. In den zukünftigen externen Qualitätsprüfungen durch den Medizinischen Dienst bzw. dem PKV-Prüfdienst müssen jegliche Veränderungen von vorgefundenen Pflegesituation (Plausibilitätskontrolle) in dem Fachgespräch im Abgleich mit den Versorgungsergebnissen im Feedbackbericht der DAS und deren Abweichungen, plausibel dem Medizinischen Dienst (MD) bzw. den PKV-Qualitätsprüfern durch die Pflegefachkräfte die in der Versorgung der Bewohner sind, verdeutlicht und nachvollziehbar erklärt werden können. Demnach erfordert jede Veränderung einer Pflegesituation (z. B. nach einem Krankenhausaufenthalt) eine zeitnahe Evaluation und Anpassung der Maßnahmen, da im Fachgespräch als gleichrangige Informationsgrundlage zu anderen Datenquellen, entsprechende pflegefachliche Erläuterungen ausnahmslos durch die Pflegenden gemacht werden müssen. Das Fachgespräch und der pflegefachliche Austausch und die Auffassungen haben auch in der Vergangenheit einen sehr hohen Stellenwert bei externen Qualitätsprüfungen eingenommen, um eine vorgefundene Versorgungssituation sachlich und fachlich gemeinsam zu reflektieren oder eine vorgefundene Pflegesituation fachlich zu argumentieren oder zu begründen. In einer lückenhaften und mangelhaften Pflegedokumentation überwiegen betriebsbezogene und sonstige »dokumentierte Informationen« sowie defizitorientierte Eintragungen und eine Evaluation des Pflegeprozesses erfolgt nicht immer zeitnah. Hinzu kommen Hinweise im Pflegenachweis bzw. im Berichteblatt wie: »Keine besonderen Vorkommnisse« oder »Alles wie gehabt.«

Für Wünsche und Bedürfnisse der Bewohner und deren pflegefachliche Reflexion und Anpassung von Pflegemaßnahmen sowie die Orientierung an den individuellen Bedarfslagen ist manchmal weder die Zeit noch der Wille vorhanden. Oft fehlt auch nur die erforderliche Fachlichkeit und dass pflegefachliche Bewusstsein, um gute Versorgungsergebnisse i. S. einer personellen Unterstützung der Bewohner zu erzielen.

Allerdings müssen Dokumentationsschwächen oder Defizite nicht immer zwangsläufig mit einer gesundheitlichen Schädigung einhergehen (vgl. IPW, 2019: 7). So entsteht aufgrund einer unzureichenden Risikoeinschätzung nicht immer sofort ein Dekubitus. Dieses kann allerdings ein mögliches Risiko mit negativen Folgeschäden für den versorgten Bewohner haben (z. B. durch eine fehlende Ermittlung erforderlicher Lagerungsintervalle und sonstiger Prophylaxen – Risiko: Dekubitalulcera bei bewegungseingeschränkten Bewohnern) und wird deshalb zukünftig nach der neuen Prüf- und Bewertungssystematik durch den Medizinischen Dienst bzw. die PKV-Prüfdienste mindestens als ein sogenanntes C-Risiko (»Defizit mit Risiko negativer Folgen für die versorgte Person«) bewertet. Unter einem C-Risiko bestehen fachliche Defizite in der Prozessqualität und werden verstanden als ein vermeidbares Risiko negativer Folgen für die betreffende Person, die dem Verantwortungsbereich der Pflegeeinrichtung zuzuschreiben sind (vgl. QPR, Anlage 5: Qualitätsbewertung Qualitätsprüfung und Anlage 6: Bewertung Plausibilitätskontrolle, 2018).

Einige Bewohner können in den Pflegeeinrichtungen mit Organisationsmängeln durch Unruhe- und Verwirrtheitszustände oft im Verhalten und Erleben auffällig werden. Es wird dann oft von »schwierig« oder »pflegeabwehrendes Verhalten« und Unruhezuständen in der nächtlichen Versorgung berichtet und schlimmstenfalls nach verzerrten Beurteilungen gegenüber dem Hausarzt nach ärztlicher Verordnung (AVO) medikamentös mit Psychopharmaka sediert oder nach ärztlicher Anordnung eine »Therapie« als notwendig erachtet. Durch bestimmte Psychopharmaka wie z. B. Neurocil® oder Haloperidol® und anderen Arzneimitteln können bei älteren Menschen unerwünschte Arzneimittelwirkungen (UAWs) ausgelöst werden. Sie sollten durch die Hausärzte auf gar keinen Fall verordnet werden. Die PRISCUS-Liste enthält eine Auflistung von 83 Arzneimitteln, die für ältere Menschen als potenziell inadäquat anzusehen sind, da ein besonderes Risiko für UAWs auftreten können (vgl. Holt; Schmiedl; Thürmann, 2011). Die PRISCUS-Liste bezieht sich nicht nur auf die Psychopharmaka, sondern umfasst mit ihren wesentlichen Bedenken für mögliche UAWs auch andere 18 Arzneistoffklassen, wie z. B. Analgetika, Antiarrhythmika, Antibiotika, Anticholinergika etc. So können anticholinergische Effekte wie z. B. ein trockener Mund mit der Einnahme von Antipsychotika oder Antidepressiva induziert sein und sich dabei negativ auf die gesamte Bewegungskoordination bei älteren Menschen auswirken. Die nachfolgende Tabelle (▸ Tab. 3) soll als kurzer Auszug den Aufbau der bekannten PRISCUS-Liste schematisch darstellen:

Tab. 3: Aufbau der PRISCUS-Liste (Holt; Schmiedl; Thürmann, 2011)

Potenziell inadäquate Medikation für ältere Menschen (Fachinformation der Hersteller beachten)			
Arzneimittel	**Begründung (Bedenken)**	**Therapie-Alternativen**	**Maßnahmen, falls das Arzneimittel trotzdem verwendet werden soll:**
Neuroleptika			
Haloperidol (>2 mg) (n = 21)	Extrapyramidale Nebenwirkungen werden auch schon bei geringer Dosierung entwickelt. Bei älteren Patienten bestehen eine erhöhte Empfindlichkeit und stärker ausgeprägte anticholinerge Nebenwirkungen. Die Häufigkeit von Spätdyskinesien ist erhöht, die sedierende Wirkung stärker ausgeprägt und es kommt zu häufigerem Auftreten von Hypotonien. Besonders ältere Frauen sind für Spätdyskinesien prädisponiert (Fachinformation). Haloperidol-Nutzer haben ein erhöhtes Risiko für Hüftfrakturen (Ray et al. 1987). Haloperidol steht im Zusammenhang mit einer hohen Prävalenz an extrapyramidalen Nebenwirkungen, diese Symptome sind häufiger bei älteren Patienten (Neil et al. 2003).	Atypische Neuroleptika (Risperidon) Melperon Pipamperon Bei z. B. massiver psychotischer Erregung/Aggressivität ist eine altersunabhängige Kurzzeitanwendung (<3 Tage) in hoher Dosis mitunter nicht zu vermeiden. Ob Haloperidol in einer Dauertherapie angemessen ist, ist u. a. aufgrund der UAWs kritisch zu sehen. Kontraindikationen sind streng zu beachten. Anwendung bei Demenzkranken: Sehr strenge Indikationsstellung.	• klinische Kontrolle der Verträglichkeit (Nebenwirkungen, anticholinerge UAWs, EPS-Screening, Sturzanamnese, neurologische und kognitive Leistungen, Parkinsonsyndrom) • Kontrolle des Blutbildes • Kontrolle der Leberfunktion • Kontrolle der Herz-Kreislauffunktion (Bluthochdruck, orthostatische Blutdruckregulation, Puls, EKG) • Kontrolle der Nierenfunktion (Serum-Kreatinin, Kreatinin-Clearance) • Kontrolle des Körpergewichtes • Dosisanpassung/Dosisreduktion (niedrigste mögliche Dosis, einschleichend dosieren: zu Therapiebeginn 0,5 mg, max. 1,5 mg/d [oral], im Therapieverlauf max. 3 mg/d) – aber Dauertherapie ist kritisch zu betrachten, möglichst kurze Anwendungsdauer

Oftmals werden in den vollstationären Pflegeeinrichtungen die pflegesensitiven Gesundheitsrisiken (z. B. Sturzgefahr, Exsikkosegefahr, Kontrakturen- und Dekubitusgefahr und die Gefahr der Verschlechterung der Mobilität etc.) sowie die damit verbundenen Aktivierungspotenziale durch die Pflegefachkräfte entweder nicht rechtzeitig erkannt oder die Risiken werden nicht durch geeignete Maßnahmen abgestellt oder jedenfalls minimiert. Der personenzentrierte Ansatz in der Pflege beinhaltet, dass die Bedürfnisse und Gewohnheiten der Bewohner im Mittelpunkt stehen und die Bedarfe zur Versorgungssituation in der Pflegeeinrichtung ermittelt und bekannt sind. Die Ermittlung und Einschätzung von pflegesensitiven Risiken haben zum Ziel, zeitnah geeignete Interventionen einzuleiten und Förderungspotenziale zu erkennen, damit gesundheitsbezogene Risiken und Pflegeschäden (z. B. ein Dekubitus) in jedem Fall verhindert werden. Oftmals ist dies in den o. g. Pflegeeinrichtungen nicht der Fall: Da werden Bewohner aufgrund ihrer »Immobilität« und Frailty-Syndrom nicht mobilisiert, und es werden ohne Einwilligungserklärungen oder richterliche Beschlüsse zwei Bettseitenteile am Bett als »Freiheitsentziehende Maßnahmen« (FeM) angebracht, da alternative Maßnahmen zur Fixierungsvermeidung, z. B. nach dem »Werdenfelser Weg«, als Entlastung für die Pflegenden nicht hinreichend bekannt sind. Durch die Anwendung einer FeM, z. B. durch beidseitige Bettseitenteile wird in besonderem Maße in die Patientenautonomie und in die Grundrechte der körperlichen Unversehrtheit eingegriffen und ist in jedem Fall durch alternative Maßnahmen zu verhindern (s. Art. 2 Abs. 2 Satz 1 GG).

Der »Werdenfelser Weg« als eine alternative Maßnahme verfolgt das Ziel, die Fixierungen in Pflegeeinrichtungen auf ein absolutes Minimum zu reduzieren und auf Freiheitsentziehende Maßnahmen (FeM) durch andere Maßnahmen (z. B. technische Hilfsmittel) zu verzichten. Grundsätzlich ist der Betreuer bei einer FeM »Herr des Verfahrens« und muss die Maßnahmen zur Freiheitsentziehung sofort beenden, wenn sie nicht mehr dem Wohl des Betroffenen dient oder andere Voraussetzungen nicht mehr vorliegen (vgl. § 1906 Abs. 3 BGB). In der Zukunft ist durch die stichtagsbezogene Erhebung der Versorgungsergebnisse alle sechs Monate der Anteil der Bewohner, bei denen Bettseitenteile oder Gurte in den vergangenen vier Wochen angewendet werden, ein wichtiges Kennzeichen für die Pflegequalität. Dies ist nichts Neues, da auch in den alten Prüfanleitungen und Transparenzkriterien die Notwendigkeit und die Einwilligungen bzw. die richterlichen Genehmigungen von freiheitsentziehende Maßnahmen von den externen Qualitätsprüfungen überprüft und in dem 1. Qualitätsbereich »Pflege und medizinische Versorgung« nach den »alten« Pflegenoten« für die vollstationären Pflegeeirichtungen nach den Transparenzkriterien (T 20 und T 21) bewertet wurden. Nach der neuen QPR vollstationär (2018) werden zukünftig in dem neuen 4. Qualitätsbereich »Unterstützung in besonderen Bedarfs- und Versorgungssituationen« unter dem 4.4. Qualitätsaspekt »Freiheitsentziehende Maßnahmen« für die in die Prüfung einbezogenen Bewohner auch weiterhin erfasst und durch den Medizinischen Dienst bzw. durch die PKV-Prüfdienste das Ausmaß, die Formalien (z. B. Einwilligungserklärungen oder richterliche Beschlüsse) und die Notwendigkeit beurteilt (vgl. QPR, Anlage 1: Prüfbogen A, 2018: 41 ff.). Nach dem Indikatorenmodell zur Erfassung und Darstellung sowie zur vergleichenden Messung der Ergebnisqualität muss die Anwendung von Gurten sowie die Anwendung von Bettseitenteilen durch die Einrichtung in dem Erfassungsinstrument für alle Bewohner einer Pflegeeinrichtung ermittelt und zur Berechnung der Indikatoren an die DAS übermittelt werden.

Durch Vernachlässigung einer angemessenen Versorgungssituation können wiederum andere Bewohner in der stationären Pflege seit Monaten einen Dauerkatheter haben – ohne ärztliche Indikationsstellung sowie fehlender Diagnose. Pflegerische Maßnahmen zur Dekubitusprophylaxe (Druckstellen durch die Katheterableitungen!) finden sich bei einem bestehenden Dauerkatheter nicht handlungsleitend in der Pflegedokumentation. Oft argumentieren die Pflegekräfte dann selbstsicher: »Der Bewohner ist mit dem Dauerkatheter aus dem Krankenhaus gekommen«, obwohl der Krankenhausaufenthalt bereits Monate zurückliegt. Die Inhalte aus dem nationalen Expertenstandard zur Förderung der Harnkontinenz und sonstiger Expertenstandards sind in solchen Pflegeeinrichtungen entweder nur sehr oberflächlich bekannt oder nicht verständlich sowie nicht einrichtungsbezogen, d. h. handlungsanleitend als eine verbindliche Grundlage, angepasst worden. Die Expertenstandards sollen die Pflegequalität befördern und deren Implementierung muss immer auf die besonderen Gegebenheiten einer Einrichtung oder eines ambulanten Pflegedienstes zugeschnitten werden. Die Expertenstandards sind als Maßstab zur Beurteilung des aktuellen Standes in der gängigen Pflegepraxis anzuwenden (vgl. QPR, 2018: 8).

Bereits 1999 hat die Gesundheitsministerkonferenz durch ihr Erschließungspapier zur »Gewährleistung einer systematischen Weiterentwicklung der Qualität im Gesundheitswesen« die Grundlagen für die Entwicklung von Expertenstandards beschlossen (Schmidt, 2012). Damit dieses Vorhaben gelingt, wurde 1999 das Deutsche Netzwerk für Qualitätsentwicklung in der Pflege (DNQP; www.dnqp.de) in Kooperation mit dem Deutschen Pflegerat (DPR) und mit finanzieller Unterstützung des Bundesministeriums für Gesundheit (BMG) gegründet. Die nationalen Expertenstandards als ein Qualitätsmaßstab tragen mit ihren Themen zur Konkretisierung des allgemein anerkannten Stand der medizinisch-pflegewissenschaftlichen Erkenntnisse bei und sind nach Veröffentlichung im Bundesanzeiger für alle ambulanten, teil- und vollstationären Pflegeeinrichtungen in Deutschland als eine unmittelbare Verbindlichkeit zur Sicherung und Weiterentwicklung der Qualität in der Pflege einzubeziehen (vgl. § 113a Abs. 3 SGB XI n. F.). Die QPR beziehen neben den Strukturen und Prozessen grundsätzlich die Expertenstandards in der Pflege und deren Umsetzung in die externen jährlichen Qualitätsprüfungen durch den Medizinischen Dienst bzw. PKV-Prüfdienste im Rahmen der Beurteilung von Prozess- und Ergebnisqualität mit ein.

Die bisherigen Expertenstandards des Deutschen Netzwerks für die Qualitätsentwicklung in der Pflege (DNQP) sind:

- Dekubitusprophylaxe in der Pflege (2. Aktualisierung, Juni 2017)
- Entlassungsmanagement in der Pflege (2. Aktualisierung, 2019)
- Schmerzmanagement in der Pflege bei akuten Schmerzen (1. Aktualisierung, Dezember 2011)
- Schmerzmanagement in der Pflege bei chronischen Schmerzen (Entwicklung – Konsentierung – Implementierung, Mai 2015)
- Sturzprophylaxe in der Pflege (1. Aktualisierung, Januar 2013)
- Förderung der Harnkontinenz in der Pflege (1. Aktualisierung, März 2014)
- Pflege von Menschen mit chronischen Wunden (1. Aktualisierung, September 2015)
- Ernährungsmanagement zur Sicherung und Förderung der oralen Ernährung in der Pflege (1. Aktualisierung, Januar 2017)
- Beziehungsgestaltung in der Pflege von Menschen mit Demenz (Sonderdruck einschließlich Kommentierung und Literaturstudie, März 2018)

Der Expertenstandard »Erhaltung und Förderung der Mobilität in der Pflege« (Mai 2019) wird nach Auskunft des DNQP derzeit unter der wissenschaftlichen Leitung von Prof. Dr. Klaus Wingenfeld von der Universität Bielefeld seit Januar 2020 bewertet. Dabei wird über einen möglichen Änderungsbedarf entschieden. Nach der Konsultationsphase zum überarbeiteten Expertenstandard (Entwurfsfassung im Frühjahr 2020) soll der konsentierte aktualisierte Expertenstandard den Vertragsparteien nach§ 113 Abs. 1 SGB XI übergeben werden. Das DNQP entwickelt in Kooperation mit der Bundeszahnärztekammer (BZÄK), der Deutschen Gesellschaft für Alterszahnmedizin (DGAZ) und der Arbeitsgemeinschaft Zahnmedizin für Menschen mit Behinderung oder besonderen medizinischen Unterstützungsbedarf (AG ZMB) einen neuen Expertenstandard zum Thema »Erhaltung und Förderung der Mundgesundheit in der Pflege« bei pflegebedürftigen Menschen in Krankenhäusern, Einrichtungen der stationären Altenhilfe und ambulanten Pflegediensten. Der neue Expertenstandard zur Mundgesundheit soll im Herbst 2020 in der Fachöffentlichkeit vorgestellt und konsentiert werden.

Unter einer Mundgesundheit wird eine *»uneingeschränkte Funktionalität und Entzündungs- bzw. Beschwerdefreiheit aller Organe der Mundhöhle, d. h. der Zähne, des Zahnhalteapparates (Verankerung des Zahnes im Kieferknochen und Zahnfleisch), der Schleimhäute, der Zunge, der Kiefergelenke und der Speicheldrüsen«* verstanden (Brauckhoff et al., 2009: 8 f.). Diese Definition verdeutlicht, dass die gute Mund- und Zahngesundheit im Rahmen der Gerodontologie als eine wichtige Determinante für die mundgesundheitsbezogene Lebensqualität und für das Wohlbefinden von hilfe- und pflegebedürftigen Menschen eine hohe Bedeutung hat (vgl. Reißmann; Lamprecht, 2018). Die Anspruchsleistungen zur Verhütung von Zahnerkrankungen bei pflegebedürftigen Menschen, Menschen mit Behinderungen und bei eingeschränkten Alterskompetenzen, ergeben sich im Wesentlichen aus dem Pflege-Weiterentwicklungsgesetz (PfWG, 2008) und den Regelungen im Pflege-Neuausrichtungs-Gesetz (PNG). »*Im PNG wurden die Vorschriften zu den Kooperationsverträgen, die gem. § 119b SGB V Pflegeheime einzeln oder gemeinsam zur Sicherstellung der ärztlichen und zahnärztlichen Versorgung ihrer Bewohner*innen mit niedergelassenen Ärzten und Zahnärzten abschließen können, weiterentwickelt*« (Brandhorst et al., 2016). Die grundlegenden zahnmedizinischen Reformen wurden gem. § 22a SGB V n. F. (Fünftes Buch – Gesetzliche Krankenversicherung) zuletzt im Jahr 2018 gesetzlich neu verankert, die jetzt auch gesetzlich versicherten Pflegebedürftigen einen Anspruch auf zusätzliche Leistungen zur Verhütung von Zahnerkrankungen einräumt, und sind in der Gesetzlichen Krankenversicherung (GKV) kodifiziert. Einige Pflegeeinrichtungen haben bereits vertragliche und schriftliche Kooperationen mit den niedergelassenen Zahnärzten abgeschlossen und haben professionsübergreifend auch Pflegemitarbeiter zu Mundhygienebeauftragten als Ansprechpartner für die Zahnärztinnen und Zahnärzte benannt und geschult. Die Verbesserung der zahnmedizinischen Betreuung von pflegebedürftigen Menschen in stationären Pflegeeinrichtungen ist gleichfalls ein wichtiges Kennzeichen für eine gute Pflege- und Lebensqualität.

Neben einer angemessenen Zahn-, Prothesen- und Mundgesundheit bei älteren hilfe- und pflegebedürftigen Menschen, kann in schlecht aufgestellten Pflegeeinrichtungen beobachtet werden, dass die medizinische Behandlungspflege, z. B. das An- und Ausziehen von Antithrombosestrümpfen (ATS) von unausgebildeten Pflegehilfskräften durchgeführt wird. Die Pflegefachkräfte übernehmen dann im Anschluss oftmals das Abzeichnen im Durchführungsnachweisen der medizinischen Pflege. Diese durchaus gängige Praxis wird damit gerechtfertigt, dass die Pflegeassistenten oder die unausgebildeten Pflegemitarbeiter seit Jahren in der Pflegeeinrichtung beschäftigt sind und die Bewohner sehr gut kennen sowie das Verfahren mit der Heimaufsicht i. S. einer Gleichstellung von Pflegehelfern abgeklärt wurde. Auch wird oftmals angeführt, dass es sich hierbei um keine invasiven Pflegemaßnahmen gehandelt hat. Dieser direkte Rückschluss der Pflegenden ist grundlegend falsch! Die Gleichstellung von langjährigen Pflegehelfern kann ausnahmslos mit dem Vorliegen von bestimmten Voraussetzungen und Rahmenbedingungen, z. B. durch eine vorherige gute, dokumentierte und mehrfache Anleitung durch die Pflegefachkräfte, durch die Heimaufsicht nach Antrag des Trägers einer Pflegeeinrichtung zeitlich befristet (meist nur einige Monate) bewilligt werden. Nichtsdestotrotz ist das vorherige Abzeichen der medizinischen Pflege durch Pflegehilfskräfte in der Praxis keinesfalls zu rechtfertigen.

Die Bewohner werden bei einer nicht fachlich kompetenten Pflege und durch das Ausbleiben einer aktivierenden fördernden Prozesspflege und der Vernachlässigung der Interessen und Gewohnheiten sehr schnell durch nicht angemessene Verhaltensweisen innerhalb der Organisationskultur vergessen und durch das prekäre

Management überrollt und oftmals auch in ihrer Persönlichkeit bevormundet. Förderungsmöglichkeiten in Bezug auf die personenbezogene Versorgung werden vernachlässigt und biografische sowie kulturelle Aspekte bleiben unberücksichtigt. Die Unterstützung bei der Gestaltung des Alltagslebens und der sozialen Kontakte ist in der Zukunft u. a. ein wichtiges Beurteilungskriterium im 3. Qualitätsbereich »Unterstützung bei der Gestaltung des Alltagslebens und der sozialen Kontakte« der neuen externen jährlichen Regelprüfungen deren Erwartungshorizont bspw. in den »Erläuterungen zu den Prüfbögen« beschrieben wurden (vgl. QPR, Anlage 4, 2018: 17 ff.).

Nicht selten kommt es in diesen schlecht organisierten Pflegeeinrichtungen zu schlimmsten Qualitätsdefiziten, wie z. B. Dekubitusulcera (Druckgeschwür), zu gefährlichen Stürzen mit irreversiblen Folgen und unnötigen Krankenhausaufenthalten oder zu einem nicht situationsangemessenen Umgang im Bereich der Ernährungs- und Flüssigkeitsversorgung mit Hinweise zu einem unbeabsichtigten Gewichtsverlust.

Info
Eine methodisch als auch fach- und sachgerechte Versorgungssituation bedeutet, dass die festgelegten Qualitätsanforderungen erfüllt werden und in der personenbezogenen Versorgung bei einer externen Bewertung keine Qualitätsdefizite, mit einem Risiko des Auftretens negativer Folgen (C-Defizit) oder mit eingetretenen negativen Folgen (D-Defizit), festzustellen sind.

Eines ist schon lange unbestritten: Auch ein nicht vorhandener Dekubitus ist heute kein alleiniges Indiz mehr für eine »gute« und erwünschte Versorgungsqualität! Grundsätzlich ist von einer nicht angemessenen Versorgungssituation zu sprechen und zu diskutieren, wenn bei einem der relevanten Versorgungsergebnisse innerhalb der Qualitätsbereiche und der personenbezogenen Versorgung ein fachliches Defizit mit einem Risiko negativer Folgen bei einem Bewohner festgestellt wird. Hier können oft im Fachgespräch mit den Pflegefachkräften unter Berücksichtigung der Einwirkungsmöglichkeiten der Einrichtung keine nachvollziehbaren Begründungen für ein defizitäres Versorgungsergebnis hergeleitet werden. Nach den Qualitätsprüfungsverfahren ist das »Fachgespräch eine gleichrangige Informationsquelle zu anderen Datenquellen« (QPR, 2018: 7). Auch wenn der beratungsorientierte Ansatz und der Dialog zwischen dem Medizinischen Dienst bzw. mit den PKV-Prüfdiensten und den Pflegenden in der Praxis durchaus in der Vergangenheit beobachtet werden konnte, soll jetzt im Fachgespräch die Versorgungssituation eines Bewohners und die pflegefachlichen Sichtweisen gemeinsam besprochen und pflegefachlich reflektiert werden. Zukünftig ist neu, dass durch die QPR-Anforderungen die Sichtweisen der begleitenden Pflegefachkräfte in Augenhöhe mit dem Medizinischen Dienst bzw. mit den PKV-Prüfdiensten in der gutachterlichen Beurteilung in dem Prüfbericht ohne eine zusammenfassende Beurteilung durch Schulnoten als Vermerk »abweichende fachliche Einschätzung« zu berücksichtigen sind (vgl. QPR, Anlage 9, 2018: 4 f.).

Durch das Strukturmodell zur Entbürokratisierung oder »Verschlankung« der Pflegedokumentation wurde der Bereich und die Kompetenzen der Mitarbeiter in der Sozialen Betreuung durch das teamorientierte Verständnis einer neuen Sichtweise der Pflegedokumentation erheblich aufgewertet. Manche Ergotherapeuten oder sonstige therapeutische Fachkräfte führen im Bereich der Sozialen Betreuung eine hervorragende ergotherapeutische Befunderhebung und Therapieplanung in Bezug auf die vorhandenen Anpassungs- und Selbstmanagementkompetenzen im Alltag durch, um Förderungsmöglichkeiten daraus abzuleiten zu können und gezielt den Erhalt der Selbstständigkeit zu trainieren. Ein konstant wiederkehrender Tagesablauf, der sich an den gerechtfertigten Bedürfnissen und Gewohnheiten sowie an den Alltagsroutinen orientiert, sorgt für die hilfe- und pflegebedürftigen älteren Menschen oftmals für große Sicherheit und verschafft ihnen neben dem Kompetenzerhalt eine Orientierung im Lebensalltag. So sollten durch eine ergotherapeutische Befundung die Therapiemethoden (Kompetenzzentrierte, Interaktionelle Methode usw.), die therapeutischen Maßnahmen und Verfahren im Sinne einer sinnvollen Tagesstrukturierung personenzentriert mit den Bewohnern und mit den Abläufen der Pflege gemeinsam abgestimmt werden. Eine ergotherapeutische Befundung oder die Anwendung eines bestimmten Konzeptes und deren Intervention, z. B. nach dem multimodalen »MAKS®–Konzept« (Schulung zu MAKS®-Therapeuten, z. B. durch ClarCert), d. h. als eine »motorische, alltagspraktische, kognitive und soziale« Aktivierungstherapie bei Bewohnern mit einer Demenz oder sonstigen kognitiven Beeinträchtigungen, um die alltagspraktischen Fähigkeiten und die Ressourcen zu erhalten, sollten knapp und handlungsleitend in der Tagesstruktur und in der Pflegeplanung oder in einer individuellen Maßnahmenplanung nach dem Strukturmodell unter den Aspekten »Nicht täglich zu erbringenden Leistungen« oder »Täglich zu erbringende Leistungen« festgehalten und in festgelegten Zeitabständen evaluiert werden.[2] Somit sollte jede ergotherapeutische Befunderhebung durch die Mitarbeiter in der sozialen Betreuung in Übereinstimmung mit dem Pflegeprozess bzw. im Kontext der strukturierten Informationssammlung (Strukturmodell/SIS®) und der individuellen Maßnahmen- oder Tagesstrukturplanung in der ambulanten, teil- und stationären Pflege gemeinsam mit dem Pflegekunden bzw. mit dem Bewohner und ggf. mit seinen Angehörigen besprochen und individuell abgestimmt werden (z. B. zusätzliche Betreuungsangebote).

[2] Weitere Informationen zu MAKS® – Schulungen unter: www.maks-therapie.de und www.clarcert.com.

Fazit **Ziel des pflegerischen Auftrags**

Mit Blick auf die Versorgungsqualität und auf der Grundlage des Rahmenvertrages gem. § 75 Abs. 1 i. V. mit Abs. 2 SGB XI muss ein Ziel nach der Übernahme eines pflegerischen Auftrages sein, den Pflegebedürftigen einen Lebensraum zu schaffen und zu gestalten, damit das Führen eines möglichst selbstständigen und selbstbestimmten Lebens ermöglicht wird.

Oft erkundigen sich Angehörige in den Beratungsstellen (Pflege- und Seniorenbüros sowie Bürgertelefone) für ältere oder hilfesuchende Bürger, nach dem »richtigen« Pflegeheimplatz und erwarten dort kompetente Hilfe und soziale Unterstützung. Da diese Entscheidung individuell getroffen werden muss, können oft keine speziellen Pflegeeinrichtungen empfohlen werden. Viele vollstationäre Pflegeeinrichtungen haben bereits vor dem neuen Qualitäts- und Prüfsystem und der neuen Qualitätsdarstellung für die Langzeitpflege damit angefangen, ihre Dienstleistungsangebote, mithilfe unterschiedlicher Internetplattformen oder Webportale, den Pflegebedürftigen und ihren Angehörigen bei der Auswahl des passenden Heims zu unterstützen und weiterzuhelfen. Durch die zur Verfügung stehenden Qualitätsdarstellungsformen (QDVS) können die pflegebedürftige Menschen und ihre Angehörigen nun gezielt relevante Informationen, die aus unterschiedlichen Quellen generiert werden, als Entscheidungsgrundlage bei der Suche nach dem richtigen Heimplatz heranziehen (vgl. QDVS, Anlage 4, 2019: 1 ff.). Darüber hinaus bieten verschiedene Organisationen und Arbeitsgemeinschaften entsprechende Checklisten und »Kontrolllisten« für die Suche nach dem »richtigen« Pflegeheimplatz an, um die Pflegeeinrichtung bewerten und auswählen zu können. In derartigen Checklisten werden verschiedene Struktur- und teilweise auch Prozesskriterien zusammengefasst, die ein »gut geführtes Heim« und deren Dienstleitungsportfolio unterscheiden soll. Durch die neuen Qualitätsdarstellungsformen wurden für die stationären Pflegeeinrichtungen als auch für die interessierten Verbraucher eine Abhilfe und eine Transparenz für eine gute Pflegequalität im Interesse der Öffentlichkeit geschaffen. In den QDVS ist sehr detailliert geregelt, wie die erhobenen Daten in den Pflegeeinrichtungen bewertet und die Informationen in der Zukunft dem Verbraucher präsentiert werden sollen. Durch das webbasierte individuell gestaltbare Informationsangebot ist es dem Verbraucher nun möglich, eine gezielte Such- und Selektionsfunktion von ergebnis-, einrichtungs- und qualitätsbezogenen Informationen gezielt zu erhalten (vgl. Vincentz Network, 2019). Somit kann z. B. sich der Verbraucher bestimmte Informationen individuell nach persönlichem Interesse zusammenstellen oder die wohnortnahen Pflegeeinrichtungen miteinander vergleichen und nach individueller Sortierung und Auswahl entsprechend anzeigen, abspeichern oder ausdrucken, um die Informationen als Gedankenstütze in die vorgesehene Pflegeeinrichtung mitnehmen zu können.

Sicherlich, in vielen Pflege- und Betreuungssituationen werden die erforderlichen fachlichen und methodischen Maßnahmen bestimmt durchgeführt – wenn auch nicht immer mit aller Konsequenz. Oft geschehen Fehler oder entstehen fachliche Qualitätsdefizite auch unter dem Diktat von Unsicherheit, Zeitmangel, ungewollter Mehrarbeit wegen Personalmangel und fehlenden Fachkräften oder auch durch therapiebedingte ärztliche Anordnungen. Es gibt eine Reihe von »pflegeerleichternden« Maßnahmen in Pflegeeinrichtungen, die durch ein defizitäres Pflegemanagement und ungünstige Strukturen zustande kommen können. Solche »pflegeerleichternden« Maßnahmen müssen durch den Medizinischen Dienst bzw. durch die PKV-Prüfdienste als ein fachliches »Defizit« bewertet werden, da sich die betrieblichen Abläufe und die pflegerische Versorgungssituation grundsätzlich an den gerechtfertigten und individuellen Bedürfnissen der Bewohner oder Pflegekunden zu orientieren haben und nicht an der einrichtungsinternen gelebten Pflegekultur.

Die Zufriedenheit und die Lebensqualität im Hinblick auf die vertraglichen und gesetzlichen Verpflichtungen in der Qualitätsverantwortung (§ 112 SGB XI) der Träger von Pflegeeinrichtungen haben viele Facetten und lassen sich oftmals auch nur schwer als ein subjektives Phänomen erfassen. Nur eine wohlwollend positive Beantwortung und Würdigung einer Zufriedenheitsabfrage darf nicht darüber hinwegtäuschen, dass durch die erhöhte Vulnerabilität (Verletzlichkeit) der hilfe- und pflegebedürftigen älteren Menschen, die Bewertungskriterien und Aussagen für eine »Gute oder schlechte Qualität« von verschiedenen Aspekten und der Betrachtung der einzelnen Qualitätsdimensionen der Struktur-, Prozess- und Ergebnisqualität abhängig sind. Ein schlechtes Versorgungsergebnis wirkt bei den Pflegemitarbeitern demoralisierend und kann sich verstärken, wenn die internen und externen Rahmenbedingungen sich nicht verändern lassen.

Wichtig **Einordnung der Pflegebedürftigkeit**

Bei den öffentlichen Qualitätsdebatten und fachlichen Auseinandersetzungen sollte im Scheinwerferlicht berücksichtigt werden, dass sich der individuelle Zustand einer Pflegebedürftigkeit immer als ein multidimensionaler und dynamischer Prozess darstellt, der auch einer rechtlichen und gesellschaftlichen Einordnung bedarf.

Die erhöhte Vulnerabilität insbesondere im Alter kann das Risiko die Alltagskompetenzen zu verlieren beinhalten und muss um jeden Preis zeitnah durch die Pflegenden identifiziert und durch eine fachlich kompetente und bedarfsgerechte Pflege und Betreuung durch geeignete Interventionsmaßnahmen begegnet werden (vgl. Wahl; Heyl, 2015: 183 ff.). Die individuelle Anspruchshaltung der Bewohner und ihrer Angehörigen und auch die Aussagen über eine »Zufriedenheit« sind in ihrem Kontext immer unterschiedlich und sind unter Berücksichtigung der Gesamtsituation und der Einhaltung von vertraglichen und gesetzlichen Anforderungen zu betrachten. Deshalb sollte das neue Indikatorenmodell mit seinen zehn Themenbereichen als eine neue Chance verstanden werden, die Qualität in der Pflege zu erfassen und im Bundesdurchschnitt transparent darzustellen, um letztendlich auch die Lebensqualität sowie die altersassoziierten Beeinträchtigungen bei hilfe- und pflegebedürftigen Menschen durch eine gezielte Förderung zu verbessern oder einen guten Pflegezustand in den Pflegeeinrichtungen zu erhalten. Wichtig dabei ist, die Risiko- und Schutzfaktoren durch professionelle Pflege und Beratung mit der pflegebedürftigen Person und ggf. mit den Angehörigen zu ermitteln, um die Teilnahme am gesellschaftlichen Leben bestmöglich zu erhalten. Die Risikofaktoren beziehen sich auf die Minimierung oder die Vermeidung von negativ beeinflussenden Faktoren (z. B. Gefahr von Druckstellen) und die Aktivierung von Schutzfaktoren. Sie beinhalten ein lebenslanges Training der motorischen und kognitiven Fähigkeiten, z. B. durch die Stärkung und Festigung von Alltagskompetenzen, die zum Erhalt der Selbstständigkeit wichtig sind (vgl. Wahl; Heyl, 2015: 204 ff.; s. u. a. Einsatz von MAKS®-Therapeuten).

Dabei geht es keinesfalls bei der Fokussierung und der stichtagsbezogenen Erhebung der Versorgungsergebnisse darum, gemeinsam mit dem hilfe- und pflegebedürftigen älteren Menschen den »Jungbrunnen« (Fountain of Youth) zu suchen und ausfindig zu machen, wie es zu jener Zeit der Spanier Ponce de Leon (1460–1521) versucht hat, sondern es geht darum, die potenziellen Risikofaktoren zu identifizieren und zu minimieren, um einen Pflegezustand zu verbessern oder den guten pflege- und gesundheitsbezogenen Status beizubehalten. Im Verständnis ist es wichtig, die individuelle Ausgestaltung von pflegebedürftigen Bewohnern und deren subjektives Wohlbefinden im Lebensalltag zu fördern und durch eine methodisch und fachlich kompetente sowie bedarfsgerechte Versorgung sicherzustellen. Es geht auch darum, in den Ergebnissen eine gute pflegerische Versorgungssituation zu garantieren sowie flexibel bei erkannten Veränderungen oder potenziellen Gesundheitsrisiken auf dem Fundament der pflegefachlichen Erkenntnisse korrekt und zeitnah unter Berücksichtigung der individuellen Bedarfslagen der Bewohner oder Pflegekunden zu reagieren.

1.3.2 Zufriedene und gesunde Mitarbeiter

Damit die Verpflichtung zur Einführung und Anwendung eines QM-Systems und der verbundene Aufwand in den Pflegeeinrichtungen und Pflegediensten abgeschätzt werden kann, sollte sich die oberste Leitung gemeinsam mit der Leitungsebene frühzeitig mit dem QM-System und den Basisanforderungen auseinandersetzen die hinter einem prozessorientierten Qualitätsmanagement stehen. Neben der Motivation und Wertschätzung der Mitarbeiter sollte die oberste Leitung im einrichtungsinternen Qualitätsmanagement auch darüber nachdenken, welche psychischen Belastungen und Beanspruchungen damit für die Mitarbeiter, z. B. bei der Einführung eines QM-Systems, verbunden sind. So können belastende Arbeitsbedingungen und Unsicherheiten durchaus die Motivation der Mitarbeiter senken und zur Unzufriedenheit mit der beruflichen Tätigkeit oder der Arbeitsaufgabe führen. Körperliches Unbehagen, Unzufriedenheit und Beschwerden sowie chronische Erkrankungen bei den Mitarbeitern können durchaus die Folge von psychischen Belastungen und Beanspruchungen oder der Grund für eine fehlende Präventionskultur sein und sich gleichfalls negativ auf die Lebensqualität der Bewohner und Pflegekunden auswirken.

Neue Anforderung!

Jede Pflegeeinrichtung muss z. B. nach der ISO-Norm unter dem Gliederungsabschnitt 4.1 »Verstehen der Organisation und ihres Kontextes« die internen und externen Themen bzgl. der Rahmenbedingungen und Anforderungen der unterschiedlichen Interessenpartner verstehen, bestimmen und überwachen, die für ihren Zweck und ihre Ausrichtung relevant sein könnten.

Diese Anforderungen sind wichtig, da die internen und externen Themen die Auftragserfüllung und die Entwicklung sowie gleichermaßen die Erreichung der Qualitätsziele durch die vorherrschenden Struktur- und Rahmenbedingungen beeinflussen können. Die Rahmenbedingungen für eine hohe Arbeitszufriedenheit als ein internes Thema müssen dazu durch die Leitung einer Einrichtung ermittelt, festgelegt und fortlaufend überwacht werden, um bei der Ausgestaltung des internen QM-Systems ggf. geeignete Maßnahmen einleiten zu können. Zu den internen Themen gehört es im Kontext der Organisation neben einer angemessenen arbeitsmedizinischen Vorsorge (ArbMedVV) u. a. auch die Einflussfaktoren auf die Gesundheit der Mitarbeiter und insbesondere die psychischen Belastungen und Beanspruchungen in der Arbeitswelt sowie die Arbeitsbedingungen der Mitarbeiter zu betrachten, d. h. zu erfassen und deren Auswirkungen zu beurteilen. Die Erfassung der Belastungsfaktoren kann sich dabei auf die Arbeitsbereiche des Pflegedienstes, Verwaltung, Sozialen Betreuung, Wäscherei, Haustechnik, Küche und Hauswirtschaft oder auf den Fahrdienst in der ambulanten oder teilstationären Pflege (z. B. Tagespflege oder Nachtpflege) beziehen. Psychische Belastungen und deren Bewertungen sind von Mitarbeiter zu Mitarbeiter sehr individuell und können in der Betrachtungsweise systemisch mit der Frage analysiert werden: »Ist die psychische Belastung nur für den einzelnen Mitarbeiter eine Beanspruchung oder ist diese Beanspruchung in der Einrichtung oder in dem ambulanten Pflegedienst für ein gesamtes Team verallgemeinerbar?«

Es gibt viele Synonyme die den übergeordneten Begriff der psychischen Belastung oder psychischen Beanspruchung umschreiben wie z. B. mentale Fehlbelastung oder die psychosoziale Fehlbeanspruchung, und pauschal wird auch oft vorschnell vom Stress gesprochen. Um in der Begrifflichkeit der individuellen psychischen Belastungen mehr Klarheit zu schaffen, wurde auf den konzeptionellen Grundlagen des **»Belastungs-Beanspruchungs-Modell«** die DIN EN ISO 10075-1:2017 »Ergonomische Grundlagen bezüglich psychischer Arbeitsbelastung« als ein fester Bestandteil zur Begriffsbestimmung und zu den Grundlagen festgelegt. Auf diesen Grundlagen ist die psychische Belastung ein neutraler Begriff und wird nicht als ein negatives Ergebnis der Arbeitsbelastung verstanden, da psychische Belastungen auch positive kurz- oder langfristige Auswirkungen haben können, z. B. durch eine Änderung der Arbeitsaufgaben oder durch die Ruhephasen. Eine psychische Belastung bei Mitarbeitern ist die »Gesamtheit aller erfassbaren Einflüsse, die von außen auf einen Menschen zukommen und diesen psychisch beeinflussen« (DIN EN ISO 10075-1; BAuA, 2010). Der Begriff der psychischen Beanspruchung bezieht sich auf die Auswirkungen der Belastung eines Menschen in Abhängigkeit von dem jeweiligen aktuellen Zustand, z. B. durch Alter, individuelle Bewältigungsstrategien, Müdigkeit usw. (vgl. DIN EN ISO 10075-1). Bei dem o. g. Modell handelt es sich um ein Ursache-Wirkungs-Konzept, das die Auswirkungen und die Folgen einer psychischen Beanspruchung durch eine Gefährdungsbeurteilung (GBU) der Arbeitsbedingungen und Arbeitsumstände erfassen soll. Der Begriff der Belastung, z. B. durch ungewollte Mehrarbeit, durch Arbeitsunterbrechungen, durch Zeit- und Termindruck, schlechtes Betriebsklima oder z. B. durch herausfordernd erlebtes Verhalten bei demenziell veränderten Bewohnern oder Pflegekunden, kann als eine mögliche Ursache für eine psychische Belastung im Arbeitskontext verstanden werden (vgl. Rohmert; Rutenfranz, 1975). Seit Oktober 2013 ist es für jede Leitung oder Geschäftsführung einer Pflegeeinrichtung oder eines ambulanten Pflegedienstes verpflichtend, die psychisch betrieblichen Gesundheitsrisiken durch eine GBU zu erfassen, um gesundheitliche Beeinträchtigungen bei den Mitarbeitern frühzeitig entgegenzuwirken (vgl. ArbSchG und DGUV Vorschriften 1 und 2).

Wichtig **Verpflichtende Erfassung**

Die Erfassung psychischer Belastungen ist für jedes Pflegeheim und jeden ambulanten Pflegedienst nach § 5 ArbSchG (Arbeitsschutzgesetz) eine gesetzliche Pflicht. Dabei sind die mit der Arbeit verbundenen Gefährdungen im Hinblick auf die physische und psychische Gesundheit zu erfassen, um die Arbeitsbedingungen zu beurteilen und die erforderlichen Maßnahmen zur Gesundheitserhaltung der Mitarbeiter einzuleiten.

Da sich bei den psychischen Belastungen keine messbaren Merkmale oder Grenzwerte (z. B. Stunden, Tage oder Zahlenwerte) ermitteln lassen, können hier nur die Faktoren oder besondere Situationen angeführt werden, die psychisch für die Mitarbeiter eine Belastung darstellen könnten.

Bei der Durchführung der Gefährdungsbeurteilung ist es im Sinne der berufsübergreifenden Zusammenarbeit wichtig, dass die Fachexperten wie z. B. die Arbeitsschutzakteure, Betriebsärztinnen und Betriebsärzte, Mitarbeitervertretungen (u. a. Personal- oder Betriebsräte), Arbeitspsychologen und die Verwaltungs- bzw. Personalleitung sowie das Qualitätsmanagement in die Erfassung und Beurteilung einbezogen werden. Für Pflegeheimbetreiber und ambulante Pflegedienste sollte grundsätzlich der Ansporn darin bestehen, im Sinne des Arbeits- und Gesundheitsschutzes die Schutzfaktoren zur Gesundheitserhaltung der Mitarbeiter zu fördern (z. B. körperliche Fitness durch Betriebssport etc.), um die psychischen Belastungen und deren Folgen am Arbeitsplatz frühzeitig zu reduzieren. Die GBU zur Ermittlung und Erfassung der psychischen Belastungen muss sich auf die Technik, Arbeitsorganisation, Arbeitsbedingungen, soziale Beziehungen und auf die Umwelteinflüsse beziehen. Dabei sind die fünf Kernthemen oder Belastungsfaktoren, wie z. B. die Arbeitsinhalte und die Arbeitsaufgabe, die Arbeitsorganisation, die Arbeitsumgebung (»Prozessumgebung«) und die Arbeitsformen in die GBU miteinzubeziehen.

Neue Anforderung!
Mit der Revision der ISO 9001 wurde der Begriff der Arbeitsumgebung als »Prozessumgebung« umbenannt.

Im Rahmen der Gemeinsamen Deutschen Arbeitsschutzstrategie (GDA) wurde eine Liste psychischer Belastungsfaktoren entwickelt, die es in der gängigen Praxis erforderlich macht, inhaltliche Schwerpunkte bei der Durchführung einer GBU festzulegen (vgl. BAuA, 2014). Die GDA hat im Jahr 2016 »Empfehlungen zur Umsetzung der Gefährdungsbeurteilung psychischer Belastungen« sieben Schritte zur Umsetzung der gesetzlichen Anforderung einer GBU für die Unternehmungen vorangestellt. Diese Schritte der Gefährdungsbeurteilung beruhen auf der Anwendung des PDCA-Zyklus als kybernetischer Regelkreis, d. h. Plan, Do, Check und als letzter Schritt Act, mit der Anpassung von Maßnahmen. Das nachfolgende Schaubild verdeutlicht die Reihenfolge der sieben Schritte, wobei sich der besondere Fokus auf die Erfassung der psychischen Belastungen (▸ Abb. 3) beziehen muss, damit zielgerichtete Maßnahmen umgesetzt werden können.

Abb. 3: Schritte der Gefährdungsbeurteilung (eigene Darstellung)

So können gesundheitliche Belastungen durch unterschiedliche Methoden und Maßnahmen erfasst, priorisiert und angegangen werden. Eine gute Methode sind moderierte Gesprächsrunden in denen die Mitarbeiter über ihre psychischen Belastungen sprechen und diskutieren, auch wenn dieses Thema von den Mitarbeitern häufig als unangenehm empfunden wird. Die moderierten Workshops können mit der Eingangsfrage: »Was gefällt Ihnen hier und womit sind Sie ganz besonders zufrieden?« gestartet werden. Durch die lebhaften Diskussionen können Handlungsbedarfe anhand der fünf Kernthemen identifiziert werden und in den Arbeitsteams die Belastungsfaktoren erfasst und gemeinsam gewichtet werden, damit lösungsorientierte Maßnahmenpläne entwickelt werden können. Die Beteiligung der Mitarbeiter ist neben der Wertschätzung und der Anerkennung ein wichtiger Faktor, um das »Wir-Gefühl« in den Teams zu stärken.

Eine weitere Methode sind Mitarbeiterbefragungen die auf einer Freiwilligkeit beruhen müssen und durch anonymisierte Fragebögen unterstützt werden können. Nach dem Vorliegen und der Beurteilung der Befragungsergebnisse sind geeignete Maßnahmen daraus abzuleiten und einrichtungsintern umzusetzen. Das Erkennen, die Zustimmung und die Einleitung von Maßnahmen erfordert an erster Stelle, neben einem fundierten Konzept eine multiprofessionale Zusammenarbeit und ein fachliches »Know-how« sowie motivierte Mitarbeiter in den Pflegeteams. In der Begehungspraxis lässt sich häufig feststellen, dass die Gefährdungsbeurteilung unvollständig ist, nicht alle wesentlichen Belastungsfaktoren ausreichend berücksichtigt wurden und dass keine geeigneten Maßnahmen im Arbeitsschutzausschuss (ASA) besprochen und festgelegt wurden. Deshalb ist es neben einer nachvollziehbaren Dokumentation hilfreich, sich bei der Durchführung der Gefährdungsbeurteilung psychischer Belastungen gemeinsam mit den überbetrieblichen Diensten (z. B. Fachkraft für Arbeitssicherheit sowie Betriebsärztinnen und Betriebsärzte etc.) an den Schritten (▸ Abb. 3) der GBU zu orientieren, um diese Anforderungen mit den Gruppen und den Teams in den Arbeitsbereichen gemeinsam gut zu meistern. Auch kann es wertvoll sein, die Führungskräfte einer Pflegeeinrichtung oder eines ambulanten Pflegedienstes durch die BGW zu dem Thema »Psychische Belastungen« in einem zweitägigen Seminar zu schulen, um tiefergehende Kenntnisse zur praktischen Umsetzung und Aktualisierung der GBU zu erhalten.

1.3.3 Beschwerden – ein schwieriges Thema?

Für viele Menschen ist ein konstruktiver und direkter Umgang mit Unmut oder Unzufriedenheit durch entstandene Fehler oder Unzulänglichkeiten ungewohnt. Deshalb wägen die meisten Menschen zunächst bewusst oder unbewusst ab, ob sie ihre Unzufriedenheit äußern. Die geäußerten Beschwerden können durch Vermutungen und subjektive Wahrnehmungen sowie durch die falsche Zuordnung von Botschaften bei den Mitarbeitern oft zu Missverständnissen führen. So kann eine Beschwerde durch die verschiedenen Kommunikationsstile zu Fehlinterpretation führen, die in der Folge eine Vielfallt von Reaktionsweisen bei dem Empfänger auslösen können (vgl. Schulz v. Thun, 2016). In den Kommunikationsprozessen entscheidet, z. B. der Mitarbeiter als Empfänger was gehört werden soll, und es erfolgt unmittelbar eine Zuordnung der Botschaften des Senders, die besonders in der Beziehungs- und Selbstoffenbarungsebene nicht immer einfach ist. Die in einer Botschaft enthaltenen vier Aspekte sind nach Schulz v. Thun (▸ Abb. 4) der Sachinhalt, die Selbstoffenbarung, die Beziehung und der Appell.

Eine gute Kommunikationspraxis ist in jedem Qualitätsmanagement von unschätzbarem Wert und muss auf der Leitungs- und Führungsebene vorgelebt und in den Teams einer Pflegeeinrichtung und eines ambulanten Pflegedienstes gefördert werden.

Kommunikationsstörungen entstehen besonders häufig im Umgang mit Beschwerden, wenn bspw. die Gesprächspartner unzureichend zuhören, sich nicht empathisch verhalten können und aneinander vorbeireden oder die Atmosphäre von Anfang an

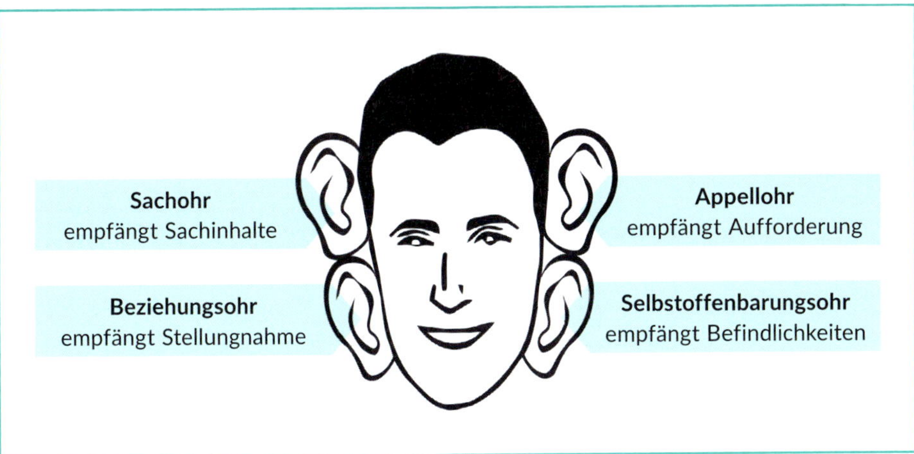

Abb. 4: Der »vierohrige Empfänger« (vgl. Schulz v. Thun, 2011, eigene Darstellung)

»vergiftet« oder eine Situation angespannt und verhärtet ist. Eine wertschätzende Kommunikationspraxis und gute Kommunikationskultur gelingen gut, wenn die Sender und die Empfänger bewusst die Technik des »aktiven Zuhörens« beherrschen und anwenden können. Dabei ist es in einem Beschwerdegespräch wichtig, ein inneres Interesse füreinander zu zeigen und die Impulse des Anderen wahrzunehmen und mit einer Offenheit und Ehrlichkeit darauf zu reagieren.

Wichtig **Erfolgsfaktoren für eine gelungene Kommunikation**

Die Anwendung von zielgruppengerechten Kommunikationstechniken und das Zuhören nach dem »Vier-Ohren-Modell« sind wichtige Erfolgsfaktoren für ein gelungenes und gutes Kritik- oder Beschwerdegespräch.

Zu einem Fehlerkulturprozess und risikobasiertem Denken und Handeln gehören im Rahmen des Beschwerdemanagements auch wertschätzende Feedbackgespräche oder Spiegelmomente bzw. eine Resonanz auf Augenhöhe zwischen den Feedbackgeber und -nehmer. *»Feedback ist ein Instrument, das bei achtsamen Einsatz den Austausch über unterschiedliche Perspektiven ermöglicht«* (Goetz; Reinhardt, 2017). Damit die Mitarbeiter in einem Feedbackgespräch einen Mehrwert annehmen können, sind neben den organisationalen Voraussetzungen die Dialogbereitschaft und die Gestimmtheit des Feedbackgebers und -nehmers sowie die vorherrschenden Rahmenbedingungen (z. B. eine ruhige Atmosphäre) als auch die innere ehrliche Haltung gegenüber dem Gesprächspartner von größter Bedeutung.

Oft bestehen aus unterschiedlichen Gründen vonseiten der Bewohner oder der Pflegekunden und ihrer Angehörigen auch Hemmungen einen Kummer oder eine Beschwerde zu äußern. Die Mitarbeiter haben auf der anderen Seite oftmals Schwierigkeiten, situationsangemessen mit einer geäußerten Unzufriedenheit oder mit einem Unmut umzugehen. Die Schwierigkeit der Mitarbeiter mit Unzufriedenheit angemessen umzugehen, erzeugt allerdings kein gutes Klima, dass die Bewohner oder die Pflegekunden ihre Unzufriedenheit äußern mögen, was ihre kommunikativen Hemmschwellen wiederum verstärken kann. In der Praxis kann deshalb beobachtet werden, dass sich die Pflegekunden in der ambulanten Versorgung oder die Bewohner bei ihren Angehörigen beklagen. Diese können dann den direkten Kontakt zur Leitung aufnehmen oder auch einen Beschwerdebrief an den Träger der Pflegeeinrichtung oder des ambulanten Pflegedienstes verfassen, bitten dann allerdings oft in dem Brief, den Bewohner oder den Pflegekunden vor Repressalien und negativen Auswirkungen zu schützen. Die Unzufriedenheit kann insbesondere bei Misstrauen und Vertrauensbruch auch an die Kranken- oder Pflegekassen bzw. an die Heimaufsichtsbehörde durch den Bewohner, Angehörigen oder Betreuer oder durch die Mitarbeiter einer Pflegeeinrichtung weitergeleitet werden. Die Folge könnte je nach Anlass und Häufigkeit eine externe Qualitätsprüfung und Inaugenscheinnahme der Bewohner gem. § 114 Abs. 1 SGB XI n. F., durch externe Qualitätsprüfer und ggf. je nach Beschwerdegrund gemeinsam mit der Heimaufsichtsbehörde, sein (vgl. § 117 SGB XI n. F.; QPR, 2018: 22 f.).

Der Umgang mit Beschwerden oder mit einer Unzufriedenheit ist sowohl für den Beschwerdeführer als auch für die Mitarbeiter nicht immer einfach und häufig besteht ein innerer Konflikt, eine Unzufriedenheit überhaupt mitzuteilen oder besser zu schweigen. Mal erscheint das Problem als zu geringfügig und ein anderes Mal wird die geäußerte Unzufriedenheit und deren Lösung von vornherein als aussichtslos betrachtet. Wieder andere Bewohner oder Pflegekunden halten sich auch zurück, weil sie nicht immer als »Meckertante« oder als »Meckerfritze« dastehen wollen. Andere Beschwerdeführer haben aufgrund schlechter Erfahrungen aufgegeben, ihren Unmut überhaupt noch zu äußern. Die Gründe, eine Unzufriedenheit oder eine Beschwerde nicht zu äußern, können sehr vielfältig sein. Den wenigsten Menschen fällt es leicht, eine Unzufriedenheit zu äußern. Vielen fällt es hingegen leichter, länger zu schweigen, ihren Frust »herunter zu schlucken«, und auf den letzten Tropfen der das Fass zum Überlaufen bringt, abzuwarten. Einige Mitarbeiter sind im Umgang mit Beschwerden sehr »dünnhäutig« und fühlen sich sehr schnell in Frage gestellt. Wieder andere Mitarbeiter erleben eine geäußerte Unzufriedenheit als »unmöglich« und sagen erst einmal an »was Sache ist«. Aber auch Diskussionen und Überlegungen über die »Schuldfrage« lassen sich in der Praxis beobachten und wahrnehmen. Selbstbewusster und kompetenter Umgang mit Unmut oder Beschwerden ist für viele Mitarbeiter in den unterschiedlichen Arbeitsbereichen nicht immer selbstverständlich. Folglich bedarf es der Ermutigung (Beschwerdestimulierung) durch die Leitungs- und Führungskräfte einer Einrichtung oder eines ambulanten Pflegedienstes, dass eine geäußerte Unzufriedenheit oder Beschwerde erwünscht ist, da diese als eine Chance zu einer fortlaufenden Qualitätsverbesserung und zur internen Qualitätssicherung genutzt werden kann.

Nutzen eines Beschwerdemanagements:
- Impulse und Anregungen für die fortlaufende Verbesserung
- Schadensbegrenzung bei Inkompatibilitäten
- Transparenz bezüglich des Images der Pflegeeinrichtung oder des ambulanten Pflegedienstes (Empfehlungsmarketing)
- Erhöhung der Kundenzufriedenheit und Kundenbindung (z. B. Bewohner, Pflegekunde, Angehörige, Betreuer, Mitarbeiter etc.)
- Sensibilisierung für kundenorientiertes Verhalten der Mitarbeiter
- Förderung der Leistungs- und Qualitätsfähigkeit eines QM-Systems
- Wahrnehmung der Qualitätsverantwortung und für die Qualität der Leistungen
- Weiterentwicklung der Pflegequalität

Der **direkte Beschwerdemanagementprozess** setzt sich aus den Teilen der Beschwerdestimulierung, der Beschwerdeannahme, der Beschwerdebearbeitung und -reaktion zusammen. Zur Beschwerdestimulierung gehören alle Aktivitäten einer Pflegeorganisation, die Kunden zu der Mitteilung von Beschwerde zu ermuntern. Ziel der Beschwerdestimulierung ist es, eine leichte und unkomplizierte Beschwerdeführung innerhalb der Pflegeeinrichtung oder des Pflegedienstes für alle Betroffenen zu ermöglichen. Um die Transparenz des Beschwerdemanagements für die Mitarbeiter abzusichern, ist es empfehlenswert, die Ergebnisse nach der Beschwerdebearbeitung gemeinsam mit den Betroffenen zu besprechen (z. B. Teamsitzungen und Dienstbesprechungen). Dadurch wird den Mitarbeitern durch die Leitungskräfte verdeutlicht, dass das Beschwerdemanagement ernst genommen wird. Es ist sinnvoll, ein Dokument oder eine anwenderfreundliche Plattform zur Beschwerdeaufnahme zu erarbeiten und zur Verfügung zu stellen, um die Beschwerde schriftlich zu erfassen und anschließend bearbeiten zu können. Die Beschwerdebearbeitung ist ein unternehmensinterner Prozess, der die effektive Bearbeitung der Beanstandung und die systematische Analyse der Beschwerde beinhalten kann. Ein betriebsinternes Beschwerde- und Zufriedenheitsmanagement als qualitätssichernde Maßnahme kann im Sinne des internen Beschwerdecontrollings genutzt werden, um die Beschwerden oder eine Unzufriedenheit auszuwerten und sich intern neu zu verorten und Korrekturmaßnahmen einzuleiten. Eine wichtige Anforderung im Beschwerdemanagement ist die Reaktions- und Bearbeitungszeit. Eine schnelle Reaktion und Bearbeitung, z. B. innerhalb von 24 Stunden erhöht immer die Kundenzufriedenheit. Ist die Beschwerde bearbeitet, wird dem Beschwerdeführer das Ergebnis der Beschwerdebearbeitung i. d. R innerhalb von 72 Stunden mitgeteilt. Dies kann neben einer persönlichen Ansprache auch in Form eines Telefonanrufes oder durch eine kurze E-Mail erfolgen und schafft bei dem Beschwerdeführer ein gewisses Vertrauen, dass der Anlass der Beschwerde innerhalb der Pflegeeinrichtung oder des ambulanten Pflegedienstes ernstgenommen und zeitnah bearbeitet wurde.

Der **indirekte Prozess** beschäftigt sich im Beschwerdemanagementprozess, um die Beschwerdeauswertung und dem sich anschließendem Beschwerdecontrolling. Die Beschwerden können im Beschwerdecontrolling quantitativ oder qualitativ in der Praxis ausgewertet und dargestellt werden. Bei einer quantitativen Betrachtung werden die Ergebnisse durch Zahlen übersetzt und ausgedrückt, z. B. wie häufig Beschwerden in einem Leistungsbereich oder in einem Arbeitsbereich aufgetreten sind und geben Rückmeldung, ob z. B. das Beschwerdemanagement im gewünschten Umfang in Anspruch genommen wurde. Die Beschwerdehäufigkeit wird für die Beschwerdeauswertung quantitativ für die einzelnen Leistungsbereiche, z. B. Verwaltung, Pflegdienst, Haustechnik, Küche und Hauswirtschaft, soziale Betreuung etc. schriftlich erfasst. Die Daten bezüglich der Kundengruppe, Problemart, Ort und Zeitpunkt des Problemauftritts, geben Hinweise auf die Problembereiche innerhalb der Pflegeeinrichtung bzw. ambulanten Pflegedienstes. Die qualitative Auswertung beschäftigt sich mit der genaueren Betrachtung von Ursachen, wie es zur Beschwerde kommen konnte. Sie ist die Basis für die Problembehebung und für die Verbesserungsprozesse (Impulse für den Qualitätszirkel), da sich das Augenmerk auf die Aussagen im Wortlaut der Beschwerdeführer zu beziehen hat.

Das **beschreibende Beschwerdecontrolling** kann die Koordination, Planung, Steuerung und Überwachung des gesamten Beschwerdemanagementprozesses umfassen. Hierzu ist die Bewertung des Beschwerdemanagements durch die Kunden eine wichtige Rückmeldequelle. Alternativ können auch Kennzahlen (»Wie zufrieden war der Beschwerdeführer mit dem Ergebnis der Bearbeitung?«) festgelegt werden. Für die spätere Verarbeitung kann bei der Durchführung eine numerische Rating-Skalenbezeichnung (NRS) von 1–5 nach dem Schulnotensystem eingesetzt werden. Fünfstufige Skalen (1–5) werden oft in der Praxis eingesetzt, da diese gut ausgewertet werden können. Statt einer numerischen Skalenbezeichnung und Zuordnung könnte ebenso eine verbale Beschreibung mit den entsprechenden Merkmalsausprägungen und Abstufungen, z. B. von »gar nicht zufrieden«, »kaum zufrieden«, »mittelmäßig zufrieden«, »ziemlich zufrieden« bis »außerordentlich gut zufrieden«, erarbeitet und verwendet werden. Am besten ist es in der Altenpflege, die Skalenbeschreibung, z. B. 1–5 durch Bilder oder Symbole zu charakterisieren, z. B. durch Smileys. Wichtig ist bei den Vorgehensweisen allerdings, dass diejenigen, die diese Skalen anwenden oder ausfüllen sollen, auch darum wissen, was mit dem numerischen oder verbalen Ausdruck gemeint ist. Nach der Analyse aller Beschwerden kann ggf. eine Lösungsquote ermittelt werden, die einrichtungsintern festzulegen ist. Die Lösungsquote kann über die Effizienz des Beschwerdemanagementsystems weitergehende Informationen aufzeigen. Dieser neue Erkenntnisgewinn aus einer Beschwerde und deren Häufigkeiten kann durch die Ermittlung und der Analyse inhaltlicher Aussagen genutzt werden, um das einrichtungsinterne Qualitätsmanagement weiter voranzutreiben und fortlaufend i. S. des PDCA-Zyklus zu verbessern und in erster Linie auch zu stärken.

1.4 Entbürokratisierung der Pflegedokumentation

Ein umfassendes einrichtungsinternes Qualitätsmanagement sollte bei der alltäglichen Arbeit nicht durch eine Überflutung von dokumentierten Informationen blockieren oder durch einen hohen zeitlichen und angstgetriebenen Dokumentationsaufwand durch die Pflegedokumentation behindern. Unbenommen ist, dass die Dokumentation als wichtige Betreiberpflichten von allen Pflegeeinrichtungen und auch für die ambulanten Pflegedienste eine immense Herausforderung darstellt, um auch den Überblick im Rahmen der Leistungserbringung zu behalten.

Die Pflegedokumentation (Papierform oder mit Softwareunterstützung) kann sowohl als Vorgabedokument als auch durch die Rückverfolgbarkeit und Einhaltung von Aufbewahrungsfristen als Nachweisdokument verstanden werden. So muss z. B. eine vollstationäre Pflegeeinrichtung die Pflegedokumentation nach den »Maßstäben und Grundsätzen für die Qualität« mindestens drei Jahre nach Ablauf des Kalenderjahres der Leistungserbringung aufbewahren (vgl. MuG, 2018a: 10).

Neue Anforderung!
Durch die revidierte ISO 9001:2015 hat sich der Begriff »Dokumentierte Informationen« als neuer Sammelbegriff für die bisher verwendeten »Dokumente«, »dokumentierte Verfahren« und »Aufzeichnungen« durchgesetzt, die durch die Einrichtung gelenkt und aufrechterhalten werden müssen. Durch den Wegfall der sechs dokumentierten Verfahren nach der ISO 9001 entscheidet jetzt eine Organisation über die Erforderlichkeit von dokumentierten Verfahren.

Eine oft überbordende Pflegedokumentation mit ihrer Pflegeprozessdokumentation, z. B. nach den »Aktivitäten und existentiellen Erfahrungen des Lebens« (AEDL als Rahmen- und Managementmodell von M. Krohwinkel) oder anderen pflegetheoretischen Grundlagen mit ihren Aspekten (Pflegetheorien und -modelle) sowie der hohe Zeitaufwand für die Dokumentationserfordernisse in der stationären und ambulanten Pflege war ein wichtiger Handlungsbedarf und wurden ebenso durch die Bundesregierung als ein erstzunehmendes Problem erkannt und projektiert. So hat der

Pflegebevollmächtigte der Bundesregierung, Staatssekretär Karl-Josef Laumann, zum Jahresbeginn 2015 das Projektbüro »Ein-STEP« (Einführung des Strukturmodells zur Entbürokratisierung der Pflegedokumentation) als Implementierungsstrategie zur Entbürokratisierung der Pflegedokumentation eingerichtet. Durch ein bundesweites Projekt entstand das neue Strukturmodell als eine Neuausrichtung der Pflegedokumentation in der deutschen Pflegelandschaft (vgl. Beikirch et al., 2015: 3). Das Strukturmodell ist seit 2015 durch eine Vielzahl von Initiativen, z. B. durch den Einsatz von bundesweiten fünf Regionalkoordinatoren und der Schulung von über 700 regionalen Multiplikatoren, mittlerweile in vielen ambulanten, teil- und vollstationären Pflegeeinrichtungen implementiert worden (vgl. Beikirch et al., 2015: 3 ff.). Die flächendeckende Implementierung des Strukturmodells zur verschlankten Pflegedokumentation erfolgte in enger Zusammenarbeit mit den unterschiedlichen Verbänden der Einrichtungs- und Kostenträger auf Bundes- und Landesebene, den Prüfdiensten und den Ländern (vgl. Beikirch et al., 2015: 4).

Auch Der Medizinische Dienst des Spitzenverbandes Bund der Krankenkassen e. V. (MDS) und die MDK-Gemeinschaft haben das Projekt zur Effizienzsteigerung in der Pflege von Anfang an inhaltlich begleitet und dazu die »Ergänzende Erläuterungen für Qualitätsprüfungen in Pflegeeinrichtungen nach den Qualitätsprüfungs-Richtlinien bei Umsetzung des Strukturmodells zur Effizienzsteigerung der Pflegedokumentation« als Handlungsanleitung entwickelt (vgl. MDK und MDS, 2016). Ebenso unterstützte der Deutsche Pflegerat e. V. (DPR) das Projekt und konsentierte im Januar 2015 *»dass das Strukturmodell sowie die neu entwickelte ›Strukturierte Informationssammlung‹ (SIS®) inklusive der ›Risikomatrix‹ – unter Berücksichtigung fachlicher Standards – den Aufwand für die Dokumentation deutlich reduziert«* (DPR, 2015: 3 ff.). Damit waren die Grundlagen zur Entbürokratisierung der Pflegedokumentation in der ambulanten, teil- und vollstationären Langzeitpflege gesetzt worden. Die Neuausrichtung der Pflegedokumentation hat innerhalb kürzester Zeit bundesweit einen großen Zuspruch und Lob von den Trägervereinigungen und Pflegeverbänden sowie bei den Mitarbeitern in den ambulanten, teil- und vollstationären Pflegeeinrichtungen erhalten. Nach dem Strukturmodell bildet im Kern die strukturierte Informationssammlung, neben dem Stammblatt und der individuellen Maßnahmenplanung, die Versorgungssituation in der Pflege ab. Durch die verschlankte Pflegedokumentation mit der Besinnung auf das Wesentliche innerhalb der Pflegedokumentation kann nachhaltig die Zufriedenheit der Pflege- und Betreuungsmitarbeiter steigern, da mit der Einführung mehr Zeit für die Bewohner und für die Pflegekunden in der ambulanten Pflege gewonnen wird. Durch den Wegfall der Durchführungsnachweise für die täglich wiederkehrenden und geplanten grundpflegerischen und der betreuungsrelevanten Maßnahmen wurde der Dokumentationsaufwand für die Pflege- und Betreuungsmitarbeiter sowie der zusätzlichen Betreuungskräfte (vgl. §§ 84 Abs. 8 und 85 Abs. 8 S. 1 SGB XI n. F.) in den Pflegeeinrichtungen erheblich erleichtert.

Fazit

In den neuen »Maßstäben und Grundsätzen für die Qualität« wurde bestätigt, dass das Strukturmodell zur Entbürokratisierung der Pflegedokumentation für die stationäre Pflege die Anforderungen an den Pflegeprozess und die Pflegedokumentation erfüllt (vgl. MuG, 2018a: 8).

Das wissenschaftsbasierte Konzept des Strukturmodells dient durch die Erfassung der pflege- und betreuungsrelevanten sowie der biografischen Aspekte in den Themenfeldern der SIS® einen ersten Einstieg in den 4-phasigen Pflegeprozess (vgl. BMG, 2015: 8). Die Implementierung des Strukturmodells in der ambulanten, teil- und vollstationären Langzeitpflege mit seiner strukturierten Informationssammlung und der integrierten Risikomatrix zur Erfassung der individuellen pflegesensitiven

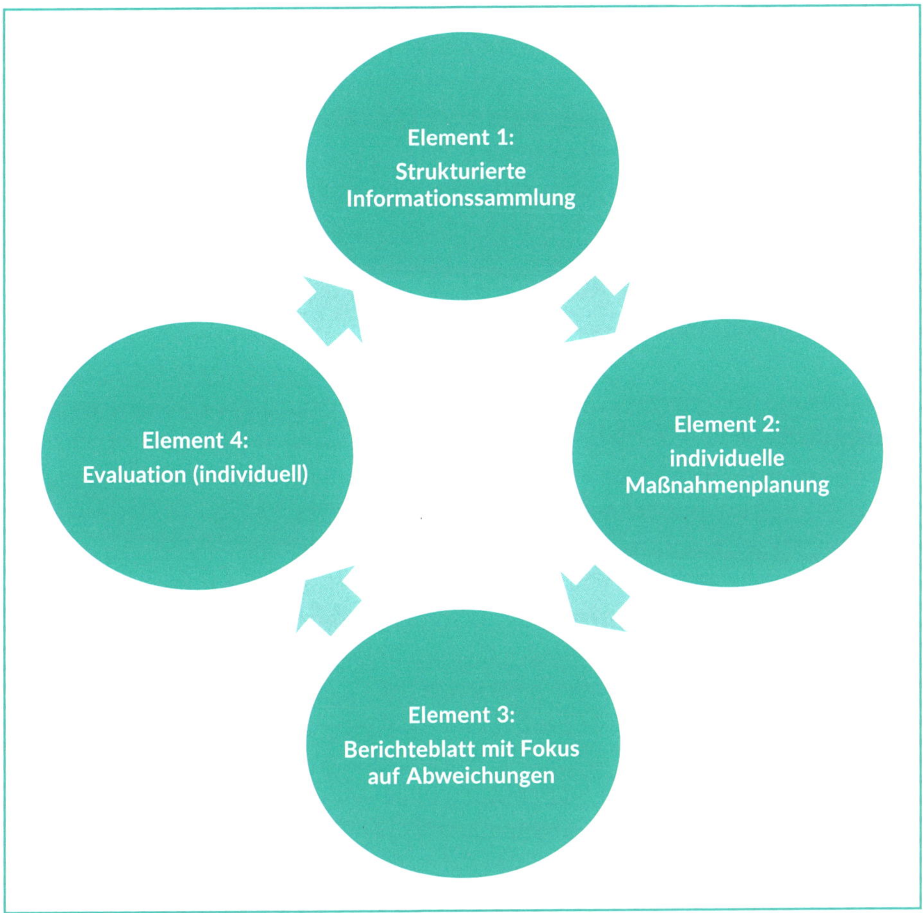

Abb. 5: Elemente des Strukturmodells (vgl. Beikirch, 2015: 15)

Risiken und Pflegephänomene (z. B. Dekubitus, Sturz, Inkontinenz, Schmerz, Ernährung), dienen zur Effizienzsteigerung einer praxistauglichen Pflegedokumentation. Durch einen verschlankten Pflegeprozess erfolgt eine Rückbesinnung auf die professionellen und persönlichen Kompetenzen der Pflegenden (vgl. BMG, 2015: 39 f.). Im Mittelpunkt des Strukturmodells steht die Sichtweise des Bewohners und der Pflegekunden sowie ggf. seiner Angehörigen die im Strukturmodell als personenzentrierter Ansatz bezeichnet wird. In der Abbildung (▶ Abb. 5) werden die vier wichtigsten Kernelemente des Strukturmodells auf der Grundlage der Handlungsanleitung der Bundesregierung als Schaubild dargestellt (vgl. BMG, 2015: 11 ff.).

Wie dem Regelkreis (▶ Abb. 5) zu entnehmen ist, bilden vier Elemente den Kern des Strukturmodells: Informationssammlung durch die SIS® (1. Element), individuelle Maßnahmenplanung (2. Element), Berichteblatt (3. Element) mit dem Fokus auf die Abweichungen sowie die zielgerichtete Evaluation (4. Element).

Durch die SIS® (ist keinesfalls nur ein Formular!) wird die Verständigung über den Pflegeprozess stimuliert und der Einstieg in den vierphasigen Pflegeprozess erfolgt über die »Eigeneinschätzung der pflegebedürftigen Person, den sechs Themenfeldern zur fachlichen Einschätzung des individuellen Pflege- und Hilfebedarfs und der Matrix zu individuellen pflegesensitiven Risiken und Phänomenen« (Beikirch et al., 2015: 13). Die SIS® besteht zu Beginn aus einer Grundbotschaft des hilfe- und pflegebedürftigen Menschen und beinhaltet drei Kernfragen:

1. »Was bewegt Sie im Augenblick?«
2. »Was brauchen Sie?«
3. »Was können wir für Sie tun?«

Die Erfassung der pflegerischen und betreuungsrelevanten Aspekte und sonstiger Informationen erfolgt getrennt in den maßgeblich sechs Themenfeldern, die vom Aufbau an einige Module der Begutachtungs-Richtlinien (BRi) zur Feststellung der Pflegebedürftigkeit in eines der fünf Pflegegrade erinnern:

- Themenfeld 1 - Kognitive und kommunikative Fähigkeiten
- Themenfeld 2 - Mobilität und Beweglichkeit
- Themenfeld 3 - Krankheitsbezogene Anforderungen und Belastungen
- Themenfeld 4 - Selbstversorgung
- Themenfeld 5 - Leben in sozialen Beziehungen
- Themenfeld 6 - Häuslichkeit (ambulant) und Wohnen/Häuslichkeit (stationär)

Die Initialen Einschätzungen der individuellen Risiken der Bewohner oder der Pflegekunden erfolgen in der integrierten Risikomatrix am unteren Ende der SIS®. Wichtig ist im Rahmen der SIS®, dass beim Festhalten der pflege- und betreuungsrelevanten Aspekte in den sechs Themenfeldern der tatsächliche Wortlaut zur eigenen Einschätzung der Situation im Originalton des Bewohners oder des Pflegekunden in der ambulanten Versorgung ungefiltert festgehalten wird. Ergänzend werden in der SIS® die Informationen von Angehörigen oder Betreuer und die pflegefachlichen Einschätzungen durch die professionell Pflegenden in allen Themenfeldern sowie der Verständigungsprozess mit dem Bewohner oder des Pflegekunden vermerkt. Die pflegefachliche Einschätzung muss in Abgrenzung zu den Aussagen der Bewohner oder des Pflegekunden entsprechend in den einzelnen sechs Themenfeldern in der SIS® kenntlich gemacht werden. In der SIS® werden ebenso die wichtigsten Informationen, Gewohnheiten, individuelle Präferenzen, Ressourcen und der pflegerische Hilfebedarf aus Sicht des Bewohners oder des Pflegekunden zu Beginn des pflegerischen Auftrags durch die Pflegemitarbeiter dokumentiert. Wie der nachfolgenden Abbildung (▶ Abb. 6) zu entnehmen ist, werden neben der Grundbotschaft in den sechs pflegerelevanten Themenfeldern für die Langzeitpflege (Bereiche) ebenso die Hilfsmittel, die persönliche Einschätzung der Gesundheitsrisiken, der individuelle Hilfebedarf und der Grad der Selbstständigkeit, biografische Informationen (dadurch Wegfall eines separaten Biografiebogens) und die Gewohnheiten eines Bewohners oder des Pflegekunden in der SIS® dokumentiert. Eine Besonderheit ist, dass auch der Verständigungsprozess, z. B. Absprachen zwischen dem Bewohner oder Pflegekunden und der Pflegefachkraft stichwortartig festzuhalten sind.

Im Verständigungsprozess (VP) zwischen dem Bewohner und der Pflegekraft könnte bspw. dokumentiert werden, dass die Medikamentenversorgung durch die Pflegefachkräfte übernommen wird oder dass die Hilfsmittel zur Förderung der Mobilität und zur Sturzprophylaxe angenommen und durch den Bewohner oder den Pflegekunden akzeptiert werden. Ergänzend hat in der SIS® eine pflegefachliche Initiale Einschätzung der individuellen pflegesensitiven Risiken und Pflegephänomene in der integrierten Risikomatrix ausschließlich durch eine Pflegefachkraft zu erfolgen. Hier folgt eine pflegefachliche Entscheidung zu Beginn des pflegerischen Auftrags (innerhalb von 24 Stunden) wie prägnant sich die Situation bei der Aufnahme aus Sicht der Pflegefachkraft darstellt und ob ein pflegerisches Risiko erkennbar ist oder eben nicht. In der SIS® werden korrespondierend mit den Themen der Expertenstandards nachfolgende Pflegerisiken nach einer pflegefachlichen Bewertung im Ankreuzverfahren mit der Frage »weitere Einschätzung notwendig« mit »Ja« oder »Nein« beantwortet und durch ein Ankreuzen (z. B. »X«) kenntlich gemacht:

- Dekubitus
- Sturz
- Inkontinenz
- Schmerz
- Ernährung (inkl. Flüssigkeitsversorgung)
- Sonstiges (Freitext)

SIS – stationär – Strukturierte Informationssammlung

Frau Mustermann	03.05.1928	18.04.2017 We/PFK	
Name der pflegebedürftigen Person	Geburtsdatum	Gespräch am/Handzeichen Pflegefachkraft	pflegebedürftige Person/Angehöriger/Betreuer

Was bewegt Sie im Augenblick? Was brauchen Sie? Was können wir für Sie tun?

Bew.: »Ich bin zufrieden, mein Mann ist ja auch da (kurze Pause und blickt dabei ihren Mann an) es muss... Zuhause ging ja es nicht mehr.«

Themenfeld 1 – kognitive und kommunikative Fähigkeiten

Bew.: »Ich kann ohne Brille nicht mehr gut sehen, die hab ich immer dabei.«
PFK: Bew. trägt eine Sehbrille, das Sehvermögen ist nicht eingeschränkt; Risiken und Gefahren können von der Bew. nicht eingeschätzt o. rechtzeitig erkannt werden. Frau M. vertraut sehr stark ihren Ehemann (Herrn M.). Sie ist überglücklich, dass ihr Mann ebenfalls bei ihr im Pflegeheim in einem Zimmer im Erdgeschoss wohnt. Durch die fortschreitenden kognitiven Einschränkungen und durch durch die Pflegebedürftigkeit sind Handlungen die ausgeführt werden sollen, langsam und strukturiert durch die Pflegekraft anzusprechen o. taktil zu zeigen. Bew. versteht das Gesprochene Wort/Sätze und kann nach Aufforderung entsprechende Handlungen oder Aktionen oft nur nach mehrmaliger kurzer Ansprache umsetzen. Die Sprachausdrucksfähigkeit ist begrenzt und durch leise Aussprache durch die Bew. möglich. Zum Bewusstseinszustand: Frau M. ist wach, situativ und örtlich orientiert.

Themenfeld 2 – Mobilität und Beweglichkeit

Bew.: »Gehen kann ich nicht mehr (sucht mit Blicken nach ihrem Mann).«
PFK: Gehen und stehen ist durch funktionalen Einschränkungen nicht möglich und es besteht die Gefahr der Immobilität und Sturzgefahr (versucht alleine aufzustehen). Der Transfer (aus dem Bett u. umgekehrt) erfolgt durch 2 PK mit Lifter in den Pflegerollstuhl. Im Rollstuhl ist die Bew. nicht mobil durch Ausbleiben der Eigenbewegung und es besteht eine Gefahr eines Dekubitus durch den Mangel einen eigenen Positionswechsel vorzunehmen und eine eigene Druckentlastung im Sitzen und Liegen im Bett vorzunehmen. Die Gefahr eines Dekubitus besteht am Steiß, bds. Fersen und Schulterblätter. Zusätzlich wird im RS ein Spezialkissen zur Druckverteilung durch Pk genutzt. Durch die Einschränkungen in der Bewegung besteht bei der Bew. eine Kontrakturengefahr in den oberen und unteren Extremitäten (Schulter-, Ellenbogen-, Knie- und der bd. Sprunggelenke). Durch das Ausbleiben eines physiolog. Muskeltonus besteht eine Thrombosegefahr in den beiden Beinen.

Themenfeld 3 – krankheitsbezogene Anforderungen und Belastungen

PFK: Die Frage wird nur nach mehreren Umschreibungen der Pk von der Bew. verstanden; Bew. antwortet zögernd und kurz: »Ich habe keine Schmerzen.«
PFK: Bew. kann bei Vorhandensein von Schmerzen der Pk, wenn auch nur mit leiser Aussprache, mitteilen, dass derzeit keine Schmerzen bestehen. Bew. leidet neben Gelenkschmerzen unter einer Trigeminusneuralgie mit möglichen einschießenden Schmerzen im Gesichtsbereich. Derzeit wird die Schmerzsituation der Bew. durch PFK als eine stabile Situation beurteilt und es besteht eine BVO. VP: Es besteht eine Verständigung darüber, dass die Medikamente durch die PFK verwaltet und verabreicht werden können und dass die ATS durch die PFK an- und ausgezogen (VÜ) werden dürfen. Als besondere Belastung kann das langsame Vergessen (Demenz) angesehen werden und dadurch sucht die Bew. immer wieder nach der Nähe ihres Ehemannes. Im Bett dreht sie stark verlangsamt ihren Blick immer wieder gerne in Richtung zu ihrem Ehemann. Ihr Ehemann vermittelt ihr Sicherheit und Geborgenheit.

Abb. 6: Beispiel für eine strukturierte Informationssammlung (SIS®)

Themenfeld 4 – Selbstversorgung

Ehem: »Die Schwestern machen das alles gut und es geht uns hier gut.« PFK: Die Angehörigen kommen regelmäßig zu Besuch und sind in viele Aktivitäten, z. B. im Aktivitätenplan fest eingebunden und werden auch zu bestimmten Situationen pflegefachlich durch Pk beraten. Die gesamten Körperpflegemaßnahmen inkl. der Zahnprothesenpflege (oben und unten), An- und Auskleiden und der Intimpflege mit IKM-Wechsel im Bett erfolgen in VÜ durch Pk. Gesicht kann die Bew. tagesformabhängig unter Anleitung der Pk waschen. Die Bew. mag kein Wasser und die Pk muss die Maßnahmen sehr behutsam vornehmen. Bei der Bekleidungsauswahl achtet die Bew. auf eine warme Bekleidung. Duschen erfolgt 1x die Woche am Mittwoch in VÜ. Bew. legt Wert auf anschließende Hautpflege des gesamten Körpers durch PK; eine Vorliebe an Pflegeprodukten (Shampoo, Hautcreme etc.) besteht nicht. Bew. erhält alle Mahlzeiten Vorlieben: (Pfannkuchen) mundgerecht in der betreuten Gruppe im Speisesaal durch Pk angeboten und neigt zu Untergewicht (BMI 17,8).

Themenfeld 5 – Leben in sozialen Beziehungen

Bew.: »Mein Mann ist auch da und der kümmert sich.« Ehem.: »Ich achte schon auf meine Frau, nur manche Dinge soll sie auch nicht immer mitbekommen.« PFK: Der Ehemann unternimmt viel mit seiner Frau und begleitet seine Ehefrau zu Veranstaltungen innerhalb der Einrichtung, fährt sie mit dem RS in den Speisesaal oder fährt seine Ehefrau im Garten gerne spazieren. Eheleute haben einen Sohn und eine Tochter (und drei Enkelkinder) die regelmäßig in die Einrichtung zu Besuch kommen. Die Bew. hatte zudem auch noch eine weitere Tochter, diese verstarb aber leider sehr früh, wie ihre erste Schwiegertochter. Frau M. interessierte sich früher sehr für ein Ehrenamt und so war sie viele Jahre als aktives Mitglied bis zu ihrem Ruhestand (1988) bei der AWO sehr engagiert. In den Gesprächen wird immer wieder deutlich, dass der Familienverbund für Frau M. eine sehr große Bedeutung hat. Frau M. freut sich über jede Ansprache und knüpft auch auch innerhalb der Einrichtung entsprechende Kontakte zu anderen Mitbewohner.

Themenfeld 6 – Wohnen/Häuslichkeit

Die Eheleute Familie M. haben früher in einer kleinen gemütlichen und ruhigen Wohnung in Seelze zur Miete im 2. Stockwerk gewohnt (mit Blick zum Wald und mit viel Grünflächen). Ein ambulanter Pflegedienst »Rose« hat die Bew. bereits in der eigenen Häuslichkeit betreut, so dass der Ehemann durch die Zunahme der Pflegebedürftigkeit seiner Ehefrau sehr viel im eigenen Haushalt übernommen hat. Auch organisierte der Ehemann gemeinsam mit seinen Kindern ein »Essen auf Rädern» und einen Hausnotruf (ASB). Ihr gemeinsam bewohntes Zimmer in der Pflegeeinrichtung, erinnert an ein gemütliches Wohn-/Schafzimmer mit vielen eigenen Möbeln; die Pflegebetten sind als gemeinsames Ehebett zusammen geschoben worden und Frau M. sucht oft nach den vertrauten und beruhigenden Händen ihres Ehemannes und wirkt sehr zufrieden und glücklich, da sie mit ihrem Ehemann in diese Pflegeeinrichtung eingezogen sind. Bew. lässt vieles ihren Ehem. übernehmen und ist in vielen Dingen sehr inaktiv.

Erste fachliche Einschätzung der für die Pflege und Betreuung relevanten Risiken und Phänomene																					Sonstiges			
	Dekubitus				Sturz				Inkontinenz				Schmerz				Ernährung				Immobilität			
			weitere Einschätzung notwendig				weitere Einschätzung notwendig				weitere Einschätzung notwendig				weitere Einschätzung notwendig				weitere Einschätzung notwendig				weitere Einschätzung notwendig	
	ja	nein	ja	nein	ja	nein	ja	nein	ja	nein	ja	nein	ja	nein	ja	nein	ja	nein	ja	nein	ja	nein	ja	nein
1. kognitive und kommunikative Fähigkeiten		X		X		X		X		X		X		X		X		X		X		X		X
2. Mobilität und Beweglichkeit	X		X		X			X		X		X		X		X		X		X	X			X
3. krankheitsbezogene Anforderungen und Belastungen		X		X		X		X		X		X	X		X			X		X		X		X
4. Selbstversorgung		X		X		X		X		X		X		X		X	X		X			X		X
5. Leben in sozialen Beziehungen		X		X		X		X		X		X		X		X		X		X	X			X

Die Ersteinschätzung der Risiken im Kontext mit den Themenfeldern der SIS® kann ein bis zwei Tage später durch ein tiefergehendes Differenzial-Assessment mit der Frage »weitere Einschätzung notwendig?« durch die Pflegefachkräfte reflektiert und durch unterschiedliche pflegefachliche Methoden oder Instrumente eingeleitet werden. Ein Differenzial-Assessment (Pflegeassessment) könnte sich z. B. auf die genauere Beurteilung von Schmerzen oder zur näheren Erfassung der Ernährungs- und Flüssigkeitsversorgung eines Bewohners oder Pflegekunden beziehen. Die Überprüfung der Risikoeinschätzung in der integrierten Risikomatrix durch die Pflegefachkräfte erfolgt grundsätzlich mit der Leitfrage: »Wird die fachliche Entscheidung in der Risikomatrix durch die Themenfelder gestützt?« Im sechsten Themenfeld »Häuslichkeit« (ambulant) und »Wohnen/Häuslichkeit« (vollstationär) wird dabei keine Risikoeinschätzung vorgenommen. Durch den Wegfall und Verzicht der Pflegeplanungen auf der Grundlage eines Konzeptes oder Pflegemodells oder einer Pflegetheorie wird die darauf aufbauende neue individuelle Maßnahmenplanung (alternativ: Tagesstrukturplanung) auf der Basis der Erkenntnisse aus der SIS® erarbeitet. Die Maßnahmenplanung (Früh-, Spät- und Nachtdienst bzw. Einsatzplanung) muss handlungsleitend sein sowie die erforderlichen Prophylaxen (s. Risikomatrix) enthalten.

Die Verschriftlichung und Festlegung der pflegerischen Ziele entfallen in dieser neuen Maßnahmenplanung, da diese immanent in den individuellen Maßnahmenplanungen und in der Ausführung der Pflege enthalten sind. Der große Gewinn des Strukturmodells ist für das einrichtungsinterne Qualitätsmanagement und für den täglichen Wettlauf mit der Zeit, dass die wiederkehrenden täglichen grund- und behandlungspflegerischen Tätigkeiten und die täglichen individuellen Angebote und Maßnahmen zur Gestaltung des Alltagsleben in der Sozialen Betreuung, z. B. die zielgrupppenspezifischen Einzel- oder Gruppenangebote, auf der Basis der Erkenntnisse aus der SIS® in der individuellen Maßnahmenplanung einmalig abgebildet werden. Die Maßnahmenplanung (Formblatt bzw. Dokumentation) muss durch die Pflegeeinrichtung oder durch den Pflegedienst (alternativ: externe Anbieter von Pflegedokumentationen und Software-Herstellern) organisationsbezogen entwickelt werden, da hierzu neben dem Aufbau und der Struktur der SIS® keine Vorgaben oder Empfehlungen gemacht werden können. Allerdings ist erfahrungsgemäß in der individuellen Maßnahmenplanung eine Differenzierung in »Nicht täglich zu erbringenden Leistungen« und »Täglich wiederkehrende Leistungen« sinnvoll und für die Pflegemitarbeiter arbeitserleichternd. Somit können die personenbezogenen pflegerischen Maßnahmen und die Angebote der Sozialen Betreuung die nicht jeden Tag erbracht werden, z. B. das Duschen oder Baden, der Friseurbesuch, die Maniküre, die Teilnahme an den wechselnden Veranstaltungen oder routinemäßige Assessments zur Einschätzung und Beurteilung einer Pflegesituation etc., den »Nicht täglich zu erbringenden Leistungen« handlungsleitend in der individuellen Maßnahmenplanung durch die Pflegemitarbeiter einmalig zugeordnet werden. Die »Nicht täglich zu erbringenden Leistungen« können mit der konkreten Benennung der Wochentage oder mit deren Häufigkeit (z. B. zweimal in der Woche oder einmal im Monat) in der Maßnahmenplanung festgehalten werden. Damit nachvollziehbar bleibt, wann diese Leistungen erbracht wurden, ist in diesem Fall ein Eintrag an dem jeweiligen Wochentag im Berichteblatt schichtbezogen vorzunehmen. Die vollständige Übernahme von Körperpflegemaßnahmen durch die Pflegemitarbeiter und die Maßnahmen zur medizinischen Pflege, z. B. die Verabreichung der Medikamente nach AVO durch die Pflegefachkräfte (PFK), können bei den »Täglich zu erbringen Leistungen« tageszeitlich bzw. schichtbezogen in der Maßnahmenplanung dokumentiert werden. In der ambulanten Pflege ist die kundenbezogene Maßnahmenplanung von der Einsatz- und Tourenplanung und den zu erbringenden Leistungen in der eigenen Häuslichkeit des Pflegekunden abhängig.

Mit der Implementierung des Strukturmodells wurden die Leistungsnachweise für die Grundpflege (mit Ausnahme der Behandlungspflege) in der Langzeitpflege sowie für den Bereich der Sozialen Betreuung überflüssig und abgeschafft. Die Dokumentation der Behandlungspflege nach der Verordnung der häuslichen Krankenpflege in der ambulanten Pflege erfolgt weiterhin nach den Regelungen des SGB V durch die Pflegefachkräfte und muss nach der Leistungserbringung mit einem Handzeichen im täglichen Leistungsnachweis abgezeichnet werden (vgl. BMG, 2015: 15). Die Dokumentation der behandlungspflegerischen Maßnahmen in der stationären Pflege erfolgt unverändert im täglichen Pflegenachweis bzw. Leistungsnachweis für die medizinische Pflege und muss wie in der ambulanten Versorgung mit einem Handzeichen der Pflegefachkräfte tageszeitlich quittiert werden. Durch das Strukturmodell und der SIS® sowie der integrierten Risikomatrix für pflegesensitive Probleme ist keine separate Pflegeanamnese, Pflegeplanung und auch kein Biografiebogen in der Pflegedokumentation mehr erforderlich, da z. B. die biografischen Informationen wie auch Hilfsmittel etc. in der SIS® zu entnehmen sind (▶ Abb. 6).

Im Berichteblatt als Informations- und Kommunikationsmittel werden nach dem Strukturmodell durch alle an der Pflege und Betreuung Beteiligten nur noch die aktuellen, erwünschten oder unerwünschten Ereignisse sowie die Abweichungen von der handlungsleitenden Maßnahmenplanung und den Betreuungsangeboten dokumentiert, um eine unnötige Überfrachtung des Berichteblattes in der Zukunft auszuschließen. Eine Abweichung von der Maßnahmenplanung könnte sein, wenn bspw. der Bewohner an dem geplanten Wochentag das Baden abgelehnt hat. Werden die Maßnahmen in der Maßnahmenplanung nicht genau beschrieben, so müssen diese Maßnahmen im Rahmen der Durchführung im Berichteblatt detailliert dokumentiert, d. h. beschrieben werden. Auch wenn nicht jedes unerwünschte Ereignis bei einem Bewohner vermieden werden kann und oft auch eine personenbezogene Compliance eine wichtige Voraussetzung darstellt, so lässt sich dennoch deren Häufigkeit, z. B. ein Sturz mit schwerwiegenden Folgen durch geeignete pflegerische Maßnahmen verhindern! Die individuelle Evaluation nach dem Pflegeprozess erfolgt je nach der Situation auf der Grundlage der Erkenntnisse aus der SIS® mit der integrierten Risikomatrix, der individuellen Maßnahmenplanung sowie unter der Berücksichtigung der Ereignisse und Eintragungen die im Berichteblatt dokumentiert wurden. Empfehlenswert ist es, dass vorher entsprechende individuelle Evaluationszeiten (keine schematischen Festlegungen!) durch die Pflegefachkräfte in der individuellen Maßnahmenplanung, z. B. im Rahmen des Pflegecontrollings (Risikomanagements oder zeitlich befristete Maßnahmen, z. B. das Führen eines Trinkprotokolls) oder bei gesundheitsbezogenen Veränderungen festgehalten werden.

1.5 Qualitäts- und Prüfsystem

Die neuen externen Qualitätsprüfungen auf den Grundlagen der neuen gesetzlichen Qualitätsprüfungs-Richtlinien (QPR) durch die Medizinischen Dienste der Krankenversicherungen (MDK) bzw. durch den Verband der Privaten Krankenversicherung e. V. (PKV) in der stationären Pflege und die stichtagsbezogenen halbjährlichen Erhebungen der Versorgungsergebnisse sind als ein neues lernendes System (d. h. »alles fließt«) zu verstehen, wie z. B. ein lebendiger und sozialer Organismus. Die heterogenen lernenden Systeme betonen durch ihre intelligente Vielfallt, dass sie zuverlässig wirken und beinhalten ein Zusammenwirken von verschiedenen Faktoren, die wiederum dem Menschen eine Sicherheit vermitteln können. Somit kann sich ein lernendes System auf unterschiedliche äußere Einflussfaktoren und Bedingungen einstellen, die aufeinander wirken oder sich wechselseitig beeinflussen können. Offene lernende Systeme können sich durch ihre kennzeichnenden Eigenschaften (Merkmale) oft mühelos und rapide schnell auf die Außenwelt anpassen und entsprechend den Einflüssen verändern und sich durch den Wandel von Merkmalen weiterentwickeln, ganz nach dem Motto: »Alles im Leben ist in Bewegung und nichts ist im Stillstand.«

Info

Ein offenes lernendes System, wie z. B. ein lebendiger und sozialer Organismus, kann im Scheinwerferlicht und in seinen Gestaltungsmöglichkeiten mit den Begrifflichkeiten und den Anforderungen der ISO-Normen für QM-Systeme sowie in der Verschränkung mit den Inhalten des Strukturmodells (SIS®), dem Pflegebedürftigkeitsbegriff und Pflegeverständnis eng miteinander verzahnt sein, wenn die Akteure in der Pflege dies auch beabsichtigen und in erster Linie auch wollen.

1

Das Qualitätsmerkmal und die Qualitätskriterien eines **lernenden Systems,** welches sich auf die Erfüllung von Qualitätsanforderungen beziehen kann, beinhaltet in diesem Verständnis den Statuserhalt oder die Verbesserung einer Versorgungssituation. Somit gilt es, die Selbstständigkeit von hilfe- und pflegebedürftigen Menschen zu erhalten oder durch die personelle Hilfe der professionell Pflegenden und den Betreuungsmitarbeitern eine Pflegesituation als eine gemeinsame Teamleistung zu verbessern, um somit ein akzeptables Versorgungsergebnis als Qualitätsziel zu erreichen. Mit dem Neustart der gesetzlichen Grundlagen der neuen Maßstäbe und Grundsätze für die Qualität (»MuG«) und den neuen Qualitätsprüfungs-Richtlinien (QPR) für die vollstationären Pflegeeinrichtungen einschließlich der Kurzzeitpflege[3] sowie der damit verbundenen nutzerorientierten Qualitätsdarstellungsvereinbarung (QDVS) wurde erstmalig eine Bewertungssystematik mit qualitätsbezogenen Kennzahlen im Mai 2019 grundlegend in der stationären Langzeitversorgung neu verankert. Dies war nicht nur auf der Grundlage der Qualitätsdebatten über die Pflegenoten erforderlich, sondern auch, weil erhebliche Unterschiede in der Qualitätsmessung auf Basis von Routinedaten zu ausgewählten Versorgungsaspekten zwischen den Pflegeheimen vorliegen (vgl. Schwinger et al., 2018: 119 f.). Diese erhobenen Routinedaten zur Qualitätsmessung als pflegerische Einzelleistungen beziehen sich u. a. (nach Antje Schwinger et al.) auf die Dekubitusentstehung in der Langzeitpflege, Mundgesundheit, Harnwegsinfektionen in der Langzeitversorgung oder auch auf die ärztliche Versorgungssituation in den Pflegeheimen etc. Die neuen Richtlinien des GKV-Spitzenverbandes über die Durchführung der Prüfung der in Pflegeeinrichtungen erbrachten Leistungen und deren Qualität nach § 114 SGB XI (Qualitätsprüfungs-Richtlinien – QPR) für die vollstationäre Pflege vom 17. Dezember 2018 mit seinen neun Anlagen sind in erster Linie für die Gutachter der Medizinischen Dienste der Krankenversicherung (MDK) bzw. für die PKV-Prüfdienste als auch für die Träger von Pflegeeinrichtungen als Handlungsgrundlagen verbindlich. Neben dem Qualitätsauftrag für alle Pflegeheimbetreiber und der einrichtungsindividuellen Organisationskultur sind in der Zukunft durch diese Richtlinien wichtige Handlungsoptionen für die Pflege- und Betreuungsmitarbeiter in der stationären Langzeitversorgung geschaffen worden. Sie müssen neben den knappen Ressourcen u. a. durch den strukturell bedingten Fachkräftemangel, bewerkstelligt werden. Die stringente Umsetzung erfordert verschlankte und maßgeschneiderte Prozesse und eine gut abgestimmte als auch abgesicherte interne Qualitätssicherung durch die Führung bzw. durch die Pflegedienstleitung (PDL) als verantwortliche Pflegefachkraft. Die Qualitätssicherung ist der Teil eines Qualitätsmanagements, *»der auf das Erzeugen von Vertrauen darauf ausgerichtet ist, dass Qualitätsanforderungen erfüllt werden«* (ISO 9000:2015).

[3] Der Begriff »vollstationäre Pflege« umfasst im Zusammenhang mit den neuen Richtlinien auch immer die Gäste in der Kurzzeitpflege.

Durch die gesetzlichen Richtlinien wurde ein Neubeginn für ein Prüf- und Qualitätssystems in der Versorgungslandschaft der stationären Pflege in Deutschland als eine Richtschnur für alle Träger von stationären Pflegeeinrichtungen ab 01. November 2019 mit dem Fokus auf die Ergebnisqualität verpflichtend. Die Ergebnisqualität stellt dabei ein Teil eines umfassenden Qualitätsbegriffes dar und kann mithilfe von zuverlässigen Indikatoren als ein Resultat des Pflege- und Versorgungsgeschehens erfasst werden (vgl. Preusker, 2013).

Die gesetzlich geregelten Grundlagen für die strukturierte Erhebung der Qualitätsindikatoren im Abstand von sechs Monaten und deren Messung (Berechnung) sowie die Darstellung von Qualität nach den externen jährlichen Qualitätsprüfungen sind:

- Maßstäbe und Grundsätze für die Qualität, die Qualitätssicherung und -darstellung sowie für die Entwicklung eines einrichtungsinternen Qualitätsmanagements nach § 113 SGB XI n. F. in der vollstationären Pflege (»MuG«) – vom 23.11.2018 mit vier Anlagen.
- Qualitätsprüfungs-Richtlinien für die vollstationäre Pflege (QPR vollstationär). Richtlinien des GKV-Spitzenverbandes über die Durchführung der Prüfung der in Pflegeeinrichtungen erbrachten Leistungen und deren Qualität nach § 114 SGB XI für die vollstationäre Pflege – vom 17. Dezember 2018 mit neun Anlagen.
- Vereinbarung nach § 115 Abs. 1a SGB XI über die Darstellung und Bewertung der Qualitätsindikatoren gemäß § 113 Abs. 1a SGB XI und die Ergebnisse aus Qualitätsprüfungen nach §§ 114 f. SGB XI – Qualitätsdarstellungsvereinbarung für die stationäre Pflege (QDVS) – vom 19.03.2019 mit acht Anlagen.
- Richtlinien des GKV-Spitzenverbandes zur Verlängerung des Prüfrhythmus bei guter Qualität und zur Veranlassung unangemeldeter Prüfungen in vollstationären Pflegeeinrichtungen nach § 114c Abs. 1 SGB XI (PruP-RiLi) – vom 23.09.2019. Die Kriterien für ein hohes Qualitätsniveaus auf der Grundlage »der Ergebnisse der nach § 114 SGB XI durchgeführten Qualitätsprüfungen werden auf empirischer Grundlage bis zum 31.10.2020 festgelegt« (§ 3 PruP-RiLi, 2019: 3).

Die o. g. gesetzlichen Regelwerke beinhalten viele neue Details und sind nicht immer für die Leser oder für die Anwender selbsterklärend. Auf den gesetzlichen Grundlagen der »Maßstäbe und Grundsätze für die Qualität« (»MuG«) mit dem Fokus auf Ergebnisqualität ist jede vollstationäre Pflegeeinrichtung jetzt gesetzlich gefordert, die festgelegten Versorgungsdaten (Qualitätsindikatoren) der vergangenen sechs Monate in der Zukunft für alle Heimbewohner (mit definierten Ausschlussgründen, z. B. während einer Kurzzeit- oder Verhinderungspflege, s. MuG, Anlage 3, 2018d: 28) stichtagsbezogen zu erheben und an die Datenauswertungsstelle (DAS) in einer EDV-gestützten elektronischen Erfassung zur Auswertung, d. h. zur Berechnung zu übermitteln. Die Qualitätsindikatoren die gemessen werden, können als *»Maße, deren Ausprägung eine Unterscheidung zwischen guter und schlechter Qualität von Strukturen, Prozessen und/oder Ergebnissen der Versorgung ermöglichen sollen«* verstanden werden (DNEbM, 2011).

Viele Synonyme werden für die »Qualitätsindikatoren« oder »Qualitätsdaten« verwendet, wie z. B. Versorgungsdaten, Ergebnisindikatoren oder Indikatorendaten, die sich insgesamt in der Langzeitpflege alle auf die zuverlässigen und messbaren Versorgungsmerkmale der Bewohner beziehen. Alle Merkmale (Indikatoren) des indikatorengestützten Verfahrens werden zusammen bei den »Merkmalsträgern« (Bewohnern) als Indikatorenset (IQs) bzw. auch als Indikatorenmodell bezeichnet, die den Qualitätsbegriff einer guten Versorgungssituation erfassen und in der Zukunft abgebildet werden müssen.

Fazit **Aktive Rolle der Pflegenden**

Für das einrichtungsinterne Qualitätsmanagement und deren Weiterentwicklung wird in der Zukunft die aktive Rolle der professionell Pflegenden durch die stichtagsbezogene und vollständige Erhebung der personenbezogenen Versorgungsdaten sowie der Umgang mit den Versorgungsergebnissen zu einem wichtigen Bewertungsmaßstab von gesundheits- und pflegebezogenen Prozessen in der stationären Pflege.

Die aQua als Institut für angewandte Qualitätsförderung und Forschung im Gesundheitswesen mit Sitz in Göttingen, wurde im Februar 2019 durch den Qualitätsausschuss Pflege (www.gs-qsa-pflege.de) beauftragt, die Unabhängige Datenauswertungsstelle (www.das-pflege.de) nach § 113 Abs. 1b SGB XI aufzubauen und zu betreiben. Die Hauptaufgabe der Datenauswertungsstelle (DAS) besteht in diesem neuen Prüfverfahren, die halbjährlich übermittelten einrichtungsbezogenen Datensätze zu erfassen und durch eine vergleichende Messung im Bundesvergleich auf der Grundlage der neuen Darstellungsformen in der stationären Pflege auszuwerten, um die Ergebnis- und Versorgungsqualität zu messen und die für die Pflegeeinrichtung und für die Öffentlichkeit sowie für andere relevanten interessierten Parteien oder Anspruchsgruppen (z. B. auch Nutzer, Kostenträger, Mitbewerber oder für Angehörige, Zugehörige und Betreuer) als Informationsangebot abzubilden.

Neue Anforderung!

Durch die Revision der ISO 9001 hat sich der Begriff der fünf relevanten »Interessierten Parteien«, z. B. Kunden, Mitarbeiter, externe Anbieter, Gesellschaft und Eigentümer verändert und wurde jetzt weiter gefasst.

Eine relevante interessierte Partei (Anspruchsgruppe) kann demnach eine Person oder eine Organisation sein, die eine Entscheidung oder eine Tätigkeit beeinflussen kann oder die sich davon beeinflusst fühlen kann (vgl. DIN EN ISO 9000:2015). Nach dieser Definition entscheidet eine Organisation mit ihrer Zweckbestimmung über die beliebige Anzahl von relevanten interessierten Parteien und kann dadurch auch opponierende Interessengruppen wie z. B. auch die Mitbewerber auf dem Senioren- und Pflegemarkt einschließen. Unbenommen gehören zur Marktorientierung, dass gut informierte Mitarbeiter mit ihren Schlüsselkompetenzen als ein wichtiger Aspekt der Mitarbeiterorientierung in wichtige Prozesse einbezogen werden. Das sichert den Erfolg jeder Pflegeeinrichtung! Durch die neue Prüf- und Bewertungssystematik der Ergebnisindikatoren und durch die externen Qualitätsprüfungen ist jetzt das Pflegemanagement und somit die Leitungsebene in den vollstationären Pflegeeinrichtungen im besonderen Maß gefragt, die gesetzlichen Qualitätsanforderungen einrichtungsintern im Blick zu behalten und zu erfüllen, damit gute Versorgungsergebnisse als ein Anreizsystem im Vergleich zu anderen Mitbewerbern erreicht werden. Auch wenn mit dem neuen Qualitäts- und Prüfsystem keine neuen Dokumentationserfordernisse (»Dokumentierte Informationen« n. d. ISO 9000:2015), d. h. keine zusätzlichen Assessments für die Pflege abverlangt werden, stellen neben der verantwortlichen Pflegefachkraft die aktive Rolle der professionell Pflegenden neue Herausforderungen für das einrichtungsinterne Qualitätsmanagement in seiner Gesamtheit dar.

Fazit **Überlebensfähig?**

Durch die neue Bewertungssystematik sind das Fortbestehen und die Existenz sowie die Überlebensfähigkeit einer vollstationären Pflegeeinrichtung zukünftig von dem »Können, Wollen und Dürfen« des Pflegemanagements sowie von der Gestaltung der Organisationskultur mit seinen Verhaltensweisen als auch gelebten Überzeugungen und Werten im besonderen Maß abhängig.

Mit der Abkehr von den »Schulnoten« (Pflegenoten 1–5) und den Einzelnoten in bestimmten Bereichen sind die neuen Qualitätsprüfungs-Richtlinien (QPR) in sechs prüfrelevante Qualitätsbereiche mit insgesamt 24 verschiedenen fachlich relevanten Qualitätsaspekten (QA) für die Pflegequalität (»QPR-Prüfung«) untergliedert worden. Dabei beurteilen die ersten vier Qualitätsbereiche die personenbezogene Versorgungsqualität und umfassen 21 von 24 fachlich relevanten Qualitätsaspekten. Drei von 24 Qualitätsaspekten beziehen sich auf die Strukturqualität. Neu sind in dem Qualitäts- und Prüfverfahren nicht unbedingt die Qualitätsanforderungen, sondern die Art der Stichprobenziehung und die Auswahl der einzelnen Bewohnergruppen mit den unterschiedlichen Merkmalskombinationen, die miteinander verglichen werden. Nachfolgend werden die sechs Qualitätsbereiche in der QPR als Überblick dargestellt:

Bewohnerebene

Qualitätsbereich 1: Unterstützung bei der Mobilität und Selbstversorgung
Qualitätsbereich 2: Unterstützung bei der Bewältigung von krankheits- und therapiebedingten Anforderungen und Belastungen
Qualitätsbereich 3: Unterstützung bei der Gestaltung des Alltagslebens und der sozialen Kontakte
Qualitätsbereich 4: Unterstützung in besonderen Bedarfs- und Versorgungssituationen

Einrichtungsebene

Qualitätsbereich 5: Bedarfsübergreifende Qualitätsaspekte
Qualitätsbereich 6: Einrichtungsinterne Organisation und Qualitätsmanagement

In den ersten vier o. g. Qualitätsbereichen stehen die Bewohner sowie deren individuelle bedarfs- und bedürfnisgerechte **personelle Unterstützung** zur Beurteilung der personenbezogenen Versorgung im Mittelpunkt und beinhalten die Module des Begutachtungsinstruments sowie die Expertenstandards des DNQP. Dabei werden aus der Bewohnersicht die fachlich relevanten Qualitätsaspekte zur personenbezogenen Versorgung im Rahmen der Regelprüfung durch die externen MDK-Gutachter bzw. durch die PKV-Prüfdienste beurteilt (vgl. QPR, 2018, Anlage 1: Prüfbogen A, 2018). In einem gesonderten Abschnitt (vgl. QPR, 2018, Anlage 2: Prüfbogen B, 2018) sind zwei weitere Qualitätsbereiche zur Beurteilung der Einrichtungsebene in einem 5. Qualitätsbereich »Bedarfsübergreifende Qualitätsaspekte« sowie in dem 6. Qualitätsbereich »Einrichtungsinterne Organisation und Qualitätsmanagement« mit einer kriteriengestützten Bewertung und den Erläuterungen zu den nicht erfüllten Anforderungen zur Erfassung der Strukturqualität geschaffen worden.

Die erreichten Ergebnisse aus der Beurteilung der fachlich relevanten Qualitätsaspekte im Prüfbogen A zur Beurteilung der personenbezogenen Versorgung werden in der Zukunft für jeden einzelnen Bewohner nach vier verschiedene Bewertungskategorien (A-D-Kategorien) mit Abstufungen bei Auffälligkeiten und Qualitätsdefiziten beurteilt und dementsprechend zugeordnet (vgl. QPR, Anlage 5: Qualitätsbewertung Qualitätsprüfung, 2018). Im Hintergrund dieser neuen Bewertungssystematik ist wichtig zu wissen, dass z. B. eine C- oder D-Wertung als ein *»Defizit mit eigetretenen negativen Folgen für den Bewohner bzw. die Bewohnerin«* für *eine »fehlende Bedarfs- oder Bedürfnisgerechtigkeit nicht allein auf der Grundlage einer fehlenden Information in der Pflegedokumentation vergeben werden darf«* (QPR, Anlage 5, 2018: 3 ff.; QDVS, Anlage 7, 2019: 3). Die Umsetzung und verbindliche Anwendung der nationalen Expertenstandards nach § 113a SGB XI die einrichtungsintern in jedem Fall immer anzupassen sind, stellen als normative Bezugspunkte in dem neuen Qualitäts- und Prüfsystem im Zusammenhang der Qualitätsbeurteilung der bewohnerorientierten Versorgung auch weiterhin eine herausragende Bedeutung dar. So wird bspw. die einrichtungsindividuelle Umsetzung der Nationalen Expertenstandards des DNQP in der Altenpflege bei den relevanten Themenbereichen in den einzelnen Qualitätsaspekten der QPR betont und erwartet.

Neben den Qualitätsaussagen und der Informationserfassung sowie einer Allgemeinen Beschreibung des Qualitätsaspekts wurden zu jedem Qualitätsaspekt in den ersten fünf Qualitätsbereichen in den neuen Prüfungsrichtlinien eine unterschiedliche Anzahl von **Leitfragen** festgelegt, um die Ergebnisqualität nach den neuen vier Bewertungskategorien mit Abstufungen (A–D) bei bestehenden Qualitätsdefiziten beurteilen und messbar zu machen. Die Leitfragen innerhalb der QPR ersetzen zukünftig in den vollstationären Pflegeeinrichtungen die Ausfüllanleitungen zu den Pflege-Transparenzkriterien (PTVS) und erwarten eine bedürfnis- und bedarfsgerechte personelle Unterstützung der hilfe- und pflegebedürftigen Menschen (vgl. QPR, Anlage 1: Prüfbogen A und QPR, Anlage 2: Prüfbogen B, 2018). Die Leitfragen mit Hinweisen innerhalb der einzelnen Qualitätsaspekte (QA) stellen für das externe Prüfteam einen wichtigen »roten Faden« sowie eine durchgehende themenbezogene Orientierung dar und sollten durch die Pflegedienstleitung zur internen Qualitätssicherung als Vorbereitung von externen Qualitätsprüfungen unter Zuhilfenahme der »Erläuterungen zu den Prüfbögen« (s. QPR, Anlage 4, 2018) genutzt werden. Die Beantwortung der Leitfragen und die »Erläuterungen zu den Prüfbögen« mit den Hinweisen zu den Leitfragen sollten durch die QM-Verantwortlichen, Pflegedienstleitungen und letztendlich auch durch die Bezugspflegefachkräfte durch ihre dahinterstehende Zielsetzung sehr ernst genommen werden. *»Zu den jeweiligen Leitfragen ist in der Ausfüllanleitung beschrieben, welche Aspekte des pflegerischen Handelns in die Beurteilung einbezogen werden sollen«* und verweisen darauf, was durch die Träger von Pflegeeinrichtungen zu realisieren ist (QPR, 2018: 11 f.). Die Begriffsdeutungen der Leitfragen finden sich im Übrigen auch in den sechs pflegerelevanten Themenfeldern des Strukturmodells nach der Strukturierten Informationssammlung (SIS®) oder in anderen Managementanforderungen (z. B. MAAS-BGW zum Arbeitsschutz) wieder und dienen in diesem Bezugspunkt als eine Anleitung für die Prüfer und Pflegenden, die Informationen aus der Bewohnersicht bzw. der Pflegekunden in den ambulanten, teil- und vollstationären Pflegeeinrichtungen zu erfassen. Allerdings können diese Leitfragen z. B. aus der SIS® nicht direkt als eine Auflistung entnommen werden, sondern wurden in einer gesonderten Anleitung (Handlungsanleitung 1.0) für die Pflegenden und Betreuungskräfte zur Verfügung gestellt (vgl. Beikirch et al., 2014: 20; BMG, 2015: 28 ff.). Mit Ausnahme der Prüffragen und der kriteriengestützten Beurteilung im 6. Qualitätsbereich »Einrichtungsinterne Organisation und Qualitätsmanagement« mit den internen und externen Themen zur Strukturqualität können die Leitfragen in den einzelnen QA in den fünf Qualitätsbereichen, nicht nur als bloße Prüffragen mit Abstufungen, z. B. mit »Ja« oder »Nein« bzw. »Weiblich« oder »Männlich« und »Bestanden« oder »Nicht bestanden« bzw. »Gut« oder »Schlecht«, als dichotome Variablen, d. h. mit nur zwei Merkmalsausprägungen, beantwortet werden. Alle Leitfragen in den fachlich relevanten Qualitätsaspekten und die Art der prozessorientierten Fragestellungen sind von ihrem Konstrukt mit einer fachlich kompetenten und fachgerechten Pflege umfassender zu verstehen und können mit der Mind-Map-Technik mit den linearen Verzweigungen und den Verbindungslinien, als ein theoretisch aufgeladener Sachverhalt zur Strukturierung, Visualisierung und Hierarchisierung verglichen werden. Mit den formulierten Leitfragen als eine qualitative Methode werden durchgehend individuelle Problem- oder Bedarfslagen sowie komplexe pflegerische Sachverhalte unter Hinzuziehung aller relevanten Informationen oder auch interessierende Merkmale sachlich durch die externen Qualitätsprüfer eingegrenzt. Dadurch können die gewonnenen Informationen und die vorgefundenen pflegerischen Sachverhalte zu einer faktengestützten Entscheidungsfindung führen und weiter zu einem Qualitätsergebnis verdichtet werden, um zu Schlussfolgerungen zu gelangen. Diese Herangehensweise ermöglicht eine zusammenfassende Qualitätsbeurteilung in den relevanten Qualitätsaspekten, da durch die Fragestellungen eine sogenannte »theoretische Sättigung«, erzielt wird. Im Falle einer »theoretischen Sättigung« oder durch einen gewissen Sättigungsgrad können auch unter Zuhilfenahme weiterer Datenbestände und zusätzlichen Informationsgrundlagen, z. B. durch die Hinzuziehung der Pflegedokumentation, keine weiteren neuen Erkenntnisse generiert oder gewonnen werden. Diese Anstrengungen und Herangehensweisen sind kennzeichnend für die sieben Auditprinzipien und der Auditierung von Managementsystemen (vgl. DIN EN ISO 19011:2018).

Info

Mithilfe der Leitfragen wird solange nachgefragt oder eine Situation simuliert, um mehr herauszufinden, bis keine neuen Erkenntnisse weder aus dem Fachgespräch noch aus anderen Datenbeständen oder Informationsgrundlagen hergeleitet werden können, die das Untersuchungsphänomen, also das zu untersuchende Problem oder den Gegenstandsbereich, besser erklären können (vgl. Brüsemeister et al., 2008).

Deshalb ist es grundsätzlich sinnvoll, sich neben dem Prüfbogen A zu der personenbezogenen Versorgung (QPR, Anlage 1, 2018) und dem Prüfbogen B zur Qualitätsbeurteilung auf der Einrichtungsebene (QPR, Anlage 2, 2018) im Rahmen der Vorbereitungen auf eine Regelprüfung sich ebenso mit den Erläuterungen zu den Prüfbögen (QPR, Anlage 4, 2018) inhaltlich **vorher** auseinanderzusetzen. Dabei sollte ein angestrebtes Ergebnis sein, durch eine hohe Kommunikations- und Dialogbereitschaft in den Pflege- und Betreuungsteams eine grundlegende Verständigung als eine gemeinsame Sprache sowie Teamkultur auf der Verstehensebene von Begrifflichkeiten und Zusammenhängen in Bezug auf die »Qualitätsaussage« und der »Allgemeinen Beschreibung« im Kontext der Leitfragen aus den Prüfungsrichtlinien zu vereinbaren bzw. zu erzielen. Denn: *»Das Gegenteil von schlecht muss nicht gut sein – es kann noch schlechter sein«* (Paul Watzlawick, 1921–2007). Zur Problemeingrenzung und zum Sättigungseffekt gehört es, eine gemeinsame Sprache und Sichtweise auf der Verstehensebene in den Pflege- und Betreuungsteams (Soziale Betreuung) zu finden, um Begrifflichkeiten oder Sachverhalte in den durch die Leitung festgelegten Verständigungs- und Kommunikationsprozessen in der sozialen Interaktion auszulösen und vorab die pflege- und betreuungsrelevanten Sichtweisen und den individuellen Versorgungsbedarf eines Bewohners als einen gemeinsamen Nenner im Team »personenzentriert« festzulegen. Hier müssen die Pflege- und Betreuungsteams erst eine einheitliche Meinung und Verständigung sowie eine allgemeingültige Sichtweise »erarbeiten« bzw. Verhaltensregeln gemeinsam festlegen. Eine gute Verständigung gelingt hier besonders schnell, wenn die gut informierten Pflege- und Betreuungsmitarbeiter im multidisziplinären Team bewusst die Technik des aktiven Zuhörens beherrschen und anwenden sowie ein Interesse für die Aufgaben und Zielsetzungen abteilungsübergreifend füreinander haben oder gemeinsam entwickeln. In der Praxis passieren im Verständigungsprozess oftmals Fehler und es entstehen Missverständnisse in den Prüfsituationen, weil eine Verständigung über gängige Grundbegriffe und Sachverhalte oder Aspekte im pflegerischen Handeln als eine verbindliche Sprache oder Sichtweise oftmals fehlen. Auch kann häufig festgestellt werden, dass getroffene Aussagen der begleitenden Pflegemitarbeiter in Qualitätsprüfungen in einem Widerspruch zu den Beurteilungen der Qualitätsprüfer zueinanderstehen. Oft kann in diesen Stresssituationen auch beobachtet werden, dass es durch vorschnelle Haltungen und Überzeugungen im Kontext der Prüfsituation nicht immer gut gelingt, zu argumentativ begründbaren Aussagen zu gelangen. So kann bspw. im 3. Qualitätsbereich »Unterstützung bei der Gestaltung des Alltagslebens und der sozialen Kontakte« die erste Leitfrage im Qualitätsaspekt 3.3 »Nächtliche Versorgung« durchaus unter verschiedenen Perspektiven und Blickwinkeln betrachtet und auch beantwortet werden: »Liegt eine aussagekräftige Bedarfseinschätzung und individuelle Maßnahmenplanung für die nächtliche Versorgung vor?« Zur Beantwortung dieser Leitfrage sind Hinweise in der Pflegedokumentation nur dann erforderlich, wenn ein nächtlicher fachgerechter Unterstützungsbedarf, z. B. bei einer Demenz mit umgekehrten Schlaf- und Wachrhythmus besteht. Kennzeichnend für die neurodegenerativen Prozesse mit kognitiven Veränderungen sind z. B. die verschiedenen Formen und Leitsymptome einer fortgeschrittenen Demenz. Die Desorientierung, Sprachstörungen, herausfordernde Verhaltensweisen sowie ein umgekehrter Schlaf- und Wachrhythmus kann den Umgang und die Pflege- und Betreuungssituation grundsätzlich erschweren (vgl. Bartholomeyczik; Halek, 2017: 51 ff.).

Bei der o. g. Leitfrage zur nächtlichen bedarfs- und bedürfnisgerechten Versorgung ist im Verständnis bspw. in den Pflege- und Betreuungsteams vorab zu klären, was unter einem »nächtlichen Unterstützungsbedarf« verstanden wird und wie sich der nächtliche individuelle Versorgungsbedarf in solchen Situationen tatsächlich verändert bzw. wie sich ein herausfordernd erlebtes Verhalten oder andere Verhaltensauffälligkeiten im Nachtdienst bei einem Bewohner darstellen und auswirken. Also, welche Inhalte oder Umschreibungen sollten sich knapp in einer handlungsleitenden Maßnahmenplanung oder anderen »dokumentierten Informationen« (Aufzeichnungen) zu diesen individuellen Problem- und Bedarfslagen auf jeden Fall wiederfinden? Sind ein einmaliger Unruhezustand oder eine Verhaltensauffälligkeit in der Nacht bereits ein nächtliches Problem oder nicht? Und wenn ja, für wen? Pflegerische Sachverhalte und das zugrundeliegende professionelle Qualitätsverständnis sind somit keine Einzelphänomene, sondern sie sind immer ein multidimensionales Konstrukt in einem größeren Bezugsrahmen. Oft fehlt es also nicht am Fachwissen der einzelnen Pflege- und Betreuungsmitarbeiter im Pflegeheim, sondern es fehlen im pflegerischen Fachgespräch eine grundlegend einheitliche Verständigung als eine »gemeinsame Sprache« oder die Festlegung und Begründung zu einer Verstehenshypothese (z. B. bei Bewohner mit einer Demenz) sowie eine klare nachvollziehbare Argumentation, um z. B. eine veränderte Pflege- und Versorgungssituation plausibel darstellen oder umschreiben zu können. Damit diese Fehler oder Unsicherheiten z. B. in den Prüfsituationen nicht passieren können, sollte die gemeinsame Sprache und die einheitlichen Sichtweisen zur Beantwortung der Leitfragen innerhalb der Qualitätsaspekte als eines der Basiskompetenzen über den Verständigungsprozess durch Übungen mit den Pflegefachkräften trainiert und als eine erfolgsversprechende gemeinsame Teamleistung betrachtet werden. Ein Wissensmanagement bietet hier verschiedene Möglichkeiten an, »ie Fähigkeiten, Wissen und Fertigkeiten anzuwenden, um beabsichtigte Ergebnisse zu erzielen« (ISO 9000:2015). Durch ein breit aufgestelltes Wissensmanagement kann in einem Pflegeheim z. B. eine zweitägige externe Qualitätsprüfung durch die MDK- bzw. durch die PKV-Prüfdienste mit »Keine oder geringe Qualitätsdefizite« im Gesamtergebnis in den einzelnen QA gut abgeschlossen und später mit Stolz nach Außen dargestellt sowie für verschiedene Anspruchsgruppen repliziert werden. Es ist wichtig, sich in diesen Prüfsituationen gut informiert, verständlich und deutlich fundiert mitzuteilen, da diese Fähigkeiten entscheidend sein können, um andere Menschen gut über einen gegenläufigen Sachverhalt überzeugen zu können. Durch die Abkehr zu den Pflege-Transparenzvereinbarungen und Transparenzkriterien (PTVS) in der stationären Pflege wurden für die Zukunft zur Darstellung der Ergebnisqualität in den vollstationären Pflegeeinrichtungen drei nutzerorientierte Darstellungsformen als Informationsangebot aus der Verbrauchersicht festgelegt:

1. **Prinzipienskizze** zur Darstellung der von der Pflegeeinrichtung bereitgestellten Informationen (Einrichtungsinformationen):
   Name der Einrichtung: Musterhaus
   Art der Einrichtung: Vollstationäre Pflegeeinrichtung
   Letzte Aktualisierung: 31. Mai 2020
   Allgemeine Informationen über die Einrichtung: z. B. Möglichkeit eines Probewohnens, Erreichbarkeit der Pflegeeinrichtung, speziell qualifizierte Pflegefachkräfte z. B. Wundexperten, Palliativpflege etc.

2. **Ergebnisse aus den externen Qualitätsprüfungen** durch den Medizinischen Dienst bzw. den PKV-Prüfdienst. Es werden durch die Qualitätsdarstellungsvereinbarung (vgl. § 6 QDVS, 2019 und QVDS, Anlage 6, Zu veröffentlichende Prüfergebnisse) aus der Nutzerperspektive ebenso die Ergebnisse der beiden letzten externen Qualitätsprüfungen aufgezeigt, um eine Entwicklungstendenz für die interessierten Verbraucher und Nutzer, z. B. bei der Suche nach einem Heimplatz, ableiten zu können. Zur Veröffentlichung der Prüfergebnisse aus den Qualitätsprüfungen nach §§ 114 f. SGB XI werden 16 Qualitätsaspekte herangezogen (vgl. § 6 QDVS, 2019).
   - Vierstufiges Bewertungsschema: Vier Punkte ist die beste Bewertung und die schlechteste Bewertung wird mit einem Punkt als gleich große Quadrate versehen.
3. **Bewertung der Versorgungsergebnisse** (Qualitätsindikatoren in den zehn Themenbereichen) sowie die Darstellung der ausgewerteten Ergebnisqualität nach Maßgabe der Maßstäbe und Grundsätze für die Qualität (»MuG«) unter Anwendung bestimmter Bewertungsregeln und Merkmalskombinationen (Unterteilung von Risiko- bzw. Bewohnergruppen).
   - Fünfstufige Bewertungssystematik: 5 Punkte ist die beste Bewertung und die schlechteste Bewertung wird mit 1 Punkt versehen. Die Ergebnisse werden durch gleich große Kreise dargestellt.

Die Bewertungssystematik der Ergebnisqualität liest sich folgendermaßen:
●●●●●: Die Ergebnisqualität liegt weit über dem Durchschnitt.
●●●●○: Die Ergebnisqualität liegt leicht über dem Durchschnitt.
●●●○○: Die Ergebnisqualität liegt nahe beim Durchschnitt.
●●○○○: Die Ergebnisqualität liegt leicht unter dem Durchschnitt.
●○○○○: Die Ergebnisqualität liegt weit unter dem Durchschnitt.

1.5.1 Erhebung der Qualitätsindikatoren

Nach dem neuen indikatorengestützten Verfahren müssen **alle** vollstationären Pflegeeinrichtungen die relevanten sowie festgelegten Versorgungsdaten, ab 01. Oktober 2019 bis 30. Juni 2020 (Erprobungszeitraum) **einmalig** und ab 01. Juli 2020 halbjährlich stichtagsbezogen für alle Bewohner als Vollerhebung nach erstmaliger Anmeldung der Pflegeeinrichtung im Webportal der DAS (www.das-pflege.de), erfassen und übermitteln (vgl. § 113 Abs. 1b, SGB XI n. F.; MuG, Anlage 3, 2018d: 24 ff.). Aufgabe der DAS ist, die Indikatoren zur Messung der Ergebnisqualität auszuwerten, d. h. zu berechnen und in einem Feedbackbericht zu übermitteln (§ 114b Abs. 1 SGB XI n. F.).

Zum Registrierungsprozess durch die DAS gehört es, dass sich ein Administrator z. B. die Heimleitung und mindestens eine vertretungsberechtigte Person für die Pflegeeinrichtung z. B. die verantwortlichen Pflegefachkraft mit jeweils einer E-Mail-Adresse als Benutzername im Webportal durch die DAS registrieren lassen müssen.

Die vertretungsberechtigte Person für die Pflegeeinrichtung ist nach der Rücksendung der schriftlichen Eigenerklärung der DAS dafür verantwortlich, dass die Datensätze der Versorgungsergebnisse zum Zwecke der Auswertung an die DAS korrekt und vollständig übermittelt werden. Die vertretungsberechtigte Person ist auch zur Kommentierung der Indikatorenergebnisse befugt und kann rechtsverbindliche Angaben gegenüber der DAS bei Rückfragen machen. Nach der Rücksendung der unterschriebenen Eigenerklärung und der schriftlichen Bestätigung (per E-Mail) durch die DAS verfügt z. B. die Pflegedienstleitung (PDL) als vertretungsberechtigte Person über die vollständige Funktionalität des Webportals der Datenauswertungsstelle.

Der Gesetzgeber hat im Juli 2019 eine Erprobungsphase für alle Pflegeeinrichtungen vom 01.10.2019 bis 30.06.2020 und eine Übermittlung der Versorgungsdaten zu einem beliebigen Zeitpunkt festgelegt. In diesem Erprobungszeitraum können »jederzeit weitere Datenlieferungen an die DAS übermittelt werden« (Mauel, bpa, 2019). Die einrichtungsindividuellen Stichtage zur strukturierten Erhebung der Versorgungsdaten gelten in der Erprobungsphase noch nicht. Die übermittelten Versorgungsdaten für die erste Erprobung werden durch die DAS ausgewertet und die Ergebnisse in einem gesonderten Feedbackbericht zusammengefasst. Die erhobenen Versorgungsergebnisse in dem ersten Erprobungszeitraum durch die DAS werden nach der Auswertung nur an die Pflegeeinrichtung übermittelt und sind noch nicht für andere Interessens- bzw. Anspruchsgruppen, z. B. die Landesverbände der Pflegekassen oder die Prüfdienste etc. bestimmt.

Die verbindlichen Stichtage (Start: 1. Stichtag ... – fortlaufende Verbesserung – 2. Stichtag ...) zur halbjährlichen stichtagsbezogenen Erhebung der Indikatoren als Vollerhebung und deren erstmalige Veröffentlichung beginnen somit ab dem **01. Juli 2020** und werden nach der Registrierung und der schriftlichen Bestätigung durch die DAS, unabhängig der nachfolgenden Kalenderjahre für die Zukunft für alle Pflegeheime verbindlich. Dabei bezieht sich die Ergebniserfassung und die Beantwortung der Fragen im Ergebungsinstrument auf den Zeitraum der vergangenen letzten sechs Monate und umfasst ebenso den Neueinzug von Bewohnern in dem Erfassungszeitraum, d. h. zwischen zwei Stichtagen. Dabei können die einmal festgelegten Stichtage nach der Registrierung in der Zukunft weder von der vertretungsberechtigten Person oder durch den Administrator noch durch die DAS verändert werden.

Der **zweite Stichtag** und alle weiteren Stichtage im halbjährlichen Abstand (alle sechs Monate!) berechnen sich automatisch durch den einmalig ersten festgelegten Stichtag im Webportal durch die DAS. Wird der einrichtungsindividuelle Stichtag oder ein Fristende auf ein Wochenende oder auf einen gesetzlichen bzw. bundeslandspezifischen Feiertag ermittelt, so gilt automatisch als Stichtag der nachfolgende Werktag oder Fristablauf (vgl. bpa, 2019b). Nach den Regelungen finden in den Monaten **Juni** und **Dezember** jeden Jahres grundsätzlich **keine** Datenerhebungen und Datenübermittlungen zur Messung und Berechnung der Ergebnisqualität statt (vgl. MuG, Anlage 1, 2018b: 5). Durch den dominierenden Anteil der sog. Verlaufsindikatoren (»Wie hat sich eine Versorgungssituation, z. B. eine Dekubitusentstehung im Verlauf verändert?«) ist abzusehen, dass alle aussagekräftigen Ergebnisindikatoren erst im Jahr 2021 als eine fassbare Grundgesamtheit (alle versorgten Heimbewohner) in Deutschland vorliegen werden. Als Grundgesamtheit gelten alle potenziell untersuchbaren Einheiten bzw. Elemente, die ein gemeinsames Merkmal oder eine gemeinsame Merkmalskombination aufweisen (vgl. Raithel, 2008: 54 f.).

Die DAS generiert auf der Grundlage der übermittelten Versorgungsdaten und nach einer statistischen Plausibilitätskontrolle sowie nach erfolgter datentechnischer Prüfung, z. B. auf Fehler und Vollständigkeit der Datensätze, im Rahmen der Datenübermittlung einen Feedbackbericht mit der Auswertung, d. h. mit der Messung (Berechnung) aller einzelnen Qualitätsindikatoren im bundesweiten Vergleich.

Durch die Datenauswertung, d. h. durch die Berechnung der Indikatorendaten durch die DAS wird die Ergebnisqualität der Pflegeeinrichtung in einer **fünfstufigen Bewertungssystematik** als ein mathematisch-errechnetes Gesamtergebnis für jeden einzelnen Indikator zusammengefasst und in einem Feedbackbericht dargestellt. Wie der nachstehenden Tabelle (▸ Tab. 4) zu entnehmen ist, kann sich dabei eine Pflegeeinrichtung im Wettbewerb mit anderen bundesweiten stationären Pflegeeinrichtungen durch die fünfstufige Bewertungssystematik auf der Ebene der Ergebnisqualität weit über dem Durchschnitt, leicht über, nahe beim oder leicht bzw. weit unter dem Durchschnitt befinden.

Die folgende Bewertung beruht auf Daten, die von der Pflegeeinrichtung erfasst und von einer unabhängigen Stelle ausgewertet wurden. Die Bewertung bezieht sich auf den 30. April 2017.

Tab. 4: Bewertung der Versorgungsergebnisse: Ergebnisqualität (beste Bewertung: 5 Punkte / schlechteste Bewertung: 1 Punkt)

Qualitätsindikator	Punkte
1. Erhalt der Mobilität (Bewegungsfähigkeit)	
a) bei Bewohnern, die nicht oder nur wenig kognitiv beeinträchtigt sind	●●○○○
b) bei Bewohnern, die erheblich oder schwer kognitiv beeinträchtigt sind	●○○○○
2. Erhalt der Selbstständigkeit bei alltäglichen Verrichtungen (z. B. Körperpflege)	
a) bei Bewohnern, die nicht oder nur wenig kognitiv beeinträchtigt sind	●●●●○
b) bei Bewohnern, die erheblich oder schwer kognitiv beeinträchtigt sind	●●●○○

Info
Nach dem indikatorengestützten Verfahren sollte nicht ins Hintertreffen geraten, dass die stichtagsbezogene strukturierte Erhebung der Versorgungsdaten und die statistische Messung und Berechnung der Ergebnisqualität nach dem Indikatorenmodell durch die DAS sowie die jährlichen Regelprüfungen durch die MDK-Prüfgutachter bzw. durch die PKV-Prüfdienste auf der Grundlage der QPR grundsätzlich zwei völlig unterschiedliche Verfahren darstellen.

Die Qualitätsindikatoren zeigen in der Zukunft in der Gesamtheit durch die statistische Berechnung und durch die Plausibilitätskontrolle die Versorgungsqualität **aller** Bewohner mit Prozentwerten auf und verdeutlichen der Pflegeeinrichtung, wie oft ein bestimmtes (Pflege)-Ereignis in der Versorgung bei einem Bewohner in den letzten sechs Monaten (z. B. Dekubitusentstehung, Schmerzmanagement Integrationsgespräche etc.) aufgetreten ist (vgl. IPW, 2019: 7 f.). Es werden mit diesem neuen Verfahren nur diejenigen Indikatoren bzw. Versorgungsdaten für die Messung und Berechnung und zur Darstellung herangezogen, die durch die Einwirkungsmöglichkeiten und somit im Verantwortungsbereich der Pflegeeinrichtung in eine bestimmte positive oder negative Entwicklung unmittelbar beeinflussbar sind.

Grundsätzlich lassen sich **alle** festgelegten Einzelindikatoren in den Qualitätsbereichen der Ergebnisqualität im Kontext der Organisation als wichtige interne und externe Themen messen, d. h. in Prozentwerten als Parameter mit den Merkmalsausprägungen statistisch als Verhältniszahl in dem Vergleich mit anderen Pflegeeinrichtungen in Deutschland durch die DAS berechnen und als ein Qualitätsergebnis abbilden. Die statistische Berechnung und die Darstellung der Versorgungsdaten (tlw. mit Differenzierungen in zwei Risiko- bzw. Bewohnergruppen) ist ein bestimmender Aspekt für die Auswahl von genau diesen benannten evidenzbasierten Ergebnisindikatoren.

Auch wenn die Gäste in der Kurzzeitpflege **nicht** durch die DAS berechnet werden, so sind diese Bewohnergruppen (▶ Tab. 5) als auch Bewohner, die gerade in die Pflegeinrichtung eingezogen sind oder seit der letzten vorangegangenen Erhebung verstorben sind, in dem einrichtungsinternen Erhebungsreport (Pseudonymisierungsliste) mit dem personenbezogenen Code (Pseudonymen) und der Zuordnung aller Bewohner tabellarisch zu erfassen (vgl. MuG, Anlage 3, 2018d: 24 f.). Ein einmalig vergebenes Pseudonym gilt für den gesamten Heimaufenthalt und kann durch die Pflegeinrichtung nicht noch einmal vergeben werden. Ein Bewohner erhält auf Dauer das gleiche Pseudonym. Es kann z. B. für diese Person wiederverwendet werden, wenn sie die Pflegeeinrichtung verlässt und später in die Langzeitpflege der Pflegeeinrichtung zurück kommt (vgl. www.gs.qsa-pflege.de, FAQ zu den MuG, 2019: 3).

Somit muss der einrichtungsinterne Erhebungsreport für **alle** Bewohner die in der Pflegeeinrichtung leben, fortlaufend mit großer Sorgfalt und Genauigkeit durch die Pflegeeinrichtung, z. B. durch die Heimverwaltung oder durch die Pflegedienstleitung (als vertretungsberechtigte Person) fortgesetzt werden, da dieser in tagesaktueller Fassung auch im Falle einer Qualitätsprüfung dem MDK bzw. den PKV-Prüfdiensten, z. B. bei einer Regel-, Anlass- oder Wiederholungsprüfung zur Entschlüsselung (Dekodierung) der versorgten Bewohner als eine wichtige Grundlage zur Stichprobenziehung dient. Die Bewohner die nicht mehr in der Pflegeeinrichtung versorgt werden, sollten zur besseren Übersicht in dieser EDV-gestützten Pseudonymisierungsliste im Kontextmenü ausgeblendet werden.

Tab. 5: Erhebungsreport (vgl. IPW, 2019: 13); eigene Darstellung

Name, Vorname	Pseudonym (Code)	Wohnbereich	April 2021	Oktober 2021
Meyenfeld, Willi	600435	3	12.04.2021	09.10.2021
Fuchs, Ingrid	600436	...	KZP seit 02.04.2021	Auszug am: 06.05.2021
Langenfeld, Maria	600437	...	10.04.2021	Verstorben am: 18.05.2021
Meinecke, Gisela	600438	...		Einzug am: 01.10.2021

KZP = Kurzzeitpflege

In der o. g. Tabelle 5 wurde beispielhaft für jeden Bewohner vermerkt, wann z. B. eine Ergebniserfassung vorgenommen wurde bzw. kann durch die definierten Ausschlussgründe entnommen werden, warum ein Bewohner oder eine Bewohnerin nicht in dem Erhebungsinstrument zur Ergebniserfassung berücksichtigt wurde. So wurde beispielhaft die erste stichtagsbezogene Erhebung (Stichtag: 01. April 2021) für Herrn Willi Meyenfeld, der bereits viele Jahre in der Pflegeeinrichtung lebt, im Erhebungszeitraum (14 Tage!) am 12.04.2021 sowie die zweite Erhebung (Stichtag: 03.10.2021) am 09.10.2021 fristgerecht durchgeführt. Die Bewohnerin Frau Fuchs ist seit dem 02.04.2021 Gast in der Kurzzeitpflege und wird nur im Erhebungsreport aufgenommen. Eine Datenübermittlung muss durch die Ausschlussgründe in diesem Fall durch die vollstationäre Pflegeeinrichtung nicht vorgenommen werden. Durch die definierten Ausschlussgründe müssen ebenso die Versorgungsdaten für die neu eingezogene Bewohnerin Frau Maria Langenfeld in der ersten Erhebung am 01.04.2021 wie auch für die Bewohnerin Frau Gisela Meinecke (Einzug am 01.10.2021) nicht an die DAS übermittelt werden, da der Einzug weniger als 14 Tage vor dem Stichtag stattgefunden hat.

Wichtig **Entschlüsselung**

Der einrichtungsinterne Erhebungsreport mit weitergehenden bewohnerbezogenen Informationen mit den Pseudonymen (personenbezogener Code bzw. Nummer) für die Zuordnung der Bewohner und den Regelungen zu den Ausschlussgründen von bestimmten versorgten Bewohnern müssen als Aufzeichnungen (»dokumentierte Informationen«) durch die Pflegeeinrichtung gut aufbewahrt werden, da eine Entschlüsselung (Dekodierung) der Daten ausschließlich nur durch die Pflegeeinrichtung vorgenommen werden kann.

Dadurch, dass in der Tagespflege die Anwendung und die Erhebung von Qualitätsindikatoren nicht vorgesehen ist, müssen die benannten Indikatorendaten nach dem Indikatorenmodell nicht in den teilstationären Pflegeeinrichtungen der Tages- und Nachtpflege und in den solitären Einrichtungen der Kurzzeitpflege sowie in den Einrichtungen der Behindertenhilfe als Datensätze erhoben und an die DAS übermittelt werden (vgl. MuG, Anlage 1, 2018b: 1 ff.).

Für die externen Qualitätsprüfungen in den teilstationären Pflegeeinrichtungen (z. B. Tagespflege) gelten die bestehenden Richtlinien (QPR) auch mit der Einführung des neuen Qualitäts- und Prüfverfahrens in der stationären Pflege über den 31. Oktober 2019 hinaus (vgl. QPR, 2018: 4; BAnz, 2013; QPR vom 27. November 2017b).

1.5.2 Indikatorenset und Qualitätsmessung

Das nachfolgende Indikatorenset dient neben weiteren Informationen im Instrument zur Ergebniserfassung zur stichtagsbezogenen Vollerhebung, Beurteilung und zur vergleichenden Messung der Ergebnisqualität für alle vollstationären Pflegeeinrichtungen:

1. erhaltene Mobilität*
2. erhaltene Selbstständigkeit bei alltäglichen Verrichtungen (z. B. Körperpflege)*
3. erhaltene Selbstständigkeit bei der Gestaltung des Alltagslebens und sozialer Kontakte
4. Dekubitusentstehung* (Dekubitalulcera ab Kategorie 2–4)
5. schwerwiegende Sturzfolgen*
6. unbeabsichtigter Gewichtsverlust*
7. Durchführung eines Integrationsgesprächs
8. Anwendung von Gurten
9. Anwendung von Bettseitenteilen
10. Aktualität der Schmerzeinschätzung

Durch die Unterschiede in den Bewohnerstrukturen und unter der Berücksichtigung der Bewertungsregeln wird bei einem Indikator mit einem Sternchen (*) eine Unterteilung der Bewohner in zwei Risikogruppen vorgenommen, um einen gerechten Vergleich in der Betrachtung in den genannten Bewohnergruppen vornehmen zu können. *»Das hängt damit zusammen, dass Versorgungsergebnisse für zwei Bewohnergruppen (Risikogruppen) getrennt betrachtet werden, weil es sonst zu Verzerrungen aufgrund der unterschiedlichen Bewohnerstruktur in den Einrichtungen kommen würde«* (IPW, 2019: 9).

So erfolgt zur Beurteilung und zur Berechnung der Einzelergebnisse eines Bewohners durch eine vorherige automatische Gruppenbildung in den Qualitätsbereichen durch die DAS, z. B. bei dem Indikator »Erhaltene Mobilität« im Kontext der Mobilität **und** der »Kognitiven Fähigkeiten« sowie bei anderen Merkmalskombinationen, eine Differenzierung zwischen den Bewohnern in der Risikogruppe 1 und der Risikogruppe 2. Das nachfolgende Beispiel verdeutlicht beispielhaft diese Merkmalskombinationen und die Gruppenbildungen.

Beispiel

Qualitätsbereich 1:
»Erhalt und Förderung von Selbstständigkeit«

Indikator 1.1.1 Erhaltene Mobilität (Risikogruppe 1): Erhaltene Mobilität bei Bewohner bzw. Bewohnerinnen, die **keine** oder **nur geringe kognitive Einbußen** aufweisen.
Indikator 1.1.2 Erhaltene Mobilität (Risikogruppe 2): Erhaltene Mobilität bei Bewohnern bzw. Bewohnerinnen mit mindestens **erheblichen kognitiven Einbußen**.

Bis auf die nachfolgend definierten Ausschlüsse werden **alle** Bewohner- und Versorgungsdaten im Zuge der stichtagsbezogenen Erhebung im einrichtungsinternen Erhebungsreport durch ein Pseudonym (6-stellig) erhoben und an die DAS zur Berechnung, Messung und Darstellung der Ergebnisqualität übermittelt. Die vollstationäre Pflegeeinrichtung hat **vor** der Ergebniserfassung die Aufgabe, zu überprüfen, welche Bewohner aus der Ergebniserfassung ausgeschlossen werden können. Die vier definierten Ausschlussgründe sind (vgl. IPW, 2019: 11; MuG, Anlage 3, 2018d: 28):

1. Einzugsdatum liegt weniger als 14 Tage vor dem Stichtag.
2. Bewohner ist Kurzzeitpflegegast.
3. Bewohner befindet sich in der Sterbephase.
4. Bewohner hält sich seit mindestens 21 Tagen vor dem Stichtag nicht mehr in der Einrichtung auf (z. B. wegen einer Krankenhausbehandlung oder eines längeren Urlaubs mit Angehörigen).

Die o. g. definierten Ausschlussgründe gelten nur für die Erhebung und Übermittlung der Qualitätsindikatoren müssen aber unter Nennung der Ausschlussgründe, z. B.

auch die Gäste zur Kurzzeitpflege (KZP) oder die KZP bei fehlender Pflegebedürftigkeit nach § 39c SGB V, in dem einrichtungsinternen Erhebungsreport (▶ Tab. 5) mit dem Pseudonym (Code) festgehalten werden.

Bei der genaueren Betrachtung der Indikatoren fällt auf, dass z. B. nach pflegefachlicher Expertise und Einschätzung die Begleitung sterbender Menschen oder die gesundheitliche Versorgungsplanung (gVP) für die letzte Lebensphase gem. § 132g Abs. 3 SGB V n. F. mit der Durchführung von Ethikfallberatungen oder einer ethischen Fallbesprechung im Team als ethisches Interaktionsmodell (n. Gordijn; Steinkamp, 2003) nicht berücksichtigt wurden. Des Weiteren kann festgestellt werden, dass bspw. auch die kontrollorientierte Reihenuntersuchung durch kooperierende Zahnärztinnen und Zahnärzte gem. § 119b Abs. 1 SGB V n. F. in der Langzeitpflege als ein weiteres wichtiges Thema in der stationären Altenpflege nicht in dem Indikatorenset als ein Merkmal berücksichtigt wurde. Gleichwohl wurden die Aspekte zur Zahn- und Mundgesundheit in dem Projekt »Modellhafte Pilotierung von Indikatoren in der stationären Pflege« (MoPIP) in dem Bereich der Selbstversorgung im Instrument von Wingenfeld et al. (2011) abgefragt, »jedoch nicht für die Bildung eines gesundheitsbezogenen Ergebnisindikators diskutiert« (UBC, 2017: 35 ff.).

Zu den Teams einer ethischen Fallbesprechung als ein sehr wichtiges Thema in der ambulanten und stationären Altenpflege gehören nach der sogenannten Nimwegener Methode z. B. die Hausärzte, Seelsorger, Angehörige, Betreuer, Therapeuten und die Bezugspflegefachkräfte. Durch diese multidisziplinäre Teambildung werden bspw. Fragestellungen bei nicht mehr einwilligungsfähigen Bewohner in einer ethischen Fallbesprechung diskutiert und eine begründbare sowie faktengestützte Beschlussfassung gemeinsam abgewogen und vereinbart. Zu diesem Thema ist wichtig, dass durch die teilnehmenden Teammitglieder ein Problem oder eine ethische Fragestellung (z. B. künstliche Ernährung mittels einer PEG oder eben nicht etc.) als auch ein ethisch begründbares Verhalten aus unterschiedlichen Perspektiven zu reflektieren ist und somit die Behandlungsentscheidung auf eine breitere Basis von Expertise und Akzeptanz gestellt wird (vgl. Steinkamp; Gordijn, 2000). Durch die kontrollorientierten Reihenuntersuchungen als ein weiteres wichtiges Thema soll z. B. die mundgesundheitsbezogene Lebensqualität erhalten und die beschwerdeorientierte Inanspruchnahme in der Langzeitpflege vermindert werden (vgl. KZV BW, 2014).

Die Bewegmotive, warum gerade diese o. g. zwei wichtigen internen und externen Themen (z. B. die Pflege sterbender Menschen und die Mundgesundheit) nicht im bestehendem Indikatorenmodell als Indikatoren aufgenommen wurden, könnte vermutlich damit begründet werden, dass sich bspw. diese Gegebenheiten oder Pflegesituationen u. a. als Prozentzahlen mit zwei Stellen hinter dem Komma, mit der Frage: »Was soll hier gemessen werden?« sich datentechnisch nicht berechnen und sich ebenfalls nicht durch eine Parametereinschätzung darstellen lassen. Auch ist es in diesen Situationen unmöglich, Grenzwerte und Prozentzahlen oder andere Variablen mit dichotomen (zweistufige Abstufung) oder polytomen (mehr als drei Abstufungen) Merkmalsausprägungen als mögliche Antworten für die Bildung eines Indikators festzulegen, da sich die Parameter und die Sinnhaftigkeit der Darstellung für die Messung in diesen Situationen nur sehr begrenzt finden lassen und ebenso in erster Linie weder ethisch noch moralisch zu vertreten sind.

Auch wenn die nachfolgenden Bewohnergruppen bei anderen Indikatoren einbezogen werden, sind die Bewohnergruppen z. B. für die Messung der Indikatoren **zum Selbstständigkeitserhalt** bspw. durch auftretende Krankheitsereignisse oder bei einem **unbeabsichtigten Gewichtsverlust** ausgeschlossen und werden durch die festgelegten Bewertungsregeln und die spezifischen Ausschlusskriterien nicht berücksichtigt:

- Komatöse oder somnolente Bewohner, Bewohner mit apallischem Syndrom.
- Bewohner, die eine aktuelle und abgesicherte Diagnose einer bösartigen Tumorerkrankung oder eine Tetraplegie, Tetraparese, Chorea Huntington mit Auswirkungen auf die Pflege haben.
- Bewohner, die während der letzten sechs Monate einen Schlaganfall, Herzinfarkt, eine Fraktur oder Amputation erlebt haben.
- Bewohner, die in den letzten sechs Monaten einen Krankenhausaufenthalt von mindestens zwei Wochen Dauer hatten.
- Bewohner, die bei der vorangegangenen Erhebung (vor sechs Monaten) bereits extrem stark beeinträchtigt waren (vgl. MuG, Anlage 3, 2018d: 29 f.).

Allerdings werden die o. g. versorgten Bewohner in den anderen Indikatoren einbezogen (vgl. bpa, 2019a: 28). Durch die Festlegung der Bewertungsregeln (wichtig für die DAS als sogenanntes »Rechenzentrum«) werden bspw. auch die Bewohner mit einer Tumorerkrankung (s.o.) bei der Berechnung des Indikators im Zusammenhang eines unbeabsichtigten Gewichtsverlustes automatisch nicht mitberücksichtigt. Auch wenn bei der strukturierten Erhebung der Versorgungsergebnisse definierte Ausschlussgründe bestehen, werden die Qualitätsindikatoren zum Teil auf der Grundlage der Module und dem unmittelbaren Bezug aus dem Begutachtungsinstrument zur Feststellung der Pflegebedürftigkeit berechnet, die Bestandteile der Ergebniserfassung sind (vgl. MuG, Anlage 2, 2018c: 1 ff.). Dies setzt voraus, dass das Begutachtungsinstrument (BI) am Tag des einrichtungsindividuell festgelegten Stichtags für alle versorgten Bewohner aktuell erfasst und die pflegefachlich begründeten Kriterien nach den Begutachtungsrichtlinien (BRi) bei den Bezugspflegefachkräften bekannt sein müssen:

- BI-Modul 1: Mobilität
- BI-Modul 2: Kognitive und kommunikative Fähigkeiten
- BI-Modul 4: Selbstversorgung
- BI-Modul 6: Gestaltung des Alltagslebens und soziale Kontakte

Wichtig **Wer erfasst der Daten?**

Die Ergebniserfassung der Qualitätsindikatoren und der Versorgungsdaten sind grundsätzlich nur von denjenigen Bezugspflegefachkräften durchzuführen, die den Bewohner und dessen Versorgungssituation sowie die personelle Hilfe und Unterstützung im Pflegealltag analog der BI-Module durch die Übernahme der Versorgungssituation gut kennen.

Die Aktualisierung und die Beurteilung der Selbstständigkeit und der Fähigkeiten der Bewohner kurz der BI-Module sind **vor** den Stichtagen zur Erhebung der Indikatoren und sonstiger Versorgungsdaten eines der wichtigsten Maßnahmen der Bezugspflegefachkräfte. Die Bezugspflegefachkräfte müssen bei den einzelnen BI-Modulen im Zuge der Dateneingabe an die DAS eine pflegefachlich faktengestützte Entscheidungs- und Konsensfindung zwischen »selbstständig« oder »unselbstständig« oder »überwiegend selbstständig« und »überwiegend unselbstständig« beurteilen und entscheiden. Zur Erleichterung der Definitionen der Beurteilung der Selbstständigkeit und der Fähigkeiten in den BI-Modulen ist es sinnvoll, die Richtlinien des GKV-Spitzenverbandes zur Feststellung der Pflegebedürftigkeit nach dem XI. Buch des Sozialgesetzbuches zur Eingabe der Datensätze an die DAS unterstützend zu verwenden (vgl. MDS, 2017a).

In der nachfolgenden Tabelle (▶ Tab. 6) werden beispielhaft die Module und Kriterien auf der Grundlage der Beurteilung der Pflegebedürftigkeit nach § 18 Abs. 1 S. 1 n. F. dargestellt, die zur Beurteilung im Rahmen der Erhebung der Versorgungsergebnisse im Wesentlichen bestimmend sind.

Die Dateneingabe zur Ergebniserfassung aller Bewohner durch die Bezugspflegefachkräfte erwartet grundsätzlich eine zuverlässige und vollständige Datensammlung. Denn durch die DAS oder auch im Rahmen der externen Qualitätsprüfungen durch den MDK bzw. durch die PKV-Prüfdienste und der neuen Plausibilitätskontrolle (s. QPR, Anlage 1, Prüfbogen A, 2018) von sechs Bewohnern im Kontext der personenbezogenen Versorgung (Qualitätsbereiche 1–4) und deren Bewertung (s. QPR, Anlage 6: Bewertung Plausibilitätskontrolle und QPR, Anlage 3: Prüfbogen C, Gesamtergebnis der Plausibilitätskontrolle, 2018) müssen die Angaben zur Datenübermittlung an die DAS im Einklang mit den Feststellungen der Prüfgutachter stehen. Alternativ müssen die pflegerischen Veränderungen (z. B. gesundheitliche Einbrüche) in den Versorgungssituationen nachvollziehbar durch die Bezugspflegekräfte begründet sein.

Tab. 6: Ausgewählte Bereiche zur Erfassung der Selbstständigkeit und der kognitiven Fähigkeiten (vgl. MDS, 2017a: 39 ff.)

1. BI-Modul:	**Mobilität**
Bewertung der Selbstständigkeit »Personelle Hilfe«	1.1 Positionswechsel im Bett 1.2 Halten einer stabilen Sitzposition 1.3 Umsetzen 1.4 Fortbewegen innerhalb des Wohnbereichs 1.5 Treppensteigen
2. BI-Modul:	**Kognitive und kommunikative Fähigkeiten**
Bewertung der Fähigkeiten	2.1 Erkennen von Personen aus dem näheren Umfeld 2.2 örtliche Orientierung 2.3 zeitliche Orientierung 2.4 Erinnern an wesentliche Ereignisse oder Beobachtungen 2.5 Steuern von mehrschrittigen Alltagshandlungen 2.6 Treffen von Entscheidungen im Alltag 2.7 Verstehen von Sachverhalten und Informationen 2.8 Erkennen von Risiken und Gefahren 2.9 Mitteilen von elementaren Bedürfnissen 2.10 Verstehen von Aufforderungen 2.11 Beteiligen an einem Gespräch
4. BI-Modul:	**Selbstversorgung**
Bewertung der besonderen Bedarfsaspekte und der Selbstständigkeit »Personelle Hilfe«	4.1 Waschen des vorderen Oberkörpers 4.2 Körperpflege im Bereich des Kopfes 4.3 Waschen des Intimbereiches 4.4 Duschen und Baden einschließlich Waschen der Haare 4.5 An- und Auskleiden des Oberkörpers 4.6 An- und Auskleiden des Unterkörpers 4.7 Mundgerechtes Zubereiten der Nahrung, Eingießen von Getränken 4.8 Essen 4.9 Trinken 4.10 Benutzen einer Toilette oder eines Toilettenstuhls 4.11 Bewältigung der Folgen einer Harninkontinenz (auch Umgang mit Dauerkatheter/Urostoma) 4.12 Bewältigung der Folgen einer Stuhlinkontinenz (auch Umgang mit Stoma)
6. BI-Modul:	**Gestaltung des Alltagslebens und sozialer Kontakte**
Bewertung der Selbstständigkeit »Personelle Hilfe«	6.1 Tagesablauf gestalten und an Veränderungen anpassen 6.2 Ruhen und Schlafen 6.3 sich beschäftigen 6.4 in die Zukunft gerichtete Planungen vornehmen 6.5 Interaktion mit Personen im direkten Kontakt 6.6 Kontaktpflege zu Personen außerhalb des direkten Umfeldes

Im Zuge der Plausibilitätskontrolle werden bei der personenbezogenen Versorgung neben den fachlich relevanten Qualitätsaspekten bei sechs Bewohnern (Stichprobe durch die DAS ermittelt) durch die externen Prüfdienste geprüft, ob die bei der übermittelten Ergebniserfassung enthaltenen Informationen vor Ort mit anderen Informationsquellen übereinstimmen und korrekt sind. Die Erfassung wird durch die Plausibilitätskontrolle mit dem von der Pflegeeinrichtung für den betreffenden Bewohner ausgefüllten **Erhebungsbogen** bzw. Erhebungsreport (Übermittlung an die DAS) verglichen. Falls die durch die DAS ermittelten Bewohner (mit schriftlicher Einverständnis der Betreuer) nicht in die personenbezogene Prüfung durch den MDK bzw. durch die PKV-Prüfdienste zustimmen, so verfügen die Qualitätsprüfer für die in die Prüfung einzubeziehenden Bewohner über eine weitere Reserveliste (Codes) zur weiteren Auswahl von Bewohnern. Durch die Prüfung in den nachfolgenden Qualitätsaspekten wird festgestellt, ob Fehleinschätzungen und -bewertungen im Rahmen der Datenerhebung und -übermittlung an die DAS u. U. systematische Auswirkungen auf die Kennzahlen des betreffenden Pflegeergebnisses, d. h. auf die Bewertung der Ergebnisqualität haben:

1. Angaben zur Mobilität (1.1 Qualitätsaspekt)
2. Angaben zu gravierenden Sturzfolgen (1.1 Qualitätsaspekt)
3. Angaben zu Gewichtsverlust und zu den Faktoren, die das Gewicht beeinflussen (1.2 Qualitätsaspekt)
4. Angaben zur Selbstständigkeit bei der Selbstversorgung (1.4 Qualitätsaspekt)
5. Angaben zum Schmerz (2.2 Qualitätsaspekt)
6. Angaben zur Dekubitusentstehung (2.3 Qualitätsaspekt)
7. Angaben zur Selbstständigkeit bei der Gestaltung des Alltagslebens und der sozialen Kontakte (3.2 Qualitätsaspekt)
8. Angaben zu den kognitiven und kommunikativen Fähigkeiten (3.2 Qualitätsaspekt)
9. Angaben zum Heimeinzug und zur Durchführung eines Integrationsgesprächs (4.1 Qualitätsaspekt)
10. Angaben zu Krankenhausaufenthalten im Erhebungsbogen für die Ergebniserfassung (4.2 Qualitätsaspekt)
11. Angaben der Ergebniserfassung zur Anwendung von Gurten (4.4 Qualitätsaspekt)
12. Angaben der Ergebniserfassung zur Anwendung von Bettseitenteilen (4.4 Qualitätsaspekt)
13. sonstige Anmerkungen oder Empfehlungen (zu den Punkten 1–13: QPR, Anlage 3: Prüfbogen C Gesamtergebnis der Plausibilitätskontrolle, 2018: 3 ff.)

Werden im Zuge der Plausibilitätskontrolle vor Ort entsprechende Auffälligkeiten oder Abweichungen durch die Prüfinstitutionen festgestellt, so sind diese durch die begleitende Pflegefachkraft gegenüber den Qualitätsprüfern plausibel und nachvollziehbar im Fachgespräch aufzuklären und es können zur Klärung weitergehende Informationsquellen herangezogen werden (z. B. Pflegedokumentation, Protokolle über Fallbesprechungen und Beratungsgespräche). Die Bewertung der Plausibilitätskontrolle erfolgt nach folgenden Kriterien (vgl. QPR, Anlage 3, Prüfbogen C, 2018):

1. keine Auffälligkeiten
2. Auffälligkeiten
3. kritischer Bereich

Der kritische Bereich beinhaltet, dass eine Auffälligkeit mit Auswirkung auf das Versorgungs- und Berechnungsergebnis eines Indikators bei mindestens zwei geprüften Bewohnern festgestellt wurde. In der Prüfsituation kann z. B. eine Unstimmigkeit durch gesundheitliche Veränderungen im Zeitverlauf erklärt werden, sodass sich die Unstimmigkeiten und Unterschiede zwischen dem vorgefundenen Status und dem Feedbackbericht der DAS erklären lassen. Die Stichprobe kann bei Auffälligkeiten grundsätzlich erweitert werden. Anschließend werden die Einzelbewertungen zu einem Gesamtergebnis der Plausibilitätskontrolle zur Ergebniserfassung nach drei Kategorien zusammenfassend dargestellt und durch den MDK bzw. durch die PKV-Prüfdienste beurteilt und im Prüfbericht festgehalten (vgl. QPR, Anlage 3 und 9, 2018).

1.5.3 Instrument zur Ergebniserfassung

Das festgelegte Instrument zur Ergebniserfassung zur einrichtungsindividuellen Erhebung der Ergebnisindikatoren an einem festgelegten Stichtag sind in Bezug auf die Qualitätsindikatoren weitere Informationen als »Allgemeine Angaben« sowie zur Erfassung relevante Ereignisse, z. B. Krankheitsereignisse und Krankenhausaufenthalte seit der letzten Ergebniserfassung durch die Pflegeeinrichtung im Erhebungsinstrument anzugeben (vgl. IPW, 2019: 55 ff.; MuG, Anlage 3, 2018d: 2 ff.):

A. Allgemeine Angaben (Fragen A1–A9):
- Einrichtungskennung (vorgegebene Zahlen als ein weiteres Pseudonym)
- Wohnbereich in dem der Bewohner lebt
- Bewohnercodes (Pseudonym)
- Datum der Ergebniserfassung
- A.1 Datum des Heimeinzugs
- A.2–A.4 Geburtsmonat, Geburtsjahr, Geschlecht und der Pflegegrad (0, 1, 2, 3, 4 oder 5) etc.

Nach den allgemeinen Angaben und bestimmten Ereignissen seit der letzten Ergebniserfassung (ab A.5–A.9) müssen für alle Bewohner z. B. die kognitiven und kommunikativen Fähigkeiten im Modul 2 mit den vier Abstufungen von »vorhanden/unbeeinträchtigt« (0) bis »nicht vorhanden« (3) vorgenommen werden.

Des Weiteren ist zur Einschätzung der Selbstständigkeit eines Bewohners nach der vierstufigen Skala in den festgelegten Modulen (s. Begutachtungsmodule 1, 4 und 6) auf der Grundlage des Begutachtungsinstruments (BI) und den Richtlinien des GKV-Spitzenverbandes zur Feststellung der Pflegebedürftigkeit durch die Bezugspflegefachkräfte für alle versorgten Bewohner in der Ergebniserfassung der nachfolgenden BI-Modulen zu beurteilen und einzuschätzen (vgl. MDS, 2017a):

0 = selbstständig:
Die Person kann die Handlung bzw. Aktivität in der Regel selbstständig (ohne personelle Hilfe) durchführen.

1 = überwiegend selbstständig:
Die Person kann den größten Teil der Aktivität selbstständig durchführen. Nachfolgende Hilfestellungen können erforderlich sein:

- Zurechtlegen, Richten von Gegenständen
- Aufforderung
- Unterstützung bei der Entscheidungsfindung
- Partielle Beaufsichtigung und Kontrolle
- Punktuelle Übernahme von Teilhandlungen
- Anwesenheit aus Sicherheitsgründen

2 = überwiegend unselbstständig:
Die Person kann die Aktivität nur zu einem geringen Anteil selbstständig durchführen.

3 = unselbstständig:
Die Person kann die Aktivität in der Regel nicht selbstständig durchführen bzw. steuern, auch nicht in Teilen.

Nachfolgend werden die BI-Module in dem Instrument zur Ergebniserfassung kurz genannt:

1. BI-Modul Mobilität (nur körperliche Fähigkeiten sind zu bewerten)
2. BI-Modul Kognitive und kommunikative Fähigkeiten (gem. BRi)
4. BI-Modul Selbstversorgung: Angaben zur Versorgung (mehrere Unterfragen!)
   - 4.A Künstliche Ernährung (über eine Sonde oder parenteral)
   - 4.B Blasenkontrolle/Harnkontinenz
   - 4.C Darmkontrolle/Stuhlkontinenz
4. BI-Modul Selbstversorgung: Bewertung der Selbstständigkeit (gem. BRi)
6. BI-Modul Gestaltung des Alltagslebens und sozialer Kontakte (gem. BRi)

Erst nach der Einschätzung der o. g. Begutachtungsmodule im Instrument zur Ergebniserfassung erfolgen die Angaben und die ergänzenden Informationen zu den einzelnen Qualitätsindikatoren:

7. Dekubitus (mit Unterfragen 7.1–7.3.4)
8. Körpergröße und Gewicht (mit Unterfragen 8.1–8.3)
9. Sturzfolgen (seit dem Einzug: ohne Stürze/Sturzfolgen während der Betreuung durch andere)

   → Ein Beispiel der Fragen aus dem Instrument zur Ergebniserfassung:

   9.1 Ist der Bewohner **seit der letzten Ergebniserfassung** gestürzt?

   ☐ ja, einmal ☐ ja, mehrmals ☐ nein

9.2 Wenn ja: Welche Sturzfolgen sind aufgetreten? (Mehrfachangaben möglich)
   ☐ Frakturen
   ☐ ärztlich behandlungsbedürftige Wunden
   ☐ erhöhter Unterstützungsbedarf bei Alltagsverrichtungen
   ☐ erhöhter Unterstützungsbedarf bei der Mobilität
   ☐ keine der genannten Folgen ist aufgetreten

10a. Anwendung von Gurten (bitte jede Art Gurt berücksichtigen) (zwei Unterfragen!)
Hinweis: Sitzhosen in Rollstühlen und Gurte im »Gehfrei/EasyWalker« gelten dabei **nicht** zu den berücksichtigenden Gurten (vgl. www.gs.qsa-pflege.de, FAQ zu den MuG, 2019: 4).

10b. Bettseitenteile (nur durchgehende Seitenteile berücksichtigen) (zwei Unterfragen!)

11. Schmerz (drei Unterfragen)

12. Einzug (fünf Unterfragen)

Bei der ersten Erhebung der Versorgungsdaten sind trotz der einleitenden Formulierung im Instrument zur Ergebniserfassung »...seit der letzten Ergebniserfassung...« (z. B. s. Fragen A 5, A 6, 7.1, 9.1 und 12.1) die Ereignisse in den vergangenen letzten sechs Monaten zu betrachten und zu beantworten. Die Einrichtungen der Langzeitpflege sind somit verpflichtet, die entsprechenden Daten und Ereignisse der letzten sechs Monate an die DAS zur Auswertung zu übermitteln. Auch sind alle Dekubitalulcera im Erhebungszeitraum anzugeben, auch dann »wenn der Zeitpunkt der Entstehung länger als sechs Monate zurückliegt, der Dekubitus aber noch nicht abgeheilt war, ist die Frage mit »ja« zu beantworten und das Entstehungsdatum anzugeben« (MuG, Anlage 3, 2018d: 54). Bei einem Dekubitus in den letzten sechs Monaten, »sind die beiden zeitlich letzten zu berücksichtigen« (MuG, Anlage 3, 2018d: 54).

Unabhängig der einrichtungsinternen Risikomanagementsysteme, sind in der ersten Ergebniserfassung weitere gedankliche Vorüberlegungen im Pflegemanagement wichtig:

a) Bislang sind keine (vor dem 01. Juli 2020) halbjährlichen Daten für die Datenübermittlung an die DAS **zur Veröffentlichung** übermittelt worden (keine Veröffentlichung bis 30.06.2020: Erprobungszeitraum).
b) In der Verlaufsbetrachtung der vergangenen letzten sechs Monate sind Ereignisse, z. B. ein Sturz oder andere pflegerische Situationen im Verlauf der stichtagsbezogenen Ergebniserfassung und der zu erhebenden Ereignisse zu betrachten und entlang des Erfassungsinstruments korrekt festzuhalten.
c) Ist der Bewohner **nach** dem ersten Stichtag (zwischen zwei Stichtagen) gestürzt, so muss dieses Sturzereignis mit der **zweiten** Erfassung (der vergangenen sechs Monate) aufgenommen und berücksichtigt werden.

d) Durch die Fragestellungen und deren Bezüge, z. B. bei der Frage »12. Einzug ...« sind neben den Bezugspflegefachkräften auch die Mitarbeiter in der Sozialen Betreuung oder die zusätzlichen Betreuungskräfte nach § 85 Abs. 8 SGB XI als Unterstützung in die Beurteilung der Fragen 12.4 z. B. »... *Gespräch zum Einleben und die zukünftige Versorgung* ...« sowie bei der Frage 12.5 »*Wurden die Ergebnisse dieses Gespräches dokumentiert?*«, einzubeziehen.
e) Weitergehende Protokolle, z. B. ein Sturzereignisprotokoll, Fallbesprechungen oder Beratungsprotokolle und sonstige Indikationsformulare sind als ergänzende Informationen bei der Ergebniserfassung durch die Bezugspflegefachkräfte miteinzubeziehen.

Das Instrument zur Ergebniserfassung beinhaltet nicht nur eine bloße Auflistung von Qualitätsindikatoren zur Qualitätsmessung, sondern erwartet tiefergehende Informationen zu der Versorgungssituation aller Bewohner in einem Pflegeheim. Korrekte und vollständige Angaben sind wichtige Voraussetzungen, da bestimmte Bewertungsregeln im Zusammenhang der Datenaufbereitung und -übermittlung sowie zur Stichprobenbildung in den Maßstäben und Grundsätzen für die Qualität (»MuG«) festgelegt worden sind.

Zur Vorbereitung der Erfassung sind demnach neben dem Erhebungsreport u. a. mit der Zuordnung der Pseudonyme und der Auflistung der Ausschlussgründe oftmals auch zusätzliche Dokumentationen zur routinemäßigen Pflege- und Betreuungssituation ergänzend erforderlich, wie z. B. der aktuelle Pflegegrad, Krankheitsereignisse, gesicherte medizinische Diagnosen mit Auswirkungen auf die Pflege, Krankenhausaufenthalte, Sturzereignisse, Körpergewicht und weitergehende Angaben zu ausgewählten Fähigkeiten oder Merkmale zur Selbstständigkeit nach den festgelegten Begutachtungsmodulen (z. B. Mobilitätsstatus, kognitive Fähigkeiten, Selbstversorgung etc.).

Dadurch dass zur stichtagsbezogenen Erhebung der Versorgungsdaten der Bewohner im Erfassungsinstrument ein Pflegegrad vorliegen muss (s. »Allgemeine Angaben, A 4« im Erfassungsinstrument), ist es wichtig (außer bei Selbstzahlern), nach dem Heimeinzug sofort eine Begutachtung zur Einstufung in einen Pflegegrad zu beantragen. Sollte im Rahmen des Stichtags der Erhebung kein endgültiger Bescheid von den zuständigen Pflegekassen vorliegen, so ist zum festgelegten Stichtag der Erhebung der Versorgungsdaten bei den Angaben zu dem Pflegegrad die »0« (kein Pflegegrad) vorzunehmen. Denn, werden im Erfassungsinstrument vorgegebene Aspekte weggelassen oder nicht ausgefüllt, erfolgt durch die DAS nach der Datenübermittlung eine Aufforderung zu einer Korrektur.

1.5.4 Datenübermittlung an die DAS

Die Datensätze der Qualitätsindikatoren werden zweimal im Jahr in dem Erfassungszeitraum von 14 Tagen erfasst und verschlüsselt, d. h. mit einer Codierung durch eine Pseudonymisierung der Namen der Bewohner zur Messung und zur Berechnung der Ergebnisqualität an die DAS durch die Pflegeeinrichtung übermittelt (vgl. MuG, Ziff. 5 Vollständigkeitsprüfung, Anlage 4, 2018e: 6). Nach der Datenübermittlung führt die DAS innerhalb von sieben Tagen (1. Auswertungszeitraum) eine statistische Plausibilitätskontrolle der Versorgungsdaten durch. Werden im Rahmen der Datenüberprüfung durch die DAS fehlerhafte Eintragungen und Inkompatibilitäten bzw. Unstimmigkeiten oder unvollständige Datensätze sowie auch Flüchtigkeitsfehler als auch Sorgfaltspflichtverletzungen im Rahmen der Erhebung der Indikatoren festgestellt, so kann die Pflegeeinrichtung in einem Korrekturzeitraum innerhalb von 14 Tagen von der DAS im Zuge der Plausibilitätsprüfung aufgefordert werden, ggf. eine Korrektur vorzunehmen. Allerdings können in diesem Zeitraum durch die Pflegeeinrichtung keine Daten für den zurückliegenden Erhebungszeitraum mehr erfasst oder geändert werden (vgl. Mauel, bpa, 2019). Eine Unstimmigkeit im Rahmen der statistischen Plausibilitätskontrolle könnte z. B. dann festgestellt werden, wenn bei der Dateneingabe im BI-Modul Mobilität der »Positionswechsel im Bett« mit »selbstständig« (0 = selbstständig) durch die Bezugspflegekraft bewertet wurde und bei den Kriterien des »Treppensteigens« wurde in dem Kriterium »unselbstständig« (3 = unselbstständig) angegeben. Hier könnte ein Klärungsbedarf zwischen der DAS und der Pflegeeinrichtung bestehen, da fehlerhafte Eingaben, z. B. durch die Übernahme von »alten« Eingaben oder falscher Interpretation von Definitionen der Kriterien bzw. auch durch einen Zahlendreher in den Datumsangaben oder durch eine fehlerhafte Zuordnung von Pseudonymen, durchaus in den Pflegeeinrichtungen entstehen können. Nach dem Korrekturzeitraum (innerhalb von 14 Tagen) können keinerlei Änderungen innerhalb der übermittelten Datensätze mehr vorgenommen werden.

Mit Abschluss des Korrekturzeitraums von insgesamt 21 Tagen werden die Qualitätsindikatoren durch die DAS nach einem bestimmten statistischen Algorhythmus innerhalb von sieben Tagen (2. Auswertungszeitraum) berechnet und mit den Werten von anderen Pflegeeinrichtungen verglichen sowie die Ergebnisse in einem Feedbackbericht zusammengefasst und dargestellt. Der Feedbackbericht kann durch den Administrator oder durch die vertretungsberechtigte Person der Pflegeeinrichtung innerhalb von sieben Tagen kommentiert werden. Im Kern kann durch das indikatorengestützte Bewertungsverfahren das Ergebnis der Pflege von außen besser überprüfbar gemacht werden, d. h. die konkrete Wirksamkeit der Pflege wird mit der Frage: »Wozu hat die Pflege in unserem Pflegeheim bei dem einzelnen Bewohner geführt?« beantwortet. Der Feedbackbericht durch die DAS wird nach dem 01. Juli 2020 sowohl den Pflegeeinrichtungen als auch den Landesverbänden der Pflegekassen sowie den Prüfinstitutionen und der DatenClearingStelle (DCS) zur Veröffentlichung der Versorgungsdaten (z. B. Webportale: AOK-Pflege-Navigator, vdek-Pflegelotse etc.) zur Verfügung gestellt. Werden bereits im Feedbackbericht der DAS im Vergleich zu anderen Pflegeeinrichtungen gravierende negative Auffälligkeiten und Abweichungen z. B. »Ergebnisqualität liegt nahe beim Durchschnitt« festgestellt, so ist es wichtig, dass unmittelbar, d. h. ohne zeitlichen Verzug, Verbesserungsmaßnahmen nach dem PDCA-Zyklus durch die verantwortliche Pflegefachkraft gemeinsam mit den Bezugspflegefachkräften initiiert und durchgeführt werden. Hierzu sind die Auffälligkeiten in den Themenbereichen der Indikatoren vorher zu identifizieren und die Maßnahmen zur Beseitigung der Qualitätsdefizite einzuleiten sowie die Wirksamkeit der Maßnahmen und der pflegerische Erfolg zu evaluieren und nachhaltig zu dokumentieren. Es sollte bei schlechten Ergebnissen keinesfalls abgewartet werden bis eine unangekündigte Regelprüfung durch den MDK bzw. durch die PKV-Prüfdienste in den nächsten Wochen in der stationären Pflegeeinrichtung durchgeführt wird (vgl. § 5 PruP-RiLi, 2019: 3).

Fazit **Feedbackbericht der Datenauswertungsstelle (DAS)**

Neben dem einrichtungsinternen Erhebungsreport und der übergeordneten Risikosteuerung in einer Pflegeeinrichtung dient der Feedbackbericht der DAS in der Zukunft als ein wichtiges Steuerungs- und Kontrollinstrument für alle QM-Verantwortlichen und Pflegedienstleitungen (vgl. IPW, 2019: 12 f.; bpa, Musterpräsentation, 2019a: 36).

Da die Ergebnisse im Feedbackbericht immer wieder im Zuge der internen Qualitätssicherung und Qualitätsentwicklung durch die verantwortliche Pflegefachkraft und durch die Bezugspflegefachkräfte betrachtet und beurteilt werden sollte, wird ein gewollter fortlaufender Verbesserungsprozess nicht nur simuliert, sondern in einem erheblichen Maße innerhalb der Pflegeeinrichtung nach den Prinzipien des Wohltuns und des Nichtschadens angeschoben. Dabei sollte es im eigenen Interesse und zugleich für das Ansehen einer Pflegeeinrichtung liegen, zeitnah bei Auffälligkeiten die erforderlichen Maßnahmen und pflegerelevante immanente Ziele zur Verbesserung einer Pflegesituation einzuleiten. Hier können unterschiedliche Instrumente und Methoden zur fortlaufenden Qualitätsverbesserung eingesetzt werden, die dann auch im Rahmen der externen Qualitätsprüfungen im Fachgespräch (je nach Stichprobenwahl) gemeinsam mit den Prüfgutachtern erläutert und beispielhaft dargestellt werden können.

1.5.5 Proaktive vorgeschaltete Prozesse

Die stichtagsbezogene proaktive Erhebung der Versorgungsergebnisse durch die vollstationäre Pflegeeinrichtung bedeutet, dass im Vorfeld durch eigenen Antrieb etwas erwirkt oder gemacht werden muss, damit ein Prozess oder eine Veränderung angeschoben und in Gang gesetzt werden kann. Durch einen proaktiven Aktionismus werden Handlungsoptionen geschaffen, die allerdings voraussetzen, dass die erforderlichen Ressourcen vor der Auslösung eines Prozesses in der Pflegeeinrichtung vorhanden sein müssen. Dieses Vorgehen setzt auch ein vorausschauendes Denken und pflegerisches Handeln voraus. Die halbjährliche Erhebung der Qualitätsindikatoren erwartet eine proaktive mentale Repräsentanz und ist ein vorweggenommener Prozess, da an dem einrichtungsindividuellen Stichtag die Ergebnisse unverzüglich aufgenommen und aktualisiert oder beurteilt und mit Abschluss des Erhebungszeitraums an die DAS übermittelt werden müssen. Dies ist nur mit einer guten Vorplanung machbar und sollte vorher durch genaue Absprachen und Festlegungen einrichtungsintern vorbereitet werden. Nur so lassen sich die Stichtage und festgelegte Zeiträume und Fristen verbindlich im »Kontext der Organisation« und in der Kombination interner und externer Themen, die eine Auswirkung auf die Vorgehensweise einer Organisation hinsichtlich der Entwicklung und des Erreichens ihrer Ziele haben kann, fristgerecht einhalten (vgl. ISO 9000:2015).

»Als grobe Orientierung für die erste Ergebniserfassung sollte davon ausgegangen werden, dass je Bewohner ca. 15–20 Minuten aufgewendet werden müssen (geübte Mitarbeiter benötigen i. d. R. zwischen 10 und 15 Minuten zum Teil weniger)« (bpa, 2019a: 40). Deshalb ist es im Vorfeld wichtig, abzuklären, wer die Datenerhebung in welchen Wohnbereichen mit welchem zeitlichen Umfang sowie mit welcher Anzahl von Bewohnern unter Berücksichtigung der Pflegegradeinstufungen für die Erhebung der Indikatoren vornehmen soll.

Um eine oberflächliche und unvollständige Erhebung der Versorgungsdaten auszuschließen ist es sinnvoll, dass drei bis vier Bezugspflegekräfte in der Pflegeeinrichtung (je nach Größe eines Wohnbereichs) frühzeitig einbezogen und vorher zur Erhebung und dem Umgang mit dem Instrument zur Ergebniserfassung zielgruppenspezifisch geschult werden. Die Schulung der Bezugspflegefachkräfte, z. B. durch Multiplikatoren der einzelnen Trägerverbände, sollte sich auf die Einschätzung der BI-Module sowie auf die Erhebung der Qualitätsindikatoren beziehen, damit die Frage »Was ist jetzt zu tun und wer ist in erster Linie dafür verantwortlich? von den beteiligten Mitarbeitern beantwortet werden kann. Die Anzahl der geschulten Bezugspflegefachkräfte ist von der aktuellen Bewohnerstruktur und der baulichen Konzeption einer Pflegeeinrichtung sowie von den internen Kommunikationsstrukturen als institutionelle Aufgabe abhängig. Eine Zeitersparnis kann durch vorherige Simulationen und Trainings, z. B. in dem Erprobungszeitraum und durch kollegiale Pflegevisiten mit einer wertschätzenden Haltung oder durch eine simulierte bewohnerbezogene Erfassung mit dem Erfassungsinstrument, erreicht werden. Das Training im Team erhöht die Akzeptanz zum neuen Qualitäts- und Prüfsystem bei den Bezugspflegefachkräften. Von besonderer Bedeutung ist im Erhebungszeitraum, dass die Bezugspflegemitarbeiter die Ergebniserfassung von vier bis fünf Bewohner pro Tag im Dienstplan einplanen müssen und die Pflegedienstleitung dabei den Erhebungszeitraum im Blick behält. Auch ist es bedeutungsvoll, die Pflegedokumentationen vor dem Erhebungszeitraum (Stichtage sind vorher bekannt!) zu überprüfen, inwieweit die Informationen über die relevanten Indikatoren aus den Pflegedokumentation (Papierform oder der elektronischen Dokumentation) schnell und sicher zu entnehmen oder die erforderlichen Daten zu generieren sind.

Der verbundene zeitliche Aufwand ist im Wesentlichen auch davon abhängig, in welche Form die digitale Übermittlung der Datensätze an die DAS erfolgen soll. Zur Datenerfassung und -übermittlung bestehen zwei Möglichkeiten:

- Datenerfassung und -übermittlung direkt über das Webportal der DAS (www.das-pflege.de)
- Schnittstelle zur Datenannahmestelle durch die Nutzung einer bereits vorhandenen elektronischen Erfassungssoftware (EDV-gestützte Pflegedokumentation)

So kann ein Administrator (Heimleitung) oder die vertretungsberechtigte Person (verantwortliche Pflegefachkraft) einer vollstationären Pflegeeinrichtung mithilfe einer EDV-gestützten Pflegedokumentation bspw. durch einen Softwareanbieter für elektronische Pflegedokumentationen (z. B. Software Connext VIVENDI, »Komda® Software – Startklar für den Pflege-TÜV«, https://www.komda-software.net/) und andere Anbieter die notwendigen Angaben mithilfe der Software zur Pflegedokumentation automatisch generieren und durch die Schnittstellen an die DAS übermitteln. Übermittelt werden so die bereits vorhandenen EDV-gestützten Informationsgrundlagen, z. B. zu bewohnerbezogenen Krankenhausaufenthalten, Krankenhausereignissen, Sturzereignissen und -folgen und weitere Versorgungsdaten zum Pflegecontrolling entlang des Instruments zur Ergebniserfassung. Eine elektronische Pflegedokumentation wie z. B. auch die elektronische Pflegedokumentation und Software der »Standard Systeme« in Hamburg und andere Systeme sind hier sehr vorteilhaft. Sie verhelfen den Bezugspflegefachkräften wertvolle Zeit im Zuge der stichtagsbezogenen Erhebung der Indikatoren einzusparen und vollständige Datensätze in schneller Zeit an die DAS zu übertragen. Im Rahmen des internen Pflegecontrollings sollten zur Überwachung und Steuerung grundsätzlich immer im Hintergrund der halbjährlichen Erhebung der Versorgungsdaten die Bewohner mit Wunden, Schmerzzuständen, Dekubitus, Sturzereignissen, Gewichtsverläufe, Freiheitseinschränkenden Maßnahmen (FeM), Krankheitsereignissen und Krankenhausaufenthalten etc. tagesaktuell und vollständig durch die Pflegeeinrichtung in der Übersichtsliste erfasst oder durch das Pflegecontrolling im Zuge der internen Qualitätssicherung generiert werden. Die Implementierung eines pflegerischen Risikomanagements ist unabhängig einer Qualitätsnorm eine unabdingbare Voraussetzung und ein wichtiger Bestandteil in jedem Qualitätsmanagement. Im Vergleich zur Krankenhausversorgung und der klinischen Praxis gibt es für die stationäre Langzeitversorgung keine gesetzliche Verpflichtung, ein Risikomanagementsystem mit den erforderlichen internen und externen Rahmenbedingungen zu verankern. Auch wenn nach der Überarbeitung der ISO 9001:2015 nicht mehr von Vorbeugungsmaßnahmen (vormals: ISO 9001:2008 – Normabschnitt 8.5.3) zur Beseitigung einer möglichen Nichtkonformität gesprochen wird, so wurde in der ISO 9001:2015 der risikobasierte Ansatz deutlich hervorgehoben und wird noch umfassender und tiefergehender in der ISO 31000:2018 (Risikomanagement – Leitlinien) mit seinen Leitlinien dargestellt. Die Qualitätsnorm der DIN EN ISO versteht als ein Risiko die Auswirkung von Ungewissheit, also eine »Abweichung vom Erwarteten – in positiver oder negativer Hinsicht« (DIN EN ISO 9000:2015).

So hat ein Risikomanagement, z. B. nach dem Pateientenrechtegesetz zum Ziel, die Risiken in der Organisation vorher zu identifizieren und deren Folgen (z. B. ein gesundheitlicher Schaden) und Auswirkungen zu beurteilen, damit die Risiken überwacht und im Fokus der Patientensicherheit bewältigt werden können. Das Patientenrechtegesetz aus dem Jahr 2013 mit den kodifizierten Paragrafen 630a–630h im Bürgerlichen Gesetzbuch (BGB) dienen zusammenfassend zur Verbesserung der Rechte von Patientinnen und Patienten in der Krankenversorgung (vgl. BGB §§ 630a–630h BGB). Ein Risiko kann erweitert auch als eine *»Auswirkung von Unsicherheit auf Ziele, Tätigkeiten und Anforderungen einer Organisation«* definiert sein (Austrian Standard Institute, 2014). Die Risikosteuerung, Risikoidentifikation und -überwachung u. a. durch die frühzeitige Bewertung und Überwachung, z. B. mithilfe von Risikoprozessstandards, sowie die Einteilung der Risiken in festgelegten Kategorien mit einem nachfolgend definierten Handlungsbedarf sind wichtige Steuerungs- und Kontrollinstrumente für jeden QM-Verantwortlichen und für alle Pflegedienstleitungen in der Langzeitpflege sowie für die Leitungsebene in der ambulanten Versorgung. Durch diese Herangehensweise werden im Risikomanagement z. B. die Bewohner nach einer Risikodefinition durch die Festlegung von Prozesskriterien in Risikokategorien in Bezug auf die Eintrittswahrscheinlichkeit einzeln bewertet und im Sinne des Risikomanagements in einer Übersichtsliste oder in einem EDV-gestützten Pflegecontrolling fortlaufend überwacht:

1. Risikoidentifikation, z. B. eine »Sturzgefahr eines Bewohners mit einer Gangunsicherheit« (Eintrittswahrscheinlichkeit)
   a) hohes Risiko – Gefahr einer gesundheitsbezogenen Schädigung
   b) mittleres Risiko – gesundheitsbezogene Schädigung ist möglich
   c) geringes Risiko – gesundheitsbezogene Schädigung ist eher unwahrscheinlich
2. Risikobeschreibung
3. pflegerischer Handlungsbedarf

4. Zuständigkeiten in der Versorgungssituation
5. Versorgungsergebnis (Evaluation)
6. Neubewertung und Anpassung

Die o. g. Übersichtslisten im pflegerischen Risikomanagement (z. B. Wunden, Dekubitus, Schmerzen etc.) sollten z. B. auch im Zuge der externen Qualitätsprüfungen und den Prüfungen nach dem landesspezifischen Heimrecht aus der EDV-gestützten Pflegedokumentation generiert oder in Papierform fortlaufend aktualisiert und vorgehalten werden können (Risikomanagement). Neben dem **Erhebungsreport** sollte im Vorfeld **jeder** stichtagsbezogenen Erhebung und zur Vorbereitung der jährlichen Qualitätsprüfung durch den MDK bzw. durch die PKV-Prüfdienste eine allgemeine Übersicht von allen versorgten Bewohner (aktuelle und vollständige Übersichtsliste) sowie eine Informationserfassung aufgebaut und vorgehalten werden. Diese **Übersichtslisten** und der Erhebungsreport sind dem Prüfteam zur Stichprobenziehung vorzulegen:

Erhebungsreport:

- Vor- und Nachname aller versorgten Bewohner mit Pseudonymen für die Stichprobe bei der Plausibilitätskontrolle (Bewohnercodes);
- Erhebungsreport: Bewohner mit Kurzbezeichnung der Ausschlussgründe.

Einrichtungsinterne Übersichtslisten:

- Einzugsdatum, Geburtsjahr und Pflegegrad sowie Wohnbereich (Zimmernummer)
- differenzierte Auflistung von Bewohnergruppen im Rahmen der externen Qualitätsprüfung (Stichrobe) mit bestimmten Merkmalskombinationen (Mobilität sowie kognitive und kommunikative Fähigkeiten) als festgelegte Subgruppen:
  - Bewohner, die in beiden o.g. Bereichen (Mobilität **sowie** kognitive und kommunikative Einschränkungen) mindestens erhebliche Beeinträchtigungen aufweisen (Modulwert jeweils > 1)
  - Bewohner, die im Bereich der Mobilität mindestens erhebliche Beeinträchtigungen aufweisen (Modulwert > 1), aber keine oder eine geringe Beeinträchtigung der kognitiven und kommunikativen Fähigkeiten zeigen (Modulwert 0 oder 1)
  - Bewohner, die im Bereich der Mobilität keine oder eine geringe Beeinträchtigung aufweisen (Modulwert 0 oder 1), aber mindestens erhebliche Beeinträchtigungen der kognitiven und kommunikativen Fähigkeiten (Modulwert > 1)

Der Erhebungsreport und die o. g. aktuellen und vollständigen Übersichtslisten sind für externe Qualitätsprüfungen und für die Auswahl der Stichprobe von sechs in die Prüfung einbezogenen Bewohnern (ohne Kurzzeitpflegegäste) und der Teilstichprobe von drei Bewohnern (sind im Erfassungsinstrument nicht berücksichtigt worden) durch die Zufallsauswahl von großer Wichtigkeit (s. hierzu auch QPR vollstationär,

Nr. 9 Abs. 3, 2018). Auf Basis der Stichprobenziehung und -daten können Rückschlüsse und Folgerungen auf die Grundgesamtheit (alle Bewohner) zugelassen werden. Eine Stichprobe stellt eine Teilmenge aller Untersuchungseinheiten dar, die die untersuchungsrelevanten Eigenschaften der Grundgesamtheit (alle versorgten Bewohner) möglichst genau abbilden sollen (vgl. Bortz, 1993: 84 zit. n. Raithel, 2008: 54).

Die externen jährlichen Regelprüfungen, die zukünftig einen Tag vorher in der vollstationären Pflegeeinrichtung angekündigt werden, stehen im Übrigen in einem zeitlichen Zusammenhang mit der Auswertung der Versorgungsergebnisse durch die DAS. Denn eine Plausibilitätskontrolle der Ergebnisse durch die externen Prüfdienste ist nur dann sinnvoll, wenn die Erhebung der Indikatoren nicht allzu lange zurückliegt. Je länger die Zeit zwischen der Erhebung und Berechnung der Versorgungsdaten durch die DAS und der Zeit einer externen Qualitätsprüfung zurückliegt, umso schwieriger wird es, die fachgerechte Plausibilität von Versorgungsergebnissen im Nachhinein durch die externen Prüfdienste überprüfen zu können, da sich die Pflegesituationen von Bewohnern schnell verändern können. Falls sich Pflegesituationen nach der stichtagsbezogenen Erhebung und Übermittlung der Versorgungsdaten an die DAS verändert haben, so hat das pflegerische Fachgespräch und der fachliche Diskurs sowie die pflegefachlich begründete Argumentation gegenüber den externen Prüfinstitutionen eine große Bedeutung.

1.6 Externe Qualitätsprüfungen

Übergeordnetes Ziel der jährlichen Qualitätsprüfungen (Regelprüfungen) durch die externen Prüfinstitutionen ist es, die Qualität in den vollstationären Pflegeeinrichtungen einschließlich der Kurzzeitpflege nach den neuen Qualitätsprüfungs-Richtlinien (QPR vollstationär, 2018) auf der Grundlage der sechs Qualitätsbereiche mit den zugehörenden fachlich relevanten Qualitätsaspekten für die Pflegequalität zu erfassen und nach den neuen Bewertungskategorien die Qualitätsebenen zu bewerten. Durch den Starttermin der Gültigkeit der Richtlinien (QPR ab 01.11.2019), soll der erste Prüfzyklus durch die externen Prüfdienste aller Pflegeeinrichtungen bis 31. Dezember 2020 abgeschlossen sein, sodass die jährlichen externen Qualitätsprüfungen erst danach in einen Regelablauf münden werden (vgl. bpa, 2019b). Die Durchführung der jährlichen Qualitätsprüfungen bezieht sich auch weiterhin auf die fachliche und methodische Überprüfung der Ergebnisse und beinhaltet ein Beratungsangebot zur Verbesserung der Versorgungsqualität bei festgestellten Qualitätsdefiziten in einer vollstationären Pflegeeinrichtung. Neu ist für die stationären Pflegeeinrichtungen, dass eine Regelprüfung einen Tag vorher durch eine automatisierte Information in der stationären Pflegeeinrichtung angemeldet wird und dass durch den Nachweis einer guten Versorgungsqualität die jährlichen Qualitätsprüfungen durch Turnusanhebung auf höchstens alle zwei Jahre erfolgen können (vgl. §§ 3, 4 PruP-RiLi, 2019: 3).

Im Einführungsgespräch mit der Heim- und Pflegedienstleitung (Vertreter der Pflegeeinrichtung) wird die Stichprobe mithilfe des Erhebungsreports und den Übersichtslisten zur Regelprüfung durch die MDK-Prüfer bzw. PKV-Prüfer zusammengestellt. In die Stichprobenziehung werden **neun** versorgte Bewohner nach deren Einverständnis (oder Betreuer bzw. Vorsorgebevollmächtigte) in die Prüfung einbezogen und im Verlauf der Qualitätsprüfung in ihrem Zimmer persönlich durch die Prüfgutachter aufgesucht. Bei fehlenden schriftlichen Einwilligungen können zur Stichprobenziehung mithilfe der Reserveliste der DAS die Bewohner auf der Basis des Erhebungsreports und der vorzuhaltenden Übersichtsliste ausgewählt und in die Qualitätsprüfung nach Einverständnis zur Beurteilung der individuellen Versorgungssituation in den einzelnen Qualitätsaspekten (1-4) einbezogen werden.

Neu ist in dem Verfahren, dass **vorher** bereits **sechs** von insgesamt **neun** Bewohnern als eine geschichtete Stichprobe für die Qualitätsprüfung durch die DAS anhand personenbezogener Pseudonyme (Bewohnercodes) festgelegt wurden. Des Weiteren werden zusätzlich **drei** weitere Bewohner als eine Zufallsauswahl und als eine Teilstichprobe mithilfe der vorab von der DAS übermittelten Zufallszahlen durch das Prüfteam bestimmt. Dies geschieht anhand des Erhebungsreports und der aktuellen und vollständigen Übersichtslisten aller versorgten Bewohner, die nicht in die Ergebniserfassung durch die Pflegeeinrichtung einbezogen wurden. Hierzu gehören z. B. die Gäste in der Kurzzeitpflege oder diejenigen Bewohner, bei denen Ausschlussgründe vorgelegen haben und die Bewohner die nach der letzten Ergebniserfassung in die Pflegeeinrichtung eingezogen sind (vgl. QPR, Abs. 9.2, 2018: 16). Bei den o. g. sechs versorgten Bewohnern (geschichtete Stichprobe) erfolgt auch eine Plausibilitätskontrolle und Sichtung des Erhebungsreports durch die MDK- bzw. PKV-Qualitätsprüfer. Die Plausibilitätskontrolle bezieht sich auf die personenbezogenen Ergebnisse der Versorgungsdaten (Ergebniserfassung) im Rahmen der Indikatorenerhebung, z. B. mithilfe der Pflegedokumentation und anderen Informationsquellen zur Versorgungssituation. Die Versorgungssituationen die sich im Verlauf **nach** der Ergebniserfassung verändert haben, müssen dabei durch die Bezugspflegekräfte plausibel in der Qualitätsprüfung dargelegt und die pflegerischen Veränderungen begründet werden. Die Ergebniserfassung der Plausibilitätskontrolle durch die Prüfinstitutionen wird anschließend mit den Informationen aus dem Erhebungsreport verglichen und beurteilt. Durch diese Plausibilitätskontrolle soll festgestellt werden, ob Fehleinschätzungen analog des Erhebungsreports entsprechende Auswirkungen auf das Versorgungsergebnis für die Berechnung der Indikatoren (Kennzahl) haben.

Die Auswahl der o. g. sechs Bewohner (geschichtete Stichprobe) durch die DAS basiert auf der Grundlage der unterschiedlichen Merkmalskombinationen und der Gruppenbildung (Mobilität und kognitive sowie kommunikative Fähigkeiten). Dabei werden durch die DAS unter Anwendung der Kombination von Merkmalsausprägungen (Subgruppen A-C) jeweils zwei versorgte Bewohner mit erheblichen Beeinträchtigungen im Bereich der Mobilität und keine kognitiven und kommunikativen Beeinträchtigungen (Subgruppe A), je zwei versorgte Bewohner mit erheblichen kognitiven und kommunikativen Beeinträchtigungen und keine erheblichen Beeinträchtigungen im Bereich der Mobilität und jeweils zwei versorgte Bewohner mit erheblichen Beeinträchtigungen in beiden o. g. Bereichen (Subgruppe C) für die Stichprobe ausgewählt (s. Übersichtslisten, Erhebungsreport und Bewohnercodes). Die **sechs** Pseudonyme (Bewohnercodes) sind dem Prüfteam durch die personenbezogenen Codes vorher bekannt und sind zum Zwecke der Qualitätsprüfung durch die vollstationäre Pflegeeinrichtung anhand des Erhebungsreports zu entpseudonymisieren (Verschlüsselung der anonymisierten Namen der Bewohner wird rückgängig gemacht), damit die in die Prüfung einbezogenen Bewohner mit Vor- und Nachnamen durch das Prüfteam eindeutig bestimmt werden können.

Die Qualitätsbereiche und-aspekte (1–4) beziehen sich insgesamt auf die individuelle Beurteilung der personenbezogenen Versorgung und umfassen ebenso die Ermittlungen zu den ärztlichen Anordnungen und zum Umgang mit Medikamenten (2. Qualitätsbereich) sowie die daraus abzuleitende Bobachtung und die Beurteilung von Nebenwirkungen (Krankenbeobachtung!). Neu ist, dass im Qualitätsaspekt 2.4 »Unterstützung bei besonderen medizinisch-pflegerischen Bedarfslagen« in Anlehnung auch die Häusliche Krankenpflege-Richtlinie (QPR-HKP) in der QPR als Grundlage für die Qualitätsprüfungen herangezogen wird und auch die Versorgung von Eintrittsstellen bei invasiven Maßnahmen in der Qualitätsprüfung miterfasst werden und zwar auch dann, »*wenn dafür keine An- bzw. Verordnung vorliegt*« (QPR, Anlage 4, Erläuterungen zu den Prüfbögen, 2018: 14 f.). Im Abgleich mit den vorangegangenen Qualitätsprüfungs-Richtlinien (vgl. QPR, 2017b) werden neben einer individuellen bedürfnis- und bedarfsgerechten Versorgung in den ersten vier Qualitätsbereichen mithilfe von Leitfragen die gesundheits- und personenbezogenen Risiken, z. B. die Ernährungs- und Flüssigkeitsversorgung oder ein Dekubitus, und der individuelle fachgerechte Unterstützungsbedarf durch die externen Prüfgutachter im Zuge der Versorgungsqualität beurteilt. Ziel dabei ist es, festzustellen, inwieweit durch Beobachtung, Beratung oder durch geeignete Prophylaxen (Pflegeassessments) negative Folgen bei einem Bewohner durch die professionell Pflegenden erkannt und im Zuge der Versorgungsqualität verhindert werden konnten. Eine negative Folge, z. B. eine Dekubitusentstehung, kann auch durch das Ausbleiben von Mobilisationsmaßnahmen entstehen, die bspw. bei einem Bewohner erforderlich gewesen wären, um ein gesundheits- und personenbezogenes Risiko zu verhindern. Das Unterlassen geeigneter Maßnahmen, z. B. zur individuellen Dekubitusprophylaxe oder durch das Ausbleiben einer ausreichenden Unterstützung bei der Nahrungs- und Flüssigkeitsaufnahme, kann sich als Pflegefehler i. S. eines Verstoßes gegen die pflegerischen Standards darstellen. Dieses Auftreten wird in der gutachterlichen Betrachtung als negative Folge oder als ein negatives Risiko aufgrund eines fachlichen Defizits oder fehlender Handlung in eine Bewertung der D-Kategorie »Defizit mit eingetretenen negativen Folgen für die versorgte Person« in der Zukunft bewertet.

Da keine Pflegenoten mehr ermittelt werden, bewerten die externen Qualitätsprüfer für jeden einzelnen Bewohner den Pflegeprozess und das Versorgungsergebnis. Die Prüfergebnisse und Bewertungen sowie die Beschreibungen der Feststellungen innerhalb der einzelnen QA erfolgt mit einer neuen Bewertungssystematik auf der Grundlage von vier Bewertungskategorien (Kategorie: A–D) als eine neue Qualitätsbewertung und werden in dem Abschlussgespräch (QPR, Anlage 8, 2018) zusammenfassend sowie in dem zu erstellenden Prüfbericht auf Basis der Prüfbögen (s. QPR, Anlage 9, 2018) durch die Prüfinstitutionen festgehalten. Durch die neuen »Maßstäbe und Grundsätze für die Qualität« in der stationären Pflege kommen auf der Ebene der personenbezogenen Versorgung in den einzelnen Qualitätsaspekten dabei vier Kategorien (Wertungen) und Abstufungen im Prüfbogen A Beurteilung der personenbezogenen Versorgung unter der Berücksichtigung der Einwirkungsmöglichkeiten der Einrichtung zur Anwendung:

A) keine Auffälligkeiten (oder Defizite)
B) Auffälligkeiten, die keine Risiken oder negativen Folgen für den Bewohner oder die Bewohnerin erwarten lassen. Beispiele sind: Lücken in der Pflegedokumentation, Vergessen von Handzeichen im Trinkplan oder es bildet sich unter Berücksichtigung der pflegefachlichen Risikoeinschätzung der individuelle Versorgungsbedarf oder die Beeinträchtigungen im Abgleich mit der personenbezogenen Versorgung in der individuellen Maßnahmenplanung nicht korrekt ab etc.
C) Defizit mit Risiko negativer Folgen für den Bewohner oder die Bewohnerin. Beispiele sind: Durch die Pflegeeinrichtung wurde bspw. nicht pflegefachlich rechtzeitig erkannt, dass ein Bewohner viel zu wenig Flüssigkeit oder Nahrung zu sich nimmt oder die durchgeführte pflegerischen Maßnahmen entsprechen nicht dem individuellen Versorgungsbedarf eines Bewohners bzw. einer Bewohnerin, z. B. ein Ausbleiben von Mobilisationsmaßnahmen und die notwendige Versorgungskontinuität kann nicht abgebildet oder hergleitet werden. Dem versorgten Bewohner **hätte** dadurch ein Folgeschaden, z. B. ein Untergewicht oder Mangelernährung bzw. ein Dekubitus entstehen können (C-Wertung, d. h. Prozessdefizit).
D) Defizit mit eingetretenen negativen Folgen für den Bewohner oder die Bewohnerin (schwerwiegende Pflegefehler mit Pflegeschäden). Beispiele sind: Ein ungewollter Gewichtsverlust von mehr als 5 Prozent in 1–3 Monaten oder 10 Prozent in 6 Monaten mit der Entwicklung zu einem Untergewicht, welches durch das Ausbleiben von rechtzeitigen Einwirkungsmöglichkeiten, z. B. durch eine Beratung, Anbieten von hochkalorischer Kost, Information an den Hausarzt etc., als ein Versagen auf die Pflegeeinrichtung zurückgeführt wird. Dem versorgten Bewohner **ist** ein Folgeschaden, z. B. ein nachweisbar vorhandenes Untergewicht mit Mangelernährung entstanden (D-Wertung, d. h. Ergebnisdefizit).

Bei einer fachlichen »C-Bewertung« (Prozessqualität) handelt es sich um Qualitätsdefizite die mit der Frage verbunden ist: »Hätte für den Bewohner ein Pflegeschaden entstehen können?« Bei den »D-Defiziten« (Ergebnisqualität) muss die Frage lauten: »Hat der Bewohner durch Unterlassen einen Pflegeschaden erlitten?« Bei einem »D-Defizit« ist bei einem Bewohner als eine Folge, z. B. ein Dekubitus einrichtungsintern entstanden und es wurden bei diesem Qualitätsmangel keine Pflegemaßnahmen in der Versorgungssituation eingeleitet oder der Hausarzt etc. rechtzeitig informiert.

Die externe Beurteilung der Einrichtungsebene (Strukturqualität) wird im fünften und sechsten Qualitätsbereich durch die Qualitätsprüfer erfasst. Der Qualitätsbereich 5 »Bedarfsübergreifende Qualitätsaspekte« ist keine zusätzliche Prüfung, sondern wird im Zusammenhang der bewohnerindividuellen Versorgung (1–4) durch den Medizinischen Dienst bzw. durch die PKV-Prüfdienste im Rahmen des Teamgesprächs ohne Vertreter der Pflegeeinrichtung, miterfasst (vgl. QPR, Anlage 7: Strukturierungshilfe zur Durchführung des Teamgesprächs, 2018: 2 ff.). Ist beispielsweise bei einem Bewohner im Rahmen der externen Qualitätsprüfung eine Wunde (z. B. Dekubitus der Kategorie II) vorhanden, so wird die Wunde in Augenschein genommen und neben der fachlichen Bewertung der Wundversorgung wird ebenso die Infektionshygiene und die erforderlichen Hygieneanforderungen sowie die Basishygiene durch den Medizinischen Dienst bzw. PKV-Gutachter beobachtet und mitbewertet. Sämtliche Beobachtungen und Feststellungen werden am Prüftag neben den fachlichen Stärken der Pflegeeinrichtung durch die Qualitätsprüfer in diesem Teamgespräch ausgetaucht und beurteilt sowie zum Abschluss der Qualitätsprüfung den Vertretern der Pflegeeinrichtung mündlich mitgeteilt (s. QPR, Anlage 8, Strukturierungshilfe zur Durchführung des Abschlussgesprächs, 2018).

Die einrichtungsbezogen erhobenen Qualitätsaspekte im Bereich 6 »Einrichtungsinterne Organisation und Qualitätsmanagement« bedarf »keiner differenzierenden Beurteilung oder Zusammenführung von Prüffragen« und es werden in diesem Aspekt neben der näheren Bezeichnung des bemängelten Sachverhalts, nur Angaben gemacht, ob eine Anforderung »erfüllt« oder »nicht erfüllt« wurde (QPR, Anlage 5: Qualitätsbewertung Qualitätsprüfung, 2018: 6).

Die nachfolgende Tabelle 7 verdeutlicht die Bewertungssystematik und die Abstufungen zu den Feststellungen im Rahmen der Qualitätsprüfungen durch die Prüfinstitutionen.

1

Tab. 7: Bewertungssystematik bei Qualitätsprüfungen (vgl. Wingenfeld et al., 2018b: 27)

Qualitätsdarstellung	Anzahl der Fälle mit C- oder D-Wertung	Anzahl der Fälle mit D-Wertung
keine oder geringe Qualitätsdefizite	0-1	0
moderate Qualitätsdefizite	2-3	1
erhebliche Qualitätsdefizite	4	2-3
schwerwiegende Qualitätsdefizite	5 und mehr	4 und mehr

Tipp

Auch wenn nicht alle Inhalte aus den Qualitätsbereichen in der Pflegepraxis neu sind, so sollten die Qualitätsaussagen und die Leitfragen in der QPR in den fachlich relevanten Qualitätsaspekten (QA) in dem einrichtungsinternen Qualitätsmanagement sowie in der intern gesteuerten Qualitätssicherung als ein fester Bestandteil, z. B. im Zuge der Durchführung von Pflegevisiten oder im Pflegecontrolling, angepasst und einrichtungsintern integriert und berücksichtigt werden.

In der QDVS werden die zu veröffentlichenden Prüfergebnisse der 16 Qualitätsaspekte (s. § 6 QDVS) aus den Qualitätsprüfungen nach §§ 114 f. SGB XI in der Anlage 6 der QDVS zu den Bereichen 1-4 (15 QA) sowie die Ergebnisse aus der Struktur- und Prozessqualität in dem Bereich 5: »Begleitung sterbender Heimbewohnerinnen und Heimbewohner und ihrer Angehörigen« (plus 1 QA) mit fünf Leitfragen zusammenfassend dargestellt (vgl. auch QDVS, Anlage 8, 2019: 2). Nachfolgend werden als Überblick die sechs Qualitätsbereiche und die fachlich relevanten Qualitätsaspekte kurz dargestellt (s. QPR, Anlage 1–4, 2018):

1.6.1 Bewohnerebene

Bereich 1: Unterstützung im Bereich der Mobilität und Selbstversorgung

- 1.1 Unterstützung im Bereich der Mobilität (5 Leitfragen)
  Neu: Die fünfte Leitfrage zu dem o.g. Qualitätsaspekt umfassen die zielgerichteten Maßnahmen zur Erhaltung und Förderung der Mobilität, **die geplant** (Maßnahmenplanung) und **mindestens zweimal wöchentlich** durchgeführt werden sollten. Sie ist erforderlich bei Personen, die noch über Ressourcen im Bereich der Mobilität verfügen und motiviert sind, Aktivitäten mit dem Ziel der Erhaltung von Mobilität durchzuführen (vgl. QPR, Anlage 4, 2018: 7).

- 1.2 Unterstützung bei der Ernährung und Flüssigkeitsversorgung (3 Leitfragen)
- 1.3 Unterstützung bei Kontinenzverlust, Kontinenzförderung (3 Leitfragen)
- 1.4 Unterstützung bei der Körperpflege (3 Leitfragen)

Bereich 2: Unterstützung bei der Bewältigung von krankheits- und therapiebedingten Anforderungen und Belastungen

- 2.1 Medikamentöse Therapie (4 Leitfragen)
- 2.2 Schmerzmanagement (2 Leitfragen)
- 2.3 Wundversorgung (2 Leitfragen)
- 2.4 Unterstützung bei besonderen medizinisch-pflegerischen Bedarfslagen (4 Leitfragen)
  Neu: In dem Prüfbogen A zur Beurteilung der personenbezogenen Versorgung wird geprüft, ob die Maßnahmen nach dem aktuellen Stand des Wissens fachgerecht durchgeführt werden. Nähere Hinweise dazu sollten der Häuslichen Krankenpflege-Richtlinie (QPR-HKP, 2017) in der jeweils aktuellen Fassung entnommen werden (vgl. QPR, Anlage 4, 2018: 14 f.).
- 2.5 Unterstützung bei der Bewältigung von sonstigen therapiebedingten Anforderungen (3 Leitfragen)
  Der Qualitätsaspekt 2.5 und deren Ergebnisse werden bei den 16 Qualitätsaspekten nicht zur Veröffentlichung für die Verbraucher dargestellt (vgl. QVDS, Anlage 6, 2019: 1 f.).

Bereich 3: Unterstützung bei der Gestaltung des Alltagslebens und der sozialen Kontakte

- 3.1 Unterstützung bei Beeinträchtigungen der Sinneswahrnehmung (3 Leifragen)
  Neu: Das Seh- und Hörvermögen sowie der Umgang mit Seh- und Hörhilfen sowie der Wechsel der Hörgerätebatterien (Knopfzellen) werden in diesem Qualitätsaspekt durch Inaugenscheinnahme der versorgten Person beurteilt. Ein Problem könnte dann entstehen, wenn die pflegebedürftige Person viele Brillen besitzt und keine davon genau passt oder diese Brillen durch kognitive Beeinträchtigungen durch die Pflegenden nicht eindeutig zugeordnet werden können, da keinerlei Hinweise in der Pflegeeinrichtung vorliegen oder bekannt sind.
- 3.2 Unterstützung bei der Tagesstrukturierung, Beschäftigung und Kommunikation (4 Leitfragen)
- 3.3 Nächtliche Versorgung (3 Leitfragen)
  Neu: Falls ein individueller Unterstützungsbedarf in der Nacht besteht, müssen Hinweise zur nächtlichen Versorgung in der Pflegedokumentation, z. B. im Pflegebericht und in der Maßnahmenplanung oder in einer kollegialen Fallberatung vorhanden sein. Die Unterstützung bezieht sich auf bestehende Ein- und Durchschlafstörungen sowie bei Risikosituationen während der Nacht (z. B. umgekehrter Schlaf- und Wachrhythmus, Ein- und Durchschlaf-

störungen oder motorisch geprägte Verhaltensweisen). Der Pflegedokumentation sollte auch zu entnehmen sein, ob die versorgte Person tagsüber in Aktivitäten, z. B. durch die Mitarbeiter in der Sozialen Betreuung, eingebunden ist (vgl. QPR, Anlage 4, 2018: 20).

Bereich 4: Unterstützung in besonderen Bedarfs- und Versorgungssituationen

- 4.1 Unterstützung der versorgten Person in der Eingewöhnungsphase nach dem Einzug (3 Leitfragen)
  Neu: Es wird vorausgesetzt, dass innerhalb von 24 Stunden nach dem Einzug des Bewohners eine Einschätzung vorgenommen wird, ob bzw. in welchen Punkten ein dringender Versorgungsbedarf besteht, um eine Versorgungskontinuität sicherzustellen und Versorgungsbrüche zu vermeiden. Des Weiteren muss die Pflegeeinrichtung in den ersten acht Wochen nach dem Einzug eine individuelle und zielgerichtete Unterstützung anbieten (z. B. auch für Kurzzeitpflegegäste) und in der Pflegedokumentation sind stichpunktartig wichtige Veränderungen und Vereinbarungen im Verständigungsprozess zu dokumentieren (vgl. QPR, Anlage 4, 2018: 21 f.).
- 4.2 Überleitung bei Krankenhausaufenthalten (2 Leitfragen)
  Neu: Die Überleitung bei Krankenhausaufenthalten (in den letzten sechs Monaten) muss fachlich angemessen sein, sodass die Versorgungskontinuität durch eine Informationsweitergabe sichergestellt ist. Bei Rückkehr muss eine erneute individuelle Bedarfseinschätzung durchgeführt werden und ggf. die Maßnahmenplanung der veränderten Situation angepasst werden (vgl. QPR, Anlage 4, 2018: 22 f.).
- 4.3 Unterstützung von versorgten Personen mit herausfordernd erlebtem Verhalten und psychischen Problemlagen (3 Leitfragen)
  Neu: Es sind Verhaltensweisen des Bewohners zu beschreiben und der individuelle Bedarf an Unterstützung sollte begründet werden sowie durch geeignete Maßnahmen in den Pflegeprozessdokumentationen abgebildet werden. Dabei ist es sinnvoll, eine QM-Verfahrensanweisung zu »Beziehungsgestaltung in der Pflege von Menschen mit Demenz« zu erarbeiten und einrichtungsintern umzusetzen (vgl. QPR, Anlage 4, 2018: 23 ff.). In der Pflegedokumentation sollte in der individuellen Maßnahmenplanung oder in den Plänen zur Tagesstrukturierung die Verstehenshypothese bei vorliegender Demenz entnommen werden können.
- 4.4 Freiheitsentziehende Maßnahmen (2 Leitfragen)
  Neu: Es sollten FeM soweit wie möglich durch alternative Maßnahmen, z. B. auf der Grundlage der Redufix-Studie zur Reduktion von körpernaher Fixierung oder nach dem »Werdenfelser-Weg« reduziert werden (vgl. ReduFix-Studie, 2006; RBMF-Studie, 2008; QPR, Anlage 4, 2018: 25 f.).

Bewertungskriterien in der Beurteilung der o. g. personenbezogenen Versorgung in jedem einzelnen Qualitätsaspekt (ausgenommen Qualitätsaspekt 2.5, da hier eine andere Beurteilung in puncto der Beratung bei Auffälligkeiten und Defizite erfolgt) als eine Zusammenfassung und Zuordnung zu den nachfolgenden vier verschiedenen Bewertungskategorien (Relevant: A-D-Wertung):

☐ A) Keine Auffälligkeiten oder Defizite

☐ B) Auffälligkeiten, die keine Risiken oder negative Folgen für die versorgte Person erwarten lassen

☐ C) Defizit mit Risiko negativer Folgen für die versorgte Person (Anm. des Autors: Prozessdefizit)

☐ D) Defizit mit eingetretenen negativen Folgen für die versorgte Persson (Anm. des Autors: Ergebnisdefizit)

1.6.2 Einrichtungs- und Organisationsebene

Bereich 5: Bedarfsübergreifende Qualitätsaspekte

- 5.1 Abwehr von Risiken und Gefährdungen (1 Leitfrage)
- 5.2 Biografieorientierte Unterstützung (1 Leitfrage)
- 5.3 Einhaltung von Hygieneanforderungen (1 Leitfrage)
- 5.4 Hilfsmittelversorgung (1 Leitfrage)
  Neu: Der Zugang zu den erforderlichen Hilfsmitteln muss durch die Pflegeeinrichtung nach der Beurteilung bedarfsübergreifender fachlicher Anforderungen sichergestellt werden. Die Hilfsmittelversorgung kann sich auf die Mobilität beziehen und ebenso auch die Eingewöhnungszeit nach dem Einzug beinhalten.
- 5.5 Schutz von Persönlichkeitsrechten und Unversehrtheit (1 Leitfrage)

In diesem 5. Qualitätsbereich wird eine bewohnerübergreifende Bewertung vorgenommen und im Teamgespräch der Prüfdienste besprochen und bewertet.

Bewertungskriterien:

☐ keine Defizite festgestellt ☐ Defizite festgestellt (bitte angeben):

____

Bereich 6: Einrichtungsinterne Organisation und Qualitätsmanagement

- 6.1 Qualifikation und Aufgabenwahrnehmung durch die verantwortliche Pflegefachkraft (7 Prüffragen mit dichotomen Antwortmöglichkeiten: »Ja« oder »Nein«)
- 6.2 Begleitung Sterbender und ihrer Angehörigen (5 Prüffragen mit dichotomen Antwortmöglichkeiten: »Ja« und »Nein«)
  Die Ergebnisse aus dem 6.2 Qualitätsaspekt (5 Leitfragen) werden im Rahmen der Qualitätsprüfung veröffentlicht (vgl. QDVS, Anlage 6, 2019: 1 f.; QDVS, Anlage 8, 2019: 2).

- 6.3 Maßnahmen zur Vermeidung und zur Behebung von Qualitätsdefiziten (5 Prüffragen mit dichotomen Antwortmöglichkeiten: »Ja« oder »Nein« sowie »tnz« [trifft nicht zu])
  Neu: Die o. g Prüffrage 6.3 bezieht sich auf den PDCA-Zyklus bei Vorhandensein von festgestellten einzelnen Qualitätsdefiziten auf der Grundlage der Prüfrichtlinien und umfassen nicht nur die Bewertung und die Ergebnisse der Qualitätsindikatoren durch die DAS. Dabei ist wichtig, dass eine Ergebnisqualität »weit unter dem Durchschnitt« durch die Pflegeeinrichtung aufgegriffen wurde, um mittelfristig bessere Ergebnisse zu erzielen. Des Weiteren wird die Wirkung der eingeleiteten Maßnahmen zur Verbesserung der Qualität bzw. zur Behebung von Qualitätsdefiziten beurteilt (vgl. QPR, Anlage 4, 2018: 31 f.).

Bewertungskriterien:
Die o. g. Prüffragen in den einzelnen Qualitätsaspekten und deren Erfüllung werden auf der Einrichtungsebene mit einem »Ja« (erfüllt) oder »Nein« (nicht erfüllt) beurteilt. Die Ergebnisse zu den nicht erfüllten Anforderungen werden durch den MDK bzw. durch die PKV-Prüfdienste in Freitext festgehalten. Das neue und umfassende Qualitäts- und Prüfsystem besteht demnach aus mehreren Bestandteilen (▶ Abb. 7).

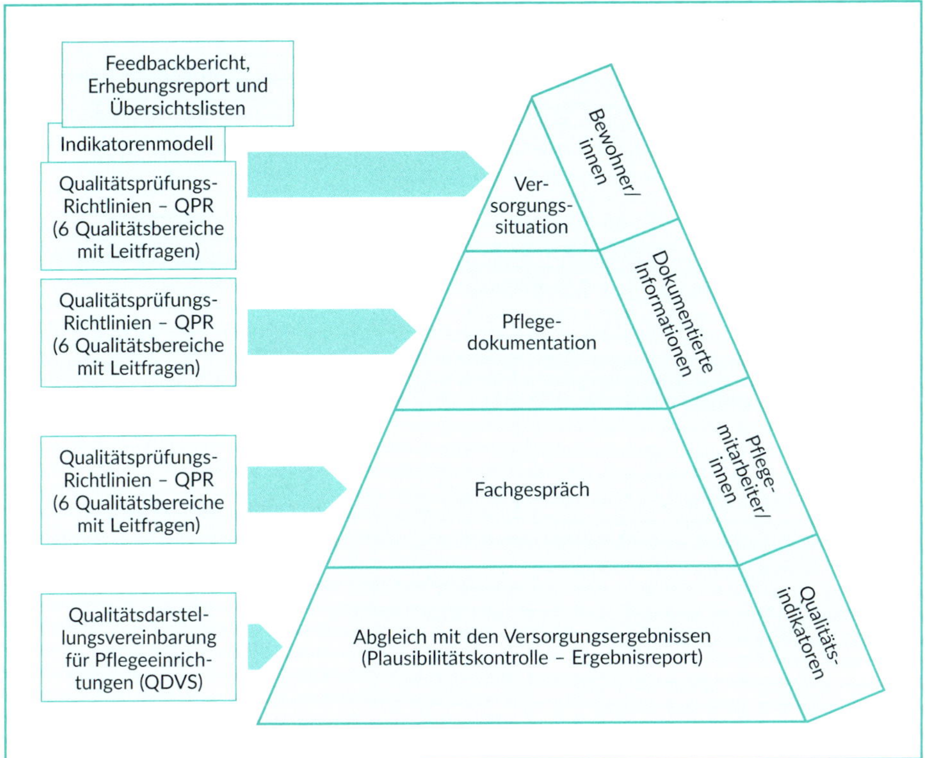

Abb. 7: Qualitäts- und Prüfsystem

Die abschließende Gesamtbeurteilung und Prüfung eines Qualitätsaspektes und die Zuordnung zu einer der Bewertungskategorien (A–D-Wertung) ist davon abhängig, wie Häufigkeit die externen Qualitätsprüfer innerhalb der Prozesse und Ergebnisse eine Auffälligkeit oder ein pflegefachliches Defizit festgestellt haben (vgl. QPR, Anlage 5, Qualitätsbewertung Qualitätsprüfung, 2018: 2 ff.). So kann eine Abstufung in die C-Kategorie oftmals mit Schwächen und bestehenden Pflegerisiken innerhalb der **Prozessqualität** und eine Bewertung in die D-Kategorie in der **Ergebnisqualität** als ein bestehendes Qualitätsdefizit mit Folgeschäden begründet sein, da hier bereits ein Pflegeschaden durch Ausbleiben von unterstützenden und geeigneten pflegerischen Maßnahmen (obwohl diese Maßnahmen erforderliche gewesen sind!) oder durch das fehlende rechtzeitige Erkennen ausgeblieben sind. Allerdings sind wie in der heutigen Prüfpraxis auch, die gutachterlichen Feststellungen in dem gemeinsamen Fachgespräch mit den Pflegefachkräften zu erörtern, da die Aussagen, z. B. durch die Pflegedokumentation durch mindestens eine weitere Informationsgrundlage zu verifizieren sind. Grundsätzlich sind die Bewertungen und die Zuordnungen sowie die Abstufungen zu einer bestimmten Kategorie (A–D-Wertung) auch immer im Kontext der Grenzen der einrichtungsinternen Einwirkungsmöglichkeiten durch die Prüfgutachter zu berücksichtigen. So könnten die Grenzen der Einwirkungsmöglichkeiten einer Pflegeeinrichtung darin bestehen, dass bspw. eine erforderliche Antidekubitusmatratze oder sonstige notwendige Hilfsmittel und deren Kostenerstattung durch die zuständige Krankenkasse bei einem bestehenden Dekubitusrisiko abgelehnt wurden oder der Bewohner die notwendigen Hilfsmittel nicht akzeptiert hat. Dokumentationsschwächen in der Pflegedokumentation reichen allerdings heute für eine schlechtere Abstufung nicht mehr aus, um einen Dokumentationsmangel in eine schlechtere Kategorie (D-Kategorie) vorzunehmen. Durch diesen Perspektivenwechsel der Qualität in der Pflege wird es im Rahmen der externen Qualitätsprüfungen und -beurteilungen in der Zukunft nicht mehr darum gehen, ob ein Handzeichen in einem Indikationsformular, z. B. auf dem Trinkprotokoll vergessen wurde, sondern der Qualitätsanspruch bemisst sich in der Qualitätsmessung an einem gutem Versorgungsergebnis und somit auf der Ebene der Ergebnisqualität. Dies bedeutet, dass trotz der Dokumentationsdefizite sich keine Pflegerisiken oder negative Folgen oder Auswirkungen bei einem Bewohner ableiten lassen.

In den nachfolgenden vier Stufen der Qualitätsbewertung wird die zukünftige Qualitätsdarstellung auf der Einrichtungsebene dargestellt, die im Gegensatz zu den Versorgungsergebnissen in dieser nutzerorientierten Qualitätsdarstellung eine Unterteilung der Pflegequalität in keine oder geringe, moderate, erhebliche oder schwerwiegende fachliche Qualitätsdefizite in seiner Darstellung vornimmt.

Die vier Stufen der externen Qualitätsbewertung sehen folgendermaßen aus:
■ ■ ■ ■: Keine oder geringe Qualitätsdefizite
■ ■ ■ □: Moderate Qualitätsdefizite
■ ■ □ □: Erhebliche Qualitätsdefizite
■ □ □ □: Schwerwiegende Qualitätsdefizite

Ist das vorgefundene individuelle Versorgungsergebnis bspw. trotz fehlenden Handzeichens eines Pflegemitarbeiters pflegefachlich gut, ergeben sich keinerlei negative Folgen oder Abwertungen als fachliche »Auffälligkeit« oder als »Qualitätsdefizit« durch die Gutachter der externen Prüfdienste, da in der Zukunft ebenfalls weitere Informationsquellen für die Beurteilung einer vorgefundenen Situation herangezogen werden müssen. Somit wird der Eindruck und die angstgetriebene Pflegedokumentation der Pflegenden minimiert, nur für die Prüfinstanzen (MDK, PKV oder Heimaufsichten) in der bewohnerbezogenen Pflegedokumentation die Ereignisse festzuhalten oder eine umfassende handlungsleitende Maßnahmenplanung zu erarbeiten.

Neben den neuen sechs Qualitätsbereichen und -aspekten sowie der Plausibilitätskontrolle bei insgesamt sechs Bewohnerinnen und Bewohnern (Stichprobe) zu den Versorgungsdaten beziehen sich die Qualitätsprüfungen auch auf die vereinbarten Leistungs- und Qualitätsmerkmale (§ 84 Abs. 5 SGB XI n. F.), d. h. dem zu versorgenden Personenkreis, die Art, den Inhalt und Umfang der Leistung sowie auf die personelle Ausstattung. Die Anlass- bzw. Wiederholungsprüfungen finden analog zum Verfahren der jährlichen Regelprüfungen statt und wurden somit nicht nach dem neuen Qualitäts- und Prüfsystem abgeschafft (vgl. QPR, 2018; PruP-RiLi, 2019). Eine Wiederholungsprüfung kann von der Zufallsauswahl abweichen und die Stichprobe (u.a. auch mehr als neun Bewohner) kann sich ebenso auf die umzusetzenden Maßnahmen (nach einer bereits stattgefundenen Qualitätsprüfung) in einem Qualitätsaspekt beziehen.

Eine Anlassprüfung findet aus besonderem Anlass (z. B. schwerwiegende Qualitätsmängel und häufigen Beschwerden) im Auftrag der Landesverbände der Pflegekassen statt. Im Rahmen von Wiederholungsprüfungen soll festgestellt werden, ob Qualitätsmängel auf der Bewohner- und Einrichtungsebene beseitigt wurden, die in dem Maßnahmenbescheid gem. § 115 Abs. 2 S. 1 SGB XI n. F. durch die Pflegekassen als festgestellter Handlungsbedarf schriftlich auferlegt wurden. Bei dem Verfahren zur Erteilung eines Maßnahmenbescheides zur Beseitigung der festgestellten fachlichen Qualitätsdefizite wird auch der zuständige Träger der Sozialhilfe informiert und am Verfahren beteiligt. Nach einer durchgeführten externen Qualitätsprüfung und Qualitätsbeurteilung erhalten die vollstationären Pflegeeinrichtungen und die Landesverbände der Pflegekassen und Heimaufsichten den Prüfbericht durch den MDK bzw. durch die PKV-Prüfdienste (vgl. QPR, Anlage 9: Prüfbericht, 2018). Das nachfolgende Schaubild (▶ Abb. 8) soll in der Gesamtheit die Prozesse zum neuen Qualitäts- und Prüfsystem für die vollstationären Pflegeeinrichtungen veranschaulichen.

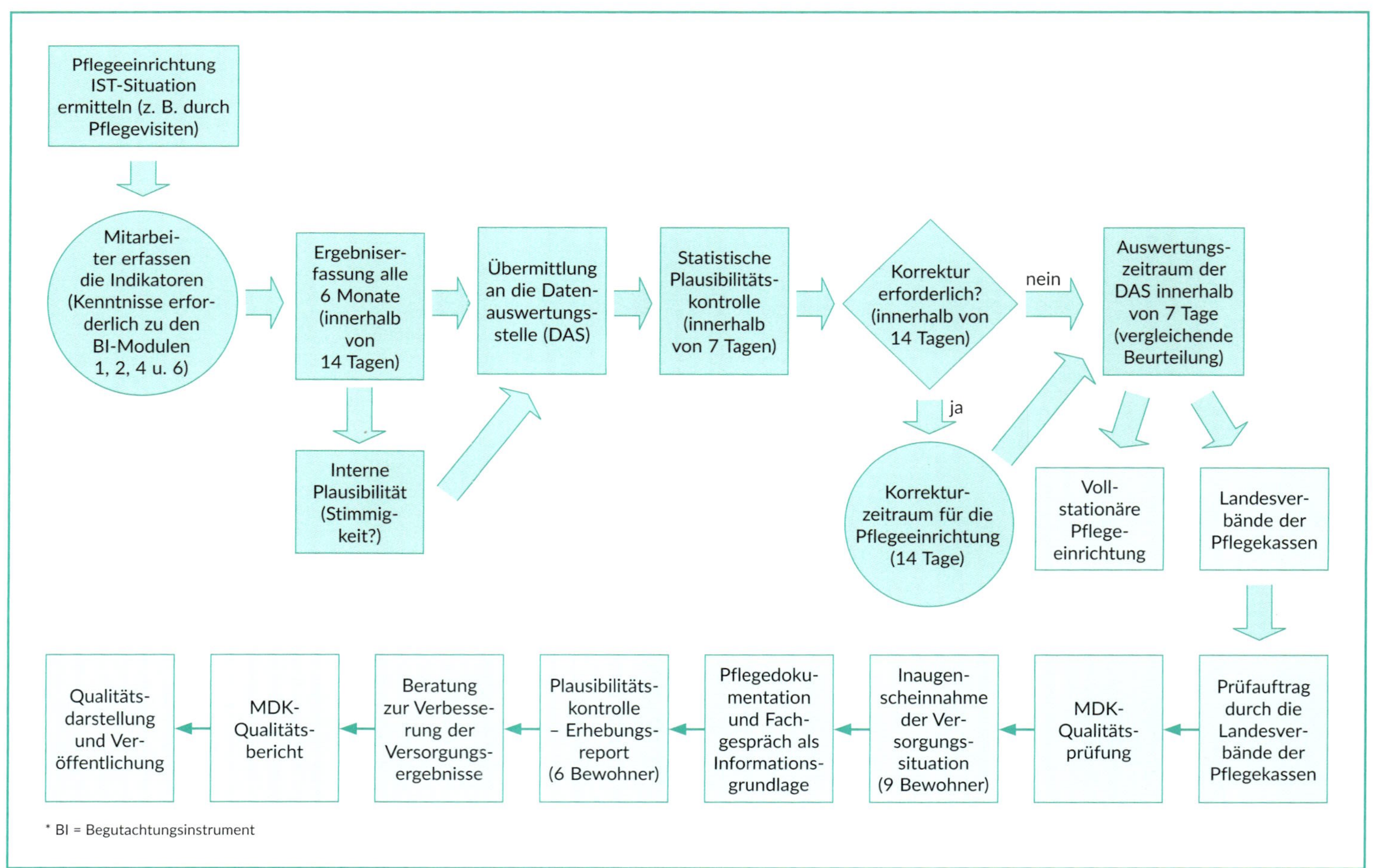

Abb. 8: Schematischer Prüfablauf

1.6.3 Kontrollen durch die Heimaufsicht

Neben den von den Landesverbänden der Pflegekassen beauftragten Prüfinstitutionen überwachen auch die Heimaufsichten die teil- und vollstationären Pflegeeinrichtungen (u. a. auch Wohnformen). Sie prüfen neben den Versorgungssituationen der Bewohner (u. a. Pflegefachkräfte der Heimaufsicht) auf der Grundlage der landesrechtlichen Vorgaben und landesspezifischen Besonderheiten teilweise unangemeldet, ob die Anforderung an die baulichen sowie formellen Voraussetzungen zum Betrieb (§ 10 WTPG) einer vollstationären Pflegeeinrichtung erfüllt werden. Durch die konkurrierende Gesetzgebung sind die ordnungsrechtlichen Regelungen im Heimrecht nach der Förderalismusreform in Deutschland auf die einzelnen 16 Bundesländer übertragen worden, sodass die Kontrollen und Überwachungen der Heime durch verschiedene Landesheimgesetze in den einzelnen Bundesländern gesetzlich geregelt wurden. Die Landesheimgesetze werden alle durch unterschiedliche Akronyme mit den Anfangsbuchstaben mehrerer Wörter abgekürzt.

So wird z. B. in Niedersachsen das Landesheimgesetz als »Niedersächsisches Gesetz über unterstützende Wohnformen« (NuWG, 2016) und in Schleswig-Holstein als »Selbstbestimmungsstärkungsgesetz Schleswig-Holstein« (SbStG, 2009) oder in Mecklenburg-Vorpommern als »Einrichtungsqualitätsgesetz Mecklenburg-Vorpommern (EQG M-V, 2010) bezeichnet. Die Landesheimgesetze und deren Inkrafttreten und inhaltliche Ausrichtung und Gewichtung sowie die heimrechtlichen Regelungen und Definitionen des Anwendungsbereichs des Heimrechts in den Bundesländern sind alle sehr unterschiedlich gestaltet und nicht eins zu eins miteinander zwischen den einzelnen Bundesländern vergleichbar.

Alle einzelnen Landesheimgesetze haben allerdings gemeinsam, dass sie durch routinemäßige, wiederkehrende oder anlassbezogene Überwachungen, die Heime zu jeder Zeit (auch in der Nacht) prüfen und bei vorgefundenen Mängeln zur Abstellung von Feststellungen oder bei Vorliegen von Beschwerden beraten. Denn, werden die Mängel nicht abgestellt, so können auch Anordnungen oder bei schweren Verstößen auch Ordnungswidrigkeiten nach dem Ordnungswidrigkeitenrecht (OWiG) durch die zuständigen Behörden zum Wohl der Bewohnerinnen und Bewohner erlassen und durchgesetzt werden.

1.6.4 Folgen und Auswirkungen von »Nicht-Qualität«

Die ambulanten, teil- und vollstationären Pflegeeinrichtungen haben dem MDK bzw. den PKV-Prüfdiensten oder den durch die Landesverbände der Pflegekassen beauftragten Sachverständigen (Prüfinstitutionen) Regelprüfungen, Anlassprüfungen oder Wiederholungsprüfungen (§ 114 f. SGB XI »Qualitätsprüfungen« nach dem

SGB XI) zu ermöglichen. Dabei ist von besonderer Bedeutung, dass die Pflegeeinrichtungen unbeschadet des Sicherstellungsauftrags der Pflegekassen gem. § 69 SGB XI für die Qualität der Leistungen einschließlich der Sicherung und Weiterentwicklung der Pflegequalität durch die Qualitätsverantwortung gem. § 112 SGB XI verantwortlich sind. Es sind die Leistungen in Form einer fördernden Prozesspflege unter Berücksichtigung der »MuG« gem. § 113 SGB XI nach den wesentlichen Leistungs- und Qualitätsmerkmalen (§ 84 Abs. 5, S. 1–3 SGB XI) zu erbringen. Grundsätzlich übernimmt die vollstationäre Pflegeeinrichtung durch den Versorgungsvertrag gem. § 72 SGB XI die pflegerische Versorgung und somit auch die Verantwortung und den Auftrag zur Erfüllung der genannten Zulassungsvoraussetzungen nach dem Wohn- und Betreuungsvertragsgesetz (WBVG, 2009) als ein besonderes Verbraucherschutzgesetz.

Werden Qualitätsmängel oder -defizite in den Versorgungssituationen und -ergebnissen in einer Qualitätsprüfung festgestellt, entscheiden die Landesverbände der Pflegekassen nach Anhörung des Trägers der Pflegeeinrichtung ggf. mit der Beteiligung der Trägervereinigungen und des örtlichen zuständigen Trägers der Sozialhilfe, welche erforderlichen Maßnahmen zur Beseitigung der festgestellten Qualitätsmängel erforderlich sind. Mit dem Anhörungsverfahren wird der Pflegeeinrichtung die Möglichkeit gegeben, sich zu den entscheidungserheblichen Tatsachen in dem Prüfbericht und zu den einzuleitenden Maßnahmen innerhalb einer Frist schriftlich zu äußern. Auf der Grundlage der Ergebnisse der Qualitätsprüfung und des festgestellten Handlungsbedarfs sowie der Erkenntnisse aus dem Anhörungsverfahren erteilen die Pflegekassen der Pflegeeinrichtung einen Maßnahmenbescheid. In dem Maßnahmenbescheid gem. § 115 Abs. 2 S. 1 SGB XI wird neben der Auflistung der vorgefundenen Mängel der erforderliche Handlungs- und Optimierungsbedarf für die Einrichtung (Träger) genannt. Die in dem Maßnahmenbescheid auferlegten Maßnahmen sind fristgemäß umzusetzen. Die Grundlagen für den Maßnahmenbescheid bilden die »Maßstäbe und Grundsätze für die Qualität« gem. § 113 SGB XI und die Qualitätsprüfungs-Richtlinien sowie der Rahmenvertrag gem. § 75 Abs. 1 i. V. mit Abs. 2 SGB XI als auch der Versorgungsvertrag nach § 72 SGB XI. Werden die einzuleitenden Maßnahmen bzw. die gesetzlichen und vertraglichen Verpflichtungen gegenüber den Pflegebedürftigen oder deren Kostenträgern nicht umgesetzt oder gröblich verletzt (§ 74 Abs. 1 SGB XI), kann der Versorgungsvertrag auch ohne Einhaltung einer Kündigungsfrist gekündigt werden. So können auch bei einer Nichterfüllung der qualitätsgerechten Leistungserbringung aus dem Versorgungsvertrag (§ 72 SGB XI) die vereinbarten Pflegevergütungen ganz oder teilweise gem. § 115 Abs. 3 SGB XI für die Dauer der Pflichtverletzung gekürzt werden.

Im Zuge des gesundheitlichen Wohlbefindens, der Autonomie und des Wohltuns bzw. des Nichtschadens der Bewohnerinnen und Bewohner sind die Pflegekassen gem. § 115 Abs. 4 im Einvernehmen mit dem zuständigen Träger der Sozialhilfe und der Heimaufsicht verpflichtet, bei nicht zu behebenden Qualitätsmängeln in der stationären Langzeitversorgung die betroffenen Bewohner auf deren Antrag eine andere Pflegeeinrichtung zu vermitteln, damit Versorgungsbrüche in der Pflege und Versorgung verhindert werden.

Werden die bei den Qualitätsprüfungen festgestellten Mängeln, fehlenden Qualitätsstandards, vorgefundenen Missstände oder gar der Tatbestand einer »gefährlichen Pflege mit schwerwiegenden Qualitätsdefiziten« ggf. auch **nach** einer angemessenen Frist nicht beseitigt, erfolgen die Konsequenzen. So können heimrechtliche Anordnungen oder eine Ordnungsverfügung auf der Grundlage der Vollzugs- und Vollstreckungskostenordnung (VVKVO) durch die Heimaufsicht nach den Landesheimgesetzen (z. B. auch ein Belegungsstopp in stationären Einrichtungen) und bei schwerwiegenden Mängeln eine Betriebsuntersagung durch die Heimaufsicht, als ein Ultima Ratio zur Gefahrenabwehr, angeordnet sowie rechtlich durchgesetzt werden.

Eine Kündigung des Versorgungsvertrages (zwischen Pflegekassen und dem Träger der Einrichtung) durch die Landesverbände der Pflegekassen hat weitreichende Konsequenzen, sowohl für die Bewohner als auch für die Mitarbeiter der gesamten Pflegeeinrichtung sowie für die Träger, da die Wirtschaftlichkeit nicht mehr sichergestellt werden kann. Zum einem werden die Bewohner (»Versicherten«) und gesetzlich bestellte Betreuer von den verschiedenen Pflegekassen angeschrieben und aufgefordert, aus der Einrichtung auszuziehen, da nach Ablauf einer angemessenen Frist keine Leistungen und somit die Pflegekosten durch die Pflegekassen (für die einzelnen Pflegegrade) bei Pflegebedürftigkeit als Zuschuss zur Pflegeabsicherung für diese Pflegeeinrichtung mehr gezahlt werden. Je nach Pflegegrad (PG I–PG V) stehen dem Versicherten bei Pflegebedürftigkeit nach § 43 SGB XI die pflegebedingten Leistungen, Leistungen der medizinischen Behandlungspflege und der sozialen Betreuung in der vollstationären Pflege zur Verfügung.

Auf der anderen Seite können die Mitarbeiter der Pflegeeinrichtung bei einer Kündigung des Versorgungsvertrages und der Schließung durch die Heimaufsicht der Pflegeeirichtung auch ihren Arbeitsplatz verlieren. Erfahrungsgemäß kommt es zu keinem Auszug der Bewohner, da in dieser Situation häufig ein Betreiberwechsel durch eine Übernahme der Pflegeeinrichtung oder eine Konzentration durch die Zusammenschlüsse von Pflegeeinrichtungen durch die Träger oftmals erfolgt. Hat der bisherige Betreiber andere Pflegeeinrichtungen in unmittelbarer Nähe, wird den Bewohnern oft angeboten, in diese Einrichtungen umzuziehen. Voraussetzung für einen Betreiberwechsel ist allerdings, dass der neue Betreiber einen Versorgungsvertrag nach § 72 SGB XI und Pflegesatzvereinbarungen etc., mit den Pflegekassen abschließen kann und von der zuständigen Heimaufsicht eine Heimerlaubnis erhält. Falls dies nicht eintritt, droht die Schließung der gesamten Pflegeeinrichtung, der Auszug der Bewohner und für die Mitarbeiter der Gang zum Arbeitsamt – oder im günstigsten Fall durch den strukturell bedingten Fachkräftemangel zu einem neuen Arbeitgeber.

Für die Mitarbeiter bedeutet ein Betreiberwechsel zunächst einen Bestandsschutz nach § 613a BGB (Rechte und Pflichten bei Betriebsübergang) für ein ganzes Jahr, die aus dem bestehenden Arbeitsvertrag hervorgehen. Mit Ablauf des Jahres werden dann erfahrungsgemäß neue Tarife und Arbeitsverträge mit den Mitarbeitervertretungen (Betriebsräten) und u. U. mit Unterstützung der Gewerkschaften vereinbart. Auch bei einem Betreiberwechsel – vorausgesetzt der neue Betreiber genießt das Vertrauen der Landesverbände/Landesvertretungen der Pflegekassen – bedeutet dies, dass nach Ablauf einer angemessenen Frist eine erneute Qualitätsprüfung im Auftrag der Pflegekassen durch den MDK bzw. durch die PKV-Prüfdienste vorgenommen wird. Es wird geprüft, inwieweit die damals vorgefunden Missstände und die schwerwiegenden Qualitätsdefizite vom neuen Betreiber aufgegriffen und mittlerweile beseitigt worden sind (Bringschuld) und eine verbesserte Versorgungsituation und -qualität erzielt werden konnte.

Die unreflektierte Behauptung: »Qualität kostet auch Geld«, ist in diesem Zusammenhang unsachlich, da »Qualität« nicht dem Selbstzweck dient. Die fehlende Übereinstimmung mit definierten Anforderungen (Non-Konformität) bzw. die »Nicht-Qualität« durch Nichterfüllung von festgelegten Leistungs- und Qualitätsanforderungen kostet Geld und wertvolle Zeit. Schlimmstenfalls kann die Nichterfüllung von festgelegten Anforderungen die Organisation und Existenz einer ganzen Pflegeeinrichtung in Frage stellen und den »guten Ruf« gefährden. Die Mitarbeiterorientierung und deren Wertschätzung durch Lob und Anerkennung sowie Respekt des Einzelnen ist grundlegend wichtig, um dauerhaft am Markt bestehen zu können.

Empirisch ist nachgewiesen: »Quality is not for free« (Qualität gibt es nicht umsonst), wenn das Kosten-Nutzenverhältnis und die dafür erbrachten Mittel sowie das zu erwartende Ergebnis daraus abgeleitet werden. Die wirtschaftlichen Auswirkungen durch mangelnde Qualität, Non-Konformitätskosten oder durch das Fehlen eines risikobasierten Denkens und Handelns, Nachbesserungen, Nachbearbeitung, Wandlung oder Minderung, Haftungskosten, Serviceleistungen in Form von Kulanz, Verlust von zukünftigen Aufträgen, Rückgang der Auslastungssituation und der Mehraufwand für Werbung, Akquisition von Kunden (Bewohnern, Patienten und Kunden) und im schlimmsten Fall der Verkauf einer Pflegeeinrichtung, liegen um ein Vielfaches höher als die Investitionen in qualitätsgebundene Leistungen.

Die Investitionen in Qualitätsmanagement und -sicherung lohnen sich also in jedem Fall. Mehrkosten und Mehrarbeit entstehen durch die Nichterfüllung von festgelegten und gewünschten Anforderungen und durch die Vernachlässigung von vorausgesetzten Kundenerwartungen in Bezug auf einen beabsichtigten oder festgelegten Gebrauch und durch notwendig gewordene Investitionen und Maßnahmen zur Qualitätsverbesserung, die jetzt mit erhöhtem Aufwand erforderlich werden, weil es **beim ersten Mal nicht richtig gemacht** wurde oder nicht reibungslos funktionierte.

1.7 Qualitätsmanagement – Betriebsmanagement

Ziel eines umfassenden Qualitätsmanagements muss es sein, auf lange Sicht das stetige qualitative und ggf. quantitative Wachstum zu sichern und ggf. zu steigern, die Pflegeeinrichtung oder den ambulanten Pflegedienst auf die gestiegenen Anforderungen des Marktes auszurichten und dies im Fokus der Kunden, Mitarbeiter und externen Anbieter (der nicht Teil der Organisation ist) als dauerhaften Partner sicherzustellen. Selbstverständlich stehen neben den Unternehmenszielen als strategische Unternehmensplanung auch die Effizienz, die Effektivität und die Rentabilität der eingesetzten Mittel. Konkurrenzfähigkeit, Marktpositionierung und das Erkennen der kritischen Erfolgsfaktoren, gute Qualität und optimierte Prozesse sind Schlüsselaufgaben und Kernkompetenzen jeder Unternehmensleitung.

Die Managementprozesse bestehen im Wesentlichen aus:

- der Verantwortung der obersten Leitung;
- dem Management von Ressourcen;
- der Dienstleistungserbringung und Leistungsbewertung;
- der Überwachung und Analyse sowie deren Bewertung;
- der Weiterentwicklung als ein Auftrag und Ansporn zur fortlaufenden Verbesserung.

Qualitätsmanagementsysteme helfen hier in optimaler Weise und jede Organisation weist, formal geplant oder eben nicht, Tätigkeiten des Qualitätsmanagements auf. Viele »QM-Trainer« (Qualitätsmanagementsystem-Berater und QM-Auditoren), QM-Fachkräfte und Geschäftsleitungen verwenden statt des Begriffs »Qualitätsmanagement« oft den Begriff **»Betriebsmanagement«**. Hier geht es darum, die richtigen Dinge zur richtigen Zeit am richtigen Ort und mit den dafür zuständigen verantwortlichen und kompetenten Personen (sog. Prozessverantwortliche bzw. auch -eigentümer genannt) im Rahmen der bestehenden Organisationskultur gemeinsam zu planen und zu organisieren.

Info

Ein Qualitätsmanagementsystem ist ein dynamisches System und wirkt im Kontext der Organisation durch die Leitung und die Führungskräfte, um sich mit der Zeit durch periodische Verbesserung weiterentwickeln zu können. Die oberste Leitung (oL) sollte ihre Selbstverpflichtung bezüglich der Weiterentwicklung des Qualitätsmanagementsystems und dessen fortlaufende Verbesserung aufrechterhalten, um auf Änderungen ihrer internen und externen Bedingungen rechtzeitig reagieren zu können und um neue Chancen zu schaffen oder zu generieren (vgl. ISO 9000:2015).

Bei der aufbau- und ablauforganisatorischen Organisation, Planung und Lenkung des QM-Systems auf der Leitungsebene der Pflegeeinrichtung stehen die Forderungen und Erwartungen der Kunden als eine »interessierte Partei« sowie die Umsetzung der verbindlich festgelegten Anforderungen im Vordergrund. Dies zeichnet ein »kundenorientiertes« QM-System mit kundenbezogenen Prozessen aus. Kein Qualitätsmanagementsystem sagt in seinen Anforderungen oder Qualitätskriterien irgendetwas zu der Frage: **»Wie ist es tun?«**, sondern nur immer zur Frage: **»Was ist zu tun?«** Die Verständigung über das »Wie«, also die Umsetzung von Maßnahmen unter Berücksichtigung der Erfüllung der internen und externen Anforderungen sowie der Bewertung **»Wie erfolgreich sind wir?«**, ist von der jeweiligen Pflegeeinrichtung oder dem ambulanten Pflegedienst eigenverantwortlich zu gestalten, zu entwickeln, zu initiieren und vor allen Dingen, Dritten gegenüber zu verantworten und darzulegen.

Ein Beispiel dazu: Das Pflegeversicherungsgesetz fordert selbstverständlich in seinen Qualitätsanforderungen (Strukturqualität) ein Pflegekonzept mit Pflegeleitbild oder die Festlegung von Zielen im einrichtungsinternen Qualitätsmanagement (s. MuG, 2018a: 3 f.), dass das Pflegeverständnis und der Pflegeprozess mit seiner Pflegeprozessdokumentation nach dem zugrunde gelegten Pflegemodell oder -theorie beinhalten soll. In keinen gesetzlichen Aufzeichnungen ist irgendetwas über den Bearbeitungsumfang des Pflegekonzepts, die Gestaltung, den inhaltlichen Aufbau, das auszuwählende Pflege-, Rahmen- oder Managementmodell, den Detaillierungsgrad oder Angaben zur Bearbeitungstiefe zu lesen. Den »Maßstäben und Grundsätzen für die Qualität« ist im Zusammenhang der Ablauforganisation lediglich zu entnehmen, dass in der vollstationären Pflegeeinrichtung ein Pflegekonzept vorliegen muss, welches nach den pflegewissenschaftlichen Erkenntnissen basieren und den Pflegeprozess beinhalten muss (vgl. MuG, 2018a: 8 ff.). Die Strukturanforderungen (Infrastruktur) beinhalten bspw. die personellen Qualifikationen und die sachlichen Voraussetzungen der Versorgung und bestimmen im Wesentlichen die Versorgungsqualität und zeichnen das unternehmerische Handeln und Vertrauen gegenüber den verschiedenen Anspruchsgruppen (Kunden, Mitarbeiter, Gesellschaft, externe Anbieter etc.) aus. Ein einrichtungsinternes Qualitätsmanagement erfordert nach dem Pflegeversicherungsgesetz die Festlegung von Zielen sowie die Festlegung von Maßnahmen, um die Ziele und den stetigen Prozess der Planung, Ausführung, Überprüfung und ggf. Verbesserung zu bestimmen und auch zu erreichen (vgl. MuG, 2018a: 3 f.). Ohne konzeptionelle Grundlagen ist dies sicherlich nicht gemeinschaftlich realisierbar und vor allen Dingen auch nicht Dritten gegenüber nachzuweisen. Die Nachhaltigkeit der Organisation als ein Ziel ist nur dann zu erreichen, wenn die Erfordernisse und Erwartungen von relevanten interessierten Parteien vorher identifiziert werden und somit bekannt sind.

1

Info

Das Pflegekonzept dient der Transparenz und Leistungsdarstellung einer Einrichtung und hat sich auf die pflegewissenschaftlichen Erkenntnisse sowie auf die praktischen Erfahrungen zu beziehen. Es muss verdeutlichen, wie der Pflegeprozess umgesetzt wird, um beabsichtigte gute Versorgungsergebnisse als ein Qualitätsziel zu erreichen! Es sollte in jedem Fall auch die aufbau- und ablauforganisatorischen Strukturen und Tätigkeiten, Kompetenzen und Befugnisse der Pflegemitarbeiter beinhalten, einen verbindlichen handlungsleitenden Charakter besitzen und von allen Pflegemitarbeitern richtig verstanden werden.

Die Managementanforderungen und deren richtige Interpretation sind vom Selbstverständnis der Leitung und der Mitarbeiter, von der Organisationsart, von ihrer Ausrichtung und der Zweckbestimmung und deren Bedeutung innerhalb der Einrichtung, von der Qualifikation und dem Wissen der Mitarbeiter und von den Absichten des prozessorientierten Qualitätsmanagementsystems abhängig. Ein weiterer Schritt ist neben dem Entlohnungssystem ein respektvoller sowie kulturorientierter Führungsstil in den ambulanten und stationären Pflegeeinrichtungen, damit die Mitarbeiter motiviert bleiben und eine würdevolle Pflege umsetzen zu können.

Zur Entwicklung und Dokumentation des Qualitätsmanagementsystems in verschiedenen QM-Handbüchern gibt es eine These, die besagt: *»Je qualifizierter und geschulter sowie informierter die Mitarbeiter im Hinblick auf das einzuführende Qualitätsmanagementsystem sind, desto geringer ist der Regelungsbedarf und die Bearbeitungstiefe (der Umfang) eines QM-Handbuchs und dessen Informationen.«* An dieser Aussage ist sicherlich etwas dran, auch wenn dabei die Betriebsart, Organisationskultur (z. B. durch sichtbare Artefakte, d. h. Verhaltensweisen, Geschichten der Pflegeorganisation, Rituale – z. B. Begrüßungsrituale, Symbole, Kleidung, Sprache in der Organisation und Gebäude etc.), Management- und Kundenprozesse und vor allen Dingen die Mitarbeiterbindung durch eine Mitarbeiterorientierung nicht außer Acht gelassen werden dürfen.

Derzeit kann in den ambulanten, teil- und vollstationären Pflegeeinrichtung eine hohe Fluktuation der Pflegenden beobachtet werden, die heute nicht mehr so einfach durch die Leitungen einer Pflegeeinrichtung kompensiert werden können. Eine schicksalsergebende und depressive oder schizoide Unternehmenskultur mit einer gleichgültigen und emotionslosen Haltung sowie eine ständige Arbeitsüberlastung und ungünstige Rahmenbedingungen können die Arbeitsunzufriedenheit und die damit einhergehende Fluktuation noch verstärken. In diesen schizoiden Unternehmens- und Führungskulturen wird häufig wenig miteinander kommuniziert, und es werden wichtige Entscheidungen und Informationen durch Macht hinausgezögert, verschleppt oder auch gerne ausgesessen. Die Mitarbeiter wissen in diesen schizoiden Führungs- und Unternehmenskulturen oftmals nicht »was der nächste Tag mit sich bringt« und interne Konflikte und die Distanz zu den Führungskräften überwiegen, sodass sich die Mitarbeiter von der Pflegeeinrichtung entweder emotional distanzieren oder die Pflegeeinrichtung durch die Kündigung des Arbeitsplatzes verlassen (vgl. Bolz, 2013: 74 ff.). Eine schizoide Führungs- und Unternehmenskultur ist für die Entwicklung eines einrichtungsinternen Qualitätsmanagements nicht fördernd. Es bestehen dann innerhalb der Teams große Meinungsunsicherheiten, weil man nicht weiß, »wonach man sich richten soll«. Festzustellen ist in diesem Hintergrund, dass innerhalb der sozialen Vergleichsprozesse bei den Mitarbeitern weitgehend oder teilweise ein gewisses Ausmaß an denselben Verhaltensweisen und Meinungen übereinstimmen, sodass ein Team und dessen gemeinsame Aufgaben durch die stabile Gruppennorm bewerkstelligt werden kann. Bei den sozialen Vergleichsprozessen überprüft der einzelne Mitarbeiter durch soziale Vergleiche, seine eigene Meinung und seine Verhaltensregeln sowie das Ausmaß seiner Fähigkeiten und kann durch die Mentalität oder durch eine Unternehmenskultur »Wir haben uns doch alle lieb«, welche oftmals in einer schizoiden Unternehmenskultur vorherrschen kann, durch die innere Überzeugung nicht vorgetäuscht werden.

Ein Qualitätsmanagement oder ein komplexes QM-System und deren Entwicklung und Ausdifferenzierung wird im Wesentlichen durch die vorherrschende und erkennbare Organisationskultur, die oftmals auch durch Außenstehende wahrgenommen werden kann, mitbestimmt.

Somit ist ein Qualitätsmanagementsystem mit seiner erkennbaren Manifestation im Wesentlichen gekennzeichnet durch seine interne Unternehmenskultur und ist abhängig von der Betriebsgröße und ihrer Zweckbestimmung zu betrachten. Dabei besteht die Einigkeit, dass alle ambulanten, teil- und vollstationären Pflegeeinrichtungen die gesetzliche Verpflichtung haben, ein einrichtungsinternes Qualitätsmanagements nach § 113 SGB XI zu entwickeln und aufrechtzuerhalten. Trotzdem muss bei oft wechselnden Mitarbeitern sehr vieles mehr und manchmal auch bis ins kleinste Detail geregelt werden, um bestimmte pflegebezogene Aufgaben und Tätigkeiten als auch bestimmte allgemein bekannte Verhaltensregeln dauerhaft i. S. der Versorgungskontinuität sicherzustellen. Auf die hohen Werbungs- und Personalkosten für wiederholte Personalakquise, Anzeigen und Personalauswahl soll hier nicht näher eingegangen werden. Die Mitarbeiterorientierung im Kontext der Organisationskultur hat eine sehr hohe Bedeutung und trägt dazu bei, dass die Mitarbeiter Freude im Beruf haben.

Wer gesetzlich dazu verpflichtet ist, ein einrichtungsinternes Qualitätsmanagement einzuführen – egal, ob nach Pflegeversicherungsgesetz, Heimgesetz, Arbeitsschutzsystem oder freiwillig nach der Qualitätsnorm –, weil es der Wettbewerb oder eine gesetzliche oder behördliche Grundlage abverlangt, der sollte sich zunächst über sein Selbstverständnis von »Qualität« und »Mitarbeiterorientierung« Gedanken machen und zu seiner Unternehmens- und Führungsstrategie. Qualität und ihre Kultur sind mehr als nur ein Lippenbekenntnis – sie sind eine gelebte Strategie, die von der Leitung oder der Leitungsebene einer Pflegeeinrichtung maßgeblich (Top-down) initiiert bzw. ausgelöst werden muss.

Wichtig

Wer dauerhaft erfolgreich eine Pflegeeinrichtung führen will und seinen Geschäftserfolg mit seinem Team zukunftsorientiert absichern möchte, muss die qualitätsbezogenen Leistungsmerkmale in den Mittelpunkt seines beruflichen Handelns stellen und bei allen Beteiligten ein Qualitätsbewusstsein und ein Interesse, z. B. durch Anreizsysteme wecken und fördern sowie intern das Qualitätsmanagement verstetigen.

Häufig entsteht der Eindruck, dass es sich bei Auseinandersetzung mit dem Qualitätsmanagement durch die Leitung (Träger) eher um ein selbsterklärtes Ziel, einen Selbstzweck und eine Art der Freiwilligkeit handelt, aber nicht um eine gesetzliche oder behördliche Verpflichtung. Das Qualitätsmanagement muss, wenn es **leistungsstark** und **konsistent** sowie **nachhaltig** sein will, nicht nur eine »kundenorientierte« Dienstleistungspalette anbieten, sondern auch alle interne und externe Themen und einrichtungsindividuellen Faktoren, z. B. gesetzliche und behördliche Anforderungen und Rahmenbedingungen, im Kontext der Pflegeeinrichtung identifizieren, richtig verstehen und überwachen sowie nachhaltig erfüllen (vgl. ISO 9001:2015, 4.1 Normabschnitt).

Fazit **Ein funktionierendes Qualitätsmanagementsystem muss:**

- effektiv, d. h. nutzbringend, lohnend und leistungsstark,
- effizient, d. h. wirksam und wirtschaftlich zusammenwirken,
- konsistent sein, d. h. ein in sich festes und stabiles System und
- nachhaltig sein, damit die Einrichtung langfristig, z. B. auch durch gute Versorgungsergebnisse sowie durch eine gute externe Beurteilung, erfolgreich sein kann.

Ein effektives, effizientes, konsistentes und nachhaltiges Qualitätsmanagementsystem in Pflegeeinrichtungen einzuführen erfordert, neben der durchdachten Planung und Vorgehensweise und der Fokussierung der Kundenbezogenheit, auch ein sinnvolles Ressourcenmanagement. Auch die Integration weiterer Managementanforderungen(-systeme) kann neben den neuen Qualitätsanforderungen nach § 113 SGB XI von großer Bedeutung sein. Vorausgesetzt, diese sind anzuwenden wie zum Beispiel:

- Anforderungen aus dem Arbeits- und Gesundheitsschutz zur Gesundheitserhaltung und -förderung der Mitarbeiter
- Anforderungen nach vorbeugenden Brandschutz im Betrieb (durch brandschutzbeauftragte Person nach § 10 ArbSchG sowie Brandschutzhelfer nach DGUV-I 205-023)
- Hygienemanagement nach Art. 3 VO EU-Verordnung (EG) 852/2004 (z. B. die Eigenkontrollen nach dem HACCP-Verfahren/VO (EG) 2073/2005)
- Anforderungen nach dem Landesheimgesetz
- Anforderungen nach dem Infektionsschutzgesetz sowie der Infektionsprävention
- Integration der Anforderungen nach der Medizinprodukte-Betreiberverordnung (MPBetreibV) bzw. nach der Medizinprodukteverordnung (Medical Device Regulation, kurz: MDR vom 05. Mai 2017)

Bei der Umsetzung der Anforderungen handelt es sich um eine elementare gesetzliche Selbstverpflichtung für alle Heim- und Pflegedienstbetreiber, auch wenn viele Träger die Vielzahl der unterschiedlichen Qualitätsprüfungen als unangenehm empfinden und häufig als überzogene Bürokratisierung abqualifizieren. Der Qualitätsbegriff mit »inhärenten« (d. h. ständig innewohnenden oder zugeordneten) Merkmalen oder Eigenschaften gibt an, dass eine Dienstleistung oder ein bestimmtes Produkt **auf Dauer** in Übereinstimmung festgelegte Anforderungen erfüllt. So sollte eine erfolgreiche »Dekubitusprophylaxe in der Pflege« auf der Grundlage des Expertenstandards des DNQP mit immanenten (anhaftenden) Pflegezielen in der Pflegepraxis immer nach den gleichen einrichtungsinternen Standards oder Verfahrensanleitungen (Versorgungskontinuität) durchgeführt werden.

Die Ausgangsfrage auf einen Nenner gebracht »Was ist Qualität?« könnte demnach wie folgt für die Pflegeeinrichtungen beantwortet werden (▸ Tab. 8).

Fazit

Werden unter dem Fokus der Kundenzufriedenheit die festgelegten, erwarteten, vorausgesetzten sowie die gesetzlichen und behördlichen Anforderungen (Erfordernisse oder Erwartungen) und Qualitätsmerkmale nachweislich erfüllt, systematisch (d. h. geplant) und strukturiert angegangen, realisiert und dokumentiert, spricht man von einem Qualitätsmanagementsystem, oder im Sinne der DIN EN ISO auch von einem »Prozessmanagement« (▸ Tab. 9).

1

Tab. 8: Was ist Qualität?

Qualität ist kontextbezogen ...
die Selbstverpflichtung, Verantwortung und der verbindliche Auftrag jeder Leitung in einer Organisation.
die Ermittlung gesetzlicher und behördlicher bestimmter grundlegender Anforderungen als wichtige interne und externe Themen im Kontext der Pflegeeinrichtung (Organisation).
die Erfüllung und Einhaltung aller für die jeweilige Pflegeeinrichtung oder eines ambulanten Pflegedienstes extern verpflichtenden, festgelegten, vorausgesetzten und erwarteten Anforderungen.
die Ermittlung der Kundenanforderungen (relevante interessierte Parteien).
die Erfüllung und Einhaltung der Anforderungen, die vom Kunden erwartet und vorausgesetzt werden können, zur Aufrechterhaltung und Verbesserung zum Steigern der Leistung.
das Wollen, Können und Dürfen seitens der Mitarbeiter in einer Pflegeeinrichtung.
das Bestreben, sich ständig weiterzuentwickeln und fortlaufend zu verbessern.
die Einbindung und kooperative Zusammenarbeit mit anderen Schnittstellen (Arbeitsbereichen) in einer Pflegeeinrichtung und die innerbetriebliche Zusammenarbeit mit anderen Kooperationspartnern.
der Weg zum Erfolg durch eine fortlaufende Verbesserung – er bedeutet nachhaltige Zukunftssicherung!

Tab. 9: Kundenanforderungen

Qualitätsanforderungen, die festgelegt, üblicherweise vorausgesetzt oder verpflichtend sind:	Erfordernisse oder Erwartungen (Beispiele):
»Festgelegte Anforderung« Häufig vertragliche und bindende Vereinbarung, die dem Kunden zugesagt und garantiert wird.	• Heim- und Pflegeverträge • Wohnverträge, Serviceverträge • Zusatzvereinbarungen etc.
»Erwartete Anforderung« Wird häufig nicht kommuniziert, aber als »stille« Hoffnung oder als ein Erfordernis oder Erwartung vorausgesetzt. Wird sie nicht erfüllt, führt das oft zu einer Enttäuschung und kann sich zu einem »Imagekiller« entwickeln.	• Freundlichkeit, Service, guter Komfort • Genügend Zeit für die Pflege • Mitnahme von Haustieren in die stationäre Pflegeeinrichtung • Unterstützung bei der Gestaltung des Alltagslebens und der sozialen Kontakte
»Vorausgesetzte Anforderung« Eine konkrete Vorstellung (Vermutung aufgrund von Erfahrung oder Kenntnis), von der sich jemand bei seinen Überlegungen und Entschlüssen leiten lässt.	• Durchführung der Pflege nach pflegewissenschaftlichen Erkenntnissen • Liebevolles und freundliches Pflegepersonal als professionelle und freundliche Helfer • Gutes Essen etc.
»Grundlegende Anforderung« Die wesentliche Grundlage, d. h. eine in jedem Fall zu erfüllende Voraussetzung, z. B. durch eine gesetzliche oder vertragliche Verpflichtung.	• Rahmenvertrag nach § 75 SGB XI • Versorgungsvertrag, Vergütungsvereinbarung etc. • Heimerlaubnis und die Einhaltung der Pflichten nach dem Wohn- und Betreuungsvertragsgesetz (WBVG) • Erfüllung der gesetzlichen und behördlichen Anforderungen

Um diesem relativ hohen Qualitätsstandard und den verschiedenen Qualitätsansprüchen auch gerecht zu werden, ist es von elementarer Bedeutung, dass in der Aufbau- und Ablauforganisation notwendige Strukturen geschaffen und eindeutig innerhalb der Einrichtung geklärt und verbindlich festgelegt werden. Die frühzeitige Auseinandersetzung und Klärung von Kompetenzen, Befugnissen und Zuständigkeiten in einem Qualitätsmanagement ist für ein reibungsloses Miteinander und

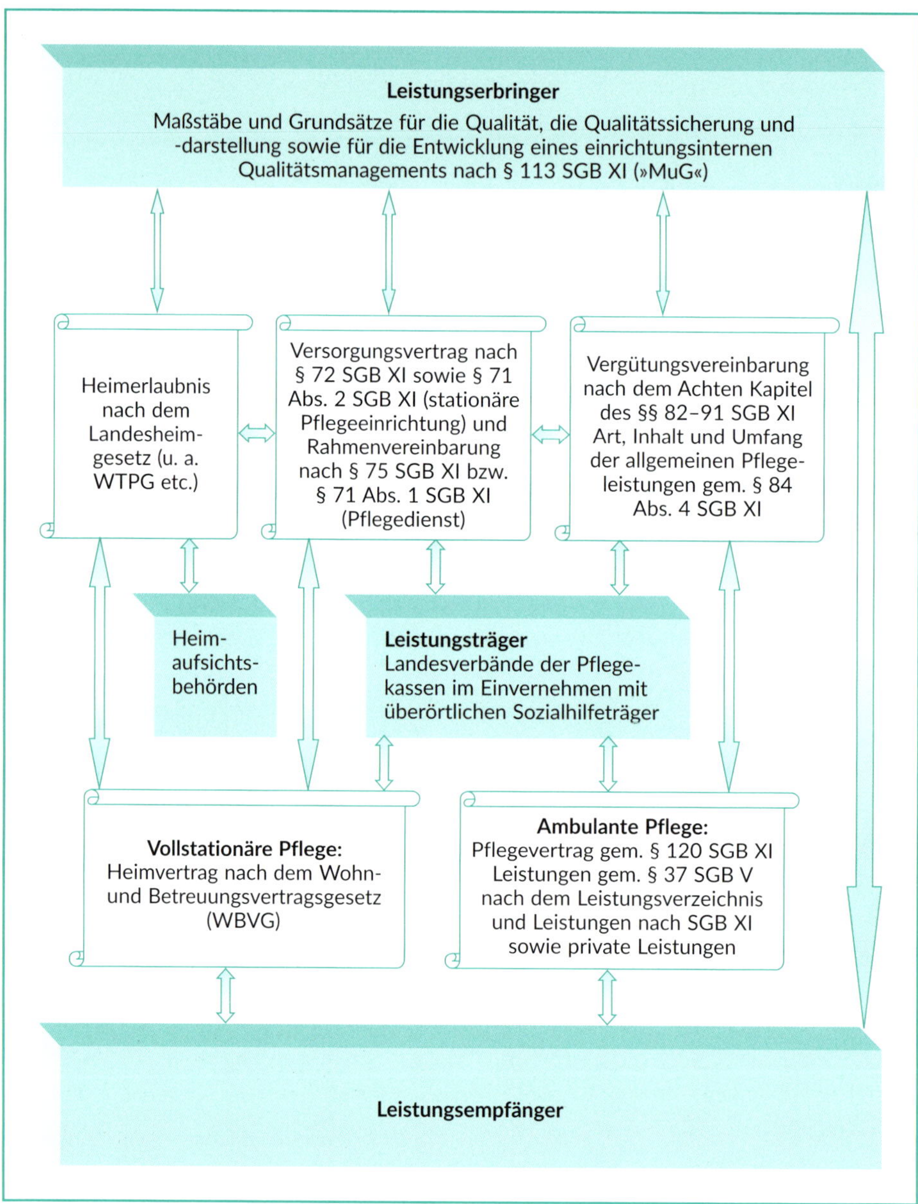

Abb. 9: Vorausgesetzte und zu erwartende Anforderungen erfüllen

Funktionieren von entscheidender Wichtigkeit! Ein Qualitätsmanagement hängt sehr stark von den Kompetenzen der Fach- und Leitungskräfte und ihrem Engagement ab. Die Kompetenzen beziehen sich darauf, »Fähigkeiten, Wissen und Fertigkeiten anzuwenden, um beabsichtigte Ergebnisse zu erzielen« (DIN EN ISO 9000:2015). Die Leistungsanforderungen und Vergütungsansprüche der Leistungserbringer korrespondieren immer mit den Leistungsansprüchen der hilfe- und pflegebedürftigen Versicherten. Das Leistungs- und Versorgungsgeschehen befindet sich somit immer wieder in einer vertraglichen oder gesetzlichen Wechselbeziehung (▶ Abb. 9).

1.7.1 Personen in der Qualitätssicherung

Ein effektives und effizientes Qualitätsmanagement und ein prozesshaftes Qualitätsmanagementsystem sind nur dann leistungsstark, wenn sie zur fortlaufenden Verbesserung danach streben, die Erfordernisse und Erwartungen von relevanten interessierten Parteien zu identifizieren und nachhaltig die damit verbundenen Anforderungen bzw. die Erfordernisse zu berücksichtigen. Durch die fortschreitende Differenzierung der Qualitätsberufe und des Rollenverständnisses kann in größeren Pflegeeinrichtungen beobachtet werden, dass langsam immer mehr eine klare Aufgabentrennung zwischen Qualitätsmanagement und der internen Qualitätssicherung in der Praxis vollzogen wird. Dies ist im Zuge der Weiterentwicklung wichtig, da sich mit diesen Entwicklungen neue Handlungsoptionen und Handlungskompetenzen für Personen mit qualitätsbezogenen Aufgaben ergeben werden.

Ein Qualitätsmanagement umfasst die organisationsbezogene Prozesslandschaft und ist daran interessiert, die festgelegten Qualitätsziele mithilfe der Qualitätssicherung zur fortlaufenden Qualitätsverbesserung zu erreichen. Die Qualitätssicherung ist ein Teil des Qualitätsmanagements, *»der auf das Erzeugen von Vertrauen darauf ausgerichtet ist, dass Qualitätsanforderungen erfüllt werden«* (DIN EN ISO 9000:2015). Ein QM-Beauftragter (nachfolgend kurz: QM-B.) oder ein QM-Verantwortlicher kann nicht für alles in einer Pflegeeinrichtung zuständig sein oder für das Funktionieren eines Qualitätsmanagementsystems (nachfolgend kurz: QM-System(s) oder QM-System) verantwortlich gemacht werden. Es ist wichtig, dass viele Akteure durch ihre fachlichen Kompetenzen in diesem Gesamtnetzwerk eine Verantwortung übernehmen.

Im Mittelpunkt stehen die Prozesse einer Pflegeeinrichtung oder eines ambulanten Pflegedienstes, die identifiziert, analysiert, gemessen und fortlaufend zu verbessern sind. Um die Nachhaltigkeit sicherzustellen, müssen alle gesetzlichen und behördlichen Anforderungen bzw. die internen (z. B. Mitarbeiterzufriedenheit, Arbeits- und Gesundheitsschutz etc.) und externen (z. B. gesetzliche und behördliche Anforderungen) Themen ermittelt, eingehalten und sonstige Spezifikationen im Qualitätsmanagementsystem im ausreichenden Maß integriert und erfüllt werden!

Die oberste Leitung und die Leitungsebene einer Pflegeeinrichtung hat u. U. in Zusammenarbeit mit dem Beauftragten der obersten Leitung (BoL) die Aufgabe, in einem geplanten QM-System nach den ISO 9000-Normen die festgelegten Managementanforderungen für die Dienstleistungserbringung im Kontext der Organisation (Pflegeeinrichtung oder ambulanter Pflegedienst) nachhaltig mit der Frage »Was ist für uns wichtig?« zu verstehen, zu bestimmen und zu überwachen!

Info

Die Träger der internationalen ISO (International Organization for Standardization) sind im Übrigen das CEN (Europäisches Komitee für Normung) und die DIN (Deutsches Institut für Normung).

Die Anforderungen im Kontext der Organisation zu erfüllen, gelingt am besten, wenn die internen und externen Themen, die für eine Einrichtung eine Bedeutung haben, entsprechend der Rahmenbedingungen (z. B. marktbezogene, soziale oder wirtschaftliche Aspekte etc.) und den Maßnahmen zur internen Qualitätssicherung ermittelt und im QM-System durch deren Überwachung berücksichtigt werden. Vor dem Hintergrund der Maßnahmen zur intern gestützten Qualitätssicherung ergeben sich neben der Pflegedienstleitung mit einer Weiterbildung zur »Verantwortlichen Pflegefachkraft« (PDL) auch für weitere Personen bestimmte zusätzliche Funktionen, die zur Unterstützung der obersten Leitung (Management, Heimleitung oder Leitung eines ambulanten Pflegedienstes) übernommen und zur Aufgabenerfüllung eindeutig geregelt sein müssen. Diese benannten Personen und Fachkräfte sind größtenteils gesetzlich oder behördlich gefordert und werden durch die oberste Leitung oder dem Management, die eine Organisation auf der obersten Ebene führen und steuern, benannt und zur Übernahme dieser Aufgaben beauftragt.

Beispiel

Zum Personal mit vorrangig beratender Funktion gehören insbesondere Pflegedienstleitungen, Qualitätsmanagement-Verantwortliche, Fachkräfte für Arbeitssicherheit, Sicherheitsbeauftragte nach den Unfallverhütungsvorschriften (DGUV Vorschriften), Beauftragte für Medizinproduktesicherheit (§ 6 MPBetreibV), Betriebsärztinnen und Betriebsärzte sowie andere Beauftragte wie z. B. für die Erste Hilfe (Ersthelfer), Brandschutzbeauftragte, Hygienebeauftragte oder Datenschutzbeauftragte, um z. B. die Vorgaben der Datenschutz-Grundverordnung (EU-DSGVO) zu erfüllen bzw. zu überwachen oder die Mitarbeiter bei Fragen zu beraten.

An dieser Stelle ist es sinnvoll, schriftliche Zielvereinbarungen, Dienstanweisungen, Stellen- und/oder Funktionsbeschreibungen, Bestellungen und Beauftragungen durch die oberste Leitung (oL) schriftlich vorzunehmen und ggf. mit der Mitarbeiter- bzw. Personalvertretung gemeinsam inhaltlich abzustimmen.

Auch wenn im fünften Abschnitt der DIN EN ISO 9001:2015 die Festlegung eines QM-Beauftragten (QM-B.) der obersten Leitung nicht mehr ausdrücklich gefordert und explizit genannt wird, müssen trotzdem im Zusammenhang mit der Verwirklichung des QM-Systems die Zuständigkeiten und Befugnisse durch die oberste Leitung (Management), z. B. durch einen QM-Verantwortlichen geregelt werden!

Die Organisation hat nach der Qualitätsnorm für QM-Systeme die Verpflichtung, die Wirksamkeit und die damit verbundenen Befugnisse und Verantwortlichkeiten innerhalb einer Pflegeeinrichtung oder eines ambulanten Pflegedienstes eindeutig zu regeln. Die Verantwortung des Managements ist es, die Aufgaben im Qualitätsmanagement entweder durch die oberste Leitung an eine bestimmte Person (QM-Verantwortliche) im Leitungsteam zu übertragen oder die Funktion selbst wahrzunehmen. Ebenso können auch die internen Aufgaben für das Funktionieren des Qualitätsmanagements an mehrere Personen der Pflegeeinrichtung oder des ambulanten Pflegedienstes mit Leitungsfunktionen arbeitsteilig delegiert und übertragen werden. Zu den typischen Aufgaben gehören z. B. die Koordination, die Schulung der Mitarbeiter, das Berichtswesen an die oberste Leitung oder die Verantwortung der Übernahme von qualitätssichernden Maßnahmen, um Impulse zur fortlaufenden Verbesserung zu erhalten.

Diese Personen und Fachkräfte üben aufgrund ihrer Funktion eine präventive, beratende, vermittelnde und überwachende Aufgabe mit der notwendigen Berichterstattung und Dokumentationspflicht (zur Nachweisführung) gegenüber der Leitung einer Einrichtung aus. Bei der Übernahme dieser Funktionen sollte sichergestellt sein, dass die Mitarbeiter zur Erfüllung ihrer Aufgaben aufgrund ihrer beruflichen Qualifikation (Ausbildung und Weiterbildung) und Erfahrung sowie ihrer fachlichen und persönlichen Voraussetzungen geeignet sind. Dies sind wichtige Voraussetzungen da diese Personen neben der Beratung und Vermittlung, die Prozesse und die Prozessumgebung innerhalb der Pflegeeinrichtung oder eines ambulanten Pflegedienstes im Wesentlichen mitgestalten und Verbesserungen anregen sollen. Zu den fachlichen und sozialen Kompetenzen gehört es, dass die Personen für ein gutes Miteinander und – zum Erhalt einer vertrauensvollen Atmosphäre – ein Fingerspritzengefühl zur Umsetzung der Maßnahmen mitbringen, damit Verbesserungen angeregt und bei den Mitarbeitern auch angenommen werden. In einem leistungsstarken und vor allen Dingen umfassenden Qualitätsmanagementsystem **müssen** zu Beginn des Aufbaus, zur Einführung und Sicherstellung eines Managementsystems und vor allen Dingen zu seiner Aufrechterhaltung, die Verantwortlichkeiten, Zuständigkeiten und Befugnisse sowie die Kompetenzen und Arbeitsbeziehungen für alle Mitarbeiter mit beratenden Funktionen eindeutig geregelt und verbindlich vorher geklärt werden. Die Mitarbeiter mit beratenden und vermittelnden Funktionen sollen in einem Organigramm (Aufbauorganisation) als Stabsstellen erkennbar sein. Die Mitarbeiter müssen allerdings befähigt sein, ihr Wissen und ihre Fähigkeiten anzuwenden, um die beabsichtigten Ergebnisse zu erzielen. Die frühzeitige Klärung von Zuständigkeiten sorgt dafür, dass die unterschiedlichen Aufgaben des Qualitätsmanagements und der internen Qualitätssicherung gleichmäßig verteilt werden. Die Leitung hat dafür zu sorgen, dass das Führungssystem (Fach- und Führungskräfte) konkrete Einzelziele vereinbart und dass die zu ihrer Umsetzung im operativen Bereich erforderlichen qualitätssichernden Maßnahmen festgelegt und regelmäßig auf ihre Wirksamkeit sowie für den nachhaltigen Erfolg überprüft werden.

Die Übernahme der einzelnen Funktionen setzt unterschiedliche Kompetenzen, Kenntnisse, Erfahrungen und Schulungs- und Qualifizierungsmaßnahmen voraus. Die Schulung und Qualifizierung der Fach- und Führungskräfte zur Übernahme bestimmter Funktionen und Aufgaben ist von besonderer Wichtigkeit, damit die übertragenen (Sonder-)Aufgaben auch sach- und fachgerecht übernommen werden können.

Wichtig **Funktionsübernahmen**

Die Bestellung, Ernennung oder Beauftragung von Mitarbeitern zur Übernahme einer bestimmten Funktion, muss durch die Leitung einer Pflegeeinrichtung (z. B. Heimleitung) oder eines ambulanten Pflegedienstes gemeinsam im Einvernehmen mit der Geschäftsführung und ggf. der Mitarbeiter- bzw. Personalvertretung abgestimmt werden. Die Mitarbeiter mit beratenden Funktionen müssen zur Wahrnehmung ihrer Aufgaben und im Hinblick auf eine reibungslose Zusammenarbeit ggf. auch eine Weisungsbefugnis erhalten. Auch die Übertragung von Kompetenzen mit entsprechender Entscheidungsverantwortung in der Praxis ist vornherein eindeutig zu klären.

Organisationsart, Einrichtungsgröße (Anzahl der Bewohner bzw. der Pflegekunden) und Anzahl der durchschnittlich in der Organisation beschäftigten Mitarbeiter bestimmen – neben der zeitlichen, räumlichen und fachlichen Nähe – häufig die Anzahl der einzusetzenden Fach- und Führungskräfte, die zur Wahrnehmung bestimmter zusätzlicher Aufgaben im Rahmen der intern gesteuerten Qualitätssicherung gebraucht werden. Dazu gehören:

a) Qualitätsmanagement-Beauftragter (kurz: »QM-B.«) oder synonym der QM-Verantwortliche für das interne QM-System
   - *Wer?*
   - Leitungsmitarbeiter, z. B. Pflegedienstleitung oder eine dafür beauftragte und qualifizierte Führungskraft (aus dem Leitungsteam) der Einrichtung. Diese Funktion kann auch durch externe Anbieter übernommen werden. Die ausdrückliche Festlegung eines QM-Beauftragten der obersten Leitung (BoL) ist nicht mehr gefordert, da nach der ISO 9001 die Verantwortung für das QM-System unmittelbar durch die Leitung übernommen werden muss.
   - *Dokumentationsanforderung?*
   - **Beauftragung** durch die Leitung (Träger) einer Einrichtung, Stellenbeschreibung erforderlich

b) Sicherheitsbeauftragter (kurz: »Sib«) zur Unterstützung der Einhaltung der Arbeitssicherheitsbestimmungen und/oder externe Fachkräfte für Arbeitssicherheit (kurz: »FaSi/Sifa«). Die Sicherheitsbeauftragten Personen unterstützen gem. § 22 SGB VII (Gesetzliche Unfallversicherung) die oberste Leitung bei der Durchführung von Maßnahmen für Sicherheit und Gesundheit bei der Arbeit. Eine Pflegeeinrichtung oder ein ambulanter Pflegedienst mit mehr als 20 Beschäftigten hat unter besonderer Berücksichtigung der in der Organisation bestehenden Verhältnisse eine entsprechende Anzahl von Sicherheitsbeauftragten zu bestellen. Nach dem Arbeitsschutzgesetz (ArbSchG) und der Gesetzlichen Unfallversicherung (SGB VII) obliegt die Gesamtverantwortung der Leitung oder dem Management der Organisation.
   - *Wer?*
   - Die beratende und vermittelnde Funktion durch einen Sicherheitsbeauftragten kann grundsätzlich jeder Mitarbeiter **ohne** Führungsaufgaben aus dem Bereich der Pflege und/oder der Haustechnik übernehmen. Die Zahl der zu bestellenden Sicherheitsbeauftragten orientiert sich an der Anzahl der Beschäftigten (s. BGV A1, § 20 Abs. 1–6). Die Bestellung von Fachkräften für Arbeitssicherheit und Betriebsärzte gem. § 19 BGV A1 ist eine unternehmerische Pflicht und erfolgt auf der Grundlage einer bedarfsorientierten Betreuung passend für jede Organisation (vgl. DGUV Vorschrift 2 – »Betriebsärzte und Fachkräfte für Arbeitssicherheit«). Auch wenn eine Fachkraft für Arbeitssicherheit (FaSi) eines externen Unternehmens, z. B. durch den AMD TÜV Arbeitsmedizinische Dienste etc. vertraglich beauftragt worden ist, erübrigt das nicht die einrichtungsinterne Bestellung von Sicherheitsbeauftragten in der Pflegeeinrichtung oder in einem ambulanten Pflegedienst!
   - *Dokumentationsanforderung?*
   - **Bestellung** durch den Unternehmer (Träger) einer Einrichtung und schriftliche Bestellung (Stellenbeschreibung) und Auftrag. Die Sicherheitsbeauftragten müssen in einem Grundlagen- und Aufbauseminar durch die Berufsgenossen-

schaft für Gesundheitsdienst und Wohlfahrtspflege (BGW) zur betrieblichen Umsetzung der Maßnahmen geschult werden.

c) Hygienebeauftragte Person zur Unterstützung der Einhaltung hygienerechtlicher Gesetze und Vorschriften sowie vorbeugender Maßnahmen (Hygieneplanung/Infektionsprävention). Auf der Grundlage der länderspezifischen »Verordnungen zur Hygiene und Infektionsprävention in medizinischen Einrichtungen« und der Forderung durch §§ 23, 36 IfSG (Infektionsschutzgesetz) sollten zur Unterstützung der verantwortlichen Pflegefachkraft für die Funktionsbereiche entsprechende Hygienebeauftragte ernannt und geschult werden.
   - *Wer?*
   - Pflegefachkraft und/oder Küchen- bzw. Hauswirtschaftsleitung
   - *Dokumentationsanforderung?*
   - **Ernennung durch die Leitung (Träger) einer stationären Einrichtung oder eines ambulanten Pflegedienstes, Stellenbeschreibung erforderlich.**

d) Beauftragte für Medizinproduktesicherheit nach der Medizinprodukte-Betreiberverordnung (MPBetreibV) bzw. ein Beauftragter oder eine benannte Person(en) für die korrekte und sichere Anwendung eines Medizinproduktes in der Pflegeeinrichtung (s. § 6 MPBetreibV) muss seit 01.01.2017 in Gesundheitseinrichtungen benannt sein, und es ist eine Funktions-E-Mailadresse des Beauftragten auf der Internetseite der Pflegeorganisation bekannt zu geben.
   - *Wer?*
   - Sachkundige Fachkräfte aus dem Bereich der Pflege, die Fachkenntnisse und die notwendige Erfahrung über Einsatz und Anwendung des Medizinproduktes haben. Diese Person(en) sollte(n) darüber hinaus auch in der Lage sein, die Mitarbeiter im Umgang mit dem Medizinprodukt zu qualifizieren und zuverlässig zu unterweisen (s. Folgeunterweisung nach §§ 4, 10 MPBetreibV) und sollte durch themenbezogene Schulungen die neuen Regelungen (01. Januar 2017) der Medizinprodukte-Sicherheitsplanverordnung (MPSV) kennen.
   - *Dokumentationsanforderung?*
   - **Beauftragung** durch die Leitung (Träger) einer Einrichtung oder eines ambulanten Pflegedienstes und schriftliche Beauftragung zum »Beauftragten für Medizinproduktesicherheit« (§ 6 MPBetreibV).

e) Betrieblicher Datenschutzbeauftragter (bDSB) nach den Vorgaben der Datenschutz-Grundverordnung (DSGVO) und dem neuen Bundesdatenschutzgesetz (BDSG), welches eine Konkretisierung als auch Ergänzung zur europäischen Datenschutz-Grundverordnung darstellt. Der betriebliche Datenschutzbeauftragte darf bei der Ausübung seiner Aufgaben keinen Interessenskonflikt mit sonstigen betrieblichen Belangen haben.
   - *Wer?*
   - Sachkundige Fachkräfte aus dem Bereich der Verwaltung oder aus dem Leitungsteam (Leitungsebene einer Pflegeeinrichtung), die die notwendigen Fachkenntnisse haben und die Organisation von Datenschutz und Datensicherheit,

bspw. durch die Übernahme und Überwachung von Datensicherungsmaßnahmen (u. a. Schutzzweck) besitzen. Die Fachkraft muss neben dem Wissen des Datenschutzrechts die technischen Maßnahmen der konkret verwendeten Verarbeitung von personenbezogenen Daten, z. B. des Erhebungsreports, Pflegedokumentation oder der Personalakten etc. in konkreten Situationen kennen und fallbezogen deren Einhaltung überwachen (Kontrollfunktion).
- Dokumentationsanforderung?
- **Bestellung** von geschulten Fachkräften als betriebliche Datenschutzbeauftragte (bDSB) die sich für die datenschutzrechtlichen Belange, z. B. durch die vorgeschaltete Kontrollfunktion, für die Pflegeeinrichtung oder ambulanten Pflegedienst einsetzen.

1.7.2 Akteure im Qualitätsmanagement

Im Sinne eines funktionierenden Qualitätsmanagementsystems ist es zwingend erforderlich, dass die Verantwortlichkeiten und Befugnisse für die relevanten Aufgaben, z. B. für einen »QM-Verantwortlichen« oder QM-Beauftragten (QM-B.) auf der Leitungsebene innerhalb der gesamten Organisation für die Erreichung der Ziele eindeutig und verbindlich geregelt sind (vgl. ISO 9001, Abschnitt 5.3).

Das Qualitätsmanagement erfordert vom QM-Beauftragten oder Personen mit qualitätsbezogenen Aufgaben im Sinne des QM-Systems Engagement, Wissen, Zuverlässigkeit, Fleiß, Kontinuität sowie Durchhaltevermögen und setzt vorausschauendes Denken und Handeln voraus. Die Aufgaben, Kompetenzen, Befugnisse und die Verantwortung des Beauftragten bzw. der benannten Personen auf der Leitungsebene müssen so festgelegt werden, dass die notwendigen Voraussetzungen für die Entwicklung, Anwendung und Überprüfung des Qualitätsmanagements und deren Nachhaltigkeit gegeben sind. Im Qualitätsmanagement sind die wichtigen Anforderungen, z. B. im Normabschnitt »4.4 Qualitätsmanagementsystem und seine Prozesse« vollständig zu erfassen und dabei die Risiken und Chancen gemäß des Normabschnitts der DIN EN ISO 6.1 »Maßnahmen zum Umgang mit Risiken und Chancen« im Sinne des bekannten PDCA-Zyklus zu berücksichtigen.

Info

Als eigenständiger Ansatz wird in der DIN EN ISO 9001:2015 nicht mehr von Vorbeugungsmaßnahmen gesprochen, da diese Maßnahmen im »risikobasierten Ansatz« enthalten sind.

Die Maßnahmen des risikobasierten Ansatzes sind im Wesentlichen von dem Kontext der Organisation (Zweckbestimmung) abhängig, also mit dem Umfeld einer Einrichtung und der Art der Dienstleistungserbringung. Des Weiteren zählen dazu auch die Erfordernisse und die Erwartungen der relevanten interessierten Parteien und deren unmittelbare Einflüsse auf das QM-System. Von daher ist es die Hauptaufgabe der verantwortlichen Akteure in einem QM-System, dass die Prozesse unter der Berücksichtigung ihrer Wechselwirkungen und Beziehungen untereinander mit ihren Risiken und Chancen als ein »risikobasierter Ansatz« bei der Festlegung des Anwendungsbereichs des QM-Systems:

- identifiziert, geplant, beherrscht und dokumentiert (Art ist frei bei der Erstellung wählbar) werden **(PLAN)**,
- aufrechterhalten und unter den Realbedingungen umgesetzt werden **(DO)**,
- durch die Einleitung verschiedener Maßnahmen gemessen, analysiert und bewertet werden **(CHECK)** und
- unter der Prämisse der fortlaufenden Entwicklung auf ihre Wirksamkeit im Sinne einer Weiterentwicklung angepasst werden **(ACT)**.

Die Geschäftsleitung (-führung) oder das Management verpflichtet als oberste Leitung (oL) den Beauftragten oder die beauftragten Personen im Qualitätsmanagement, ihr über die Leistungen und den Erfolg – zum Erreichen eines Ziels – des Qualitätsmanagementsystems zu berichten, um dessen Bewertung zu ermöglichen. Diese beauftragte Person (QM-Verantwortlicher) ist gemeinsam mit anderen Führungskräften (Verantwortliche für einen Fachbereich werden auch als »Prozesseigentümer« bezeichnet) maßgeblich für den Implementierungsprozess und die Aufgaben der internen Qualitätssicherung mitverantwortlich. Der QM-Verantwortliche überwacht die Planung, Steuerung, Verwirklichung, Aufrechterhaltung, Umsetzung und die Wirksamkeit des QM-Systems damit geplante Ergebnisse erfolgreich erreicht werden können. Zu seinen Aufgaben gehört auch eine beratende, gestalterische und vermittelnde Funktion gegenüber der Geschäftsführung bzw. dem Management. Es ist vorteilhaft, wenn der Qualitätsmanagement-Beauftragte (synonym: QM-Verantwortlicher oder QM-B.) neben der erforderlichen Berufs- und Projekterfahrung sowie eine Weiterbildung im Bereich des Qualitätsmanagements und Qualitätsverbesserung auch über eine hohe Sozialkompetenz, Überzeugungskraft, Durchhaltevermögen, ein sicheres Auftreten und analytische Fähigkeiten verfügt, um Sachzusammenhänge schnell und objektiv erfassen und analysieren zu können.

Um Methoden und Verfahren sicher anwenden zu können, muss jeder QM-Verantwortliche über Methodenkenntnisse und -kompetenzen verfügen. Insbesondere die DIN EN ISO 9004:2018 macht an einigen Stellen anschauliche Verbesserungsvorschläge und weist insbesondere immer wieder auf konkrete Qualitätsmanagementmethoden und -instrumente und auf ein risikobasiertes Denken hin. Denn Fehlervermeidung ist immer besser als die Fehlerbeseitigung. Eine Fehlerkultur als innere

Haltung ist grundsätzlich für alle Pflegeeinrichtungen bzw. für alle ambulanten Pflegedienste mit einer marktorientierten Unternehmenskultur wichtig. Aufgetretene Fehler als eine Nichterfüllung von Anforderungen mit Auswirkungen auf nachfolgende Prozesse sollten nicht als verwerflich oder als ein Unvermögen der einzelnen Mitarbeiter betrachtet werden, weil oftmals die Ursachen in den Organisationsstrukturen zu finden sind und sich nicht immer in einer komplexen Arbeitswelt vermeiden lassen. Wenn Fehler in der gängigen Praxis dennoch passieren, sollte man – anstatt einen Schuldigen zu suchen – in den Arbeitsteams über einen entstandenen Fehler sprechen. So lässt sich aus den gemachten Fehlern für die Zukunft nach dem Leitgedanken »Was können wir das nächste Mal im Team besser machen?« lernen. Auf gar keinen Fall sollten entstandene Fehler ausgesessen werden oder im Sande verlaufen.

Der QM-Verantwortliche (QM-V.) repräsentiert das QM-System nach »innen und nach außen«. Er wird im Zuge eines internen Qualitätsmanagementsystems durch die Leitung einer Einrichtung (oder Management) schriftlich beauftragt und sollte in jedem Fall eine Weiterbildung im Qualitätsmanagement absolvieren. Eine Weiterbildung ist hier dringend geboten, um die komplexen theoretischen Grundlagen des Qualitätsmanagements und die Maßnahmen zur Qualitätsverbesserung verstehen und anwenden zu können. Manche Weiterbildungsinstitute arbeiten mit einem akkreditierten Personalzertifizierer (z. B. EQ ZERT, TÜV, DEKRA, DGQ usw.) zusammen, sodass sich die Teilnehmer nach erfolgreichem Abschluss auch *optional* durch eine Qualifizierungsprüfung zum »Qualitätsmanagement-Beauftragten« zertifizieren lassen können oder nach bestandener schriftlicher Prüfung eine Teilnahmebescheinigung durch den Bildungsträgers erhalten.

Info

Die Hauptaufgaben eines QM-Verantwortlichen (QM-V.) oder Qualitätsmanagement-Beauftragten (QM-B.) liegen in der Mitwirkung an:

1. der Qualitätsplanung,
2. der Qualitätsprüfung und
3. der Qualitätslenkung.

Die Aufgabe der Qualitätslenkung konzentriert sich auf die vorbeugenden, korrigierenden und überwachenden Tätigkeiten und Aufgaben. Ihr Ziel ist es, die Qualitätsanforderungen unter Einsatz verschiedener Methoden (z. B. statistische Methoden, Ermittlung qualitätsbezogener Kosten, Techniken zur Qualitätsverbesserung etc.) zu erfüllen. Bei einer Qualitätsprüfung soll durch interne Qualitätssicherungsmaßnahmen als ein Teil des Qualitätsmanagements festgestellt werden, inwieweit die

Qualitätsanforderungen in der Einrichtung erfüllt werden und ist »auf das Erzeugen von Vertrauen« ausgerichtet (DIN EN ISO 9000:2015). Die Notwendigkeit einer Qualitätsprüfung (z. B. durch einen Prüfauftrag in Form von Mitarbeitergesprächen, Prüfplanungen, Prüfungen, Audits, Betriebsbegehungen, Befragungen und moderierten Workshoprunden) ergibt sich aus der Tatsache heraus, dass eine Qualitätsplanung ausschließlich auf der Basis von Qualitätsprüfungen (Erfüllungsgrad der Qualitätsanforderungen) und deren Ergebnissen durchführbar ist. Nur bei Kenntnis der aktuellen vorherrschenden Ergebnisqualität in einer Pflegeeinrichtung (oder in einem Arbeitsbereich) bzw. in einem ambulanten Pflegedienst lässt sich diese gezielt verbessern (z. B. Entwicklung eines Maßnahmenplans/Projektmanagement) und Korrekturmaßnahmen können zeitnah i.S. des PDCA-Zyklus eingeleitet und deren Ergebnisse und Nachhaltigkeit überwacht werden. Qualitätsplanung, -prüfung und -lenkung stellen den Regelmechanismus eines umfassenden Qualitätsmanagements

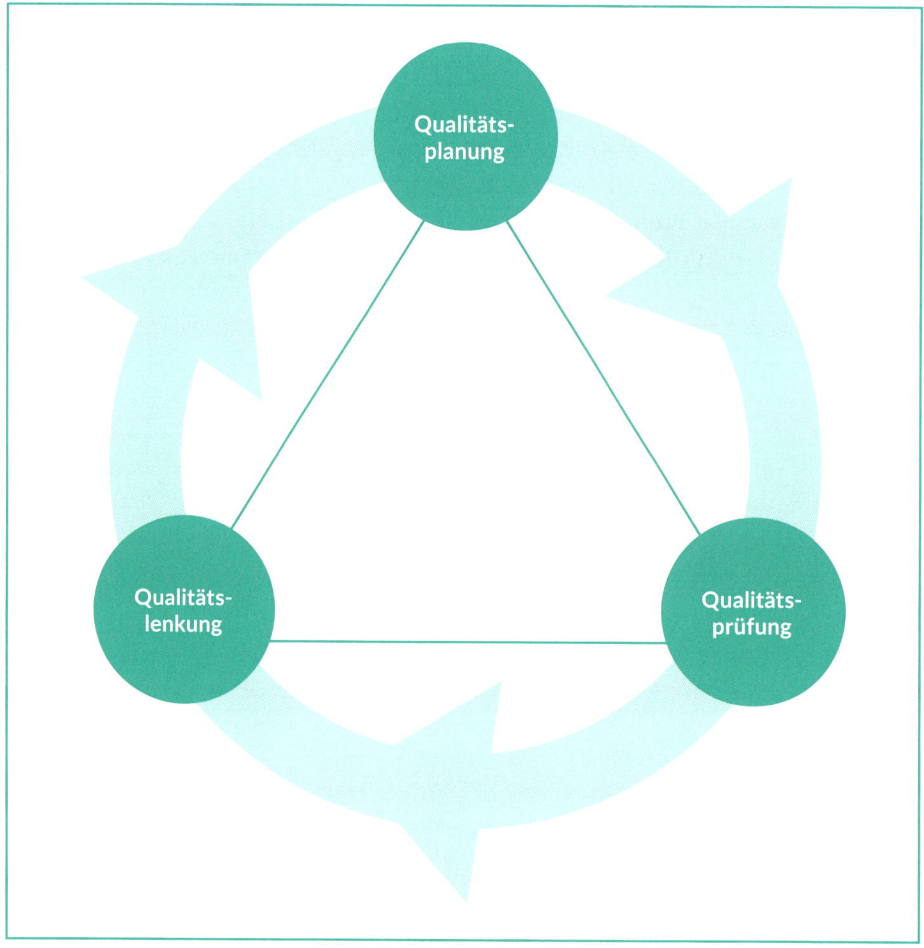

Abb. 10: Regelmechanismus eines Qualitätsmanagements

(Eignung, Angemessenheit und Wirksamkeit des QM-Systems) dar, um eine fortlaufende Qualitätsverbesserung zu erzielen (▶ Abb. 10).

Zu den weiteren Kernkompetenzen und Verantwortungsbereichen eines Qualitätsmanagement-Beauftragten bzw. QM-Verantwortlichen gehören u. a.:

- die Übernahme von Leitungsaufgaben als Mitglied der Leitung einer Einrichtung
- das Sicherstellen, dass die für das interne Qualitätsmanagementsystem notwendigen Prozesse geplant, eingeführt, verwirklicht, aufrechterhalten und gemessen werden
- die Durchführung von Risikoanalysen innerhalb der wichtigsten Prozesse (Pflegecontrolling)
- die Unterstützung der Einhaltung und Umsetzung einer verbindlichen und gelebten Qualitätspolitik unter der Berücksichtigung der vorherrschenden Organisationskultur
- die Mitverantwortung für die Erstellung von Qualitätszielen
- die Berichterstattung an die Leitung (z. B. Heimleitung oder an das Management) über die Leistungsfähigkeit des QM-Systems und zu fortlaufenden Qualitätsverbesserungen
- die Unterstützung der stetigen Weiterentwicklung des QM-Systems und des Qualitätsbewusstseins der Führung und Mitarbeiter bezüglich der Kundenanforderungen in der gesamten Pflegeeinrichtung bzw. im ambulanten Pflegedienst
- die Gewährleistung der Transparenz der Organisations- und Qualitätsentwicklung in der Organisation
- die Minimierung der Kosten und die Steigerung der Effizienz (Verhältnis von erreichten Ergebnissen und eingesetzten Ressourcen!) betriebswirtschaftlicher Abläufe im Rahmen des internen Qualitätsmanagementsystems
- die Umsetzung der Maßnahmen zur internen Qualitätssicherung
- die Installation und Unterstützung (auch die Übernahme) sowie Moderation von Qualitätszirkeln
- die Durchführung regelmäßiger Qualitätsaudits, z. B. zum Erlangen von objektiven Nachweisen und deren objektiven Auswertungen sowie die Befähigung anderer Mitarbeiter zur Durchführung von Audits und sonstigen Qualitätsprüfungen
- die Mitwirkung bei der Managementbewertung gemeinsam mit der Geschäftsleitung bzw. dem Management

Qualitätsmanagement und der Aufbau, die Einführung und Verwirklichung sowie die Aufrechterhaltung eines QM-Systems sind niemals nur vom Qualitätsmanagement-Beauftragten (QM-B.) oder QM-Verantwortlichen allein abhängig, sondern vom gesamten Team einer Einrichtung sowie von der Zusammenarbeit aller Mitarbeiter – insbesondere der Personen mit qualitätsbezogenen Funktionen und Arbeitsbeziehungen untereinander. Es setzt als Grundvoraussetzung die aktive und ehrliche Unterstützung, Vertrauen, Beratung und Information durch ein Informationsmanagement der Leitung einer Einrichtung als eine **Selbstverpflichtung** voraus. Gut informierte Mitarbeiter sind für jede Leitung, neben den Führungsaufgaben, eine grundlegende Managementaufgabe, die nur in Teilbereichen delegierbar ist. Bei der Begriffsdefinition »Qualität« als ein Satz mit »innewohnenden« oder »anhaftenden« Merkmalen bzw. Eigenschaften, ist unumstritten, dass der Mensch als Ausgangspunkt der Gestalter und Initiator von Qualität mit all seinen Facetten ist. Ein prozessorientiertes Qualitätsmanagementsystem lebt von motivierter Teamarbeit und beinhaltet im Wesentlichen die fortlaufende Verbesserung!

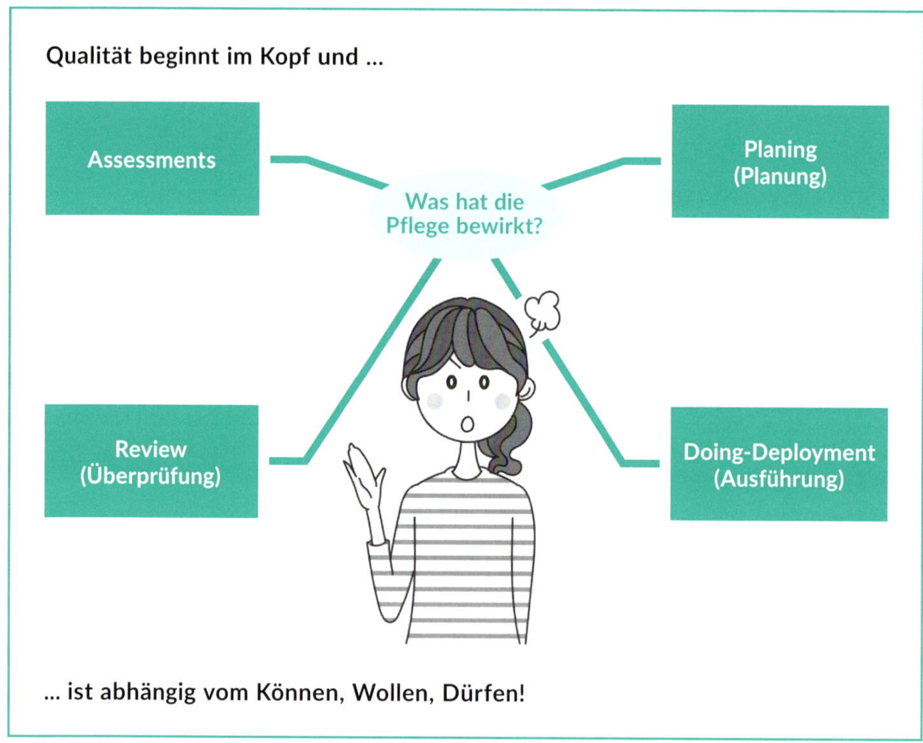

Abb. 11: Qualität beginnt im Kopf.

2 Qualitätsbewusstsein als Selbstverständnis

»Qualität ist abhängig vom Können, Wollen und Dürfen!«

Ein Managementsystem, das in einem Managementhandbuch zu dokumentieren und darzulegen ist, spiegelt in der Regel die Organisation und die wichtigen Prozesse und Verfahren wider. Nach der ISO 9000:2015 ist dabei ein Prozess, z. B. der Pflegeprozess ein *»Satz zusammenhängender oder sich gegenseitig beeinflussender Tätigkeiten, der Eingaben zum Erzielen eines vorgesehenen Ergebnisses verwendet«* (DIN EN ISO 9000:2015). Von daher ist Management, »das Managen einer Einrichtung«, nichts Abstraktes und Unverständliches, sondern im Gegenteil das Spiegelbild der Ablauforganisation und ist gekennzeichnet durch eine Vielzahl von Tätigkeiten zum Führen und Steuern einer Pflegeeinrichtung.

Es ist nicht von der Hand zu weisen, dass im ersten Schritt nicht immer nur die Mitarbeiter der Einrichtung sensibilisiert, informiert, motiviert und geschult werden müssen (»Bottom-up«), sondern dass in erster Linie die Geschäftsleitungen, Einrichtungsträger und die Verantwortlichen einer Pflegeeinrichtung ein Selbstverständnis von Qualität als Unternehmensstrategie verstehen und eine Qualitätskultur innerhalb der Unternehmenskultur mit ihren Regeln, Normen und sichtbaren Werten entwickeln müssen.

Qualitätsbezogenes Arbeiten und das damit verbundene Termin- und Kostenmanagement geschieht nicht nur einmal in der Woche in einem Qualitätszirkel oder hinter verschlossenen Türen, sondern jeden Tag. Neu in einem Qualitätsmanagement ist nur die Art der Sitzungen, die Kommunikation auf Augenhöhe, die Dokumentation und die Umsetzung der gestiegenen Anforderungen des gewählten QM-Systems, die erst einmal von der Pflegeeinrichtung richtig interpretiert und verstanden werden müssen. Die Interpretation der organisationsbezogenen Qualitätsanforderungen hat eine bedeutende Funktion und meint die sprachliche Übersetzung der sieben Normabschnitte mit den konkreten Normanforderungen. Diese Arbeit und deren Verständigung ist von der richtigen Interpretation der Managementanforderungen, also von der Frage: »*Was ist zu tun?*« abhängig und muss von jeder Einrichtung und seinem Leitungsteam für sich als Aufgabe und Herausforderung: »*Wie ist das zu realisieren?*« verstanden und in erster Linie durch das »Wer ist verantwortlich« erledigt werden.

»*Was bedeutet also die Erfüllung dieser Anforderung für uns?*« Jedes Qualitätsmanagement enthält grundsätzlich immer Managementanforderungen, die von der stationären Einrichtung oder dem ambulanten Pflegedienst bei einem QM-System nach der branchenneutralen DIN EN ISO 9001 umgesetzt werden können. Diese Managementanforderungen können mit den Verbformen von »*muss-*, *sollte*, *darf-* und *kann*-Forderungen« formuliert sein (vgl. ISO 9001:2015):

- *»... die Pflegeeinrichtung muss (im Vergleich »hat ...«) über ein Pflegekonzept verfügen welches auf den pflegewissenschaftlichen Erkenntnissen und praktischen Erfahrungen basiert ...« (gibt eine Anforderung als Hauptanforderung an)*
- *»... die Pflegeeinrichtung sollte eine Hauszeitung vorhalten können ...« (gibt eine Empfehlung)*
- *»... die Pflegeeinrichtung darf ein Hygieneplan im Büro der Pflegedienstleitung aufbewahren ...« (gibt eine Zulässigkeit als Hinweis an)*
- *»... die Pflegeeinrichtung kann (»Nice to have«) den Schlüssel für ein BTM-Fach jeder Pflegefachkraft aushändigen ...« (gibt eine Möglichkeit zur Verbesserung an)*

Eine »Muss-Forderung« ist in jedem Fall von der Pflegeeinrichtung ausnahmslos zu erfüllen und wird häufig aktiv mit dem Verb **»... hat ... vorzuhalten«** formuliert. Eine »Soll-Forderung« ist eine abgeschwächte und weichere Formulierung. Sie ist allerdings auch zu erfüllen und von der Einrichtung oder dem ambulanten Pflegedienst umzusetzen, während eine »Kann-Forderung« nicht immer umzusetzen ist. Grundsätzlich ist die Umsetzung bestimmter »QM-Anforderungen« an ein Qualitätsmanagement von den Erfordernissen der Pflegeeinrichtung oder des ambulanten Pflegedienstes und ihrer relevanten interessierten Parteien (Kunden, Mitarbeiter, Lieferanten etc.) abhängig.

Auch die Qualitätsanforderungen in den neuen Qualitätsprüfungs-Richtlinien (QPR vollstationär) und die Entwicklung eines Qualitätsmanagements nach dem Pflegeversicherungsgesetz sowie die damit verbundenen Qualitätsindikatoren zur Messung und Berechnung der Versorgungsergebnisse müssen von jeder vollstationären Einrichtung richtig interpretiert, umgesetzt und letztendlich auch nachgewiesen werden (Konzeptionelle Grundlagen).

Es hat sich in der Vergangenheit nicht bewährt, existierende Qualitätsmanagement-Handbücher oder dgl. »einzukaufen«, z. B. durch die Trägerverbände, um sie danach in den Schrank zu stellen, da sie meist nicht umgesetzt werden können. Jedes Qualitätsmanagement und QM-System muss mit seiner Qualitätspolitik, den Qualitätszielen sowie seiner Prozesse für das Erreichen dieser Qualitätsziele selbst festgelegt werden und braucht nicht kompliziert zu sein. Wichtig ist, dass die Erfordernisse einer Einrichtung sich in der Planung, Ausführung, Überwachung, Wirksamkeit und Verbesserung der Leistung widerspiegeln und die erforderlichen Anforderungen geregelt sind und erfüllt werden.

Effektiv umgesetzt und verwirklicht werden kann ein Managementsystem nur dann, wenn die Mitarbeiter als aktive Gestalter und Impulsgeber mitgewirkt und mitgearbeitet haben! Im nächsten Schritt sind dann für den Implementierungsprozess geeignete infra-, betriebsstrukturelle und organisatorische Rahmenbedingungen im Sinne einer nachweisbaren Sorgfaltspflicht zugunsten der Mitarbeiter durch den Träger (oder das Management) herzustellen, damit sich die qualitätsorientierte Reorganisation in der gesamten Pflegeeinrichtung oder durch den ambulanten Pflegedienst auch entwickelt und umgesetzt werden kann. Die Führungs- und sichtbare Unternehmenskultur ist wesentlich mitentscheidend für den gesamten Implementierungsprozess und die Aufrechterhaltung eines Qualitätsmanagementsystems.

Um Qualitätsmanagement voranzutreiben und die festgelegten einrichtungsspezifischen Qualitätsziele erreichen und verstetigen zu können, muss in jedem Fall eine geeignete Struktur für die Einführung und Anwendung eines Qualitätsmanagementsystems festgelegt werden. Die nachweisbare Sorgfaltspflicht bezieht sich auf die Personalauswahl, Kontrolle und Überwachung, Durchgängigkeit der mündlichen und schriftlichen Anweisungen und die fach- und sachgerechte Erbringung der geforderten Aufgaben. Der Träger einer Einrichtung (auch die Leitung) haben grundsätzlich immer den Nachweis der ausreichenden Organisation als Bringschuld zu beweisen (Organisationsverschulden!).

»Organisation« versus »Organisationsverschulden«

Es werden drei Arten von Organisationsverschulden unterschieden:

1. Selektionsverschulden:
   Die Leitung einer Pflegeeinrichtung delegiert verantwortungsvolle Tätigkeiten an ungeeignete und unqualifizierte Mitarbeiter.
2. Anweisungsverschulden:
   Betriebs- und Arbeitsanweisungen fehlen oder sind lückenhaft.
3. Überwachungsverschulden:
   Die Leitung kontrolliert vereinfacht oder überhaupt nicht.

Neben den infrastrukturellen Rahmenbedingungen (Strukturqualität) ist es unausweichlich, dass im Hinblick auf »Qualität« auch mitarbeiterbezogene Ressourcen (Personalplanung, Personalentwicklungsplanung, Fortbildungsangebote etc.) geschaffen werden müssen, damit der Auftrag zum Qualitätsmanagement auch ziel- und ergebnisorientiert gemeinsam realisiert werden kann. Der Mangel in der Aufbau- und Ablauforganisation zählt zu den Tatbeständen eines Organisationsverschuldens.

Mitarbeiterinformation, Motivation, Mitarbeiterschulung, Mitarbeiterqualifikation, Arbeits- und Gesundheitsschutz gegenüber den Mitarbeitern sowie die Verantwortung und Selbstverpflichtung der Leitung zum Qualitätsauftrag mit der Erfüllung festgelegter Anforderungen bedingen sich gegenseitig und sind stark voneinander abhängig.

Wichtig **Qualität = Teamarbeit**

Qualität ist sehr stark vom **Können, Wollen** und **Dürfen** der Mitarbeiter – insbesondere von den Führungskräften – und der Leitung (Träger) abhängig sowie von der Kompetenz der Initiatoren, die Qualitätsmanagementsysteme initiieren, gestalten und implementieren wollen.

Qualitätsmanagement setzt neben den strukturellen Veränderungen auch einen Bewusstseinswandel bei den Mitarbeitern voraus, da sie im Wesentlichen für den Kontinuierlichen Verbesserungsprozess (KVP) mitverantwortlich sind. In einigen Organisationen wurde das »Kontinuierliche Verbesserungsprogramm« (KVP) ins Leben gerufen, um die Aktivierung des Ideenpotenzials bei allen Mitarbeitern im Sinne eines Ideenmanagements anzuregen und zu fördern. Der KVP wird grundsätzlich getragen durch die Motivation und Leistung der Mitarbeiter zur aktiven Mitgestaltung und zur Verbesserung der Arbeitsbedingungen und -prozesse. KVP umfasst grundsätzlich alle Arbeitsbereiche in einer Pflegeeinrichtung oder eines ambulanten Pflegedienstes und beansprucht für sich die stetige Verbesserung der Prozesse.

Die Führungskräfte sind neben vereinzelten zeitlich befristeten Projekten frühzeitig vom Nutzen eines systematischen Qualitätsmanagementsystems zu informieren und zu überzeugen. Auch sind die Vorteile herauszuarbeiten und insbesondere die Argumente eines QM-Systems aufzuzeigen, damit die Führungskräfte ihrerseits die Mitarbeiter und ihre Teams vom Nutzen eines Qualitätsmanagements überzeugen können (Umsetzungs- und Argumentationshilfen, z. B. durch Handouts, Merkzettel etc. anbieten!).

Die Schulung und Information der Führungskräfte wird auch »Train the Trainer« genannt. Sie erhöht insgesamt eine aktive Kommunikation und das Bewusstsein für die Entwicklung eines Qualitätsmanagements.

Fazit **Qualitätsmanagement bedeutet also,**

dass messbare Ziele aus der Qualitätspolitik unter Berücksichtigung der vorherrschenden Organisationskultur heraus festgelegt werden, Verantwortung übernommen wird und dass sich die Einrichtung und deren Führungskräfte deutlich zur Qualität als einen Auftrag bekennen müssen.

Ein prozessorientiertes Qualitätsmanagementsystem wird, neben seiner Qualitätspolitik und seine Qualitätszielen getragen durch seine Prozesse, die systematisch geplant, überwacht und gesteuert werden müssen. Ziele werden definiert, um Fehler zu vermeiden und fortlaufende Verbesserungen zu erreichen. Qualitätsmanagement setzt eine gute Informations- und Kommunikationsstruktur innerhalb der Organisation voraus. Bei der Einführung eines Qualitätsmanagementsystems sollte versucht werden, das Risiko als eine Auswirkung von Ungewissheit, dass das Qualitätsmanagementsystem nicht akzeptiert wird oder nicht funktioniert, so klein wie möglich zu halten. Je früher und besser die Mitarbeiter über das Angebot und den Nutzen eines Qualitätsmanagementsystems informiert werden, umso größer ist die Wahrscheinlichkeit, dass sie sich mit diesem Thema und den Qualitätsanforderungen des QM-Systems auseinandersetzen.

Bei der Einführung eines Qualitätsmanagementsystems in Pflegeeinrichtungen oder in ambulanten Pflegediensten ist zu beobachten, dass zunächst einmal die Mitarbeiter mit verschränkten Armen an der Informationsveranstaltung oder an einer »Kick-off«-Auftaktveranstaltung teilnehmen. Die Bereitschaft zur Akzeptanz eines Qualitätsmanagementsystems ist bei den Mitarbeitern häufig davon abhängig, ob etwa in die Autonomie und Selbstbestimmung der jeweiligen Bereiche eingegriffen wird. In diesem Zusammenhang spielt eine klare Strategie durch die oberste Leitung (Management) bei der Einführung eine bedeutende Rolle. Dabei müssen sowohl Verhaltens- als auch Sachaspekte berücksichtigt und in die Überlegungen eingebunden werden.

Qualitätsplanung und -lenkung sind auch eine typische »Top-down-Aufgabe« und werden durch die Einrichtungsträger und die Verantwortlichen einer Pflegeeinrichtung nicht nur als Vorbilder initiiert und vorgelebt, sondern auch entscheidend mitgeprägt durch die vorherige Bereitstellung von zugehörenden Ressourcen. Die Entwicklung eines Qualitätsmanagements oder eines komplexen QM-Systems und deren Veränderungsprozesse gelingen nicht mit der Sichtweise »Wasch mich – aber mach mich nicht nass!«

Dennoch ist auffallend, dass sich gerade das Management auf der Führungsebene oder das Leitungsteam oft zurückhaltend und zögerlich gegenüber den Mitarbeitern und den Informationen über das Qualitätsmanagement zeigt. Qualitätsmanagement setzt aber nicht nur die Einbeziehung aller Mitarbeiter in die Qualitätsbemühungen voraus, sondern auch, dass sich die Leitungskräfte und insbesondere die operative Führungsebene vorbildlich, engagiert und verantwortlich verhält und die Mitarbeiter als Coach motiviert, sich in das Qualitätsmanagement konstruktiv einzubringen. Der Aufbau, die Sicherstellung und Weiterentwicklung eines einrichtungsinternen Qualitätsmanagementsystems durch die Einrichtungsträger ist eine oberste Führungsaufgabe und betrifft alle Hierarchieebenen. Da Qualität und Kosten Hand in Hand gehen, müssen neben den personellen Ressourcen auch finanzielle Ressourcen geschaffen werden. Gerade der Aufbau und die Einführung sowie vor allen Dingen die Aufrechterhaltung und Verwirklichung eines Qualitätsmanagementsystems ist mitunter mit Kosten durch die qualitätsorientierte Reorganisation verbunden. Gute Qualität zu optimalen Kosten und zu bezahlbaren Preisen ist ein Bestreben aller Unternehmer, unabhängig von der jeweiligen Branche.

Wer Qualität postuliert, muss sich mit seinen Qualitätskosten, aber auch mit seiner Infrastruktur und seinen institutionellen Rahmenbedingungen (aufbau- und ablauforganisatorische Strukturen) sowie mit der einrichtungsinternen Prozessumgebung (Arbeitsumgebung) auseinandersetzen. Es müssen infrastrukturelle, organisatorische sowie personelle Voraussetzungen geschaffen werden, um qualitätsbezogene Verluste und somit auch qualitätsbezogene Kosten frühzeitig – in der ersten Anlaufphase der Implementierung – zu erkennen und ihnen durch geeignete Vorbeugungsmaßnahmen zur Beseitigung der Ursache einer Nichtkonformität (Fehler bzw. die Nichterfüllung einer Anforderung) entgegenzuwirken (vgl. DIN EN ISO 9000:2015). Bei qualitätsbezogenen Verlusten wird das Ergebnis oder der gewünschte Effekt, der erwartet wird, entweder nur sehr umständlich und erschwert, kostenintensiv und u. U. mit zeitlichen Verzögerungen angestrebt oder durch eine unerwünschte Situation durch das Ausbleiben eines risikobasierten Denkens überhaupt nicht erreicht. Entstandene qualitätsbezogene Kosten setzen eine umfassende Ursachenanalyse in Bezug auf Schwachstellen (Soll-Ist-Vergleich oder eine SWOT-Analyse) durch die Leitung einer Einrichtung (Träger) im Hinblick auf die Fehlerkosten, Fehlerarten, Fehlerursachen und die wirtschaftlichen Auswirkungen der jeweiligen Ursachen voraus, um entsprechende Abstellmaßnahmen und Korrekturmaßnahmen einleiten zu können.

Damit diese Schwachstellen beseitigt werden können, müssen ihre Ursachen und Stärken der Pflegeeinrichtung oder des ambulanten Pflegedienstes systematisch ermittelt werden. Das Fehlermanagement stützt sich auf den Grundsatz, dass Fehler vermeiden immer besser und kostengünstiger ist, als hinterher Fehler entdecken und abstellen bzw. für die Fehlerfolgekosten (Produkt- und Prozessfehler) aufkommen zu müssen (Fehlerbeseitigung!). Denn: Fehlervermeidung, z. B. durch **eine Fehlermöglichkeits- und -einflussanalyse (FMEA)** oder Szenarioanalyse als Methoden, sind wesentlich besser als Fehleraufdeckung. Bei einer FMEA geht es darum, in mehreren Teamsitzungen vorher die Auftretenswahrscheinlichkeit und ihre Entdeckungswahrscheinlichkeit zu erarbeiten, um daraus entsprechende Maßnahmen frühzeitig ergreifen zu können. Eine Szenarioanalyse zeigt eine Prognose und die Entwicklungsmöglichkeiten für die Zukunft auf. Die qualitätsbezogenen Kosten (Gesamtheit der Kosten für qualitätsfördernde Maßnahmen) entstehen durch qualitätsbezogene Verluste und »Nicht-Qualität«.

Die Kosten beziehen sich auf **Fehlerverhütungskosten, Prüfkosten** und andere Kostenarten, die durch **Fehlerkosten** entstanden sind.

1. Fehlerverhütungskosten können sein:
   Qualitätsschulungen, Prüfungen, Begehungen und Kontrollen (Pflegevisiten und Stichproben).
2. Prüfkosten beinhalten:
   Wareneingangsprüfungen, Prüf- und Messmittel (Medizinprodukte), Instandhaltung der Prüfmittel und deren Überwachung.
3. Fehlerkosten entstehen durch:
   Nacharbeit, Wiederholungsprüfungen, zusätzliche Schulungen mit verbundenen Kosten, weil es beim ersten Mal nicht geklappt hat.

2.1 Qualität und ihre Spezifikationen

Es gibt viele Autoren, die seit 1940 den multidimensionalen Qualitätsbegriff oder das Konstrukt von Qualität, die Bedeutung und das Bedürfnis nach Qualität im Dienstleistungsbereich definiert und forciert haben. Ausgehend von dem amerikanischen Arzt *Avedis Donabedian* (1968) wird Qualität (Unterteilung oder die Merkmale von Struktur-, Prozess- und Ergebnisqualität) oder die »Beschaffenheit von Qualität« im Gesundheitswesen neben der Sicherheit und dem Vertrauen als ein Umfang des Erfolges, der unter optimalen Verhältnissen und vertretbaren Kosten tatsächlich erreicht wird, verstanden. Andere Autoren, wie z. B. *Schiemann* (1990), bezeichnen Qualität als Übereinstimmung zwischen den anerkannten Zielen der Berufsgruppe und dem erreichten Erfolg in der Pflege. *Thomas Klie* (1995) testiert Qualität im Vergleich von Preis und Leistung (Nutzen und Wirtschaftlichkeit) von Aufwand und Ergebnis. Nach dem Pflegeversicherungsgesetz und anderen Aussagen der Sozialgesetzgebung bemisst sich die Qualität in der Gestalt einer optimalen Versorgungsqualität zukünftig in den stationären Pflegeeinrichtungen an der indikatorengestützten Ergebnisqualität auf der Grundlage der evidenzbasierten Pflege durch die stichtagsbezogene Erhebung und Berechnung sowie der Darstellung der benannten Qualitätsindikatoren und den Ergebnissen aus den externen Qualitätsprüfungen.

Fazit **Die Qualitätstrias**

Im Mittelpunkt von Qualität und insbesondere von Pflegequalität stehen heute die Trias der selbstbestimmten Pflegekunden/Bewohner und deren individuelle Präferenzen – der Pflegenden als eine eigenständige Profession – der internen Unternehmens- und Führungskultur auf der Organisations- bzw. Einrichtungsebene in einem komplexen System.

Neben den verschiedenen Kennzeichen und Merkmalen von Qualität und deren pflegefachlichen Themen orientiert sich die Pflegequalität ganz stark an der einrichtungsinternen Umsetzung der Expertenstandards nach § 113a SGB XI und einer guten Versorgungssituation der Bewohner und Pflegekunden in der ambulanten Pflege als eine verbindliche Richtschnur. Es geht bei der Qualität darum, die »richtigen« Dinge auch korrekt in den Teams zu erledigen – zu vertretbaren Kosten.

Externe Qualitätsprüfer, wie z. B. Heimaufsichten, Gewerbeaufsichtsämter, Gesundheitsämter, MDK und PKV-Prüfinstitutionen, Aufsichtspersonen der Lebensmittelhygiene und der Berufsgenossenschaften beziehen sich bei ihrer angewandten Prüfsystematik auf verschiedene Leistungsindikatoren, Gesetze, Rechtsvorschriften, Normen, Leitlinien, Standards oder Richtlinien und Handlungsanleitungen unter der Berücksichtigung der zeitlichen und sachlichen Notwendigkeit. Bei Prüfungen und Betriebsbegehungen soll festgestellt werden, ob die gesetzlich oder behördlich geforderten Qualitätsanforderungen von der Pflegeeinrichtung erfüllt werden oder ob ein Optimierungsbedarf besteht.

Die Qualitätskonzepte und -vorgaben oder Handlungsanleitungen zur »Qualität« können neben anderen Merkmalen und Kennzeichen auf gesetzlichen, behördlichen oder normativen Anforderungen und Spezifikationen der zuständigen Behörden basieren, die zugelassene Pflegeeinrichtungen und ambulante Pflegedienste zu erfüllen haben. Diese »Guidelines« und Spezifikationen, wie z. B. dokumentiert in den »*Qualitätsprüfungs-Richtlinien*« nach § 114 SGB XI oder nach den »Maßstäben und Grundsätzen für die Qualität gem. § 113 SGB XI n. F. oder die Überwachungen durch die Heimaufsichten auf der Grundlage der Landesheimgesetze beschreiben, welche Mindestanforderungen an »Qualität« durch Einrichtungsträger von zugelassenen Pflegeeinrichtungen zu Grunde zu legen, einzuhalten und darzulegen sind.

Qualität kann einen »guten« oder »schlechten Ruf« einer Organisation entscheidend beeinflussen und wer Qualität durch seine Anspruchsgruppen (z. B. Kunden oder Mitarbeiter) besitzt, dem öffnen sich alle Tore im Gegensatz zu dem, der Qualität durch eine schlechte Versorgungsqualität und schlechte Versorgungsergebnisse nach dem indikatorengestützen Verfahren im Bundesdurchschnitt verloren hat. Diesen Einrichtungsträgern wird es nur sehr schwer wieder möglich sein, ihren Namen und ihre Arbeitsleistungen mit dem Attribut »gute Qualität« zu versehen. Das Image und das Vertrauen sowie die Beziehungsgestaltung ist heute für Pflegeorganisationen entscheidend geworden, um im verschärften Wettbewerb dauerhaft leistungsfähig und abgesichert zu sein und vor allen Dingen am Pflegemarkt existieren zu können.

Einrichtungsträger müssen sich zukünftig dieser Aufgabe und Herausforderung mit Nachdruck stellen und in die einrichtungsindividuelle Entwicklung und dem Aufbau eines einrichtungsinternen Qualitätsmanagements unbedingt investieren und dieses Engagement sowie deren Ergebnisse durch die gesetzlich geforderte Transparenz auch nach außen für Jedermann darlegen.

Qualitätsmanagement ist somit kein Fertiggericht nach Kochbuchmanier, sondern muss mithilfe unternehmensspezifischer Einflussgrößen langsam und gemeinsam mit dem Team entwickelt und aufgebaut werden. Unabhängig der Anforderungen eines bestimmten QM-Systems sind die Qualitätsmerkmale und die Anforderungen innerhalb der Struktur-, Prozess- und Ergebnisqualität in dem zu implementierenden System immer miteinander verlinkt und die Anforderungen beeinflussen sich wechselseitig! Im Hinblick auf die gesetzlichen und behördlichen Anforderungen (interne und externe Themen) ist davon auszugehen, dass nur jene Pflegeeinrichtungen erfolgreich sind, die ihre Dienstleistungen bewohner- bzw. kundenorientiert in einem ausgewogenen betriebswirtschaftlichen effizienten Verhältnis von Qualität zu optimalen Kosten anbieten und durch die interne Qualitätssicherung zukunftsorientiert absichern. Dies setzt in jedem Fall voraus, dass die Kundenbedürfnisse und -anforderungen richtig und vor allen Dingen frühzeitig identifiziert, verstanden, interpretiert und realisiert werden. Die Kundenbedürfnisse und -anforderungen müssen in einem Qualitätsmanagementsystem ermittelt und in Form festgelegter Anforderungen weiter spezifiziert werden, um das Vertrauen des Kunden durch die erbrachte Dienstleistung zu genießen.

Kundenanforderungen ergeben sich durch:

- den Gesetzgeber
- eine individuelle Ermittlung in der Anfrage und Angebotsphase
- neue Dienstleistungsbereiche (pflegefachliche Spezialisierungen)
- Marktbeobachtung, Marktpositionierung und Marktanalyse (ggf. Benchmarking, Konkurrenzanalysen etc.)
- Kunden- und Mitarbeiterbefragungen
- regelmäßige persönliche Kontakte mit den Kunden und Multiplikatoren

Fazit **Sicherheit und Vertrauen**

Um ein verlässlicher Partner gegenüber den Kunden zu sein, gilt es
- gesetzliche, behördliche und normative Anforderungen sowie
- die Kundenanforderungen und -erwartungen

zu erfüllen.

Die strukturelle Weiterentwicklung der Pflegeversicherung, z. B. durch das Pflege-Weiterentwicklungsgesetz und den Regelungen im Pflege-Neuausrichtungs-Gesetz (PNG) und den gestiegenen Anforderungen bei der Erbringung der qualitätsgebundenen pflegerischen Leistungen erfordern zusätzliche Veränderungen der Dienstleistungsangebote für jeden Heim- und Pflegedienstbetreiber. Maßnahmen der Qualitätsermittlung, -sicherung und -weiterentwicklung sowie professionelles Pflegehandeln sind in den gesetzlich genannten Qualitätsdimensionen der **Struktur-, Prozess- und Ergebnisqualität** zwingend vorgeschrieben, welches auf eine stetige Sicherung und Weiterentwicklung der Qualität ausgerichtet ist (vgl. MuG, 2018a: 3 ff.). Durch die halbjährliche Erhebung der Versorgungsergebnisse forciert der Gesetzgeber den Wettbewerb der stationären Pflegeeinrichtungen im Pflegesektor maßgeblich. Wer sich hier gegenüber anderen durchsetzen und auch zukünftig erfolgreich sein will, muss deshalb bestmögliche Qualität und gute Versorgungsergebnisse sowie Qualitätsergebnisse nach externen Qualitätsprüfungen präsentieren und durch die neuen Qualitätsdarstellungsformen (QDVS) nachweisen können (Transparenz!).

Um qualitätsgebundene Leistungen dauerhaft auf einem hohen Qualitätsniveau anbieten zu können, ist es notwendig, systematisch und geplant die Aktivitäten, Abläufe, Verfahren und Regelungen im eigenem Unternehmen gemeinsam mit den Mitarbeitern zu identifizieren, zu bewerten, zu priorisieren und transparent darzustellen sowie sie auf ihre Effizienz (Eingaben und Ergebnisse) und Effektivität kritisch zu überprüfen. Die Einbeziehung der Mitarbeiter ist eine wichtige Voraussetzung, um die Arbeitszufriedenheit und die Identifikation mit dem Arbeitsplatz zu erhöhen. Dadurch identifizieren sich die Mitarbeiter mit ihrem Arbeitgeber schneller und haben Spaß und Freude mit ihrem Beruf und dies kann motivierend sein für die Weiterentwicklung des einrichtungsinternen Qualitätsmanagements oder eines umfassenden QM-Systems.

2

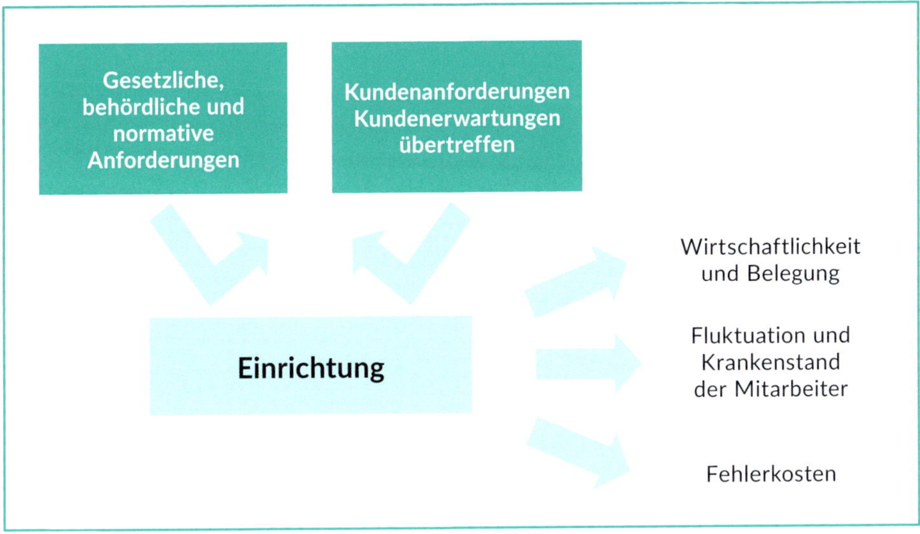

Abb. 12: Folgen von Nichterfüllung vorausgesetzter Kundenanforderungen

Fazit **Wo liegt der Bedarf?**

Die Ergebnisse (Resultate) der verschiedenen Bestandserhebungen und Qualitätsprüfungen in den Einrichtungen verdeutlichen den immer noch notwendigen Aufklärungs-, Beratungs- und Schulungsbedarf (Wissensmanagement) gegenüber den Mitarbeitern. Der Bedarf erstreckt sich häufig auf die Organisationsentwicklung, das Pflegemanagement und auf die Fachlichkeit des pflegerischen Handelns nach dem allgemein anerkannten Stand der medizinisch-pflegerischen Standards, auf Schulungen in den Grundkenntnissen der Pflege, auf die methodische und fachliche Vorgehensweise im Pflegeprozess zur Verbesserung des Pflegeverständnisses und der Pflegesituationen sowie auf die Maßnahmen im Bereich der intern gesteuerten Qualitätssicherung.

Qualität steht im direkten Kontext zum Preis-Leistungsverhältnis und zum Aufwand, der betrieben werden muss (Kosten-Nutzenverhältnis), um Qualität zu erreichen. Qualität wird bestimmt durch Prozess- und Projektmanagement (PDCA) und dem Ergebnis (Outcome) sowie durch die Einhaltung und Umsetzung von Standards, Verfahrensanweisungen (Dienst- oder Arbeits- und Betriebsanweisungen), Regeln und Normen, um bestimmte Qualitätsanforderungen im Sinne einer kundenorientierten Einrichtung (sowohl interne als auch externe Kunden) zu erfüllen!

2.1.1 Konstrukt von Qualität – »eine messbare Größe«

Es gibt unterschiedliche Theorien zum Begriff »Qualität«. Qualitätskonzepte, die eine Neustrukturierung des Gesundheitswesens zur Folge hatten, basieren auf Arbeiten von Qualitätsexperten wie *Walter Andrew Shewhart, Armand V. Feigenbaum, Philip Bayard Crosby* und *William Edwards Deming.*

Die Bedeutung und die Zugänge zur Qualitätsbestimmung im Unternehmen wurde erstmals in den 1940er- und 1950er-Jahren angesprochen. 1951 definierte *Feigenbaum* Qualität als Fähigkeit eines Produkts, seine Zweckbestimmung mit geringster Kostenbelastung zu erfüllen. So wurde von Anfang an eine Verbindung zwischen Qualität und Kosten hergestellt. *Philip Crosby* erkannte die Bedeutung der Verbindung zwischen der Qualität und den Kosten, aber erweiterte die Definition um die Anpassung an die Anforderungen, d. h. Qualität wird erreicht, wenn bestimmte, genau definierte Spezifikationen (also Anforderungen) oder Standards erfüllt werden. Schlechte Qualität entsteht durch mangelnde Anpassung. Qualität ist nicht unbedingt mit Güte gleichzusetzen.

Obwohl die Ansatzpunkte eines jeden Qualitätsexperten durchaus unterschiedlich sein können, gibt es doch Gemeinsamkeiten:

- Das Aussehen und die Ausgestaltung muss beschrieben und sollte in jedem Fall durch ein Messsystem bewertet bzw. gemessen werden können, z. B. am Erfolg und dem Zielerreichungsgrad.
- Die Qualität steht mit dem Ergebnis und der Erfüllung von Kundenanforderungen in Zusammenhang.
- Das Wichtigste bei allen Qualitätsbestrebungen ist das tatsächliche Ergebnis (Outcome) im Vergleich mit dem Aufwand (Kosten-Nutzen).
- Die Qualität basiert auf der Grundlage von Spezifikationen (Anforderungen und Standards), von gesetzlichen, behördlichen und normativen Anforderungen und wird durch diese beeinflusst (relevante interessierte Anspruchsgruppen) und bestimmt.
- Die Qualität und seine Mehrdimensionalität ist ein dynamischer Prozess und muss durch die Heim- und Pflegedienstbetreiber initiiert, beobachtet und deren Leistungsfähigkeit muss gemessen (Leistungsindikatoren) werden.
- Die Qualität beinhaltet eine fortlaufende Leistungsverbesserung – einen Stillstand gibt es nicht.
- Die Qualität liegt im Verantwortungsbereich eines jeden Mitarbeiters und betrifft somit jeden Mitarbeiter, nicht nur die Qualitätssicherung.
- Das Engagement für Qualität muss sich von der Leitungsebene »Top-down« auf die gesamten Mitarbeiter »Bottom-up« innerhalb der Einrichtung erstrecken sowie die Organisation mit ihren internen Strukturen und Abläufen miterfassen.

Definition

Nach der DIN EN ISO 9000:2015-11 bezieht sich der Qualitätsbegriff auf den *»Grad, in dem ein Satz inhärenter Merkmale Anforderungen erfüllt« und ist auf seine messbaren Prozesse die miteinander interagieren, um Ergebnisse zu erzielen, bezogen.*

Ein inhärentes und ständiges »Qualitätsmerkmal« bezieht sich auf definierte und vor allen Dingen vorbestimmte messbare Maße und bestehende Anforderungen eines Objekts (Produkte oder Dienstleistungen). »Inhärent« bedeutet im Gegensatz zu »zugeordnet« »einem Objekt innewohnend«, als ein ständiges Merkmal oder Eigenschaft. Der Begriff von »Qualität« und deren Übereinstimmung mit festgelegten Anforderungen kann sich somit auch auf die Adjektive wie »schlecht«, »gut« oder »ausgezeichnet« beziehen und beinhaltet ebenso die Qualität einer Pflegeeinrichtung oder eines ambulanten Pflegedienstes mit ihren Strukturen und internen Abläufen!

Der Sinn des Qualitätsbegriffs wird in der DIN EN ISO 9000:2015 sehr deutlich formuliert: *»Eine auf Qualität ausgerichtete Organisation fördert eine Kultur, die zu Verhaltensweisen, Einstellungen, Tätigkeiten und Prozessen führt, die Wert schaffen, indem sie die Erfordernisse und Erwartungen von Kunden und anderen relevanten interessierten Parteien erfüllen«* (DIN EN ISO 9000:2015).

Die Qualitätsmerkmale in einer vollstationären Pflegeeinrichtung einschließlich der Kurzzeitpflege bzw. in einem ambulanten Pflegedienst beziehen sich kontextbezogen auf:

- eine fach- und sachgerechte professionelle Pflege nach pflegewissenschaftlichen Erkenntnissen,
- die gute Betreuung und Pflege der Pflegekunden, Bewohner und der Gäste in der Kurzzeitpflege,
- hohe pflegerisch-medizinische Standards nach allgemein anerkanntem Stand,
- optimale und kontinuierliche Versorgungsabläufe (Versorgungskontinuität),
- gute Versorgungsergebnisse (Ergebnisqualität) im Zeitverlauf,
- gute Bewertungen der individuellen Bewohnerversorgung durch die externen Qualitätsprüfer in der stationären Pflege,
- die eigenen persönlichen Qualitätsansprüche in der Umsetzung einer individuellen bedarfs- und bedürfnisgerechten Pflege und Betreuung von hilfe- und pflegebedürftigen Menschen.

Eine angemessene und gute Qualität durch ein lebenslanges Lernen der Teams sichert nachweislich die Existenz von Dienstleistungsunternehmen im Pflegesektor und letztendlich auch Arbeitsplätze. Wie verschiedene Praxisbeispiele aufzeigen, werden oftmals Veränderungsprozesse immer nur dann ausgelöst, wenn die eigene Existenz durch eine bedrohliche Situation für das eigene Unternehmen besteht. Erst dann, werden oftmals die notwendigen Prozesse zur Qualitätsverbesserung ausgelöst oder in Gang gesetzt. Insgesamt ist diese Herangehensweise kein verantwortungsvolles unternehmerisches Handeln und bewirkt keine Versorgungskontinuität und kein Vertrauen sowie Sicherheit gegenüber den Anspruchsgruppen als ein wichtiges Qualitätsziel und Qualitätsindikator.

Tab. 10: Qualität und ihre Auswirkungen

Mit Qualität die Zukunft sichern:	Qualität wird bestimmt durch:
• zur Sicherung und Aufrechterhaltung der Existenz • durch die Einbeziehung der Mitarbeiter aller Hierarchieebenen und Dezentralisierung von Kompetenzen • um Vertrauen und Sicherheit in die Dienstleistungen zu haben • um die Dienstleistungen stets zu verbessern und weiter zu entwickeln • durch ein ausgewogenes Verhältnis zwischen Preis, Leistung, Ergebnis und Aufwand nach dem Wirtschaftlichkeitsprinzip • um wettbewerbs- und konkurrenzfähig zu bleiben • zur Effizienz- und Effektivitätssteigerung	• die Einhaltung und Umsetzung der gesetzlichen, behördlichen und normativen Anforderungen • die Erwartungen eines Betreibers und der relevanten interessierten Parteien (Kunden, Mitarbeiter, externe Anbieter, Gesellschaft, Eigentümer) • die Qualitätserfordernisse und Anforderungen • den Grad der Erfüllung von vorausgesetzten oder verpflichtenden Kundenerwartungen • die Minimierung von Fehlern durch ein risikobasiertes Denken »Fehlervermeidung statt Fehlerbeseitigung« • die vorhandenen Kompetenzen der Mitarbeiter • die Umsetzung und Förderung eines Wissensmanagements in der Pflegeorganisation

Fazit **Was ist Qualität?**

Auf einen Nenner gebracht lässt sich diese Frage mit dem Satz beantworten: *»Qualität in der ambulanten und stationären Pflege bedeutet die Erfüllung der Kundenanforderungen zu optimalen Preisen im Kontext der Struktur-, Prozess- und Ergebnisqualität.«*

In einem funktionierenden und sinnstiftenden Qualitätsmanagementsystem müssen sich daher Effektivität und Effizienz widerspiegeln! Maßnahmen des Qualitätsmanagements sind alle Tätigkeiten, Abläufe und Prozesse, die zum Erreichen dieser festgelegten Anforderungen erforderlich sind. Nicht immer sind sämtliche Kundenbedürfnisse gleichermaßen zu erfüllen. Manchmal übertrifft die Kundenerwartung die Kundenanforderungen, die von einer Organisation erbracht bzw. bereitgestellt wird. Dies ist eine besondere Herausforderung für Pflegeanbieter. In diesem Fall muss eine Kombination von Qualitätsmerkmalen gefunden werden, die den gestellten Ansprüchen der Kunden am ehesten entspricht.

Für zugelassene Pflegeeinrichtungen und ambulante Pflegedienste werden hier einige Beispiele für mögliche vorausgesetzte oder verpflichtende Erwartungen der Kunden genannt:

- Eine attraktive Außen- und Innenwirkung, ein anspruchsvolles und gutes Image der Einrichtung, das den Kunden ein Gefühl der Sicherheit und Geborgenheit von einem »Zuhause-Sein« vermittelt.
- Eine individuelle Ausstattung (Wohnqualität und -größe) und eine angenehme Atmosphäre, die den eigenen Bedürfnissen der Kunden im Hinblick auf ihr Freizeitverhalten, Tagesstruktur und Lebensqualität entspricht.
- Ein hoher Service und ein entsprechender altersgerechter Bedienungskomfort (inklusive der technischen Assistenzsysteme mit intelligenter Technik) und eine gehobene Servicequalität, der mit der Freundlichkeit und Hilfsbereitschaft gegenüber den Kunden beim ersten (Telefon-)Kontakt beginnt und über den gesamten Dienstleistungsbereich aufrechterhalten wird.
- Ein Gefühl von umfassender Sicherheit. Die älteren Kunden haben in diesem Lebensabschnitt ein gesteigertes Bedürfnis nach Geborgenheit und Sicherheit und sollen das Gefühl vermittelt bekommen, dass es der richtige Entschluss war, sich gerade für diese Pflegeeinrichtung zu entscheiden.
- Ein kompaktes Angebot von Leistungen aus den Bereichen der Alltagsgestaltung, abwechslungsreiche tagesstrukturierende sowie zielgruppenspezifische Angebote (nahezu täglich!), Kultur, Älterwerden, Soziales und Gesundheit, dessen Inanspruchnahme dem Kunden während jeder Phase des Aufenthalts ermöglicht werden kann, z. B. durch die zusätzlichen Betreuungskräfte (§§ 84 Abs. 8 und 85 Abs. 8 S. 1 SGB XI n. F.).
- Ein Preis, der im Falle eines Falles eine »Rund-um-die-Uhr-Betreuung und Versorgung« einschließt bzw. sicherstellt.
- Eine interessante und informative Präsentation der Einrichtung und ihrer Leistungen, nach innen und nach außen, mit der sich der Kunde gerne identifizieren möchte.

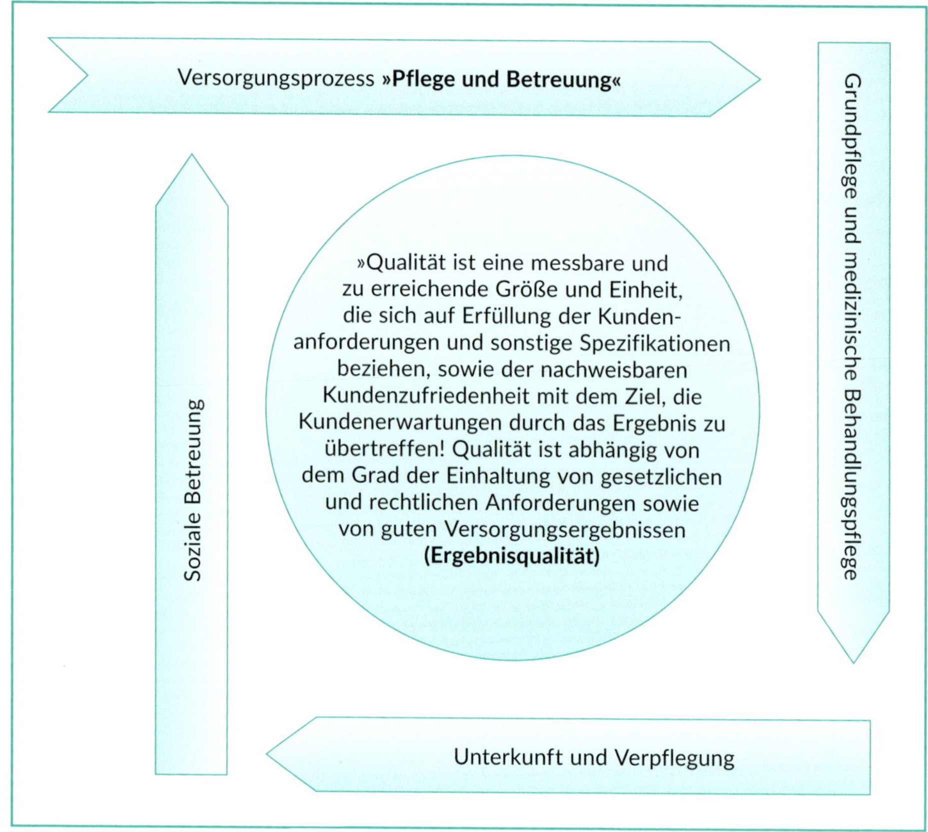

Abb. 13: qualitätsbezogene Leistungen

Ein Produkt oder eine Dienstleistung, die die Spezifikationen erfüllt, zeigt Qualität, egal, um welches Produkt oder um welche Dienstleistung, als eine Interaktion zwischen der Organisation und dem Kunden, es sich handelt: *»Qualität ist eine erreichbare, messbare und nützliche Größe, wenn Engagement und Verständnis sowie Bereitschaft zu harter Arbeit vorhanden sind«* (*Crosby*). Aus japanischer Sicht entsteht Erfolg und hohe Qualität aus dem Gleichgewicht von Kontinuität und Erneuerung. KAIZEN (»Veränderung oder Wandel zum Besseren«) ist ein von *Taiichi Ohno* entwickeltes japanisches Management-Konzept und gehört zu den dezentralen, internen Qualitätsmanagementmethoden.

Info

Auch wenn der Begriff »Produkte« in der Vergangenheit ebenso die Dienstleistungen miterfassen sollte, so wird nun in der fünften Ausgabe der ISO 9001 einheitlich von »Produkte und Dienstleistungen« oder von einer »Dienstleistungserbringung« in der Norm gesprochen, damit der Dienstleistungsbereich für die Anwender ausdrücklich angesprochen wird (vgl. DIN EN ISO 9000:2015).

2.1.2 PDCA-Zyklus nach Deming

Der Begriff »Deming-Kreis« oder auch »Demingsche Reaktionskette« ist nach *Dr. William Edward Deming* (1900–1993) benannt, einem amerikanischen Physiker und Statistiker, dessen Wirken maßgeblich den heutigen Stellenwert des Qualitätsmanagements weltweit beeinflusst hat. *Deming* betonte den ständigen Weiterentwicklungs- und Verbesserungsprozess im Sinne einer kontinuierlichen Verbesserung in einem Zeitablauf. Durch die Revision der DIN EN ISO 9000:2015 wird durchgängig von einer fortlaufenden Verbesserung gesprochen, die eine wiederkehrende Tätigkeit darstellt mit dem immanenten Ziel, die Leistung einer Organisation und somit im Qualitätsmanagement zu steigern. Der Verbesserungsprozess ist der Grundgedanke der ISO 9000 und ist durch die Umsetzung des PDCA-Zyklus geprägt. Eine Zertifizierungsreife ist z. B. dann gegeben, wenn der PDCA-Zyklus in den von der ISO-Norm 9001 relevanten Anforderungen umgesetzt wurde.

Die Überwachung und das Streben nach einer fortlaufenden Verbesserung (s. DIN EN ISO 9001:2015, Normabschnitt 10.3) von Tätigkeiten oder Aufgaben in der Praxis soll die Dienstleistungsqualität bspw. in einer stationären Pflegeeinrichtung oder in einem ambulanten Pflegedienst in ihrem Kontext dauerhaft sicherstellen und positiv fördern. Unter Zuhilfenahme des PDCA-Zyklus werden bei einer fortlaufenden Verbesserung bspw. in einem QM-System auf der Basis der festgelegten Qualitätspolitik die messbaren Qualitätsziele sowie die wichtigsten Prozesse in einem Prozessmanagement wiederkehrend überprüft und deren Funktionieren unter Realbedingungen bewertet. Diese Vorgehensweise kann genauso in einem Projektmanagement auch bei einer zeitlichen Befristung (Projekt beinhaltet einen Anfang und immer ein definiertes Ende) angewendet werden, um Chancen zur Verbesserung gewinnen zu können. Durch diese Art der Risikoanalyse und -bewertung lassen sich mögliche Risiken zu Beginn schnell erfassen und analysieren oder ausschließen, um dann ggf. Maßnahmen im Sinne der Qualitätssicherung und als eine Chance zur Veränderung ergreifen zu können.

Der PDCA-Zyklus nach *Deming* wird auch als **Problemlösungsprozess** bezeichnet der sich darauf konzentriert Lösungen für ein Problem zu suchen anstatt nur die Probleme zu betrachten. Die Japaner nennen den ursprünglichen Deming-Aktivitätskreislauf im Unternehmen als »Deming-Cycle« und haben damit einen Kreislauf zur Verbesserung beschrieben. Die Denkweise von *Dr. W. Edward Deming* wurde in Japan zu einer Qualitätsnorm! *Deming* betonte den ständigen Verbesserungsprozess im Sinne einer kontinuierlichen Verbesserung.

Der vierstufige PDCA-Zyklus erinnert stark an den Pflegeprozess: Ein professionelles pflegerisches Handeln und interagieren wird nach diesem Regelkreis geplant, anschließend systematisch und nachvollziehbar umgesetzt, um dann überprüft und ggf. optimiert zu werden. Mit dem Fokus auf die fortlaufende Qualitätsverbesserung können Fehler aufgedeckt und als Chance aufgegriffen werden. Wenn dieser Zyklus im Team beherzigt wird, so wird geplant, ein Ziel benannt und angesteuert, es können Fehler in einem System oder Prozess leichter und schneller erkannt werden sowie Verbesserungsmaßnahmen strukturiert vorbereitet und unter kontrollierten Bedingungen umgesetzt werden.

Demings Betonung der ständigen Verbesserung zeigt sich auch in der japanischen Idee des KAIZEN – als ein Wandel sowie ein ständiger Verbesserungsprozess, bei dem jeder am Streben nach besserer Leistung beteiligt ist. Er basiert auf dem Glauben, dass wir ständig wirkungsvolle Systeme entwickeln und verbessern müssen, um höhere Qualität zu niedrigen Kosten zu erreichen. In Japan hat die Idee der damaligen »kontinuierlichen« Verbesserung zu sehr großen Erfolgen geführt.

Der **Kontinuierliche Verbesserungsprozess** (»KVP«) und die Fähigkeit der Mitarbeiter zur fortlaufenden Verbesserung ihrer Abläufe im Sinne der einrichtungsinternen Ziele hat den Ansporn, immer wieder neu definierte kleinere Etappenziele festzulegen und gemeinsam mit den Leitungskräften und den Mitarbeitern zu erreichen. Die Etappenziele oder Meilensteine sowie die Abschätzung von möglichen Risiken sind in jedem Prozessmanagement wichtige Erfolgsfaktoren.

Der fortlaufende Verbesserungsprozess ist kein Selbstzweck, da alle Mitarbeiter in allen Arbeitsbereichen, z. B. Küche, Hauswirtschaft, Haustechnik und Pflege hiervon betroffen sind und Verbesserungen die gesamte Pflegeeinrichtung oder den ambulanten Pflegedienst betreffen können

Die Zielsetzung der fortlaufenden Verbesserung stützt sich neben den strukturellen Voraussetzungen auf zwei Aspekte:

1. Prozessorientierung = optimale Prozesse, Verfahren und Abläufe (vermittelt Sicherheit und Vertrauen)
2. Ergebnisorientierung = optimale Ergebnisse der Einrichtung (garantiert den Erfolg)

Jeder Mitarbeiter kann durch seine Fähigkeiten und sein Können am Verbesserungsprozess mitwirken. Die Unternehmensziele (Qualitätsziele) werden mit den Führungskräften durch Zielvereinbarungen untermauert und in der Einrichtung durch ein »Wollen« realisiert. Um das Erreichen der Qualitätsziele voranzutreiben, ist es sinnvoll, diese Zielvereinbarungen mit den Führungskräften, die für die Umsetzung dieser Vorgaben unmittelbar verantwortlich sind, im gegenseitigen Einverständnis zu vereinbaren. Die vereinbarten Ziele müssen transparent gemacht werden. Die Zielerreichung und der Nutzen für die Pflegeeinrichtung bzw. für den ambulanten Pflegedienst müssen in jedem Fall messbar oder überprüfbar sein.

Im Bereich Qualitätsverbesserung wird differenziert zwischen:

- Kontinuierliche Verbesserungsprozesse auf der Grundidee von dem japanischen Wort »Kaizen« (Veränderung zum Besseren) entstammt (Etappenziele, d. h. kleinere Schritte),
- Innovative Verbesserungsprozesse (Qualitätsgewinn durch Innovationen, d. h. Verbesserung in großen Sprüngen).

Beim Kontinuierlichen Verbesserungsprozess (KVP) geht es darum, Probleme und *»Schwachstellen zu erkennen, Problemlösungssystematiken im Team zu entwickeln, systematisch zu erarbeiten, zu visualisieren (QC-Werkzeuge) und umzusetzen«*. Der nachfolgend dargestellte »PDCA-Zyklus« (plan, do, check, act) nach *Deming* kann als fortwährender dynamischer Prozess zur fortlaufenden Qualitätsverbesserung in der stationären oder ambulanten Pflege verstanden und angewendet werden (▸ Abb. 14).

Der kontinuierliche Verbesserungsprozess beginnt, unter Einbeziehung der Organisationskultur, mit der Festlegung des zu erreichenden bzw. zu erwartenden Qualitätsniveaus in Form von Qualitätszielen auf der Grundlage der Qualitätspolitik. Daraus erfolgen die Analyse, Planung, Umsetzung sowie die Überwachung der Prozesse und letztendlich die Evaluation der Wirksamkeit. Das Ergebnis entscheidet, inwieweit die Maßnahmen und ggf. auch die Qualitätsziele angepasst (korrigiert bzw. optimiert) werden müssen.

Nach *Deming* wird dieses Vorgehen in vier Phasen eingeteilt:

1. **Plan** = Identifikation von Problemursachen und dessen Priorisierung
   Die Festlegung von Zielen – der »*Deming*-Kreis« beginnt zu »rollen« ...!
2. **Do** = Maßnahmenplan und Umsetzung der Lösungen
3. **Check** = Soll-Ist-Vergleich (kontrollieren)
   Hat die Umsetzung funktioniert und welches Ergebnis wurde erzielt (Erfolg)?
4. **Act** = Anpassung und Veränderung
   (Verbesserung erreicht – Korrekturen notwendig?)

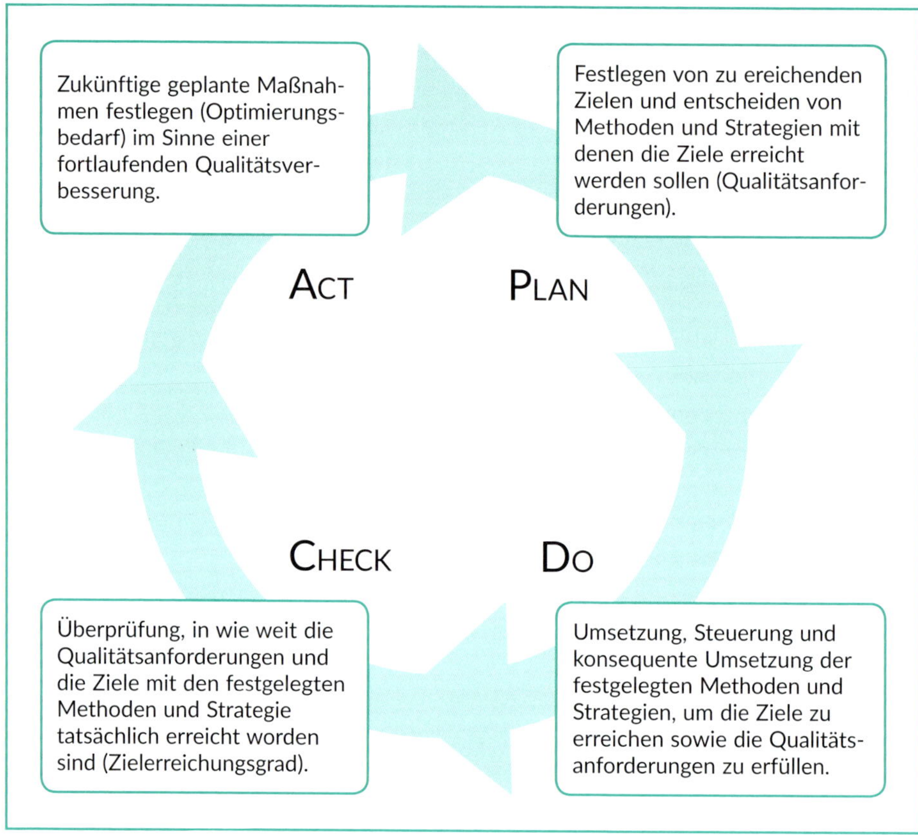

Abb. 14: PDCA-Zyklus nach Deming

Das wiederholte Durchlaufen der Phasen nach diesem Zyklus (1–4) ist wichtig, da bei jeder Wiederholung das bestehende Problem und die »Schwachstellen« mehr eingegrenzt und Erfahrungen aus vorherigen Zyklen beim nächsten Durchlauf berücksichtigt, d. h. als Erfahrungen eingebunden werden können.

Der PDCA-Zyklus kann neben einem Prozessmanagement genauso auf Einzelthemen sowie auf Einzelprojekte, losgelöst von den routinemäßigen Aufgaben und Tätigkeiten an ein festgelegtes Projektteam von maximal fünf bis sieben Projektmitglieder, als ein Projektmanagement übertragen werden. Projekte im Sinne eines **Projektmanagements** werden nach der ISO 10006:2017-11 bzw. ISO 10006:2019-4 (Entwurf) (Qualitätsmanagementsysteme – Leitfaden für Qualitätsmanagement in Projekten) als ein einmaliger Ablauf (Start- und Endtermin festlegen!) von festgelegter Dauer auf der Basis eines Projektauftrages durch den Projektauftraggeber in einer Projektskizze mit einer Zeit- und Kostenplanung (Projektplan) projektiert und durch eine Projektleitung inhaltlich begleitet und koordiniert. Dazu können die Leitfäden DIN 69901-1:2009 »Projektmanagement – Projektmanagementsystem – Teil 1:

Grundlagen« sowie der Leitfaden DIN 69901-2:2009 »Projektmanagement – Projektmanagementsysteme – Teil 2: Prozesse, Prozessmodell« in der Projektplanungsphase für jedes Projektmanagement zur Unterstützung und zur Steuerung bis zum erfolgreichen Abschluss durch die QM-Verantwortlichen bzw. durch die Projektleitung zur Unterstützung ergänzend herangezogen werden. Durch den kurzen Lebenszyklus und der Dynamik eines Projektes ist in den Phasen des Projektmanagements neben der Zeit- und Kostenplanung die Risikoanalyse als ein wichtiger Schritt von unschätzbarem Wert, da dieser Schritt einen entscheidenden Einfluss auf den Projekterfolg einnimmt. Die Risiken und deren Auswirkungen in einem Projekt nach dem PDCA-Zyklus müssen grundsätzlich immer identifiziert und kontrolliert werden.

Ein **Prozessmanagement** (z. B. Kernprozess, Führungsprozesse, Dokumentationsprozesse etc.) versteht sich hingegen als ein sich ständig wiederholender Kreislauf in jedem organisationsspezifischen Qualitätsmanagementsystem! Immer dann, wenn eine Neuerung oder eine Optimierung von Prozessen beabsichtigt wird, kann die Vorgehensweise nach dem PDCA-Zyklus als ein bewährtes Instrument – im Sinne eines Projektmanagements – für eine strukturierte Einführung eingesetzt werden.

Der PDCA-Zyklus nach *Deming* und seine Art der Themenbearbeitung, mit dem Anspruch der fortlaufenden Verbesserung eines Qualitätsmanagementsystems und seiner Prozesse, hat in verschiedenen Wirtschaftszweigen und anderen Managementsystemen Eingang gefunden. Er kann als Methode für alle Einzelprojekte und Prozesse im Sinne von Verbesserungen jedweder Einrichtung (unabhängig von der Organisationsart) branchenunabhängig eingesetzt werden. Im Hintergrund des Pflegeprozesses erinnert der vierstufige Regelkreis des »PDCA-Zyklus« an das »Vier-Phasen-Modell« oder an die »Vier-Elemente« nach *Yura* und *Walsh* analog der WHO (1983):

1. Assessment
2. Planung der Pflegemaßnahmen
3. Intervention
4. Evaluation

In den 1980er-Jahren wurde das »Vier-Phasen-Modell« von *Verena Fiechter* und *Martha Meier* als meist verwendetes deutschsprachiges Modell aufgegriffen und im Pflegeprozess als »6-Phasen-Modell«) (vgl. Abb. 15) dargestellt:

1. Informationssammlung
2. Erkennen von Problemen und Ressourcen
3. Festlegen der Pflegeziele
4. Planung der Pflegemaßnahmen
5. Durchführung der Pflege
6. Beurteilung der Wirkung der Pflege

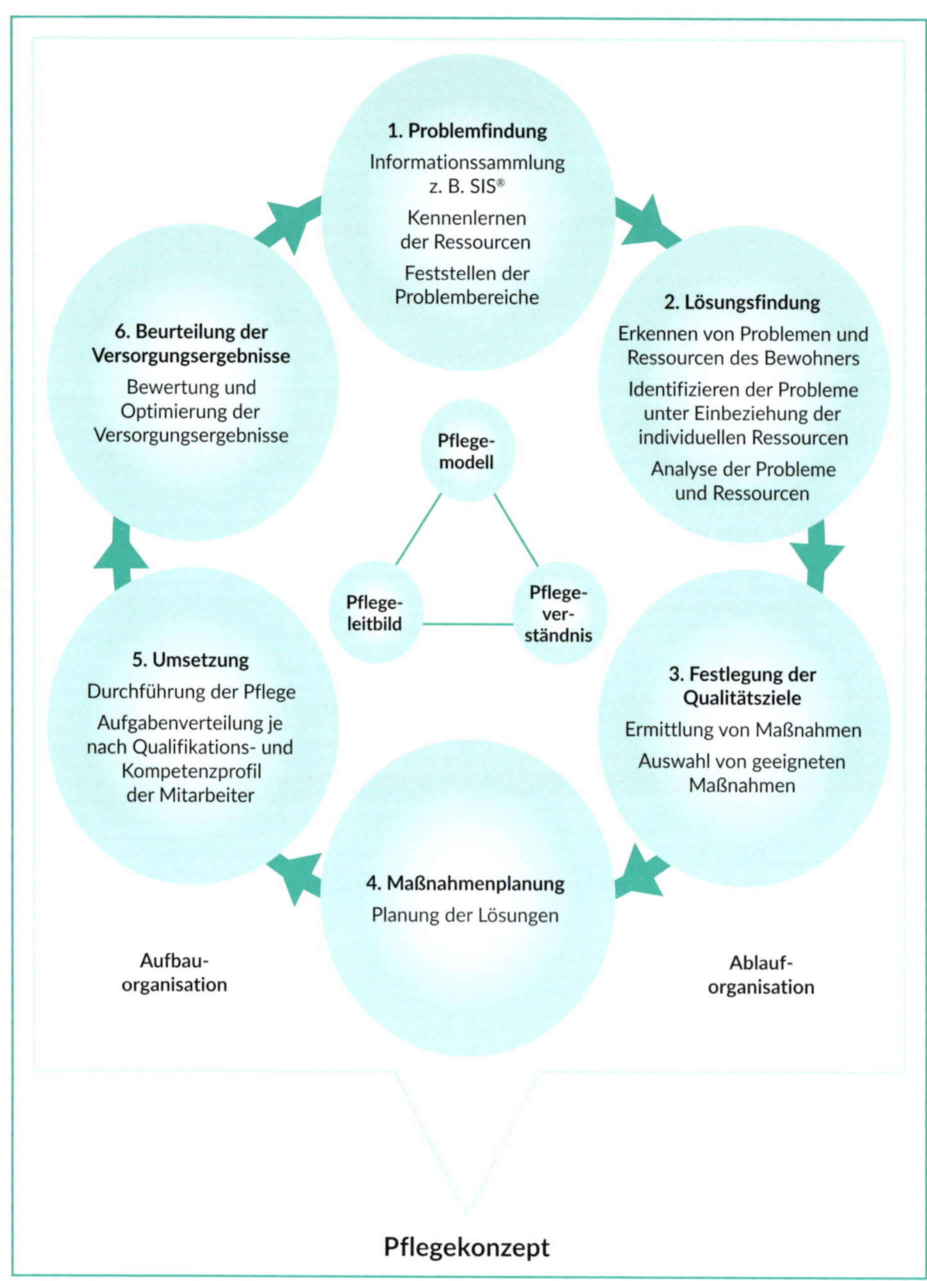

Abb. 15: Planung der Pflege im Sinne des Pflegeprozesses

2.1.3 Historische Entwicklung des Qualitätsmanagements ...

In den 1930er-Jahren

Entwicklung von statistischen Verfahren und Methoden zur Prozessüberwachung bzw. -regelung und zur Stichprobenprüfung (SPC).

In den 1950er-Jahren

Durch *Dr. W. E. Deming* und *Dr. J. M. Juran* entwickelt sich in Japan ein neues Qualitätsverständnis in Richtung Qualitätsmanagement. Statistische Prozessregelung, Demings 14 Schritte zur kontinuierlichen Qualitätsverbesserung und ein systematisiertes Vorgehen bilden hierbei die Grundlagen für ein Qualitätsmanagement deren Managementphilosophie auch heute noch einen hohen Stellenwert hat.

In den 1960er- und 1970er-Jahren

Von der Qualitätsprüfung (Fehlerentdeckung - Warenendprüfung) entwickeln sich die Anstrengungen hin zur Fehlervermeidung. *Prof. K. Ishikawa* prägte in Japan den Begriff des Company Wide Quality Control (CWQC) als ein Qualitätssicherungskonzept (Qualitätskontrolle) sowie strategisches Qualitätsmanagement mit der Einbeziehung der Mitarbeiter aller Hierarchieebenen, um nicht nur eine Qualität von Produkten zu erzeugen sondern auch um eine Qualitätsverbesserung für das gesamte Unternehmen zu erreichen. Er entwickelte das Ursache-Wirkungs-Diagramm (auch Ishikawa-Diagramm genannt) als ein Hilfsmittel zur Visualisierung eines Problemlösungsprozesses und setzte diese Methode in den Qualitätszirkeln ein. Entsprechende Maßnahmen werden durch die Einrichtung von Qualitätszirkeln ermittelt, um eine kontinuierliche Qualitätsverbesserung im Wettbewerb und zur Qualitätssicherung zu erzielen. Seine umfassende Sichtweise von Qualitätsmanagement bezog sich somit nicht nur auf die Qualität der Produkte sondern umfasste unter der Berücksichtigung der Managementphilosophie von *Deming* das gesamte Management in einem Unternehmen.

In den 1980er-Jahren

Im Jahr 1987 entstand die ISO 9000-Normenfamilie als international anerkannte Norm für modernes Qualitätsmanagement mit der Differenzierung zwischen ISO 9001, 9002 und der ISO 9003. Qualitätssicherung, welche nur einzelne Bereiche eines Unternehmens betrifft, wandelt sich zu Qualitätsmanagement und Total Quality Management (TQM). Entwicklung von Verfahren zur Fehlerverhütung in der Planungsphase (z. B. »FMEA«).

In den 1990er-Jahren

Qualitätsmanagement erfasste durch eine Neuauflage im Jahr 1990 und 1994 alle Bereiche einer Organisation und wird zu einem ganzheitlichen Qualitätsdenken der allgemeinen Managementlehre. Die DIN EN ISO 9000 ff. für QM-Systeme etablierte sich mit insgesamt drei Normen ISO 9000 (Grundlagen und Begriffe), 9001 (Anforderungen) und ISO 9004 als Leitfaden zur Leistungsverbesserung bei Organisationen fast aller Branchen mit unterschiedlichen Betriebsgrößen. Mit der zunehmenden Verbreitung und dem Wissen um diese Normen sowie der darauf basierenden Zertifizierungen wurde die Anwendung auf vielfältige Bereiche der Wirtschaft – produzierende Unternehmen, als auch Dienstleistungsunternehmen – ausgedehnt.

Dezember 2000

Im Dezember 2000 wurde die ISO 9000:2000 ff. durch eine große Reform (prozessorientiertes QM-System) eines der besten Werke zum Thema »Umfassendes Qualitätsmanagement« und war wesentlich praxisbezogener in der Anwendung im Vergleich zu der alten DIN EN ISO Norm 9000:1994 mit den 20 Elementen. Mit der revidierten Norm ist die Annäherung und Verknüpfung an TQM/EFQM gestartet worden.

Im Jahr 2005 wurde die DIN EN ISO 9000:2000-12 überarbeitet, um einheitliche Begriffsdefinitionen für die Normen ISO 9001 und ISO 19011:2002 vorzunehmen. Die Änderungen der ISO 9000 ff. stehen im Wesentlichen mit der DIN EN ISO Norm 19011:2002-12 (*»Leitfaden für Audits von Qualitätsmanagement- und/oder Umweltmanagementsystemen«*) in einem Zusammenhang.

Die *DIN EN ISO 9000:2005-12 »Qualitätsmanagementsysteme – Grundlagen und Begriffe«* wurde im Dezember 2005 veröffentlicht und somit die DIN EN ISO 9000:2000-12 im April 2006 für ungültig erklärt! In der DIN EN ISO 9000:2005 sind Begriffe (z. B. im 3. Abschnitt: »Externer Anbieter-Organisation-Kunde«, *vorher* in der ISO 9001:2000) aufgenommen und Begriffsdefinitionen wie z. B. »Qualifikation« durch »Kompetenz« ersetzt. Auch erfolgten in der neuen DIN ISO 9000 ff. einige Definitionsänderungen wie z. B. für Qualitätspolitik, Qualitätsplanung, Qualitätsverbesserung und Vorbeugungsmaßnahmen etc.

Die DIN EN ISO-Norm 19011:2002-12 *»Leitfaden für Audits von Qualitätsmanagement- und/oder Umweltmanagementsystemen«* ersetzte im Dezember 2002 die vorherige DIN EN ISO-Norm 10011-Teil 1-3:1991 (Qualitätsmanagementsysteme) und 14010-14012 :1996 (Umweltmanagementsysteme) zur Durchführung von Audits (Qualitätsmanagement und Umweltaudits).

Dezember 2008

Mit der Revision der Norm 9001 »Qualitätsmanagementsysteme – Anforderungen« erfolgen mit der DIN EN ISO 9001:2008 einige Neuerungen (ISO/DIS 9001:2008-12). Die DIN EN ISO 9001:2008 schaffte für die Anwender mehr Klarheit und Präzisierungen in den einzelnen Normabschnitten und im Mittelpunkt wurde auch weiterhin an dem prozessorientierten Ansatz (»Prozessmodell mit Anforderungen«) für die Entwicklung, Verwirklichung und Verbesserung der Wirksamkeit des QM-Systems festgehalten. Die DIN EN ISO Norm 9001:2008 war auch damals die alleinige branchenunabhängige Zertifizierungsnorm für alle Betriebe die ein QM-System darlegen, aufbauen, aufrechterhalten und verwirklichen wollten. Die dazugehörende DIN EN ISO 9004 stellte dabei den Qualitätsmanagementansatz dar, um die Anwendung der DIN EN ISO 9001:2008 zu erläutern.

In der Betrachtung der DIN EN ISO 9001:2008 zeigte sich, dass sich die DIN EN ISO-Norm 9001:2008 auch auf integrierte Managementsysteme (z. B. Arbeitsschutz etc.) bereits bezogen hat. Für die Anwender hat dies bis heute große Vorteile gegenüber lose gekoppelten Managementteilsystemen (z. B. Verträglichkeit der Normen wie DIN EN ISO 9001 und Umweltmanagementsysteme nach der internationalen DIN EN ISO 14001:2015-11 als Umweltmanagementnorm etc.).

Aufbauend auf den DIN EN ISO Normen zur Darlegung des Qualitätsmanagementsystem etablieren sich eine Reihe von branchenspezifischen Darlegungsnormen mit der Festlegung von eigenen branchenspezifischen Anforderungen. Oft sind diese branchenspezifischen Darlegungsnormen mit ihren zusätzlichen anwendungsspezifischen Zusatzforderungen (branchenspezifische Normen) im Fall einer Zertifizierung des QM-Systems an die Anforderungen der DIN EN ISO 9001 gekoppelt welches als Tandemzertifizierung bezeichnet wird. Beispiele für eine Tandemzertifizierung eines QM-Systems lassen sich bspw. finden in den Managementanforderungen der BGW zum Arbeitsschutz (Zertifizierung nach MAAS-BGW) oder die Zertifizierung nach dem AWO-Tandemkonzept des Bundesverbandes der Arbeiterwohlfahrt e. V.

November 2015

Am 15. September 2015 wurde von der Deutschen Akkreditierungsstelle (DAkkS) die neue DIN EN ISO 9001:2015 »Qualitätsmanagementsysteme – Anforderungen« in Deutschland als weiterhin alleinige Zertifizierungsnorm mit einer dreijährigen Übergangsfrist (15. September 2018) der alten DIN EN ISO 9001:2008 aufgelegt. Mit Ablauf der Übergangsfrist wurden demnach alle Zertifikate nach ISO 9001:2008 ungültig. Neben den Änderungen von Begriffen wurde in der aktuellen Fassung der DIN EN ISO 9001:2015 zur besseren Lesbarkeit eine einheitliche »High Level Structure« für andere Managementsysteme festgelegt. Diese Qualitätsnorm enthält einige Neuerungen in den einzelnen Anforderungen wie z. B. die konkrete Benennung von »Dienstleistungen« (vormals nur Produkte) die entweder personenbezogen (Menschen) oder sachbezogen (eine Wartung oder Reparatur eines Gerätes) erbracht werden kann. Ebenso wurden neben den Änderungen und den Erweiterungen von ausgewählten Begrifflichkeiten und neuen Themen, wie z. B. der Kontext der Organisation, das Wissensmanagement sowie die Bestimmung von Risiken und Chancen im QM-System, in der aktuellen und derzeit gültigen Fassung in den Mittelpunkt gestellt. So ist einer der größten Herausforderungen nach der neuen DIN EN ISO 9001:2015 durch den risikobasierten Ansatz die Risiken und Chancen in den risikobehafteten Prozessen als Zukunftszenario zu ermitteln und zu identifizieren, um folglich geeignete Maßnahmen zur Risikobeseitigung oder -minimierung frühzeitig ergreifen zu können. Der Umgang mit Risiken und Chancen und deren Bewertung mit der Frage »Was bedeutet dieses Risiko für uns?« und »Besteht bei der Planung und Umsetzung ein anhaftendes Risiko?« ist eines der bedeutendsten Anforderungen in dem QM-System nach der internationalen Qualitätsnorm.

Ein Risiko innerhalb eines Aufnahmeprozesses oder in dem Prozess der Pflegeüberleitung in der ambulanten Pflege könnte sein, dass bestimmte Kundenanfragen, z. B. eine Übernahme eines Bewohners oder eines Pflegekunden in der ambulanten Versorgung mit einer parenteralen Ernährung über einen implantierten Port, durch das nicht Vorhandensein von Pflegefachkräften oder speziell weitergebildeten Mitarbeitern nicht bewerkstelligt werden kann. Die Ablehnung der Aufnahme oder einer Pflegeüberleitung und -übernahme im häuslichen Umfeld kann negative Effekte sowohl auf die Auslastungs- und Belegungssituation haben als auch den »guten Ruf« einer stationären Pflegeeinrichtung oder eines ambulanten Pflegedienstes schwächen und sich mittelfristig zu einem Imagekiller entwickeln. Eine Chance könnte in diesem Beispiel darin liegen, geeignete Pflegefachkräfte für eine Weiterbildung zur Portversorgung anzusprechen und zu begeistern sowie die Schaffung von immateriellen oder materiellen Anreizsystemen, um die Pflegefachkräfte für eine Zusatzqualifikation auch begeistern zu können. Ebenso könnte eine weitere Chance sein, dass die stationäre Pflegeeinrichtung diese pflegerische Primärversorgung in einer kooperativen Zusammenarbeit mit einem spezialisierten ambulanten Pflegedienst, kurz SAPV, gemeinsam übernimmt. Somit ist es eine wichtige Anforderung nach der Qualitätsnorm geworden, in allen entscheidenden Prozessketten die Risiken (z. B. einen Notfallplan) und Chancen als Unternehmensziele im Sinne von »Task-Forces-Strukturen« für den Ernstfall als ein Gewinn zu berücksichtigen, um die gewünschten bzw. die erwarteten Ergebnisse zu erzielen und Lösungen z. B. mithilfe einer SWOT-Analyse als eine praktikable Möglichkeit gemeinsam zu erarbeiten. Mit einer **SWOT-Analyse** als eines der bekanntesten Ansätze und Quality-Tools der strategischen Planung können die Stärken (**S**trengths) und Schwächen (**W**eaknesses) als auch die Chancen (**O**pportunities) und Risiken (**T**hreats) in einem Unternehmen oder in einzelnen Arbeitsbereichen näher betrachtet werden.

Wichtig **Unerwartete Risiken …**

verursachen für jede Organisation zusätzliche Prozesskosten und beinhalten ein nicht unerhebliches Qualitätsrisiko.

Zeitgleich wurde auch die DIN EN ISO 9000:2015(-11) »Qualitätsmanagementsysteme – Grundlagen und Begriffe« für ein besseres Verständnis und der Erläuterungen von Begriffen für die QM-Systeme auf der Grundlage der Anforderungen nach der DIN EN ISO 9001:2015 aktualisiert.

Die Auditierung von Managementsystemen durch zertifizierte QM-Auditoren erfolgt nach der Revision der DIN EN ISO 19011:2011-12 auf der neuen DIN EN ISO 19011:2018 »Leitfaden zur Auditierung von Managementsystemen« die am 18. Juni 2018 als neue Europäische Norm vom Comité Européen de Normalisation (CEN; französisch) – Europäisches Komitee für Normung angenommen wurde.

2.1.4 Norm für die Auditierung von Managementsystemen

Die Norm DIN EN ISO 19011:2018-10 zur Auditierung von QM-Systemen und internationalen Umweltmanagementsystemen (DIN EN ISO 14001) und anderen Managementsystemen, liefert der »Leitfaden zur Auditierung von Managementsystemen« eine Anleitung für das Management und die Steuerung von Auditprogrammen, die Durchführung interner und externer Audits einschließlich der Auditprinzipien sowie zur Qualifikation und Bewertung von Auditoren. Die DIN ISO 14001:2015-11 »Umweltmanagementsysteme – Anforderungen mit Anleitung zur Anwendung der DIN EN ISO 14001:2015 legt zum Beispiel die Normanforderungen für Umweltmanagementsysteme fest.

Definition **Qualitätsaudit**

Ein Qualitätsaudit nach der ISO 19011:2018 ist ein systematischer (PDCA-Zyklus!), unabhängiger und dokumentierter (z. B. Auditplan, -bericht und Audit-Maßnahmenplan) Prozess zur Erlangung von Auditnachweisen (Dokumentierte Informationen) und zu deren objektiven (Sachebene) Auswertung, um zu ermitteln, inwieweit die Auditkriterien erfüllt sind.

Diese internationale DIN EN ISO 19011:2018, welche die Version aus dem Jahr 2011 ablöste, ist auf alle Organisationen anwendbar, die interne oder externe Audits von QM-Systemen planen und durchführen. Wichtig ist es, dass im Audit alle Informationen mithilfe der fünf Sinnesorgane (Haut, Ohren, Augen, Nase und Mund) durch die Qualitätsauditoren wahrgenommen werden und jegliche Art von Manipulationstechnik oder unpräzise Methoden zur Informationsgewinnung im Auditgespräch unterbleiben. Gleichwohl sind in jedem Fall eine gute Kommunikationsebene sowie ein aktives Zuhören von beiden Seiten in einem Audit sehr wichtig, um einen vorgefundenen Sachverhalt zu versachlichen und somit konstruktiver zu gestalten und Stress in einem Qualitätsaudit zu vermeiden. Im Zuge der Auditdurchführung ist im Bewusstsein in den sieben Auditprinzipien der risikobasierte Ansatz, als ein unerwünschtes Ereignis (Störgrößen) in einer Organisation, zu berücksichtigen. Dabei haben die Qualitätsauditoren in der Verschränkung mit der ISO 9001:2015 und dem Normabschnitt 5.3 »Rollen, Verantwortlichkeiten und Befugnisse in der Organisation« die oberste Leitung über die Leistung des QM-Systems und über Verbesserungsmöglichkeiten, die in dem Audit festgestellt wurden, zu berichten.

Die Struktur und Inhalte der ISO 19011:2018:
Einleitung
1. Anwendungsbereich
2. normative Verweisungen
3. Begriffe
4. Auditprinzipien
5. Steuerung eines Auditprogramms
6. Durchführen eines Audits
7. Kompetenz und Beurteilung von Auditoren

Der zusätzliche informative Anhang A in der ISO 19011 bildet nun eine Anleitung für Auditoren zum Planen und Durchführen von Audits. In dieser ISO 19011 wurden neben den Änderungen in den Grundsätzen von Audits und Auditprogrammen sowie der Auditdurchführung auch die Begriffsdefinitionen sprachlich an die ISO 9000:2015 angepasst oder entsprechend ergänzt.

Auditprinzipien für QM-Auditoren

Neben dem risikobasierten Ansatz als eine Ergänzung der Grundsätze von Audits werden im vierten Normabschnitt der ISO 19011 die sieben Auditprinzipien vorangestellt. Die Auditprinzipien sollen die Auditoren in den Abschnitten fünf bis sieben in die Lage versetzen, unter gleichartigen Umständen zu gleichartigen Auditschlussfolgerungen zu gelangen. Diese Prinzipien sollen auch dazu dienen »das Audit zu einem wirksamen und zuverlässigen Werkzeug zur Unterstützung von Managementpolitiken und -steuerungen zu machen, indem Informationen bereitgestellt werden, auf deren Grundlage eine Organisation handeln kann, um ihre Leistung zu verbessern« (DIN EN ISO 19011:2018). Die Anleitungen in den Normabschnitten 5 »Steuerung eines Auditprogramms« bis zum Normabschnitt 7 »Kompetenz und Beurteilung von Auditoren« basiert auf den nachfolgenden sieben Grundsätzen (DIN EN ISO 19011:2018, 4. Normabschnitt):

1. **Integrität** ist die Grundlage der Professionalität und lässt die Auditoren
   - ihre Arbeit moralisch vertretbar, mit Ehrlichkeit und Verantwortung ausführen;
   - ihre Arbeit unparteiisch ausführen, d. h. sachlich und in ihren Handlungen frei von Voreingenommenheit bleiben;
   - sensibel gegenüber jeglichen Einflüssen auf ihr Urteilsvermögen sein, die während der Durchführung eines Audits ausgeübt werden können.
2. **Sachliche Darstellung** ist die Pflicht, wahrheitsgemäß und genau zu berichten.
   - Auditfeststellungen, Auditschlussfolgerungen und Auditberichte sollten die Audittätigkeiten wahrheitsgemäß und genau widerspiegeln.
   - Die Kommunikation sollte wahrheitsgetreu, genau, objektiv, zeitgerecht, klar und vollständig sein.
3. **Angemessene berufliche Sorgfalt** ist die Anwendung von Sorgfalt und Urteilsvermögen beim Audit.
   - Die Auditoren lassen Sorgfalt walten gemäß der Bedeutung der Aufgabe, die sie erfüllen, und gemäß dem Vertrauen, dass Auditauftraggeber (Einrichtung) und andere relevante interessierte Parteien in sie setzen.
   - Ein wichtiger Faktor bei der Ausführung ihrer Arbeit – mit angemessener beruflicher Sorgfalt – ist die Fähigkeit, in allen Auditsituationen begründete Urteile und Schlussfolgerungen zu treffen.
4. **Vertraulichkeit** ist die Sicherheit von Informationen.
   - Umsichtigkeit; keine Verwendung zur persönlichen Bereicherung, Umgang mit vertraulichen Informationen.
5. **Unabhängigkeit** ist die Grundlage für die Unparteilichkeit des Audits sowie für die Objektivität der Auditschlussfolgerungen.
6. **Faktengestützter Ansatz** ist die rationale Methode, um zu zuverlässigen und nachvollziehbaren Auditschlussfolgerungen in einem systematischen Auditprozess zu gelangen.
   - Auditnachweise sollten verifizierbar sein. Üblicherweise beruhen sie auf Stichproben aus den verfügbaren Informationen, da ein Audit während eines festgelegten Zeitraums und mit begrenzten Ressourcen durchgeführt wird.
7. **Risikobasierter Ansatz** ist ein Auditansatz, der Risiken und Chancen berücksichtigt.
   - Der risikobasierte Ansatz sollte Planung, Durchführung und Berichterstattung von Audits maßgeblich beeinflussen, um sicherzustellen, dass die Audits auf die für den Auditauftraggeber und für die Erreichung der Ziele des Auditprogramms relevanten Themen ausgerichtet sind.

Im Hintergrund dieser o. g. Auditprinzipien sollte in einem Auditplan und in den Auditkriterien der risikobasierte Ansatz in der Festlegung der Auditziele bereits mitberücksichtigt werden.

2.1.5 Struktur der DIN EN ISO für QM-Systeme

Eine Norm ist eine Art der Vereinheitlichung und die Texte der ISO 9000-Normen sind für die Anwender sehr allgemein gehalten. Durch die Veröffentlichung der ISO 9000-Normen für Qualitätsmanagementsysteme als branchenunabhängige Zertifizierung erhielt die internationale Qualitätsmanagement-Welle für fast alle Wirtschaftszweige weltweit einen kräftigen Schub in Richtung Business Excellence (umfassendes Qualitätsmanagement). Dieser positive Aufwind wird auch durch die revidierte Version der DIN EN ISO 9001 und insbesondere durch die Revision der ISO 9004:2018-08 noch einmal wesentlich vorangetrieben. Zum einem durch die Instrumente zur kontinuierlichen Weiterentwicklung von QM-Systemen und zum anderen durch den systemischen Ansatz, die Gesamtleistung der Organisation fortlaufend zu verbessern.

Die DIN EN ISO 9000-Normenfamilie besteht aus **drei** wichtigen Leitfäden und zwar derzeit aus der DIN EN ISO 9000:2015, 9001:2015 und der DIN EN ISO 9004:2018 die in regelmäßigen Abständen in Europa in drei Sprachen (Deutsch, Englisch, Französisch) überarbeitet aufgelegt und von den CEN-Mitgliedern angenommen werden.

Unterstützt wird die Umsetzung der »Anforderungen« aus der ISO 9001:2015 mit ihren Normforderungen durch die »Grundlagen und Begriffe« aus der ISO 9000:2015 Qualitätsmanagementsysteme - Grundlagen und Begriffe sowie durch den »Leitfaden zur Leistungsverbesserung« der ISO 9004:2018. Durch die ISO 9004 »Qualitätsmanagement – Qualität einer Organisation – Anleitung zum Erreichen nachhaltigen Erfolgs« kann die Organisation in Reifegrade (Selbstbewertung) eingeteilt werden und der Übergang zu anderen Excellence-Modellen (z. B. EFQM – Ein Modell zum Erreichen von Spitzenleistungen) wird somit verbessert.

Die DIN EN ISO Norm 9000 wurde vom Europäischen Komitee für Normung CEN (*französisch:* Comité Européen de Normalisation) am 14. September 2015 angenommen. Die CEN-Mitglieder sind gehalten, die Europäischen Normen ohne jede Änderung den Status einer nationalen Norm zu geben. Auch wenn die Wortwahl der ISO sehr allgemein gehalten wird, lassen sich die Anforderungen auch in andere »Branchensprachen«, z. B. von Pflegeeinrichtungen, interpretieren und übersetzen.

Die drei Leitfäden der Norm für Qualitätsmanagementsysteme sind im Überblick:

1. **ISO 9000:2015: Qualitätsmanagementsysteme – Grundlagen und Begriffe**
   Beschreibt die Grundlagen für Qualitätsmanagementsysteme und die Grundlagen und Begriffe für normenkonforme QM-Systeme und Qualitätsmanagementsystem-Normen. Die hier genannte DIN ISO Norm 9000 ist ein unterstützender Leitfaden, um die Anforderungen aus der DIN EN ISO 9001:2015 (»Anforderungsteil«) umsetzen zu können. Die Norm ist wichtig für das Verständnis und für die Umset-

zung der ISO 9001 damit die Anforderungen normenkonform in einem QM-System eine Anwendung finden. In dem Normabschnitt 2.3 der ISO 9000 werden die Grundsätze des Qualitätsmanagements beschrieben.

2. **ISO 9001:2015 Qualitätsmanagementsysteme – Anforderungen**
   Das Darlegungs- und Zertifizierungsmodell von Qualitätsmanagementsystemen aller Branchen enthält im Wesentlichen die Mindestanforderungen an das Qualitätsmanagementsystem für den Fall, dass eine Organisation (Einrichtung) ihre Fähigkeiten demonstrieren muss, Dienstleistungen zu erbringen, die den Erfordernissen und Erwartungen der Kunden und der gesetzlichen und behördlichen Forderungen entsprechen. Die genannten Anforderungen werden in der Norm sehr allgemein gehalten und sind auf alle Organisationen anzuwenden, die ein nomenkonformes QM-System aufbauen und verwirklichen wollen. Die Wirksamkeit des QM-Systems ist auf die Erfüllung der genannten Anforderungen gerichtet!
3. **ISO 9004:2018 Qualitätsmanagement – Qualität einer Organisation – Anleitung zum Erreichen nachhaltigen Erfolgs**
   Diese Norm ist über die Anforderungen der ISO 9001 hinaus als eine Anleitung zur Weiterentwicklung und zur fortlaufenden Qualitätsverbesserung im Hinblick auf die Gesamtleistung in einer Organisation zu verstehen. Gleichwohl gibt diese Norm keinerlei Anleitungen zur Anwendung der ISO 9001:2015. Sie ermöglicht durch entsprechende Hilfestellungen und Anleitungen den Übergang in Richtung »Total Quality Management« (TQM) oder EFQM (European Foundation for Quality Management) als ein Excellence Modell für eine herausragende Führung und Leistung eines Unternehmens.

Wichtig **ISO**

Die ISO definiert den nachhaltigen Erfolg einer Organisation als die Fähigkeit einer Organisation oder eines Aufgabenbereichs, ihre Leistungsfähigkeit auf lange Sicht zu erhalten oder zu entwickeln (langfristiger Unternehmenserfolg!). Eine Unternehmensstrategie für eine nachhaltige Entwicklung muss die Organisation auf neue Gegebenheiten und Aufgaben einer sich verändernden Gesellschaft und Wirtschaft vorbereiten.

Die richtige Übersetzung der Mindestanforderungen der ISO in der Pflegebranche bzw. im Gesundheitswesen ist später der Garant dafür, dass sich Qualitätsmanagement zum Vorteil der Pflegeeinrichtung weiterentwickeln und fortlaufend verbessern kann. Die Gliederungsstruktur der neuen ISO 9001 wurde entsprechend der gemeinsamen »High Level Structure« für Managementsystem-Normen in insgesamt zehn Normabschnitte (inkl. informative Anhänge A und B) gegliedert, von denen sich sieben Abschnitte (4.–10. Abschnitt) mit den Anforderungsteilen »Was ist zu tun?« auseinandersetzen.

1. Anwendungsbereich
2. Normative Verweisungen
3. Begriffe
4. Kontext der Organisation (ANFORDERUNGEN)
5. Führung (ANFORDERUNGEN)
6. Planung für das Qualitätsmanagementsystem (ANFORDERUNGEN)
7. Unterstützung (ANFORDERUNGEN)
8. Betrieb (ANFORDERUNGEN)
9. Bewertung der Leistung (ANFORDERUNGEN)
10. Verbesserung (ANFORDERUNGEN)

Durch die DIN EN ISO 9001 sind wesentliche Verbesserungen im Hinblick auf die Anwendung, auf das Verständnis und die Übertragung der Norm für Heim- und Pflegedienstbetreiber festzustellen. Gerade die Qualitätsmindestanforderungen in den Dimensionen der Struktur-, Prozess- und Ergebnisqualität nach den »Maßstäben und Grundsätzen für die Qualität« gem. § 113 SGB XI n. F. (»MuG«) lassen sich in dieser europäischen Qualitätsnorm (oder gewisse Anforderungsteile) der DIN EN ISO 9001:2015 hervorragend verwirklichen und als konzeptionelle Grundlagen integrieren. Durch ein effektives und umfassendes Qualitätsmanagementsystem lassen sich zusätzliche Kosten einsparen. Dazu muss die Organisation die bestehenden Risiken und Chancen bestimmen und erkennen, die sich aus den Struktur- und Rahmenbedingungen ergeben können, d. h. aus den internen und externen Themen sowie der interessierten Parteien und deren Anforderungen.

Qualitätsmanagement und Qualitätssicherung stellen außerordentlich wichtige Methoden dar, um die Wettbewerbssituation einer Einrichtung als eine Chance vorteilhaft zu nutzen und Vereinbarungen und festgelegte Qualitätsanforderungen einzuhalten.

Die neue DIN EN ISO 9000:2015 orientiert sich in den Normabschnitten 2.3–2.3.7 an den neuen sieben Grundsätzen des Qualitätsmanagements. Um eine Qualitäts- und Leistungsverbesserung auch erreichen zu können, müssen die nachfolgenden sieben Qualitätsmanagement-Grundsätze in einem Qualitätsmanagement beherzigt werden. In der ISO 9000 werden die Grundsätze des Qualitätsmanagements kurz durch eine Hauptaussage untermauert und nach einer Begründung sowie Nennung der Hauptvorteile werden mögliche Maßnahmen zur Umsetzung aufgezählt, die in einem QM-System von besonderer Bedeutung sind.

Die sieben Grundsätze des Qualitätsmanagements sind:

1. **Grundsatz: Kundenorientierung (auch die Mitarbeiter!)**
   Der Hauptschwerpunkt des Qualitätsmanagements liegt in der Erfüllung der Kundenanforderungen und dem Bestreben, die Kundenerwartungen zu übertreffen.
2. **Grundsatz: Führung**
   Führungskräfte auf allen Ebenen schaffen die Übereinstimmung von Zweck und Ausrichtung sowie Bedingungen, unter denen Personen sich für die Erreichung der Qualitätsziele der Organisation engagieren.
3. **Grundsatz: Engagement von Personen**
   Kompetente, befugte und engagierte Personen auf allen Ebenen in der gesamten Organisation sind wesentlich, um die Fähigkeit der Organisation zu verbessern, Werte zu schaffen und zu erbringen.
4. **Grundsatz: Prozessorientierter Ansatz**
   Beständige und vorhersehbare Ergebnisse werden wirksamer und effizienter erzielt, wenn Tätigkeiten als zusammenhängende Prozesse, die als kohärentes System funktionieren, verstanden, geführt und gesteuert werden.
5. **Grundsatz: Verbesserung**
   Erfolgreiche Organisationen legen fortlaufend einen Schwerpunkt auf Verbesserung.
6. **Grundsatz: Faktengestützte Entscheidungsfindung**
   Entscheidungen auf Grundlage der Analyse und Auswertung von Daten und Informationen führen wahrscheinlich eher zu den gewünschten Ergebnissen.
7. **Grundsatz: Beziehungsmanagement**
   Für nachhaltigen Erfolg führen und steuern Organisationen ihre Beziehungen mit relevanten interessierten Parteien, z. B. externe Anbieter.

Die sieben Grundsätze des Qualitätsmanagements bilden die Grundlage dafür, eine Einrichtung mit ihren Prozessen zu leiten und zu lenken mit dem Ziel, eine fortlaufende Verbesserung der Prozesse sowie der Strukturen und Abläufe als Weiterentwicklung zu bewirken und sich kundenorientiert zu verhalten bzw. zu handeln.

2.1.6 Interessierte relevante Parteien

Das wohl weltweit am weit verbreiteste Modell zur Einführung und Darlegung eines QM-Systems ist die ISO 9000-Normenfamilie. Im Vordergrund steht dabei die Erfüllung der Anforderungen der relevanten »interessierten Parteien« (ISO 9000:2015). Auch die DIN EN ISO 9001:2015 spricht von dem »Kunden« (in den Normanforderungen) sowie von dem Verstehen der Erfordernisse und Erwartungen interessierter Parteien (vgl. ISO 9001, Normabschnitt 4.2). Eine »interessierte Partei« ist eine Anspruchsgruppe, also eine Person oder Gruppe bzw. eine Organisation, »die eine Entscheidung oder Tätigkeit beeinflussen kann, die davon beeinflusst sein kann, oder die sich davon beeinflusst fühlen kann« (DIN EN ISO 9000:2015, Normabschnitt 3.2.3,

2015: 28). Da eine Organisation über die Anzahl der interessierten Parteien entscheiden muss, wurden die bisher klassischen fünf interessierten Parteien (Kunden, Mitarbeiter, Eigentümer, Lieferanten, Gesellschaft) mit den neuen drei ISO-Leitfäden abgelöst. Alle relevanten interessierten Parteien partizipieren hier am Erfolg eines Qualitätsmanagementsystems, insbesondere auch die Mitarbeiter. Der Begriff »interessierte Partei« ist wichtig, da sich die Anforderungen der Qualitätsnorm der DIN EN ISO 9001:2015 »wie ein roter Faden« immer wieder auf die relevanten interessierten Parteien einer Organisation (*hier*: Pflegeeinrichtungen) beziehen kann! Bei der Betrachtung der relevanten interessierten Parteien müssen zunächst durch die oberste Leitung (oL) folgende Kernfragen beantwortet werden:

- Wer sind meine relevanten interessierten Parteien?
- Welche Erfordernisse und Erwartungen haben sie?
- Wie sollen die Erfordernisse und Erwartungen der relevanten interessierten Parteien erfüllt werden?

In einem Qualitätsmanagementsystem müssen nach den Anforderungen (ISO 9001, Normabschnitt 4.2) die für die Einrichtung oder für den ambulanten Pflegedienst relevanten interessierten Parteien zunächst ermittelt und bestimmt werden (▶ Tab. 11). Eine relevante interessierte Partei kann z. B. für eine Pflegeeinrichtung oder für einen ambulanten Pflegedienst sein:

Bewohner, Pflegekunden, Lieferanten (externe Anbieter nach ISO 9000, Normabschnitt 3.2.5), Kooperationspartner der Einrichtung, Personen innerhalb einer Pflegeorganisation, Gewerkschaften, Vertreter des Berufsverbandes, z. B. DBfK oder die Pflegekammer bzw. auch die Mitbewerber als eine opponierende Interessensgruppe etc.

Die folgende Tabelle (▶ Tab. 11) verdeutlicht die relevanten interessierten Parteien einer Pflegeeinrichtung, die Erfordernisse und Erwartungen der Interessenspartner einer Organisation und benennt davon beispielhaft im Kontext einige Anforderungen.

Tab. 11: Relevante interessierte Parteien in einer Pflegeeinrichtung

Interessierte Parteien WER?	Pflegeeinrichtung/Organisation, deren Dienstleistungen, Aufgaben und Tätigkeiten im Hinblick auf die Erfordernisse und Erwartungen	Welche Anforderungen müssen erfüllt werden?
Kunden Patienten, Bewohner, Pflegekunden, Menschen mit Behinderungen (Rehabilitanden), Angehörige, Betreuer etc.	Geregelter Dienstleistungspfad: professionelle Pflege, Betreuung, Versorgung, Unterkunft und Verpflegung in hoher Qualität	Konzeptionelle Grundlagen zur Auftragserfüllung, Therapieerfüllung Fachkundige, optimale, fach- und sachgerechte Pflege und Betreuung (Pflegekonzept und Pflegeprozess)

Interessierte Parteien WER?	Pflegeeinrichtung/Organisation, deren Dienstleistungen, Aufgaben und Tätigkeiten im Hinblick auf die Erfordernisse und Erwartungen	Welche Anforderungen müssen erfüllt werden?
		Gesundheitsbildung, Sicherheit und Vertrauen, gute Qualität zu optimalen Preisen Implementierung eines Beschwerde- und Risikomanagements
Mitarbeiter	Anerkennung, Wertschätzung und hohe Arbeitszufriedenheit, gutes Betriebsklima und Arbeitsbedingungen, Anforderungs- und sicherheitsgerechtes Arbeiten, Vertrauen, Gesundheitserhaltung und Einhaltung von Absprachen, Einkommen, »Geldverdienen«, geregelte Arbeitszeit und sichere Arbeitsplätze; Teilnahme an Weiterbildungen i. S. des Wissensmanagements ermöglichen	Mitarbeiterbezogene sichere Prozesse, Informations- und Kommunikationsprozesse Motivations- und gruppendynamische Prozesse, um die Arbeitszufriedenheit sicherzustellen und die Personalentwicklung positiv voranzutreiben
Eigentümer Investoren, Geschäftsführung, Gesellschafter etc.	Gewinne, Wirtschaftlichkeit, Return on Investment (hohe Renditen)	Leitungs- und Führungsprozesse, Bekanntheitsgrad des Hauses, gutes Image und Integration in das Gemeinwesen, gesunde und motivierte Mitarbeiter, positive Auslastungs- und Belegungssituation und Aufträge Positive Geschäftsbilanzen und Managementbewertungen gute Versorgungsergebnisse und externe Qualitätsbewertungen ohne Qualitätsdefizite
Externer Anbieter: Lieferanten und Kooperationspartner etc.	Gute und langfriste Zusammenarbeit zum gegenseitigen Nutzen	Aufträge (Kosten-Nutzenleistung) und Lieferantenmanagement
Gesellschaft	Guter Ruf einer Einrichtung und die Einhaltung aller erforderlichen gesetzlichen und behördlichen Anforderungen zur Zufriedenheit der Anspruchsgruppen	Verantwortungsvolles Handeln und gute Informations- und Kommunikationsstrukturen

Das Qualitätsmanagementsystem muss nach der ISO-Normenfamilie so aufgebaut und umgesetzt werden, dass die Erfordernisse und Erwartungen der internen und externen Kunden (also die Anforderungen der relevanten interessierten Parteien) im gleichem Maße erfüllt und die festgelegten strategischen und operativen Ziele damit auch erreicht werden können. Die Zielplanung (auch Zielplanungsprozess bezeichnet) erfolgt gemeinsam mit der Leitungs- und Führungsebene als Top-down-Aufgabe. Die Zielerreichung verläuft jedoch Bottom-up direkt mit den Mitarbeitern.

Bei der Festlegung der Ziele (Zielplanungsstruktur) muss in jedem Fall von Anfang an darauf geachtet werden, dass diese Ziele gemessen werden können. Das bedeutet, dass jedes Ziel auf Zahlen, Daten und Faktoren (»Z-D-F-Prinzip«) und anderen Qualitätsindikatoren beruht. Die Messung der Prozesse (Abläufe und ihre Wechselwirkung): »Wie funktioniert der Prozess/Arbeitsbereich und seine dazugehörigen Abläufe?« und: »Wie gut sind wir?«, genießt im Allgemeinen einen sehr hohen Stellenwert in einem umfassenden Qualitätsmanagementsystem.

2.1.7 Gründe für ein Qualitätsmanagementsystem

Die Gründe für die Implementierung eines QM-Systems sind vielfältig, und oft kann auch beobachtet werden, dass viele erfolgreiche Unternehmen in allen Wirtschaftszweigen ein Qualitätsmanagement aufgebaut haben, ohne es mitunter zu wissen oder als solches sprachlich so zu nennen. Die internen und externen Gründe, die für ein Qualitätsmanagementsystem sprechen, unabhängig von der Branche, können sein:

- Externer Druck bei produzierenden Betrieben, um z. B. weiterhin als Lieferant auftreten zu können. Das ist z. B. häufig in der Automobilindustrie und im Maschinenbau sowie bei öffentlichen Ausschreibungen zu finden.
- Die Qualitätsanforderungen seitens der Kunden (Anspruchsgruppen) zu **realisieren** (die Verantwortung für die Einhaltung zu übernehmen) und zu erfüllen.
- Gesetzliche und behördliche Anforderungen und der verbindliche Auftrag der obersten Leitung (Selbstverpflichtung), ein einrichtungsinternes Qualitätsmanagementsystem zu implementieren (externer Druck, z. B. durch Kostenträger oder durch externe Kunden), aufrechtzuerhalten und **nachzuweisen (ein Vorteil – Rechtskonformität)**.
- Gesundheitsschutz und die Gesundheitserhaltung der Mitarbeiter in einer Einrichtung (Betriebliches Gesundheitsmanagement).
- Steigerung der Wettbewerbsfähigkeit und der Marktchancen.
- Nachweisbare Sicherung der Qualität in der Pflegeeinrichtung.
- Kundenzufriedenheit fortlaufend zu verbessern (Bewohner, Pflegekunden, Angehörige, Betreuer, Ärzte, Kooperationspartner, Kostenträger usw.).

- Einen Motivationsschub bei den Mitarbeitern durch Transparenz und Sicherheit auszulösen, indem sie die Maßnahmen des Qualitätsmanagements kennen und mittragen (Wissensmanagement).
- Die Wettbewerbsfähigkeit durch Innovationen dauerhaft zu sichern und zu steigern (Vorsprung anderen gegenüber).
- Frühzeitige Feststellung von Optimierungen durch ein systematisches Risikomanagement.
- Ergänzend zu der Darstellung und Bewertung der Qualitätsindikatoren gem. § 113 Abs. 1a SGB XI und der Ergebnisse aus Qualitätsprüfungen für die stationäre Pflege (QDVS) und der Nachweis gegenüber Dritten.
- Fortlaufende Verbesserung in Richtung »Total Quality Management« (TQM) oder EFQM (European Foundation for Quality Management) als ein Excellence Modell.
- Kostensenkung und Kosteneinsparung durch Verhinderung von Doppelarbeit, Senkung der Durchlaufzeiten sowie die Verhinderung von Fehl- und Blindleistungen im Wertschöpfungsprozess durch Transparenz und geregelten Prozessen sowie durch die Steigerung der Prozessleistung (Produktivitätssteigerung).
- Verbesserung der Kommunikationsprozesse und der sozialen Interaktion, Informationsweitergabe (Verhinderung von Informationsdefiziten) und Verbesserung der Zusammenarbeit, insbesondere mit den Schnittstellen (andere Arbeitsbereiche) in einer Pflegeeinrichtung.
- Es besteht der Qualitätsanspruch, dass alle wichtigen Prozesse in der Organisation unter beherrschten, d. h. geregelten Bedingungen gleichermaßen gut ablaufen.
- …

Es gibt sehr viele Bewegmotive für Heim- und ambulante Pflegedienstbetreiber, sich für ein nach der DIN EN ISO zertifiziertes Qualitätsmanagementsystem zu entscheiden. Hier werden die **drei** wichtigsten Hauptgründe zusammenfassend dargestellt, über den Aufbau, Einführung, Sicherstellung und Aufrechterhaltung eines einrichtungsinternen Qualitätsmanagementsystem nachzudenken und sich dafür zu entscheiden (▸ Abb. 16).

Wichtig **Qualitätsmanagement ist:**

1. Ein gesetzlicher und behördlicher Auftrag und eine grundlegende Selbstverpflichtung der obersten Leitung.
2. Ein Motivationsschub bei den Mitarbeitern durch die Verleihung eines Zertifikates als ein gemeinsam erreichtes Etappenziel.
3. Ein Nachweis (Transparenz und Sicherheit) gegenüber Kunden und anderen relevanten interessierten Parteien, ein verlässlicher Partner zu sein.

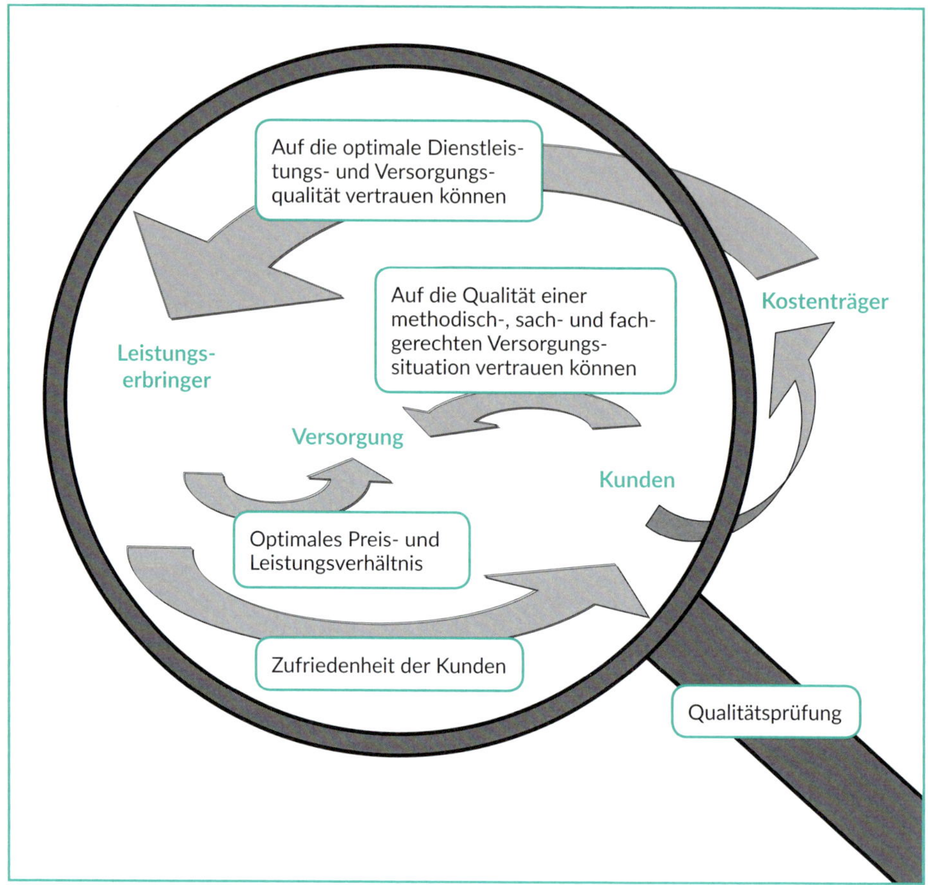

Abb. 16: Warum Qualitätsmanagement …?

Motiv 1: »Gesetzlicher und behördlicher Auftrag sowie grundlegende Selbstverpflichtung der obersten Leitung«

Unabhängig von persönlichen und trägerspezifischen Beweggründen, sich für die Implementierung eines Qualitätsmanagementsystems zu entscheiden, gibt es verschiedene gesetzliche und behördliche Verpflichtungen, ein einrichtungsinternes Qualitätsmanagement vorzuhalten und Maßnahmen zur internen Qualitätssicherung zu ergreifen und darzulegen (Branchenspezifische Darlegung).

Ein wichtiger gesetzlicher Aspekt für Krankenhäuser beruht z. B. auf dem Krankenhausstrukturgesetz (Verpflichtung der Leistungserbringer zur Qualitätssicherung). *»Die Leistungserbringer sind zur Sicherung und Weiterentwicklung der Qualität der von ihnen erbrachten Leistungen verpflichtet. Die Leistungen müssen dem jeweiligen Stand der wissenschaftlichen Erkenntnisse entsprechen und in der fachlich gebotenen Qualität er-*

bracht werden« (§ 135a Abs. 1 SGB V). Der Qualitätsanspruch bemisst sich somit nicht nur ausschließlich auf die ambulanten, teil- und vollstationären Pflegeeinrichtungen!

Mit der Einführung der Sozialen Pflegeversicherung (SGB XI) wurde 1995 ein fünfter Sozialversicherungszweig eingeführt. Nach Prof. Dr. Heinz Rothgang et al. (2014) ist die Langzeitpflege wie Krankheit als ein allgemeines Lebensrisiko anerkannt. Das Zweite Pflegestärkungsgesetz (PSG II) stellt neben der Neudefinition des Leistungsrechts auch neue Weichen für die Weiterentwicklung der Pflegequalität in der ambulanten und stationären Pflege dar. So wird in § 113 SGB XI n. F. der Umfang durch die *»Maßstäbe und Grundsätze für die Qualität, die Qualitätssicherung und -darstellung sowie für die Entwicklung eines einrichtungsinternen Qualitätsmanagements«* gesetzlich gefordert. Das einrichtungsinterne Qualitätsmanagement hat sich dabei auf die stetige Sicherung und Weiterentwicklung der Qualität auszurichten (vgl. MuG, 2018a: 3 f.). Im Mittelpunkt steht dabei der Pflegeprozess neben den strukturellen Voraussetzungen. Die Anforderungen nach § 113 ff. SGB XI (»MuG«) benennen diesbezüglich detaillierte Vorgaben für die Einrichtungsträger (vgl. MuG, 2018a: 4 ff.). Demnach sind die ambulanten, teil- und vollstationären Pflegeeinrichtungen zur Sicherung und Weiterentwicklung der Pflegequalität verpflichtet, alle Expertenstandards nach § 113a SGB XI, die im Bundesanzeiger veröffentlicht werden, anzuwenden, d. h. einrichtungsintern passend zu implementieren. Mit der Veröffentlichung im Bundesanzeiger werden die Expertenstandards in Deutschland für alle Pflegekassen und deren Verbände sowie für die zugelassenen ambulanten Pflegedienste und stationären Pflegeeinrichtungen verbindlich (vgl. § 113a Abs. 3 SGB XI).

Alle zugelassenen Pflegeeinrichtungen und vor allen die Mitarbeiter müssen sich an den Maßnahmen zur Qualitätssicherung beteiligen und ihre qualitätsbezogenen Maßnahmen durch geeignete Dokumentation und die Umsetzung sowie die Versorgungsqualität (Ergebnisqualität) ebenso in qualitätssichernden Konzepten darlegen und Veränderungen gemeinsam reflektieren. Die Ergebnisqualität bezieht sich neben der Berechnung und Darstellung der Qualitätsindikatoren durch die DAS, ebenso auf die Wirkung der körperbezogenen Pflegemaßnahmen und pflegerischen Betreuung, Unterkunft als auch auf die Verpflegung in der stationären Pflege.

Die Maßnahmen zur internen Qualitätssicherung verfolgen das Ziel, die Qualitätsanforderungen in den Bereichen der Struktur-, der Prozess- und der Ergebnisqualität (Qualitätsdimensionen nach *Donabedian*) nachhaltig zu erfüllen. Die Ergebnisqualität bezieht sich auf die personenbezogene Versorgung und auf die Beurteilung der Pflegeleistung in Verbindung mit dem Zielerreichungsgrad nach dem aktuellen pflegewissenschaftlichen Erkenntnisstand und der Förderung und den Erhalt der Lebensqualität sowie der Zufriedenheit der Bewohner. Dabei ist die Biografie, die kulturelle Prägung, die Lebensgewohnheiten und die Selbstpflegekompetenzen der pflegebedürftigen Menschen im Pflegegeschehen zu berücksichtigen (vgl. MuG,

2018a: 2 f.). Die Unterteilung und Struktur der Qualitätsdimensionen ist nach *Donabedian* auch heute noch kennzeichnend für viele QM-Systeme und findet sich im Verständnis ebenso in der aktuellen »MuG« nach § 113 SGB XI n. F. wieder (vgl. MuG, 2018a: 3 ff.).

Motiv 2: »Motivationsschub bei den Mitarbeitern durch die Verleihung eines Zertifikates«

Ein weiteres Motiv für eine Zertifizierung eines Qualitätsmanagementsystems ist, dass durch den Aufbau und der Zertifizierung gemeinsam mit den Mitarbeitern neue Anstöße und Impulse gegeben werden, bestehende Strukturen, Abläufe und die Arbeitsbeziehungen untereinander neu zu bewerten, zu strukturieren, zu verbessern und fortan weiterzuentwickeln. Durch die Neubewertung und einer damit verbundenen qualitätsorientierten Reorganisation, im Rahmen der Implementierungsphase eines QM-Systems, von Abläufen und Strukturen bezüglich der Qualität, werden die Arbeitsbedingungen und -beziehungen (Schnittstellen) für die Mitarbeiter durch die Optimierung von Arbeitsabläufen und -strukturen oftmals kritisch hinterfragt oder verbessert.

Durch ein Qualitätsmanagement werden aber auch Innovationen in Gang gesetzt, neue Ideen in Projektskizzen und -plänen projektiert und gemeinsam mit dem Team umgesetzt (z. B. Entwicklung neuer Arbeitszeitmodelle, neue pflegefachliche Schwerpunkte etc.). Die Einführung und Anwendung eines einrichtungsinternen Qualitätsmanagement und ein branchenspezifisches Qualitätsmanagementsystems führt mittelfristig zu einem optimierten Betriebsklima und zur nachhaltigen Verbesserung der Arbeitsbelastung der Einzelnen, da durch die nähere Betrachtung von gewachsenen und tradierten Strukturen auch ungünstige Arbeitsbedingungen in der Arbeitsumgebung (ISO 9001 benennt dies als Prozessumgebung) aufgedeckt und optimiert werden. Eine Arbeitsunzufriedenheit oder das Ausbleiben eines Betrieblichen Gesundheitsmanagement (BGM) kann sich negativ auf die Gesundheit der Mitarbeiter auswirken. In einem Betrieblichen Gesundheitsmanagement (BGM) könnte der Wissenserhalt durch Weiterbildungen zur fortlaufenden Kompetenzentwicklung gefördert werden, damit z. B. auch die älterwerdenden Mitarbeiter gut vorbereitet die Anforderungen in der Arbeitswelt erfüllen können und somit negative Belastungen und vor allen Dingen Arbeitsunfähigkeitstage von Mitarbeitern vermindert werden. Da in der Zukunft der Bedarf an Pflegefachkräften und parallel die Entwicklung von pflegebedürftigen Menschen in den kommenden Jahrzehnten enorm ansteigen werden, sollte hier an dieser Stelle dringend trägerspezifisch – aber auch durch die Unternehmens- oder Qualitätspolitik – angesetzt und darüber nachgedacht werden.

Weitere Gründe für die Einführung eines Qualitätsmanagementsystems könnten die zu erwartende Minimierung von Fehl- und Blindleistungen, die Steigerung des Qualitätsniveaus und die Zufriedenheit der Mitarbeiter in der gesamten Einrichtung sein.

Durch die verbindliche Regelung von wiederkehrenden Arbeitsabläufen werden Einarbeitungszeiten für neue Mitarbeiter verkürzt, Prüfungen erleichtert und die Sicherheit für alle Mitarbeiter erhöht. Das schafft wiederum Sicherheit im täglichen Handeln und führt zur Steigerung der Motivation aller Mitarbeiter. Darüber hinaus können durch die Implementierung von geeigneten Instrumenten des Qualitätsmanagements die Zufriedenheit der Bewohner und die Wünsche der Mitarbeiter dauerhaft erfasst, dokumentiert und bewertet werden, um geeignete Maßnahmen zur Verbesserung einleiten zu können. Das frühzeitige Erkennen von Erfordernissen und Erwartungen und/oder Wünschen sind sehr wichtige Maßnahmen in jedem Qualitätsmanagement geworden. Letztendlich werden durch den Aufbau, die Implementierung und die Aufrechterhaltung eines Qualitätsmanagementsystems durch ein gutes gesellschaftliches Image die Auslastungssituation sowie eine hohe Anzahl an Pflegetagen mittel- bis langfristig gesichert und gesteigert. Somit sind auch die Arbeitsplätze in einer Pflegeeinrichtung dauerhaft abgesichert.

Eine Zertifizierung (Beglaubigung des QM-Systems durch eine unabhängige neutrale Stelle) eines QM-Systems kann der Motor und der Impulsgeber für alle Mitarbeiter sein, da durch eine Zertifizierung und den damit verbundenen jährlichen Überwachungsaudits (Überwachungsverfahren) als Fixpunkte auch Hilfen durch das QM-Auditorenteam gegeben werden, nicht nur das System aufrechtzuerhalten sondern auch fortlaufend Verbesserungen aufzugreifen, durchzusetzen und einrichtungsintern zu verankern.

Durch eine Zertifizierung mit der Einbeziehung und Überwachung aller relevanter internen und externen Themen im Kontext der Organisation (Zweckbestimmung) wird der Nachweis erbracht, ein individuelles und wirksames Qualitätsmanagementsystem in der Praxis implementiert zu haben. Mit jeder Zertifizierung nach der ISO-Norm, deren Implementierungsprozess erfahrungsgemäß 18 Monate andauern kann, werden durch die Heim- und Pflegedienstbetreiber auch Hoffnungen und Erwartungen an das Qualitätsmanagementsystem geknüpft.

Das Gelingen und die Dauer der Implementierung eines QM-Systems nach der DIN EN ISO 9001 ist sehr stark von der Wahrnehmung und Verantwortung der Selbstverpflichtung der obersten Leitung zum QM-System und seiner Strategie, Planung, Motivation, Schulung sowie von den Kompetenzen der Mitarbeiter und von den infrastrukturellen (internen und externen) Rahmenbedingungen abhängig. Eine Zertifizierung eines QM-Systems nach der ISO 9001:2015 bestätigt natürlich die Qualitätsfähigkeit einer Einrichtung und setzt Ressourcen und Fähigkeiten frei, auf ein gemeinsames Ziel hinzuarbeiten, das ein neutraler Außenstehender (QM-Auditorenteam) jährlich beurteilt.

Motiv 3: »Nachweis gegenüber den Kunden, ein verlässlicher Partner zu sein«

Eine Zertifizierung schafft neben der Transparenz auch Vertrauen und Sicherheit hinsichtlich der Leistungs- und Qualitätsfähigkeit einer Pflegeeinrichtung bzw. eines ambulanten Pflegedienstes.

Diese Transparenz bezieht sich, unter Berücksichtigung der drei verschiedenen Qualitätsdarstellungsformen (QDVS gem. § 115 Abs. 1a SGB XI vom 19.03.2019) in der vollstationären Pflege und den Pflege-Transparenzvereinbarungen (PTVA) in der ambulanten Pflege, auf:

- Bewohner, Pflegekunden (ambulante Pflege) und Angehörigen (Betreuer) im Sinne einer Hilfe für die Entscheidung, an welche Einrichtung sie sich wenden können;
- Transparenz gegenüber den Kostenträgern (Vertragspartnern) und Behörden im Sinne einer weiteren unabhängigen als auch zusätzlichen Beurteilung der Sicherung und Weiterentwicklung der Pflegequalität in der Pflegeeinrichtung bzw. des ambulanten Pflegedienstes;
- Mitarbeiter der Pflegeeinrichtung im Sinne einer zusätzlichen Informations- und Wissensvermittlung bezüglich der Qualität der angebotenen Dienstleistungen und der Maßnahmen des Qualitätsmanagementsystems sowie der intern gesteuerten Qualitätssicherung und
- Transparenz und Sicherheit für die Pflegeeinrichtung selbst im Sinne einer validen rechtskonformen Außendarstellung nach erfolgreicher Zertifizierung.

Bestätigung bzw. Beglaubigung des internen Qualitätsmanagementsystems durch eine akkreditierte Institution (z. B. durch ein Zertifizierungsunternehmen) gegenüber den relevanten interessierten Parteien und als Ansporn und Motor, sich mit Qualitätsmanagement zu beschäftigen. Eine Zertifizierung verfolgt das Ziel der stetigen Qualitätsverbesserung und sichert dadurch auch die eigene Wettbewerbsfähigkeit und die Wettbewerbsvorteile auf dem Markt (vorteilhaft für die eigene Marktpositionierung!), welche selbstverständlich auch opponierende Interessensgruppen einschließen können.

Das Erlangen eines QM-Zertifikates wird oft verbunden mit einem Güte- oder Qualitätssiegel, um die eigenen Vorteile frühzeitig und zukunftsorientiert zu verankern. Nicht zuletzt wollen viele »geprüfte« und zertifizierte Heim- und Pflegedienstbetreiber durch eine unabhängige dritte Stelle einen schriftlichen Nachweis als Zertifikat bzw. »Urkunde«, um die Qualitätsfähigkeit und das interne Qualitätsmanagementsystems zusätzlich zu den QDVS oder den Pflege-Transparenzvereinbarungen (ambulante Pflege – PTVA) nach außen transparent darzulegen (gegenüber den Kostenträgern und relevanten interessierten Parteien).

Durch die progressive Darlegung eines prozessorientierten Qualitätsmanagementsystems wollen die Leitungen nach außen hin zeigen, dass sie eine kundenorientierte und rechtskonforme Einrichtung und somit ein verlässlicher Partner für die hilfe- und pflegebedürftigen Menschen sind. Eine branchenunabhängige oder branchenspezifische Zertifizierung mit Integration der gesetzlichen und behördlichen Qualitätsanforderungen (als interne und externe Themen) im Qualitätsmanagementsystem als eine Pflicht, bestätigt nicht nur als Etappenziel die Qualitätsfähigkeit einer gesamten Einrichtung, sondern ist auch Garant dafür, dass die wichtigsten Kernprozesse (Geschäftsprozesse: »Womit verdienen wir unser Geld?), Abläufe und Verfahren innerhalb der Pflegeeinrichtung im Sinne der Wertschöpfung verbindlich geregelt, dargelegt und organisiert sind.

2.2 Qualitätsdimensionen für die Beurteilung der Pflegequalität

Ganz ohne Aufzeichnungen und dokumentierte Informationen von durchgeführten Maßnahmen zur internen Qualitätssicherung – als Nachweis gegenüber Dritten und zur eigenen Weiterentwicklung und fortlaufenden Verbesserung – geht es nicht! Die Dokumentation in einem Qualitätsmanagement ist außerordentlich wichtig. Sie dient u. a. zur Darlegung des internen Qualitätsmanagementsystems und im Sinne der Qualitätsverbesserung sowie zur Optimierung von Leistungen und Regelungen einer Pflegeeinrichtung oder eines ambulanten Pflegedienstes. Wenn Verfahren und Maßnahmen in einer Pflegeeinrichtung dokumentiert, geplant und aufrechterhalten sind, kann verlässlich festgestellt werden, wie Dinge in einer Einrichtung fortlaufend umgesetzt und realisiert werden. Im Hinblick auf die fortlaufende Qualitätsverbesserung lassen sich diese Maßnahmen dann auch mit verschiedenen Methoden und Techniken messen (Qualitäts- und Leistungsindikatoren als ein Set) und steuern. Darüber hinaus sind dokumentierte Informationen in Konzepten, Standards, Richtlinien und sonstigen Checklisten als Anleitungen oder zur Hilfestellung (z. B. Durchführung von Pflegevisiten, Aufnahmegespräche, Krankenhauseinweisung, Notfallmanagement, Sturzereignisprotokolle etc.) wesentlich für die Aufrechterhaltung des Gewinns aus kontinuierlichen Qualitätsverbesserungsmaßnahmen. Die Erfüllung der Strukturanforderungen ist ebenso auch für die Außendarstellung von größter Bedeutung (vgl. MuG, 2018a: 4 ff.). Auch wenn zur Beurteilung der personenbezogenen Versorgung die Ergebnisqualität zu Recht in den Mittelpunkt gerückt wurde, so gehören die Aspekte der Struktur- und Prozessqualität ebenso zu den wichtigsten Qualitätsdimensionen zur Beurteilung der Versorgungsqualität und -kontinuität in der Pflege, da sich diese Qualitätsdimensionen gegenseitig beeinflussen. Durch deren gegenseitige Abhängigkeit und Wechselbeziehung hat ein Qualitätsmangel z. B. in der Strukturqualität folglich immer auch gravierende Auswirkungen auf die Prozess- und Ergebnisqualität! Zusammen mit den Qualitätsdimensionen nach den Ebenen der Struktur-, Prozess- und Ergebnisqualität als bestimmende Qualitätsmerkmale können grundsätzlich immer Rückschlüsse auf die Versorgungsqualität in einer ambulanten, teil- und vollstationären Pflegeeinrichtung gezogen werden!

Wichtig

Qualität und deren stetige Sicherung und Weiterentwicklung umfasst drei Ebenen:

- Strukturqualität,
- Prozessqualität und
- Ergebnisqualität

gehören im Zusammenspiel zu den wichtigsten Kriterien der Versorgungsqualität.

Fazit

»Wir bleiben nicht stehen, sondern entwickeln uns stets weiter!«

2.2.1 Qualitätsdimension der Strukturqualität

Im Rahmen der Strukturqualität (Rahmenbedingungen) und deren Strukturmerkmale als eine Dienstleistungsqualität werden die aufbauorganisatorischen, inhaltlichen sowie alle institutionellen Rahmenbedingungen, die den Dienstleistungsprozess »Pflege, Betreuung und Versorgung« betreffen und die Leistungserbringung (laut Versorgungs- und Rahmenvertrag) erfasst. Das Dienstleistungspotenzial bezieht sich im Rahmen der Strukturqualität auf die Angaben zur räumlichen, personellen, technischen und sächlichen Ausstattung einer Pflegeeinrichtung (inkl. Leistungen für Unterkunft und Verpflegung sowie die Zusatzleistungen), um für jede denkbare sich aus der pflegerischen, sozialen und hauswirtschaftlichen Versorgung ergebende Situation eine bewohnerorientierte Regelung dauerhaft sicherstellen zu können. »Zur Strukturqualität gehören unter anderem auch die angebotenen Möglichkeiten zur Fort- und Weiterbildung der Mitarbeiter sowie Grundsätze und Regeln der Organisation« (Preusker, 2013: 483 f.). Die Strukturqualität verlangt die Orientierung an den individuellen Wünschen und Bedürfnissen der Bewohner und ihrer Angehörigen und deren Einbeziehung. Dazu ist es u. a. erforderlich, dass nach einer Heimaufnahme stichwortartig die wichtigsten Versorgungsbedarfe innerhalb von 24 Stunden schriftlich in der Pflegedokumentation festzuhalten sind.

Zur Erfüllung der personellen Strukturanforderungen gehört u. a. auch, dass der Pflegebereich »unter ständiger Verantwortung einer ausgebildeten Pflegefachkraft« (MuG, 2018a: 5) geleitet wird, die verpflichtend über die entsprechende Qualifikation verfügen muss (Weiterbildungsnachweis von mindestens 460 Stunden für leitende Funktionen). In dem § 71 Abs. 3 SGB XI sind die gesetzlichen Voraussetzungen für die Anerkennung als verantwortliche leitende Pflegefachkraft (PDL) gesetzlich verankert worden. Die Pflegedienstleitung als verantwortliche Pflegefachkraft ist auch für die interne Qualitätssicherung verantwortlich! Diese verantwortliche Pflegefachkraft hat mit ihren Mitarbeitern den umfassenden geplanten Pflegeprozess unter beherrschten Bedingungen, mit all seinen Schritten, in einem geeigneten Dokumentationssystem (handschriftlich oder EDV-gestützt) nachvollziehbar und jederzeit überprüfbar festzuhalten. Im Hintergrund der halbjährlichen Erfassung der Ergebnisindikatoren zur Versorgungssituation der Bewohner kann eine EDV-gestützte Pflegedokumentation gegenüber der handschriftlichen Pflegedokumentation viele Vorteile haben, da die erforderlichen Daten, z. B. mit einem Knopfdruck generiert, d. h. abgerufen werden können und weil die Daten oft bei zuverlässiger Eingabe miteinander verlinkt sind.

Weitere Qualitätsanforderungen sind in dieser Qualitätsdimension:

- übersichtliche Informationen zur Außendarstellung des einrichtungsinternen Qualitätsmanagements,
- Kooperationen mit anderen externen Leistungserbringern,
- Beteiligung an Qualitätssicherungsmaßnahmen,
- transparente Nachweis über Anzahl und Einsatz der Mitarbeiter (durch geeignete Dienstpläne bzw. Einsatz- und Tourenpläne in der ambulanten Pflege),
- ein entsprechendes Angebot von funktions- und aufgabenbezogene Fort- und Weiterbildungsmöglichkeiten (durch eine Schulungsbedarfsermittlung und Erstellung eines prospektiven Fortbildungsplans und deren Ergebnissicherung),
- die Anwendung des Pflegesystems der Bezugspflege und
- die Betreuung der Bewohner durch Bezugspflegemitarbeiter.

Die Erstellung und Erarbeitung der geforderten qualitätssichernden Konzepte und konzeptionellen Grundlagen müssen als Auftrag und als eine gesetzliche Verpflichtung von jedem Heim- und Pflegedienstbetreiber erledigt werden. Qualitätssichernde Konzepte bilden die Arbeitsgrundlage für die Mitarbeiter, beschreiben die Arbeitsmethoden, klären Zuständigkeiten, Befugnisse, Verantwortungen und haben einen verbindlichen und handlungsleitenden Charakter für die Pflegeeinrichtung oder dem ambulanten Pflegedienst. Die Konzepte und die konzeptionellen Grundlagen dienen den Mitarbeitern als Handlungsanleitung, also dazu, die richtigen Dinge zur richtigen Zeit am richtigen Ort zu tun. In den qualitätssichernden Konzepten sollte die Frage »**Wie** ist es zu tun?« beantwortet, d. h. beschrieben werden.

Es hat sich in der Praxis nicht bewährt, qualitätssichernde Konzepte aus Büchern oder von anderen Einrichtungen zu kopieren und verfügbar zu machen oder Konzepte von externen Beratern bzw. Firmen oder »QM-Trainern« unreflektiert als ein Kochbuch »einzukaufen« oder »überzustülpen.« Qualitätssichernde Konzepte können erfahrungsgemäß nur dann erfolgreich umgesetzt werden, wenn die Konzepte von den »Anwendern« in der Pflegepraxis angenommen und verstanden werden und die Anforderungen des QM-Systems als verstandene Kriterien mit der gängigen Praxis miteinander verlinkt werden.

Große Erfolgsaussichten bestehen immer dann, wenn die Mitarbeiter bei der Entwicklung eines Konzepts aktiv beteiligt gewesen sind, z. B. in einem Qualitätszirkel! Die Unterstützung eines externen »QM-Trainers« (QM-Berater) oder einer Firma mit einem klar umschriebenen Auftrag (Projekt) genießt große Vorteile, wenn die erstellten Dokumente, Konzepte und die damit verbundenen Maßnahmen einrichtungsspezifisch sind und die Mitarbeiter bei der Entwicklung beteiligt und mitgewirkt haben.

Modellprojekte zeigen, dass eine externe Koordination und Begleitung durch eine unabhängige Institution oder Personen, die über Erfahrungen mit QM-Systemen verfügen, z. B. bei der Implementierung der DIN EN ISO-Normen von großem Nutzen sein können. Die kritische Sichtweise, der »Blick von außen«, ist hier leichter möglich, da die Externen nicht in das Tagesgeschäft der Einrichtung eingebunden sind. Aber Vorsicht: Vor einem »08/15« standardisiertem Konzept, das die Anforderungen und Bedürfnisse der Einrichtung oder die Erfordernisse und Erwartungen der relevanten interessierten Parteien nicht wiedergeben kann, oder vor einer zu technisch orientierten Herangehensweise und überbordete Bürokratie ist dringend abzuraten. Es besteht dann die Gefahr, dass sich die Mitarbeiter mit den Inhalten nicht identifizieren können, weil nicht ihre Sprache (Terminus) gesprochen wird. Sie aber müssen letztendlich als Akteure mit dem Konzept arbeiten bzw. die darin beschriebenen Maßnahmen in der Pflegepraxis umsetzen und verbindlich einhalten.

Häufig scheiterte der Aufbau und die Einführung eines Qualitätsmanagementsystem nur daran, dass zu technisch herangegangen wurde und spezifische Qualitätsanforderungen nicht richtig für die Einrichtung interpretiert und übersetzt wurden. Häufig fehlten entsprechende Umsetzungshilfen für die Pflegeeinrichtungen. Abstrakte Terminologie, sperrige oder verschachtelte und komplizierte Sätze oder Begriffe ohne direkten Bezug zur Einrichtung und ohne handlungsleitenden Charakter (»Was ist hier zu tun, wie oft, in welcher Form, Beurteilung und Bewertung«) und ohne klare Strukturen, haben erfahrungsgemäß keine Chance, umgesetzt zu werden (außer vielleicht vom Ersteller selbst) und erschweren nur die Arbeit.

Format, Art, Medium der Dokumentation

Da in den Anforderungen der DIN EN ISO 9001:2015 nicht mehr von dokumentierten Verfahren als eine Verfahrensanweisung gesprochen wird bzw. keine Unterscheidung zwischen Vorgabe- und Nachweisdokumente sprachlich vorgenommen wird, ist die Art bzw. das Medium oder das Format der »dokumentierte Informationen« jetzt auszuwählen und als eine Verbindlichkeit im QM-Handbuch und in der Pflegeorganisation festzulegen.

Es macht keinen Sinn, nur weil die externen Prüfdienste dies empfehlen, einen externen Berater als »QM-Trainer« zu beauftragen und die durch ihn erstellten Konzepte, Dokumente, schriftliche Verfahren und sonstigen Qualitätsstandards in einem »Leitz-Ordner« bei der obersten Leitung, z. B. bei der Heimleitung in einem Schrank aufzubewahren, damit sie zur nächsten externen Qualitätsprüfung oder bei einer Betriebsbegehung mit der Heimaufsicht vorgehalten und gezeigt werden können. Keine Prüfinstanz fordert eine Loseblattsammlung, theoretische Konzepte oder sonstige Qualitätsstandards in einem separaten Ordner, sondern es ist die Entwicklung eines einrichtungsinternen Qualitätsmanagements nach dem PDCA-Zyklus gefordert!

Die Einhaltung und Realisierung der gesetzlich festgelegten Qualitätsanforderungen in einer Pflegeeinrichtung oder in einem ambulanten Pflegedienst ist nachzuweisen und darzulegen. Auch nach den Qualitätsanforderungen der ISO-Normen ist sicherzustellen, dass bestimmte dokumentierte Informationen als eine Verbindlichkeit nachgewiesen werden können, da die Grundsätze zum Umfang, zur Erstellung oder die Regelungen bei Änderungen der Dokumentation inkl. der Aufbewahrung auch mit der neuen ISO 9001:2015 sich nicht grundlegend verändert haben. Unabhängig des QM-Systems und dessen Anwendungsbereichs ist es von Bedeutung, dass die Regelungen und Verfahren bekannt und durch die Mitarbeiter in der Praxis durch deutliche Anleitungen umgesetzt werden.

Wem nützt ein umfassendes Hygienekonzept mit einer differenzierten Hygieneplanung, wenn in der Einrichtung oder im Pflegedienst die Maßnahmen nicht oder nur sehr unzureichend umgesetzt werden können, weil die Rahmenbedingungen nicht existieren, weil kein Hygienebeauftragter benannt wurde, weil Desinfektionsmittel nicht mit dem vorgehaltenen Desinfektionsplan übereinstimmen, weil keine Betriebsanweisungen gem. § 12 Abs. 1 und Abs. 2 der Biostoffverordnung (BioStoffV) und gem. § 14 der Gefahrstoffverordnung (GefStoffV) bzw. nach der Betriebssicherheitsverordnung (BetrSichV) bei der Verwendung von Arbeitsmitteln vorhanden sind oder weil die Anforderungen aus dem Arbeits- und Gesundheitsschutz außer Acht gelassen und gröblich verletzt werden? So sind in jeder Pflegeeinrichtung und in jedem ambulanten Pflegedienst z. B. die Betriebsanweisungen arbeitsbereichs-, tätigkeits- und stoffbezogen auf der Grundlage der Gefährdungsbeurteilung und den festgelegten Schutzmaßnahmen zu erstellen.

Nicht umgesetzte Konzepte, Qualitätsstandards und die Außerachtlassung von risikobasierten Prozessen bringen genauso große Schwierigkeiten bei externen Qualitätsprüfungen wie fehlende Konzepte und Verfahren. Externe Prüfinstanzen wollen nicht nur Konzepte und theoretische Abhandlungen sehen! Sie stellen durch Stichproben bei Auffälligkeiten in der personenbezogenen Versorgung und insbesondere bei der Beurteilung auf der Einrichtungsebene im 5. Qualitätsbereich (Bedarfsübergreifende Qualitätsaspekte) und im 6. Qualitätsbereich (Einrichtungsinterne Organisation und Qualitätsmanagement) den Umsetzungsgrad von Maßnahmen zur internen Qualitätssicherung in einer vollstationären Pflegeeinrichtung fest. Dies ist insbesondere bei Qualitätsdefiziten mit Risiko negativer Folgen von größter Bedeutung. Vorstellbar ist es, dass man bei einem nicht erkannten Dekubitus ab der Kategorie II die entsprechenden einrichtungsinternen Standards auf der Grundlage der Expertenstandards des DNQP sowie die Schulungsmaßnahmen zur Dekubitusprophylaxe und weitere konzeptionelle Grundlagen im Rahmen dieser externen Qualitätsprüfung dem MDK- bzw. dem PKV-Gutachter zur Einsichtnahme vorzeigen und die bewohnerbezogene Umsetzung in der Praxis erläutern muss.

Erfahrungsgemäß entwickeln ambulante und stationäre Pflegeeinrichtungen hier häufig so genannte »Qualitätsordner« oder »Qualitätshandbücher« (als »Manual« bezeichnet) oder es werden Handbücher durch die Trägerverbände zur Verfügung gestellt, in denen das Qualitätsmanagement mit seinen Anforderungen sowie die allgemeine Umsetzung der Maßnahmen zum internen Qualitätsmanagement und zur Qualitätssicherung dokumentiert und nachgewiesen werden können. Die Art und Bearbeitungstiefe und der Detaillierungsgrad (»Wie genau müssen Abläufe beschrieben werden?«) oder der rote Faden in den verschiedenen qualitätssichernden Konzepten und Standards ist von der Größe (Zweckbestimmung), dem zu versorgenden Personenkreis, der Betriebsart, von den rechtlichen und behördlichen internen und externen Themen (Rahmenbedingungen) sowie von den kundenspezifischen Anforderungen abhängig. Das Qualitätsmanagement und deren Verschriftlichung in einem QM-Handbuch oder anderen konzeptionellen Grundlagen werden im Wesentlichen getragen durch das Engagement der Mitarbeiter. Deshalb ist neben der Motivation und Wertschätzung der Mitarbeiter wichtig, dass vorhandene Wissenslücken zum Thema »Qualitätsmanagement und Qualitätssicherung« durch ein gezieltes Wissensmanagement in der Praxis angegangen werden.

Die Dokumentationsdichte und -tiefe wird allerdings auch stark beeinflusst vom individuellen Regelungsbedarf (Erfordernisse und Erwartungen) der Einrichtung.

Wichtig **Schriftliche Dokumentation – gewusst wie!**

Wichtig ist es, sich von Anfang an darüber Gedanken zu machen, wie das einrichtungsinterne Qualitätsmanagement und die Qualitätssicherung schriftlich dargelegt, umgesetzt und Dritten gegenüber nachgewiesen werden kann!

2.2.2 Qualitätsdimension der Prozessqualität

Die Prozessqualität (Dienstleistungsqualität und Dienstleistungsprozess) bezieht sich auf die Sicherstellung eines bewohnerorientierten fachlich korrekten und einer professionellen fach- und sachgerechten Pflege-, Betreuungs- und Versorgungsqualität unter besonderer Berücksichtigung der individuellen Wünsche und die Orientierung an den individuellen Bedarfslagen der Bewohner. Somit erfasst und bewertet die Prozessqualität alle Versorgungs- und Handlungsabläufe von pflegerischen und medizinischen Dienstleistungen mit der integrierten Betreuung sowie den Tätigkeiten der zusätzlichen Betreuungskräfte entsprechend den Richtlinien zur Qualifikation und zu den Aufgaben zusätzlicher Betreuungskräfte und beurteilt dabei die zwischenmenschliche Interaktion, z. B. auch mit den Angehörigen oder Betreuern in der ambulanten, teil- und vollstationären Pflege.

Sie umfasst die konkrete Durchführung und die konkreten Arbeitsweisen der personenbezogenen Versorgung von pflegbedürftigen Menschen auf der Grundlage der Pflegekonzeption und Pflegestandards. Der wohnlichen Gestaltung der Unterkunft und Verpflegung der Bewohner in der stationären Pflege sowie die Unterhaltsreinigung, Wäschepflege und die Gestaltung der Pflegeeinrichtung wird ebenfalls besondere Aufmerksamkeit gewidmet. Die Prozessqualität bezieht sich auch auf den Praxistransfer pflegewissenschaftlicher Grundlagen (allgemein anerkannter Stand der medizinisch-pflegerischen Erkenntnisse sowie die Anwendung der Expertenstandards), die Arbeitsablauforganisation und Arbeitszeitorganisation (Dienstplangestaltung oder Tourenplanung), das interne Qualitätsmanagement sowie die personenzentrierte Umsetzung des Pflegeprozesses und die Anforderungen zur Pflegeprozessdokumentation.

Die Prozessqualität umfasst ebenso den Ablauf, die Erhebung, Planung, Durchführung sowie die pflegefachlich reflektierte Evaluation der Leistungserbringung und Steuerung des Pflegeprozesses durch die verantwortliche Pflegefachkraft (vgl. MuG, 2018a: 8 ff.). Die medizinischen Pflegeleistungen sind in unterschiedlichen Einzelleistungsnachweisen der »Medizinischen Pflege« schriftlich aufzuzeigen, dabei können Standards, Verfahrensanweisungen oder pflegerische Leitlinien und Richtlinien hilfreich sein, bzw. die Dokumentation und Versorgungsqualität erheblich absichern und vereinfachen. Betrachtet und beurteilt werden in dieser Qualitätsdimension die Inhalte der täglichen Arbeit (vorgehaltenes Leistungsangebot und die dafür zu zahlenden Preise) und Leistungserbringung (qualitativ und quantitativ) gegenüber den Pflegebedürftigen sowie die Hinzuziehung der ärztlichen Kompetenz. Hier geht es also darum, den Stand der Informationen über die Bewohner bzw. dem Pflegekunden durch geeignete Verfahren (z. B. durch die Erhebung einer Informationssammlung zur Versorgungssituation zu Beginn der pflegerischen Versorgung innerhalb von 24 Std.) darzulegen und die Durchführung einer fachlich adäquaten Pflege durch die Anwendung einer Pflegeprozess- oder Maßnahmenplanung nach dem Strukturmodell zu garantieren, die alle Schritte einer fachlichen Planung nach dem Pflegeprozess beinhalten muss. Die Mindestanforderungen nach den »Maßstäben und Grundsätze für die Qualität« müssen dabei grundsätzlich immer erfüllt werden!

Als unterstützende Maßnahme bei der Erstellung und Weiterentwicklung von individuellen Maßnahmenplanungen nach dem Pflegeprozess auf der Grundlage der Informationssammlung (oder Pflegeanamnese) – unter Berücksichtigung vorhandener Pflegediagnosen (»**TUA**-Prinzip: **T**itel-**U**rsache-**A**usmaß«) – empfiehlt es sich, eine Verantwortungsmatrix für den Überblick und als eine Kontrolle des aktuellen Sachstandes in dem jeweiligen Pflegedienst oder in einem Wohnbereich in der stationären Pflege als ein Instrument des Pflegecontrollings für pflegesensitive Probleme oder Phänomene (z. B. eine Dekubitusentstehung oder ein Sturzereignis etc.) zu erarbeiten und vorzuhalten. Eine Verantwortungsmatrix für die Erstellung von handlungsleitenden Maßnahmenplanungen in der Pflegedokumentation ist deshalb wichtig, weil bestimmte Bezugspflegemitarbeiter für eine bestimmte Anzahl von Bewohnern oder Klienten (ambulante Pflege) für die Erstellung und Evaluation von Maßnahmenplanung, z. B. bei der Rückkehr aus dem Krankenhaus (Entlassungsmanagement) oder bei Veränderungen einer Pflegesituation, verantwortlich gemacht werden sollten (Pflegecontrolling). Die Pflegeplanungen oder individuellen Maßnahmenplanungen nach dem Strukturmodell inkl. der Pflegediagnosen, auf der Grundlage der Pflegeanamnesen oder der strukturierten Informationssammlung (SIS®) und nach dem zugrunde gelegten und favorisierten Pflegemodell, werden dann vom jeweiligen Bezugspflegemitarbeiter in den Übergaben oder in den kollegialen Fallberatungen vorgestellt und die erforderlichen pflegerischen Maßnahmen im Pflegeteam des Wohnbereichs gemeinsam abgestimmt.

2.2.3 Qualitätsdimension der Ergebnisqualität

Die Ergebnisqualität als ein Versorgungsergebnis soll letztlich durch die pflegefachliche Reflexion und durch das Pflegecontrolling die Wirksamkeit der körperbezogenen Versorgung (Pflegezustand) und des gesamten Versorgungsgeschehens (inklusive des Bereichs der sozialen Betreuung in der stationären Pflege) sowie das Wohlbefinden, Zufriedenheit und die Selbstbestimmung sowie die Selbständigkeit der Pflegebedürftigen in der geplanten und professionellen Pflege erfassen und beurteilen (vgl. MuG, 2018a: 13 ff.; QPR, 2017a; QPR, 2017b; QPR, 2018). Die Ergebnisqualität kann als Resultat der Zielerreichung des gesamten Pflege-, Betreuungs- und Versorgungsvertrags durch verschiedene Maßnahmen zur Qualitätssicherung verstanden werden und muss dokumentiert werden. Die Messdaten sind durch die halbjährliche Erfassung der Versorgungsergebnisse nach dem indikatorengestützten Verfahren und deren Berechnung und Darstellung durch die DAS gesetzlich festgelegt worden. Auch wenn die Lebensqualität der pflegebedürftigen Menschen nicht mit zuverlässigen Indikatoren erfasst wird, könnte diese Denkweise und die daraus gewonnenen Informationen in diesem Zusammenhang auch interessante Ergebnisse i. S. der Ergebnisqualität zur Verfügung stellen (vgl. Preusker, 2013).

Die Kernfrage in der Ergebnisqualität könnte lauten: Können bspw. die gesteckten Ziele und die pflegefachlichen Erfordernisse und Erwartungen i. S. einer personenzentrierten Versorgung nach dem Pflegeprozess eingehalten und erfüllt werden (Ergebnisqualität)? Wesentliche Qualitätssicherungselemente sind hier die Überprüfung der Zufriedenheit der Bewohner aufgrund der Wahrnehmung und die Orientierung an den individuellen Bedarfslagen, Wünsche und Bedürfnisse der pflegebedürftigen Menschen unter Berücksichtigung ihrer Lebens- und Pflegesituation (vgl. MuG, 2018a: 8, 14 f.). Ferner bedarf es in dieser Qualitätsdimension einer Reihe von Maßnahmen zur kontinuierlichen Beurteilung von Pflegemaßnahmen (z. B. durch Pflege- bzw. Betreuungsvisiten, Fallbesprechungen, Assessmentrunden, kollegiale Fallberatungen, Teambesprechungen, interne Qualitätsaudits etc.), mit der Beantwortung der Fragen:

- Konnten die angestrebten Ziele erreicht werden?
- Welche Hindernisse haben bestanden?
- Sind Verbesserungen und/oder Verschlechterungen bei den Bewohnern eingetreten?
- Müssen die pflegerischen Maßnahmen, Verfahrensstandards oder Pflegeziele neu festgelegt bzw. überarbeitet und aktualisiert werden?

Somit bilden die Anforderungen nach den »Maßstäben und Grundsätzen für die Qualität« (»MuG«) den Sockel und das zementierte Fundament jeder Pflegeeinrichtung. Kann eine Pflegeeinrichtung oder ein ambulanter Pflegedienst die Qualität ihrer Leistungen, deren Sicherung und Weiterentwicklung ausreichend nachweisen, ist sie wettbewerbs- und konkurrenzfähig. Werden jedoch die gesetzlichen und behördlichen Anforderungen (festgelegten Leistungs- und Qualitätsmerkmale) als wichtige interne und externe Themen im Kontext der Organisation und die abgeschlossenen vertraglichen Vereinbarungen in einem Bereich nicht oder zu oberflächig eingehalten, müssen Korrekturmaßnahmen eingeleitet und die Ursachen (z. B. durch eine Ursache-Wirkungs-Analyse oder durch eine SWOT-Analyse) durch das Team beseitigt werden, um Folgen und gravierende Auswirkungen, z. B. im Hinblick auf die

Versorgungsergebnisse zu vermeiden. Ebenfalls ist in diesem Zusammenhang in der stationären Pflege die Frage zu klären, inwieweit der Heimbeirat oder der Heimfürsprecher nach der Heimmitwirkungsverordnung (HeimmwV) in den Heimalltag in wichtigen Entscheidungen der Einrichtung unter Berücksichtigung der Landesheimgesetze einbezogen wird.

2.3 Dokumentationspyramide

Die Maßnahmen zur Umsetzung der Qualitätsvereinbarungen und -anforderungen von den stationären Pflegeeinrichtungen und ambulanten Pflegediensten sind in sogenannten qualitätssichernden Konzepten zur intern gesteuerten Qualitätssicherung sowie sonstigen Verfahren, Regelungen und Qualitäts- oder Verfahrensstandards entsprechend zu dokumentieren und gegenüber Dritten (z. B. Prüfteam vom MDK oder PKV, Heimaufsichten, Gesundheitsämtern etc.) vorzuhalten. Die Konzepte können dabei in Papierform oder durch ein EDV-gestütztes System (Dokumentenmanagement) mit einer geeigneten Dokumentenstruktur hinterlegt oder auch archiviert werden.

Die vorzuhaltenden Konzepte – konzeptionellen Grundlagen – und Qualitäts- bzw. Verfahrensstandards (die auch Checklisten und Formulare beinhalten können) sind grundsätzlich immer vor ihrer Herausgabe und Veröffentlichung inhaltlich auf die Stimmigkeit, Anwendbarkeit, Funktionalität und Praktikabilität zu prüfen. Diese Vorgehensweise ist eine grundsätzliche Empfehlung! Die Art der Prüfung und der Freigabe von Dokumenten und deren Rücknahme oder die Archivierung erfolgt i. d. R. in einem QM-System durch den Qualitätsmanagement-Beauftragten oder durch den QM-Verantwortlichen bzw. auch durch die prozessverantwortlichen Personen (Prozesseigentümer bzw. auch Prozesseigner genannt) im Auftrag der obersten Leitung.

Als Prozessverantwortliche oder Prozesseigentümer werden diejenigen Personen bezeichnet, die für einen Arbeitsbereich die Verantwortung in leitender Funktion tragen und weisungsbefugt sind, z. B. die Pflegedienstleitung, Technische Leitung, Küchenleitung, Hauswirtschaftsleitung, Leitung der Sozialen Betreuung, Verwaltungsleitung etc.

Grundsätzlich sind alle qualitätssichernden Konzepte und sonstigen QM-Dokumente nicht nur vor ihrer Herausgabe zu prüfen, sondern sie sollten auch ihre Aktualität und den Revisionsstand (z. B. 1. Ausgabe vom: 06.07.2019/Datum oder »Erprobung bis …«), z. B. in der Kopfzeile, beinhalten. Um sich bei der Vielzahl der Konzepte nicht zu verzetteln, sind Einrichtungen der ambulanten, teil- und vollstationären Pflegeeinrichtungen sowie auch der Behindertenhilfe dringend anzuraten, frühzeitig ein Konzept (in Form einer Struktur z. B. durch eine Dokumentenmatrix) zur Doku-

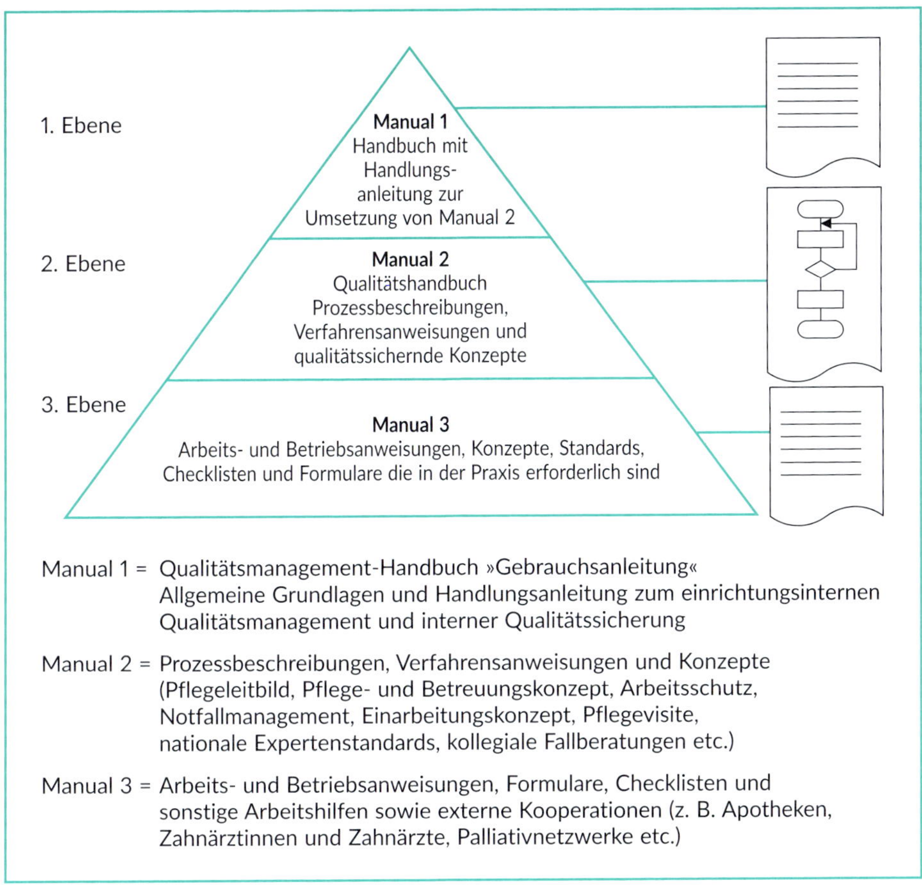

Abb. 17: Dokumentationspyramide der qualitätsbezogenen Konzepte und Verfahren

mentationsstruktur und zum Dokumentationsaufbau zur Darlegung des Qualitätsmanagements und der qualitätssichernden Konzepte nach den Anforderungen des Pflegeversicherungsgesetzes oder nach den ISO-Normen als ein Dokumentenmanagement zu erarbeiten und einrichtungsintern festzulegen. Die Dokumentationspyramide (▸ Abb. 17) zur progressiven Darlegung des einrichtungsinternen Qualitätsmanagements inkl. der intern gesteuerten Qualitätssicherung kann dabei in drei Ebenen als Gliederungsaufbau im Dokumentenmanagement aufgeteilt sein.

In der **ersten Ebene** wird Stellung bezogen zum allgemeinen Aufbau, Struktur und Verantwortung des einrichtungsinternen Qualitätsmanagements (»Allgemeine Grundlagen zum Betriebsmanagement«) sowie zur Handhabung der zugrunde gelegten qualitätssichernden Konzepte und konzeptionellen Grundlagen in der zweiten Ebene.

Die **zweite Ebene** der Dokumentationsstruktur beinhaltet die Konkretisierung der praktischen Umsetzung der Qualitätsanforderungen sowie die notwendigen Prozess- und Ablaufbeschreibungen, Verfahrensanweisungen und entsprechende Umsetzungs- und Handlungsanleitungen zum Beispiel im Hinblick auf die Pflegekonzeption, das Medizinproduktebuch, Gefahrstoffverzeichnis und Hygienemanagement mit der Hygienekonzeption, Hygiene- und Desinfektionspläne und anderen Verfahren und Arbeitshilfen für die Praxis. Die in der zweiten Ebene hinterlegten Konzepte etc. können bei externen Qualitätsprüfungen verschiedener Prüfinstitutionen herangezogen werden.

Die **dritte Ebene** beinhaltet zur Umsetzung der qualitätssichernden Konzepte (der zweiten Ebene) weitergehende Hilfen und Anleitungen zur Umsetzung der genannten Maßnahmen und Verfahren.

Die gesetzlich oder behördlich geforderten Verfahren oder Konzepte sowie die konzeptionellen Grundlagen, die zu erfüllenden Rahmenbedingungen an ein Qualitätsmanagementsystem und die verschiedenen Standards und Verfahren zur internen Qualitätssicherung ergeben sich zum Teil aus den Qualitätsprüfungs-Richtlinien und können ebenso den »Maßstäben und Grundsätze für die Qualität« als wichtige interne und externe Themen abgeleitet werden. Die konzeptionellen Grundlagen sollten einrichtungsintern in jedem Fall in verschiedenen Qualitätszirkeln erarbeitet und den betreffenden Mitarbeitern durch Informationen in aktueller Fassung bekannt gemacht werden. Durch die Vielzahl der konzeptionellen Grundlagen können die Konzepte und Verfahren dabei in verschiedenen Ordnern (Oder: EDV-gestützt bzw. auch im Intranet) übersichtlich zugeordnet werden und durch die betreffenden Mitarbeiter eingesehen werden. Grundsätzlich ist wichtig, dass diese Konzepte und Regelwerke des Qualitätsmanagements sowie der Zugang zur Umsetzung bei den betreffenden Mitarbeitern und Nutzern bekannt sein müssen!

Die Dokumentationsstruktur und das Ordnungssystem

- **QM-Handbuch – Manual 1 »Allgemeine Information/Organisation« → »Was ist zu tun?«**
  Das QM-Handbuch beinhaltet die theoretischen und allgemeinen Grundlagen zur Organisation (Strukturqualität), zu trägerspezifischen Einrichtungsinformationen, zur Unternehmensphilosophie und Qualitätspolitik, zu Personengruppen, die von der Einrichtung betreut und versorgt werden, zu Dienstleistungsstandards (»Was soll laut Versorgungsvertrag erbracht werden?«) sowie zu sonstigen Regelungsbedarfe zur Umsetzung der gesetzlich geforderten qualitätssichernden Konzepte. Es dient der Einrichtung, der Pflegedienstleitung und den Mitarbeitern als ein allgemeines und schnelles Nachschlagewerk. Es nennt im Wesentlichen u. a. die allgemeinen Anforderungen nach § 113 SGB XI n. F. für die Pflegeeinrichtung bzw. für den ambulanten Pflegedienst.

- **QM-Handbuch – Manual 2 »Qualitätskonzepte, Qualitäts- und Prozessstandards«**
  → »Wie ist es zu tun?«
  Das »WIE« bezieht sich auf die Umsetzung von Maßnahmen, die in den verschiedenen Konzepten beschrieben oder abgeleitet werden. In diesem QM-Handbuch sind die Konzepte und konzeptionellen Grundlagen des QM-Systems, zur internen Qualitätssicherung und Qualitätsverbesserung u. a. auch für **externe** Prüfinstitutionen (MDK, Heimaufsicht, Gesundheitsamt, Berufsgenossenschaft etc.) hinterlegt. In diesem QM-Handbuch werden die dokumentierten Informationen, z. B. Konzepte oder Verfahren in Form von Checklisten, Arbeitshilfen, Verfahrens- oder Prozessstandards (»Wie soll es erbracht werden?«), Formulare etc. hinterlegt, um Dritten gegenüber nachweisen zu können, ein Qualitätsmanagement nach den Anforderungen des § 113 SGB XI n. F. eingeführt und verwirklicht zu haben. Bei Qualitätsprüfungen durch das Prüfteam des MDK oder durch die PKV-Prüfdienste nach § 114 ff. SGB XI »Qualitätsprüfungen« müssen ggf. bei Auffälligkeiten in der personenbezogenen Versorgung und zu den bedarfsübergreifenden fachlichen Anforderungen sowie zur Beurteilung auf der Einrichtungsebene verschiedene aktuelle Unterlagen, Konzepte und sonstige Aufzeichnungen von der Einrichtung vorbereitet und ggf. zur Einsichtnahme vorgelegt werden, wie z. B. als kleiner Auszug:
  - Versorgungsvertrag
  - Qualifikationsnachweis der Verantwortlichen Pflegefachkraft (Kopie)
  - Anerkennungsurkunden aller Pflegefachkräfte (Kopie mit handschriftlichem Vermerk auf der Rückseite: »Im Original vorgelegen«)
  - Dienstpläne der letzten drei Monate
  - Handzeichenliste der Mitarbeiter in der Pflege und der sozialen Betreuung inkl. der zusätzlichen Betreuungskräfte
  - Pflegekonzept, Konzept zur Sozialen Betreuung, Hauswirtschaftskonzept
  - konzeptionelle Grundlagen über die Wünsche der versorgten Personen für den Fall einer gesundheitlichen Krise z. B. durch eine gesundheitliche Versorgungsplanung (gVP) gem. § 132g Abs. 3 SGB V sowie ein Konzept zur Betreuung und Pflege sterbender Menschen
  - konzeptionelle Grundlagen wie mit Patientenverfügungen oder Vorsorgevollmachten in der Einrichtung umgegangen wird (kann Bestandteil im Pflegekonzept sein)
  - Verfahrensregelungen bei Einzug oder einer Überleitung bei Krankenhausaufenthalten bzw. einer Krankenhausrückverlegung (Standards oder Checklisten)
  - Pflegeüberleitungsmanagement
  - prospektive Fortbildungspläne (inkl. ausgefüllte Anwesenheitslisten) für Pflege, Soziale Betreuung und Hauswirtschaft
  - aktueller Stellenplan aller Mitarbeiter der Einrichtung (Stellenanteil, Name und Qualifikation)
  - Stellenbeschreibungen (Mustervorlagen)

tiges internes Thema gehören Regelungen, Standards, Verfahrensanweisungen und Zielvereinbarungen, die zusammenwirken und sich in der Aufbau- und Ablauforganisation einer Einrichtung oder im ambulanten Pflegedienst ergänzen und positiv bemerkbar machen müssen. Das Wichtigste im Bereich der Ablauforganisation ist die Arbeitszeitorganisation einer Arbeitsschicht (noch oft anzutreffen sind: Früh-, Spät- und Nachtdienst – schlimmstenfalls sogar der »Schaukeldienst«) und die Zusammenarbeit der Bereiche unter dem Fokus der zu betreuenden Bewohner bzw. Patienten, die in jedem Qualitätsmanagement kritisch unter die Lupe genommen werden sollte. Zur Arbeitsablauforganisation gehört ebenso eine sichere Arbeitsumgebung (Prozessumgebung nach DIN EN ISO 9001) sowie den Mitarbeitern geeignete persönliche Schutzausrüstungen (PSA) nach der PSA-Benutzungsverordnung bereitzustellen. Im Fokus der Arbeitsorganisation können sich bei älteren Mitarbeitern ungünstige Arbeitszeiten, z. B. durch wiederholende Wechselschichten negativ auf die Gesundheit als ein Gesundheitsrisiko auswirken. In einem tragfähigen Qualitätsmanagement sollten auch immer im Zuge der Arbeitsablauforganisation an die Chancen und Möglichkeiten zur Stärkung der gesundheitlichen Kompetenzen der Mitarbeiter berücksichtigt werden, z. B. durch einrichtungsinterne Gesundheitsangebote oder durch eine Mitgliedschaft als Pflegeunternehmen in einem Fitnessstudio (Firmenfitnessvertrag) bzw. durch Fitnesskarten für die Mitarbeiter etc. Die Maßnahmen zur Gesundheitsförderung sind vielfältig und zielen insgesamt darauf ab, ein frühzeitiges Ausscheiden aus dem Erwerbsleben oder eine Arbeitsunfähigkeit durch eine Krankheit zu verhindern.

Gerade in der Arbeitszeitorganisation sind viele Verbesserungen und Innovationen möglich (z. B. Einführung neuartiger Arbeitszeitmodelle), um die Arbeitsbelastung und insbesondere die Arbeitsspitzen der Mitarbeiter aufzuspüren, zu analysieren und im Sinne einer mitarbeiterfreundlichen Organisation positiv zu verändern.

Bei diesem Vorhaben sind nicht nur die Mitarbeiter zu begeistern, sondern es ist vielfach auch Überzeugungsarbeit bei den Mitarbeiter- bzw. Personalvertretungen (z. B. durch das Tarifrecht, Betriebsvereinbarungen etc.) notwendig, um diese Aufbruchssituation aktiv mitzugestalten. Wenn neue Arbeitszeitmodelle für die Mitarbeiter eingeführt werden, sollte zunächst ein zeitlich begrenzter Probelauf (Pretest) als »Tauglichkeitsprüfung« gestartet werden, damit noch an Veränderungen gearbeitet werden kann und die Mitarbeiter im Probelauf auch das gute Gefühl haben: »Hier ist das letzte Wort noch nicht gesprochen!«

Fazit **Harmonisierung im Qualitätsmanagement**

Das bedeutet, dass alle Teile und Bereiche einer Einrichtung (Schnittstellen) sinnvoll zu einem Ganzen zusammengefügt und abgestimmt werden. Die Harmonisierung der verschiedenen Arbeitsbereiche und das Miteinander sind in jedem Qualitätsmanagement von außerordentlicher Wichtigkeit und sollte niemals unterschätzt werden.

Die Implementierung, Aufrechterhaltung und Wirksamkeit eines Qualitätsmanagement(-systems) wirkt sich somit direkt auf die gesamten Dienstleistungsbereiche und Versorgungsqualität der »Pflege, Betreuung und Versorgung« aus. Die Arbeitszeit- und Arbeitsablauforganisation, die Strategie und die zu erreichenden Ziele, die Personalpolitik und -struktur, die Kunden- und Mitarbeiterzufriedenheit sowie das Erscheinungsbild und ein vorbildliches Führungsverhalten von Leitungskräften sind unmittelbar davon betroffen. Darüber hinaus werden vom Qualitätsmanagement alle qualitätsbezogenen Tätigkeiten, vertrauensbildende Maßnahmen, Verantwortungen, Befugnisse und Zielsetzungen unmittelbar miterfasst und ggf. neu geregelt.

Eine **Aufbauorganisation** bezieht sich zunächst auf die Analyse von Teilaufgaben und strukturell-organisatorischen Rahmenbedingungen in einem Betriebsablauf (Strukturqualität). Bei der Betrachtung der Aufbauorganisation sind folgende Aspekte für die Leitung einer Pflegeeinrichtung oder eines ambulanten Pflegedienstes von Bedeutung:

- Transparenz und Sicherheit aller Beteiligten
- Stellenplanbesetzung in der Einrichtung
- Harmonisierung der Dienstplangestaltung sowie der Einsatz- und Tourenplanung (für ambulante Pflegedienste)
- Qualifikationsprofile der Mitarbeiter
- Leitungsstruktur und Hierarchieebene
- Offener Informationsaustausch und interne Kommunikationsstruktur und -austausch
- Zuständigkeiten, Verantwortungen und Kompetenzen, insbesondere der Fach- und Führungskräfte, um die beabsichtigten Ergebnisse erzielen zu können
- Schnittstellen in- und außerhalb der Einrichtung und deren Zusammenwirken
- Ermittlung und Erfüllung von gesetzlichen und behördlichen Anforderungen, Verordnungen und Richtlinien
- Institutioneller und infrastruktureller Rahmen

Eine durchdachte Aufbauorganisation und Stellenplanplanbesetzung unter Berücksichtigung formaler Kriterien ist von außerordentlichem Wert.

Wichtig **Folgen der QM-Implementierung**

Die Einführung eines QM-Systems hat eine Umstrukturierung in der Aufbau- und Ablauforganisation oftmals zur Folge, d. h. das Projekt »Einführung und Anwendung eines Qualitätsmanagementsystems« muss von anderen Aufgaben einer Einrichtung klar und deutlich abgegrenzt werden.

Die Aufbauorganisation wird im Kontext einer wissensstimulierenden Organisationsstruktur häufig als Schaubild (Organigramm) grafisch dargestellt, das den Aufbau einer Organisation (Einrichtung) erkennen lässt. In dem Verzweigungsdiagramm werden mit den dargestellten Verbindungslinien die Beziehungs- und Entscheidungsstrukturen sowie die Zuständigkeiten und Verantwortungen verdeutlicht. Durch eine prozessorientierte Darstellung im Organigramm können Kommunikationsprozesse und die Hierarchieebenen in der Pflegeeinrichtung oder im Pflegedienst abgleitet werden. Die Darstellung eines Organigramms (sollte in jedem Pflegekonzept enthalten sein) als einrichtungsinternes Schaubild ist auch notwendig, um das gesamte Zusammenwirken aller Bereiche einer Einrichtung zu verdeutlichen.

Wichtig bei dieser Darstellung ist es, die Stabsstellen als wichtigen Bestandteil des Organigramms mit aufzunehmen:

- Qualitätsmanagement-Beauftragte Person (QM-B.) / QM-Verantwortliche Person/en (QM-V.)
- Sicherheitsbeauftragte Person **und/oder** Fachkraft für Arbeitssicherheit
- Hygienebeauftragte Person
- Arbeitsmedizinische Betreuung durch Betriebsärztinnen und Betriebsärzte
- Mitarbeiter- bzw. Personalvertretung

2

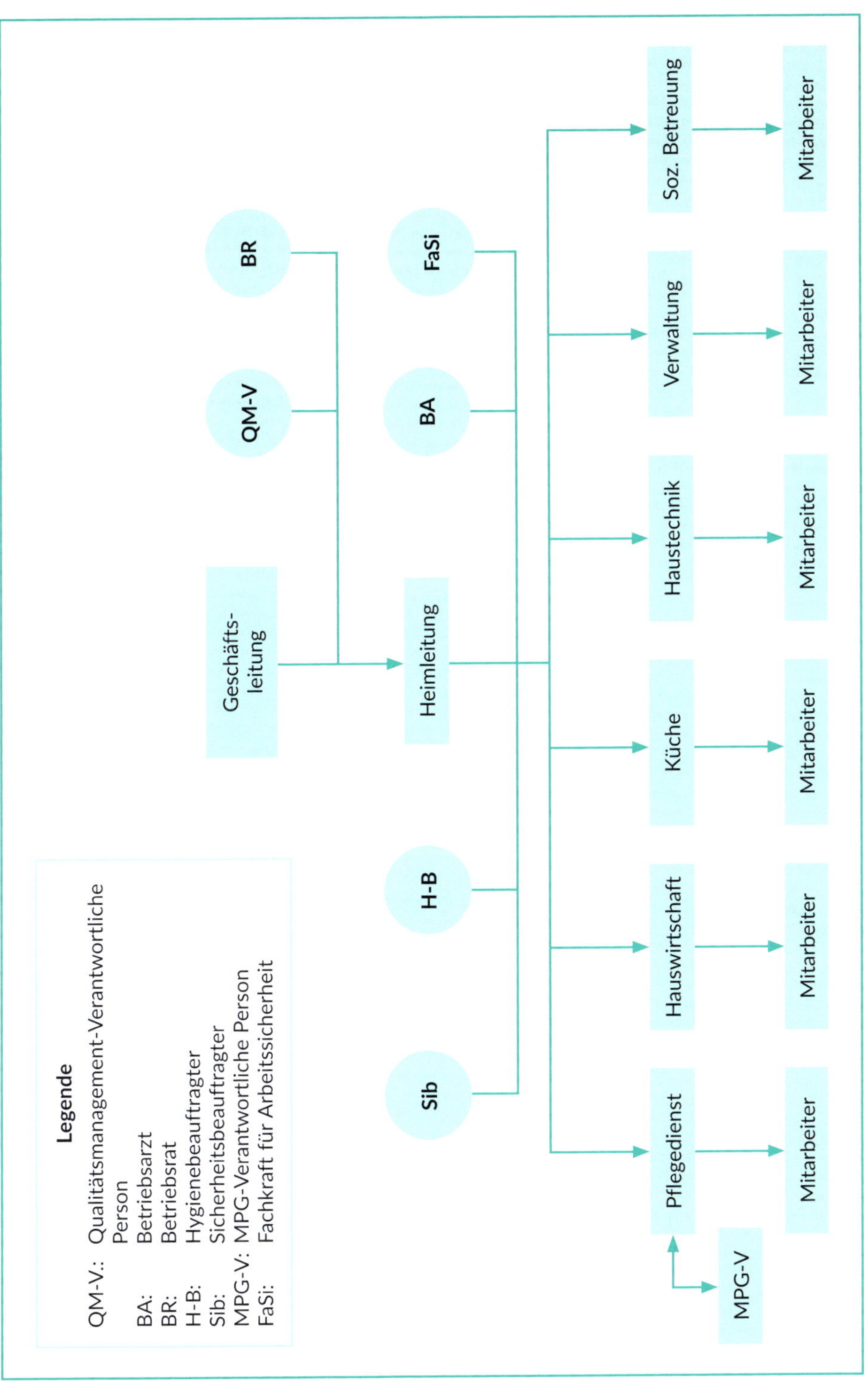

Abb. 18: Vereinfachtes Organigramm einer Beispielorganisation

2.3.2 Führungsstrukturen im Qualitätsmanagement

Weil sich die Verantwortung der Leitung in einem Qualitätsmanagementsystem zur Qualität verpflichtet hat, müssen bestimmte aufbau- und ablauforganisatorische Strukturen durch die Verantwortung der obersten Leitung (Träger) erst einmal geschaffen und geklärt werden, damit die Qualitätsanforderungen des QM-Systems umfassend erfüllt werden können. Als oberste Leitung (oL) wird die Geschäftsleitung (Betreiber oder ein Mitglied der GL) bzw. eine Geschäftsführung (Unternehmensleitung) in einem Qualitätsmanagementsystem nach der ISO-Norm bezeichnet.

Die oberste Leitung hat innerhalb des Qualitätsmanagements eine wichtige Schlüsselposition, da sie neben der Qualitätspolitik und der Festlegung der strategischen und auch operativen Qualitätsziele nach der neuen DIN EN ISO 9000:2015 die Gesamtverantwortung für ein QM-System hat und zwar auch dann, wenn z. B. die Teilaufgaben an einen QM-B oder an eine QM-Verantwortliche Person delegiert wurden. Auch wenn nach der Qualitätsnorm der DIN EN ISO 9001:2015 die Funktion eines QM-Beauftragten (QM-B.) auf der Leitungsebene nicht mehr ausdrücklich als eine grundlegende Anforderung festgelegt wurde, ist die Benennung eines QM-B. zur Unterstützung des QM-Systems durchaus sinnvoll. Mit der neuen DIN EN ISO 9001 und dem Anforderungsteil im 5. Normabschnitt »Führung« wird die oberste Leitung noch mehr als je zuvor in die Pflicht für das QM-System genommen. Diese auferlegten Pflichten beziehen sich auf die Steuerung des gesamten QM-Systems als eine Führungsaufgabe, das QM-System systematisch zu planen, zu verwirklichen, aufrechtzuerhalten und deren effektive Umsetzung zu überwachen und die Wirksamkeit fortlaufend zu verbessern. Im Zuge der Führungsverantwortung ist es durch die arbeitsteiligen Gruppen für den Aufbau eines QM-Systems wichtig, dass die oberste Leitung durch eine laterale (seitliche) Führung der Projektmitglieder den Überblick behält. Zu den Aufgaben der Verantwortung der Leitung gehört es auch, die erforderlichen Ressourcen der Einrichtung zu ermitteln, zu bewerten, zu bestimmen und bereitzustellen, damit ein Qualitätsmanagementsystem aufgebaut werden kann.

Tipp

Wesentliche Verbesserungen im Sinne einer »qualitätsorientierten Reorganisation« in einer Einrichtung können nur dann erreicht werden, wenn die Pflegeeinrichtung von Anfang an die personelle Besetzung der Fach-, Führungs- und Beratungsfunktionen, die damit verbundenen Verantwortlichkeiten und Befugnisse sowie die Rechte und Pflichten auf die Belange und Erfordernisse aller relevanter interessierter Parteien (Bewohner, Patienten, Mitarbeiter, Angehörige, Betreuer, Lieferanten etc.) ausrichtet.

2.3.3 Qualitätsmanagement-Steuerungsgruppe (QM-Stg.)

Ableitend aus dem Organigramm (Aufbauorganisation) müssen oftmals in einem funktionierenden Qualitätsmanagement interne Strukturen von Arbeits- bzw. Projektgruppen zur Einführung eines Qualitätsmanagementsystems geschaffen und die Teammitglieder verbindlich festgelegt werden.

Denn: Qualität und Qualitätsmanagementsysteme brauchen Initiatoren und Verbündete als dauerhafte Multiplikatoren. Zur Erlangung einer reibungslosen Zusammenarbeit muss dazu der interne Informations- und Kommunikationsfluss als eines der Führungs- und Managementaufgaben im Voraus geregelt werden. Nur gut informierte Mitarbeiter partizipieren am gemeinsamen festgelegten Ziel (deren nachhaltigen Erfolg) und können geregelte Sachverhalte und -zusammenhänge nachvollziehen.

Qualitätsmanagement oder ein QM-System darf bei den Mitarbeitern nicht als ein »Überstülpen« oder wortlos empfunden werden. Nur wenn erforderliche Informationen und das zielgruppenspezifische Wissen durch eine geeignete Konferenzstruktur an allen Stellen zur Verfügung stehen und Regelungen zur Zusammenarbeit bei den Mitarbeitern bekannt sind, können die betriebsinternen Abläufe und Verfahren optimiert werden. Darüber hinaus erhöht eine aktive Kommunikation und die soziale Interaktion bei den Mitarbeitern und ihre Beteiligung das Bewusstsein für ihre Aufgaben im Sinne eines umfassenden QM-Systems und motiviert zur Übernahme von qualitätsbezogenen Aufgaben. Die Einbeziehung der Mitarbeiter ist erfahrungsgemäß für die Zielerreichung (Bottom-up) und Ergebnissicherung von großer Wichtigkeit.

Bei dem Aufbau und der Einführung eines Qualitätsmanagementsystems werden deshalb als wichtige Merkmale eines Projektes vier Ebenen (für Arbeitsgruppen oder Projektteams) innerhalb der Konferenzstruktur voneinander differenziert (▶ Abb. 19) betrachtet und durch die Verantwortung der obersten Leitung (oL) abgestimmt. Der Aufbau dieser vier Ebenen ist notwendig, um arbeitsteilig am gesamten Einführungs- und Implementierungsprozess effektiv und effizient arbeiten zu können. Die Inhalte der Sitzungen (Qualitätskonferenzen) sind für das Gelingen und die Erreichung der Projekt- oder Qualitätsziele von außerordentlicher Wichtigkeit und müssen protokolliert werden (Ergebnissicherung, d. h. Projektfortschrittsbericht). In diesen Sitzungen und Konferenzen werden ausschließlich Themen des Qualitätsmanagements durch die Teamarbeit festgelegt und erarbeitet. Trotz allem sollte darauf geachtet werden, dass die Projektteams überschaubar bleiben, um arbeitsfähig zu sein. Auch wenn die oberste Leitung die Verantwortung für das QM-System hat, so sollte eine Projektleitung mit entsprechend methodischen und fachlichen Kompetenzen zur Steuerung und Überwachung für den Aufbau des QM-Systems bestimmt werden.

Arbeitsteilige Gruppen

Die vier Ebenen der Konferenzstruktur zur Einführung und Begleitung eines Qualitätsmanagementsystems sind:

1. Ebene: Verantwortung der obersten Leitung: Träger, d. h. Betreiber
   - Häufigkeit der Meetings bzw. der Konferenzen in der Geschäftsführung: alle 3 Monate für 2 Stunden
2. Ebene: Qualitätsstabstelle oder Qualitätskommission. Das Team besteht aus einem Kernteam –dem Träger, der Heim- bzw. Einsatzleitung, dem QM-Beauftragten oder einem QM-Verantwortlichen (z. B. als Projektleitung), den Fachkräften für Arbeitssicherheit, der Betriebsärztin bzw. dem Betriebsarzt, dem Sicherheitsbeauftragten und der Mitarbeiter- bzw. Personalvertretung etc.
   - Häufigkeit der Meetings bzw. der Konferenzen: alle 4 Wochen für 2–3 Stunden
3. Ebene: QM-Steuerungsgruppe: leitende Fach- und Führungskräfte in wichtiger Stellung in einer Einrichtung, d. h. Prozessverantwortliche (Prozesseigentümer bzw. Prozesseigner)
   - Häufigkeit der Meetings bzw. der Konferenzen: alle 2 Wochen für 2–3 Stunden (zu Beginn des QM-Systems einmal in der Woche für 2 Std.)
4. Ebene: Qualitätszirkelrunden (Mitarbeiter aus den Fachbereichen) und Projektsitzungen
   - Häufigkeit der Meetings bzw. der Konferenzen: auftrags- und themenbezogen jede Woche für 2 Stunden
   - Dabei können zu Beginn mehrere Qualitätszirkel bzw. Projektsitzungen an unterschiedlichen Wochentagen stattfinden

Die Gruppenzusammensetzung (Teammitglieder) muss durch die Leitung einer Einrichtung vorher gut überlegt und durch Beständigkeit kontinuierlich eingehalten werden und sollte erfahrungsgemäß maximal sieben Projektmitglieder nicht übersteigen. Zweckmäßig kann es sein, dass auch für bestimmte Themen externe Personen an den Sitzungen zu besonderen Fragestellungen teilnehmen, z. B. Rechtsexperten oder die Mitarbeiter aus der IT-Abteilung. Um effektiv zu arbeiten, ist es von außerordentlicher Wichtigkeit, bestimmte Wochentage (beispielsweise jeden ersten Dienstag im Monat in der Zeit von 13.00–16.00 Uhr) für die Meetings der verschiedenen Gruppen in den Ebenen verbindlich schriftlich festzulegen. Für den Projekterfolg ist es auch wichtig, gemeinsam mit den Projektmitgliedern einige »Spielregeln« vorher verbindlich festzulegen. Dabei ist im Verständnis zu verdeutlichen, dass der Aufbau eines QM-Systems nicht zu den Alltagsaufgaben gehören, sondern eine zeitlich befristete Sonderaufgabe (Projektstart- und Endtermine müssen vorher bekannt sein!) und Herausforderung für alle in der Pflegeeinrichtung oder für einen ambulante Pflegedienst darstellt.

2

Verantwortung der obersten Leitung

Projektbezogene Arbeitsgruppe

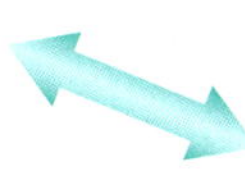

Geschäftsleitung

Aufgaben:
- Unternehmensstrategie
- Qualitätspolitik
- Qualitätsziele
- Qualitätsverantwortung

Personenkreis:
- Geschäftsleitung oder Leitung der Einrichtung
- Qualitätsmanagement-Verantwortliche Person
- Hygienebeauftragte Person
- Sicherheitsbeauftragter
- Fachkraft für Arbeitssicherheit
- Betriebsarzt
- ggf. Mitarbeitervertretung

Qualitäts-stabsstelle

Entscheidung und Steuerung

- Qualitätsplanung
- Qualitätssteuerung
- Qualitätssicherung

- Qualitätsmanagement-Verantwortliche Person
- Pflegedienstleitung
- Hauswirtschaftsleitung
- Verwaltungsleitung
- Küchenleitung
- Leitung Haustechnik
- Leitung der sozialen Betreuung

QM-Steuerungs-gruppe

Planung und Koordination

- Qualitätsprüfung
- Qualitätslenkung
- Qualitätssicherung

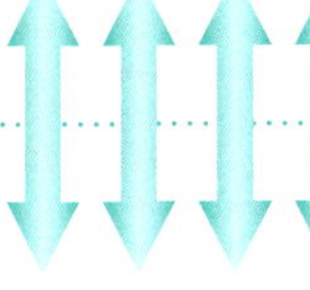

- Mitarbeiter aus den unterschiedlichen Arbeitsbereichen

Qualitäts-zirkelrunden

Umsetzung

- Themenbezogenes Arbeiten
- Überprüfung der Wirksamkeit und ggf. Aktualisierung

- Pflege
- Hauswirtschaft
- Verwaltung
- Themenbezogen

Abb. 19: Qualitätsbezogene Prozesse organisieren.

In der ersten Ebene werden die Qualitätspolitik (strategische Ausrichtung als unternehmerische Entscheidung) und daraus abgeleitet die Zielplanungsstruktur und Zielplanungsprozesse (Qualitätsziele) in diesem Projektmanagement durch die Geschäftsleitung im Einvernehmen mit den Prozesseignern festgelegt. Die gesamte Strategie muss durch die Verantwortung der obersten Leitung als Richtschnur (»roter Faden«) vorgegeben werden, damit die Qualitätsanforderungen der relevanten interessierten Parteien auch erfüllt werden können. Das beratende, informierende und prüfende Team wird der zweiten Ebene (Qualitätsstabsstelle oder auch der Qualitätskommission) als Kernteam zugeordnet. Hier erfolgt die gesamte Projektstrukturierung und Projektplanung, sodass entsprechende Aufgaben- und Arbeitspakete geschnürt und Meilensteine vereinbart und in einem Projektplan bzw. einer Projektskizze festgehalten werden (Projekt- und Maßnahmenplanung) können.

In der dritten Ebene arbeiten die leitenden Führungskräfte im Sinne einer Qualitätsprüfung und der daraus resultierenden Qualitätslenkung mit dem Qualitätsmanagement-Beauftragten als sogenannte »QM-Steuerungsgruppe« zusammen. Hier werden Aufgabenpakete und Meilensteine auf der Grundlage der Projektskizze (oder Projektplan) sowie zur Visualisierung der Projektschritte innerhalb der Projektphasen im Detail besprochen, in der Praxis erarbeitet, entwickelt und umgesetzt. In dieser Gruppenkonstellation werden die einzelnen leitenden Mitarbeiter auch als »Prozesseigentümer« oder »Prozessverantwortliche« bezeichnet.

Die QM-Steuerungsgruppe meint hier die Gesamtheit aller Führungskräfte in einer Einrichtung, die qualitätsbezogene und vertrauensbildende Aufgaben und Maßnahmen innerhalb eines Qualitätsmanagementsystems zur Qualitätsprüfung und Qualitätslenkung wahrnehmen. Sie sind, zusammen mit dem Qualitätsmanagement-Beauftragten oder dem QM-Verantwortlichen als Moderator, maßgeblich dafür verantwortlich, dass Projekt- und Maßnahmenpläne nach den Vorgaben der obersten Leitung umgesetzt sowie geforderte dokumentierte Informationen für das QM-System erstellt, in der Praxis validiert und nach Freigabe in der Pflegeeinrichtung freigegeben und eingehalten werden. Diese Führungskräfte erarbeiten gemeinsam mit ihren Mitarbeitern bestimmte Prozessbeschreibungen (z. B. Verfahrensstandards oder Verfahrensanleitungen) und Regelungen in der Verlinkung mit den festgelegten Qualitätsanforderungen in einem QM-System. Die Arbeitsergebnisse werden von der QM-Steuerungsgruppe besprochen, korrigiert, nachgebessert und in Absprache mit der obersten Leitung freigegeben (d. h. in der Praxis nach der Validierung) oder auch nur mit anderen Fachbereichen der Einrichtung (Arbeitsbereiche) kompatibel und normenkonform in der Praxis in dem jeweiligen Bereich umgesetzt. Die Arbeitsergebnisse sind der Verantwortung der obersten Leitung mitzuteilen, um die Wirksamkeit der Leistung fortlaufend verbessern zu können (Feedback).

Häufig scheitern Verfahren in einem Qualitätsmanagementsystem auch nur deswegen, weil die Kompatibilität wichtiger Schlüsseltätigkeiten der Schnittstellen innerhalb der Einrichtung oder des ambulanten Pflegedienstes vorher nicht eindeutig geregelt werden konnte oder weil keine Ressourcenplanung als ein Projektrisiko vorher durchgeführt wurde. In solchen Situationen der Inkompatibilität weiß beispielsweise die Küchenleitung nicht von den Bewohnern, die diätetisch ernährt werden müssen oder die Pflege ist darüber verärgert, dass wieder bestimmte Bewohner passierte Kost erhalten, obwohl diese ganz normale Kost zu sich nehmen könnten (Qualitätsdefizit!). Informations- und Kommunikationsdefizite sind hier nicht nur sehr ärgerlich, sondern führen auch zu Wissenslücken und letztendlich können diese Kommunikationsschwächen auch nachhaltige Folgen und Auswirkungen für den Bereich der Sicherheit der zu betreuenden Bewohner nach sich ziehen (Pflegeschäden und andere Gesundheitsrisiken).

Die Leitung einer Pflegeeinrichtung oder eines ambulanten Pflegedienstes muss das Zusammenwirken (z. B. durch die Harmonisierung) innerhalb der Einrichtung oder des Pflegedienstes so festlegen und fördern, dass die vertrauensbildenden und qualitätsbezogenen Aufgaben des Qualitätsmanagements einschließlich der internen Qualitätssicherung in allen Arbeitsbereichen angemessen berücksichtigt werden. Im Rahmen des organisatorischen Aufbaus müssen dazu die Verfahren für die innerbetriebliche Zusammenarbeit bestimmter Bereiche festgelegt werden. Das Zusammenwirken der betrieblichen Abläufe ist bei der Einführung eines funktionierenden Qualitätsmanagements ebenso wichtig und unverwechselbar zu regeln wie bspw. auch die Einführung neuer Arbeitstechniken und Methoden oder neuer Arbeitsverfahren.

Alle Führungskräfte sind Multiplikatoren und sollen ihren Mitarbeitern im Hinblick auf das Qualitätsbewusstsein und Qualitätsverständnis ein Vorbild sein. Dadurch fördern sie das Verhalten der Mitarbeiter und ihre Motivation, am Qualitätsgeschehen z. B. an Qualitätszirkeln oder an Projektsitzungen aktiv mitzuwirken.

2.4 Projektmanagement

Ein Projekt, z. B. der Aufbau und Einführung eines QM-Systems, sollte in einem **Projektmanagementprozess** mit entsprechenden Projektzielen verwirklicht und dargelegt werden. Zum besseren Verständnis des Projektmanagements als ein Oberbegriff kann die DIN 69901-1:2009 »Projektmanagement – Projektmanagementsystem – Teil 1: Grundlagen« eine große Unterstützung sein, da in dieser Norm die Zielvorgaben und die Abgrenzung zu anderen Vorhaben sowie die Einmaligkeit und Einzigartigkeit eines Projektes beschrieben werden. Ein Projektmanagementprozess in einer Einrichtung sollte nach dem Projektstart (Starttermin) durch die – Planung – Organisation – Durchführung – Bewertung von Risiken und Chancen – Steuerung und durch den Projektabschluss (Endtermin) aufgebaut, d. h. schriftlich projektiert werden.

Für alle Implementierungsprozesse nach den »Maßstäben und Grundsätzen für die Qualität« (»MuG«) muss mit den Mitgliedern der Qualitätsstabsstelle oder der Projektgruppe zunächst ein detaillierter Projektstrukturplan bzw. eine Projektskizze und darauf aufbauend ein Maßnahmenplan (auch als Implementierungsplan bezeichnet) als »roter Faden« schriftlich im Zeitablauf erarbeitet werden!

Ohne schriftliche, vorherige Planung und detaillierte Projektstrukturierung (inkl. der Projektphasen) über einen zeitlich festgelegten Zeitraum geht es nicht. Die gesamte Projektstrukturierung ist eine zentrale Aufgabe der Projektgruppe und seiner Projektleitung. Es ist wichtig, dass die Projektleitung entsprechende Fachkompetenz besitzt, damit das Projekt ergebnis- und zielorientiert gesteuert werden kann. Die ISO 10006:2017 (ISO 10006:2019-4 – Entwurf) ist ein weiterer »Leitfaden für Qualitätsmanagement in Projekten« der zur Unterstützung im Projektmanagement durch die Projektleitung herangezogen werden kann.

Das Projekt (z. B. Entwicklungs-, Marketing- oder Organisationsentwicklungsprojekte) ist zu visualisieren und die Projektdauer (Projekt: Start- und Endtermin) sowie die Aufgabenstellung des Einzelnen ist eindeutig festzulegen. Vor Projektbeginn sind mit der Projektgruppe schriftliche »Spielregeln« zu vereinbaren (Projekterfolg!). Eine schriftliche Projektplanung (nach der Projektidee oder nach dem Projektauftrag) ist notwendig, um die Entscheidung auf eine erste Abschätzung im Hinblick auf den Aufwand gegenüber dem Nutzen, stützen zu können. Die Projektidee oder der Projektauftrag durch den Auftraggeber (z. B. durch den Träger oder Leitung) ist schriftlich festzuhalten und eine Projektdefinition in einer Projektskizze oder -plan vorzunehmen: »Was wollen wir erreichen?«. Ferner ist der Projektrahmen (Projektinhalt, Projektziele(e) und die Angaben zum zeitlichen Projektumfang, zu Projektkosten) zu formulieren bzw. vorher arbeitsteilig zu ermitteln und für das Projekt schriftlich in einem Projektplan (synonym Projektskizze) festzulegen.

Die schriftlich festgelegten Projektziele müssen konkret, eindeutig, realistisch, widerspruchsfrei, messbar, positiv formuliert und lösungsneutral sein. Zu Beginn des Projektmanagements (nach dem PDCA-Zyklus) ist die Projektfreigabe durch die oberste Leitung erforderlich (Projektauftrag). Nach Genehmigung und Freigabe sollte zur Übersicht das Projekt in eine fortlaufende Projektliste aufgenommen werden. In jedem Projektmanagement sind Projektstatusberichte zu verfassen, d. h. alle Projektfortschrittsprotokolle (inkl. der Anwesenheitslisten) sind zur Nachvollziehbarkeit und zur Wirksamkeitskontrolle von unschätzbarem Wert und sind in einem Projektordner (oder EDV-gestützt) abzuheften oder zu hinterlegen.

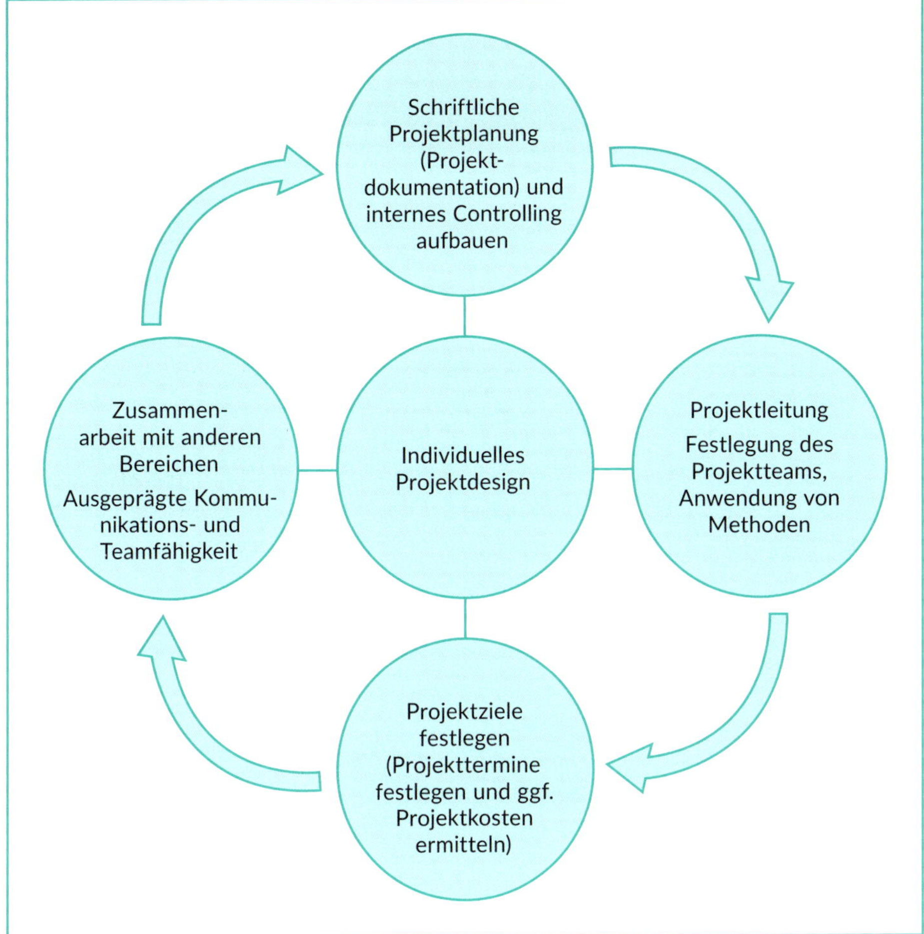

Abb. 20: Aspekte des Projektmanagements

Auch wenn die Projektstrukturplanung einen zusätzlichen Zeitaufwand erfordert, ist sie aufgrund der Komplexität des Projekts mit der zeitlichen Befristung und der Anzahl der beteiligten Personen und durch das Zusammenwirken der verschiedenen Arbeitsbereiche unabdingbar. Sie bietet darüber hinaus die Möglichkeit, jederzeit den Projektentwicklungsstand aufzuzeigen und nach Abschluss des Projekts die Effektivität und den Projekterfolg zu ermitteln und festzuhalten.

Die Erstellung eines Projekt- und Maßnahmenplans inkl. der zeitlichen Planung (als Vorplanung) ist im ersten Schritt deshalb von außerordentlicher Wichtigkeit, weil die einzelnen Phasen in einem Projekt und das bereits geplante oder bereits begonnene Vorhaben strukturiert, geplant und durchdacht werden müssen. Ziel ist es hier, die einzelnen Tätigkeiten, Maßnahmen, Aufgaben, Termine sowie die Zuständigkeiten und Verantwortungen für einzelne Maßnahmen und Aufgaben zeitlich vorzubereiten und systematisch in dem Projekt zu strukturieren. In einem Projektplan werden die einzelnen Aufgaben den einzelnen Phasen zugeordnet. Ein Projektplan wird im Gegensatz zu einem Maßnahmenplan nicht operationalisiert, er benennt nur in sehr groben Zügen die zeitliche Abfolge (geplante Kalenderwochen oder Monate) und die entsprechenden Maßnahmen.

Der Projektplan, z. B. als Balkendiagramm, enthält zwei Achsen: Auf der vertikalen Ebene werden schrittweise und chronologisch die Aufgaben und Tätigkeiten (Arbeitspakete) festgehalten, die in Handlungen umgesetzt werden müssen. Die Zeitschiene und Terminplanung wird in einem Balkendiagramm horizontal dargestellt. Im Projektplan sind auch die Zuständigkeiten in Kurzform (Handzeichen bzw. Namenskürzel) für die einzelnen Tätigkeiten und Aufgaben festzuhalten. Am Ende eines Projektplans sollte eine Legende stehen, um die im Projektplan verwendeten Abkürzungen zu bestimmen. Zum Projektabschluss gehört es immer, eine Projektbewertung vorzunehmen (projektbezogene Checkliste erarbeiten) und einen Abschlussbericht (ggf. vorher einen Workshop veranlassen) zum Projektende zu verfassen.

Mitarbeiter, die noch keinen Projektstrukturplan erarbeitet haben, sollten zunächst einen Projektplan für ein »kleines« Projekt in einem überschaubaren Zeitfenster entwickeln und daran üben. Es bedarf einiger Erfahrung für die Entwicklung eines umfassenden Projektstrukturplans. Um sich zur Erstellung eines Projektplans einzuüben, wird im Folgenden ein Beispiel aus der gängigen Praxis für den Aufbau eines Projektplanes vorgestellt, der mit wenig Aufwand erstellt werden kann.

2.4.1 Projektplanung

Der folgende Projektstrukturplan zur Entwicklung und zur Implementierung eines Qualitätsmanagements nach den Vorgaben des Pflegeversicherungsgesetzes wurde in fünf Phasen unterteilt:

1. Phase: IST-Analyse,
2. Phase: Prozessgestaltung I
3. Phase: Prozessgestaltung II
4. Phase: Implementierung (Einführung und Sicherstellung)
5. Phase: Bestätigung des Qualitätsmanagementsystems

2

Pflegeeinrichtung: ______

Anschrift: ______

Träger: ______

Heim- und Pflegedienstleitung (verantwortliche Pflegefachkraft): ______

Trainer (extern): ______

Projektleitung und Projektteam: ______

			Datum der Maßnahmen			
Start: ______	Ende: ______		Fortschrittsbericht			
Tätigkeiten und Maßnahmen	**Prozess-verant-wortlicher**	**Beginn**	**1. Bericht**	**2. Bericht**	**3. Bericht**	**Soll-termin (Datum)**
1. Phase: Ist-Analyse als Bestandsaufnahme (Soll-Ist-Vergleich): Gespräche mit der Geschäftsführung führen zur Festlegung der Unternehmens-strategie und -politik im Hinblick auf das QM-System **Entscheidung der Leitung:** Unternehmensstrategie und -politik festlegen, Benennung Projektleitung durch die Leitung	GF EL	Oktober 2019	November 2019			
Ermittlung der gesetzlichen und rechtlichen Anforderungen: Qualitätssicherung gem. § 113 SGB XI (ambulante, teil- und vollstationäre Einrichtungen), Arbeitsmanagementsystems (AMS) etc.	GF EL Proei	Oktober 2019	November 2019			
…	…	…	…	…	…	…

Projekt freigegeben: durch: ______ am: (Datum) ______

Legende zum Projekt- und Maßnahmenplan:

AMS = Arbeitsschutzmanagementsystems
EL = Einrichtungsleitung synonym auch Heimleitung
Ext. = Externe Dienstleister (DL)
Fb = Fortbildungsbeauftragte/r in einer Pflegeeinrichtung
GF = Geschäftsführung
GL = Geschäftsleitung
KL = Küchenleitung
Kd. = Kunden (interessierte Parteien)
MA = hier: Mitarbeiter mit besonderen Funktionen und Aufgaben (Hygiene, Arbeitssicherheit, Beauftragter für Medizinproduktesicherheit etc.)
PDL = Pflegedienstleitung
PK = Pflegekassen/Kostenträger
Proei = Prozesseigentümer
PV = Projektverantwortliche (Fach- und Führungskräfte)
Pb. = Projektbeteiligte Personen (Mitarbeiter einer Einrichtung, d. h. prozessbeteiligte Mitarbeiter in einem Fachbereich bzw. Arbeitsbereich)
QM-B. = Qualitätsmanagement-Beauftragter
QM-V. = QM-Verantwortliche
QM-Stg. = QM-Steuerungsgruppe (Führungskräfte der Einrichtung)
SGB = Sozialgesetzbuch
VW = Verwaltung

2.4.2 Maßnahmenplan mit Fortschrittsbericht

Im zweiten Schritt sollte nun ein operationalisierter und detaillierter **Maßnahmenplan** mit genauer Aufgabenverteilung und Benennung von Projektverantwortlichen zur Umsetzung der geplanten Arbeitsschritte in den einzelnen Projektphasen erfolgen. Ein Maßnahmenplan benennt häufig den kurz-, mittel- und langfristigen Optimierungs- und Handlungsbedarf, der unmittelbar von den Mitarbeitern der Einrichtung angegangen werden muss. Der Maßnahmenplan wird oft als »Maßnahmenkatalog« bezeichnet, der verschiedene Aufgaben, einzuleitende Maßnahmen, Regelungen, Verantwortliche und Zuständigkeiten enthält, die etwas Bestimmtes bewirken oder erarbeiten sollen. Auch kann es in einem längerfristig angelegten Maßnahmenplan von Bedeutung sein, noch zusätzliche Projektinformationen im Hinblick auf die Projektressourcen (Meilensteine) aufzunehmen wie z. B.:

a) Personalkapazität
b) Investitionen
c) Gemeinkosten
d) Schulungskosten

Jeder Maßnahmenplan sollte in Projektziele unterteilt sein. So kann überprüft werden, inwieweit festgelegte Ziele und Meilensteine auch tatsächlich erreicht worden sind. Der aktuelle Projektentwicklungsstand wird ebenfalls im Maßnahmenplan fortlaufend festgehalten (zur Ergebnissicherung). Das Team überwacht anhand des Plans die Maßnahmen und Termine. Jede abgeschlossene Maßnahme sollte nach Beendigung einer erneuten Kontrolle unterzogen werden! Der Projekt- und Maßnahmenplan wird durch die Qualitätsstabsstelle einer Einrichtung im Einvernehmen mit der Geschäftsleitung und den Projektverantwortlichen Mitarbeitern (QM-Stg.) gemeinsam entwickelt und dann mit den Projektbeteiligten einer Pflegeeinrichtung besprochen und zielorientiert umgesetzt. Es ist grundsätzlich von großer Bedeutung, die betreffenden Mitarbeiter so früh wie möglich über einen bestehenden Maßnahmenplan in einem Projektmanagement zu informieren. Hier sollte den betreffenden Mitarbeitern die Gelegenheit gegeben werden, das gesamte Projekt, seine Aufgaben und Maßnahmen im Detail kennenzulernen und Verständnisfragen zu klären. Ein **Maßnahmenverfolgungsplan** als eine Methode wird notwendig, wenn bestimmte Aufgaben und Tätigkeiten im Detail geplant, umgesetzt, Zuständigkeiten und Verantwortungen geregelt und der Erfolg (Zielerreichungsgrad) der festgelegten Maßnahmen nach einer bestimmten Zeit bewertet, d. h. verifiziert werden muss.

2.4.3 Qualitätszirkelarbeit als Methode zur Qualitätssicherung

In einem Qualitätszirkel als vierter Ebene (s. »Arbeitsteilige Gruppen« ▶ Kap. 2.3.3) arbeitet eine bestimmte Anzahl von Mitarbeitern aus der Pflegeeinrichtung auftrags- und themenbezogen, um z. B. einen Standard zu entwickeln, ein Einarbeitungskonzept für neue Mitarbeiter oder die Erstunterweisung bzw. wiederholende Unterweisung von Mitarbeitern nach dem Arbeits- und Gesundheitsschutz zu überarbeiten. Das Thema oder der Auftrag sowie die Anzahl der Mitwirkenden erfolgt durch die QM-Steuerungsgruppe. Aufgabenbefristet kann das Team in einem Qualitätszirkel durchaus erweitert werden. Die Arbeit in Qualitätszirkeln und die damit verbundene Ergebnissicherung sollte von einem oder mehreren speziell für diese Aufgaben geschulten Moderator oder durch den QM-Beauftragten bzw. QM-Verantwortlichen der Einrichtung im Einvernehmen mit der verantwortlichen Pflegefachkraft koordiniert und die Ergebnisse bewertet werden. Die Betreuung der Teamarbeit in Qualitätszirkeln durch die Moderatoren ist außerordentlich wichtig und umfasst:

- Bereitstellung der Räume, Moderationshilfsmittel und Abstimmen der Projekttermine
- Vorhaltung geeigneter Arbeitsmittel und Arbeitsmethoden sowie das Anwenden von Techniken (Brainstorming, Metaplan, SWOT-Analyse, Mind-Mapping, Pareto-Methode, Ursache-Wirkungs-Diagramm usw.)
- Beschaffung von Unterlagen und Dokumenten, extern bereitgestellten Prozesse, Produkten und Dienstleistungen

- Berichterstellung und Dokumentation zur Nachvollziehbarkeit der Arbeitsergebnisse (Fortschrittsberichterstattung)
- Projektskizze mit Projekt- und Maßnahmenplanung und der Termin-, Kosten- und Ergebnisplanung inkl. der Maßnahmenverfolgungsplan

Ein Moderatorentraining ist an dieser Stelle empfehlenswert, da interessierte Mitarbeiter mit den Grundlagen, Arbeitsmethoden und möglichen Anwendungsfeldern des modernen Qualitätsmanagements vertraut gemacht werden. Vor allem bietet dieses Moderatorentraining konkrete Anregungen und praktische Hinweise für die erfolgreiche Gestaltung von Qualitätszirkeln. Die Einrichtung von Qualitätszirkeln ist auch eine Qualitätsanforderung nach den »Maßstäben und Grundsätzen für die Qualität« (»MuG«) zur internen Qualitätssicherung (vgl. MuG, 2018a: 14 f.). Typische Aufgabenstellungen für Qualitätszirkeln sind z. B.:

- Analyse und Optimierung der bekannten Prozesse und Verfahren im Einvernehmen mit der Geschäftsleitung als oberste Leitung und der verantwortlichen Pflegefachkraft
- Analyse und Optimierung von Arbeitsabläufen in der Dienstleistungserbringung
- Erarbeitung von Verfahrens- oder Pflegestandards auf der Grundlage der Expertenstandards (DNQP)
- Entwicklung, Überprüfung und Aktualisierung von Leitlinien, Richtlinien, Qualitätszielen und sonstigen Verfahrensanweisungen
- etc.

3 Maßnahmenplan für ein einrichtungsinternes Qualitätsmanagement

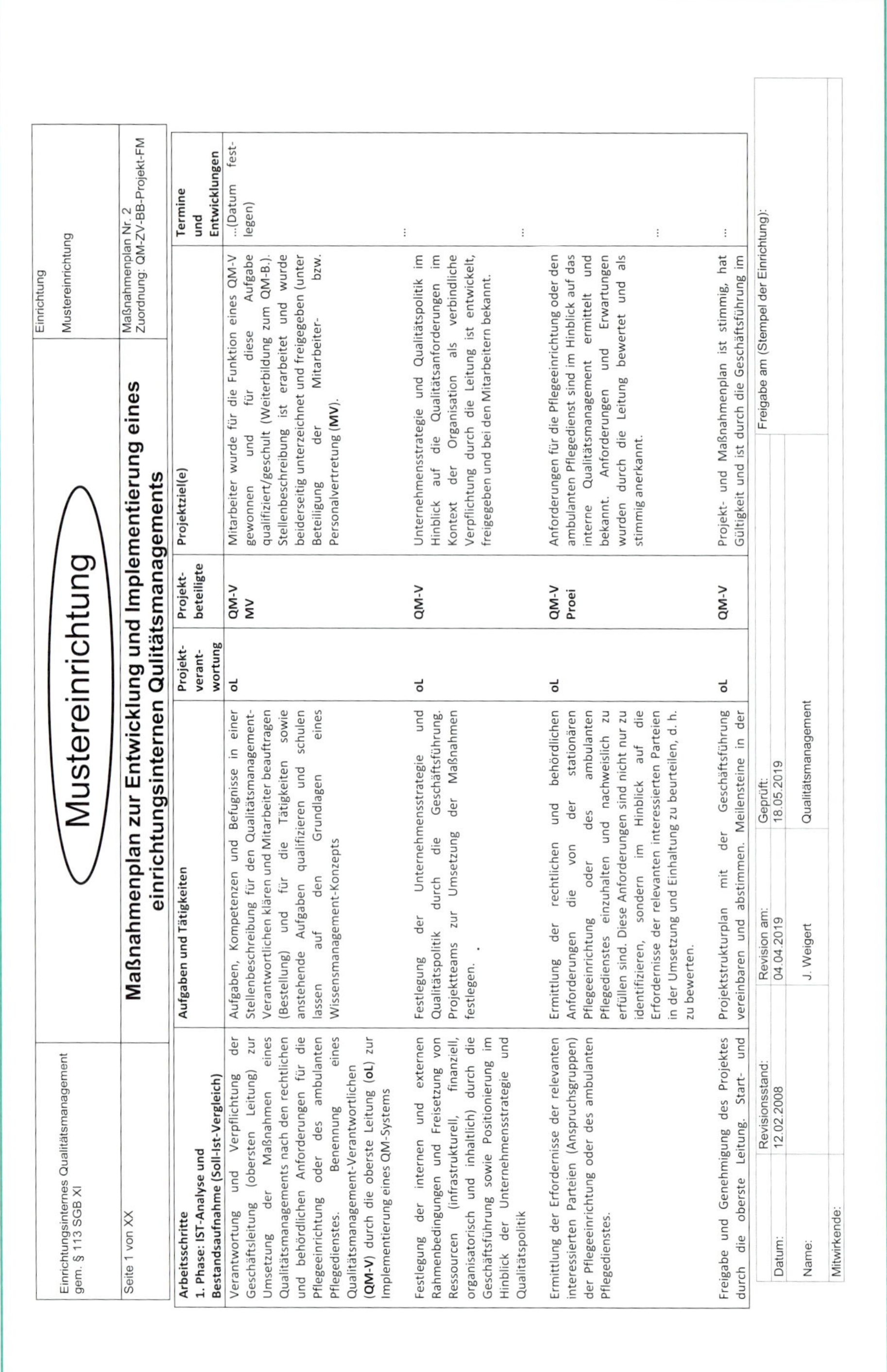

Einrichtungsinternes Qualitätsmanagement gem. § 113 SGB XI	Mustereinrichtung	Einrichtung Mustereinrichtung
Seite 1 von XX	**Maßnahmenplan zur Entwicklung und Implementierung eines einrichtungsinternen Qulitätsmanagements**	Maßnahmenplan Nr. 2 Zuordnung: QM-ZV-BB-Projekt-FM

Arbeitsschritte **1. Phase: IST-Analyse und Bestandsaufnahme (Soll-Ist-Vergleich)**	**Aufgaben und Tätigkeiten**	**Projekt-verant-wortung**	**Projekt-beteiligte**	**Projektziel(e)**	**Termine und Entwicklungen**
Verantwortung und Verpflichtung der Geschäftsleitung (obersten Leitung) zur Umsetzung der Maßnahmen eines Qualitätsmanagements nach den rechtlichen und behördlichen Anforderungen für die Pflegeeinrichtung oder des ambulanten Pflegedienstes. Benennung eines Qualitätsmanagement-Verantwortlichen (**QM-V**) durch die oberste Leitung (**oL**) zur Implementierung eines QM-Systems	Aufgaben, Kompetenzen und Befugnisse in einer Stellenbeschreibung für den Qualitätsmanagement-Verantwortlichen klären und Mitarbeiter beauftragen (Bestellung) und für die Tätigkeiten sowie anstehende Aufgaben qualifizieren und schulen lassen auf den Grundlagen eines Wissensmanagement-Konzepts	**oL**	**QM-V** **MV**	Mitarbeiter wurde für die Funktion eines QM-V gewonnen und für diese Aufgabe qualifiziert/geschult (Weiterbildung zum QM-B.). Stellenbeschreibung ist erarbeitet und wurde beiderseitig unterzeichnet und freigegeben (unter Beteiligung der Mitarbeiter- bzw. Personalvertretung (**MV**).	...(Datum festlegen) ...
Festlegung der internen und externen Rahmenbedingungen und Freisetzung von Ressourcen (infrastrukturell, finanziell, organisatorisch und inhaltlich) durch die Geschäftsführung sowie Positionierung im Hinblick der Unternehmensstrategie und Qualitätspolitik	Festlegung der Unternehmensstrategie und Qualitätspolitik durch die Geschäftsführung. Projektteams zur Umsetzung der Maßnahmen festlegen.	**oL**	**QM-V**	Unternehmensstrategie und Qualitätspolitik im Hinblick auf die Qualitätsanforderungen im Kontext der Organisation als verbindliche Verpflichtung durch die Leitung ist entwickelt, freigegeben und bei den Mitarbeitern bekannt.	...
Ermittlung der Erfordernisse der relevanten interessierten Parteien (Anspruchsgruppen) der Pflegeeinrichtung oder des ambulanten Pflegedienstes.	Ermittlung der rechtlichen und behördlichen Anforderungen die von der stationären Pflegeeinrichtung oder des ambulanten Pflegedienstes einzuhalten und nachweislich zu erfüllen sind. Diese Anforderungen sind nicht nur zu identifizieren, sondern im Hinblick auf die Erfordernisse der relevanten interessierten Parteien in der Umsetzung und Einhaltung zu beurteilen, d. h. zu bewerten.	**oL**	**QM-V** **Proei**	Anforderungen für die Pflegeeinrichtung oder den ambulanten Pflegedienst sind im Hinblick auf das interne Qualitätsmanagement ermittelt und bekannt. Anforderungen und Erwartungen wurden durch die Leitung bewertet und als stimmig anerkannt.	...
Freigabe und Genehmigung des Projektes durch die oberste Leitung. Start- und	Projektstrukturplan mit der Geschäftsführung vereinbaren und abstimmen. Meilensteine in der	**oL**	**QM-V**	Projekt- und Maßnahmenplan ist stimmig, hat Gültigkeit und ist durch die Geschäftsführung im	...

	Revisionsstand:	Revision am:	Geprüft:	Freigabe am (Stempel der Einrichtung):
Datum:	12.02.2008	04.04.2019	18.05.2019	
Name:		J. Weigert	Qualitätsmanagement	
Mitwirkende:				

Abb. 21: Mustermaßnahmenplan

Einrichtungsinternes Qualitätsmanagement gem. § 113 SGB XI	Mustereinrichtung	Einrichtung Mustereinrichtung
Seite 2 von XX	**Maßnahmenplan zur Entwicklung und Implementierung eines einrichtungsinternen Qulitätsmanagements**	Maßnahmenplan Nr. 2 Zuordnung: QM-ZV-BB-Projekt-FM

Endtermin sind festzulegen und eine Projektskizze zu entwickeln.	Projektskizze festlegen mit Kosten- und Zeitplanung.			Einvernehmen mit den Projektverantwortlichen freigegeben.	
Interne Konferenz- und Kommunikations-strukturen klären sowie die Art der Zusammenarbeit mit anderen Bereichen der Pflegeeinrichtung oder des ambulanten Pflegedienstes besprechen und gemeinsam vereinbaren.	Feste Meetings vereinbaren mit den Projektverantwortlichen (**Proei**) und -beteiligten Personen (Qualitätsstabsstelle, QM-Steuerungsgruppe und Projektbeteiligte)	**oL** **QM-V**	**Proei**	Meetings werden durchgeführt, die Ergebnisse dokumentiert (Protokoll und Verteilung) und gesichert.	

	Revisionsstand:	Revision am:	Geprüft:	Freigabe am (Stempel der Einrichtung):
Datum:	12.02.2008	04.04.2019	18.05.2019	
Name:		J. Weigert	Qualitätsmanagement	
Mitwirkende:				

Teil B

Darlegung und Umsetzung der Normanforderungen der ISO-Qualitätsnorm

4 Branchenspezifische Managementsysteme

4.1 Integrierte Managementsysteme

In diesem Kapitel wird ein Überblick der häufigsten Zertifizierungsgrundlagen über Qualitätsmanagementmodelle und Normen für Pflegeeinrichtungen als **»Integrierte Managementsysteme«** (IMS) gegeben. Grundsätzlich gibt es bei allen Heim- und Pflegedienstbetreibern sowie Krankenhäusern und Kliniken nicht nur unterschiedliche Bewegmotive, ein Qualitätsmanagementsystem mit spezifischen Qualitätsanforderungen einzuführen, sondern auch die Möglichkeit, sich für ein branchenspezifisches Qualitätsmanagementsystem zu entscheiden und als ein integriertes Managementsystem zu implementieren. So können durch den Willen oder die Vorgaben eines Spitzenverbandes bzw. Dachverbandes oder auch durch die Entscheidung einer Konzern- oder Geschäftsleitung die Träger branchenspezifische Qualitätsanforderungen als ein integriertes Management (z. B. nach dem Arbeits- und Gesundheitsschutz oder nach pflegespezifischen Kriterien) in einem QM-System auswählen und nach Wunsch durch eine unabhängige dritte Stelle in einem Zertifizierungsverfahren als Qualitätsnachweis bestätigen lassen. Durch ein IMS können u. a. die Ressourcen, Synergien und die eigenen träger- oder verbandsspezifischen Qualitätskriterien oftmals mit der anerkannten Qualitätsnorm verknüpft werden, ohne dabei das Managementsystem und seine Verfahren und QM-Dokumentation unnötig sperrig oder überbordet in der Umsetzung zu gestalten.

In dem veröffentlichten Abschlussbericht mit dem Projekttitel »Erstellung einer Übersicht und Bewertung von Qualitätssiegeln und Zertifikaten in der deutschen Langzeitpflege« (kurz: ZerP) hat die Abteilung Qualitätsmanagement und Sozialmedizin am Universitätsklinikum Freiburg (AQMS) im Auftrag des Zentrums für Qualität in der Pflege (ZQP) im Jahr 2011 die wichtigsten Informationen und Daten über die häufigsten Qualitätssiegel und Zertifikate in ambulanten und stationären Pflegeeinrichtungen in Deutschland als Überblick erhoben und bewertet. Die Ergebnisse dieser Befragung (halbstandardisierter Fragebogen und Telefoninterview) und eine Literaturrecherche wurden in dem angefertigten Bericht in tabellarischer Darstellungsform für jedes einzelne Qualitätsmanagementmodell zusammenfassend ausgewertet und dargestellt. Dieses Forschungsdesign kann als eine Aktualisierung der im Jahr 2004 erschienenen Studie »Qualitätssiegel und Zertifikate für Pflegeeinrichtungen – Ein Marktüberblick« des Wissenschaftlichen Instituts der AOK gelten, die die Nützlichkeit eines QM-Systems in der Pflegepraxis belegt (vgl. Hauer et al., 2011: 178 f.; Gerste et al, 2004). Es wurden in diesem Kategoriensystem ZerP u. a. die verschiedenen Anbieter sowie die häufigsten Qualitätssiegel und Zertifikate (tlw. auch als Tandemzertifizierung mit der vorherigen DIN EN ISO 9001:2008) miteinander verglichen und dessen quantitative Implementierung in Deutschland in den ambulanten und stationären Pflegeeinrichtungen in dem Studiendesign betrachtet. Ausgehend von dem Untersuchungsgegenstand dieser Studie werden nachfolgend die wichtigsten Qualitätssiegel und Zertifikate und die Verfahren als kurzer Ausschnitt dargestellt:

- AWO-Qualitätsmanagement-Zertifikat
- Der Grüne Haken – Lebensqualität im Altenheim – verbraucherfreundlich (s. Website www.heimverzeichnis.de)
- Diakonie-Siegel Pflege
- DRK Siegel des Caritasverbandes Bamberg
- KTQ® in stationären und teilstationären Pflegeeinrichtungen, ambulanten Pflegediensten, Hospizen und alternative Wohnformen
- Paritätisches Qualitätssiegel
- RAL-Gütezeichen
- etc.

Im Ergebnis dieser o. g. Stichprobenziehung gab es neben einer Vielzahl von ambulanten Pflegediensten *»eine sehr große Anzahl von Kliniken, Krankenhäusern und Pflegeeinrichtungen die nach einem Zertifizierungsverfahren (z. B. DIN EN ISO 9001) zertifiziert sind oder sich an einem Qualitätsmanagementmodell (z. B. EFQM) orientieren, für das ein Qualitätsnachweis (Qualitätssiegel) erreicht werden kann«* (Hauer et al., 2011: 5 ff.). Neben der Win-win-Situation und des Nachdenkens über den Mehrwert einer Implementierung und Zertifizierung eines QM-Systems mit der Übereinstimmung von Normenanforderungen, stellt sich für viele Heim- und Pflegedienstbetreiber sowie Klinikgruppen und Klinik-Unternehmen oft die Frage, ob sie ein branchenunabhängiges (weltweit anerkannte DIN EN ISO-Norm) **oder** ein branchenspezifisches Zertifizierungsverfahren mit den Managementanforderungen und Qualitätskriterien eines bestimmten systemspezifischen, verbandsspezifischen bzw. pflegespezifischen Qualitätsmanagementmodell als ein integriertes Managementsystem einleiten und mit ihren Mitarbeitern gemeinsam verwirklichen wollen. Allerdings ist zu konsentieren, dass in den letzten zehn Jahren eine relativ hohe Fluktuation im Markt der pflegespezifischen Zertifizierungsverfahren zu beobachten gewesen ist, so dass einige der branchenspezifischen Zertifizierungen wie z. B. »ISO-PLUS« (inkludierte die Qualitätsprüfungen nach den Transparenzkriterien) entweder umbenannt wurden, welches jetzt als »Qualitätssiegel Pflegemanagement« (EQ ZERT) bekannt ist oder auf dem Pflegesektor verschwunden sind.

Durch die Träger und Betreiber von ambulanten, teil- und stationären Pflegeeinrichtungen wird oft über die Frage nachgedacht, ob ein integriertes Managementsystems einen möglichen Wettbewerbsvorsprung auf dem Gesundheits- und Pflegemarkt bewirken kann. In einer Win-win-Situation werden für die Beteiligten an erster Stelle der Nutzen und die Synergieeffekte im Rahmen der Einführung und Verwirklichung eines QM-Systems im Verhältnis zu den Kosten der Verfahren deutlich höher bewertet. Als Gründe für die Auswahl eines Zertifikats wird häufig die internationale Anerkennung und deren Bekanntheitsgrad angegeben und dass die weltweite Qualitätsnorm ISO 9001 die größten Freiheiten erlaubt eigene Vorstellungen in dem QM-System zu entwickeln (vgl. Hauer et al., 2011: 169 ff.). Eine Win-win-Situation durch den guten Ruf einer definierten Qualität betrifft selbstverständlich alle relevanten interessierten Parteien, d. h. sowohl die Pflegekunden, Bewohner, Mitarbeiter, Behörden, externe Anbieter als auch die kaufmännische Leitung oder eine Heimleitung bzw. die Gesellschafter etc. Somit kann von beiden Seiten von einer Win-win-Situation ausgegangen werden.

Fazit **QM und Kundenerwartungen**

Eine zertifizierte hohe Qualität schafft Vertrauen, und ein zertifiziertes wirksames QM-System bewirkt im Schulterschluss eine gute Qualität. Diese wird von den interessierten Kunden als eine Selbstverständlichkeit erwartet und vorausgesetzt.

Allerdings muss nicht jedes Qualitätsmanagementsystem grundsätzlich in eine Zertifizierung münden, wie z. B. die Selbstbewertung nach den 72 Kriterien des KTQ®-Manuals[4] (Kooperation für Transparenz und Qualität im Gesundheitswesen) mit seiner Bewertungssystematik für Krankenhäuser, Rehabilitationseinrichtungen, Pflegeeinrichtungen, Medizinische Versorgungszentren (MVZ) und Arztpraxen. Im Hintergrund einer Zertifizierung handelt es sich hier *»um ein freiwilliges Verfahren, welches anhand der Kriterien des KTQ®-Katalogs die für das KTQ®-Verfahren charakteristischen Bereiche für das umfassende Qualitätsmanagement einer Einrichtung prüft und nach erfolgreicher Fremdbewertung das Zertifikat vergibt«* (Hauer et al., 2011: 33). In den KTQ®-Katalogen werden die Kriterien zur Qualitätssicherung in sechs »Kategorien« zusammengestellt, *»die im Rahmen der Zertifizierung von Einrichtungen des Gesund-*

[4] Die Informationen zum »KTQ®-Verfahren« sind zu großen Teilen ein Ergebnis aus den Internetrecherchen. Zur besseren Lesbarkeit wird auf eine wörtliche Zitation verzichtet.

heitswesens abgefragt werden, um Aussagen über die Qualität der Prozessabläufe in der Versorgung treffen zu können« (KTQ®-Verfahren, o.J.).

Die einzelnen KTQ®-Kategorien umfassen:
1. Patientenorientierung
2. Mitarbeiterorientierung
3. Sicherheit- Risikomanagement
4. Kommunikations- und Informationswesen
5. Unternehmensführung
6. Qualitätsmanagement

4

Durch die Gesellschafter der KTQ®-GmbH wie z. B. die Bundesärztekammer, AOK Bundesverband, Deutscher Pflegerat und die Deutsche Krankenhausgesellschaft e. V. etc. genießt das KTQ®-Modell, obwohl es **kein QM-System** darstellt, als ein ursprünglich krankenhausbezogenes QM-Modell mit seinen Kriterienkatalog eine hohe Relevanz und Anerkennung im deutschen Gesundheitswesen. Bei dem KTQ®-Modell entscheidet z. B. ein Krankenhaus oder auch eine Pflegeeinrichtung, inwieweit eine Zertifizierung durch eine Visitation einer zugelassenen KTQ®-Zertifizierungsgesellschaft angestrebt werden soll oder ob noch Verbesserungen in der Organisation zu realisieren sind. Auf Basis der Selbstbewertung durch den »KTQ®-Katalog Krankenhaus« und einer anschließenden Fremdbewertung (auf Wunsch) durch speziell geschulte Visitoren oder neutrale Prozessbegleiter erhalten die teilnehmenden Organisationen durch Repräsentanten der KTQ® GmbH das KTQ®-Zertifikat als ein Gütesiegel. Dafür müssen sie besondere Leistungen zu den sechs festgelegten Inhaltsbereichen darlegen. Die Zertifizierung und der KTQ®-Qualitätsbericht ist kennzeichnend für das branchenspezifische Qualitätsmanagement. Durch diese spezifische Zertifizierung sollen Anstöße für die Zukunft gegeben werden, neue Elemente in die Weiterentwicklung von bestehenden Organisationsstrukturen und Arbeitsabläufen i. S. einer Organisationsentwicklung, in das umfassende Qualitätsmanagement zu integrieren. So können auch in dem KTQ®-Modell oder in dem EFQM-Modell die ISO-Anforderungen in diesem Managementsystemen als ein Qualitätsanspruch ergänzend als eine Win-win-Situation integriert werden.

Im Vordergrund der Pflegebedarfsplanung und der Pflegeinfrastruktur mit dem derzeit anhaltendem Fachkräftemangel ist auf dem Pflegemarkt dennoch zu beobachten, dass trotz der Vielfallt von externen Qualitätsprüfungen (z. B. MDK oder PKV-Prüfungen, Prüfungen durch die Heimaufsichten etc.) sich dennoch eine Vielzahl von vollstationären Pflegeeinrichtungen und ambulanten Pflegediensten für ein integriertes Managementsystem (IMS) als eine **Tandemzertifizierung** entscheiden und insbesondere der Arbeits- und Gesundheitsschutz der Beschäftigten bei diesen Überlegungen eine bedeutende Rolle durch ein systematisches Arbeitsschutzhandeln der Leitungskräfte eingenommen hat. Aus der volkswirtschaftlichen Betrachtungsperspektive gehören die Gesundheit und die Wissensbasis (Bildung) eines einzelnen Mitarbeiters sowie das individuelle oder kollektive Wissen der Teams neben den drei klassischen volkswirtschaftlichen Produktionsfaktoren (Boden, Kapital und Arbeit) in der Zukunft als wichtige Elementarfaktoren unbestritten dazu. Ein vorhandenes Wissen als vierter Produktionsfaktor und die Kernkompetenzen sind die Wurzel der Wertschöpfung im Kontext der Organisation, um wettbewerbsfähig zu bleiben und auf Veränderungen schnell reagieren zu können (vgl. Probst et al., 2012: 51). Die Aufgabe der obersten Leitung (Top Management) ist es in diesem Zusammenhang, die »fünf« Elementarfaktoren mithilfe der Planung und Steuerung sinnvoll zu einem Ganzen in einem QM-System oder in ein integriertes Managementsystem kybernetisch zu kombinieren und den Erfolg gemeinsam mit den Mitarbeitern in Gang zu setzen.

Tipp

Damit diese Umsetzung schneller gelingt, passen heute althergebrachte Führungsstile die durch Hierarchiedenken erkennbar sind und den technischen und kulturellen Wandel nicht als eine Chance verstehen, nicht mehr in die smarte Arbeitswelt.

Das bedeutet aber auf gar keinen Fall, dass »alte Tugenden« völlig überholt sind, sondern dass der Wandel Mut machen sollte, neue Wege zu beschreiten. Gleichfalls gilt es, sich zu hinterfragen, damit sich ggf. ein neues Selbstverständnis entwickeln kann. Das bedeutet allerding auch, den Mitarbeitern der Pflegeeinrichtung zugewandt zuzuhören, sie anzuleiten, zu coachen und die Teams für ein gemeinsames Ziel »Aufbau eines QM-Systems« zusammenzubringen. Ohne Mandat der Mitarbeiter lassen sich Umstrukturierungen schwer umsetzen und es können auch keine Prozesse erfolgreich vorangetrieben werden!

Bei einer Tandemzertifizierung werden die Anforderungen aus der DIN EN ISO 9001:2015 mit anderen inhaltlichen Qualitätsanforderungen verknüpft, d. h. inhaltlich als ein Bestandteil z. B. in das pflegespezifische QM-System integriert. Des Weiteren können verbandsinterne Normenanforderungen für die eigenen Mitgliedsorganisationen wie z. B. für Diakonische Einrichtungen und Träger das Diakonie Siegel Pflege oder nach dem Paritätischen Qualitätssystem (Q-Sys®) und deren Vergabe in vier Stufen des Paritätischen Qualitäts-Siegels sowie das AWO Qualitätsmanagement Zertifikat etc. mit den Anforderungen der DIN EN ISO 9001 als eine Tandemzertifizierung integriert werden. Dies lässt den Wert des Zertifikats und deren öffentliche Anerkennung auf dem deutschen Gesundheits- und Pflegemarkt mit Sicherheit erheblich ansteigen. Eine Tandemzertifizierung ist sehr interessant, wenn mit einer anderen interessierten Partei, z. B. mit einem Sanitätshaus oder mit Arztpraxen entsprechende Kooperation bestehen und dabei eine gemeinsame QM-Strategie angestrebt und verfolgt werden soll. So haben bspw. in der Studie ZerP in der Stichprobe 25 Einrichtungen (27,8 %) angegeben, zwei Zertifikate zu besitzen und *immerhin »neun Einrichtungen (10 %) der Stichprobe führen mehr als zwei, aber maximal fünf Qualitätssiegel«* (Hauer et al., 2011: 145 f.). Die strategische Ausrichtung der Organisation ist eine grundlegende neue Anforderung nach der DIN EN ISO 9001 und beinhaltet, dass die Qualitätspolitik auch zum Kontext der Pflegeeinrichtung passen muss.

Neben der Tandemzertifizierung ist es auch möglich, dass sich unabhängig des gewählten Qualitätsmodells, Gruppen von Einrichtungen, Krankenhäuser oder Klinik-Unternehmen mit ähnlichen Tätigkeiten und Standorteigenschaften und -faktoren an verschiedenen Standorten für eine **Matrixzertifizierung** bzw. für eine Verbund- oder Gruppenzertifizierung entscheiden. Bei einer Matrixzertifizierung erfolgt im Rahmen der Zertifizierung des QM-Systems eine Stichprobenauswahl der dazugehörenden Einrichtungen an verschiedenen Standorten. Voraussetzung einer Matrixzertifizierung ist, dass sich die Geschäftsleitung als oberste Leitung für ein gemeinsames QM-System entscheiden und ebenso die Qualitätsanforderungen der DIN EN ISO 9001 zeitgleich in der Geschäftsstelle (Hauptsitz) verwirklichen und aufrechterhalten muss. Neben der Geschäftsstelle werden bei einer Matrixzertifizierung nur ausgewählte Standorte für das Zertifizierungsaudit durch die Zertifizierungsstelle stichprobenartig ausgewählt und in die Zertifizierung vor Ort einbezogen. Die nach der DIN EN ISO 9001 zertifizierte Geschäftsstelle hat dann den besonderen Auftrag im Rahmen des QM-Systems die Aktivitäten der Einrichtungen an den verschiedenen Standorten zu steuern und zu überwachen.

Tipp

Die Träger von teil- und vollstationären Pflegeeinrichtungen und die ambulanten Pflegedienste können sich nach Wunsch bspw. für ein branchenneutrales QM-Modell (z. B. DIN EN ISO 9001: 2015) oder für den Ansatz eines ergebnisorientierten QM-System nach dem EFQM-Modell mit dem TQM-Ansatz (Total-Quality-Management) als ein umfassendes Qualitätsmanagement sowie für ein verbands- bzw. branchenspezifisches Modell entscheiden.

Oft bilden die Grundlagen für branchenspezifische Zertifizierungen von Pflegeeinrichtungen nach dem Scope 38 (EAC-Branchenschlüssel) die Anforderungen aus der Qualitätsnorm der DIN EN ISO 9001:2015 als ein vorausgesetzter Standard. Unabhängig davon sind grundsätzlich immer die Anforderungen der »Maßstäbe und Grundsätze für die Qualität« nach § 113 SGB XI im Kontext der ambulanten, teil- und vollstationären Pflegeeinrichtung ausnahmslos zu integrieren und als ein wichtiges externes Thema (DIN EN ISO 9001) (▶ Kap. 5.1) zu erfüllen. An dieser Stelle sei auch darauf hingewiesen, dass die Implementierung und die Darlegung eines effektiven Qualitätsmanagementsystems gegenüber Dritten, unabhängig nach welchem QM-Modell es ausgerichtet ist, ein außerordentliches Team- und Prozessdenken, Fleiß, Durchhaltevermögen, Weitsicht, Engagement und eine interne förderliche Kommunikationsbereitschaft von den Initiatoren und auch von den Mitarbeitern erfordert (▶ Abb. 22)! Die Redewendung »Am gleichen Strang ziehen«, hat in diesem Fall eine besondere Bedeutung für alle beteiligten Personen und zeigt sich mit deutlichen Effekten während der gesamten qualitätsorientierten Reorganisation und in der Verwirklichung eines gewählten QM-Systems.

Wer Qualitätsmanagement einfordert oder sich als eine Verpflichtung zur Qualität dafür einsetzen will, muss Verfahren und Prozesse sowie ein risikobasiertes Denken als eine Chance zur Veränderung innerhalb der Ausführung der Prozesse entwickeln und für andere zugänglich machen (Transparenz). Die oberste Leitung muss die Mitarbeiter im ureigenen Interesse für ihr tägliches Tun und Handeln im Sinne eines langfristig prozessorientierten QM-Systems mit den spezifischen Anforderungen befähigen und schulen, z. B. durch ein Wissensmanagement (WM) und durch eine erfolgreiche als auch geplante Wissensarbeit sowie das gesamte QM-System als eine Verpflichtung und Inspiration der Führung verstehen. Damit die angestrebten Ergebnisse in einem QM-System auch erreicht werden können ist es zwingend notwendig, dass sich die oberste Leitung hinter die Qualitätsanforderungen stellt und deren Bedeutung in den Teams betont und kommuniziert. Das Engagement der Führung als eine »Einbeziehung in und Mitwirkung an Tätigkeiten, um gemeinsame Ziele (3.7.1) zu erreichen« (ISO 9000:2015: 26), ist ein wichtiger Unternehmenserfolg. Das aber reicht alleine nicht aus, um die Mitarbeiter dazu zu bringen, gemeinsame Qualitätsziele auf der Grundlage einer Qualitätspolitik mit Bezug zu einer Strategie zu erreichen oder zu verfolgen. Neben den Qualitätszielen sollte die oberste Leitung das Ergebnis des QM-System im Blick behalten.

Fazit **Aktives Engagement sichert Erfolg**

Durch das aktive Engagement des Top-Managements sowie durch die Unterstützung der Fach- und Führungskräfte mit einer klaren und deutlichen Kommunikation lassen sich in einem effektiven QM-System die angestrebten Qualitätsergebnisse erreichen und in einer ambulanten, teil- und vollstationären Pflegeeinrichtung mit Nachhaltigkeit erfolgreich sicherstellen.

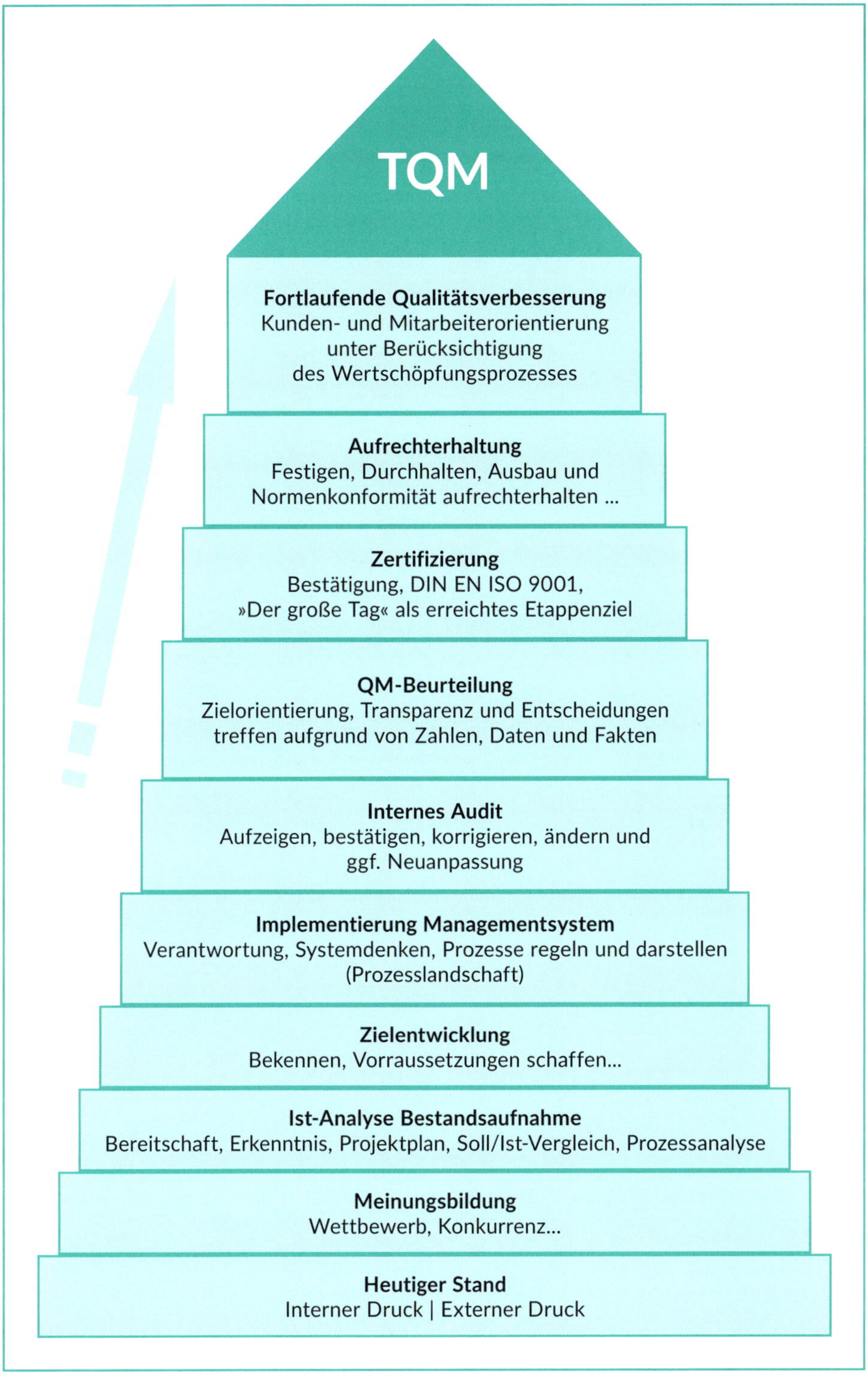

4

Abb. 22: Umfassendes Qualitätsmanagement: 10 Prozessebenen und -schritte

Qualitätsmanagement(-systeme) entwickelt/n sich nicht automatisch über Nacht und auch dann nicht, wenn QM-Handbücher »eingekauft« werden und die darin enthaltenen Qualitätsanforderungen den Mitarbeitern übergestülpt werden. Das Gelingen ist ebenso nicht allein das klassische Leid vom QM-Beauftragten oder den QM-Verantwortlichen (QM-V.) bzw. von der Abteilung oder den Mitarbeitern eines zentralen Qualitätsmanagements abhängig. Ein Qualitätsmanagementsystem wird ausschließlich von der obersten Leitung und somit durch den Träger einer Pflegeeinrichtung (Selbstverpflichtung!) mit seiner grundlegenden Qualitätsverantwortung gem. § 112 SGB XI n. F. sowie seinen Absichten und durch die Unterstützung der Mitarbeiter im QM-System bestimmt, den Weg mit Beständigkeit zu ebnen und in diesem Schritt aufzuzeigen, wie die Ziele und die angestrebten Ergebnisse in einem QM-System erreicht und letztendlich für die Zukunft abgesichert werden können. Dies beinhaltet neben den klaren Vorgaben, Strukturen, Ziele und Visionen sowie eine deutliche Positionierung und ein aktives verantwortungsvolles Mitwirken und Engagement als eine Verpflichtung des Heim- und Pflegedienstbetreibers zum gewählten Qualitätsmanagementmodell – losgelöst von einer möglichen Zertifizierung als eine unabhängige Beglaubigung des QM-Systems. So hat die Verantwortung der obersten Leitung (Geschäftsleitung) nach der DIN EN ISO 9001:2015 eine bedeutende Tragweite im Managementsystem, da eine Beauftragten-Funktion, z. B. die Benennung eines Qualitätsmanagement-Beauftragten (QM-B.) in einer Führungsposition, keine wesentliche Voraussetzung mehr für ein branchenneutrales QM-System nach der DIN EN ISO 9001:2015 darstellt. Wird ein QM-Beauftragter oder ein QM-Verantwortlicher durch die oberste Leitung in einer vollstationären Pflegeeinrichtung oder in einem ambulanten Pflegedienst benannt und qualifiziert, so verändern sich nach der neuen Qualitätsnorm die Verpflichtungen, Aufgaben und Verantwortlichkeiten in dem QM-System, da eine neue Rolle durch die Führung (Selbstverpflichtung!) eingenommen werden muss.

Die meisten branchenspezifischen Zertifizierungen von Qualitätsmanagementsystemen basieren auf der Grundlage der DIN EN ISO 9001:2015 Zertifizierung. Dabei können – als Tandem – die zusätzlichen Qualitätsanforderungen oder -kriterien nach einem bestimmten anerkannten QM-Modell in die branchenneutrale Qualitätsnorm der DIN EN ISO 9001 verknüpft, d. h. in das bestehende QM-System integriert werden. Die ISO-Zertifizierung **und** die branchenspezifischen Anforderungen (als sog. »Tandemzertifizierung«), wie beispielsweise nach den Kriterien und der Vergabe des »Diakonie-Siegel-Pflege« (DSP, 2014, Version 3) für die eigenen Mitgliedsunternehmen **können nach Wunsch in eine Zertifizierung nach der international anerkannten Qualitätsnorm ISO 9001 münden**. Als Zertifizierungsgrundlage für alle diakonischen Pflegeeinrichtungen hat bspw. das Zertifizierungsunternehmen »EQ ZERT«, ein Institut der Steinbeis-Stiftung für Wirtschaftsförderung, in Kooperation mit dem Diakonischen Institut für Qualitätsentwicklung (DQE) ein Zertifizierungsverfahren nach dem »Diakonie-Siegel-Pflege« (Bundesrahmenhandbuch zum »Diakonie-Siegel-Pflege«) entwickelt. »*Wichtiges Instrument neben dem Bundesrahmenhandbuch ist* *die Auditcheckliste, die gemeinsam mit der Zertifizierungsstelle EQ ZERT unter Beteiligung der Landesverbände erstellt wurde«* (Trubel, DQE; EQ ZERT).

So hat das Zertifizierungsunternehmen »EQ ZERT« aus Ulm auch ein Zertifizierungsverfahren mit dem pflegespezifischen »Qualitätssiegel Pflegemanagement« entwickelt – ein speziell für ambulante und vollstationäre Pflegeeinrichtungen geschaffenes und ausgereiftes Zertifizierungsverfahren, welches die bereits vor zehn Jahren eingeführte »ISO PLUS-Zertifizierung« ablöste (vgl. Homepage, EQ ZERT, Ulm, 2019). Dieses Qualitätssiegel verbindet die Anforderungen aus der DIN EN ISO 9001:2015 mit den Qualitätsanforderungen aus den jeweiligen QPR für ambulante und stationäre Pflegeeinrichtungen auf der Grundlage der »MuG« gem. § 113 SGB XI nach dem Pflegeversicherungsgesetz. Aber auch andere Zertifizierungsgesellschaften, wie z. B. die Deutsche Gesellschaft zur Zertifizierung von Managementsystemen (DQS) bieten branchenspezifische Zertifizierungen für Pflegeeinrichtungen mit dem Ziel an, das »DQS-Güte- und Qualitätssiegel« nach erfolgreicher Zertifizierung als eine Bestätigung der Einrichtung aushändigen zu können. Ebenso bietet die Arbeiterwohlfahrt (AWO) eine Tandemzertifizierung nach den spezifischen AWO-Qualitätskriterien mit der Ergänzung der ISO-Anforderungen für ihre Eirichtungen und für ihre Dienstleistungen der Sozialen Arbeit an (vgl. AWO, 2016). 4

Auch die Kriterien des »Qualitätssiegel Geriatrie«[5] vom Bundesverband Geriatrie e. V. (Hrsg., Bundesverband Geriatrie e. V., ein bundesweit tätiger Spitzenverband im Gesundheitswesen) ist für alle stationären geriatrischen Versorgungseinrichtungen ein Nachweis dafür, dass die stationären geriatrischen Einrichtungen über eine hohe geriatrische Versorgungsqualität verfügen. Die DIN EN ISO 9001 Anforderungen werden dabei mit den geriatriespezifischen Aspekten im Rahmen dieser Tandemzertifizierung durch die stationären geriatrischen Einrichtungen oder geriatrischen Fachabteilungen ergänzt, sodass mit Abschluss der Zertifizierung auch das »Qualitätssiegel Geriatrie Add-on« als eine von drei Varianten, neben dem DIN EN ISO-Zertifikat verliehen werden kann. Das »Qualitätssiegel Geriatrie« ist ebenso im akut-medizinischen Bereich »Qualitätssiegel Geriatrie für Akuteinrichtungen« als eine weitere Variante sowie als dritte Variante für die Anwendung von Rehabilitationseinrichtungen »Qualitätssiegel Geriatrie für Rehabilitationseinrichtungen« anwendbar, um z. B. auch der Verpflichtung zur Qualitätssicherung und Zertifizierung gem. § 37 Abs. 2 S. 2 und Abs. 3 SGB IX gesetzlich nachzukommen. Für alle deutschen Rehabilitationseinrichtungen ist eine Zertifizierung ihres QM-Systems gesetzlich verbindlich vorgeschrieben.

[5] Die Informationen zum »Qualitätssiegel Geriatrie« (Herausgeber: Bundesverband Geriatrie e. V. (BVG)) wurden aus der Auditcheckliste (Ausgabe 2016) und den Informationen der Website von der Zertifizierungsstelle EQ ZERT »Qualitätssiegel Geriatrie für Akutkliniken« entnommen. Zur besseren Lesbarkeit wurde auf eine wörtliche Zitation verzichtet.

Die Berufsgenossenschaft für Gesundheitsdienst und Wohlfahrtspflege (BGW) ermöglicht seit Ende der 1990er-Jahre durch die Entwicklung des »Normativen Dokuments« – dem Vorläufer von qu.int.as – die gesetzlich festgelegten Arbeitsschutzanforderungen als Managementanforderungen der BGW zum Arbeitsschutz (MAAS-BGW nach DIN EN ISO 9001, Stand 06/2017) in ein bestehendes QM-System, z. B. nach der DIN EN ISO 9001:2015 (BGW qu.int.as®) zu integrieren und somit zu ergänzen.

Die festgelegten Anforderungen in dem DEGEMED-Auditleitfaden der Bundesarbeitsgemeinschaft für Rehabilitation (BAR) sind wesentlicher Bestandteil in dem DEGEMED-Zertifikat (Auditleitfaden Version 6.0, 2016) mit seinen Qualitätsgrundsätzen bzw. des Fachverbands Sucht e. V. (FVS/DEGEMED) in dem Auditleitfaden Version 5.0 von stationären Rehabilitationseinrichtungen und beinhalten ebenfalls die Anforderungen der DIN EN ISO 9001-Normen. Durch das Qualitätsangebot der DEGEMED-Anforderungen können Rehabilitationseinrichtungen seit 1997 ihr einrichtungsinternes QM-System zertifizieren lassen und die deutsche Gesellschaft für medizinische Rehabilitation e. V. übernimmt in diesem Bereich eine Vorreiterrolle (vgl. Zertifizierung aktuell, 2017).

Als eine Mindestanforderung sind gem. § 135a SGB V alle zugelassenen Krankenhäuser (§ 108 SGB V) in Deutschland als Leistungserbringer nach den Richtlinien zu Maßnahmen der internen Qualitätssicherung seit 2005 verpflichtet einmal im Jahr einen Qualitätsbericht gem. § 136b Abs. 1 S. 1 Nr. 3 SGB V zu erstellen, um über ihre Arbeit zu informieren. In den sog. Klinik-Suchmaschinen oder Klinik-Suchportalen übernehmen die Krankenkassen dabei die Veröffentlichung der strukturierten Qualitätsberichte. *»Die Qualitätsberichte dienen vor allem der Information von Versicherten und Patienten über die Qualität und das Leistungsangebot des Krankenhauses. Idealerweise erleichtern sie dem Versicherten im Vorfeld einer Krankenhausbehandlung die Entscheidung«* (vdek, Die Ersatzkassen, 2019).

Es besteht für Pflegeeinrichtungen und Krankenhäuser weder die gesetzliche Verpflichtung, ein QM-System durch eine Zertifizierungsgesellschaft nach der Qualitätsnorm noch nach anderen anerkannten QM-Modellen zertifizieren zu lassen. Allerdings sind die Krankenhäuser und die ambulanten, teil- und vollstationären Pflegeeinrichtungen als Leistungserbringer gesetzlich verpflichtet, verbindliche Maßnahmen zur internen Qualitätssicherung zu implementieren und sich an Maßnahmen der einrichtungsübergreifenden externen Qualitätssicherung auf dem Fundament eines einrichtungsinternen Qualitätsmanagements zu beteiligen. Des Weiteren müssen die Träger der vollstationären Pflegeeinrichtungen auf Basis von konzeptionellen Grundlagen einrichtungsintern ein Qualitätsmanagement durchführen, »das auf eine stetige Sicherung und Weiterentwicklung der Qualität ausgerichtet ist« (MuG, 2018a: 3 ff.). Dies kann bspw. durch die Implementierung von qualitätsverbessernden Prozessen zur fortlaufenden Qualitätsverbesserung oder durch ein erfolgreiches Change-Management (Veränderung durch Reorganisation), indem die Mitarbeiter aktiv in die Veränderungsprozesse einbezogen werden, sowie durch die Einführung eines Risikomanagements- bzw. Beschwerdemeldesysteme erfolgen. Mit einem Change-Management und der laufenden Anpassung von Unternehmensstrategien und -strukturen an veränderte Rahmenbedingungen kann sich eine Organisation ständig planvoll weiterentwickeln (vgl. Piekenbrock, Hasenbalg, 2014: 105).

Die Einführung eines Qualitätsmanagements ist immer ein komplexes Vorhaben, da es verschiedene und flexible Veränderungen durch die Reorganisation als Change-Management für eine Einrichtung mit sich bringen kann. Dies setzt eine Veränderungsbereitschaft der Mitarbeiter als auch eine operative Unternehmensstrategie voraus, die im Wesentlichen von der Organisationskultur, d. h. von den Werten und der inneren Haltung sowie deren Veränderungsgeschwindigkeit und deren Reflexion, abhängig gemacht werden kann. Eine angemessene und gelebte Organisationsentwicklung und -kultur können mehrheitlich eine gesamte Pflegeeinrichtung positiv für die Implementierung eines QM-Systems fördern. Sie zeigen sich als Konsequenz am Verhalten und an der inneren Haltung und Einstellung jedes einzelnen Mitarbeiters. Jede stationäre Pflegeeinrichtung und jeder ambulante Pflegedienst braucht zwar sein ureigenes und maßgeschneidertes Qualitätsmanagement mit seinen pflegespezifischen Ergebnis- und Leistungsindikatoren, aber die gesetzlichen und behördlichen Anforderungen müssen von jedem Pflegeanbieter ausnahmslos in ein **Qualitätsmanagementsystem**, unabhängig von dem jeweiligen QM-Modell, erfüllt und integriert werden (vgl. Anforderungen und Inhalte in den Aufzählungen).

Die folgenden Anforderungen und Indikatoren nehmen Einfluss auf das maßgeschneiderte QM:

- Normen/normative Verweise (z. B. DIN EN ISO 9000:2015 ff., DIN EN ISO 19011:2018, ISO 10006:2019 -neuer Entwurf etc.)
- Gesetze (z. B. SGB V, SGB XI, SGB XII, PfWG, IfSG, MPG, MPBetreibV, HeimG, ArbSchG etc.)
- Verordnungen (z. B. GefStoffV, Art. 3 VO EG 852/2004 bzw. die Eigenkontrollen nach dem HACCP-Verfahren - VO (EG) 2073/2005, DGUV-Vorschriften etc.)
- Interessensgruppen (z. B. Eigentümer, Kunden/Bewohner, Mitarbeiter, externe Anbieter, Gesellschaft, Kostenträger, externe Kooperationspartner, Lieferanten etc.)
- Die eindeutige Marktpositionierung
- QM-verantwortliche Personen mit festzulegenden Aufgaben und Kompetenzen

Ein maßgeschneidertes QM beinhaltet demnach:

- Aufbau- und Ablauforganisation
- Prozessbeschreibungen
- Verfahrens-, Arbeits- und Betriebsanweisungen, Standards

- Qualitätsbezogene Konzepte und konzeptionelle Grundlagen zum einrichtungsinternen Qualitätsmanagement
- Ergebnis- und Versorgungsqualität
- Informationsquellen zur Ermittlung der Kundenzufriedenheit

Tipp
Beim Gedanken und den Vorüberlegungen zur Zertifizierung eines QM-Systems durch ein kombiniertes Audit (z. B. Tandemzertifizierung), sollte sich die oberste Leitung (Träger) einer Einrichtung mit der Integration von systemspezifischen Anforderungen und den damit verbundenen Chancen und Nutzen in ihrer aktiven Rolle auseinandersetzen.

Auch wenn die Zertifizierung des QM-Systems nach den Anforderungen der DIN EN ISO freiwillig ist, so kann sich durch ein zertifiziertes QM-System sehr wohl die Wettbewerbssituation (z. B. Alleinstellungsmerkmale etc.) und ein Wettbewerbsvorsprung auf dem regional bezogenen Pflege- und Seniorenmarkt einstellen!

Die Ziele und Maßnahmen zur fortlaufenden Verbesserung der Marktpositionierung sollten bei der Entscheidung zur Zertifizierung des QM-Systems ebenso bewertet werden, z. B. durch eine Mitbewerberanalyse oder durch eine Befragung der Multiplikatoren (Ärzte, Therapeuten, Bewohner, Pflegekunden, Betreuer, Angehörige usw.) über die Zufriedenheit der Dienstleistungserbringung. Ebenso sollte die Einflussnahme von anderen wichtigen Interessensvertretern (Stakeholder) bei den Vorüberlegungen einer Zertifizierung einbezogen und gedanklich berücksichtigt werden. Auf dieser Grundlage ist es dann möglich, eine strategische Marketingplanung, z. B. in einem Dreijahresplan i. S. einer marktorientierten Unternehmenskultur vorzunehmen.

Die Implementierung der DIN EN ISO 9001 kann auch als Chance genutzt werden, die gesetzlichen und behördlichen Mindest- und Grundanforderungen für ambulante Pflegedienste und stationäre Pflegeeinrichtungen im ersten Schritt umfassend zu erfassen und im zweiten Schritt in das einrichtungsinterne QM-System der ISO-Norm als ein externes und wichtiges Thema zu integrieren (vgl. ISO 9001, Abschnitt 4.2). Diese Vorgehensweise ist nicht einfach und bedarf einiger Übung und Projekterfahrung. Die gesetzlich genannten Qualitätsanforderungen sind in einem sinnvollen Kontext in das beabsichtigte Qualitätsmanagementmodell der ISO-Norm mit **oder** ohne Integration anderer Managementsysteme zu ergänzen und letztendlich zu beachten und zu erfüllen.

Viele Zertifizierungsstellen stellen bei der Verknüpfung zu anderen Managementsystemen – in Absprache und Genehmigung mit der Deutschen Akkreditierungsstelle (DAkkS) – nach einem positiv abgeschlossenen Zertifizierungsverfahren (Tandemzertifizierung) sowohl ein Zertifikat nach der DIN EN ISO 9001 als auch ein zweites Zertifikat oder Gütesiegel aus, das die Erfüllung der branchenspezifischen Anforderungen für Dritte darlegt (z. B. ISO-Zertifikat *und* ein branchenspezifisches-Zertifikat).

Wichtig **Tandemzertifizierung: nur 1 Handbuch!**

Auf gar keinen Fall dürfen bei der Tandemzertifizierung zwei separate QM-Handbücher oder zwei Managementsysteme parallel aufgebaut oder noch mehr QM-Bücher und damit unnötiger Bürokratieaufwand betrieben werden. Die Kunst ist es hier, branchenspezifische Systemanforderungen in die branchenunabhängige DIN EN ISO-Qualitätsnorm sinnvoll, aber nicht zu bürokratisch und sperrig zu integrieren und die Anforderungen zu harmonisieren.

Nachfolgend wird die Integration des Arbeitsschutzes als feste Unternehmensphilosophie und -politik in ein bestehendes Qualitätsmanagementsystem vorgestellt. Die Integration und Einbindung eines Arbeitsschutzmanagementsystems in die betrieblichen Abläufe ist systemunabhängig, da hier von jedem Träger oder der obersten Leitung gesetzliche Anforderungen hinsichtlich der Einhaltung arbeitsschutzrechtlicher Bestimmungen und Anforderungen einzuhalten sind. Auch bei einem umfassendem Qualitätsmanagement und den Maßnahmen zur internen Qualitätssicherung nach dem Pflegeversicherungsrecht ist die Integration und Beachtung der Maßnahmen aus dem Arbeits- und Gesundheitsschutz von Wichtigkeit. Die nachfolgend genannten Anforderungen aus dem Arbeitsschutz sind für jeden Heim- und Pflegedienstbetreiber obligatorisch und demnach als eine verbindliche Richtschnur einzuhalten.

4.2 Auch Sicherheit braucht Management

Arbeitsschutzmanagementsysteme (AMS) sind weltweit zu einem zentralen Thema für jede Organisation geworden. Die DIN ISO 45001:2018-06 »Managementsysteme für Sicherheit und Gesundheit bei der Arbeit – Anforderungen mit Anleitung zur Anwendung« (Ersatz für BS OHSAS 18001 mit einer Übergangsfrist bis März 2021) ist die weltweit erste einheitliche Norm für Arbeits- und Gesundheitsschutz-Managementsysteme. Diese internationale Norm mit einer einheitlichen Struktur (»High Level Structure« – HLS) legt die Anforderungen an ein Arbeitsschutzmanagementsystem fest. Die Managementsysteme zum Arbeitsschutz sind wichtig, weil sie die Mitarbeiter vor den arbeitsbedingten Risiken schützen können, z. B. Krankheiten, Arbeits- und Berufsunfähigkeit. Die Erkenntnis, dass solche Managementsysteme zum Arbeits- und Gesundheitsschutz ein nachhaltig wirkendes Instrument zur Prävention und zur deutlichen Verbesserung der Arbeitssicherheit und des Gesundheitsschutzes darstellen hat sich allgemein in vielen Betrieben unterschiedlicher Branchen durchgesetzt. Damit und durch die Implementierung eines Betrieblichen Gesundheitsmanagements (BGM) dienen sie dem Wohle der Mitarbeiter und deren Gesundheitserhaltung. Dass sie darüber hinaus auch zum wirtschaftlichen Erfolg eines Unternehmens beitragen, fördert ihre Akzeptanz und weite Verbreitung. Die Gesundheit der Mitarbeiter am Arbeitsplatz ist für alle Betriebe zu einem wichtigen Produktionsfaktor geworden! So können bspw. die Zahlen des Wissenschaftlichen Instituts der AOK (WIdO) aufzeigen, dass z. B. Altenpfleger im Verhältnis zu anderen Berufsgruppen in besonderen Maß psychischen Arbeitsbelastungen ausgesetzt sind (vgl. Meyer et al., 2018). Nach diesen Erkenntnissen ist es wichtig, dass die Unternehmensleitung einer Organisation die Ermittlung und die Erfassung der psychischen Belastungen als eine wichtige Maßnahme (▶ Kap. 1.3.2) verstehen und die betriebliche Gesundheitsförderung aktiv unterstützen.

Durch den Präventionsauftrag der BGW zur Abwehr arbeitsbedingter Gesundheitsgefahren wurde durch das Arbeitsschutzgesetz (im Jahr 1996) im Zusammenhang mit der Gesetzlichen Unfallversicherung im SGB VII (Siebtes Buch – Gesetzliche Unfallversicherung) der Arbeits- und Gesundheitsschutz erheblich erweitert. So stellen z. B. die Managementanforderungen der BGW zum Arbeitsschutz[6] (kurz: MAAS-BGW) als ein QM-System mit der Integration der Anforderungen zum Arbeits- und Gesundheitsschutz (qu.int.as-System) als ein integriertes Managementsystem auf der Grundlage der Normenreihe ISO-9000 ff. seit fast drei Jahrzehnten eine wichtige Zertifizierungsgrundlage im Gesundheitswesen dar. Die Struktur der MAAS-BGW (BGW qu.int.as®) nach dem qu.int.as-System mit der Integration der Anforderungen zum Arbeitsschutz in ein Managementsystem wurde bei der Überarbeitung nicht an die gemeinsame Abschnittsstruktur der DIN EN ISO 9000 ff. angepasst, da einzelne ISO Anforderungen aus Sicht der Fachexperten oftmals nicht ausreichen, um die Anforderungen zum Arbeitsschutz in diese Gliederungsstruktur sinnvoll zu integrieren oder abzubilden (vgl. Zertifizierung aktuell, 2017).

---

[6] Auf der Grundlage der 2. Auflage des Fachbuches »Der Weg zum leistungsstarken Qualitätsmanagement« (2008) wurden die Informationen zu den Managementanforderungen der BGW zum Arbeitsschutz (MAAS-BGW) durch Literatur- und Internetrecherchen entnommen. Die Angaben wurden um die Neuerungen in diesem Werk ergänzt, und es wurde tlw. zur besseren Lesbarkeit auf eine weitere gesonderte Kennzeichnung der wörtlichen Zitate verzichtet. Gleichwohl ist die Quelle zur MAAS-BGW dem Literaturverzeichnis zu entnehmen.

Info

Mit der überarbeiteten ISO 9001:2015 und den Anforderungsabschnitten (»Gliederung der Inhalte«) wurde im Zuge der Überarbeitung der ISO die Struktur für Managementsysteme erstmalig eine einheitliche und gleichartige Abschnittsstruktur für alle anderen Management-Normen geschaffen, z. B. für das Arbeitsschutzmanagementsystem nach ISO 45001, die als gemeinsame »High Level Structure« (HLS) bezeichnet wird.

4

Das qu.int.as-System »*Qualitätsmanagement mit integriertem Arbeitsschutz*« der BGW hat eine eigenständige und unabhängige Struktur im Vergleich zur Gliederungsstruktur der DIN EN ISO 9001:2015. Der Bezug zu den Normanforderungen der ISO 9001 erfolgt in den sieben Abschnitten der MAAS-BGW mit entsprechenden Verweisen und ergänzenden Informationen innerhalb der Managementanforderungen zum Arbeitsschutz. Die Einführung und die Anwendung eines Arbeitsschutzmanagementsystems und die damit verbundene Gewährleistung sicherer und gesundheitsgerechterer Arbeitsbedingungen in verschiedenen Einrichtungen gewinnen immer mehr in der Arbeitswelt an Bedeutung – durch den demografischen Wandel vor allen Dingen auch die Sicherheit und der Gesundheitsschutz bei altersgerechter und alternsgerechter Arbeit bzw. Arbeitsbedingungen im gesamten Erwerbsverlauf und der -biografie. Beruflich Pflegende weisen z. B. nach dem Gesundheitsreport 2019 der Techniker Krankenkasse (TK) weit höhere krankheitsbedingte Fehlzeiten auf als im Vergleich die Beschäftigten anderer Branchen. »*Im Durchschnitt war jeder Berufstätige in einem Altenpflegeberuf im Jahr 2018 demnach mehr als fünf Tage mit psychischen Störungen und Erkrankungen des Bewegungsapparates krankgeschrieben*« (TK, 2019: 30 ff.). Der Schutz und die Förderung der Gesundheit der Mitarbeiter in einer stationären Pflegeeinrichtung oder in einem ambulanten Pflegedienst sowie das frühzeitige Erkennen und die Abwehr von gesundheitsbedingten Gefahren durch ein Betriebliches Gesundheitsmanagement (BGM) haben bei allen branchenabhängigen oder branchenneutralen QM-Systeme einen hohen Stellenwert.

Wichtig **Die Gesundheit der Mitarbeiter …**

Nebenbei angemerkt: Neben dem Wissen der Mitarbeiter gehört die Gesundheit der Mitarbeiter zu den wichtigen Elementar- und Produktionsfaktoren. Wenn die Mitarbeiter psychisch oder körperlich krank sind, dann leidet unweigerlich darunter auch die Qualität der pflegerischen Leistungserbringung in einer Pflegeeinrichtung oder in dem ambulanten Pflegedienst.

Von daher ist es in jedem QM-System bedeutungsvoll, dass arbeitserleichternde Hilfen und Unterstützung im Team zur Verfügung gestellt und angeboten werden sowie z. B. auch die Schicht- bzw. Nachtarbeit für ältere Beschäftigte reduziert werden sollte, damit die Beschäftigten durch die Arbeit gesund bleiben und ein vorzeitiges Altern unter Berücksichtigung der individuellen Lebensstile und anderen Dispositionen minimiert werden.

Das Arbeitsschutz- bzw. Umweltmanagementsystem (z. B. nach ISO 14001:2015-11 »Umweltmanagementnorm«) mit einer HLS in den Anforderungsabschnitten sind eigenständige Managementsysteme oder Teil eines übergreifenden Managementsystems, das sicherstellt, dass eine Unternehmenspolitik für Sicherheit, Gesundheitsschutz, Ökologie und Ökonomie umgesetzt wird. Gesundheitsschutz und Sicherheit am Arbeitsplatz sind eine humane und deswegen auch von der Gesetzgeberseite eine obligatorische Verpflichtung der Führung gegenüber den Mitarbeitern. Der Schutz Dritter vor Anlagen mit erhöhtem Gefährdungspotenzial gilt als unternehmerische Zielsetzung. Arbeitsschutz- bzw. Umweltschutzmanagementsysteme schützen die Gesundheit der Mitarbeiter, steigern deren Motivation zu gesundheitsbewusstem und sicherheitsgerechtem Handeln und die Leistungsbereitschaft, führen zu einer höheren wirtschaftlichen Leistung des Unternehmens und garantieren sichere Arbeitsplätze.

Eine sichere Arbeitsschutzorganisation und die Einhaltung der rechtlichen und behördlichen Anforderungen, z. B. für eine Gefährdungsbeurteilung im Hinblick auf die Biostoffverordnung (BiostoffV) unter Beachtung ihrer Risikogruppen (1–4) und den zugehörenden Schutzstufen, die Einhaltung der Technischen Regeln für Biologische Arbeitsstoffe 250 (TRBA) – im Gesundheitswesen und in der Wohlfahrtspflege – sind dabei wichtige Maßnahmen und zählen unabhängig von Managementsystemen zu den Arbeitsgeberpflichten. Um möglichen stoff- oder arbeitsplatzbezogenen Gefährdungen entgegenzuwirken, hat die Unternehmensleitung (als oberste Leitung) die erforderlichen technischen, baulichen, organisatorischen und hygienischen Schutzmaßnahmen zu initiieren und durchzusetzen. Ferner hat sie, u. U. unter der Berücksichtigung der entsprechenden Schutzstufen, für den Einsatz von persönlichen Schutzausrüstungen (PSA) zu sorgen, z. B. für die erforderliche Schutzkleidung (gem. TRBA 250).

Auch ist es wichtig, eine entsprechende Arbeitsumgebung (Prozessumgebung) und Infrastruktur zu schaffen und z. B. für einen gesundheitsgerechten Zustand der Geräte und Betriebsmittel (DGUV Vorschrift 3) nach der Betriebssicherheitsverordnung (BetrSichV) zu sorgen, um generell Gefährdungen zu vermeiden (vgl. MAAS-BGW, 2017: 13). Dabei ist die Beurteilung der Arbeitsbedingungen gem. § 5 Arbeitsschutzgesetz (ArbSchG) eine obligatorische Pflicht des Arbeitgebers.

Mit dem Entschluss, Arbeitsschutz mit arbeitsschutzpolitischen Grundsätzen sowie mit einer Arbeitsschutzpolitik und messbaren Arbeitsschutzzielen mit Bezug zur Strategie gleichrangig neben anderen Unternehmenszielen zu stellen, macht die Einrichtung die Sicherheit und den Arbeits- und Gesundheitsschutz zur verpflichtenden Vorgabe für alle Mitarbeiter.

Ein Arbeitsschutzmanagementsystem, z. B. nach dem **qu.int.as-System** unterstützt eine Pflegeeinrichtung oder einen ambulanten Pflegedienst auf vielfache Weise bei der Erfüllung gesetzlicher und behördlicher Anforderungen in punkto Sicherheit und Arbeitsschutz. Die Umsetzung arbeitssicherheitstechnischer und arbeitsschutzrechtlicher Bestimmungen und Richtlinien ist für jedes Unternehmen eine gesetzliche Verpflichtung der obersten Leitung und somit keine Freiwilligkeit. Freiwillig ist die Integration eines Arbeitsschutzmanagementsystems in ein weltweites oder nationales Qualitätsmanagementsystem und deren Zertifizierung als eine Unternehmenspolitik und -strategie. Unter diesem Gesichtspunkt hat die Berufsgenossenschaft für Gesundheitsdienst und Wohlfahrtspflege vor vielen Jahren das Projekt »Qualitätsmanagement mit integriertem Arbeitsschutz« (qu.int.as®) mit dem Leitsatz: »Auch Sicherheit braucht Management« ins Leben gerufen.

Durch die Integration des Arbeitsschutzes in das bestehende QM-System soll der Arbeitsschutz der Beschäftigten verbessert werden. Die Berufsgenossenschaft für Gesundheitsdienst und Wohlfahrtspflege hat mittlerweile die Anwendung der MAAS-BGW neben der qu.int.as-Zertifizierung auf der Grundlage der DIN EN ISO 9001 auf der Basis anderer Managementsysteme erheblich erweitert (z. B. KTQ-Kataloge, Diakonie-Siegel Pflege, DEGEMED, QMS-REHA 3.0, Qualitätssiegel Geriatrie für Rehabilitationseinrichtungen Version 2016 und für Qualität und Entwicklung in Praxen - QEP uvm.). Die BGW unterstützt hier ihre Mitgliedsbetriebe und vermittelt »qu.int.as-Berater« zur Unterstützung für den Implementierungsprozess oder MAAS-Auditoren bzw. Zertifizierungsstellen, die für die Kombination von QM-Modellen und den »Managementanforderungen der BGW zum Arbeitsschutz« (MAAS-BGW) zugelassen wurden.

Das Ziel des qu.int.as-Systems …
ist die *»Verbesserung des Arbeitsschutzes und seiner Prozesse in den Mitgliedsbetrieben z. B. durch die Integration der Anforderungen des Arbeitsschutzes in ein Qualitätsmanagementsystem nach DIN EN ISO 9000:2015 sowie die Sicherheit und die Gesundheit der Mitarbeiter systematisch zu organisieren«*
(vgl. MAAS-BGW, 2019: 15).

4.3 Schriftliche Festlegungen im qu.int.as-System

Die Integration eines Arbeitsschutzmanagements, z. B. in ein Qualitätsmanagementsystem, genießt heute große Aufmerksamkeit. Deshalb gibt es für Einrichtungen des Gesundheitswesens das Angebot der BGW, die Anforderungen aus dem Arbeitsschutz auch in andere anerkannte QM-Modelle zu integrieren und letztendlich auch zertifizieren zu lassen. Zugelassene Zertifizierungsstellen können durch die BGW die Anforderungen aus dem Arbeitsschutz nach der »MAAS-BGW« zusätzlich zertifizieren, sofern die Arbeitsschutzanforderungen durch den Betrieb in das Regelwerk nach dem QM-System der DIN EN ISO 9001:2015 als ein Bestandteil integriert und erfüllt wurden. Die Anforderungen der Managementanforderungen der BGW zum Arbeitsschutz lassen sich nur dann vollständig erfüllen, wenn die Anforderungen nach der Qualitätsnorm der DIN EN ISO 9001:2015 auch erfüllt wurden (vgl. MAAS-BGW, 2019: 8). Daneben bietet die Integration der Arbeitsschutzanforderungen in ein bestehendes QM-System auch Rechtssicherheit gegenüber den Kostenträgern und Behörden, sofern die schriftlichen Festlegungen im qu.int.as-System vollständig erfüllt und in das bestehende QM-System in die Prozesslandschaft integriert wurden. Das Ziel der Implementierung eines qu.int.as-Systems mit den Anforderungen zum Arbeitsschutz ist, neben der Integration und Verbesserung der Prozesse zum Arbeitsschutz und der Erhaltung der Wirtschaftlichkeit, eine Tandemzertifizierung als Bestätigung aller Bemühungen einzuleiten. Dies ist dann der Nachweis, dass **alle anzuwendenden arbeitersicherheitstechnischen und arbeitsschutzrechtlichen Vorschriften und Bestimmungen eingehalten und erfüllt wurden.**

Info

Die Implementierung lohnt sich, denn: »Auch Sicherheit braucht Management!« Betriebe können durch die BGW mit einer Prämie finanziell gefördert werden. Zertifizierte Einrichtungen erhalten nach erfolgreicher Begutachtung ihres Managementsystems zudem auf kostenpflichtige BGW-Leistungen einen Rabatt von bis zu 50 Prozent, z. B. für Seminare, Bildungsangebote und Fachveranstaltungen (vgl. MAAS-BGW, 2019: 6).

Neben den Aufgaben, Verantwortungen und den Befugnissen für den Arbeitsschutz sind die nachfolgenden Qualitätsanforderungen (▸ Tab. 12) in dem qu.int.as-System mit unterschiedlichen Auditkriterien und Leitfragen in **sieben** Gliederungsabschnitte mit neun schriftlichen Festlegungen in den Managementanforderungen der BGW zum Arbeitsschutz unterteilt worden (vgl. MAAS-BGW, 2019: 5 ff.).

Tab. 12: Managementanforderungen zum Arbeitsschutz (MAAS-BGW)

1 Arbeitsschutz im Qualitätsmanagement – Grundsätze		
2 Führung	**3 Strukturen und Ressourcen**	**4 Prozessintegration**
MAAS-BGW: 2.1 Selbstverpflichtung der Leitung	MAAS-BGW: 3.1 Verantwortung und Befugnisse	MAAS-BGW: 4.1 Planung der Integration des Arbeitsschutzes in die Prozesse
MAAS-BGW: 2.2 Politik und Ziele für Sicherheit und Gesundheit	MAAS-BGW: 3.2 Personelle Ressourcen – Befähigung und Qualifikation	MAAS-BGW: 4.2 Verwirklichung des Arbeitsschutzes in den Prozessen
MASS-BGW: 2.3 Mitarbeiterorientierung und Kommunikation	MAAS-BGW: 3.3 Infrastruktur und Arbeitsumgebung	MAAS-BGW: 4.3 Beschaffung (schriftliche Festlegung)
5 Arbeitsschutzprozesse	**6 Kontinuierliche Verbesserung**	**7 Dokumentation**
MAAS-BGW: 5.1 Ermittlung und Umsetzung gesetzlicher, berufsgenossenschaftlicher und behördlicher Anforderungen (schriftliche Festlegung)	MAAS-BGW: 6.1 Messung, Analyse, Verbesserung	MAAS-BGW: 7 Dokumentierte Information
MAAS-BGW: 5.2 Gefährdungsbeurteilung (schriftliche Festlegung)	MAAS-BGW: 6.2 Integrierte interne Audits (schriftliche Festlegung)	
MAAS-BGW: 5.3 Umgang mit biologischen und chemischen Arbeitsstoffen (schriftliche Festlegung)	MAAS-BGW: 6.3 Umfassende Verbesserungsmaßnahmen (schriftliche Festlegung)	
MAAS-BGW: 5.4 Spezielle arbeitsmedizinische Vorsorge (schriftliche Festlegung)	MAAS-BGW: 6.4 Managementbewertung	
MAAS-BGW: 5.5 Prüfung und Wartung (schriftliche Festlegung)		
MAAS-BGW: 5.6 Umgang mit Überwachungs- und Messmitteln		
MAAS-BGW: 5.7 Betriebsstörungen und Notfälle (schriftliche Festlegung)		

In den o. g. Anforderungsteilen mit insgesamt **neun »schriftlichen Festlegungen«** hat die BGW auf operationalisierte und praktikable Weise ihre arbeitssicherheitstechnischen, arbeitsschutzrechtlichen und arbeitsmedizinischen Anforderungen in der »MAAS-BGW« festgelegt und in die Anforderungsteile der Qualitätsnorm der DIN EN ISO 9001 als einen wichtigen Teil ergänzt (»Integriertes Managementsystem«). In den schriftlichen Festlegungen der MAAS-BGW werden, z. B. in Form von Prozessbeschreibungen (z. B. als QM-Verfahrensanweisungen), die Ziele, Zuständigkeiten, Verantwortungen, Abläufe und Anweisungen dargestellt. Es wird beschrieben, wie die Prozesse durchzuführen sind. Ferner werden auch die dokumentierten Informationen (Vorgabe- und Nachweisdokumente) zur Umsetzung der schriftlichen Festlegungen sowie der Anwendungsbereich und der Verteiler innerhalb der stationären bzw. ambulanten Pflegeorganisation näher dargestellt (▶ Tab. 13). Somit werden die Handlungsfelder »Sicherheit« und »Gesundheit« in dem qu.int.as-System als »umfassende, ganzheitliche und präventive Managementaufgabe« in der arbeitsteiligen Ordnung der betrieblichen Aufgaben in der Aufbauorganisation verstanden (MAAS-BGW, 2019: 14). In der MAAS-BGW werden an den entsprechenden Stellen unterstützende Hinweise zur Dokumentation oder zur Nachweisführung in Form von Prozessbeschreibungen und Verfahrensanweisungen oder sonstigen geeigneten »schriftlichen Festlegungen« getroffen. Die jeweiligen »schriftlichen Festlegungen« und die dazugehörenden Arbeitsschutzkriterien müssen festgelegt, dokumentiert, verwirklicht, aufrechterhalten, fortlaufend verbessert und dargelegt werden (MAAS-BGW, 2019: 10). Diese »Schriftlichen Festlegungen« (Prozessbeschreibungen) sind nach der BGW eine Selbstverpflichtung der Unternehmensleitung, z. B. des Trägers oder der Geschäftsführung einer vollstationären Einrichtung oder eines ambulanten Pflegedienstes. Nach der MAAS-BGW wird in die bestehende Qualitätspolitik (nach der ISO-Norm) die Arbeitsschutzpolitik (nach der MAAS-BGW) mit ihren eigenen Arbeitsschutzzielen als ein fester Bestandteil als eine gemeinsame Politik in das QM-System einer Pflegeorganisation integriert und schriftlich festgehalten (s. Praxisbeispiel).

Beispiel **Praxisbeispiel für eine Qualitäts- und Arbeitsschutzpolitik**

»[…] Sicherheit und Gesundheit gehören zum Selbstverständnis unserer Pflegeeinrichtung ›Mustereinrichtung‹. Dabei ist die Prävention im Arbeits- und Gesundheitsschutz eines der wichtigsten Unternehmensziele und Aufgabe der Geschäftsleitung. Die Mustereinrichtung sieht die Qualitätspolitik nach der Qualitätsnorm und die Erfüllung der Anforderungen zum Arbeitsschutz verankert mit der Verpflichtung zur fortlaufenden Verbesserung. […] unsere Bewohner stehen dabei im Vordergrund unserer Aufgaben. Durch vorausschauendes Handeln und Denken (Prävention) ist unser Unternehmenserfolg gekennzeichnet. Unsere Präventionsmaßnahmen und das sicherheits- und gesundheitsgerechte Verhalten tragen zur Senkung der Kosten (z. B. im Fehlermanage-

*ment) bei und erhöhen unseren wirtschaftlichen Erfolg. [...] verstehen wir Gesundheit und Gesundheitsbewusstsein als höchsten Wert des Menschen, [...] den es mit allen uns zur Verfügung stehenden Mitteln, Aktivitäten und Zuwendungen individuell zu wecken, zu bewahren, zu fördern und zu regenerieren gilt. Wir sind gegenüber unseren relevanten interessierten Parteien ein kompetenter und zuverlässiger Partner im Bemühen [...] und die Umsetzung der individuellen und vorausgesetzten Erwartungen unserer Bewohner, Partner, Kostenträger und Mitarbeiter im Arbeitsschutz und in der Leistungserbringung übertreffen.«**

* Bezug zur MAAS-BGW: Anforderungsabschnitt 2.2 Politik und Ziele für Sicherheit und Gesundheit **und** zur DIN EN ISO 9001:2015: Abschnitte 5.2 Politik, 6.1 Maßnahmen zum Umgang mit Risiken und Chancen und 6.2 Qualitätsziele und Planung zur deren Erreichung.

Aus der Qualitäts- **und** Arbeitsschutzpolitik (▶ Beispiel) sind messbare Qualitäts- und Arbeitsschutzziele abzuleiten die für die Managementbewertung (Zielerreichung) von größter Wichtigkeit sind. In der Verschränkung der o. g. beiden Politiken werden nachfolgend **zwei Qualitäts- und Arbeitsschutzziele** vorgestellt, die aus der dargestellten Qualitäts- und Arbeitsschutzpolitik abgeleitet wurden.

Erstes Arbeitsschutzziel:

→ Wir wollen in unserer Pflegeeinrichtung »Mustereinrichtung« das anforderungs- und sicherheitsgerechte Arbeiten bei den Mitarbeitern fördern und durch verschlankte sichere Prozesse die Mitarbeiter in der Umsetzung hilfreich unterstützen.

Zweites Arbeitsschutzziel:

→ Wir wollen frühzeitig Schwachstellen im Bereich des Arbeits- und Gesundheitsschutzes identifizieren und zeitnah erforderliche Maßnahmen einleiten sowie eine förderliche interne Kommunikationskultur abteilungsübergreifend in den Teams fördern und installieren.

Neben den unternehmensinternen Kommunikationsstrukturen (MAAS-BGW: 2.3 Mitarbeiterorientierung und Kommunikation) ist die schriftliche Beauftragung einer kompetenten Person als **qu.int.as-Beauftragter** im Leitungskreis zwingend erforderlich, um das Managementsystem zum Arbeitsschutz zu steuern (MAAS-BGW: 3.1 Verantwortung und Befugnisse). Dabei werden die Anforderungen zum Arbeitsschutz gemeinsam mit den kundenbezogenen Anforderungen bewertet aus denen entsprechende Maßnahmen abzuleiten sind (MAAS-BGW: 4 Prozessintegration). Neben den Arbeitsschutzanforderungen, z. B. bei Beschaffungsvorgängen (MAAS-BGW: 4.3 Beschaffung) und deren schriftliche Festlegungen müssen die relevanten Vorschriften, Regeln und Anordnungen zum Arbeitsschutz ermittelt und auf Änderungen ständig überprüft werden (MAAS-BGW: 5 Arbeitsschutzprozesse). Zur kontinuierlichen Verbesserung und zur Ermittlung der Wirksamkeit des qu.int.as-System gehört es, das integrierte interne Audits in den verschiedenen Bereichen im Geltungsbereich durchgeführt werden (MAAS-BGW: 6.2 Integrierte interne Audits). Auch ist die Ermittlung und Bewertung von Arbeitsunfällen und sonstigen Gesundheitsgefahren eine Anforderung (MAAS-BGW: 6.3 Umfassende Verbesserungsmaßnahmen), da deren Ergebnisse als Eingaben in die Managementbewertung (MAAS-BGW: 6.4 Managementbewertung) berücksichtigt werden müssen. Die »MAAS-BGW 7 Dokumentation« bezieht sich auf alle dokumentierten Informationen, die zur Planung, Durchführung, Überprüfung und Verbesserung des Arbeitsschutzes benötigt oder in dem qu.int.as-System gefordert werden (vgl. MAAS-BGW, 2019: 58). Nebenbei bemerkt: Die Dokumentationsart (Papierform oder EDV-gestützt) der QM-Dokumentationen als ein Dokumentenmanagement-System oder als das klassische »QM-Handbuch« (QM-H) mit seinen Festlegungen sollte sich den Lebens- und Unternehmensrealitäten anpassen. Sie kann durchaus zur Entlastung der Pflegemitarbeiter EDV- oder webbasiert sowie abteilungsbezogen abgebildet und implementiert werden.

Tipp

Die Digitalisierung der Pflegedokumentation (Digital Workplace) birgt für die Mitarbeiter große Chancen und schafft neue Möglichkeiten zur Entlastung der beruflich Pflegenden in allen ambulanten, teil- und vollstationären Pflegeeinrichtungen.

In dem Arbeitsschutzmanagement sind viele Akteure wie z. B. qu.int.as-Beauftragte in der Einrichtung, Betriebsärztinnen und -ärzte nach § 2 ASiG, Fachkräfte für Arbeitssicherheit nach § 5 ASiG, Sicherheitsbeauftragte nach § 22 SGB VII und andere externe Arbeitsschutzbeteiligte (z. B. BGW oder staatliche Arbeitsschutzbehörden) einzubeziehen. Zur Unterstützung der Implementierung bietet die BGW seit vielen Jahren unterschiedliche Arbeitsschutzmanagement-Leitfäden und Anleitungen an, um ein leistungsfähiges Managementsystem für Sicherheit und Gesundheit gemeinsam mit den Mitarbeitern verwirklichen zu können. Zudem organisiert sie Seminare zum Thema »Arbeitsschutz für Führungskräfte –Sicherheit und Gesundheit kompetent organisieren (UFA)« und bietet eine qu.int.as-Beratung durch professionelle Beraterinnen und Berater für den Aufbau der freiwilligen Begutachtung und zur Verbesserung des qu.int.as-Systems an.

5 Qualitätsmanagementsystem nach der Qualitätsnorm

5.1 Anforderungen an das Qualitätsmanagementsystem

Weil die DIN EN ISO 9001:2015 danach ausgerichtet ist, die Erfordernisse und Erwartungen aller relevanter interessierter Parteien mit ihrem internen und externen Kontext gleichermaßen und in großer Intensität zu entsprechen, bietet sich dieses Managementsystem für Pflegeanbieter hervorragend an. Es lassen sich darin andere Qualitätsmanagementmodelle oder -konzepte gut integrieren. Die internationale Qualitätsnorm kann gemeinsam mit der ISO 9004 nur dann gut funktionieren, wenn alle relevanten Aspekte, z. B. das Arbeitssicherheits-, Informations-, Wissens- und Qualitätsmanagement, wie ein Zahnrad ineinandergreifen und die fortlaufende Verbesserung zur Steigerung der Leistung in dem zusammenhängenden QM-System (Prozessmodell) im Vordergrund stehen. Die Abbildung (▸ Abb. 23) veranschaulicht die einzelnen Gliederungsabschnitte (4-10) und deren Zusammenwirken in einem effektiven und prozessorientierten Qualitätsmanagementsystem.

Die ISO 9000: 2015 und der Anforderungsteil der ISO 9001:2015 sind auf die Prozesse (z. B. Aufnahme-, Pflege- und Betreuungsprozess, Wäscheversorgungs- oder Speiseversorgungsprozess etc.) einer Organisation (Pflegeeinrichtung) ausgerichtet, daher der Begriff »Prozessorientiertes Qualitätsmanagementsystem«. Durch die Prozessorientierung werden nicht isolierte und einzelne Abläufe, Tätigkeiten oder Verfahren betrachtet. Vielmehr müssen die miteinander verknüpften Tätigkeiten und Handlungsfelder erkannt und zu einem sinnvollen Ganzen zusammengeführt und geregelt werden, damit von einem zusammenhängenden QM-System gesprochen werden kann. Wichtig dabei ist, dass sich die Erfordernisse der Pflegeeinrichtung darin widerspiegeln und die internen sowie externen Faktoren bzw. Rahmenbedingungen im Kontext der Organisation berücksichtigt werden (vgl. ISO 9000:2015). Eine Nichterfüllung von Erfordernissen und Erwartungen (Normanforderung!) und die fehlende Ermittlung der individuellen Bedarfe stellt immer ein nicht unerhebliches Risiko für die ambulante bzw. stationäre Pflegeeinrichtung dar. Die Kundenorientierung

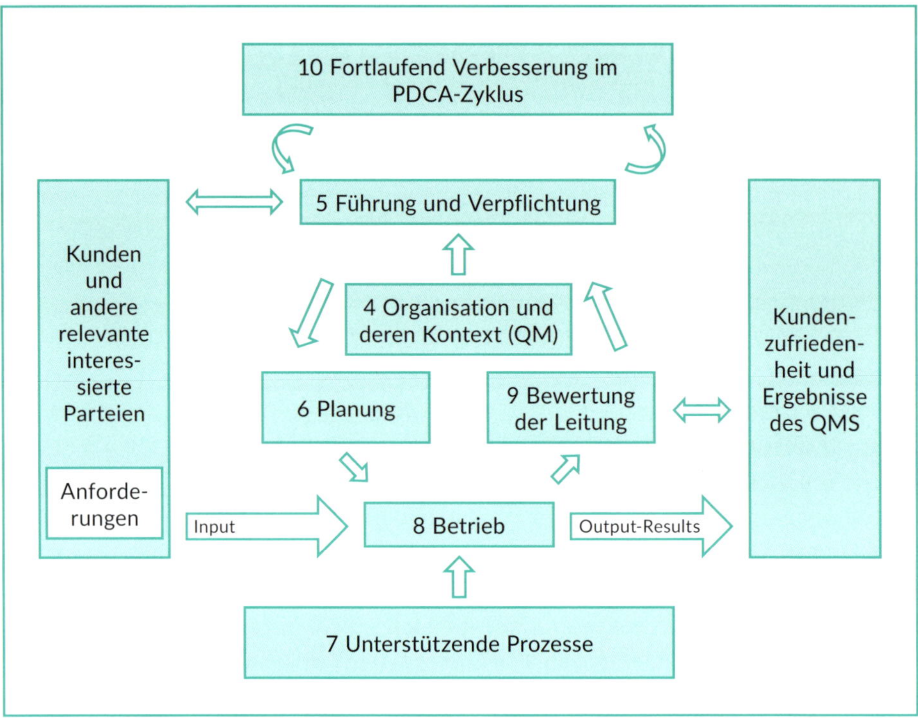

Abb. 23: Prozessmodell nach ISO 9001 (eigene Darstellung analog der DIN EN ISO)

setzt grundsätzlich die Erfüllung der Kundenanforderungen grundlegend voraus. Dies setzt voraus, dass die Wünsche und Bedürfnisse sowie die individuellen Bedarfe als auch die internen und externen Faktoren (Rahmenbedingungen) ermittelt und bekannt sind. **Interne Faktoren** können z. B. die sichtbaren Werte und Normen, Verhaltensregeln und Leitbilder (Organisationskultur), das individuelle oder kollektive Wissen der Teams und die Leistung einer Einrichtung sein. Währenddessen können sich die externen Themen vielmehr etwa auf die wettbewerbs- oder marktbezogenen bzw. technologischen Rahmenbedingungen sowie auf die relevanten Rechtsvorschriften als einen externen Kontext beziehen. Die Prozessorientierung setzt als Rahmenbedingung ein prozess- und risikobasiertes, d. h. vernetztes Denken und Handeln innerhalb der Prozesslandschaft eines QM-Systems voraus und beinhaltet die Identifikation, Beschreibung, Darlegung und Überwachung und die fortlaufende Verbesserung der Prozesse (Abläufe) im Sinne des PDCA-Zyklus (QM-HD) als eine der wichtigsten Aufgaben. Eine Prozessorientierung beinhaltet dass innerhalb der Prozesse die nachfolgenden Aspekte im Prozessablauf zu berücksichtigen und zu regeln sind:

- Verantwortlichkeiten und Befugnisse (kontextbezogen)
- Durchführung der Prozesse (Ablauf) mit Risiken und Chancen
- Schnittstellen (Übergang zu anderen Prozessen)

- Wechselwirkung und Zusammenwirken mit anderen Prozessen
- Beurteilung (Messung) und Bewertung der Prozesse
- ggf. die Festlegung von quantitativen Kennzahlen und andere Maßnahmen zur Qualitätsmessung (interne Qualitätssicherung)

Die Identifikation der Risiken und Chancen ergeben sich aus dem Kontext der Organisation und sind in den relevanten Prozessen zu identifizieren und zu bestimmen, da sich daraus entsprechende Maßnahmen ergeben können. Auch wenn die Bewertung der Prozesse zum Erzielen der beabsichtigten Ergebnisse einen wichtigen Aspekt darstellen, so müssen nach der ISO 9001 die Risiken nicht zwangsläufig immer bewertet werden. Es ist in jedem risikobehafteten Prozess eine Risikobetrachtung vorzunehmen und die Maßnahmen zur Risikovermeidung in den Prozessablauf zu integrieren. Nach der Bestimmung der risikobehafteten Prozesse, z. B. im Pflegeprozess (Risiko: Nicht planbare Ausfälle von Mitarbeitern oder fehlendes Fachwissen oder mangelnde Compliance des Bewohners) sind Maßnahmen zur Risikobeseitigung durch die oberste Leitung zu verankern und umzusetzen. In dem Beispiel »Nicht planbare Ausfälle von Mitarbeitern« könnte in der Ablauforganisation ein »Notfallplan« für solche unerwarteten Situationen erarbeitet werden, damit die Pflege und Versorgung der Bewohner oder Pflegekunden zu jeder Zeit sichergestellt ist. Die Chancen könnten in diesem Fall darin zu finden sein, dass mittelfristig neue Technologien, z. B. die Digitalisierung der Pflegedokumentation oder eine Kooperation mit einer zuverlässigen Zeitarbeitsfirma vereinbart werden. Ausgehend von dem o. g. Beispiel »Nicht planbare Ausfälle von Mitarbeitern« könnte in dem Prozess eine weitere Chance darin liegen, dass ein Träger von mehreren Pflegeeinrichtungen einen Springerpool bei Personalengpässen ergänzend für diese Situation im Unternehmen etabliert, da der unerwartete Ausfall eines Kollegen z. B. in der Pflege, immer auch mit Stress für die anderen Kolleginnen und Kollegen verbunden ist.

Die Risiken und Chancen in den Prozessen lassen sich aus den internen und externen Themen (Rahmenbedingungen) oder aus den Anforderungen bzw. den Erfordernissen der relevanten interessierten Parteien (z. B. Bewohner, Pflegekunden, Angehörige, Betreuer etc.) im Kontext der Organisation ableiten. Deren rechtzeitige Abwägung eines Risikos, des »Für und Widers« oder »Pro und Kontras«, verhilft dazu, im QM-System die richtigen Entscheidungen mithilfe von Zahlen, Daten und Fakten (ZDF-Prinzip) zu treffen. UND: Die »Faktengestützte Entscheidungsfindung« ist in den sieben Grundsätzen des Qualitätsmanagements verankert. Im Gliederungsabschnitt 4.4, Normabschnitt »Qualitätsmanagementsystem und seine Prozesse« der DIN EN ISO 9001 sind somit die Prozesse nach den Risiken und Chancen »im Scheinwerferlicht« zu durchleuchten und einzustufen (Risikoeinstufung), um im vorneherein Schwachstellen oder eine Durchlässigkeit erkennen zu können. Dann können entsprechende Maßnahmen zur Verbesserung oder Optimierung der Prozesse festgelegt werden. Ziel dabei ist es, bereits im Planungsprozess eines QM-Systems unerwünschte Auswirkungen oder negative Folgen als ein Risiko zu identifizieren und auszuschließen bzw. deren negativen Auswirkungen zu minimieren. Zur fortlaufenden Verbesserung des QM-Systems kann ein weiteres Ziel sein, die Maßnahmen zur Risikovermeidung auf ihre Wirksamkeit zu bewerten, um Änderungen von Verfahren oder Festlegungen frühzeitig treffen zu können. In der ISO 9001:2015 ist zwar die Identifizierung von Risiken und Chancen wichtig, diese müssen nach der Norm aber nicht bewertet werden.[7] Gleichwohl **können** in einem installierten Risikomanagement die Risiken in einem QM-System zur Risikoanalyse nach einer Risikoeinstufung bewertet werden, z. B. nach einem »niedrigen Risiko«, »mittleren Risiko« oder einem »hohen Risiko«. Des Weiteren können zur Risikoidentifikation eine Prozess-FMEA oder eine Szenarioanalyse (»Wo geht die Reise hin?«) bspw. zur Beurteilung einer betriebswirtschaftlichen Prognose und zur strategischen Ausrichtung zukünftiger Entwicklungen, als kybernetische Methoden eingesetzt werden!

Prozesse, z. B. auch Informations-, Kommunikations-, Dokumentations- oder unterstützende Prozesse, haben grundsätzlich immer Eingaben (Input), z. B. durch die Anforderungen der relevanten interessierten Parteien oder durch die internen oder externen Rahmenbedingungen, die in Ergebnisse (Output) umgewandelt werden.

Wichtig **Der Stellenwert von Informationstechnologien**

Neben dem Daten- und Dokumentationsmanagement haben in einem QM-System die Informations- und Kommunikationstechnologien (IKT), z. B. zur Aktualisierung und Verteilung von Wissen sowie dokumentierten Informationen zur Sicherstellung einer gemeinsamen Wissensbasis, eine hohe Bedeutung.

Prozesse sind oft wertschöpfend (z. B. der Kernprozess mit geldwirtschaftlichen Zielen) für eine Pflegeorganisation und erwarten häufig in den verschiedenen Settings (ambulante, teil- und vollstationäre Pflegeorganisationen) zur Leistungserbringung eine Zusammenarbeit mit verschiedenen Bereichen in einem Netzwerkverbund mit unterschiedlichen Gesundheitsakteuren. Damit dies gelingt, sollte durch die oberste Leitung mithilfe von Informations- und Kommunikationstechnologien (IKT) eine geeignete Netzwerkarchitektur und ggf. eine Supportstruktur aufgebaut und als ein wichtiger Bestandteil in die Managementprozesse installiert werden! Auch wenn es

[7] Die Information zur Bewertung von Risiken wurden aus den auf der Website https://www.dgq.de/fachbeitraege/was-ist-risikobasiertes-denken-in-iso-90012015/ der Deutschen Gesellschaft für Qualität (DGQ) unter dem Verzeichnis »Wissen« – Risikomanagement in der Praxis– zur Verfügung gestellten Informationen sinngemäß übernommen, abgerufen am 25.07.2019.

keine explizite Normanforderung ist, erfolgt in der Praxis eine Unterscheidung der Prozesse: z. B. Managementprozesse (auch Führungsprozesse genannt), Kernprozesse bzw. Geschäftsprozesse oder unterstützende Prozesse, um eine kleine Auswahl zu nennen.

Heim- und Pflegedienstbetreiber, die ein effektives und prozessorientiertes Qualitätsmanagementsystem nach der Qualitätsnorm der DIN EN ISO 9001 mit ihren unterschiedlichen Normanforderungen implementieren, müssen neben der Erweiterung der Zielgruppen (Interessierte Parteien und deren Erfordernisse) und der strategischen Ausrichtung des **prozessorientierten QM-Systems** bei der Einführung folgende Aspekte berücksichtigen:

1. Die Pflegeeinrichtungen müssen ihre Prozesse (vgl. Normabschnitt 4.4, 9001: 2015), von der Anfrage und Aufnahme eines Bewohners über die Pflege, Betreuung und Versorgung bis hin zur Beendigung der Pflege **festlegen** und die Wechselwirkungen der Prozesse (gegenseitige Beziehungen) und deren Prozesslenkung (Prozessablauf, d. h. die Tätigkeiten) darlegen können **(Prozessmanagement)**. Wichtig ist dabei, dass – i. S. des Prozessmanagements (in Abgrenzung zu einem Projektmanagement!) zur Gestaltung des umfassenden Qualitätsmanagements –, die erwarteten Ergebnisse sowie die Verantwortungen und Befugnisse im Hinblick auf die Ziele einer jeweiligen ambulanten und vollstationären Pflegeeinrichtung festgelegt werden. In dem Prozessablauf sind die Risiken und Chancen, die eine Zielerreichung oder das Erreichen der Ergebnisse beeinträchtigen können, vorher in den Prozessen zu ermitteln und darzustellen. Üblicherweise werden die Prozesse geplant und *»unter beherrschten Bedingungen durchgeführt, um Mehrwert zu schaffen«* (ISO 9000:2015).
   → Das Festlegen der Prozesse und die damit verbundene Herangehensweise werden auch als Prozessstrukturierung bezeichnet. Es entsteht eine Prozesslandschaft (grafische Übersicht aller Prozesse). Die wichtigsten Schnittstellen (z. B. zu anderen Arbeitsbereichen innerhalb der Einrichtung) und Verantwortungen müssen festgelegt werden. Erfahrungsgemäß kann es hier zu erheblichen Informationsverlusten kommen. Dazu sind die Führungskräfte durch die oberste Leitung zu unterstützen, damit sie zur Wirksamkeit des QM-Systems in ihrer aktiven Rolle beitragen können. Ein besonderer Schwerpunkt der Revision der ISO 9001 ist die Implementierung eines **Wissensmanagement** (WM) nach dem Anforderungsteil 7.1.6 »Wissen der Organisation« der DIN EN ISO 9001. Das erfordert einen systematischen Umgang mit den Bausteinen des Wissensmanagements. Die Mitarbeiter können nur Prozesse umsetzen, wenn sie dazu befähig sind. Fehlt zur Durchführung der Prozesse ein Wissen, so ist dieses für die Mitarbeiter verfügbar zu machen. Dies gelingt am besten, wenn in der jeweiligen ambulanten oder vollstationären Pflegeeinrichtung ein individuelles und passendes Wissensmanagement aufgebaut wird. Die Fachexperten zum Wissensmanagement umschreiben Wissen als *»die Gesamtheit der Kenntnisse und Fähigkeiten, die Individuen zur Lösung*

von Problemen einsetzen« (vgl. Probst et al., 2012: 23 f.). In der ISO 9001 werden zum Aufbau und zur Gestaltung eines Wissensmanagements allerdings keine konkreten Vorgaben gemacht.

Die Wechselbeziehungen und das Zusammenwirken der einzelnen Prozesse unter der Berücksichtigung des Risikomanagements sind ebenfalls darzulegen. Die Kriterien und Methoden zur effektiven Umsetzung des Realisierungsprozesses (Kernprozess) sind unter der Berücksichtigung der Risiken und Chancen (Risikomanagement) festzulegen, um das wirksame Durchführen und Lenken dieser Prozesse sicherzustellen.

Zeitgleich müssen neben der Festlegung der Prozesse unweigerlich die Anforderungen der relevanten interessierten Parteien, die Anforderungen der Dienstleitungsqualität (Produktkonformität: »Versorgungsqualität«) und des Qualitätsmanagementsystems ermittelt und bei der Prozessdarstellung integriert werden.

2. Nach der Festlegung der im QM-System erforderlichen Prozesse, müssen diese Prozesse von allen zuständigen Mitarbeitern in den Bereichen verwirklicht, d. h. eingehalten und dauerhaft aufrechterhalten bzw. Änderungen überwacht und mitgeteilt werden. Die Leitung einer Einrichtung (Träger) muss dabei sicherstellen, dass hierzu alle notwendigen Ressourcen für das QM-System verfügbar und dauerhaft sichergestellt werden.
3. Im letzten Schritt der Implementierung (Qualitätsorientierte Reorganisation) muss die Wirksamkeit der festgelegten Prozesse (Abläufe und dokumentierte Informationen) im Qualitätsmanagementsystem zu einem Ganzen zusammengefügt werden, damit die Prozesse überwacht, gemessen (»Wie gut funktioniert der Prozess?«) und fortlaufend verbessert werden können.

   → Als Ergebnis entsteht eine Abbildung oder ein Schaubild, die im Qualitätsmanagement als »Prozessmodell« bezeichnet wird. Die Überwachung und Messung der Prozesse ist wichtig, um frühzeitig Schwachstellen zu erkennen und Korrekturmaßnahmen bei Auffälligkeiten oder Änderungen einzuleiten. Durch diese Vorgehensweise werden Verbesserungen im Sinne der fortlaufenden Qualitätsverbesserung (PDCA-Arbeit!), als Teil des umfassenden Qualitätsmanagements der auf die Erfüllung der Qualitätsanforderungen gerichtet ist, quantitativ oder qualitativ ermittelt und erkannt. Im Vordergrund steht dabei, bestehende Prozesse und Prozessabläufe im Sinne eines prozessorientierten und effektiven QM-Systems zu optimieren und die Auswirkungen zu verfolgen, die z. B. durch neue Maßnahmen hervorgerufen werden.

Schließlich sind alle Prozesse (insbesondere die Prozesse mit den größten Risiken) – Haupt- und Teilaufgaben einer Pflegeeinrichtung – nach der Qualitätsnorm durch die oberste Leitung (Träger) zu erfassen (Prozesse für Leitungstätigkeiten, Bereitstellen von notwendigen Ressourcen für das QM-System, betriebliche Planung und Steuerung und Bewertung der Leistung durch festgelegte Indikatoren und Verbesserung), zu strukturieren und ihr Ergebnis kontinuierlich zu bewerten, d. h. zu überwachen. Die Bewertung der Leistung, Analyse und Verbesserung der Prozessleistung erfolgt durch verschiedene Analyse- und Messverfahren. Dabei kann auch ein internes Audit dazu verhelfen, Schwachstellen als auch positive Effekte im QM-System aufzudecken.

Die Analyse- und Messverfahren, die eine Auskunft über die Prozessfähigkeit und Prozessleistung geben, müssen einrichtungsintern ausgewählt werden. Will man beispielsweise den Pflegeprozess mit seinen Teilprozessen bewerten, z. B. durch die Sichtung und Prüfung der Pflegedokumentation anhand von Checklisten oder die Versorgungssituation nach den Ergebnisindikatoren eines Bewohners durch eine Pflegevisite erfassen – müssen andere Prüf- und Messmittel eingesetzt werden, als bei der Beurteilung der Speisenversorgung in einer stationären Pflegeeinrichtung.

5.2 Prozessorientiertes Qualitätsmanagementsystem

Der wichtigste Regelkreis des Prozessmodells (▶ Abb. 23) geht über die Organisation als Leistungserbringer gegenüber Kunden hinaus und schließt die Vielzahl von relevanten interessierten Parteien mit ihren Anforderungen sowie die internen Rahmenbedingungen, die für die strategische Ausgestaltung des QM-Systems von Bedeutung sind, mit ein. Das zugrunde gelegte Prozessmodell (der ISO 9001:2015 **und** ISO 9004:2018) versucht, das interne prozessorientierte QM-System in einer Organisation mit seinen Wechselbeziehungen und dem Zusammenwirken verschiedener Abläufe (»Prozessabläufe«) inkl. der risikobehafteten Prozesse bildhaft zu veranschaulichen.

Die Abbildung 23 verdeutlicht die in den sieben ISO-Normabschnitten (4–10) vorgestellten Prozessverknüpfungen (▶ Abb. 23). Im Modell wird deutlich, dass alle Erfordernisse der relevanten interessierten Parteien in den Prozess hineinfließen. Die Anforderungen durchlaufen alle Prozessschritte, d. h. die Anforderungen in den Gruppierungen der Normabschnitte mit ihren zugrunde gelegten Anforderungen. Zum Abschluss einer Dienstleistungserbringung (Ergebnis liegt vor!) ist jedes Ergebnis eines Prozesses i. S. des Prozessmanagements zu bewerten. Dies geschieht durch die Beurteilung und Generierung von Informationen, die mithilfe folgender Fragen beantwortet werden:

1. Waren wir wirklich gut und sind unsere Kunden mit ihren Erfordernissen mit der Dienstleistungserbringung zufrieden?
2. Mit welchen Parametern messen wir den Zielerreichungsgrad?
3. Wo können wir unsere Prozesse optimieren oder fortlaufend verbessern?
4. Müssen wir Korrekturmaßnahmen i. S. von Nichtkonformität (ISO Gliederungsabschnitt 10.2) zur Neuausrichtung oder zur Anpassung einleiten?

Nichtkonformitäten und Korrekturmaßnahmen zur Verbesserung der Leistungsfähigkeit einer Einrichtung (Fehlerbeseitigung), um die Kundenzufriedenheit aufrechtzuerhalten und zu verbessern, sind Auslöser für den erneuten Durchlauf des Regelkreises. Nach dem Prozessmodell ist das Ergebnis der Bewertung der Auslöser und der Anstoß für einen erneuten Durchlauf (▶ Abb. 23). Das Management einer Einrichtung steuert kybernetisch, lenkt und leitet insgesamt alle Prozesse und ist mit seinen Führungskräften maßgeblich dafür verantwortlich, dass alle internen und externen Themen des Managementsystems beachtet und konsequent im Sinne der Kunden als Anspruchsgruppe berücksichtigt und erfüllt werden.

Darüber hinaus hat das operative Management auch die dafür notwendigen materiellen, sächlichen und personellen (qualifizierte und vor allen Dingen motivierte Mitarbeiter) Mittel zur Verfügung zu stellen, damit der Kernprozess reibungslos funktionieren kann und im Einklang mit den Wechselbeziehungen anderer Bereiche steht.

Aus diesem immer wiederkehrenden Regelkreis resultiert eine fortlaufende Verbesserung. Das heißt, dass sich eine Einrichtung ständig weiter entwickelt – unter dem Aspekt einer »kundenorientierten« Pflegeeinrichtung, im Sinne eines effektiven, umfassenden und prozessorientierten QM-Systems.

Ein wichtiges Kennzeichen für eine marktorientierte Unternehmenskultur ist neben der Mitarbeiterorientierung gleichrangig die Kundenorientierung. Die Zufriedenheit der Kunden als ein Maßstab wird durch verschiedene Informationswege, -quellen und Analysetätigkeiten im Rahmen des QM-Systems nach dieser Norm kontinuierlich überwacht: z. B. durch Kundenzufriedenheitsermittlungen, Kundendaten in Bezug auf die Qualität der Dienstleistungserbringung, Multiplikatorenbewertungen, Anerkennungen u. v. m. Die Pflegeeinrichtung muss hier die Methoden zur Erlangung und zum Gebrauch dieser Informationen schriftlich festlegen, kontinuierlich bewerten, überwachen und dokumentieren. Die Überwachung und Festlegung der Methoden zur Erlangung von Eingaben unterschiedlicher Informationsquellen (vgl. Normabschnitt 9.1.2 »Kundenzufriedenheit« der ISO 9001:2015) ist wichtig, damit frühzeitig entsprechende Maßnahmen zur Lenkung auch der risikobehafteten Prozesse zeitnah eingeleitet werden können, z. B. durch eine Fehlermöglichkeits- und -einflussanalyse (FMEA).

Heim- und Pflegedienstbetreiber haben mit der Gründung oder Übernahme festgelegt, welche individuellen bedürfnisorientierten pflegerischen Leistungen dem Kunden gegenüber erbracht werden sollen, welche geldwirtschaftliche Ziele im Wertschöpfungsprozess zu erreichen und wie die erzielten Ergebnisse zu bewerten sind (Kennzahlen oder andere Indikatoren). Die Erfordernisse der Kunden an den Dienstleister ergeben die Vorgaben für die unternehmensspezifischen wertschöpfenden Prozesse (Kernprozess und Ausführungsprozesse: *»Womit verdient die Einrichtung ihr Geld?«*) und den Inhalt der kundenbezogenen Prozesse (vertragliche Grundlagen).

Die Qualitätsgüte bei der Umsetzung und Realisierung der Dienstleistungen wird maßgeblich bestimmt durch die Erfüllung der Kundenanforderungen und anderen relevanten interessierten Parteien einer Pflegeeinrichtung sowie durch dem Ergebnis (Überwachung durch die Festlegung verschiedener Methoden!) der ermittelten Zufriedenheit: *»Wie zufrieden sind die Kunden in der Einrichtung?«* Die kundenorientierte Prozessorientierung und -ausrichtung aller wichtigen Abläufe steht bei diesem Qualitätsmanagementmodell durch ein systematisches Prozessmanagement als ein bedeutender Faktor nach der Qualitätsnorm der DIN EN ISO 9000 ff. im Vordergrund.

Fazit **Oberste Ansprüche und Herausforderungen**

Die Überwachung der Kundenzufriedenheit und -aufrechterhaltung sowie die stetige Verbesserung der Kundenzufriedenheit, indem die Erwartungen der Kunden erfüllt oder übertroffen werden, sowie die fortlaufende Verbesserung des internen QM-Systems sind oberste Ansprüche und Herausforderungen dieses Qualitätsmanagementsystems nach der ISO-Qualitätsnorm.

Daneben sind selbstverständlich noch andere unterstützende Prozesse in einem QM-System erforderlich, damit der Kernprozess und seine Ausführungsprozesse überhaupt erst realisiert werden können (z. B. Wäscheservice, Verpflegung, haustechnische Leistungen, Informations-, Dokumentations- und verwaltungsbezogene Prozesse etc.). Die zusammenhängenden Prozesse (meist als unterstützende Prozesse, Hilfsprozesse oder Teilprozesse bezeichnet) der »Eingaben zum Erzielen eines vorgesehenen Ergebnisses verwendet« werden in einem umfassenden Qualitätsmanagementsystem miterfasst und sind ebenfalls einer ständigen Bewertung unterworfen (ISO 9000:2015). Auch diese Teilprozesse (Unterstützungsprozesse) müssen mit dem Kernprozess und den Ausführungsprozessen in Einklang stehen (Wechselbeziehung untereinander) und reibungslos miteinander funktionieren, damit der wertschöpfende Kernprozess (geldwirtschaftliche Ziele!) kundenorientiert als auch zur Wertschöpfung beitragen kann. Hier werden der kommunikative und informierende Gehalt eines QM-Systems sowie die Zusammenarbeit der verschiedenen Arbeitsbereiche und ihre Arbeitsbeziehungen untereinander sehr deutlich. Nur gut informierte, motivierte und geschulte Mitarbeiter sichern den Unternehmenserfolg durch einwandfreie Durchführung auch der risikobehafteten Prozesse durch:

1. Prozesssicherheit und Transparenz,
2. Engagement und Motivation,
3. Einhaltung von Regelungen und Vereinbarungen,
4. Klärung von Kompetenzen und Befugnissen,
5. Bestimmung, Festlegung und Überwachung der risikobehafteten Prozesse.

Weil der Kernprozess und seine Ausführungsprozesse durch die oberste Leitung (Träger) überwacht und durch die Prozessverantwortlichen Mitarbeiter gemessen werden muss, erhält die Leitung im Sinne des Prozessmodells (▶ Abb. 23) eine Vielzahl von verdichteten Informationen, die als Grundlage zur Überwachung, Messung, Analyse und Bewertung (Normabschnitt 9 »Bewertung der Leistung«) herangezogen werden müssen. Ziel der Datenanalyse in einem QM-System ist es, bestehende Verfahren und Prozesse unter beherrschten Bedingungen auszuführen und fortlaufend zu verbessern, um den Kernprozess lenken, leiten, managen, überwachen und bewerten zu können. Die richtige Interpretation und Übersetzungsarbeit der Anforderungen nach der DIN EN ISO 9001:2015 (▶ Tab. 15) müssen von der Einrichtung passend vorgenommen werden. Denn, wie bereits erläutert, die ISO benennt in ihren Anforderungen immer nur das »Was«. Das »Wie« muss von der Einrichtung und gemeinsam mit dem Team unter der Führung der obersten Leitung geleistet werden.

Info
Auch wenn nach der ISO 9001:2015 die oberste Leitung eine stärkere Verantwortung und Verpflichtung hat, so können für die Prozess- und Leistungsfähigkeit des QM-Systems auch ohne die explizite Benennung eines QM-Beauftragten (QM-B.) in der Norm die Verantwortungen an mehrere verantwortliche Mitarbeiter flexibel verteilt und wahrgenommen werden.

In vielen ambulanten und vollstationären Pflegeeinrichtungen sind kompetente und geschulte Mitarbeiter im Qualitätsmanagement anzutreffen, die als interne QM-Beauftragte (QM-B.) wichtige qualitätsbezogene Aufgaben und Maßnahmen zur intern gesteuerten Qualitätssicherung übernehmen. Diese Strukturen sollten auch mit der Revision der ISO 9001:2015 in der Praxis beibehalten werden. So wird bspw. in der ZerP-Studie (2011) angegeben, dass über 80 Prozent der ambulanten Pflegedienste und 55 Prozent der stationären Pflegeeinrichtungen über einen internen QM-B. verfügen (vgl. Hauer, 2011: 101 f. und 137 f.).

5.3 Prozessbeschreibungen als »Dokumentierte Informationen«

Prozesse beschreiben den Ablauf (Prozessablauf), Zuständigkeiten und Verantwortungen, Maßnahmen sowie interne Regelungen und verfolgen ein zu erreichendes Ziel und Ergebnis. Ein Prozess wird im Wesentlichen bestimmt durch die zugrunde liegenden internen und externen Themen und den Erfordernissen der relevanten interessierten Parteien an das QM-System. Darüber hinaus kann ein Prozess noch in weitere kleinere (Teil)-Prozesse zerlegt werden. Mithilfe von Prozessbeschreibungen (Prozessabläufe, Verfahrensanleitungen bzw. QM-Verfahrensanweisungen) werden Regelungen von organisatorischen Abläufen und arbeitsplatzbezogene Tätigkeiten identifiziert, bestimmt und verbindlich festgelegt. Das Vorgehen: *»Wie funktioniert ein bestimmter Prozess, ein Ablauf, ein Verfahren, die Überwachung, die Bewertung und welche Personen sind daran beteiligt?«* wird auch als **Prozessanalyse** bezeichnet.

Nach einer Beurteilung eines Verfahrens oder Ablaufs erfolgt häufig auch eine Prozessbeschreibung (»schriftliche Festlegungen«) als eine dokumentierte QM-Verfahrensanweisung (QM-VA) oder durch eine verbindliche Verfahrensanleitung in Form einer grafischen Darstellung (Flussdiagramm). Durch Prozessbeschreibungen mit ihrem Detaillierungsgrad und ihrer Detallierungstiefe ist es sehr gut möglich, die Abläufe und Aufgaben sowie die Regelungen als auch die damit verbundenen Zuständigkeiten und Verantwortlichkeiten in einen zu beschreibenden Ablauf festzulegen und darzulegen. In einer Prozessbeschreibung werden die Tätigkeiten und Aufgaben in eine geeignete logische und sinnvolle Prozessabfolge gebracht (z. B. der Aufnahmeprozess). Mithilfe von Prozessbeschreibungen können z. B. Optimierungsbedarfe, Problemstellen und Verbesserungsmöglichkeiten erkannt sowie die mitgeltenden Dokumente oder Unterlagen (zur Umsetzung des Verfahrens) als dokumentierte Informationen zugeordnet und verbindlich festgelegt werden. Prozessbeschreibungen können grundsätzlich unternehmensspezifisch als Flussdiagramme (Flowchart, d. h. Ablaufdiagramme) dargestellt werden. Ist die Darstellungsform für ein Ablaufdiagramm einmal entschieden worden, so ist diese Struktur in dem QM-System nach der Qualitätsnorm für alle Prozessbeschreibungen anzuwenden. Die Prozessbeschreibung kann gleichfalls als Arbeits- oder als eine Betriebsanweisung z. B. in einem »QM-Handbuch« dargelegt und hinterlegt werden. Die Hinterlegung dokumentierter Informationen, z. B. der Prozessbeschreibungen bzw. der QM-Verfahrensanweisungen, ist nach der Revision der ISO 9001:2015 grundsätzlich frei wählbar. Die ISO-Norm 9000 verwendet den Begriff »QM-Verfahrensanweisung« nicht und begrenzt sich ausschließlich in ihren Anforderungen auf die »Dokumentierten Information.«

QM-Verfahrensanweisungen (QM-VA)

In Qualitätsmanagement-Verfahrensanweisungen (QM-VA) als schriftliche Festlegungen wird beschrieben, wie Prozesse in einer ambulanten oder stationären Pflegeeinrichtung ablaufen. In den QM-VA werden Aussagen gemacht

- zum Zweck der Anweisung (Ziel),
- zum Anwendungsbereich,
- über die Verantwortungen und Zuständigkeiten,
- die erforderlichen Tätigkeiten,
- die Art der Dokumentation als »dokumentierte Informationen«,
- den Änderungsdienst und den Verteiler.

Um die Akzeptanz bei den Mitarbeitern zu erhöhen, müssen die schriftlichen Festlegungen in den QM-VA im Ablauf, z. B. bei der Umsetzung eines bestimmten einrichtungsindividuellen Expertenstandards, mit der Praxis übereinstimmen, d. h. kompatibel sein. Die Akzeptanz einer QM-VA ist bei den Mitarbeitern umso höher, wenn die Mitarbeiter in ihrer aktiven Rolle daran mitgewirkt haben (z. B. in einem Projektmanagement). Das erleichtert auch die notwendige Schulung der Mitarbeiter. **QM-VA haben grundsätzlich einen handlungsleitenden und verbindlichen Charakter für eine Einrichtung und sind einer Dienstanweisung gleichzusetzen.** In jedem Qualitätsmanagement sind die schriftlichen Festlegungen, z.B. in den QM-VA als eine Verbindlichkeit durch die Teams in den ambulanten, teil- und vollstationären Pflegeeinrichtungen einzuhalten. Die QM-VA sind beständig, z. B. zur Darstellung der einrichtungsspezifischen Standards auf der Grundlage der nationalen Expertenstandards, und unterliegen einer fortlaufenden Anpassung in der Praxis einer Pflegeeinrichtung oder eines ambulanten Pflegedienstes.

In größeren Pflegeeinrichtungen, in denen QM-VA von verschiedenen Stellen aufgestellt werden, ist es sinnvoll, eine QM-Verfahrensanweisung mit dem Titel »Erstellung einer Verfahrensanweisung« herauszugeben, um eine einheitliche Struktur in der gesamten Pflegeorganisation beizubehalten. Die erstellten QM-VA sind zwischen den jeweiligen Bereichen der Pflegeeinrichtung abzustimmen und durch die QM-Verantwortlichen oder durch den QM-B. nach Rücksprache mit der obersten Leitung freizugeben. Ein Kennzeichnungssystem für die QM-VA und die Zuordnung z. B. zu den einzelnen Gliederungsabschnitten des »QM-Handbuches« sollte zur Erleichterung und zur Wiedererkennung eingeführt und einrichtungsintern festgelegt werden.

Arbeitsanweisungen (AA)

Im Vergleich zu den QM-Verfahrensanweisungen (QM-VA) werden in Arbeitsanweisungen (AA) die einzelnen Tätigkeiten beschrieben. Sie regeln formlos tätigkeitsbezogene Abläufe. Die inhaltliche Darstellung von Arbeitsanweisungen ist an keine einheitliche Form gebunden, da die Art der Darstellung von der Aufgabe abhängig ist.

Wie in der nachstehenden Tabelle (▸ Tab. 13) dargestellt, wird erfahrungsgemäß zur Erstellung von QM-Verfahrensanweisungen (QM-VA) ein Flussdiagramm (»Flowchart«) als Ablaufdiagramm gewählt.

Tab. 13: Symbole zur Erstellung von Flussdiagrammen

Symbol	Beschreibung
Tätigkeit/Ablauf	Ein Prozess besteht aus einer Folge von Tätigkeiten. Falls weiterführende Detailregelungen für die Ausführung einer Tätigkeit erforderlich sind, ist an der entsprechenden Stelle darauf zu verweisen.
Prüfung	Symbol für durchzuführende Prüfungen. Für eine durchzuführende Prüfung sind folgende Punkte zu klären bzw. bei Bedarf in weiterführenden Detailregelungen zu definieren: Prüfkriterien, Ablauf der Prüfung, Aufzeichnung des Prüfergebnisses, Art des Prüfmittels (falls relevant), Vorgehen bei einem negativen Prüfergebnis, Prüfzeitpunkt/-zyklus.
Entscheidung	Entscheidung, die von einem Verantwortlichen getroffen wird oder die sich aus einer logischen Verzweigung ergibt (Entscheidungsraute).
Schnittstelle	Schnittstellen sind Übergänge von oder zu einem anderen Prozess bzw. zu einem dokumentierten Verfahren, ggf. auch in einem anderen Arbeitsbereich. Schnittstellen können innerhalb oder am Ende eines Prozesses stehen und lösen einen Folge- oder Folgeteilprozess aus.
Dokument/ Aufzeichnung Nachweisdokumente zur Nachweisführung	Symbol für Nachweisdokumente oder Aufzeichnungen bzw. die Hinterlegung von dokumentierten Informationen. Hier handelt es sich um Dokumente, die von besonderer Bedeutung sind, weil sie in bestimmter Art und Weise gelenkt (Aufbewahrung und ggf. Archivierung etc.) werden und nach der Bearbeitung nicht mehr verändert werden können. Zugeordnet zu Tätigkeiten und Prüfungen sollten die jeweils geltenden Dokumente im Flussdiagramm genannt werden. Ebenso sind in Flussdiagrammen die zu erstellenden Aufzeichnungen zuzuweisen und zu benennen.
Vorgabedokumente	Vorgabedokumente sind bestimmte Dokumente, die vom Anwender ausgefüllt bzw. auch verändert werden können (z. B. Durchführungsbestimmungen, Formulare oder Checklisten).
Start oder Übergang **Ende**	Übergang: Neben dem Startsymbol (zu Beginn einer QM-VA) oder wenn der Ablauf an einer anderen Stelle (z. B. auf der nächsten Seite) fortgesetzt wird. Ende: Ende eines Ablaufs, wenn dieser nicht in eine andere Schnittstelle oder Verfahren mündet.

Durch ein Flussdiagramm werden Tätigkeiten, Abläufe, Aufgaben stichwortartig in ihrer logischen Abfolge von oben nach unten dargestellt. Mithilfe des Flussdiagramms können bestehende komplexe Verfahren oder Prozesse transparent und übersichtlich schematisch in ihrem Ablauf dargelegt werden. Die Tätigkeiten oder Aufgaben und deren logische Abfolge werden dabei zentriert in dem rechteckigen Kasten festgehalten (s. Tätigkeiten/Ablauf). Die für eine Tätigkeit oder für einen Prozess notwendigen Dokumente fließen als Vorgabedokument links in den Ablauf hinein. Auf der rechten Seite einer Tätigkeit oder eines Prozesses werden jene Aufzeichnungen als Nachweisdokumente zur Hinterlegung von dokumentierten Informationen angeordnet, die ein Ergebnis sein können oder als Konsequenz einer Tätigkeit oder eines Prozesses als Durchlauf (Eingaben-Durchlauf-Ergebnis) entstehen. Die verschiedenen Symbole werden, damit diese beim Lesen eine Ablauflogik ergeben und lesbar bleiben, miteinander durch Pfeile verbunden.

Die Verantwortlichkeiten und Befugnisse können bei einer Prozessbeschreibung in einer »E-D-I-K-Leiste« oder anderen Kurzform dargestellt werden.

E = Entscheidung?
D = Durchführung?
I = Information?
K = Kontrolle (Überprüfung)?

Ziele und Vorteile von QM-Verfahrensanweisungen:

- Erfüllung der Erfordernisse und Erwartungen der relevanten interessierten Parteien
- Klärung von Verantwortlichkeiten und Befugnissen
- Verbesserung der Zusammenarbeit zwischen den Mitarbeitern und den Bereichen
- Absicherung der Abläufe, Tätigkeiten und Aufgaben
- (unnötige) Fehler werden vermieden und früher erkannt (aufwendige Nacharbeiten und nachträgliche Klärungen werden minimiert)
- bessere Einarbeitung in neue Arbeitsfelder bzw. von neuen Mitarbeitern
- klare und eindeutige Bestimmungen vermitteln Übersicht und Sicherheit (Vermeidung von Missverständnissen oder Schuldzuweisungen)

Die Struktur von QM-Verfahrensanweisungen wird zusammenfassend zur Darstellung von Prozessen in der Tabelle (▸ Tab. 14) dargestellt.

Tab. 14: Muster einer Prozessbeschreibung

Deckblatt	Prozessbeschreibung als Verfahrensanweisung
1.0 Ziele der Verfahrensanweisung 2.0 Bereich (Organisationseinheit, z. B. Pflegedienst, Küche etc.) 3.0 Verteiler (Wer bekommt diese Verfahrensanweisung?) 4.0 Verantwortungen und Zuständigkeiten 5.0 Begriffserklärungen 6.0 Dokumentierte Information (Welche Arbeitsunterlagen werden zur Umsetzung benötigt?) 7.0 Literaturhinweise	8.0 Prozessdarstellung (Abfolge der Verfahrensanweisung mithilfe der Symbole 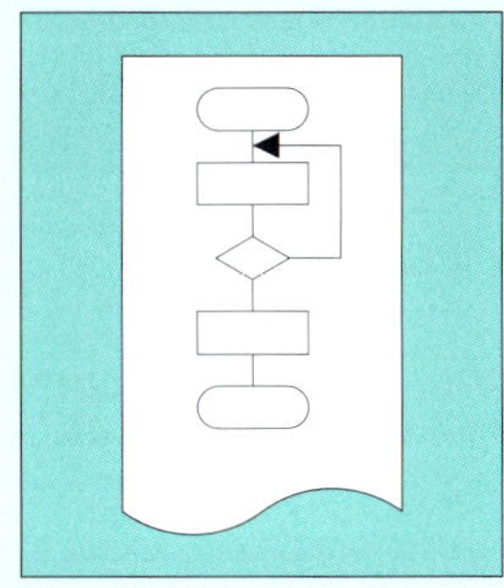 9.0 Falls eine knappe Prozessbeschreibung vorgenommen werden soll, müssen die einzelnen Prozessschritte durchnummeriert werden, damit in der Beschreibung der Bezug hergeleitet werden kann. Die Detaillierungstiefe von QM-Verfahrenswanweisungen ist von der Pflegeorganisation abhängig.

Die Änderungshistorie (Revisionsstand durch das Datum und ggf. durch eine Nummer der Ausgabe) wird häufig in der Fußzeile von Dokumenten vorgenommen, um die Aktualität und Gültigkeit daraus erkennen zu können. Der Revisionsstand ist im Qualitätsmanagement bekannt. Durch das Lenken von Dokumenten und deren Identifikation (»Um welches Dokument handelt es sich?«) soll verhindert werden, dass sich veraltete und ungültige Dokumente (z. B. Prozessbeschreibungen) im Umlauf befinden. Es muss grundsätzlich immer gewährleistet werden, dass Mitarbeiter eine gültige und freigegebene Version von dokumentierten Informationen besitzen.

Nachfolgend wird exemplarisch in der Abbildung (▸ Abb. 24) eine Verfahrensanweisung zur Durchführung einer Pflegevisite und deren mögliche Abfolge als Flussdiagramm für eine stationäre Pflegeeinrichtung dargestellt.

5

Qualitätsmanagementsystem nach der DIN EN ISO 9001:2015	Mustereinrichtung	Einrichtung Mustereinrichtung
Seite 1 von 4	**Qualitätsmanagement – Handbuch**	QM-PD-B-Pflegevisite-VA 1.0

QM-Verfahrensanweisung zur Durchführung einer Pflegevisite

1. Ziele der Verfahrensanweisung sind:
   - die Pflegesituation und die Versorgungssituation eines Bewohners/Kunden zu beurteilen (**Ergebnisqualität**)
   - die Indikatorenergebnisse auf Aktualität zu prüfen (Erhebungsreport)
   - einen Optimierungsbedarf festzustellen
   - die Pflegedokumentation auf Stimmigkeit der erbrachten Leitungen zu überprüfen und ggf. anzupassen
   - Überprüfung auf Stimmigkeit des individuellen Hilfe- und Pflegebedarfs entsprechend des Pflegegrads (ggf. Pflegegradmanagement auslösen)
   - die Zufriedenheit des Bewohners/Kunden ermitteln
2. Bereich (Organisationseinheit, z.B. Pflegedienst, Küche etc.):
   - Pflegedienst bzw. Pflegewohnbereiche (stationäre Pflege) oder die eigene Häuslichkeit eines Kunden (ambulante Pflege)
3. Verteiler (Wer bekommt diese Verfahrensanweisung?):
   - verantwortliche Bezugspflegekraft, Wohnbereichsleitung sowie Pflegefachkraft in der ambulanten Pflege
4. Verantwortung und Zuständigkeiten:
   - verantwortliche Pflegefachkraft (Pflegedienstleitung)
5. Begriffserklärungen:
   - PDL: Pflegedienstleitung
   - HL: Heimleitung
   - WBL: Wohnbereichsleitung
   - PMA: Pflegemitarbeiter
   - Bew/Kd: Bewohner/Kunde
   - Ang.: Angehöriger
6. Dokumentierte Information (Welche Arbeitsunterlagen werden zur Umsetzung benötigt?):
   - Checkliste zur Durchführung „Große Pflegevisite“ bzw. „Kleine Pflegevisite“ **(Hinweis: Die ausgefüllte Checkliste einer durchgeführten Pflegevisite ist ein Nachweisdokument (ND) und muss im Sinne von „Aufzeichnungen“ entsprechend gelenkt und aufbewahrt werden!)**
   - Ermittlung der Versorgungsdaten (Qualitätsindikatoren) zur Beurteilung von Ergebnisqualität: „Was hat die Pflege beim Bewohner oder Pflegekunden bewirkt?“
   - Pflegedokumentation (inkl. Indikationsformulare z. B. Trinkpläne etc.)
   - Dienstplan bzw. Einsatz- und Tourenplan (in der ambulanten Pflege)
   - Erhebungsreport der Einrichtung und Feedbackbericht der DAS
7. Prozessdarstellung (Abfolge der Verfahrensanweisung mit Hilfe der Symbole):

	Revisionsstand:	Revision am:	Geprüft:	Freigabe am (Stempel der Einrichtung):
Datum:	12.02.2008	04.04.2019	18.05.2019	
Name:		J. Weigert	Qualitätsmanagement	
Mitwirkende:				

Abb. 24: Verfahrensanweisung zur Pflegevisite, Seite 1–4

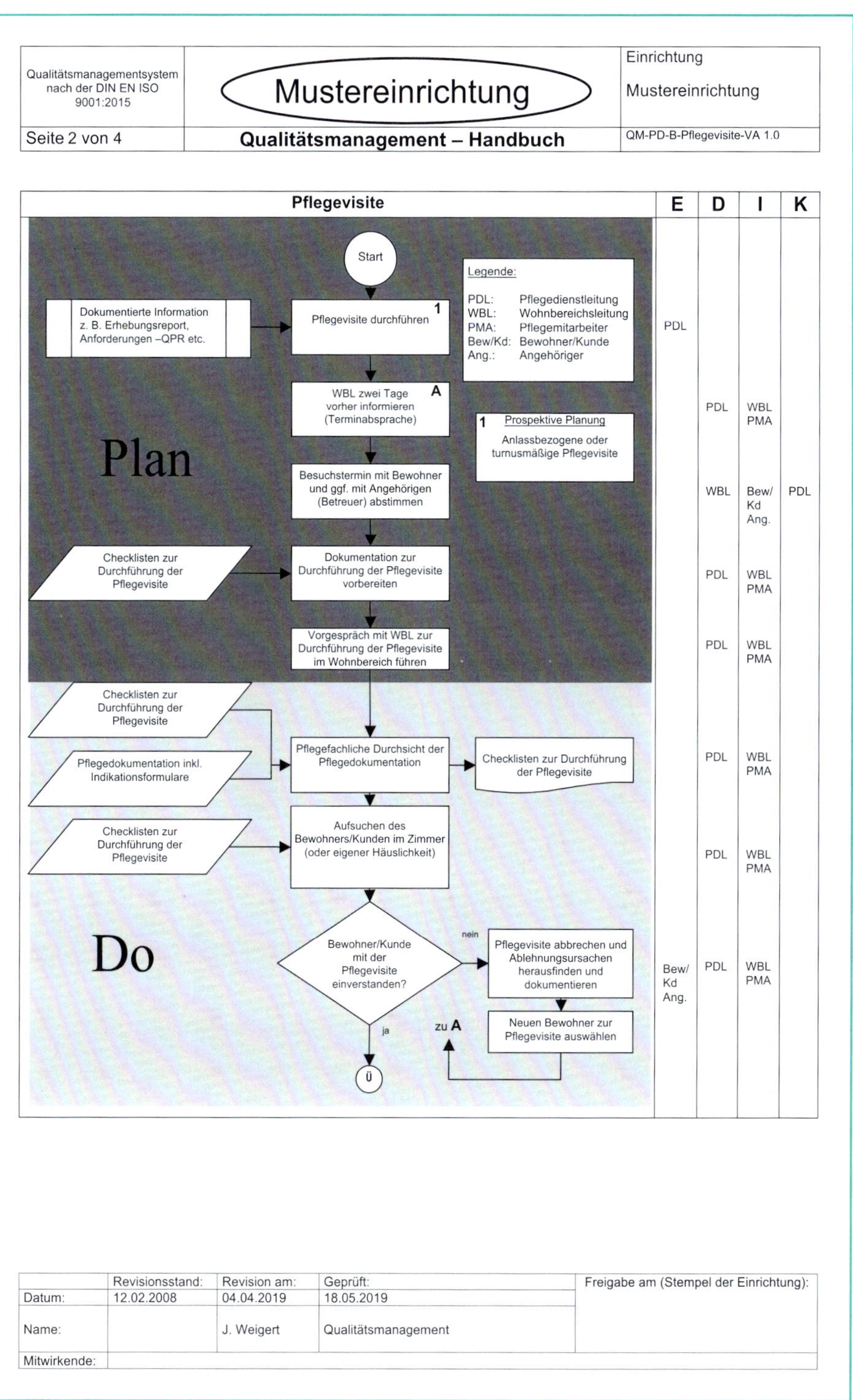

Qualitätsmanagementsystem nach der DIN EN ISO 9001:2015	Mustereinrichtung	Einrichtung Mustereinrichtung
Seite 2 von 4	**Qualitätsmanagement – Handbuch**	QM-PD-B-Pflegevisite-VA 1.0

	Revisionsstand:	Revision am:	Geprüft:	Freigabe am (Stempel der Einrichtung):
Datum:	12.02.2008	04.04.2019	18.05.2019	
Name:		J. Weigert	Qualitätsmanagement	
Mitwirkende:				

Abb. 24: Verfahrensanweisung zur Pflegevisite, Seite 1–4

5

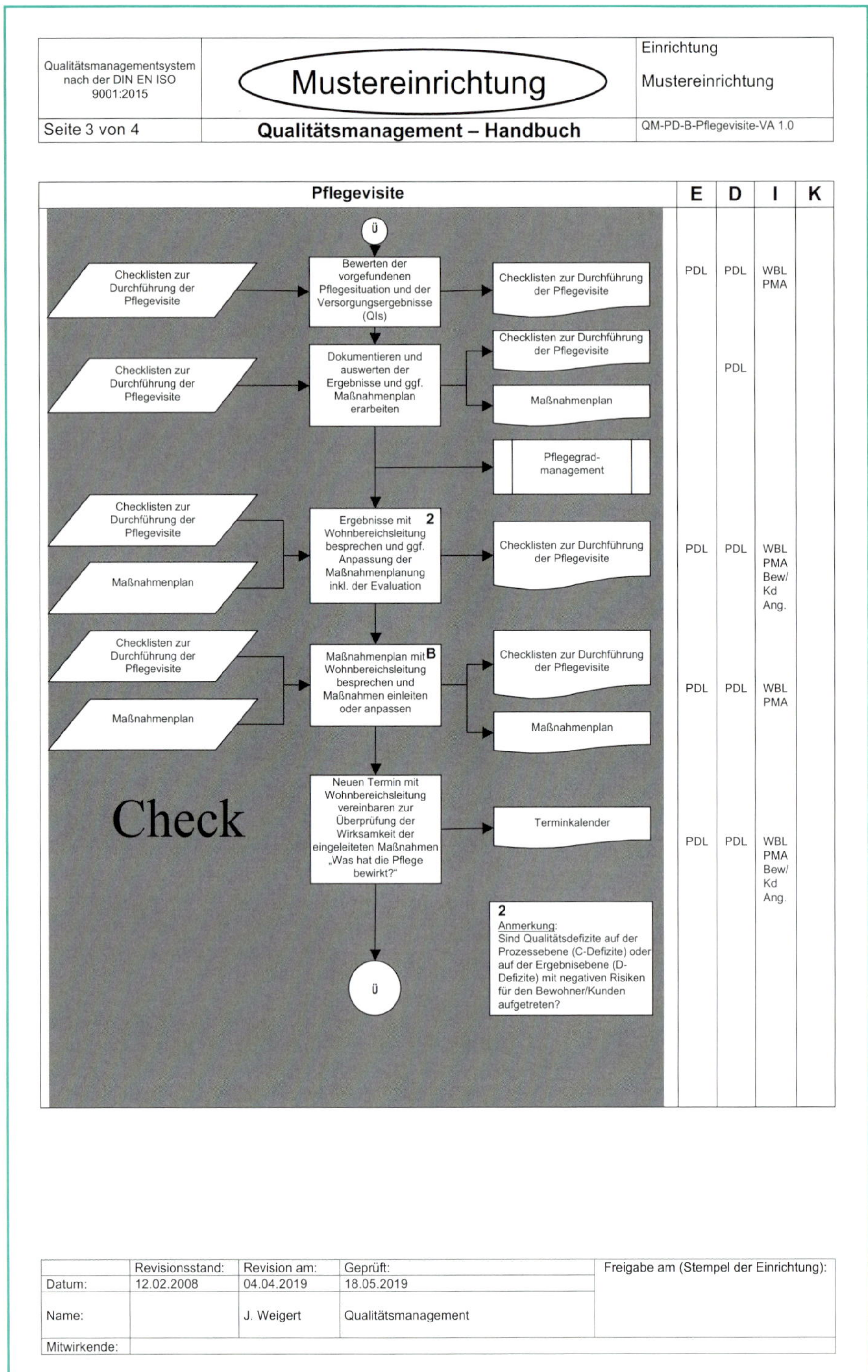
Qualitätsmanagementsystem nach der DIN EN ISO 9001:2015	Mustereinrichtung	Einrichtung Mustereinrichtung
Seite 3 von 4	**Qualitätsmanagement – Handbuch**	QM-PD-B-Pflegevisite-VA 1.0

Pflegevisite | E | D | I | K

	Revisionsstand:	Revision am:	Geprüft:	Freigabe am (Stempel der Einrichtung):
Datum:	12.02.2008	04.04.2019	18.05.2019	
Name:		J. Weigert	Qualitätsmanagement	
Mitwirkende:				

Abb. 24: Verfahrensanweisung zur Pflegevisite, Seite 1–4

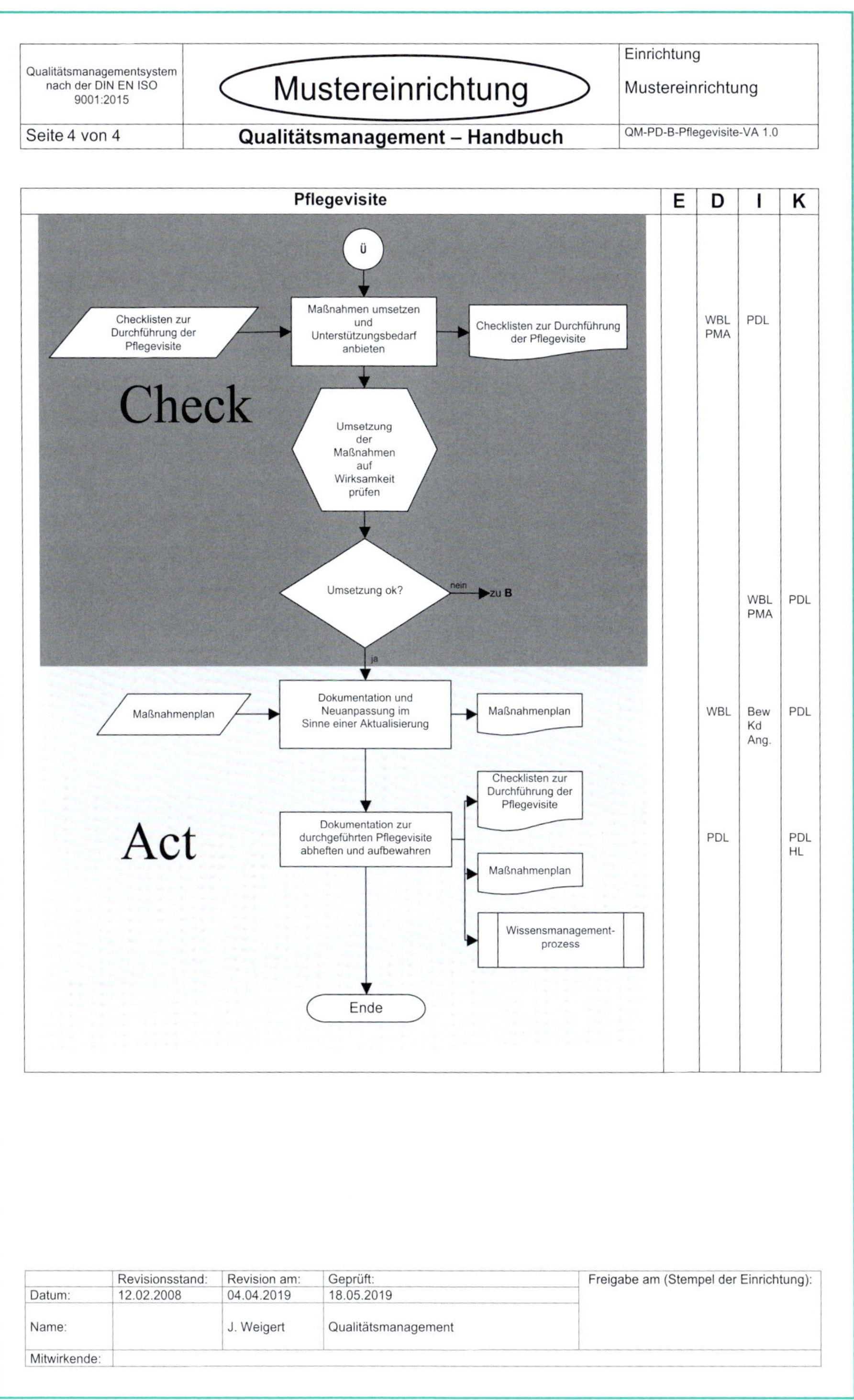

Qualitätsmanagementsystem nach der DIN EN ISO 9001:2015	Mustereinrichtung	Einrichtung Mustereinrichtung
Seite 4 von 4	**Qualitätsmanagement – Handbuch**	QM-PD-B-Pflegevisite-VA 1.0

Pflegevisite	E	D	I	K
Maßnahmen umsetzen und Unterstützungsbedarf anbieten		WBL PMA	PDL	
Umsetzung ok?			WBL PMA	PDL
Dokumentation und Neuanpassung im Sinne einer Aktualisierung		WBL	Bew Kd Ang.	PDL
Dokumentation zur durchgeführten Pflegevisite abheften und aufbewahren		PDL		PDL HL

	Revisionsstand:	Revision am:	Geprüft:	Freigabe am (Stempel der Einrichtung):
Datum:	12.02.2008	04.04.2019	18.05.2019	
Name:		J. Weigert	Qualitätsmanagement	
Mitwirkende:				

Abb. 24: Verfahrensanweisung zur Pflegevisite, Seite 1–4

6 Struktur der DIN EN ISO 9001:2015

6.1 Gliederungsabschnitte der Norm mit ihren Anforderungsteilen

Im Folgenden wird der Aufbau eines Qualitätsmanagementsystems für ambulante und stationäre Pflegeeinrichtungen nach der Qualitätsnorm beschrieben. Diese Handlungsempfehlung hilft dabei, dies mit einem akzeptablen Aufwand zu erreichen. Voraussetzung für die Implementierung eines QM-Systems nach der Qualitätsnorm ist allerdings, dass für die Umsetzung der Normanforderungen die richtige Übersetzung vorher vorgenommen wird: »Was bedeutet die Realisierung und Einführung dieses Verfahrens zur Erfüllung der Normanforderung für uns?« und: »Was unterscheidet uns von anderen Pflegeeinrichtungen« (interne Themen) sowie: »Welche gesetzlichen, behördlichen Anforderungen oder kundenspezifische Anforderungen müssen dabei beachtet, eingebunden und nachhaltig erfüllt werden (externe Themen)?«

Insgesamt sind die Texte in der ISO 9001:2015 mit ihren Abschnitten 4 »Kontext der Organisation« bis zu dem Normabschnitt 10 »Verbesserung« sehr allgemein verfasst, sodass sie nur wichtige Anregungen und Hinweise für die Implementierung als eine »MUSS-ANFORDERUNG« in einer Einrichtung geben können. Die ISO-Norm bietet auch hier nach der Revision keine allgemeingültigen Lösungen an. Diese müssen von der Einrichtung – und vor allen Dingen: gemeinsam mit den Mitarbeitern – erarbeitet werden.

Fazit **Bedenken Sie!**

Für jede Normanforderung kann es viele unterschiedliche Lösungs- und Realisierungsansätze geben!

Bei der Gliederung der DIN EN ISO 9001:2015 ist zu beachten, dass es sich hierbei lediglich um eine Zuordnung von Anforderungen zu sieben wesentlichen Normabschnitten (4–10) handelt. Diese Struktur analog der Normabschnitte ist für die ambulanten und stationären Pflegeeinrichtungen nicht zwingend vorgeschrieben (chronologischer Aufbau), um die Prozessstruktur und Prozesslandschaft (d. h. die grafische Darstellung aller Prozesse) inkl. der risikobehafteten Prozesse, wie z. B. im Rahmen der Pflegeüberleitung oder der Umsetzung des Pflegeprozesses einer Pflegeeinrichtung darzustellen. Jede Pflegeeinrichtung muss in den Prozessen für sich abwägen, welche Chancen im Kontext der Organisation genutzt werden können und welche Risiken in den Prozessen zu vermeiden oder ggf. zu akzeptieren sind.

Info

Das risikobasierte Denken oder der risikobasierte Ansatz in der ISO 9001:2015 war vormals in der ISO 9001:2008 in dem Normabschnitt 8.5.3 unter dem Normabschnitt »Vorbeugungsmaßnahmen« zusammengefasst. Die Risiken und Chancen müssen nunmehr durch die vollstationäre Pflegeeinrichtung oder durch den ambulanten Pflegedienst aus dem »Kontext der Organisation« (Rahmenbedingungen) frühzeitig identifiziert und bestimmt werden.

Auch wenn im Normabschnitt 6.1 die »Maßnahmen zum Umgang mit Risiken und Chancen« als eine Anforderung genannt werden, so können durchaus auch im Umgang mit den relevanten interessierten Parteien oder in der Umsetzung der Prozesse im Normabschnitt 4.4 »Qualitätsmanagementsystem und seine Prozesse« sowohl Chancen als positiver Nutzen als auch Risiken für eine ambulante oder stationäre Pflegeeinrichtung verborgen sein, die rechtzeitig zu identifizieren sind. Unbestritten ist, dass sich die Risiken und Chancen neben den Anforderungen durch die interessierten Parteien im Wesentlichen aus den internen und externen Themen ergeben und deshalb zu identifizieren sind, damit die Prozesse fehlerfrei ablaufen können. Risiken in den Prozessen müssen in dem QM-System grundsätzlich durch proaktive und geplante Gegenmaßnahmen minimiert oder auch ganz vermieden werden. Durch den Umgang mit Risiken und Chancen in einem QM-System können Arbeitsabläufe, Prozesse oder auch die Prozessumgebung (Arbeitsumgebung – s. ISO Normabschnitt 7.1.4 »Prozessumgebung«) optimiert und für die Mitarbeiter verbessert werden. Grundvoraussetzung ist allerdings, dass die Wirksamkeit von eingeleiteten Maßnahmen zur Risikovermeidung nach dem PDCA-Zyklus dann auch bewertet werden, um Nachjustierungen vorzunehmen und die Prozesse fehlerfrei unter »beherrschten Bedingungen« ablaufen, d. h. umgesetzt werden können.

Die ISO-Normen zeigen Handlungsoptionen mit dem »Was ist zu tun?« auf, um die jeweilige Normanforderung in den sieben Gliederungsabschnitten des einrichtungsspezifischen Prozessmodells darzustellen, zu integrieren und zu erfüllen. Die Projektverantwortlichen (Qualitätsstabsstelle und QM-Steuerungsgruppe) müssen die variablen Umsetzungsmöglichkeiten und -hilfen gemeinsam im Projektteam unter der Leitung eines Projektverantwortlichen diskutieren, für eine Einrichtung festlegen und darlegen. Unter der Berücksichtigung der Neuerungen der ISO 9001:2015 kann die Gliederungsstruktur unverändert beibehalten werden. Voraussetzung dafür ist, dass die nachfolgenden Neuerungen bzw. Anforderungen, neben den veränderten sieben Grundsätzen zum Qualitätsmanagement, entlang der HLS-Struktur in der Qualitätsnorm der ISO 9001:2015 einrichtungsintern verbindlich geregelt, eingeführt und sichergestellt werden:

1. Es wird explizit in der ISO-Norm kein QM-Beauftragter mehr gefordert, da die oberste Leitung stärker für die Führung und Verpflichtung für das Qualitätsmanagement verantwortlich ist.
2. Benennung der wesentlichen internen und externen Themen. Im ersten Schritt sollten hierzu die Rahmenbedingungen die im Wesentlichen die internen und externen Themen bestimmen in der ambulanten und stationären Pflegeeinrichtung betrachtet werden.
3. Ausweitung der relevanten interessierten Parteien und deren Einflussnahme auf die Leistungserbringung, d. h. auf die Geschäftsprozesse.
4. Berücksichtigung des prozessorientierten Ansatzes, d. h. in den ausführenden Prozessen die risikobehafteten Prozesse ermitteln und ggf. Gegenmaßnahmen ergreifen i. S. eines Risikomanagements. Der Umgang mit Risiken ist unmissverständlich in der ambulanten und stationären Pflegeeinrichtung zu regeln und die Wirksamkeit von Maßnahmen zu bewerten.
5. Verantwortlichkeiten und Befugnisse eindeutig in den Prozessen für ein reibungsloses Funktionieren festlegen, da insbesondere die Führungskräfte im Wesentlichen die Leistungsfähigkeit des QM-System mitbestimmen.
6. Aufbau eines Wissensmanagements und Schaffung einer gemeinsamen Wissensbasis in der ambulanten und stationären Pflegeeinrichtung, damit das erforderliche Wissen und der Umgang mit dem Wissen zur Leistungsfähigkeit des QM-Systems jederzeit für die Mitarbeiter zur Verfügung steht. Die Beantwortung der Leitfrage »Was benötigen die Mitarbeiter in den Arbeitsbereichen an Wissen« kann dabei eine hilfreiche Unterstützung sein. Zur Umsetzung der Wissensbausteine können kontextabhängig unterschiedliche Wissensmanagement-Tools eingesetzt werden, wie z. B. ein Mind-Map, Benchmarking-Projekt, Kompetenz-Portfolio, Wissenslandkarten oder auch ein informelles Treffen in einem Café, in der Kantine oder im Pausenraum kann ein Wissen verteilt und gefestigt werden.
7. Ein »QM-Handbuch« als Überblick über das QM-System kann in unterschiedlicher Form existieren (Papierform, EDV- oder webbasiert etc.) und es können sich

»dokumentierte Informationen« zur Leistungserbringung ebenso unmittelbar in den Bereichen befinden. Nach der Revision der ISO 9001 müssen nicht mehr alle Abläufe bis ins Detail dargelegt werden.

Wichtig **Kein ausgedrucktes QM-Handbuch aber ...**

Auch wenn nach der ISO-Qualitätsnorm grundsätzlich auf ein ausgedrucktes »QM-Handbuch« (QM-H) verzichtet werden kann, sind die Prozesse und Verfahren entlang der Normanforderungen der ISO 9001:2015 in der Pflegeorganisation nachvollziehbar sicherzustellen, einzuführen und nachhaltig umzusetzen. Die Art der Verschriftlichung und die Umsetzung der dokumentierten Informationen sind freiwählbar und sollten sich an den durchgeführten Prozessen der Pflegeeinrichtung orientieren.

In der nachfolgenden Tabelle (▸ Tab. 15) werden die sieben Anforderungsteile bzw. Normabschnitte der ISO 9001:2015 mit ihren Überschriften als ein Auszug (es fehlen die Unternormabschnitte) als Überblick dargestellt.

Tab. 15: Qualitätsmanagementanforderungen nach der DIN EN ISO 9001:2015

4 Kontext der Organisation 4.1 Verstehen der Organisation und ihres Kontextes 4.2 Verstehen der Erfordernisse und Erwartungen interessierter Parteien 4.3 Festlegen des Anwendungsbereichs des Qualitätsmanagementsystems 4.4 Qualitätsmanagementsystem und seine Prozesse	
5 Führung 5.1 Führung und Verpflichtung 5.2 Politik 5.3 Rollen, Verantwortlichkeiten und Befugnisse in der Organisation	**6 Planung** 6.1 Maßnahmen zum Umgang mit Risiken und Chancen 6.2 Qualitätsziele und Planung zur deren Erreichung 6.3 Planung von Änderungen
7 Unterstützung 7.1 Ressourcen 7.2 Kompetenz 7.3 Bewusstsein 7.4 Kommunikation 7.5 Dokumentierte Informationen	**8 Betrieb** 8.1 Betriebliche Planung und Steuerung 8.2 Anforderungen an Produkte und Dienstleistungen 8.3 Entwicklung von Produkten und Dienstleistungen 8.4 Steuerung von extern bereitgestellten Prozessen, Produkten und Dienstleistungen 8.5 Produktion und Dienstleistungserbringung 8.6 Freigabe von Produkten und Dienstleistungen 8.7 Steuerung nichtkonformer Ergebnisse
9 Bewertung der Leistung 9.1 Überwachung, Messung, Analyse und Bewertung 9.2 Internes Audit 9.3 Managementbewertung	**10 Betrieb** 10.1 Allgemeines 10.2 Nichtkonformität und Korrekturmaßnahmen 10.3 Fortlaufende Verbesserung

* Im Anhang befinden sich die genaueren Normabschnitte der DIN EN ISO 9001:2015 im Vergleich zu DIN EN ISO 9001:2008

Das Vorhaben zur Implementierung eines prozessorientierten QM-Systems wird als »Prozessmanagement« bezeichnet und wird durch den Kontext der Organisation (Zweckbestimmung) und deren Anforderungen bestimmt. Es hat das Ziel, die unterschiedlichen Prozesse (Arten) und ihre Anwendung in der gesamten Einrichtung oder in einem ambulanten Pflegedienst festzulegen (Normabschnitt 4.4 »Qualitätsmanagementsystem und seine Prozesse«) sowie ein Prozessnetzwerk (Ablauforganisation) mit seinen spezifischen QM-Anforderungen für die gesamte ambulante oder stationäre Pflegeeinrichtung zu entwickeln.

In diesem Zusammenhang ist es wichtig, dass die risikobehafteten Prozesse im Rahmen der Dienstleistungserbringung im Anwendungsbereich identifiziert und berücksichtigt sowie ihre Wechselwirkungen dargestellt werden, um die Risiken beherrschen zu können. In der Planungsphase eines QM-Systems ist es zur Zielerreichung (auch betriebswirtschaftliche Ziele) grundsätzlich erforderlich, die internen und externen Themen die sich aus den Rahmenbedingungen ergeben vorher zu ermitteln, da diese Themen und ihre Anforderungen die Leistungserbringung im Wesentlichen beeinflussen. Im Zusammenhang mit den in der vorherigen ISO 9001:2008 genannten »ausgegliederten Prozesse« z. B. durch ein Outsourcing (Ausschlüsse), müssen nach der ISO 9001:2015 die Ausschlüsse zu Beginn der Planung des QM-Systems begründet werden. Vielfach wurden in einigen Einrichtungen bestimmte Prozesse in der Vergangenheit nicht eindeutig beschrieben und auch nicht im Sinne der Qualitätsnorm festgelegt, weil es sich beispielsweise um Ausschlüsse (z. B. Entwicklung) in den Anforderungsteilen der ISO Norm gehandelt hat.

Info

Der Begriff »Ausschlüsse« bezieht sich auf die Normanforderungen und darf nicht mit den Ausschlüssen von Leistungen nach § 8 Abs. 4 WBVG vermischt oder verwechselt werden, die oftmals in einem Heimvertrag geregelt werden, bspw. wenn bestimmte Personengruppen durch die vollstationäre Pflegeeinrichtung nicht versorgt werden können (z. B. die Betreuung von beatmungspflichtigen Bewohner oder Wachkomapatienten).

Die Anforderungen der ISO 9001, die nicht angewendet bzw. als »nicht zutreffend« durch die oberste Leitung eingestuft werden, sind im Anforderungsteil 4.3 »Festlegen des Anwendungsbereichs des Qualitätsmanagementsystems« zu begründen und müssen als dokumentierte Informationen schriftlich festgehalten werden (Beweislastumkehr). Die einzelnen Ausschlüsse dürfen allerdings nicht dazu führen, dass die Fähigkeit der Pflegeeinrichtung oder des ambulanten Pflegedienstes beeinträchtigt wird (vgl. Illison, M.; Kerner, J. G., 2016: 25). Somit liegt auf der Hand, dass angebotene Dienstleistungen nicht einfach mit dem Hinweis »Ausgegliederte Prozesse« von vornherein ausgeklammert werden. Eine ISO-Anforderung kann beispielsweise nicht zutreffend sein, wenn bspw. im Bereich der Sozialen Betreuung keine Messmittel im Rahmen der Dienstleistungserbringung (s. ISO Normabschnitt 7.1.5 ff. »Ressourcen zur Überwachung und Messung«) eingesetzt werden und auch nicht zur Leistungserbringung erforderlich sind. Im Umkehrschluss bedeutet dies allerdings nicht, dass z. B. der gesamte Anforderungsteil 7.1.5.2 »Messtechnische Rückführbarkeit« in der DIN EN ISO 9001 in der Pflegeeinrichtung oder im ambulanten Pflegedienst komplett als »nicht zutreffend« einzustufen sind, da im Pflegebereich durchaus Messmittel zur Feststellung der Konformität einer Dienstleistungserbringung eingesetzt werden. Das wäre z. B. eine elektronische geeichte Waage, die turnusmäßig kalibriert werden muss oder die Kontrolluntersuchungen für Blutzuckermessgeräte (Rili-BÄK nach den Richtlinien der Bundesärztekammer oder MPBetreibV) in der ambulanten und stationären Pflege etc. Nachfolgend werden die **fünf wichtigsten und ersten Schritte** beim Aufbau eines QM-Systems nach der branchenneutralen ISO-Qualitätsnorm erläutert, um die Prozesse nach außen hin darzulegen und ihre Prozessabfolge zu veranschaulichen. Die Einführung und der Aufbau eines QM-Systems könnte als ein **Projektmanagement** mit einem festgelegten Projektteam einrichtungsintern gestaltet und in einer Projektskizze (Projektplan) projektiert werden! Die Identifikation der Prozesse ist hier wichtig, da die ISO-Norm eine Prozesssicherheit und -abfolge unter »beherrschten Bedingungen« grundsätzlich einfordert. Im Anschluss wird das Prozessmodell für eine vollstationäre Pflegeeinrichtung entwickelt, d. h. aufgebaut dessen Herangehensweise auch für einen ambulanten Pflegedienst übertragbar ist.

6.1.1 Erster Schritt: Prozesslandschaft entwerfen

Um die internen und externen Themen aus den vorgegebenen Rahmenbedingungen eines Pflegedienstes bzw. einer Pflegeeinrichtung ermitteln zu können, sollte im Hinblick auf die Aufbauorganisation in der Vorplanung ein Organigramm erarbeitet und abgebildet werden. Durch diese grafische Darstellung werden die Arbeitsbeziehungen und Schnittstellen zwischen den einzelnen Bereichen transparent. Wie bereits dargestellt, stehen die benötigten Prozesse als Prozesslandschaft unter Berücksichtigung ihrer Wechselwirkungen bei der Implementierung eines prozessorientierten Qualitätsmanagementsystems im Vordergrund. Daraus ergibt sich, dass die Prozesse inkl. der risikobehafteten Prozesse in einer Pflegeeinrichtung oder im Pflegedienst zunächst einmal in mehreren QM-Sitzungen und Konferenzen (mit den Führungskräften) identifiziert, geordnet und zu einem Ganzes zusammengefügt werden müssen.

Tab. 16: Prozesse versus Projektphasen

Prozesse identifizieren und gestalten in vier Schritten	Projektphasen bei der Einführung eines Qualitätsmanagementsystems nach der DIN EN ISO 9001:2015
1. Schritt: Prozesse identifizieren und Prozesslandschaft entwerfen (Prozesslandschaft)	**1. Phase:** Analysephase (Soll-Ist-Vergleich)
2. Schritt: Interne und externe Themen sowie Erfordernisse und Erwartungen der interessierten Parteien ermitteln (Prozessanalyse)	**2. Phase:** Anforderungen im Kontext der Organisation ermitteln
3. Schritt: Prozesse sinnvoll ordnen und strukturieren inkl. der risikobehafteten Prozesse	**3. Phase:** Prozessgestaltung und Implementierung des QM-Systems
4. Schritt: System zu einem Ganzen strukturieren	**4. Phase:** Zertifizierung und Auftrag zur fortlaufenden Verbesserung

Die Festlegung und Lenkung der Prozesse müssen gemeinsam mit der obersten Leitung und den Prozesseigentümern (Verantwortliche in einem Arbeitsbereich) durchgeführt werden. Diese Aufgabe könnte durch ein Brainstorming erfolgen (▸ Abb. 25). Die Schlüsselfragen lauten dabei: »Welche Verfahren, Vorgänge und Abläufe werden zum Pflege- und Versorgungsablauf für die Bewohner/Patienten tagtäglich geleistet?« und »Welche Erfordernisse und Erwartungen haben unsere interessierten Parteien?«

Definition **Brainstorming**

Unter einem »Brainstorming« wird die Ermittlung von verschiedenen Ideen, Problemlösungen, Ansichten und Meinungen mehrerer Personen verstanden, die hinsichtlich des Themas über unterschiedliche Kenntnisse verfügen bzw. verschiedene Standpunkte und Interessengruppen vertreten können.

Nach diesem Brainstorming und dem Notieren der Wortbeiträge entsteht eine bunte Prozesslandschaft. Im Anschluss daran sollte eine Bewertung und Evaluation der Vollständigkeit und Dokumentation der Verfahren, Tätigkeiten und Abläufe durch die QM-Steuerungsgruppe erfolgen, damit später eine deduktive (vom Besonderem zum Allgemeinen) Prozessanalyse vorgenommen werden kann.

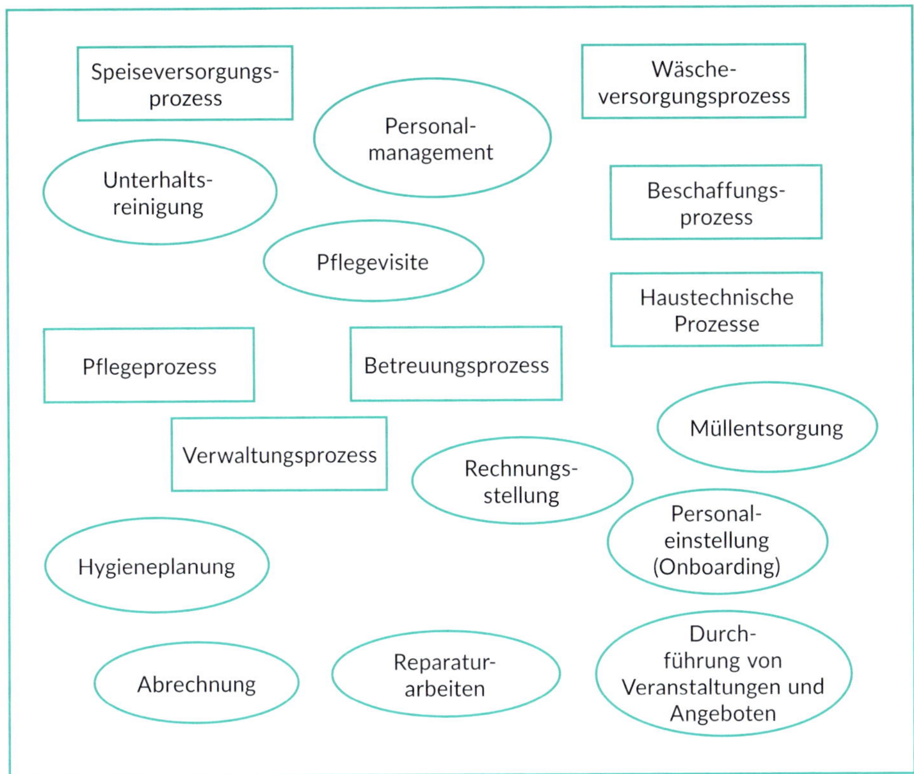

Abb. 25: Prozesslandschaft

6

6.1.2 Zweiter Schritt: Anforderungen an das QM-System ermitteln

Im zweiten Schritt (Anforderungen ermitteln) bzw. nach der Analysephase müssen auf Grundlage der Rahmenbedingungen im Anwendungsbereich des QM-Systems alle externen (Qualitätsnormen, Rechtsvorschriften etc.) und internen (einrichtungsspezifische Faktoren, z. B. auch soziale Belange und Antworten zu Fragen »Was ist uns wichtig?«) Themen systematisch ermittelt, festgelegt und dargestellt werden. Die Ermittlung und die Beachtung der internen und externen Themen sind in einem QM-System eine verbindliche und zentrale Aufgabe der obersten Leitung im Sinne der Verantwortung und Führung (Normabschnitt 5 »Führung«). Da die Rahmenbedingungen (interne und externe Themen) einen erheblichen Einfluss auf die Tätigkeiten und Aufgaben einnehmen, sollten bei der Ermittlung und Bestimmung der Anforderungen die Verantwortungen, Befugnisse, Grundsätze, Dokumentation und die Überprüfung der Wirksamkeit des Managementsystems im Hinblick auf die Leistungserbringung und Leistungsbewertung identifiziert und miterfasst werden (▸ Abb. 26).

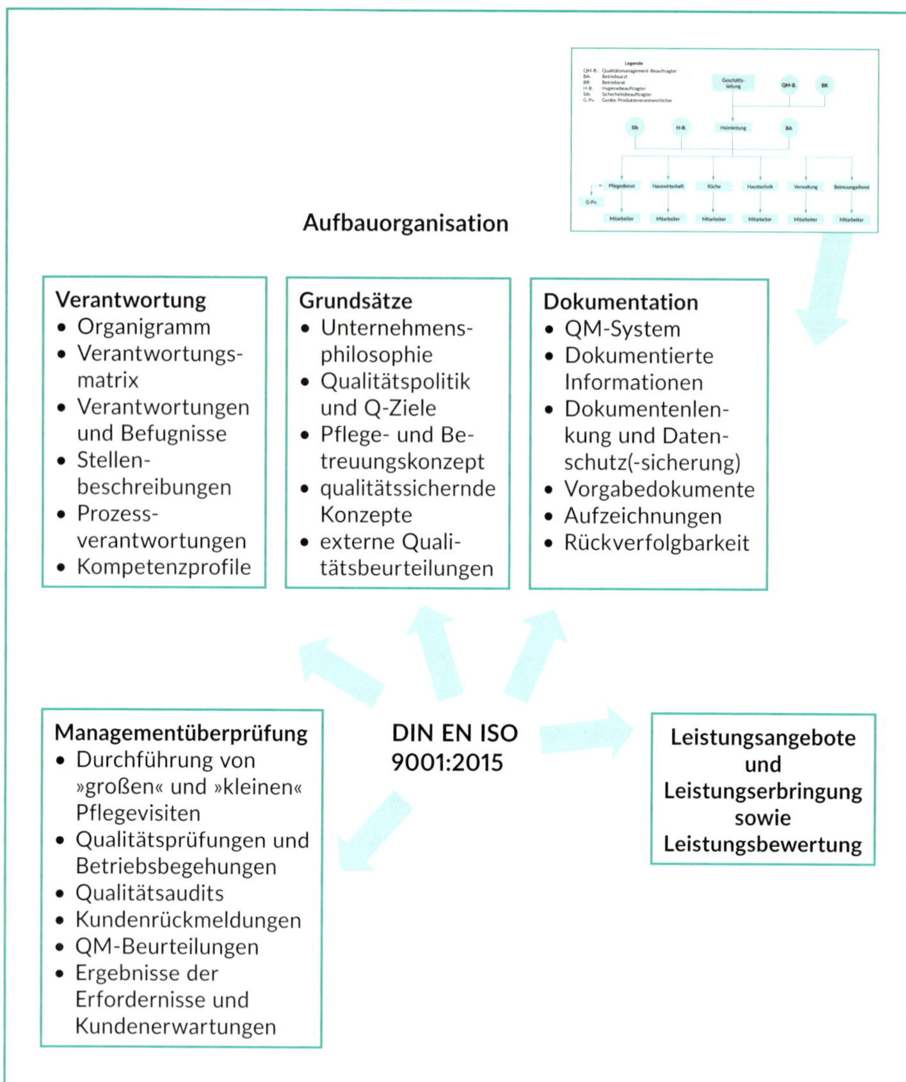

Abb. 26: Anforderungen des QM-Systems

Ein effektives QM-System kann nur dann erfolgreich umgesetzt werden, wenn die Erfordernisse und Erwartungen der relevanten interessierten Parteien (Bewohner, Pflegekunden, Betreuer, Mitarbeiter, Lieferanten, Kostenträger, Kooperationspartner etc.) ermittelt und im Qualitätsmanagement berücksichtigt und eingebunden werden. Pflegeeinrichtungen oder ambulante Pflegedienste orientieren sich bei der Einführung und Anwendung eines prozessorientierten und effektiven QM-Systems oft an der Struktur der ISO-Norm (normenorientierter Aufbau). Diese Herangehensweise ist in der Praxis allerdings nur dann sinnvoll, wenn die einrichtungsspezifischen Abläufe, Ziele, Prozesse und Rahmenbedingungen (Anforderungen) mithilfe der Normenanforderungen abgebildet werden können und wenn sie im Mittelpunkt der Pflegeeinrichtung stehen. Dabei sollte nicht unbedingt die Struktur der Normanforderungen aus der High Level Structure (HLS) der DIN EN ISO 9001 als Inhaltsverzeichnis für ein »Qualitätsmanagement-Handbuch« (QM-H) verstanden werden!

In der Vergangenheit hat es sich sehr bewährt, das »QM-Handbuch« - unter Berücksichtigung aller Anforderungen aus der ISO 9001 und der gelebten Organisationskultur - praxisorientiert und einrichtungsspezifisch gemeinsam zu reflektieren und abzubilden.

Die Qualitätsnorm und ihre zugrunde gelegten Anforderungen geben dem Anwender lediglich eine Richtschnur für das »Was ist zu tun?« an die Hand und sind als Handlungsempfehlung für die Umsetzung des »Wie ist es zu tun« zu verstehen.

6.1.3 Dritter Schritt: Prozesse sinnvoll strukturieren (Prozessgestaltung)

Im dritten Schritt (Prozessgestaltung) werden die internen und externen Themen, Abläufe und Vorgänge (erster und zweiter Schritt) sinnvoll strukturiert, festgelegt und ggf. analysiert, damit Korrekturmaßnahmen eingeleitet werden können und im weiteren Verlauf eine detaillierte Prozesszuordnung und Prozessgestaltung erfolgen können. Diese Prozessstrukturierung und Prozessgestaltung ist die Grundlage für die spätere Gliederungsstruktur im Anwendungsbereich des QM-Systems.

Im Qualitätsmanagement kann dabei zwischen folgenden Prozessarten unterschieden:
1. Kernprozesse (Geschäftsprozesse: wertschöpfend!)
2. Führungs- oder Managementprozesse
3. Kundenbezogene Prozesse
4. Dokumentationsprozesse
5. Unterstützungsprozesse (Küche, Haustechnik, Wäscherei etc.)

Die Prozessstrukturierung und die Prozessanalyse (Prozessgestaltung) kann mit verschiedenen Methoden, z. B. Verwandschaftsdiagramm, Baumdiagramm oder mit der Mind-Map-Technik (oder mithilfe einer Mindmapping-Software) durchgeführt werden. Durch das Verwandschaftsdiagramm (meist nach einem Brainstorming) werden eine große Anzahl an Ideen, Ansichten oder Meinungen zu einem vorgegebenen Thema gesammelt und zugeordnet, sodass Oberbegriffe entstehen. Somit entsteht eine geeignete Struktur die im 3. Schritt geordnet und strukturiert werden kann (▶ Abb. 27).

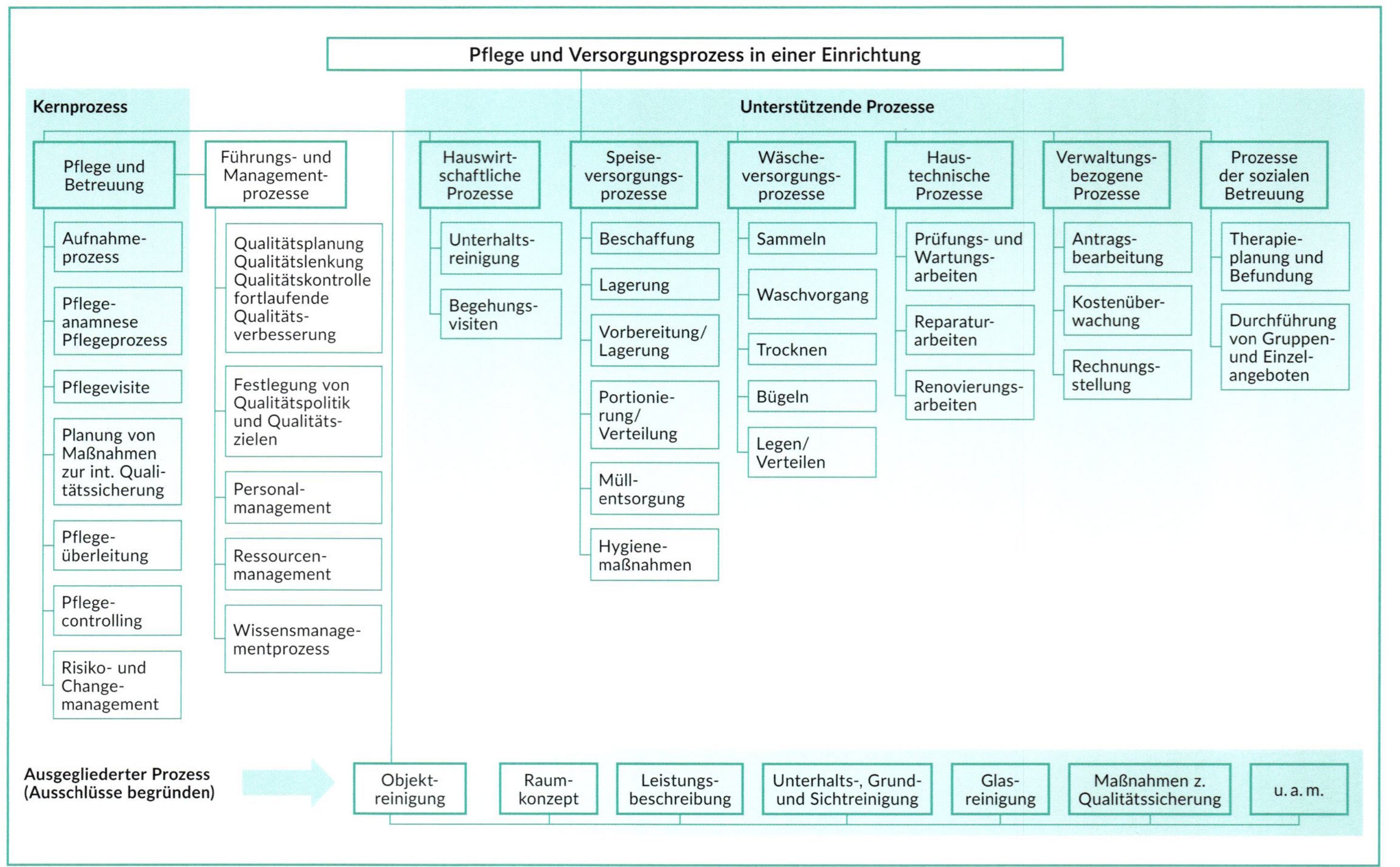

Abb. 27: Prozesse strukturieren

Diese Methode wird oft im Anschluss an ein Brainstorming angewendet, um die gesammelten Informationen zu gruppieren. Die Anwendung der Methode »Verwandschaftsdiagramm« eignet sich besonders unter der Einbeziehung mehrerer Personen. Durch das eingesetzte Verwandschaftsdiagramm wird eine Prozessstrukturierung vorgenommen. Ziel der Prozessstrukturierung ist es, eine Prozesskette (Abfolge von Prozessen und deren Wechselbeziehung und das Zusammenwirken mit anderen Bereichen) zu erarbeiten. Dabei müssen die prozessverantwortlichen Mitarbeiter die einzelnen Abläufe und Vorgänge genau unter die Lupe nehmen und die Schnittstellen, d. h. den Übergang von Tätigkeiten zu einem anderen Arbeitsbereich, berücksichtigt werden. Dieses gesamte Vorgehen wird als Prozessanalyse bezeichnet. Die Detaillierungstiefe kann vom Ziel und den Anwendern des Verfahrens abhängig gemacht werden. Die Analyse von Verfahren und Vorgänge kann prinzipiell durch zwei Vorgehensweisen angegangen werden:

a) Deduktive Prozessanalyse
b) Induktive Prozessanalyse

Definition **Deduktive und Induktive Prozessanalyse**

Bei einer deduktiven Prozessanalyse wird »Top-down« (von oben nach unten) vorgegangen, d. h. ein übergeordneter Prozess wird in weitere (Sub-)Teilprozesse aufgeschlüsselt. Wird induktiv bzw. »Bottom-up« (von unten nach oben) vorgegangen, werden vereinzelte Vorgänge und Abläufe in den Arbeitsbereichen zu übergeordneten Prozessen zusammengefasst. So kann das Waschen, Trocknen und Legen der bewohnerbezogenen Wäsche (Wiederaufbereitung der Wäsche) etc. als induktiver Vorgang (von einzelnem Vorgang zum Allgemeinen) in Form einer Arbeitsanweisung geregelt sein und die einzelnen Tätigkeiten und Abläufe in der Wäscherei können als übergeordneter Prozess dem Wäscheversorgungsprozess als deduktiver Prozess (vom Allgemeinen zum Besonderen) zugeordnet werden. Die Ergebnisse beider Arten der Prozessanalyse werden häufig in Form von QM-Verfahrensanweisungen zusammengefasst. Mit einer Verfahrensanweisung als eine Dienstanweisung erhalten die Mitarbeiter oftmals einen roten Faden und es ergeben sich daraus die entsprechenden Handlungsoptionen.

Ebenso kann zur Prozessanalyse ein Baumdiagramm (Einsatz in einem Organigramm) eingesetzt werden. Durch ein Baumdiagramm können die Strukturen übersichtlich dargestellt werden. Dabei wird ein Thema in unterschiedliche Ebenen dargestellt. Auf der ersten Ebene wird das Hauptthema bzw. ein Oberbegriff festgehalten und dann erfolgen die zugehörenden Verzweigungen. Mithilfe des Baumdiagramms werden Themen, Aufgaben oder Prozesse in verschiedene Detaillierungsstufen (als

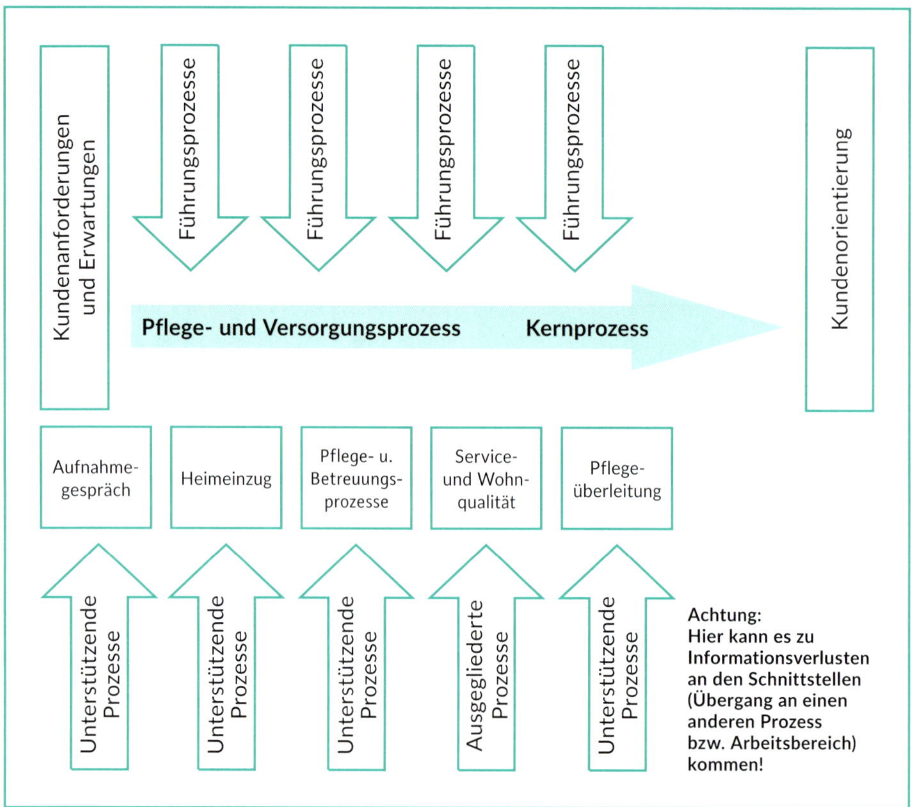

Abb. 29: Prozessmodell als vereinfachtes Schaubild

Im Prozessmodell wird auf der ersten wichtigsten Strukturebene (Prozessarten) zwischen dem Kernprozess, Führungs- und Managementprozessen unterschieden und ferner zu den Unterstützungsprozessen, die für das QM-System einer stationären Pflegeeinrichtung oder ambulanten Pflegedienstes (▸ Abb. 29) erforderlich sind.

Durch die Strukturierung der Prozesse zu einem sinnvollen Ganzen ergeben sich im QM-System drei Ebenen (▸ Abb. 30), die alle durch die internen und externen Rahmenbedingungen sowie der Dokumentations- und Kommunikationsprozesse (intern und extern) einschließlich der Informationen begleitet werden:

1. Kernprozess und Ausführungsprozesse (Geschäftsprozesse: Wertschöpfend!)
   »Womit verdienen wir unser Geld?« (Wertschöpfung – Geldwirtschaftliche Ziele)
2. Führungs- und Managementprozesse
   »Welcher Einsatz von angemessenen Ressourcen wird benötigt?«

3. Unterstützungsprozesse (Küche, Haustechnik, Wäscherei etc.)
   »Welche Arbeitsbereiche unterstützen und fördern die Aufgabenerfüllung?«
   »Welche Prozesse, die einen Einfluss auf den Kernprozess haben, wurden an eine externe Partei (vertraglich) vergeben?«
   »Gibt es Ausschlüsse aus der Norm 9001:2015 die zu begründen sind?«

Info
Das Prozessmodell verdeutlicht die strategische Ausgestaltung und die Zweckbestimmung der Pflegeorganisation und wird in dem QM-Systems abgebildet.

6.2 Kernprozess und Ausführungsprozesse

Der Kernprozess und die Ausführungsprozesse werden oft auch als »Geschäftsprozesse« bezeichnet. Sie leiten sich aus den festgelegten Kernaufgaben einer Einrichtung und zeichnen sich durch folgende Aspekte aus:

- Wertschöpfung – betriebswirtschaftliche Ziele
- Erfordernisse und Erwartungen der relevanten interessierten Parteien einer Organisation
- Anspruchsgruppen und die Einbindung von Stakeholdern – als Multiplikatoren für den Unternehmenserfolg wichtig
- wertschöpfende Prozesse, die einen direkten Kundenbezug bzw. direkte Kundenauswirkung haben
- Kunde, der bereit ist, für die Dienstleistungserbringung zu bezahlen

Der Kernprozess und seine Ausführungsprozesse bestehen aus einzelnen Vorgängen und Abläufen, die zu einem Ganzen strukturiert und schriftlich dargelegt werden sollten (Prozessablauf).

Kernprozess im Krankenhaus (Phasen):

a) Patientenaufnahme und Patientenanamnese
   - Behandlungsplanung (inkl. Diagnostik)
   - Behandlungsdurchführung (Therapie: Konservativ oder Operativ), Visiten und Pflege
   - Behandlungsabschluss und Entlassung (Rechnungsstellung)
   - Planung von Kontrollen/Ambulante Nachbetreuung/Überleitungsmanagement bzw. ambulante Nachsorge etc.

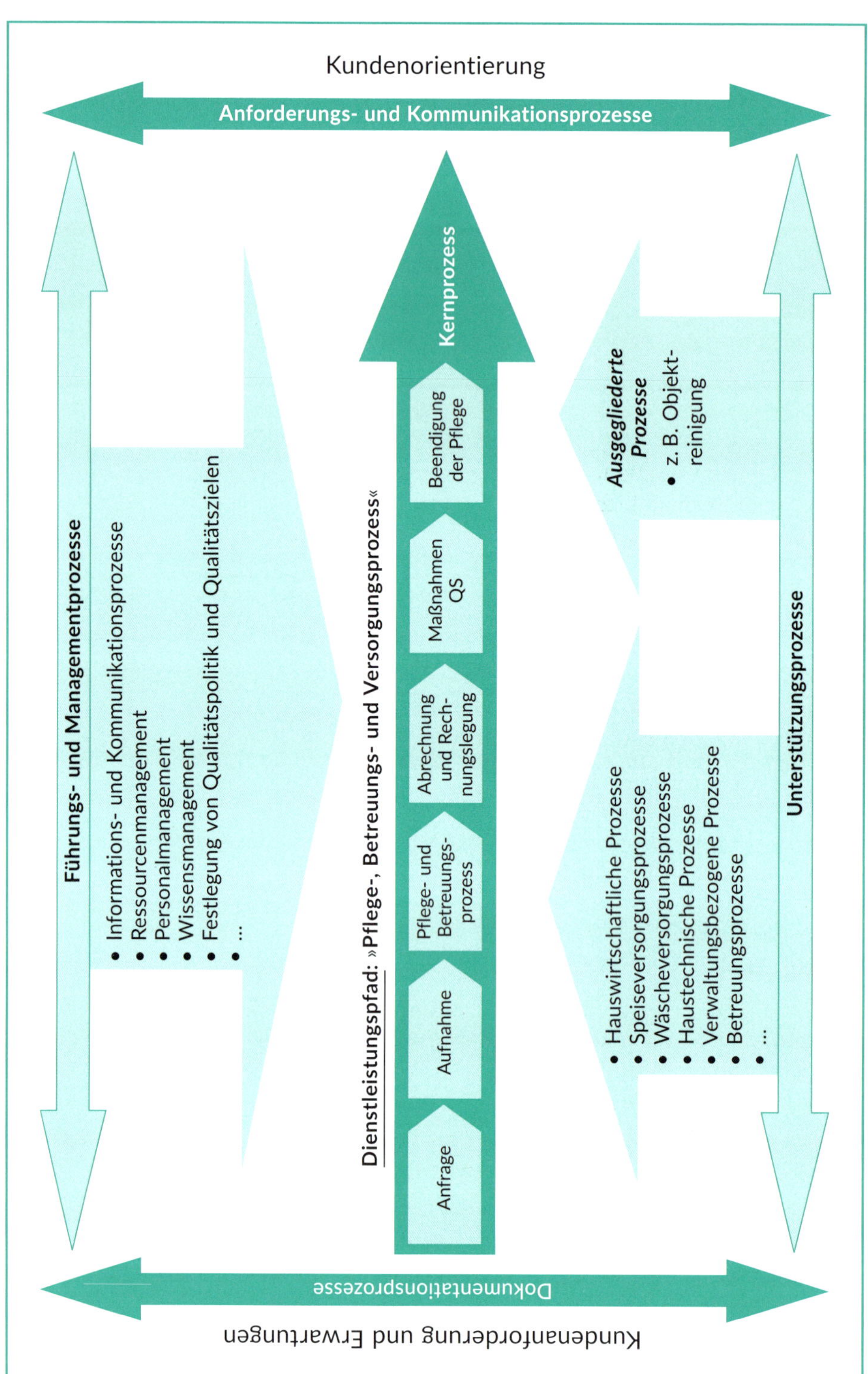

Abb. 30: Prozessmodell einer Pflegeeinrichtung

Kernprozess in einer stationären Pflegeeinrichtung (Phasen):

a) Vertragsabschluss Aufnahmeprozess
   - Pflegeprozess inklusive der Betreuungs- und Versorgungsprozesse
   - Pflegevisite und Planung von Maßnahmen zur internen Qualitätssicherung (Pflegecontrolling und Erhebung der Versorgungsdaten i.S. der Ergebnisqualität!)
   - Auszug, Beendigung oder Unterbrechung der Pflege

6.2.1 Führungs- und Managementprozesse

Die Regelungen von Führungs- und Managementprozesse verhelfen der obersten Leitung (Träger) dazu, eine Einrichtung im Sinne des Qualitätsmanagementsystems und einer guten Versorgungsqualität ergebnisorientiert zu steuern, zu lenken und zu leiten. Das Lenken und Leiten durch die oberste Leitung ist für die Wirksamkeit des gesamten QM-Systems mit klaren Zielvorgaben von großer Wichtigkeit.

Info

Zu den zentralen Führungs- und Managementprozessen gehört die Festlegung einer Qualitätspolitik sowie die Etablierung einer marktorientierten Organisationskultur, der Qualitätsziele, die Erfüllung der Erfordernisse und Erwartungen der Kunden unter besonderer Beachtung und Einhaltung der Rechtsvorschriften, die Verfügbarkeit von benötigten Ressourcen, die Managementbewertung durch die oberste Leitung und die Kundenfokussierung sowie die Verpflichtung zur fortlaufenden Verbesserung.

Dafür ist es notwendig, dass bestimmte materielle, sächliche und personelle Mittel durch die Leitung einer Einrichtung zur Dienstleistungserbringung zur Verfügung gestellt werden. Personalmanagement, -gewinnung und -entwicklung (auch über Social Media wie z. B. Xing, Facebook, Kununu etc.) sind hier die Schlüsselkompetenzen, die durch die oberste Leitung prozesshaft dargelegt und prozessorientiert organisiert werden müssen. Daneben ist für eine einwandfreie, gute und zeitnahe Informations- und Kommunikationsstruktur (auch als »Konferenzstruktur« bezeichnet) gegenüber den Mitarbeitern zu sorgen. Auch Personalschulung, Qualifizierung und Weiterbildung ist in diesem Zusammenhang durch ein gezieltes Wissensmanagement (neue Anforderung in der ISO 9001:2015!) ausreichend Rechnung zu tragen. Vor allen Dingen ist deren Erforderlichkeit zu beurteilen und das Wissen aufrechtzuerhalten, damit die Mitarbeiter für die Dienstleistungserbringung die erforderlichen Kenntnisse und Fähigkeiten besitzen und die Kundenanforderungen durch das Know-how der Mitarbeiter erfüllt werden können. Ein Wissensmanagement (WM) ist ein entscheidender Faktor für den nachhaltigen Erfolg einer ambulanten und stationären Pflegeeinrichtung und das Managen des Wissens gehören zu den Aufgaben und zur Unternehmensführung der obersten Leitung (▸ Abb. 37). Die neuen Anforderungen zum WM sind nach dem Normabschnitt 7.1.6 »Wissen der Organisation« in den ambulanten, teil- und vollstationären Pflegeeinrichtungen als ein wichtiger Wettbewerbsfaktor zu bestimmen, damit die Leistungserbringung und die damit verbundenen Prozesse geplant und kompetent ablaufen können. Ein systematisches Wissensmanagement intendiert keinen prospektiven schriftlichen Fortbildungsplan der in den »Maßstäben und Grundsätzen für die Qualität« als eine Verpflichtung in dem Punkt 2.4.2 »Fort- und Weiterbildung« für alle in der Pflege und Betreuung tätigen Mitarbeiter eingefordert wird (vgl. MuG, 2018a: 7).

Die ISO-Qualitätsnorm versteht darunter ein strategisches Wissensmanagement durch die oberste Leitung, welches auf verschiedene Wissensbausteine durch vorherige Planung aufgebaut werden kann, damit Wissen als Geschäftserfolg bedarfsgerecht bei den betreffenden Mitarbeitern in den unterschiedlichen Abteilungen zur Anwendung kommen kann. Werden auf der Grundlage von Klaus North die ISO-Anforderungen (9001:2015) einzeln herausgelöst, so entsteht ein Wissenskreislauf mit fünf Schritten, um die Anforderungen der Qualitätsnorm verstehen und umsetzen zu können:

1. *Benötigtes Wissen bestimmen*
2. *Vorhandenes Wissen betrachten*
3. *Benötigtes Wissen erlangen (Intern und Extern)*
4. *Wissen vermitteln, verfügbar machen und*
5. *Wissen aufrechterhalten* (vgl. North, 2016: 166 ff.).

Die Ermittlung der Wissensbasis kann durch fallbezogene Mitarbeiterbesprechungen, kollegiale Pflegevisiten, kollegiale Fallberatungen oder Jahresgespräche mit den Mitarbeitern erfolgen. Die Ergebnisse der Ermittlung des bestehenden Wissens sollten in jeder Wissensstrategie in einer Qualifikationsmatrix oder in einem Fähigkeiten- oder Kompetenzportfolio als Übersichtsplanung festgehalten werden.

Die Wissensbasis setzt sich aus den individuellen und kollektiven Wissensbeständen eines ambulanten Pflegedienstes oder einer stationären Pflegeeinrichtung zusammen, *»auf die eine Organisation zur Lösung ihrer Aufgaben zurückgreifen kann«* (Probst et al., 2012: 24). Ein Wissensmanagement durch eine wissensorientierte Unternehmensführung dient zur Erreichung der Unternehmensziele.

Das Verfahren wie dieses Wissen zu bestimmen ist, kann der ISO-Norm 9001:2015 nicht entnommen werden und sollte durch die oberste Leitung festgelegt werden. Der regelmäßige Managementreport bzw. die Managementbewertung (Normabschnitt 9.3 »Managementbewertung«) ist ebenfalls den Führungs- und Managementprozessen zuzuordnen und als oberste Verantwortung anzusehen.

6.2.2 Unterstützungsprozesse

»Welche Arbeitsbereiche unterstützen und fördern die Aufgabenerfüllung?«

Obwohl Unterstützungsprozesse gemäß ihrer Definition keinen unmittelbaren wertschöpfenden Charakter besitzen, ist ihre Einbeziehung und Aufrechterhaltung ebenso wichtig wie der Kernprozess. Unterstützungsprozesse – wie auch die ausgegliederten Prozesse – sind notwendig und verhelfen oft dazu, überhaupt erst einen Kernprozess auszuführen. Unterstützende Prozesse sind solche, die den Kernprozess und die dazugehörenden Ausführungsprozesse unterstützen, wie z. B.:

- Finanzcontrolling
- Dokumentationsprozesse
- Beschaffungsprozesse und Lagerung
- Wäscheversorgungsprozesse
- Reinigung
- Speisenversorgungsprozesse
- Lagerung/Umgang mit Medikamenten (Medikamentenmanagement)
- Lagerung/Umgang mit Lebensmitteln
- uvm.

6.3 Qualitätsmanagement-Handbuch

Die Dokumentation und die Darlegung eines QM-Systems kann in einem übersichtlichen und strukturierten Qualitätsmanagement-Handbuch (QM-H) als zentrales und wichtigstes Dokument genauso EDV-gestützt bzw. webbasiert (Softwarelösungen für QM) für die einzelnen Abteilungen aufgebaut bzw. im Intranet für die Mitarbeiter zur Verfügung gestellt werden. Grundsätzlich gehört heute ein QM-Handbuch z. B. in Papierform der Vergangenheit an und wird weder in der Revision der DIN EN ISO 9000 noch in dem QM-System nach der ISO-Qualitätsnorm zwingend gefordert. Änderungen in den QM-Dokumentationen können ohne Ausdruck in der EDV hinterlegt werden damit eine Freigabe, Aktualisierung, Änderung, Verteilung, Kennzeichnung, Vertraulichkeit, Rücknahme, Aufbewahrung oder die Rücknahme von dokumentierten Informationen in jedem Fall nachvollziehbar bleibt. Ein Dokumentenmanagement muss mit den Mitarbeitern eingeübt und trainiert werden, damit die notwendigen Festlegungen zu den dokumentierten Informationen als eine gemeinsame Wissensbasis eingehalten werden können.

Das Einüben und das fortlaufende Training des Dokumentenmanagements ist unabhängig davon, ob ein QM-Handbuch oder andere Prozessdokumentationen, nach Schaffung von geeigneten technischen Strukturen und organisatorischen Voraussetzungen, in ausgedruckter Form oder webbasiert bzw. im Intranet auf einen einrichtungsinternen Server zur Einsichtnahme zur Verfügung gestellt werden. Dazu ist wichtig, dass die IT-Abteilung sowie der betriebliche Datenschutzbeauftragte (bDSB) nach der Datenschutz-Grundverordnung (DSGVO, 2018) mit umfassenden Informationspflichten einer ambulanten oder stationären Pflegeeinrichtung die Zugriffsrechte auf die Dokumente durch Zugangsberechtigungen für die Benutzer vorher schriftlich geregelt hat und diese rechtskonformen Verfahren einrichtungsintern bei allen Anwendern bekannt sind. Durch die Anforderungen nach der Datenschutzgrundverordnung und deren Herausforderungen als »Big Data« müssen moderne Dokumentenmanagement-Systeme den Schutz und die Sicherheit sowie die Einhaltung der Datenschutzgrundsätze grundsätzlich beachten und dauerhaft gewährleisen. In Art. 5 Abs. 1b DSGVO werden die »Grundsätze für die Verarbeitung von personenbezogenen Daten« sowie in Art. 25 DSGVO der »Datenschutz durch Technikgestaltung und durch datenschutzfreundliche Voreinstellungen« näher geregelt. Die einrichtungsinterne Einhaltung der DSGVO sollte immer, losgelöst von dem einrichtungsinternen Dokumentenmanagement-System, durch den bDSB in einem Datensicherungskonzept festgeschrieben sein. Durch diese Zugangsberechtigungen können die Dokumente im Volltext eingesehen, geöffnet oder mit Preview-Funktionen angezeigt und u. U. durch die verantwortlichen Führungskräfte bearbeitet werden. Die Kenntnisnahme von Änderungen oder neuen Dokumenten im webbasierten Dokumentenmanagement können auch über die Benutzeroberfläche durch einen Mitteilungsstream etc. angezeigt und durch das Öffnen des Dokuments kann automatisch eine Bestätigung i. S. der Normanforderungen generiert werden. Somit kann ein EDV-gestütztes oder cleveres webbasiertes Dokumentenmanagement-System im Zuge des einrichtungsinternen QM-Systems den Alltag in den Pflegeeinrichtungen deutlich erleichtern und macht ein komplett ausgedrucktes QM-Handbuch mit den bereichsbezogenen QM-Handbüchern (Küche, Pflegedienst, Haustechnik, Betreuungs- und Sozialdienst in den vollstationären Pflegeeinrichtungen) mit seinen Festlegungen analog der Normanforderungen des QM-Systems überflüssig.

Das QM-System kann ebenso als klassisches QM-Handbuch (QM-HD) mit seinen Verfahrensanweisungen (VA), in Pflege- und Arbeitsanweisungen und mit seinen Pflege- und Betreuungsstandards etc. aufgebaut sein. Die Anzahl und die Gestaltung der QM-Handbücher und Bereichshandbücher (z. B. für Küche, Hauswirtschaft, Soziale Betreuung etc.) ist nicht nur individuell zu regeln und im »QM-HD« festzuhalten, sondern auch vom Anwendungsbereich eines QM-Systems nach der Norm der DIN EN ISO 9001 abhängig und somit frei wählbar.

Info
Die oberste Leitung (Träger) entwickelt im Sinne ihrer Verantwortung und Führung ihre Unternehmenspolitik (Qualitätspolitik) zu dem QM-System und legt diese in einer Grundsatzerklärung (bzw. auch Verbindlichkeitserklärung) zur ständigen Weiterentwicklung und Verbesserung im QM-System fest.

Die Qualitätspolitik - basierend auf der Unternehmenskultur (z. B. Pflegeleitbild) – kann nicht unmittelbar in operationalisierte Maßnahmen umgesetzt werden. Dazu müssen in der Planung des QM-Systems im Kontext der Organisation, abgeleitet aus der Qualitätspolitik, einzelne konkrete, messbare, bewertbare Qualitätsziele und umzusetzende Maßnahmen festgelegt werden (ISO-Normabschnitt: 5.2 »Qualitätspolitik« und ISO-Normabschnitt: 6.2 »Qualitätsziele und Planung zur deren Erreichung«).

Im QM-Handbuch werden die festgelegten Maßnahmen und Aktivitäten zur Qualitätssicherung und zum Qualitätsmanagement sowie die Erfordernisse und Erwartungen der interessierten Parteien sowie die internen und externen Themen (Rahmenbedingungen) beschrieben. Die Art der Dokumentation bzw. des Dokumentationsmanagement-Systems ist dabei durch die Ersteller frei wählbar. Diese Aufzeichnungen bilden die Grundlage für die Umsetzung und Aufrechterhaltung des QM-Systems. Die dokumentierten Informationen sollen die Aufbau- und Ablauforganisation der ambulanten oder stationären Pflegeeinrichtung abbilden und die Schnittstellen transparent machen.

Info
Die Verschriftlichung der dokumentierten Verfahren des QM-Systems ist die Verkörperung des implementierten QM-Systems mit seiner Qualitätspolitik, den Qualitätszielen in punkto Qualität, der Umsetzung der Management-anforderungen und der Nachweis der geforderten dokumentierten Verfahren. Berücksichtigt werden dabei die internen und externen Themen. Ferner beinhaltet sie die Einbeziehung der relevanten interessierten Parteien der ambulanten oder stationären Pflegeeinrichtung.

Die im QM-System dokumentierten Verfahren spiegeln aber auch das Wertegefüge der Einrichtung, die Aufbau- und Ablauforganisation und das Funktionieren der identifizierten und der erfolgskritischen Prozesse wider. Ohne diese Dokumentationen oder Aufzeichnungen kann weder ein QM-System transparent dargelegt noch seine Funktions- und Leistungsfähigkeit nachgewiesen werden. Nach Freigabe aller Dokumentationsteile des QM-Systems (QM-Handbuch, QM-VA, AA, Checklisten, Formblätter etc.) kann das QM-System z. B. abteilungsübergreifend in Kraft gesetzt werden. Die Freigabe von dokumentierten Verfahren (Dokumentationsmanagement) ist ein wichtiger Unterstützungsprozess, dessen Anforderungen in der ISO-Qualitätsnorm in dem Normabschnitt 7.5 »Dokumentierte Informationen« hinterlegt wurden.

Das traditionelle QM-HD ist bei einem Zertifizierungsaudit im Rahmen der Prüfung der QM-Dokumentation wichtig und kann auf unterschiedliche Art und Weise, z. B. durch besondere oder eingeschränkte Zugriffsrechte (webbasiertes Dokumentationsmanagement-System, Rechte für den Zugang des Intranets etc.) temporär für die Auditoren der Zertifizierungsstelle zur Verfügung gestellt werden. Bei der Prüfung der QM-Dokumentation (Beginn der Zertifizierung!) werden die Inhalte und die Darlegung des implementierten QM-Systems auf Konformität (Übereinstimmung mit den Normanforderungen) inhaltlich durch den beauftragten QM-Auditor (QM-Auditorenteam) geprüft und auf Erfüllung der festgelegten ISO-Anforderungen bewertet. Nach erfolgreicher Prüfung der QM-Dokumentation und einem Bericht wird eine Zertifizierung der Einrichtung nach der Qualitätsnorm durch den QM-Auditor (QM-Auditorenteam) empfohlen.

Für das QM-Handbuch kann folgender Aufbau sinnvoll sein:

1. **Deckblatt**
   - Pflegeeinrichtung
   - Titel: Qualitätsmanagementhandbuch mit systemspezifischen Anforderungen
   - Lfd. Nummer des QM-Handbuchs
   - Inkraftsetzungs- bzw. Verbindlichkeitserklärung
   - Hinweise auf den Anwendungsbereich
   - Vermerk über den Vertraulichkeitscharakter bzw. Rechtsschutz (Copyright, Weitergabe an Dritte unzulässig)
   - Vermerk, ob das QM-Handbuch dem Änderungsdienst unterliegt
2. **Benutzerhinweise**
   - Erklärung der im QM-Handbuch verwendeten Abkürzungen und Begriffe
   - Ausschlüsse einzelner Anforderungsteile der ISO-Qualitätsnorm und deren Begründung, z. B. für einen bestimmten Bereich oder Abteilung
   - Anwendungsbereiche des gesamten Qualitätsmanagementsystems
   - Angaben der Stelle, die für die Bearbeitung und den Änderungsdienst des QM-Handbuchs zuständig ist (Dokumentationsmanagement)
   - Benutzerhinweise bzgl. Einordnung und Austausch geänderter oder ergänzender Abschnitte des QM-Handbuchs

3. **Inhaltsverzeichnis der gültigen Abschnittsausgaben**
   - Übersicht über den aktuellen Änderungszustand des QM-Handbuchs durch Auflisten der Abschnitte des QM-Handbuchs mit Ausgabekennzeichnung und Freigabevermerk durch die oberste Leitung oder einer benannten Person (z. B. QM-Beauftragter oder QM-Verantwortliche Personen)
   - Bei jeder Änderung und Ergänzung ist ein gültiges Inhaltsverzeichnis mit den Abschnittsausgaben zusammen mit den Unterlagen freizugeben und für die Anwender verfügbar zu machen
4. **Vorwort**
   - Erklärung des Trägers bzw. der Leitung der Pflegeeinrichtung zur QM-Politik und ggf. Pflegeleitbild (Mission) unter Berücksichtigung der vorherrschenden Organisationskultur mit seinen gelebten Werten
5. **Abschnitte bzw. Gliederungsstruktur des »QM-Handbuchs«**
   - Beschreibung des praktizierten QM-Systems (Prozesse) entsprechend der gewählten Gliederungsstruktur nach dem die Prozesse und ihre Risiken und Chancen identifiziert, geordnet und strukturiert und ggf. optimiert worden sind
6. **Anhang**
   - Auflistung der zugehörigen Verfahrensanweisungen oder sonstige dokumentierte Informationen mit Ordnungsnummer und Titel
   - Wenn zweckmäßig für den Empfänger: Aufnahmen ausgewählter Verfahrensanweisungen im Teil III (dokumentierte Verfahren)
   - Heiminformations- bzw. Imagebroschüre, ggf. Heimzeitung etc.
   - Literaturverzeichnis
   - **Hinweis:** Im Rahmen der Zertifizierung eines QM-Systems sollte die ISO-Norm 9001:2015 (Beuth Verlag GmbH) im Original vorhanden sein.

Info

Grundsätzlich wird der Dokumentations- und Regelungsaufwand sowie der Bearbeitungsumfang und -tiefe eines QM-Handbuchs im Rahmen eines QM-Systems von der ambulanten oder stationären Pflegeeinrichtung gemeinsam festgelegt und bestimmt.

Der Aufbau und die Gliederung des QM-Handbuchs sind in keiner Qualitätsnorm festgeschrieben. Die Gliederung des Qualitätsmanagement-Handbuchs wird im Wesentlichen durch die Prozesse (-arten) und die Prozessstrukturierung (inkl. der Ausschlüsse aus der Norm) sowie vom individuellen einrichtungsinternen Regelungsbedarf bestimmt. Aus diesen Anforderungen und Rahmenbedingungen heraus lassen sich die Gestaltungsregeln für den Aufbau eines Qualitätsmanagement-Handbuchs ableiten.

Analog des QM-Handbuches empfiehlt es sich, eine Dreiteilung (Teil I bis Teil III) vorzunehmen.

Die Dreiteilung (▶ Abb. 31) ist bezüglich der Verteilung der Dokumente und QM-Handbücher von besonderer Bedeutung:

Teil I	Verantwortung und Führung der obersten Leitung (Träger) und ggf. Qualitätsmanagement-Beauftragter (QM-B.) oder QM-Verantwortliche bzw. Führungskräfte
Teil II	Alle Führungskräfte einer ambulanten oder stationären Pflegeeinrichtung
Teil III	Mitarbeiter eines Pflegedienstes bzw. einer Pflegeeinrichtung (Bereichs- bzw. abteilungsbezogen)

Die Handbuchteile I und II können durch die oberste Leitung oder durch den Qualitätsmanagement-Beauftragten (QM-B.) oder durch die QM-Verantwortlichen an die Führungskräfte ausgegeben bzw. weitergeleitet werden. In Teil II wird die Umsetzung der Normenanforderungen, also das »Was«, unter Einhaltung der internen und externen Themen und der Erfordernisse sowie die Erwartungen der interessierten Parteien etc. dargestellt. Teil II kann deshalb auch gegenüber Kunden (z. B. externe Anbieter) zur Darstellung der Ziele und Leistungen des Unternehmens genutzt werden und sollte optisch ansprechend gestaltet werden.

Die verschiedenen dokumentierten Informationen von Teil III stehen den betreffenden Mitarbeitern, für die die Inhalte gelten, zur Verfügung. Diese Dokumente als dokumentierte Informationen sind häufig von handlungsleitendem Charakter geprägt (z. B. durch Arbeitsanweisungen, Pflegestandards, Betriebsanweisungen) etc. Die Dreiteilung des »Qualitätsmanagement-Handbuchs« (▶ Abb. 31) vereinfacht insgesamt die Herausgabe; Lenkung sowie die Verteilung bzw. Weiterleitung der Dokumente und der Qualitätsmanagement-Handbücher an die betreffenden Bereiche oder einzelnen Mitarbeiter. Durch diese Dreiteilung ist es jederzeit möglich, veraltete (d. h. nicht mehr gültige dokumentierte Informationen etc.) Kapitel und Dokumente bzw. QM-Verfahrensanweisungen zeitnah auszutauschen und die neuen Dokumente im ambulanten Pflegedienst bzw. in der Pflegeeinrichtung wieder entsprechend zu verteilen.

Es sollen grundsätzlich nur so viele QM-Handbücher erstellt und in Umlauf gebracht werden wie unbedingt nötig sind. Das erleichtert und vereinfacht den Änderungsdienst und die Dokumentenlenkung. Es ist empfehlenswert, die gesamte Do-

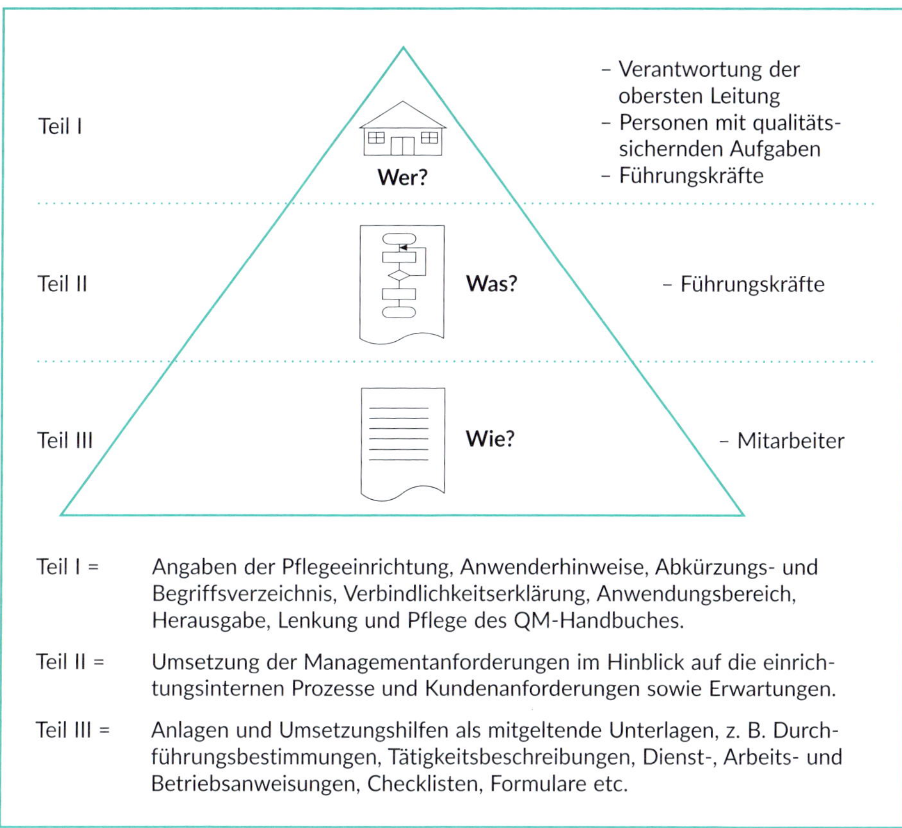

Abb. 31: Qualitätsmanagement-Handbuch nach der Qualitätsnorm

6

kumentation des QM-Systems EDV-gestützt in Unterabschnitte aufzuteilen und als gelenkte dokumentierte Information (z. B. Kapitel 4.0 »Seite 1 von 6«) anzulegen. Dadurch wird die Einarbeitung von Änderungen und dass Verfügbarmachen erheblich erleichtert.

Wichtig **Personenbezogene Daten**

Personenbezogene Angaben (z. B. Qualifikationsprofile, Befähigung der Mitarbeiter und die Beurteilung der Wirksamkeit von Maßnahmen) gehören nicht in das Qualitätsmanagement-Handbuch. Sie sollten gesondert aufbewahrt werden, da hier die häufigsten Änderungen zu erwarten und datenschutzrechtliche Anforderungen einzuhalten und zu erfüllen sind.

Zur Dokumentenlenkung der QM-Handbücher und der dokumentierten Informationen haben sich die nachfolgenden drei Verfahrensschritte in der Praxis bewährt:

1. Schritt: Empfangsbestätigung
Vor der Verteilung der QM-Handbücher (Teil I–II) an die Führungskräfte muss der Empfang durch den jeweiligen Mitarbeiter per Empfangsbestätigung quittiert werden (Dokumentenlenkung).

2. Schritt: Änderungsliste
Vor der Herausgabe von dokumentierten Informationen aller Art ist es grundsätzlich erforderlich (im Sinne einer Rückverfolgbarkeit), dass der Austausch der Dokumente durch eine Änderungsliste (im Teil 1 »Hinweise zur Benutzung des QM-Handbuchs und Verzeichnis zum Verteiler des Handbuchs«) kontinuierlich durch Verantwortliche festgehalten wird (▶ Tab. 17).

3. Schritt: Bestätigungsliste
Im dritten Schritt ist der Empfänger von Dokumenten als dokumentierte Informationen verpflichtet, die entsprechenden Informationen nach der DIN EN ISO 9001 im »QM-Handbuch« abzuheften und für seine Mitarbeiter verfügbar zu machen sowie veraltete QM-Dokumente zu vernichten! Dieser Austausch wird oft durch den QM-B. oder QM-Verantwortlichen gemeinsam mit dem Mitarbeiter in einer Bestätigungsliste durch die Unterschrift des Mitarbeiters (Führungskraft) festgehalten (▶ Tab. 18). Die Unterschriften können entfallen, wenn die jeweils aktuellen QM-Dokumente auf einem zentralen Server (z. B. Intranet) hinterlegt werden.

Tab. 17: Beispiel einer Änderungsliste

1. Dokumentenname Herausgenommen am:	2. Dokumentenschlüssel? Revisionsstand?	Erstellungsdatum	Ersteller	Freigabe, wer?	Verteiler, welche Bereiche?	Handzeichen des QM-B.

Tab. 18: Beispiel einer Bestätigungsliste

Dokumentenname Eingefügt/Herausgenommen am:	Eingefügt am:	Revisionsstand? Dokumentenschlüssel?	Unterschrift des Mitarbeiters: (Führungskraft)

Im Rahmen der QM-Dokumentenlenkung (Dokumentierte Informationen) ist es grundsätzlich wichtig, eine fortlaufende Nummerierung der Seiten (Beispiel: »Seite 1 von 3«) vorzunehmen sowie den aktuellen Ausgabestand (z. B. durch einen Revisionsstand: 1. Ausgabe) auf jeder Seite des »Qualitätsmanagement-Handbuchs« (nach Kapitel oder Gliederungsstruktur entsprechend dem Inhaltsverzeichnis) und seiner Dokumente, Formulare und Verfahren etc. festzuhalten.

Der Revisionsstand eines jeweiligen QM-Dokumentes wird in der Praxis sehr häufig durch den Dokumentationsschlüssel und/oder über die Bezeichnung des QM-Dokumentes erkennbar. Dies ist eine wichtige Maßnahme da alle QM-relevanten Dokumente i. S. der ISO-Norm 9001 (Normabschnitt 7.5 »Dokumentierte Informationen«) gelenkt werden müssen. Viele Pflegeeinrichtungen entwickeln zur Lenkung ihrer Dokumente hier einen einrichtungsinternen Dokumentenschlüssel, um die Dokumente entsprechend zu lenken, zuordnen und zu identifizieren.

Wichtig **Dokumentationsschlüssel**

Jeder Dokumentationsschlüssel (die Identifikationskennzeichnung mithilfe von Nummern oder alphabetische Zuordnung) muss entsprechend entwicklungsfähig sein, damit er auf lange Sicht beibehalten werden kann.

Zur eindeutigen Identifizierung aller Dokumente ist ein System von möglichst kurzen und übersichtlichen Identifizierungsnummern (Dokumentationsschlüssel) zu etablieren (▶ Tab. 19).

Diese Handhabung ist empfehlenswert und sollte von Anfang an für alle Bereiche der ambulanten oder stationären Pflegeeinrichtung einheitlich geregelt und festgelegt werden, um sich später nicht durch die Vielzahl der zu lenkenden Dokumente im QM-System zu verzetteln. Bei rechnergestützten Dokumenten wird bei der Aktualisierung nur das jeweilige veraltete Dokument auf dem Server durch das neue Dokument ersetzt. Allerdings muss auch in diesem Fall der Austausch von Dokumenten nachvollziehbar bleiben.

Tab. 19: Beispiel für eine Kopfzeile: QM-HD-A-2.2 Aufnahme FM 1.0 (»Dokumentenschlüssel«)

Qualitätsmanagementsystem nach der DIN EN ISO 9001:2015	Muster Einrichtung/Name	Einrichtung Muster-Einrichtung am Musterberg
Seite 1 von 1	Qualitätsmanagement-Handbuch	QM-HD-A-2.2 Aufnahme FM 1.0

Erläuterung

1. Stelle: Organisationsbereich »QM-HD« bedeutet Qualitätsmanagement-Handbuch
2. Stelle: Änderungsstand »A«, d. h. es handelt sich hier um die erste Ausgabe (in der Kopfzeile kann der Kapitel-Änderungsstand festgehalten werden)
3. Stelle: Bezeichnung »2.2 Aufnahme« (2. Kapitel im QM-HD)
4. Stelle: Dokumentenart »FM« ist z. B. eine gängige eine Abkürzung für Formulare
5. Stelle: Laufende Nummer der Formulare in diesem Kapitel Nummer: »1.0«

Tab. 20: Beispiel für die Gestaltung der Fußzeile

	Revisionsstand:	Revision am:	Geprüft:	Freigabe am (s. Stempel der Einrichtung):
Datum:	April 2016	15.02.2019	07.03.2019	
Name:		J. Müller	Qualitätsmanagement	
Mitwirkende:	Frau S. Lenz (QM-Verantwortliche)			

Wie in der Fußzeile (▶ Tab. 20) des Dokuments zu erkennen ist, kann in dem jeweiligen Handbuchkapitel der Revisionsstand, die vorgenommene Revision, die Prüfung, die Freigabe und die Nennung der Ersteller (Mitwirkende) festgehalten.

6.3.1 Gliederungsstruktur eines QM-Handbuchs

Wie bereits erwähnt kann die Gestaltung und Darlegungsform des QM-Systems und deren dokumentierte Informationen grundsätzlich frei gewählt werden. Die Darlegung, d. h. die Dokumentation, muss jedoch alle Anforderungen der DIN EN ISO 9001:2015 und systemspezifische Anforderungen (z. B. heimrechtliche oder gesetzliche Anforderungen nach dem Pflegeversicherungsrecht etc.) erfüllen. Es gibt verschiedene Möglichkeiten, ein Qualitätsmanagement-Handbuch übersichtlich zu strukturieren und zu gliedern. Ein strukturiertes QM-Handbuch mit seinen Prozessen erleichtert die Anwendbarkeit in der ambulanten bzw. in einer stationären Pflegeeinrichtung und die Dokumentenlenkung ermöglicht ein schnelles Auffinden der Informationen.

Info

Ein strukturiertes QM-Handbuch (Art und Gliederungsstruktur ist frei wählbar!) ist erforderlich für die Durchführung von Audits und bei einer angestrebten Zertifizierung (Anforderung: Prüfung der QM-Dokumentation).

Daneben muss die Gliederung eines Qualitätsmanagement-Handbuchs die Struktur der jeweiligen Pflegeeinrichtung und ihrer Prozesse oder Verweise darauf enthalten. Ein überschaubares Gliederungsschema erleichtert ebenfalls ein schnelles Ein- und Zuordnen der gesammelten und erstellten QM-Dokumente, Prozessbeschreibungen und verhindert unnötige Redundanzen.

Im Folgenden werden zwei in der Praxis gängige Gliederungskategorien des QM-Systems nach der ISO 9001 kurz vorgestellt:

1. **Gliederung gemäß der DIN EN ISO 9001:2015 (Normenorientierte Handbuchstruktur)**
   Nachteile:
   - Sie spiegelt nicht das Unternehmen mit seinen Prozessen wider.
   - Abstrakte und ungewohnte Terminologie durch normenorientierte Strukturierung des QM-Handbuchs.
2. **Gliederung nach den Prozessen und Prozessstrukturen (Prozessorientierung)**
   Vorteile:
   - Kundenorientierte Abbildung der Einrichtung, in der sich die Mitarbeiter auch wesentlich schneller wieder finden können.
   - Anwenderfreundlichkeit und Gebrauchstauglichkeit.
   - Gewohnte Sprache erhöht die Lesbarkeit bei den Mitarbeitern.
   - Verwirklichung des prozessorientierten Ansatzes im QM-System.

Tab. 21: Beispiel für den Aufbau eines Inhaltsverzeichnisses

Kapitel	Titel/Bezeichnung	Dateiname und Revisionsstand (PC)	Prozessverantwortung	Seitenangaben
1.0	Aufbauorganisation	QM-HD-A-2.2 Aufnahme FM 1.0:	Leitung der Einrichtung (Träger)	1 von 3
1.1	Erklärung zur Verantwortung ...	...	...	...

Tab. 22: Gliederungsstruktur innerhalb der Kapitel eines QM-H

1.	Einführung in das Kapitel und Zielsetzung	In diesem Abschnitt wird nach der Einführung ein Bezug zum Zweck des Kapitels gegeben. Die Notwendigkeit von bestimmten Verfahren und sonstigen Prozessbeschreibungen inkl. der risikobehafteten Prozesse müssen identifiziert und bestimmt werden. Also: »Was ist zu regeln?«
2.	Anwendungsbereich	Welcher Bereich (z. B. Pflegedienst, Hauswirtschaft, gesamte Einrichtung usw.) ist von diesem Kapitel bzw. Abschnitt betroffen?
3.	Prozessverantwortliche	Die in diesem Abschnitt beschriebenen Tätigkeiten sind an bestimmte Personen mit Verantwortungen oder Schnittstellen gebunden. Von daher sollten diese Personen (Funktionsbezeichnungen) an der Stelle angegeben werden.
4.	Beschreibung der Umsetzung von Anforderungen	Hier erfolgt eine knappe Beschreibung des Ablaufes oder der Tätigkeiten als Durchführungsbestimmung, wie z. B. durch eine Verfahrensanweisung. Auf den Teil III des »QM-Handbuchs« kann ebenfalls, z. B. bei der Anwendung eines Standards oder einer Arbeitsanweisung bzw. Beachtung einer Betriebsanweisung, verwiesen werden.
5.	Messung der Ergebnisse und Bewertung der Leistung	Durch objektive Daten (Bewertung der Leistung) muss die Wirksamkeit und Effektivität (z. B. nach dem »Z-D-F-Prinzip«) nachgewiesen werden (Leistungsindikatoren).

Die einheitliche Strukturierung der Kapitel erhöht die Lesbarkeit und ermöglicht ein schnelles und gezieltes Auffinden von gewünschten Informationen.

Wichtig **QM-Dokumente ...**

müssen als »Dokumentierte Informationen« (z. B. eine Prozessbeschreibung – als QM-VA) grundsätzlich

- lesbar, datiert, klar und identifizierbar sein,
- genehmigt von bevollmächtigten Personen sein,
- freigegeben und verfügbar gemacht sein,
- verstanden und annehmbar sein,
- entfernt werden, wenn veraltet.

Ein Inhaltsverzeichnis sollte durch seine Gliederungspunkte der Kapitel übersichtlich gestaltet werden. Tabelle 21 (▶ S. 309) zeigt ein Beispiel.

Tabelle 22 (▶ S. 310) verdeutlicht eine gängige Gliederungsstruktur innerhalb der Kapitel im Teil II (bestehend aus fünf Überschriften) des QM-Handbuchs.

Im nächsten Kapitel wird exemplarisch ein prozessorientiertes Inhaltsverzeichnis als »LOAP« (List Of Actual Publication) für eine vollstationäre Pflegeeinrichtung nach der Qualitätsnorm der DIN EN ISO 9001:2015 als eine mögliche Gestaltungsform und Variante vorgestellt.

6.3.2 Dokumentenmanagement nach der Qualitätsnorm

Beispiel für ein Inhaltsverzeichnis – LOAP (List Of Actual Publication)[9]

Kapitel	Titel / Bezeichnung	Dateiname	Doku.-schlüssel (inkl. Revisionsstand)	Seiten-angaben
XX	Deckblatt	QM HD LOAP	QM-HD-A-1.0-LOAP	1 von 14
XX	Inhaltsverzeichnis des »QM-Handbuches« – LOAP (Webbasiertes Dok.-management)	QM HD LOAP	QM-HD-A-1.0-LOAP	2 von 14
XX	Dokumentenliste – »QM-Handbuch« – Überblick verschaffen –	QM HD LOAP	QM-HD-A-1.0-LOAP	9 von 14
0.0	Änderungssammelliste des »QM-Handbuches« (Webbasiert)	QM HD Einleitung 1.1	QM-HD-A-1.0-Einl. 1.1	1 von 16
0.1	Empfangsbestätigung	QM HD Einleitung 1.1	QM-HD-A-1.0-Einl. 1.1	4 von 16
0.2	Abkürzungsverzeichnis	QM HD Einleitung 1.1	QM-HD-A-1.0-Einl. 1.1	5 von 16
0.3	Symbolik für QM-Verfahrensanweisungen	QM HD Einleitung 1.1	QM-HD-A-1.0-Einl. 1.1	7 von 16
0.4	Verbindlichkeitserklärung der Geschäftsleitung	QM HD Einleitung 1.1	QM-HD-A-1.0-Einl. 1.1	9 von 16
0.5	Interner Austausch von dokumentierten Informationen (Webbasiert)	QM HD Einleitung 1.1	QM-HD-A-1.0-Einl. 1.1	10 von 16
1	**Allgemeines und Anwendungsbereich**	**QM-HD-Allgemeines**	**QM-HD-A-1-1.5-Allg.**	
1.1	Kontext der Organisation »Mustereinrichtung«	QM-HD Allgemeines	QM-HD-A-1-1.3-Allg.	1 von 11
1.1.1	Zweck der Organisation – Anspruchsgruppen	QM-HD Allgemeines	QM-HD-A-1-1.3-Allg.	4 von 11
1.2	Benutzer- und Anwenderhinweise	QM-HD Allgemeines	QM-HD-A-1-1.3-Allg.	7 von 11
1.3	Ausschlüsse in den Anforderungsteilen der Norm	QM-HD Allgemeines	QM-HD-A-1-1.3-Allg.	7 von 11
1.4	Verteilersystematik	QM-HD Allgemeines	QM-HD-A-1.1.4-Allg.	8 von 11

[9] Das Gerüst und die Gliederungsstruktur von diesem LOAP war *vor* der Revision der ISO 9001 die Zertifizierungsgrundlage einer vollstationären Pflegeeinrichtung der DANA Senioreneinrichtungen GmbH und wurde **nach** der Revision der Norm 9000 ff. angepasst.

Kapitel	Titel / Bezeichnung	Dateiname	Doku.-schlüssel (inkl. Revisionsstand)	Seiten-angaben
1.5	Interessierte Parteien der Pflegeeinrichtung (Anspruchsgruppen)	QM-HD Allgemeines	QM-HD-A-1.1.5-Allg.	9 von 11
2	**Organisationsaufbau und Dokumentationsprozesse**	**QM-HD-Orga.**	**QM-HD-A-2-2.4 Orga.**	
2.1	Aufbau und Struktur des QM-Systems	QM-HD-Orga.	QM-HD-A-2-2.3 Orga.	1 von 12
2.2	Identifikation der risikobehafteten Prozesse (Prozessdarstellung und Prozessmodell)	QM-HD-Orga.	QM-HD-A-2-2.3 Orga.	3 von 12
2.2.1	Anwendungsbereich des QM-Systems	QM-HD-Orga.	QM-HD-A-2-2.3 Orga.	10 von 12
2.3	Führung der obersten Leitung im QM-System	QM-HD-Orga.	QM-HD-A-2-2.3 Orga.	11 von 12
2.4	Dokumentierte Informationen	QM-HD-2.4-Doku-Info	QM-HD-A-2.4-Dokul.	1 von 16
2.4.1	Webbasiertes Dokumentenmanagement-System	QM-HD-2.4-Doku-Info	QM-HD-A-2.4-Dokul.	3 von 16
2.4.2	Dokumentenlenkung	QM-HD-2.4-Doku-Info	QM-HD-A-2.4-Dokul.	5 von 16
2.4.3	Zentral gelenkte Dokumente (Trägerbezogen)	QM-HD-2.4-Doku-Info	QM-HD-A-2.4-Dokul.	9 von 16
2.4.4	Datensicherungskonzept »Mustereinrichtung«	QM-HD-2.4-Doku-Info	QM-HD-A-2.4-Dokul.	12 von 16
3	**Führungs- und Managementprozesse**	**QM-HD-Manag.**	**QM-HD-A-3-3.14-F & M**	
3.1	Ermittlungen gesetzlicher und behördlicher Anforderungen (s. LOAP im Intranet)	QM-HD-3-3.5-Manag.	QM-HD-A-3-3.5-F & M	1 von 14
3.2	Unsere Qualitätspolitik u. Organisationskultur	QM-HD-3-3.5-Manag.	QM-HD-A-3-3.5-F & M	5 von 14
3.2.1	Pflegeleitbild	QM-HD-3-3.5-Manag.	QM-HD-A-3-3.5-F & M	6 von 14
3.3	Unternehmensziele (kurz- und langfristig)	QM-HD-3-3.5-Manag.	QM-HD-A-3-3.5-F & M	7 von 14
3.4	Planung des QM-Systems durch die Leitung	QM-HD-3-3.5-Manag.	QM-HD-A-3-3.5-F & M	10 von 14
3.5	Managementbewertung	QM-HD-3-3.5-Manag.	QM-HD-A-3-3.5-F & M	12 von 14
3.6	Bewertung der Leistung und Datenanalyse (Interne und externe Qualitätssicherungsmaßnahmen)	QM-HD-3.6. Ausw.	QM-HD-A-3.6 Ausw.	1 von 8
3.7	Mitarbeiterbezogene Prozesse	QM-HD-3.7-3.8.8 Perso.	QM-HD-A-3.7-3.8.8 Perso.	1 von 33
3.7.1	Kommunikation mit internen/externen Partnern	QM-HD-3.7-3.8.8 Perso.	QM-HD-A-3.7-3.8.8 Perso.	3 von 33

Kapitel	Titel / Bezeichnung	Dateiname	Doku.-schlüssel (inkl. Revisionsstand)	Seiten-angaben
3.7.2	Kommunikation mit den Ärzten und Externen	QM-HD-3.7-3.8.8 Perso.	QM-HD-A-3.7-3.8.8 Perso.	10 von 33
3.8	Personalmanagement und Personalentwicklung (Personalgewinnung)	QM-HD-3.7-3.8.8 Perso.	QM-HD-A-3.7-3.8.8 Perso.	10 von 33
3.8.1	Arbeitsorganisation und Personalbedarfsplanung	QM-HD-3.7-3.8.8 Perso.	QM-HD-A-3.7-3.8.8 Perso.	14 von 33
3.8.2	Organisationsdiagramm	QM-HD-3.7-3.8.8 Perso.	QM-HD-A-3.7-3.8.8 Perso.	15 von 33
3.8.3	Verantwortung, Befugnisse und Bewusstsein	QM-HD-3.7-3.8.8 Perso.	QM-HD-A-3.7-3.8.8 Perso.	16 von 33
3.8.4	Wissensmanagement und Fähigkeitenportfolio	QM-HD-3.7-3.8.8 Perso	QM-HD-A-3.7-3.8.8 Perso	17 von 33
3.8.5	Ressourcen- und Zeitmanagement (Dienstplangestaltung)	QM-HD-3.7-3.8.8 Perso.	QM-HD-A-3.7-3.8.8 Perso.	21 von 33
3.8.6	Einarbeitung neuer Mitarbeiter	QM-HD-3.7-3.8.8 Perso.	QM-HD-A-3.7-3.8.8 Perso.	25 von 33
3.8.7	Fortlaufende Arbeitsschutzunterweisung	QM-HD-3.7-3.8.8 Perso.	QM-HD-A-3.7-3.8.8 Perso.	27 von 33
3.8.8	Prozessumgebung	QM-HD-3.7-3.8.8 Perso.	QM-HD-A-3.7-3.8.8 Perso.	28 von 33
3.9	Verantwortung – Risiken und Chancen	QM-HD-3.9-Risikomanag.	QM-HD-B-3.9-3.10 Risikom.	1 von 11
3.9.1	Risikomanagementprozesse in den Bereichen	QM-HD-3.9-Risikomanag.	QM-HD-B-3.9-3.10 Risikom.	2 von 11
3.9.2	Maßnahmen zur internen und externen Qualitätssicherung / externe Qualitätsprüfungen	QM-HD-3.9-Risikomanag.	QM-HD-B-3.9-3.10 Risikom.	3 von 11
3.10	Prüf- und Messmittel	QM-HD-3.10 Risikomanag.	QM-HD-B-3.9-3.10 Risikom.	6 von 11
3.11	Interne Audits und Auditdokumentation	QM-HD-3.11 KVP	QM-HD-A-3.11-3.14 KVP	1 von 14
3.12	Fehler- und Verbesserungsmanagement	QM-HD-3.11 KVP	QM-HD-A-3.11-3.14 KVP	3 von 14
3.12.1	Korrekturmaßnahmen	QM-HD-3.11 KVP	QM-HD-A-3.11-3.14 KVP	4 von 14
3.13	Beschwerdemanagement u. Reklamation	QM-HD-3.11 KVP	QM-HD-A-3.11-3.14 KVP	6 von 14
3.14	Beziehungs- und Empfehlungsmarketing (Wettbewerbsmarketing)	QM-HD-3.11 KVP	QM-HD-A-3.11-3.14 KVP	9 von 14
4	**Kundenbezogene Prozesse**	**QM-HD-Kundb. Prozesse**	**QM-HD-B-4-4.10-Kd. Proz.**	
4.1	Erstkontakt und Aufnahmeprozess	QM-HD-4.4 Kundb. Prozesse	QM-HD-B-4.-4.4.3-Kd. Proz.	1 von 31

Kapitel	Titel / Bezeichnung	Dateiname	Doku.-schlüssel (inkl. Revisionsstand)	Seiten-angaben
4.1.1	Dienstleistungspfad »Pflege-, Betreuungs- und Versorgungsprozesse«	QM-HD-4.4 Kundb. Prozesse	QM-HD-B-4.-4.4.3-Kd. Proz.	3 von 31
4.1.2	Vertragsprüfung und Vertragsänderungen	QM-HD-4.4 Kundb. Prozesse	QM-HD-B-4.-4.4.3-Kd. Proz.	6 von 31
4.1.3	Überleitungsmanagement (Integration in das Heim-leben)	QM-HD-4.4 Kundb. Prozesse	QM-HD-B-4.-4.4.3-Kd. Proz.	9 von 31
4.2	Einstieg in den Pflege-prozess mithilfe des Strukturmodells (SIS)	QM-HD-4.4 Kundb. Prozesse	QM-HD-B-4.-4.4.3-Kd. Proz.	12 von 31
4.3	Pflegekonzept	QM-HD-4.4 Kundb. Prozesse	QM-HD-B-4.-4.4.3-Kd. Proz.	16 von 31
4.4	Kennzeichnung und Rückverfolgbarkeit	QM-HD-4.4 Kundb. Prozesse	QM-HD-B-4.-4.4.3-Kd. Proz.	19 von 31
4.4.1	Produkterhaltung	QM-HD-4.4 Kundb. Prozesse	QM-HD-B-4.-4.4.3-Kd. Proz.	21 von 31
4.4.2	Umgang mit Bewohner-eigentum	QM-HD-4.4 Kundb. Prozesse	QM-HD-B-4.-4.4.3-Kd. Proz.	24 von 31
4.4.3	Rezeptmanagement	QM-HD-4.4 Kundb. Prozesse	QM-HD-B-4.-4.4.3-Kd. Proz.	27 von 31
4.5	Konzept zur sozialen Be-treuung (Gliederung)	QM-HD-4.5-4.10-Kd.-Konzepte	QM-HD-B-4.5-4.10-Kd.-Konz.	1 von 16
4.6	Hauswirtschaftskonzept und Lebensmittel-hygiene (Gliederung und Verweis auf HACCP)	QM-HD-4.5-4.10-Kd.-Konzepte	QM-HD-B-4.5-4.10-Kd.-Konz.	2 von 16
4.7	Pflege und Betreuung Sterbender und ihrer Angehörigen (Gliederung)	QM-HD-4.5-4.10-Kd.-Konzepte	QM-HD-B-4.5-4.10-Kd.-Konz.	4 von 13
4.8	Hygienekonzept (Gliederung)	QM-HD-4.5-4.10-Kd.-Konzepte	QM-HD-B-4.5-4.10-Kd.-Konz.	5 von 16
4.9	Notfallmanagement »Erste Hilfe« (Gliederung)	QM-HD-4.5-4.10-Kd.-Konzepte	QM-HD-B-4.5-4.10-Kd.-Konz.	8 von 16
4.10	Erhebung der Versorgungs-ergebnisse (Ablauf und Zuständigkeiten)	QM-HD-4.5-4.10 Kd-Versorgungsergebnisse	QM-HD-B-4.5-4.10-Kd.-Konz.	10 von 16
4.10.1	Dokumentenmanagement – Erhebungsreport und Feedbackbericht der DAS (Lenkung)	QM-HD-4.5-4.10 Kd-Versorgungsergebnisse	QM-HD-B-4.5-4.10-Kd.-Konz.	14 von 16
5	**Unterstützende Prozesse**	**QM-HD-5-U.-Pro**	**QM-HD-A-5.-5.5 Unterst.pr**	
5.1	Beschaffungsprozesse	QM-HD-5-5.3 U.-Pro	QM-HD-A-5-5.3-Unterst.pr.	1 von 9
5.1.1	Beschaffungsverantwortung	QM-HD-5-5.3 U.-Pro	QM-HD-A-5-5.3-Unterst.pr.	2 von 9

Kapitel	Titel / Bezeichnung	Dateiname	Doku.-schlüssel (inkl. Revisionsstand)	Seiten-angaben
5.1.2	Lieferantenbewertungen	QM-HD-5-5.3 U.-Pro	QM-HD-A-5-5.3-Unterst.pr.	4 von 9
5.2	Zugelassene Lieferanten	QM-HD-5-5.3 U.-Pro	QM-HD-A-5-5.3-Unterst.pr.	6 von 9
5.3	Haustechnische Prozesse	QM-HD-5-5.3 U.-Pro	QM-HD-A-5-5.3-Unterst.pr.	8 von 9
5.4	Arbeits- und Gesundheits-schutz	QM-HD-5.4 Arb.schutz	QM-HD-A-5.4-AS/GS	1 von 8
5.4.1	Überbetriebliche Dienste zum Arbeits- und Gesund-heitsschutz	QM-HD-5.4 Arb.- u. Ges.schutz	QM-HD-A-5.4-AS/GS	2 von 8
5.4.2	Durchführung von Gefähr-dungsanalysen (GBU: Psy-chische Belastungen und psychische Beanspruchung)	QM-HD-5.4 Arb.- und Ges.schutz	QM-HD-A-5.4-AS/GS	4 von 8
5.4.3	Gefahrstoffe / Arbeitsstoffe -Umgang mit Gefahrstoff-verzeichnis	QM-HD-5.4 Arb.- und Ges.schutz	QM-HD-A-5.4-AS/GS	6 von 8
5.5	Kooperationen und Kompetenznetzwerke	QM-HD-5.5 Kooperation und Netzwerke	QM-HD-A-5.5-K. u. N.	1 von 4

...

6

Dokumentenliste – im Kontext des QM-Handbuches (Systembegleitende Informationen)

Kapitel	Titel / Bezeichnung
XX	**Inhaltsverzeichnis des QM-Handbuches**

QM-Verfahrensanweisungen:

- keine -

QM-Formulare:

- keine -

QM-Checklisten:

- keine -

Sonstiges (z. B. EDV-gestützte Dokumente):

- Übersicht über Handbuchartikel und QM-HD-Dokumente in aktueller Fassung (»LOAP«- Webbasiert)

Zentral gelenkte Dokumente (Trägerspezifisch geregelt):

Einrichtungsbezogenen Informationen

Checklisten

- keine -

Formulare

- keine -

Sonstiges

6.4 Leistungskonzept der Pflegeeinrichtung

2. Kapitel Titel / Bezeichnung

Organisationsaufbau und Dokumentationsprozesse

QM-Verfahrensanweisungen:

- QM-VA: Dokumentenmanagement in den Bereichen QM-HD-A-2.4.1-Doku.-VA 1.0
- QM-VA: Lenkung von dokumentierten Informationen QM-HD-A-2.4.1-Doku.-VA 2.0
- QM-VA: Lenkung von Aufzeichnungen QM-HD-A-2.4.1-Doku.-VA 3.0

QM-Formulare:

- Bestätigung und Kenntnisnahme von Dokumenten (webbasiert): QM-HD-B-2.4.1-Best.web.-FM 1.0
- Archivierung von Daten: QM-HD-A-2.4.1-Archiv.-FM 2.0
- Aufbau der bereichsbezogenen QM-Handbücher: QM-HD-A-2.4.1-Ber. Inhaltsv.-FM 3.0

QM-Checklisten:

- keine -

Sonstiges:

- keine -

Zentral gelenkte Dokumente (ZQM):

- Einrichtungsübergreifende QM-Grundsätze

Checklisten (ZQM)

- keine -

Formulare (ZQM)

- keine -

Sonstiges (ZQM)

- keine -

...

Nachdem das Inhaltsverzeichnis (LOAP) gegliedert und die aktuelle Verfügbarkeit für die entsprechenden Mitarbeiter geregelt wurde, sollte es mithilfe der Zuordnungsmatrix (▶ Abb. 28) mit den Anforderungen der DIN EN ISO 9001:2015 mit Fokus auf die Normanforderungen der ISO 9001 abgeglichen werden. Durch diesen Feinschliff wird ausgeschlossen, dass die Umsetzung wichtiger Normanforderungen (ausgenommen: Ausschlüsse aus der Norm) von der Einrichtung oder dem Pflegedienst schlichtweg vergessen werden. Die im LOAP beispielhaft genannten Konzepte zur Realisierung der Prozesse sollten im QM-Handbuch nur vom Aufbau und Gliederung dargestellt oder auch nur genannt werden, z. B. Sinn und Zweck, Anwendungsbereich, Zielsetzungen, Anspruchsgruppe, Verantwortungen, inhaltliche Schwerpunkte, Maßnahmen zur Leistungsbewertung, intern gesteuerte Qualitätssicherungsmaßnahmen etc. Wichtig dabei ist, dass die jeweiligen Konzepte, Verfahren oder Standards in den jeweiligen Bereichen für die Mitarbeiter einsehbar und verfügbar gemacht werden. Einrichtungsinterne Standards, z. B. auf der Grundlage der Expertenstandards, oder Verfahren können auch nur dann umgesetzt werden, wenn die Mitarbeiter in den betreffenden Bereichen damit geübt und die Handhabung zur Kenntnisnahme und die Umsetzung immer wieder vorgelebt und mit praktischen Beispielen trainiert wird (z. B. in einem Qualitätszirkel oder kollegiale Beratungen).

6.4 Interpretation der ISO Norm 9001:2015

Im Zuge der Einführung, Verwirklichung, Wirksamkeit und Aufrechterhaltung eines normenkonformen und prozessorientierten QM-Systems mit seinen Prozessen ist es in der Verantwortung der obersten Leitung (oL) wichtig, neben den gesetzlichen und behördlichen Anforderungen konzeptionell die Erfordernisse und Erwartungen des Kunden umfassend in der DIN EN ISO 9001:2015 als wichtige Themen zu erfassen und alle Normanforderungen in der Praxis nach deren Bewertung umzusetzen. Deshalb müssen vor der bspw. qualitätsorientierten Reorganisation der gegenwärtige Erfüllungsgrad der externen und internen Erfordernisse und Erwartungen der relevanten interessierten Parteien als auch die externen und internen Themen im Kontext der Organisation (z. B. für ein Pflegeheim oder für einen ambulanten Pflegedienst), die sich aus den Rahmenbedingungen ergeben, bestimmt werden, um einen Soll-Ist-Abgleich im QM-Projektteam vornehmen zu können. Die oberste Leitung sollte durch ihr persönliches Engagement im ersten Schritt des Implementierungsvorhabens eines normenkonformen QM-Systems mit seinen Prozessen (s. ISO 9001, Abschnitt 4.4), die Mitarbeiter in eine positive Aufruhr versetzen und das »risikobasierte Denken« (s. ISO 9001, Abschnitt 6.1) als einen Ansatz verstehen und in der Pflegeorganisation tiefergehend verankern. Dies ist wichtig, um die festgelegten Qualitätsziele in dem branchenneutralen QM-System oder in einem integrierten Managementsystem (IMS) sowie die beabsichtigten Geschäftsergebnisse erreichen und den nachhaltigen Erfolg messbar machen zu können.

6

Tipp
Der Aufbau eines prozessorientierten QM-Systems als eine strategische Entscheidung ist keine Herausforderung einer einzelnen Person oder einer QM-Abteilung, sondern funktioniert nur als Ganzes in einer abgestimmten und vernetzten Teamarbeit mit einer hohen Dialog- und Kooperationsbereitschaft.

Nur so können eine unternehmensinterne Qualitätsstrategie und die gemeinsamen Qualitätsziele erreicht und der Unternehmenserfolg in einer teil- und vollstationären Pflegeeinrichtung bzw. in einem ambulanten Pflegedienst abgesichert werden. Bei allen Bemühungen darf nicht aus dem Blick geraten, dass auch die oberste Leitung in ihrer Führungsverantwortung für das Erreichen der Ziele und der beabsichtigten Ergebnisse entscheidend mitverantwortlich ist und ein Gelingen im Wesentlichen davon abhängig gemacht werden muss, wie die erforderlichen Ressourcen (Ressourcenverfügbarkeit) zur Implementierung und Aufrechterhaltung eines QM-Systems bereit gestellt werden.

Zur Verbesserung (Kaizen – Veränderung zum »Besseren«) und zum Schutz der Mitarbeiter (Arbeits- und Gesundheitsschutz) und der Bewohner, z. B. durch die Umsetzung und Einhaltung der Infektionshygiene zur Einstufung und Unterbringung eines MRE-positiven Bewohners oder die in dieser Situation anzuwendenden Barrieremaßnahmen usw., muss in jedem prozessorientierten QM-System – neben dem pflegefachlichen Risikomanagement auf den abzuleitenden Informationen des Pflegecontrollings – eine Risikobeurteilung zur Umsetzung von Hygienemaßnahmen in der Organisation als Präventionskonzept und -system installiert werden. Dabei ist von besonderer Bedeutung, dass sich das angemessene risikoadaptierte Vorgehen besonders in den vollstationären und ambulanten Pflegeorganisationen auf den Grundlagen des einrichtungsinternen Hygiene- und Desinfektionsplans beziehen muss und die Mitarbeiter in den einzelnen Arbeitsbereichen durch die Vermittlung von Wissen und fachlicher Expertise angeleitet, unterstützt und zu den erforderlichen Maßnahmen angeleitet werden. Hierzu ist es für die stationären Pflegeeinrichtungen empfehlenswert, dass mindestens einmal jährlich eine Risiko- und Gefährdungsbeurteilung auf den Grundlagen der Infektionsprävention in Heimen (IfSG, 2005) durchgeführt wird –und zwar zu den Hygienemaßnahmen bei Infektionen oder bei Besiedelung mit multiresistenten grammnegativen Stäbchen nach den Empfehlungen der Kommission für Krankenhaushygiene und Infektionsprävention (KRINKO) des Robert Koch-Instituts (RKI) sowie nach den Empfehlungen zur Prävention und Kontrolle von Methicillin-resistenten Staphylococcus aureus-Stämmen (MRSA) durch die Hygienebeauftragten gem. der Biostoffverordnung (BioStoffV). Im Rahmen der Umsetzung der erforderlichen Hygienemaßnahmen und Einhaltung der Basishygiene sollten die Mitarbeiter bspw. im Umgang mit multiresistenten Erregern (MRE) in jedem Qualitätsmanagement zur Anwendung der persönlichen Schutzausrüstungen (PSA), z. B. durch das Tragen von Schutzhandschuhen, langärmliger Schutzkittel bei den pflegerischen Maßnahmen und ggf. Mund-Nasenschutz etc. unterstützt, angeleitet und einmal jährlich durch die Hygienebeauftragten gemeinsam mit dem Sicherheitsbeauftragten (Pflege) unterwiesen und ergänzend geschult werden. Die Erst- und Folgeunterweisung zu der Umsetzung und Einhaltung von Hygienemaßnahmen durch die Bereitstellung von persönlichen Schutzausrüstungen gem. § 2 der PSA-Benutzungsverordnung (s. auch § 29 DGUV Vorschrift 1 »Grundsätze der Prävention«) ist als eine Festlegung zu dokumentieren (Aufzeichnung) und ggf. auf Verlangen von Prüfinstitutionen vorzulegen.

Wichtig in einem prozessorientierten QM-System mit dem Auftrag und der Verpflichtung zur Verbesserung und ggf. Veränderung (Change-Management) ist, dass die *»Wahrnehmung des Kunden zu dem Grad, in dem die Erwartungen des Kunden erfüllt worden sind«* (3.9.2 Kundenzufriedenheit, DIN EN ISO 9000:2015: 51) durch geeignete Maßnahmen in der stationären Pflegeeinrichtung oder in dem ambulanten Pflegedienst (in den nachfolgenden Kapitel durchgehend kurz: »Organisation« oder »Pflegeorganisation«) zukunftsorientiert abzusichern. Der Verbesserungsprozess wird im Verständnis in dem gesamten QM-System nach der Qualitätsnorm durch die Anwendung des PDCA-Zyklus immer wieder sehr deutlich.

Im ersten Schritt sollte durch ein QM-Projektteam (z. B. alle Prozesseigentümer) ein Projektmanagement als einmaliger Prozess zur Realisierung eine Projektstruktur- und QM-Maßnahmenplanung mit einer Projektskizze (Projektplan) als »roter Faden« erarbeitet und installiert werden. Dabei sind in jedem Projektmanagement das Festlegen von Projektzielen eine unentbehrliche Aufgabe des Projektteams (vgl. ISO 9000:2015, Abschnitt 3.7.1 *»Ein Ziel kann [...] - (3.4.2), produkt- (3.7.6) prozessbezogen (3.4.1)«* sein). Als Prozesseigentümer (Proei oder synonym: **Prozesseigner**) werden die Leitungskräfte in der Organisation aus den verschiedenen Hierarchiestufen und Abteilungen (Bereiche) verstanden, welche als gleichberechtigte Projektverantwortliche zusammen mit der obersten Leitung (z. B. als erfahrene Projektleitung) für das gemeinsame Projekt zur »Implementierung eines Managementsystems« zuständig sind. Die gesamte Projektgruppe als sog. »QM-Steuerungsgruppe« ist zunächst für die Projektsteuerung der Implementierung eines QM-Systems gemeinsam mit der Projektleitung für die erforderlichen Implementierungsprozesse verantwortlich.

6

Zur Umsetzung der festgelegten Maßnahmen und zur Verfolgung der Auswirkungen sollten, auch wenn die Funktion des QM-Beauftragten (QM-B.) von der Unternehmensleitung direkt übernommen wird, grundsätzlich immer geeignete Personen (z. B. Proei bzw. Prozesseigner) in der Organisation für das Managementsystem benannt und mit Befugnissen und Verantwortungen ausgestattet werden, um z. B. später interne Audits (s. ISO 9001:2015, Abschnitt 9.2) oder das Berichtswesen (s. ISO 9001:2015, Abschnitt 7.5) und andere qualitätsbezogene Aufgaben und Tätigkeiten arbeitsteilig durchführen zu können. Grundsätzlich werden in einem internen Audit durch eine beauftragte Person oder externe Stellen entsprechende Prozesse und Prozessdokumente des QM-Systems eingesehen, geprüft und bewertet, um festzustellen ob prädefinierte, d. h. festgelegte (normenkonforme) Anforderungen und Vorgaben bzw. auch Richtlinien, QM-Verfahrensanweisungen oder Qualitätsstandards durch die Organisation zufriedenstellend und normenkonform erfüllt werden.

In einem QM-System sollten sich die verantwortlichen Personen (z. B. Proei bzw. Prozesseigner: Pflegedienstleitung, Küchen- und Hauswirtschaftsleitung, Sozialdienst, Leitung der Marketingabteilung etc.) einen lateralen (»seitlichen«) Führungsstil unbedingt aneignen, d. h. mit flachen Hierarchien und funktionierenden Informations- und Kommunikationswegen. Kennzeichnend für eine »Laterale Führung« (sanfte Führung) ist, dass die Führungskräfte und Mitarbeiter einer Organisation als gleichberechtigte Partner netzwerkartig und diagonal bezogen auf die internen Hierarchiestrukturen zusammenarbeiten. Dieser Führungsstil ist eine Grundvoraussetzung in jedem QM-System (Prozessmanagement) und ist ebenso in einem Projektmanagement zur Implementierung eines QM-Systems zwingend erforderlich und zu empfehlen.

Die Prozesseigner als Multiplikatoren müssen mit ihren Funktionen über die qualitätssichernden Aufgaben als gemeinsames QM-Projektteam (QM-Steuerungsgruppe) gleichermaßen gut informiert und im Implementierungsprozess durch das Engagement der obersten Leitung eingebunden und unterstützt werden. Mit der Revision der ISO 9001:2015 ist die oberste Leitung (z. B. Unternehmensleitung) stärker in die Pflicht genommen worden sich noch aktiver in dem QM-System einzubringen als zuvor in der vorangegangenen DIN EN ISO 9001:2008.

Durch die Beteiligung der verantwortlichen Führungskräfte in der Organisation ist davon auszugehen, dass Reibungsverluste und Folgekosten im Wertschöpfungsprozess zwischen den organisatorischen Übergängen von einem Arbeitsbereich bzw. einer Abteilung zu einer anderen Abteilung (Bereich) (Schnittstellen) mit einem anderen Aufgabenspektrum, Verantwortungen, Informations- und Kommunikationswegen sowie mit einer insgesamt anderen Ablauforganisation, minimiert werden können. Auch wenn das Schnittstellenmanagement in der gängigen Literatur unterschiedlich definiert wird, so besteht bei vielen Fachexperten im Versorgungsmanagement die Klarheit darüber, dass neben den integrierten Versorgungskonzepten immer die Zufriedenheit von einem zu versorgenden Personenkreis (in den Versorgungspfaden) und die Qualitätsverbesserung im Mittelpunkt dabei stehen müssen. Durch die Vermeidung von Diskontinuitäten innerhalb der unterschiedlichen Schnittstellen, z. B. in einem ambulanten Pflegedienst oder in einem Pflegeheim können Kosten reduziert werden. Im Gesundheitswesen wird im Allgemeinen bspw. unter dem Schnittstellenmanagement ein Versorgungsmanagement, d. h. ein Versorgungsübergang im Anschluss an eine Krankenhausbehandlung verstanden, um ein Risiko gesundheitlicher und sozialer Probleme sowie erheblicher Folgekosten zu minimieren (vgl. Heberlein und Heberlein, 2017: 217 ff.).[10] So konsentierte bspw. der Sachverständigenrat (SVR) in dem Sondergutachten »Wettbewerb an den Schnittstellen der Gesundheitsversorgung« (2012), dass insbesondere im Rahmen der Pflegeüberleitung und des pflegerischen Entlassungsmanagements oftmals Schnittstellenprobleme bestehen. Dieses Gutachten betonte noch einmal, die Bedeutung eines anspruchsvollen klinischen Case Managements sowie die Wichtigkeit eines nahtlosen Übergangs zwischen einer stationären und ambulanten Versorgung und umgekehrt. Einen wesentlichen positiven Beitrag hat dazu die Realisierung des Entlassungsmanagements in der Pflege nach den Vorgaben des nationalen Expertenstandards geleistet (vgl. SVR, 2012: 165 ff.).[11]

Ein Grund mehr für das Schnittstellenmanagement, die »Überleitung bei Krankenhausaufenthalten« in den neuen QPR für die vollstationären Pflegeeinrichtungen im

[10] Heberlein I, Heberlein I (2017): Versorgungsübergänge im Anschluss an eine Krankenhausbehandlung. In: Jacobs K, Kuhlmey A, Greß S, Klauber J, Schwinger A: Pflege-Report 2017. Stuttgart: Schattauer GmbH: 217–228.

[11] Sachverständigenrat (SVR) (2012). https://www.svr-gesundheit.de/fileadmin/user_upload/Gutachten/2012/GA2012_Langfassung.pdf, abgerufen am 08.06.2019.

Qualitätsbereich 4 in dem Qualitätsaspekt (QA) 4.2 mit aufzunehmen, um die Versorgungskontinuität durch die Prüfinstitutionen in die Qualitätsbeurteilung einfließen zu lassen (vgl. QPR, Anlage 4, 2018: 22 f.). In diesem Zusammenhang wird unter dem Begriff des »Schnittstellenmanagements« die übergreifende Verbindungsstelle zwischen den Abteilungen oder den Bereichen (intern und extern) verstanden. Um bereichsübergreifende Schnittstellenprobleme an den Verbindungsstellen (z. B. von einem Wohnbereich zur Küche und umgekehrt etc.) in einem QM-System zu minimieren, kann die oberste Leitung üblicherweise auch eine qualifizierte Person als QM-Beauftragten (QM-B.) beauftragen oder in der Organisation entsprechende QM-Verantwortliche zur Steuerung von Tätigkeiten des QM-Systems bestimmen und festlegen. Viele integrierte Managementsysteme (IMS) erfordern in ihren spezifischen Managementanforderungen oder -kriterien, dass durch die Verantwortung und Verpflichtung der Unternehmensleitung eine Person bestimmt wird, die gemeinsam mit der obersten Leitung sicherstellt, dass die Integration der spezifischen Anforderungen auch tatsächlich funktionieren (z. B. »qu.int.as-Beauftragte« nach MAAS-BGW).

6

Der Aufbau des QM-Handbuches, z. B. mithilfe Software, elektronischem Projekt- oder Prozessmanagement, mithilfe von Netzwerken oder webbasiert bzw. auch in Papierform ist, wie bereits im Kapitel »Qualitätsmanagement-Handbuch« (QM-H) (▶ Kap. 6.3) durch die Organisation frei wählbar und in der ISO 9001:2015 nicht als eine formale Anforderung (mit Ausnahme von Aufzeichnungen als dokumentierte Informationen) festgelegt. Allerdings können IT-Lösungen zu dem Datenmanagement im Rahmen des QM-Systems die dokumentierten Informationen als eine schriftliche Festlegung (s. ISO 9001, Abschnitt 7.5 »Dokumentierte Informationen«) und die interne sowie externe Kommunikation insbesondere in den Bereichen des Schnittstellenmanagements erheblich unterstützen und ein lebendiges zielgerichtetes **»Mitmach-(Qualitäts-)Management«** für alle schaffen und fördern. Neu ist im Vergleich zur vorherigen ISO 9001:2008, dass mit der Revision die klassischen und in der damaligen Norm geforderten sechs »dokumentierten Verfahren« in den Normabschnitten, z. B. die Lenkung von Dokumenten und Aufzeichnungen etc., mit der Revision verschwunden sind. Trotz allem sind die Prozesse und die Verfahren sowie die Festlegungen (Vorgaben) in den Anforderungselementen der ISO 9001:2015 ausnahmslos einrichtungsindividuell zu realisieren und nichtrelevante Anforderungen der ISO müssen als »nicht zutreffend« begründet und im QM-System dokumentiert werden (z. B. ISO 9001, Abschnitt 8.3 »Entwicklung von Produkten und Dienstleistungen«). Dabei fordern die Normen der ISO 9000 ff. grundlegend keinen »Papiertiger« zu entwickeln, der im Verständnis die Auffassung vertritt: »Wir müssen für das ISO-Zertifikat alles aufschreiben.« Diese Gedanken schaden jedes QM-System oder bremsen ein gesetzlich verpflichtendes einrichtungsinternes Qualitätsmanagement in Pflegeorganisationen (z. B. nach § 113 SGB XI) und hemmen ebenso die Mitarbeiter, sich an dem »Mitmach-(Qualitäts-)Management« aktiv zu beteiligen.

Bei der Überarbeitung einer bereits bestehenden QM-Dokumentation und ggf. eines bereits zertifizierten QM-Systems nach der ISO 9001:2008 müssen die nachfolgenden vier neuen Anforderungen der DIN EN ISO 9001:2015 mit seinen Leitfragen in dem Managementsystem als neue Normforderungen zum Erhalt oder als ein Ziel zur Zertifizierungsreife beachtet und neu geregelt werden, falls diese bisher nicht bereits in dem bestehenden QM-System berücksichtigt wurden:

- Rahmenbedingungen im Kontext der Organisation und die Betrachtung der internen und externen Themen zur Ausrichtung des QM-Systems (ISO 9000:2015, Abschnitt 4.1):
  1. Leitfrage: »Wer gehört zu den relevanten interessierten Parteien und wie sind deren Anforderungen?«
- Umgang mit Risiken und Chancen und die Überarbeitung der Prozesse des QM-Systems sowie die Ermittlung von Maßnahmen zur Risikovermeidung (ISO 9001:2015, Abschnitt 6.1):
  2. Leitfrage: »Wie risikobehaftet ist ein Prozess und wie sieht die Art und Weise der Risikobeherrschung aus?«
- Aufbau eines Wissensmanagements (ISO 9001:2015, Abschnitt 7.1.6):
  3. Leitfrage: »Wie sieht der Wissensstand der Mitarbeiter zur Leistungserbringung aus und reicht das vorhandene Wissen zur Übernahme der Tätigkeiten aus?«
- Bestimmen einer internen und externen Kommunikation und Information bzgl. der relevanten Themen des QM-Systems (ISO 9001:2015, Abschnitt 7.4):
  4. Leitfrage: »Ist das Motto: ›Viel hilft viel‹ oder ›Verständigung schafft Vertrauen‹ in den Köpfen?«, »Wie sehen die internen und externen Informations- und Kommunikationssysteme bzgl. des QM-Systems in seiner Qualität konkret aus?«

Die nachfolgenden Beschreibungen **»Was ist zu tun und wie«** fassen die **wichtigsten Anforderungen** der DIN EN ISO 9001:2015 in den sieben Normabschnitten (4–10) charakterisierend zusammen und betonen neben der Anwendung des PDCA-Zyklus, wie wichtig es ist, dass die oberste Leitung den Weg aufzeigt und den Prozess des »risikobasierten Denkens« in dem QM-System durch ihr Engagement aktiv fördern muss. Bei der Erarbeitung und Auseinandersetzung mit den Normforderungen gilt grundsätzlich folgende Maxime:

»Bewährtes erhalten – Neues versuchen!«

In diesen Erläuterungen werden allerdings nicht in jedem Normabschnitt alle Unterpunkte der Qualitätsnorm nach der DIN EN ISO 9001:2015 abschließend angesprochen und deren Regelungen dargestellt. Auch wenn die Normanforderungen abschnittsbezogen und einzeln in groben Zügen dargestellt werden, sollte vor Augen geführt werden, dass die einzelnen Normanforderungen wie ein Gesamtnetzwerk miteinander verlinkt und die Anforderungen gegenseitig in der Qualitätsnorm stark zueinander verschränkt sind. Dem Leser der ISO-Norm 9001:2015 wird dabei auffallen, dass die Normanforderungen sehr allgemein gehalten sind und nur an wenigen Stellen die

Anforderungen in der Qualitätsnorm für den Leser und die Anwender konkretisiert werden. Durch die branchenneutrale Qualitätsnorm der ISO 9001 muss grundsätzlich die Anwendbarkeit der Norm einrichtungsintern passend übersetzt werden. Dabei sollte nicht in Vergessenheit geraten, dass es sich hier bei der DIN EN ISO 9001 zur Darstellung von Qualität, um eine allgemeingültige weltweite Norm für alle Organisationen handelt.

Bei dem Aufbau eines normenkonformen QM-Systems ist ebenso zu beherzigen, dass alle Qualitätsanforderungen des gesetzlich festgelegten einrichtungsinternes Qualitätsmanagements nach § 113 SGB XI n. F. (ambulante, teil- und vollstationäre Pflegeeinrichtungen) in das QM-System nach der Qualitätsnorm zu berücksichtigen sind, d. h. ausnahmslos erfüllt und in das QM-System eingebettet werden müssen! So können im Rahmen der Implementierung durchaus auf die konzeptionellen Grundlagen, z. B. auf das Pflegekonzept; Pflegeprozessdokumentation, Pflegecontrolling o. Ä. an entsprechender Stelle verwiesen werden. Bei dieser Verlinkung muss auf die Konformität mit den Anforderungen der DIN EN ISO 9001:2015 im Zuge der Dienstleistungserbringung geachtet werden. Auch wenn die Normanforderungen oftmals durch Kritiker als zu »bürokratisch« oder »sperrig« bewertet werden, so berücksichtigt ganz besonders die neue ISO 9001 in seinen Anforderungsteilen im Fokus die Leistungserbringung und Kundenzufriedenheit in den Dienstleistungsbereichen. Der Normungsausschuss hat hier erkannt, dass verständlicherweise in Dienstleistungsbetrieben (z. B. in den Pflegeorganisationen) die Güte von Personen, Prüf- oder Messmitteln, Maschinen und vor allen Dingen die Prozesse sowie deren Abläufe anders gestaltet sind, wie bspw. dies in einem produzierenden Unternehmen (z. B. in der Automobilindustrie) zutrifft.

Info

Viele Begriffe in der ISO-Qualitätsnorm lassen sich in den Maßstäben und Qualitätsgrundsätzen nach § 113 SGB XI n. F. des einrichtungsinternen Qualitätsmanagements in den ambulanten, teil- und vollstationären Pflegeeinrichtungen wiederfinden. Somit können die Anforderungselemente aus den ISO-Qualitätsnormen auch Pflegeeinrichtungen die ein einrichtungsinternes Qualitätsmanagement nach den gesetzlichen »Maßstäben und Grundsätzen für die Qualität« (»MuG«) aufbauen müssen, als eine Unterstützung und zur Weiterentwicklung oder zur Anregung ihres einrichtungsinternen Qualitätsmanagements durchaus gut nutzen.

Im Vorgehen ist jeder der nachfolgenden Schritte gleich aufgebaut: Im **ersten Abschnitt (»Was ist zu tun und wie?«)** wird erklärt, welchen Zweck die jeweiligen Normforderungen haben. Auch wenn alle Anforderungen mit Ausnahme der Ausschlüsse nach der DIN EN ISO 9001:2015 zu erfüllen sind, werden im Verlauf die wichtigen Anforderungsteile beispielhaft aufgegriffen. Der **zweite Abschnitt** enthält **»Empfehlungen und Anleitungen«**, die von der Organisation zu beherzigen sind (Umsetzungshilfen), um die jeweiligen Anforderungsteile der Qualitätsnorm der ISO 9001:2015 für eine mögliche Zertifizierungsreife zu erfüllen oder ihr einrichtungsinternes Qualitätsmanagement weiterentwickeln möchten.

Wichtig **Immer im Kontext!**

Ein Normabschnitt mit seinen Anforderungen und Unterabschnitten darf niemals isoliert von anderen Anforderungselementen in der DIN EN ISO 9001:2015 gelesen oder bearbeitet werden. Die Norm ist grundsätzlich im Zusammenhang des gesamten QM-Systems im jeweiligen Kontext der Organisation und den Querverweisen sowie Hinweisen, z. B. in der DIN EN ISO 9000:2015 zu betrachten. Die Qualitätspolitik, die Qualitätsziele und die strategische Ausrichtung haben hier eine bedeutende Rolle.

6.4.1 Normabschnitt 4 »Kontext der Organisation«

Tipp

Zum besseren Verständnis der Qualitätsanforderungen werden grundsätzlich immer eingangs für Kurzentschlossene und als ein erster Überblick die jeweiligen Normabschnitte der ISO 9001:2015 nach der einheitlichen High Level Structure (HLS) für alle Managementsystem-Normen (z. B. Umwelt- oder Sicherheits- und Gesundheitsmanagementsystem etc.) mit den Darstellungen der ISO-Anforderungsteile in den Gliederungsabschnitten der Norm, kurz zur Übersicht vorangestellt.

Ein Qualitätsmanagementsystem nach der Normenfamilie ISO 9000 ff. mit seiner strategischen Ausrichtung und seinen Qualitätszielen lässt sich nach der Qualitätsnorm nur mit einem wirksamen Prozessmanagement, d. h. durch die Verschränkungen der Normanforderungen umsetzen. Dieser Normabschnitt 4 »Kontext der Organisation« (▶ Abb. 32) intendiert die Grundlagen für das normenkonforme QM-System, z. B. durch die Festlegung des Anwendungsbereichs (synonym: Geltungsbereich) und die Bestimmung der individuellen Rahmenbedingungen die sich aus den internen (aus der Organisation) und externen Themen (aus dem Umfeld) der Organisation ergeben als auch aus der Ermittlung der Erfordernisse und der Erwartungen der relevanten interessierten Parteien. Die wichtigsten internen und externen Themen haben einen direkten Einfluss auf das QM-System und sind von daher als eine wichtige Anforderung vorher zu identifizieren und zu bestimmen. Diese Aspekte (Rahmenbedingungen, interne und externe Themen, Interessierte Parteien sowie definierte Ausschlüsse aus der Norm) bilden die Grundlagen für die individuelle Ausrichtung des normenkonformen QM-Systems mit seinen Prozessen unter der besonderen Berücksichtigung seiner Ziele und seines Umfeldes. Durch die in der Norm »nicht zutreffenden Anforderungen« (eine Anforderung kann im QM-System der ISO nicht erfüllt werden) können ganz allgemein keine ganzen Anforderungsabschnitte im Anwendungsbereich des QM-Systems durch die Pflegeorganisation ausgeschlossen werden wenn diese Leistungen dem Kunden angeboten werden, z. B. die Entwicklung und die Implementierung einer Palliativversorgung mit seinen erforderlichen Netzwerkstrukturen. Grundsätzlich haben alle Prozesse mit ihren Wechselwirkungen neben ihren Zielen (»Warum wird dieser Prozess so ausgeführt?«) festgelegte Eingaben (Input) und deren Wirksamkeit muss (Output) durch verschiedene Leistungsindikatoren (z. B. durch gemeinsame Ziele) oder durch andere spezifische Parameter messbar und bewertbar sein. Im Wesentlichen sind in diesen Anforderungen die Prozesse sowie die Prozessziele festzulegen und deren Wechselbeziehungen zueinander. Denn ein Prozess, z. B. der Pflegeprozess, ist im Kontext der Pflegeorganisation niemals isoliert zu betrachten, sondern steht in unmittelbarer Beziehung zu anderen Prozessen der Organisation, wie z. B. mit den Bereuungsprozessen oder mit dem Speiseversorgungsprozess. Diese Assoziationen sollten in dem QM-System gemeinsam mit den Prozesseignern als Verantwortliche gelingen und kann dann als ein Prozessnetzwerk verstanden werden. Die Zuweisung von Befugnissen und Verantwortungen ist ein Grundanliegen der Qualitätsnorm, damit die Prozesse einwandfrei realisiert werden können und sollte in einer Ablaufbeschreibung (z. B. in einer QM-VA oder Stellenbeschreibung bzw. in einem Organigramm) durch die Unternehmensleitung festgelegt und den betroffenen Mitarbeitern verdeutlicht werden.

Tab. 23: SWOT-Analyse zur Marktpositionierung der »Mustereinrichtung«

»STRENGTHS« – Stärken	»WEAKNESS« – Schwächen
Was machen wir in der »Mustereinrichtung« besser als die »anderen«? • gute Kooperationen und Netzwerke sowie die Lage der »Mustereinrichtung« (Wettbewerbsvorteil) • bessere Zusatzqualifikationen der Mitarbeiter • hohe Mitarbeiterzufriedenheit durch verschiedene Anreizsysteme • Freundlichkeit und Zugewandtheit der Mitarbeiter • große Anzahl engagierter ehrenamtlicher Personen	In welchen Aspekten sind wir für die Zukunft zu schwach aufgestellt oder organisiert? • Doppelzimmer (65 Prozent in der Mustereinrichtung) • starre Strukturen (vorhandene Ressourcen werden nicht zeitnah genutzt • räumliche Möglichkeiten für Präsentationsveranstaltungen sind unzureichend • fehlendes Wissen zum Aufbau eines Projektmanagements in der »Mustereinrichtung«
»OPPORTUNITIES« – Chancen	**»THREATS« – Gefahren**
Wie ist in der Zukunft unter Berücksichtigung der Ziele die eigene Entwicklung zu bewerten? • betriebliches Gesundheitsmanagement ausbauen • stabiles Netzwerk und Kooperationen sollten verfestigt werden • Zusatzqualifikationen sollten in der Zukunft innerhalb der »Mustereinrichtung« zielgerichtet eingesetzt werden • Etablierung eines einrichtungsinternen neuen Versorgungskonzeptes (Neuentwicklung) sollte voran getrieben werden	Sind Änderungen auf dem regionalen Pflegemarkt in der Zukunft zu erwarten oder zu erkennen? • Bei zwei von drei Mitbewerbern verbesserte sich die Versorgungs- und Ergebnisqualität (Marktmacht) • Alle Mitbewerber können mehr Einzelzimmer zur Verfügung stellen • Zwei von drei Mitbewerbern sind moderner von der baulichen Konzeption und Inneneinrichtung (höhere Wohnqualität) besser ausgestattet • Risiko: Refinanzierung der Neuentwicklung und Ausbildung von speziell geschulten Mitarbeitern in Eigenleistung durch die Pflegeorganisation • Probleme mit der Auslastungs- und Belegungsstruktur in der »Mustereinrichtung«

Die oberste Leitung der Organisation verpflichtet sich frühzeitig, alle Mitarbeiter einzubeziehen und sich selbst bei der Einführung, Anwendung, Wirksamkeit und der ständigen Weiterentwicklung sowie zur fortlaufenden Verbesserung proaktiv einzubringen. Durch die oberste Leitung sind die Aufgaben und die damit verbundenen Verantwortungen und Kompetenzen (Qualifikationsprofile, s. ISO 9001, Abschnitt 7.2 »Kompetenzen«) im Hinblick auf das QM-System schriftlich festzulegen und die Befugnisse und Verantwortungen in geeigneter Weise in der Organisation zu kommunizieren und schriftlich festzulegen.

Ermittlung der externen Themen, z. B. durch Umfeldanalysen:
Gesetzliche und behördliche Rechtsvorschriften sowie u. U. zeitliche Genehmigungen durch eine Behörde (z. B. Heimaufsicht), die für das QM-System von Bedeutung sind, zu ermitteln; Wirtschaftliche, ökologische und technische Rahmenbedingungen berücksichtigen; Erwartungen der Anspruchsgruppen, Trends und Entwicklungen auf dem Pflege- und Gesundheitsmarkt (Mitbewerbersituationen und -analysen) sowie soziale Rahmenbedingungen betrachten und bewerten etc.

- Vgl. 5.3 »Rollen, Verantwortlichkeiten und Befugnisse in der Organisation«
- Vgl. 7.4 »Kommunikation«

Um die Kundenanforderungen zu kennen, ist es u. a. wichtig, dass ein QM-Verantwortlicher ein Verzeichnis der gesetzlichen und behördlichen Anforderungen erstellt bzw. in regelmäßigen Zeitabständen auf der Grundlage aller Ermittlungsergebnisse auf Aktualität überprüft, aktualisiert und Änderungen intern an die betreffenden Arbeitsbereiche weitergeleitet. Alle Führungskräfte (Prozesseigner) sind mitverantwortlich dafür, fehlende Rechtsvorschriften für das Verzeichnis etc. zu besorgen und in den betreffenden Bereichen bereitzuhalten, d. h. verfügbar zu machen (z. B. EDV-gestützt, Online-Versionen etc.). Der QM-Verantwortliche (QM-B.) informiert die Führungskräfte über das Verzeichnis (siehe Verteiler und Bestätigungslisten, Aktualitätendienst) und über die einschlägigen Vorschriften sowie deren Zugänglichkeit. Aushangpflichtige Gesetze können am »Schwarzen Brett« für die Mitarbeiter veröffentlicht werden, z. B. Arbeitsschutzgesetz, Jugendarbeitsschutzgesetz, Unfallverhütungsvorschrift, Mutterschutzgesetz etc.

Auf Basis der identifizierten Prozesse des QM-Systems muss in diesem Normabschnitt durch die oberste Leitung ermittelt werden, wer die relevanten interessierten Parteien sind und welche Erfordernisse und Erwartungen für jede einzelne Anspruchsgruppe damit verbunden sind, wie z. B. Zuverlässigkeit, Termintreue, Fehlerfreiheit in der Dienstleistungserbringung, Zufriedenheit mit der Leistungserbringung, Umsetzung der gesetzlichen und behördlichen Vorschriften etc.

Alle betroffenen Mitarbeiter sind z. B. in einem internen Eröffnungsworkshop (Kick-off-Veranstaltung) über das Projekt »Qualitätsmanagementsystem« und ggf. durch eine Wissensvermittlung zu informieren (»Positive Aufruhr«).

- QM-VA: »Ermittlung rechtlicher und behördlicher Anforderungen« erarbeiten.
- EDV-gestütztes Verzeichnis aller Anforderungen, Gesetze, Normen und anderen Rechtsvorschriften erarbeiten sowie die Zuständigkeit für dieses Verzeichnis in der Organisation verbindlich festlegen.
- Bestandsanalyse zu dem o. g. Aspekt durchführen.

6

Hinweis:
Aushangfertige (vorgelochtes Buch) besorgen und den Mitarbeitern zum Lesen durch Aushang zur Verfügung stellen (»Schwarzes Brett«).

4.2 »Verstehen der Erfordernisse und Erwartungen interessierter Parteien«

Interessierte Parteien oder Anspruchsgruppen werden im erweiterten Blickwinkel der ISO 9001 betrachtet, wie z. B.:
Bewohner, Pflegekunden, Angehörige, Betreuer, Mitarbeiter, Kooperationspartner, Behörden, Lieferanten, Gesellschafter, Eigentümer, Gesellschaft, Kostenträger etc.

- **Matrix** als Überblick erarbeiten, um die verschiedenen Leistungsindikatoren der Erfordernisse und Erwartungen der interessierten Parteien darzustellen, z. B. zu den Ergebnissen aus Mitarbeiterbefragungen (Mitarbeiter), externe Anbieter (Wirkung der Zusammenarbeit mit Lieferanten – Beziehungsmanagement), Häufigkeit von Beschwerden in den Leistungsbereichen (Bewohner und deren Angehörigen oder Betreuer) usw.

Es ist nach der Qualitätsnorm zwingend erforderlich, sich regelmäßig mit den **interessierten Parteien auszutauschen** und die Ergebnisse, z. B. mit den externen Anbietern oder mit den Kostenträgern zu dokumentieren, um ggf. das QM-System mit seinen Prozessen bei Änderungen und Auswirkungen, z. B. Wechsel eines Hauptlieferanten oder durch die Etablierung eines pflegefachlichen Schwerpunkts, entsprechend nachjustieren und dementsprechend anpassen zu können.

Sind die Anforderungen der interessierten Parteien durch die Pflegeorganisation ermittelt worden und wer überwacht laufend, ob Änderungen erforderlich sind?

Die Pflegeorganisation muss den Anwendungsbereich (Zweck) im Kontext der Organisation (z. B. alle Bereiche des Unternehmens) im Prozessmodell festlegen und nicht relevante Anforderungen der DIN EN ISO 9001:2015 im QM-Systems in den Tätigkeiten identifizieren und schriftlich an dieser Stelle begründen (z. B. ISO 9001, Abschnitt 8.3 »Entwicklung von Produkten und Dienstleistungen«). Die Ausschlüsse können sich auch auf andere Anforderungsteile der ISO 9001 beziehen. Allerdings können die Aufgaben und Dienstleistungen die durch die Zweckbestimmung der Organisation erbracht werden nicht ausgeschlossen werden (z. B. Beschaffungsprozesse, Schulung der Mitarbeiter etc.). Mit der Begründung der Ausschlüsse von Anforderungsteilen ist verbunden, dass diese im Kontext der Organisation begründet und dokumentiert werden, sowie deren Art und der Umfang der Lenkung festzulegen sind.

4.3 »Festlegung des Anwendungsbereichs des QM-Systems«

Leitfragen:

1. »Welche Faktoren können die Organisation in der Aufbau- und Ablauforganisation beeinflussen?«
2. »Welche Anforderungen der ISO 9001:2015 treffen im Anwendungsbereich des QM-Systems nicht zu (Ausschlüsse)?«

- Ausschlüsse einzelner Normforderungen als »nicht zutreffen« begründen und dokumentieren (zur Beweislastumkehr!).

Die Aufbau- und Ablauforganisation sowie die Wirksamkeit des QM-Systems sind darzulegen (Prozessmanagement).

- Aufbauorganisation festlegen (z. B. in einem Organigramm).
- Eine Projektaufbauorganisation zur »Implementierung eines Managementsystems« kann von einem einrichtungsinternen Organigramm abweichen und sollte zur Einführung und Verwirklichung des QM-Systems installiert werden.

Die Beschreibung und Darlegung des QM-Systems, z. B. in einem QM-Handbuch (QM-H) ist grundsätzlich frei wählbar. Das QM-H oder die dokumentierten Informationen des QM-Systems müssen den Dienstleistungsprozess (Wertschöpfungsprozess), Anwendungsbereich des QM-Systems mit den Ausschlüssen und deren Begründungen, die Qualitätspolitik mit ihren Qualitätszielen, die Beschreibung der Aufbau- und Ablauforganisation des QM-Systems und die risikobehafteten Prozesse sowie die dafür erforderlichen Arbeitsunterlagen (z. B. QM-Verfahrensanweisungen, Pflegerichtlinien, Pflegestandards, Checklisten, Formulare, Normen, Vorschriften etc.) bereichsübergreifend enthalten oder zumindest sollten die dokumentierten Infor-

Ziel:
Einführung, Verwirklichung, Wirksamkeit, Aufrechterhaltung und Verbesserung des QM-Systems.

Die Verbesserung schließt neben den Erfordernissen auch die zukünftigen Kundenerwartungen nach der Norm mit ein!

mationen darauf verweisen. Gemeinsam mit den Prozesseigentümern wird die Prozessstruktur und der Aufbau des »QM-Handbuchs« (Lenkung dokumentierter Informationen) und weitere Dokumentationsanforderungen (systemspezifische Anforderungen) ermittelt, erarbeitet, geregelt und die Gliederungsabschnitte des gesamten Mediums der dokumentierten Informationen des prozessorientierten QM-Systems verbindlich festgelegt und dargestellt werden.

Die Prozesse im QM-System müssen unter Berücksichtigung ihrer Wechselwirkungen erarbeitet und von den Prozesseigentümern (»Proei« - Verantwortliche) oder Prozesseigner verstanden, gehandhabt und in ihrer Wirksamkeit i. S. der Verbesserung weiterentwickelt werden (Prozessmodell). Die Prozesse und -arten (Prozessstrukturierung und Prozessnetzwerk) sind zu planen, aufzubauen, zu verwirklichen, aufrechtzuerhalten und müssen **überwacht** werden, damit diese fehlerfrei nach gewissen Regeln ablaufen und funktionieren können. Das einwandfreie Funktionieren der Prozesse ist eine Grundanforderung der ISO 9001 und verschafft Sicherheit!

Um die Prozesse sicher unter beherrschten Bedingungen durchführen zu können sind schriftliche Festlegungen als dokumentierte Informationen (Vorgabe- und Nachweisdokumente) in jedem Fall erforderlich, z. B. Prozessdokumentationen, QM-Verfahrensanweisungen, Standards, Leitlinien, Kontrollchecklisten etc.

Der Kernprozess (Wertschöpfung!), die Ausführungs-, Führungs-, Management- und die Unterstützungsprozesse sind i.S. eines Prozessmodells strukturiert als Prozessablauf darzustellen. Die Prozessdarstellung und die Prozessabläufe können auch bereichsübergreifend festgelegt werden und sind in den Bereichen für die Mitarbeiter bekannt und verfügbar zu machen (Wissensmanagement). Hier sollte frühzeitig das Schnittstellenmanagement geregelt werden, um Informations- und Reibungsverluste zu minimieren.

Medium der dokumentierten Informationen ist für die Verwirklichung Wirksamkeit, Aufrechterhaltung und Verbesserung des QM-Systems festzulegen.

- Prozessdokumentation zur Durchführung der Prozesse sind als dokumentierte Informationen (z. B. Nachweisdokument) zu sichern; Nachweisdokumente sind Aufzeichnungen und müssen aufbewahrt werden.
- Vgl. 7.5 »Dokumentierte Informationen«

4.4 »Qualitätsmanagementsystem und seine Prozesse«

Vollständige Festlegung der Prozesse (Prozesse für den Wertschöpfungsprozess und Prozessnetzwerk) als Prozesslandschaft und Prozessstrukturierung im QM-System vornehmen (z. B. als grafisches Schaubild).

- Das Prozessmodell muss sich auf den Dienstleistungsprozess und auf die Verbesserung beziehen!

Kernprozess und Ausführungsprozesse: »Womit verdient die Einrichtung ihr Geld?« und den Inhalt der kundenbezogenen Prozesse (Vertragliche Grundlagen) sowie die unterstützenden Prozesse ermitteln und darlegen.

- Zum Aufbau des QM-System sind die erforderlichen Nachweisdokumente aufzubewahren (Durchführung der Prozesse in der Praxis).

Die nachfolgenden **acht** Anforderungen der ISO 9001, Abschnitt 4.4 zum Aufbau und zur Darstellung der Prozesse sind als dokumentierte Informationen zu beachten und einzuhalten (z. B. in den Prozessbeschreibungen oder Standards):

1. Eingaben für Prozesse (Was löst einen Prozess aus?) bestimmen;
2. Erwartete Ergebnisse der Prozesse bestimmen;
3. Wechselwirkungen der Prozesse inkl. der Überwachung und Messung müssen bestimmt werden; zur Durchführung und Steuerung der Prozesse sind Leistungsindikatoren, z. B. Kennzahlen als Messgrößen festzulegen, damit die Ziele als ein Ergebnis der Prozessleistung erreicht werden;

Bei der Erarbeitung und Planung der Prozesse sind die **Risiken und Chancen** der Organisation innerhalb der Prozesse zu identifizieren und in den Prozessabläufen oder Prozessbeschreibungen (z. B. in der QM-VA) zu integrieren, d. h. zu berücksichtigen und dazustellen! Bei bestehenden Prozessrisiken sind die **Maßnahmen** zur Risikobeseitigung oder Risikovermeidung festzulegen (Risikostrategie), um Fehler oder unerwünschte negative Auswirkungen weitestgehend auszuschließen. Diese Maßnahmen sind auf Eignung und Wirksamkeit zu bewerten und müssen bei Bedarf verändert werden.

Die stationäre Pflegeeinrichtung muss ihre Prozesse, von der Anfrage und Aufnahme eines Bewohners über die Pflege, Betreuung und Versorgung bis hin zur Beendigung der Pflege (ggf. Überleitungsmanagement) ermitteln und festlegen sowie die Wechselwirkungen der Prozesse (gegenseitige Beziehungen) und deren Prozesslenkung darlegen. So kann die Ergebnisqualität bspw. im Rahmen der Verpflegungsprozesse als eine Wechselwirkung mit dem Pflegeprozess mitunter die gleichen Ziele, z. B. bei vorhandenen Ernährungsproblemen von bestimmten Bewohnern verfolgen. Zwischen dem Verpflegungsprozess und dem Pflegeprozess besteht eine unmittelbare Wechselwirkung (s. ISO 9001, 2015, Unterpunkt 4.4.1.).

Es ist das Ziel, die unterschiedlichen Prozesse (in den Bereichen) und ihre Anwendung in der gesamten Organisation festzulegen (Normabschnitt 4.4 »Qualitätsmanagementsystem und seine Prozesse«) sowie ein Prozessnetzwerk (Ablauforganisation) mit seinen spezifischen QM-Anforderungen für die gesamte Organisation zu entwickeln und festzulegen (z. B. als grafisches Prozessmodell).

4. Bestimmung der Ressourcen und Ressourcenverfügbarkeit in der Praxis sicherstellen;
5. Verantwortungen und Befugnisse für die Prozesse sind durch die Führung verbindlich festlegen;
6. Neu: Risiken und Chancen müssen innerhalb der wichtigsten Schlüsselprozesse berücksichtigt, d. h. identifiziert und integriert werden;
7. Prozesse müssen bewertet werden damit die beabsichtigten Ergebnisse erreicht werden;
8. Prozesse und das QM-System müssen verbessert werden.

- Vgl. 4.4.1c Prozesse bestimmen [...] die Kriterien und Verfahren [...], die benötigt werden, um das wirksame Durchführen und Steuern dieser Prozesse sicherzustellen, zu bestimmen und anzuwenden (vgl. ISO 9001:2015).

Wichtig: In der Erarbeitung oder Überarbeitung der Prozesse sind insbesondere der Umgang mit Risiken und Chancen zu berücksichtigen und in den Prozessen zu identifizieren, darzustellen und in den Prozessen zu integrieren.

- vgl. 6.1 »Maßnahmen zum Umgang mit Risiken und Chancen«

- In einer QM-VA zur Prozessdarstellung sind die Maßnahmen zur Überwachung und Steuerung der Prozesse zu integrieren, z. B. durch Kennzahlen oder sonstige Leistungsindikatoren.
- Verfahren zum Überleitungsmanagement in der stationären als auch in der ambulanten Pflege berücksichtigen, um eine Versorgungskontinuität sicherzustellen.

Ein Projektstruktur- und Maßnahmenplan (Projektplan oder -skizze erarbeiten) zur »Implementierung eines Managementsystems« für den gesamten Implementierungsprozess und -zeitraum ist durch die oberste Leitung gemeinsam mit den Prozessverantwortlichen Mitarbeitern zu erarbeiten (Projektteam) und einzuhalten (Projektmanagement).

- Projektmanagementplan erarbeiten
- Bestehende Regelungen im Projektmanagement berücksichtigen und integrieren. Anfangs- und Enddatum für bestimmte Maßnahmen und Aufgaben im Projektmanagement (einmaliger Prozess) festlegen.

Es ist die Aufgaben der obersten Leitung die notwendigen Ressourcen für das QM-System zur Auftragserfüllung und zur Umsetzung der Prozesse zu bestimmen und verfügbar zu machen sowie in der Organisation sicherzustellen, damit die Prozesse unter beherrschten Bedingungen ausgeführt werden können.

- Vgl. 7.1 »Ressourcen«

Die unterschiedlichen Ressourcen (z. B. die personelle, finanzielle, technische Hilfsmittel, Wissen etc.) sind nicht nur für den Aufbau als wichtige Voraussetzungen sicherzustellen, sondern auch für die Aufrechterhaltung, Wirksamkeit und für die Realisierungsprozesse des QM-Systems bereitzustellen, d. h. personelle, sächliche und materielle Ressourcen. Die Qualität der Ressourcenverfügbarkeit hat eine hohe Bedeutung (z. B. Zusatzwissen der Mitarbeiter, Qualifikationsprofile der Mitarbeiter, Recruiting und Onboarding-Prozesse, d. h. Einarbeitung neuer Mitarbeiter usw.).

6

Empfehlungen und Anleitungen

Zu Beginn sind die Normen der DIN EN ISO 9000:2015 (Beuth-Verlag) mit den Anforderungsteilen durch die oberste Leitung zum Nachlesen und zur Orientierung zu beschaffen. Die Räumlichkeiten müssen für die Besprechungen und Qualitätskonferenzen sowie Qualitätszirkelrunden und für das gesamte Projektmanagement eingeplant und zur Verfügung stehen. Ergänzend sind Moderatoren- bzw. Multiplikatorenschulungen für die Prozesseigentümer (Proei bzw. Prozesseigner) und andere QM-Verantwortliche sinnvoll (Zeitmanagement beachten!).

Grundsätzliches: Eine Organisation entscheidet über die Erforderlichkeit und die Darstellung der dokumentierten Informationen (QM-H.) und Prozesse.

Die Erfassung und die Aktualität der internen und externen Themen sowie die Festlegung des Anwendungsbereichs muss im Rahmen der Managementbewertung (ISO 9001, Abschnitt 9.3 »Managementbewertung«) berücksichtigt werden. Dabei ist wichtig, dass bereits zu Beginn eine geplante Systematik zur Überwachung der bestehenden und sich verändernden Rahmenbedingungen in der Organisation implementiert wird.

Unabhängig davon sind grundsätzlich immer die Anforderungen der »Maßstäbe und Grundsätze für die Qualität« nach § 113 SGB XI n. F. im Kontext der ambulanten, teil- und vollstationären Pflegeeinrichtung ausnahmslos in das QM-System zu integrieren und als ein wichtiges externes Thema (s. DIN EN ISO 9001, Abschnitt 4.1 und Abschnitt 4.2) zu erfüllen.

Prozesse in einem QM-System können sein:
- Kernprozess und Ausführungsprozesse – Dienstleistungspfad: »Pflege-, Betreuungs- und Versorgungsprozess«, (Wertschöpfungsprozess!),
- Führungs- und Managementprozesse,
- Dokumentationsprozesse,
- Kundenbezogene Prozesse und
- Unterstützungsprozesse (Verwaltung, Küche, Haustechnik, Wäscherei etc.).

Das erfolgreiche Führen und Leiten einer Organisation erwartet ein systematisches, vernetztes und wahrnehmbares Lenken durch die Verpflichtung der obersten Leitung und die Führung des QM-Systems. Der Erfolg der Organisation sollte aus der Verwirklichung und Aufrechterhaltung des QM-Systems resultieren, dass auf die Verbesserung der Wirksamkeit und Effizienz der Leistung in der Organisation ausgerichtet ist und die Erfordernisse und Erwartungen der unterschiedlichen Anspruchsgruppen berücksichtigt. Die Mitwirkung von externen Fachkräften, z. B. der Fachkraft für Arbeitssicherheit (FaSi), Betriebsärztinnen und Betriebsärzte sowie die frühzeitige Einbeziehung der Mitarbeitervertretung (MV) muss initiiert werden. Grundsätzlich sind die Verantwortungen, Zuständigkeiten und Befugnisse der Mitarbeiter bzw. der Führungskräfte in den Abteilungen bzw. in den Arbeitsbereichen der Organisation in dem QM-System eindeutig durch die Führung der Pflegorganisation festzulegen und zu dokumentieren (z. B. Verantwortungsmatrix, Stellenprofile oder Aufgaben und Stellenbeschreibungen etc.).

6.4.2 Normabschnitt 5 »Führung«

Die nachfolgende Abbildung (▶ Abb. 33) verdeutlicht in der Zusammenfassung in den drei Anforderungsteilen im fünften Normabschnitt der ISO 9001:2015 neben der Qualitäts- und Organisationskultur (z. B. nach dem vielbeachteten Modell von Edgar H. Schein u. a.) die Wichtigkeit und Bedeutung der Führung sowie Rechenschaftspflicht im Zusammenhang mit dem normenkonformen QM-System. Nach E. Schein ist die Organisationskultur und die nach außen dargestellten Werte und Artefakte (ein durch den Menschen herbeigeführter und sichtbarer Zustand oder Merkmale) eines Unternehmens wichtig, *»weil Entscheidungen, die in Unkenntnis der kulturellen Mechanismen getroffen werden, unerwartete und unvollkommene Folgen haben können«*

(Schein, 1985: 12; Schein, 2010: 19). Unbestritten ist in diesem Normabschnitt für den Leser der Norm zu entnehmen, dass die oberste Leitung als eine **»Verpflichtung«** nach der neuen ISO-Qualitätsnorm sehr stark in die Pflicht genommen wurde, das normenkonforme und wirksame QM-System in der Führungsverantwortung proaktiv zu stärken und durch persönliches Engagement zukunftsorientiert unter der besonderen Berücksichtigung der gelebten Werte, Verhaltensweisen und Regeln zu steuern und markt- und wettbewerbsbezogen weiterzuentwickeln (s. ISO 9001, Abschnitt 5.1). Auch in den »Maßstäben und Grundsätzen für die Qualität« (»MuG«) wird darauf verwiesen, dass die Verantwortung für die Umsetzung des einrichtungsinternen Qualitätsmanagements auf der Leitungsebene der Pflegeorganisation liegt. Auch ist in den »MuG« neben den drei Ebenen der Qualität (Struktur-, Prozess- und Ergebnisqualität) zu entnehmen, dass im einrichtungsinternen Qualitätsmanagement entsprechende Ziele festzulegen sind (vgl. MuG, 2018a: 3 f). 6

Info

Die prädefinierten Qualitätsanforderungen in den »Maßstäben und Grundsätzen für die Qualität« nach § 113 SGB XI n. F. stellen im Zusammenhang der Pflegequalität an vielen Forderungen eine Verbindung zur Qualitätsnorm der ISO 9000 ff. dar.

Im Rahmen der inneren Haltung und der Einstellung zum QM-System sind die Qualitätsziele auf dem Fundament der Qualitätspolitik (grundlegende Aufgabe und Mission der Organisation) festzulegen und durch die oberste Leitung mit seinem Führungsteam anzusteuern und zu erreichen. Eine Qualitätspolitik oder ein Leitbild mit Werteorientierung umschreibt die Ausrichtung oder die Absichten der Organisation (Vision oder Mission) und wird bestimmt durch die vorherrschende und gelebte Organisationskultur. Um die festgelegte Qualitätspolitik in einem effektiven QM-System wirksam zu realisieren ist es eine wichtige Voraussetzung, dass die Mitarbeiter die Qualitätspolitik in allen Bereichen kennen und verstehen. Wichtige Voraussetzungen sind zur Umsetzung des QM-Systems, dass durch die oberste Leitung die erforderliche Ressourcenverfügbarkeit sichergestellt wird und die Mitarbeiter mit Handlungskompetenzen und vor allen Dingen mit Befugnissen und Verantwortungen ausgestattet werden. Durch eine förderliche Qualitätskultur sind im Rahmen der Organisationsentwicklung die Mitarbeiter aktiv in das QM-System durch Motivationsarbeit einzubeziehen, d. h. nach den Normforderungen anzuleiten und in der Umsetzung des QM-Systems zur Erreichung der gemeinsamen Qualitätsziele zu (»führen«) unterstützen sowie Verantwortungen auch an sie abzugeben.

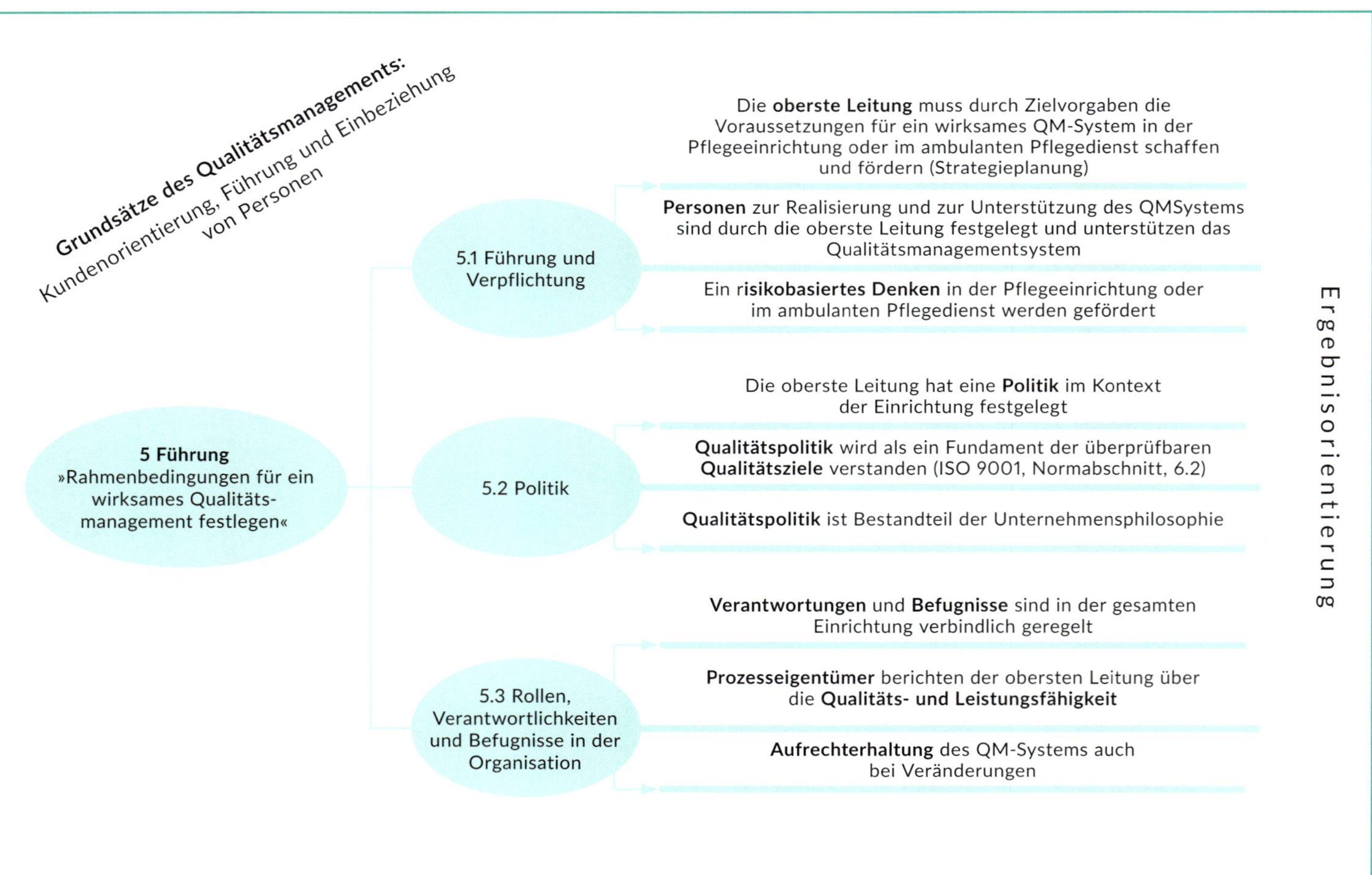

Abb. 33: Führung

»Was ist zu tun und wie?«

Die oberste Leitung und die Führungskräfte müssen sich aktiv und beständig in ihrem Arbeitsumfeld engagieren, um die festgelegten Qualitätsziele zu erreichen und durch die Kundenorientierung die Kundenzufriedenheit zu verbessern und abzusichern oder die **Kundenerwartungen dabei zu übertreffen.** Um die Kundenzufriedenheit nach den Qualitätsmanagementprinzipien abzusichern, sind zunächst die gesetzlichen und behördlichen Vorgaben einzuhalten und die Risiken und Chancen im Rahmen der Leistungserbringung in den einzelnen Prozessen aufzuspüren, damit entsprechende Gegenmaßnahmen frühzeitig eingeleitet werden können. Ziel der Kundenorientierung ist es, die Kundenanforderungen und deren Erwartungen zu ermitteln und eine Systematik zur Umsetzung der Kundenanforderungen zu installieren!

Dies beinhaltet neben den klaren Vorgaben, Strukturen, Zielen und Visionen eine deutliche Positionierung und ein aktives verantwortungsvolles Mitwirken und Engagement als eine Verpflichtung im Kontext der Organisation zum gewählten QM-System deutlich in der Praxis zu demonstrieren. Auch wenn die Festlegung eines QM-Beauftragten (QM-B.) keine Forderung in der ISO 9001:2015 mehr darstellt und die oberste Leitung verstärkt in den Normforderungen in die Pflicht genommen wurde, so sind dennoch zur Handlungsfähigkeit und zur Motivation die Verantwortungen und Befugnisse im QM-System, z. B. für die Prozesseigentümer (Proei) bzw. Prozesseigner festzulegen, um die Aufgaben des QM-Systems auf mehrere Schultern gleichmäßig zu verteilen. Dies kann z. B. durch eine Verantwortungsmatrix für die qualitätssichernden und qualitätsgebundenen Aufgaben und Tätigkeiten in der Organisation erfolgen.

Die Verantwortungen und Befugnisse von leitenden Mitarbeitern (Führungskräfte) müssen zum einwandfreien Funktionieren, d. h. zum Lenken und Leiten des internen QM-Systems geregelt und z. B. als Lenkung der dokumentierten Informationen festgelegt werden. Alle Führungskräfte (Prozessverantwortliche) der Einrichtung sind hier durch die oberste Leitung zu unterstützen sowie zur Mitarbeit zu motivieren, zu verpflichten und zur Übernahme von bestimmten QM-relevanten Aufgaben zu berechtigen (Bewusstsein zum QM-System fördern).

Normbezug:

5.1 »Führung«

5.1.2 »Kundenorientierung«
- Die Erfüllung der Kundenanforderungen und deren Erwartungen sind eine Selbstverpflichtung der obersten Leitung, z. B. durch die fachliche Kompetenz der Mitarbeiter, Reaktionszeiten bei Anfragen, Unterstützung beim Pflegegradmanagement uvm.

Verantwortungsmatrix erarbeiten.

Anforderungen in dem QM-System integrieren und Vorgaben für ein wirksames funktionieren des QM-Systems festlegen.

In der Ausrichtung des QM-Systems sind Zielvorgaben festzuschreiben.

- Schärfung des Bewusstseins der Mitarbeiter zum QM-System und seiner Politik und mit ihren Qualitätszielen

Die Kultur eines risikobasierten Denkens muss durch die Führung demonstriert, gefördert und verwirklicht werden, damit durch das QM-System die angestrebten Ziele und die beabsichtigten Ergebnisse erreicht werden können.

- Vgl. 7.1 »Ressourcen«

Zur Handlungsfähigkeit sind die Kompetenzen und die nötigen Befugnisse sowie die Verantwortlichkeiten für die Mitarbeiter festzulegen.

Die Aufgaben und Zuständigkeiten sind in diesem Zusammenhang als ein wichtiger Bestandteil eindeutig zu klären und schriftlich (z. B. auch durch Zielvereinbarungen) festzulegen sowie die erforderlichen Ressourcen zur Umsetzung dauerhaft durch die oberste Leitung bereitzustellen.

Transparenz schaffen und offene Kommunikationskultur sowie Informationsstrukturen schaffen, z. B. »Schwarzes Brett« als Infotafel etc.

- Zielvereinbarungen können auch zum Erreichen der Qualitätsziele eingesetzt werden.

Je mehr die Mitarbeiter für das QM-System gewonnen und begeistert werden können, umso vielversprechender und engagierter tragen sie zur Erreichung der Qualitätsziele bei. Gut informierte Mitarbeiter sind eine der Schlüsselaufgaben in einem effektiven QM-System! Wenn Mitarbeiter sich uninformiert fühlen, passieren oftmals vermeidbare Fehler.

Es sollte ein Ziel sein, die Mitarbeiter so umfassend wie nur möglich über die Ergebnisse der Wirksamkeit und Umsetzung des QM-Systems zu informieren.

Die oberste Leitung ist verpflichtet, unter Berücksichtigung der Risiken und Chancen, die Maßnahmen zur Kundenzufriedenheit in der Organisation zu vermitteln und zu fördern. Eine wichtige Anforderung an die Führung einer Pflegeorganisation ist es, eine **Politik** bzw. »Qualitätspolitik« (Unternehmensphilosophie) unter Berücksichtigung der Organisationskultur als eine Unternehmensstrategie mit transparenten und zu überprüfenden Qualitätszielen (ISO 9001, Abschnitt 6.2) zu formulieren und verbindlich für die gesamte Organisation festzuschreiben. Die Qualitätsziele können aus der Politik heraus nur dann abgeleitet werden, wenn die Qualitätspolitik den Verständigungsrahmen dazu beinhaltet. Die organisationsspezifische Politik sollte sich aus der Unternehmensstrategie und aus dem Kontext der Organisation und dessen Kultur ableiten lassen und fortwährend durch die oberste Leitung gemeinsam mit den Führungskräften auf Wirksamkeit und Zweckmäßigkeit überprüft und den Marktanforderungen sowie den gesetzlichen und behördlichen Anforderungen angepasst werden.

5.2 »Politik«

Die »Qualitätspolitik« ist als eine Verpflichtung zur Verbesserung der Leistungen zu betrachten!

- Vgl. 6.2 »Qualitätsziele und Planung zu deren Erreichung«

- Zur Umsetzung der Qualitätspolitik könnte den Mitarbeitern ein Hand- oder Merkzettel ausgehändigt oder am »schwarzen Brett« veröffentlicht werden.
- Prozessorientierung, Qualitätspolitik und der risikobasierte Ansatz des QM-Systems sind in der Organisation zu vermitteln und zu verstetigen.

Hinweis: Allerdings: können die Kundenanforderungen und deren Erwartungen die Qualitätspolitik auch beeinflussen.

Die Festlegung der Umsetzung einer geeigneten Politik ist somit eine Verpflichtung der obersten Leitung, mit dem Ziel, sich fortlaufend zu verbessern. Auf der Grundlage der Politik und des Unternehmenszweck werden die kurz-, mittel- oder langfristigen Qualitätsziele festgelegt.

Hinsichtlich der Politik wird bei einem Zertifizierungsaudit der Daseinszweck, Anwendungsbereich, Wertesysteme, Leitbild und strategische Ausrichtung der Organisation bewertet sowie die Art und Weise der Realisierung dieser Aspekte, insbesondere wie die Einrichtung die Qualitätspolitik und Strategie formuliert, stufenweise herunterbricht und in Maßnahmenplänen umgesetzt hat.

- Vgl. 9.3 »Managementbewertung«

Stimmigkeit der Qualitätspolitik im Hinblick auf die Erreichung der Qualitätsziele? – Besteht ein Änderungs- oder ein Anpassungsbedarf der Q-Politik oder Ziele?

Die Führung und Leitung der Organisation muss ein Verfahren zur internen Kommunikation implementieren und die Aufgaben und Befugnisse der Mitarbeiter verbindlich im QM-System festlegen (z. B. durch Stellenbeschreibungen). Die Motivation der Mitarbeiter sowie eine effektive Organisations-, Informations- und Kommunikationsstruktur sind neben dem Verstehen der Stellenbeschreibungen eine wichtige Voraussetzung für die Umsetzung der Qualitätspolitik und dem Wachstum der Pflegeorganisation.

5.3 »Rollen, Verantwortlichkeiten und Befugnisse in der Organisation«

- Vgl. 7.4 »Kommunikation«

- Organigramm, Stellen-, Funktions- oder Aufgabenbeschreibungen bzw. Stellenprofile erarbeiten, besprechen, freigeben und vom Stelleninhaber unterzeichnen lassen. In den Stellenbeschreibungen ist es wichtig, die Verantwortungen und Befugnisse konkret zuzuweisen. Die Zuweisung von Verantwortungen und Befugnissen kann ebenfalls in den QM-VA als Prozessbeschreibungen dargestellt werden

Eine Beauftragung zur Unterstützung des QM-Systems, z. B. durch einen QM-B. oder QM-Verantwortlichen inkludiert im QM-System die Übertragung gewisser Kompetenzen und Befugnisse, die sicherstellen, dass die festgelegten Prozesse im QM-System eingeführt, verwirklicht, aufrechterhalten und überwacht werden. Es ist wichtig, dass die bestehenden Anforderungen des QM-Systems verstanden und normenkonform umgesetzt werden.

Wird ein QM-Beauftragter in der Pflegeorganisation benannt und zugewiesen, so sind seine Aufgaben und die Verantwortungen bezogen auf das QM-System schriftlich zu vereinbaren, z. B. die Durchführung von internen Audits, die obersten Leitung über die Leistungsfähigkeit des QM-Systems zu berichten, die Förderung der Kundenorientierung in der Pflegeorganisation voranzutreiben etc.

Personen zur Qualitätssicherung (Sicherheitsbeauftragte Person(en), Fachkräfte der Arbeitssicherheit, Betriebsärztinnen und Betriebsärzte, Brandschutzbeauftragte, Hygienebeauftragte Person, Beauftragte für Medizinproduktesicherheit, Betriebliche Datenschutzbeauftragte usw.) und andere wichtige Funktionen sind unbedingt bei der Einführung und Anwendung des QM-Systems von Anfang an einzubeziehen (Aufbauorganisation) und aufgabenbezogen zu informieren sowie aktiv zu beteiligen. Die Personen zur Qualitätssicherung müssen eine Stellen- oder Funktionsbeschreibung (alternativ: Stellenprofil) erhalten.

- Der QM-B. muss **nicht** mehr unbedingt Mitglied in der Geschäftsführung sein (Anforderung ISO 9001:2008).
- Aufbau eines Berichtswesen, damit die Prozesseigentümer, QM-Verantwortliche oder der QM-B. über die Leistung des QM-Systems berichten können. Nur so ist es möglich unter dem Fokus der Kundenorientierung, die Leistungen fortlaufend nach dem PDCA-Zyklus zu verbessern.
- Führungssystem für die Organisation festlegen.

Empfehlungen und Anleitungen

Die Politik (Qualitätspolitik) kann auf der Grundlage des Leitbildes oder auf den verbands- oder trägerspezifischen Qualitätsgrundsätzen und im Kontext der Organisationskultur basieren. Wichtig ist, dass sich aus der Politik entsprechende messbare Qualitätsziele ableiten lassen. Die oberste Leitung ist verpflichtet, das eingeführte QM-System kontinuierlich zu bewerten und eine Managementbewertung (ISO 9001, Abschnitt 9.3) durchzuführen. Die Grundlage der Managementbewertung (ISO 9001, Abschnitt 9.3 Managementbewertung«) sind die Qualitätspolitik (Stimmigkeit) und die festgelegten Qualitätsziele (Zielerreichungsgrad) sowie die Bestimmung der internen und externen Themen (Bestandteil der Qualitätspolitik). Als Ergebnis jeder Bewertung müssen unverzüglich und nachweisbar ggf. Maßnahmen zur Korrektur und zur Verbesserung des QM-Systems eingeleitet werden. Wird ein QM-Beauftragter mit einer speziellen Weiterbildung zur Unterstützung des QM-Systems eingesetzt, sind ebenso die Prozesseigentümer oder Prozesseigner zum Thema des »Qualitätsmanagementsystems« zu den Anforderungen nach der DIN EN ISO 9001 zu schulen, damit sie die Anforderungen eines prozessorientierten QM-Systems verstehen und in ihren verantwortlichen Arbeitsbereichen umsetzen können (s. ISO 9001, Normbezug: 7.1.6 »Wissen der Organisation«).

6.4.3 Normabschnitt 6 »Planung«

Die nachfolgende Abbildung (▸ Abb. 34) verdeutlicht zunächst den Handlungs- und Orientierungsrahmen des QM-Systems. Der risikobasierte Ansatz mit einer Risikostrategie, Risikoscreening und den Maßnahmen zum Umgang mit Risiken und Chancen in einer Pflegeorganisation hat eine sehr hohe Bedeutung in den Normanforderungen der DIN EN ISO 9001:2015 und muss im Kontext der Organisation (ISO 9001, Abschnitt 4.1 ff.) betrachtet werden. Ein Risiko wird nach der Qualitätsnorm in den Kapitel 3.7.9 (ISO 9000) als eine **»Auswirkung von Ungewissheit«** verstanden, welches auch durch ein »Fehlen von Informationen im Hinblick auf das Verständnis eines Ereignisses oder Wissen über ein Ereignis, seine Folgen oder seine Wahrscheinlichkeit« auftreten kann (ISO 9000:2015: 45). Dies setzt voraus (s. 9001, Abschnitt 4.4 »Qualitätsmanagementsystem und seine Prozesse«), dass die bestehenden Risiken und Chancen ermittelt, d. h. bestimmt und geeignete Maßnahmen festgelegt und in den Prozessen (Prozessrisiken) umgesetzt werden, um die ermittelten Risiken zur Verbesserung zu beseitigen oder deren Auswirkungen in der Praxis in den Prozessabläufen einzugrenzen (z. B. in den Prozessbeschreibungen). Nur dann kann von einem **»risikobasierten Denken und Handeln«** gesprochen werden. Allerdings ist dabei zu beherzigen, dass durch die identifizierten Risiken in den Prozessen ebenso proaktive Chancen für die Pflegeorganisation als ein **»Wir wollen etwas aktiv tun!«** generiert werden können, z. B. für die Einführung und Anwendung neuer Verfahren, Methoden und Technologien oder der Aufbau von neuen Kooperationen. Allerdings: Auch bei einer Kooperation bleibt die Pflegeorganisation für die Erbringung der Leistungen verantwortlich. »Bei pflegerischen Leistungen darf nur mit zugelassenen Leistungserbringern (§ 72 SGB XI) kooperiert werden« (MuG, 2018a: 7). Nach den Anforderungen der DIN EN ISO muss nach dem Normabschnitt 8.4 »Steuerung von extern bereitgestellten Prozessen, Produkten und Dienstleistungen« externe Anbieter im Hinblick auf ihre Qualität überwacht werden. Risiken können neben den wirtschaftlichen Risiken durch unterschiedliche Ursachen entstehen, z. B. durch den Ausfall des Servers (z. B. Störungen des Providers), Ausfall der Internetleitungen (z. B. EDV-gestütztes bzw. computerunterstütztes Pflegedokumentationssystem) sowie mangelnde Systemkenntnisse des Systemverwalters, Risiken im Bereich der Arbeitssicherheit oder Sicherheitsmanagements, durch Informations- und Kommunikationsdefizite oder durch ein Versagen des pflegefachlichen Risikomanagements (als ein pflegerisches Frühwarnsystem) im Pflegecontrolling. Die Einführung eines Risikomanagements und deren Implementierung ist sinnvoll aber **keine** explizite Forderung nach der DIN EN ISO 9001:2015.

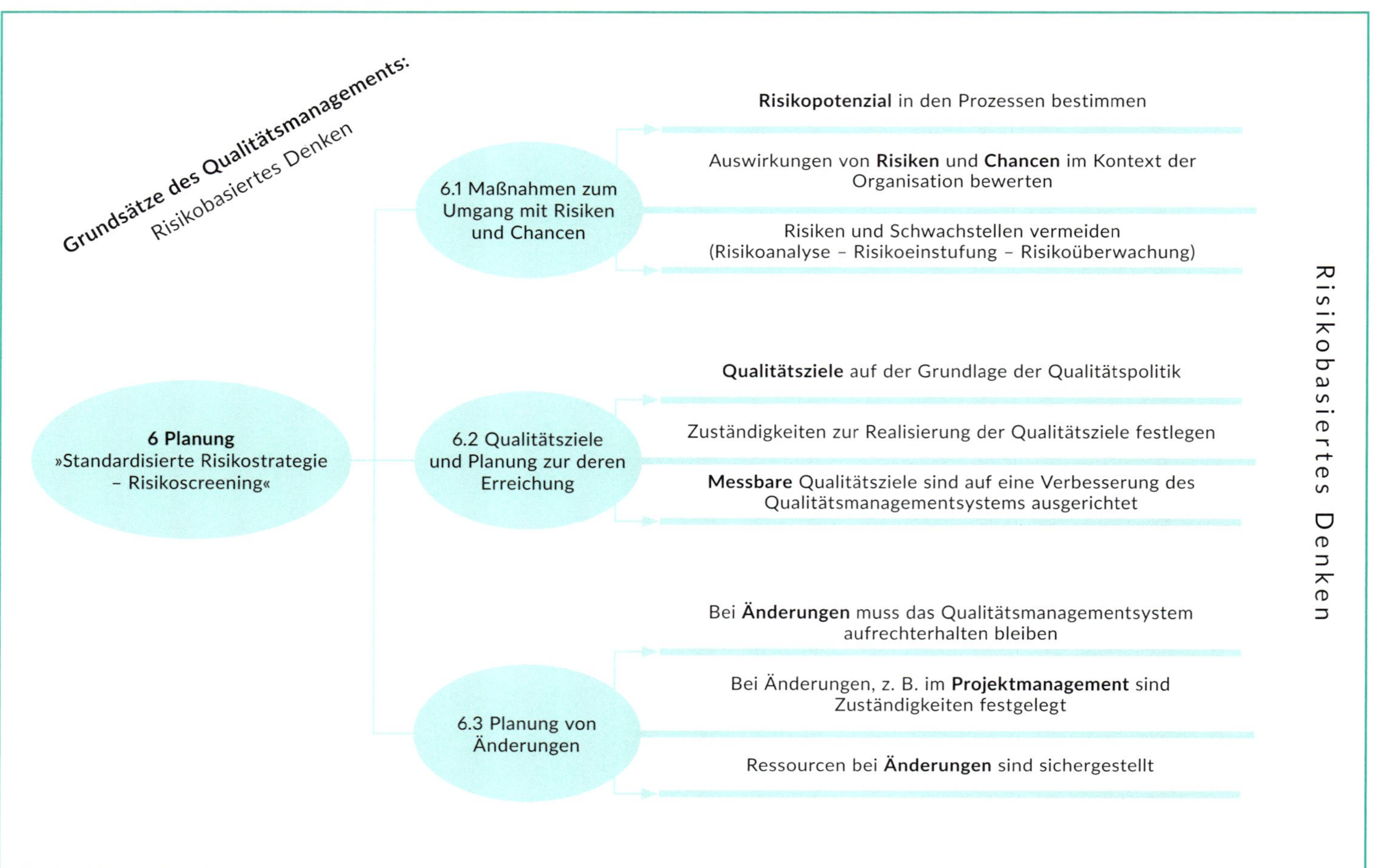

Abb. 34: Planung

»Was ist zu tun und wie?«

Bereits in der strategischen Planung eines QM-Systems (s. ISO 9001, Abschnitt 4.1 und Abschnitt 4.2) sind im Team (Proei) die Risiken und Chancen in den wichtigen Prozessen (z. B. im Kernprozess, Pflegeprozess, Aufnahmeprozess, Dokumentations- und Informations- sowie Kommunikationsprozessen etc.) durch unterschiedliche Art und Weise zu ermitteln und geeignete Maßnahmen müssen bestimmt und deren Auswirkungen bewertet werden, die einen Einfluss auf das interne QM-System nehmen. Durch den risikobasierten Ansatz können die Ziele und die beabsichtigten Ergebnisse in dem QM-System nachhaltiger erreicht werden.

Die Identifikation und der Umgang mit Risiken und deren Überwachung sollte zur Verbesserung als ein standardisierter Prozess von dem QM-Projektteam (Prozesseigner) genutzt und verbindlich als eine grundlegende Managementaufgabe für die gesamte Pflegeorganisation festgelegt werden. Die Methoden sind dabei frei wählbar und nicht in der ISO 9001:2015 als eine Anforderung festgeschrieben.

Die festgelegten Prozesse (s. ISO 9001, Abschnitt 4.4 »Qualitätsmanagementsystem und seine Prozesse«) sollten die Risiken im Scheinwerferlicht beleuchtet und gewichtet werden, damit keine Gefahren oder unerwünschte negative Auswirkungen in der Durchführung der Prozesse auftreten können. Aufgetretene Risiken können zu Reklamationen, Schadenersatzansprüche oder zu Beschwerden führen und somit eine Kundenunzufriedenheit auslösen. Es ist sinnvoll, ein präventives Verfahren zur **Überwachung** der Risiken zu entwickeln, auf welche Art und Weise und mit welchen Methoden eine Risikoidentifikation durchgeführt und bewertet werden soll (z. B. mithilfe einer FMEA oder ein anderes bewährtes Screeningverfahren). Das Risikoscreening ist immer von den jeweiligen Prozessen (Prozessarten) in den Arbeitsbereichen (Pflege: Pflegecontrolling oder der Umgang mit Lebensmitteln: Kontrollpunkte nach der HACCP) individuell abhängig und zielt darauf ab, bei erkannten Schwachstellen entsprechende Gegenmaßnahmen in der Organisation einzuleiten.

Normbezug:

6.1 »Maßnahmen zum Umgang mit Risiken und Chancen«

Leitfrage:
»Was ist bei der Ermittlung und Bewertung bestehender Risiken und Chancen für die Organisation zweckmäßig und sinnhaft?«

Konzept zum internen Risikomanagementprozess **kann** als eine Möglichkeit nach folgenden Schritten erarbeitet werden:

a) Risikoscreening
b) Risikoidentifikation
c) Risikodefinition
d) Risikobeschreibung
e) Risikobeurteilung und Risikoanalyse (z. B. Ampelsystem: rot, gelb und grün mit Merkmalen)
f) Maßnahmen zur Vermeidung
g) Verantwortungen

Ein Risiko kann eine Chance darstellen, die genutzt werden sollte, z. B. zur Einführung und Anwendung neuer Verfahren oder Methoden bzw. durch die Einführung zusätzlicher Prüfungen als eine Vorbeugungsmaßnahme. Durch den risikobasierten Ansatz ist der Begriff **»Vorbeugungsmaßnahmen«** in der ISO 9001:2015 **nicht** mehr zu finden!

6

Die Identifikation und Analyse von Risiken und Chancen ergeben sich aus dem Kontext der Organisation und sind in den relevanten Prozessen zu identifizieren und zu überwachen, da sich daraus entsprechende Maßnahmen für die Pflegeorganisation zur Risikobewältigung ergeben können. Es ist in jedem risikobehafteten Prozess eine Risikobetrachtung vorzunehmen und dabei sind die jeweiligen Maßnahmen nach der Bewertung der möglichen Folgen in den Prozessablauf (Prozesskette) zu integrieren (z. B. in einer QM-VA). Die Risikoeinstufung durch die oberste Leitung sollte jährlich oder bei Veränderungen von Prozessen oder der Rahmenbedingungen (Anforderungen) mit den Prozesseigentümern vorgenommen werden und deren Ergebnisse sind in den betreffenden Bereichen zu kommunizieren (Wissensmanagement, Info.-schreiben etc.).

Das Risikopotenzial sollten durch die Prozesseigentümer oder anderer Experten eingeschätzt werden, z. B. mit einem Ampelsystem. Risiken können im Pflegeprozess aus dem Pflegecontrolling abgeleitet werden, z. B. Sturz, Dekubitus, Mangelernährung, Schmerzen und z. B. durch ein Ishikawa-Diagramm (Ursache-Wirkungs-Diagramm) ermittelt und dargestellt werden.
Aus den organisatorischen Rahmenbedingungen können sich Risiken als auch Chancen in den Prozessen ergeben, z. B. durch einen Gerätemangel oder durch Personalengpässe. Grundsätzlich müssen alle Schritte der Risikoidentifikation und deren Überwachung mithilfe verschiedener Prozessdokumentationen (EDV-gestützter Maßnahmenverfolgungsplan) aufgezeichnet werden.

In diesem Normabschnitt sind auch Überlegungen von der obersten Leitung, gemeinsam mit der QM-Steuerungsgruppe bzw. den Prozesseigentümern, dahingehend anzustreben, inwieweit die Fehlerlenkung sowie ein geeignetes pflegefachliches Risikomanagement (Sturz, Exsikkose, Gefahr von Untergewicht, Dekubitus u.v.m.) zur Identifikation der Risiken als ein Präventionssystem durch die Pflegedienstleitung bereits an dieser Stelle als eine »dokumentierte Information« implementiert werden kann und ob im Rahmen des pflegerischen Risikomanagements (z. B. Pflegecontrolling) auch geeignete Instrumente und Methoden in der Pflegeorganisation nachhaltig (langfristiger Erfolg!) bekannt gemacht und eingesetzt werden.

- Vgl. 10.2 »Nichtkonformität und Korrekturmaßnahmen«
- QM-VA erarbeiten zu: »Fehlermanagement« und Formular zur Fehler- und Reparaturmeldung entwickeln und in der gesamten Pflegeorganisation als eine Fehlerkultur freigeben.
- **QM-VA: »Pflegefachliches Risikomanagement« erarbeiten!**

Die Qualitätspolitik kann nicht unmittelbar in operationalisierte Maßnahmen umgesetzt werden. Dazu müssen in der Planung des QM-Systems im Kontext der Organisation und seiner Organisationskultur, einzelne konkrete, messbare, bewertbare und dokumentierte **Qualitätsziele** und umzusetzende Maßnahmen festgelegt werden. Neben den Qualitätszielen sollte die oberste Leitung das Ergebnis des QM-Systems im Blick behalten.

6.2 »Qualitätsziele und Planung zur deren Erreichung«

Die Maßnahmen zum Erreichen der Qualitätsziele (s. ISO 90001, Abschnitt 6.3) sollten in einem Projektmanagement geplant werden.

Die Qualitätsziele müssen im QM-System im Kontext der strategischen Ausrichtung und durch die Integration des risikobasierten Denkens abgesichert werden.

- Qualitätsziele müssen mit der Qualitätspolitik im Einklang schriftlich festgelegt werden (dokumentierte Informationen).

Im Rahmen der Zielbildungsstruktur ist folgendes wichtig:

1. Konkrete Maßnahmen zum Erreichen der Ziele festlegen;
2. Ressourcenmanagement und Ressourcenverfügbarkeit sicherstellen, damit die Qualitätsziele erreicht werden können;
3. Zuständigkeiten vorab klären »Wer ist für die Erreichung der Qualitätsziele verantwortlich?«;
4. Zeitmanagement (Zeitfenster) vereinbaren;
5. Überwachung und Bewertung der Qualitätsziele durch das Team.

Alle Qualitätsziele müssen durch verschiedene festgelegte Methoden oder QM-Instrumente messbar und somit überprüfbar sein. Qualitätsziele sollten erläutert werden, sodass diese für alle Mitarbeiter verständlich sind. Auch sollten Qualitätsziele mit konkreten Strategien (s. Politik) und Maßnahmen hinterlegt werden und es sollten im Kontext der Organisation eindeutige Maßstäbe (Kriterien) zu deren Bewertung vorhanden sein.

Zielstruktur mit den Führungskräften der Einrichtung festlegen. Qualitätsziele müssen überprüfbar, d. h. messbar sein!

- Vgl. 9.1 »Überwachung, Messung, Analyse und Bewertung«

6

Die möglichen Konsequenzen an die Planung von Änderungen am QM-System stehen im Vordergrund und werden durch die Festlegung von Verantwortungen und Befugnissen als auch durch die Kompetenzen der Mitarbeiter sowie durch die Verfügbarkeit der erforderlichen Ressourcen in einem QM-System bestimmt. Jede Veränderung am QM-System und deren Folgen (Auswirkungen, z. B. in der Aufbau- und Ablauforganisation) sind durch die oL darzulegen, um auch weiterhin die Leistungserbringung im Kontext der Organisation (s. herzu auch 9001, Abschnitt 4.4 »Qualitätsmanagement und seine Prozesse«) erbringen zu können. Werden Änderungen im QM-System erforderlich, so ist ggf. ein Veränderungsmanagement (Chance-Management) i.S. eines Projektmanagements zu initiieren, damit die Änderungen am QM-System systematisch erfolgen können und später nachvollziehbar sind. Die Funktionstüchtigkeit des QM-Systems muss im Kontext der Organisation bei Änderungen erhalten bleiben.

6.3 Planung von Änderungen

Eine Qualitätsplanung ist gemeinsam mit der QM-Stg. bzw. mit den Prozesseignern zu erarbeiten und zwar dann, wenn Änderungen am QM-System erforderlich werden. Änderungen können sich ergeben, wenn z. B. qualifizierte Mitarbeiter (Wundexperten) die Pflegeorganisation verlassen und die Leistungserbringung intern nicht mehr erbracht werden kann sowie auch durch andere Mitarbeiter nicht kompensiert werden kann. Oder: Durch erhebliche bauliche Mängel wird die einrichtungsinterne Wäscherei ordnungsrechtlich durch das Gesundheitsamt oder Gewerbeaufsicht o.ä. dauerhaft geschlossen.

Die Ergebnisse sind aufzuzeichnen und die eingesetzten Mittel sind festzuhalten. Gremien, Ausschüsse und die Mitarbeiter sind über die Inhalte und Ergebnisse der QM-Planung zu informieren.

Im risikobasierten Ansatz sind Änderungen am QM-System zu planen!

Empfehlungen und Anleitungen

Die strategische Unternehmens- und Strategieplanung eines QM-Systems und Standortbestimmung können mithilfe einer SWOT-Analyse durchgeführt werden. Die Zielbildung und Zielstruktur (Zielplanungsprozess) muss durch die Pflegeorganisation festgelegt werden (z. B. Unternehmens- und/oder bereichsspezifische Qualitätsziele). Die Qualitätsziele müssen mit der Politik und der Verpflichtung zur fortlaufenden Verbesserung in einer Symbiose stehen. Zum Risikomanagement und deren Bewältigung wird nach der DIN EN ISO 9001:2015 kein dokumentierter Risikomanagementprozess, z. B. nach der ISO 31000:2018 (Risikomanagement – Leitlinien) verbindlich gefordert. Gleichwohl ist es wichtig, dass die Maßnahmen zur Risikobewältigung bei der Planung des QM-Systems und seiner Prozesse verankert werden. Die Risiken in den Prozessen können nur dann beherrscht werden, wenn sie durch eine durchgeführte Analyse ermittelt und Gegenmaßnahmen festgelegt wurden. So kann ein Risiko im Pflegeprozess ein kurzfristiger Personalausfall der Nachtwache sein und wenn zu dieser Situation kein »Notfallplan« vorher erarbeitet wurde. Im Lebensmittelbereich wäre bspw. ein Risiko, wenn die Mitarbeiter keine Folgebelehrung gem. § 43 IfSG erhalten und ein Mitarbeiter mit einer Magen-Darmerkrankung den Dienst in der Küche versieht. Im Beschaffungsprozess könnten die Risiken darin zu finden sein, wenn falsche und ungeeignete Produkte durch das Fehlen von festgelegten Beschaffungskriterien in den Umlauf geraten.

Die Politik und die dokumentierten Qualitätsziele müssen den Prozessverantwortlichen und Mitarbeitern bekannt gemacht werden, damit diese zur Erreichung der Qualitätsziele beitragen können.

- Beispiel für ein Qualitätsziel: »Wir wollen für unsere Einrichtung zufriedene, motivierte und fachkompetente Mitarbeiter durch die Anbahnung einer wissensstimulierenden Organisation.«

Grundsätzlich muss sichergestellt sein, dass das Team die Qualitätspolitik verstanden hat, um die Ziele zu erreichen.
Ziele müssen:

- verständlich,
- eindeutig,
- zeitlich überschaubar und
- überprüfbar formuliert sein.

Ein pflegefachliches Risikomanagement dient zur Verbesserung der Versorgungsqualität und zur Bewohnersicherheit und sollte auch wenn kein Risikomanagementprozess mit seinen einzelnen Schritten nach der ISO 9001:2015 explizit gefordert ist, in jeder Pflegeorganisation in einem Pflegecontrolling zur Erreichung von guten Versorgungsergebnissen implementiert werden. Denn, zukünftig ist durch die verantwortliche Pflegefachkraft in der stationären Pflege folgende Fragen zu beantworten: »Was hat die Pflege durch die professionell Pflegenden bei dem Bewohner in dem festgelegten Zeitverlauf bewirkt?« Und: »Sind erwünschte oder unerwünschte Ereignisse in den Versorgungsergebnissen bei den Bewohnern aktuell aufgetreten?«

6.4.4 Normabschnitt 7 »Unterstützung«

Die Anforderungen in den 7. Normabschnitt »Unterstützung« (▶ Abb. 35) beziehen sich neben der Infrastruktur und der Prozessumgebung (Arbeitsumgebung) auf die Mitarbeiter (Personalmanagement, Kompetenz, Bewusstsein und Kommunikation) sowie auf die Ressourcenverfügbarkeit als auch auf die anforderungsgerechte Verwendung der erforderlichen Ressourcen (z. B. Geräte, Zeitfaktoren, Menschen, Informationen, Wissen der Mitarbeiter etc.) in der jeweiligen Pflegeorganisation. Die Verfügbarkeit und die erforderliche Ressourcenplanung zur Leistungserbringung, z. B. durch die Einstellung von Mitarbeitern (»Onboarding-Prozesse« – »An-Bord-nehmen«) als eines der Schlüsselaufgaben der obersten Leitung oder die Maßnahmen zur Kompetenzbildung und –erhalt wird im Wesentlichen von den festgelegten Qualitätszielen im »Kontext der Organisation« bestimmt. In dem Normabschnitt 7.1.5 »Ressourcen zur Überwachung und Messung« werden die Messmittel als ein erweiterter Begriff verstanden. Demnach können zu diesen Ressourcen neben den klassischen Messgeräten auch Checklisten sowie die Mitarbeiter und dokumentierte Informationen zur Überwachung und Messung gehören. Der neue Schwerpunkt der Revision der ISO 9001:2015 ist in den Unterpunkten des Normabschnitts 7.1.6 »Wissen der Organisation« und »7.2 »Kompetenz« verortet worden und erwartet neben der Ermittlung und der Bewertung des erforderlichen Wissens den Erwerb von einem zusätzlichen Wissen zur Dienstleistungserbringung. Zur Umsetzung und zum systematischen Umgang können die Bausteine des »Wissensmanagements (▶ Abb. 37) eine Orientierung geben. Des Weiteren sind nach den Normforderungen geeignete interne und externe Kommunikationsstrukturen für das QM-System im Normabschnitt 7.4 »Kommunikation« für die Pflegeorganisation zu bestimmen, zu regeln und bereichsübergreifend bspw. als »Konferenzstruktur« festzulegen. Im Normab-

Neben der Frage der Qualifikation und der notwendigen Fähigkeiten der Mitarbeiter ist auch deren Rekrutierung und die Auswahl (z. B. auch Social Media, d. h. Personalgewinnung im Web) von geeigneten Mitarbeitern sowie der Aufwand für die Weiter(-qualifizierung) und deren Branchenkompetenzen entsprechend den gesetzlichen, behördlichen, individuellen oder kollektiven Anforderungen im Zuge des Wissensmanagements (WM) zu beantworten und zu bestimmen. Des Weiteren hat die oberste Leitung zur Dienstleistungserbringung die erforderliche Kompetenz der Mitarbeiter zu ermitteln (z. B. anhand eines Portfolios), ggf. entsprechende Maßnahmen zur Qualifizierung einzuleiten (z. B. Schulungen anzubieten) und deren Wirksamkeit für die Pflegeorganisation zu bewerten.

Die Bereitstellung und die regelmäßige Beurteilung einer geeigneten Prozessumgebung (Arbeitsumgebung!) und die Ermittlung und Bereitstellung der infrastrukturellen Voraussetzungen und Bedingungen (ISO 9001, Abschnitt 7.1.3) sind entsprechend den Kundenanforderungen und den Zielsetzungen der Organisation wichtige Aspekte, um die Prozesse sicher und unter beherrschten Bedingungen erbringen zu können. Die Ermittlung der Arbeitsbedingungen wie z.B. Lärm, Hitze, Hygiene, Lichtverhältnisse, Temperatur einschließlich physikalischer, ökologischer, psychischer, sozialer, psychologischer und anderer Faktoren sind dabei wichtige Anforderungen der ISO 9001:2015, die sich somit nicht ausschließlich nur auf den Arbeitsschutz begrenzen lassen.

7.1.3 »Infrastruktur«

7.1.4 »Prozessumgebung«

- Ausstattungsmerkmale zur Leistungserbringung müssen geeignet sein, z. B. Dienstzimmer und Pausenräume für die Mitarbeiter (ASR 29/1-4 »Pausenräume« nach der ArbStättV), Klingelruf für die Bewohner, Handläufe in den Fluren und Haltegriffe in den Bädern und Toiletten mit ausreichender Beleuchtung in den öffentlichen Bereichen (mind. 500 Lux) uvm. Bei den Ausstattungsmerkmalen sind gesetzliche Anforderungen zu beachten und einzuhalten, z. B. Hygieneanforderungen, nach der Biostoffverordnung, Anforderungen auf den Grundlagen der Hazard Analysis and Critical Control Points (HACCP) als Eigenkontrollsystem im Lebensmittelbereich und nach den Rechtsgrundlagen der Basishygiene im Lebensmittelbereich.
- Die Hygieneanforderungen und die Einhaltung der Basishygiene auf der Grundlage von Hygiene- und Desinfektionsplänen sollten in einer innerbetrieblichen Verfahrensanweisung erarbeitet und den Mitarbeitern bekannt sein.

Der Kalibrierstatus bzw. Prüfstatus »Gesperrt« oder »im Einsatz« muss bei allen eingesetzten Prüfmitteln beispielsweise durch einen Aufkleber mit Kenntlichmachung der Gültigkeit dokumentiert werden. Alle zugelassenen Prüf- und Messmittel müssen mit einem Prüfdatum und Freigabevermerk inventarisiert und gekennzeichnet werden. Prüf- und Messmittel sind so zu lagern und aufzubewahren, dass ihre Genauigkeit und Gebrauchsfähigkeit erhalten bleibt (Lenkung von Messmitteln!).

Alle Prüf- und Messmittel (z. B. eine Sitzwaage, ein Blutzuckermessgerät oder ein Blutdruckmessgerät) müssen entsprechend den Gütekriterien, Prüf- und Kalibriervorschriften geprüft (Eichung, Kalibrierung, Justierung), gekennzeichnet und für eine Pflegeeinrichtung zugelassen sein und sich in einem einwandfreien Zustand befinden (▶ Abb. 36).

Kennzeichnungsmittel für Prüf- und Messmittel:
a) Noch nicht geprüft (Handzeichen/Datum):
b) Geprüft und Freigabe am: Handzeichen:
c) Geprüft aber noch nicht freigegeben: Handzeichen:
d) Geprüft und zurückgewiesen am: Handzeichen:

Geräte und prüfpflichtige Anlagen müssen nicht nur verfügbar sein, sondern sich in einem entsprechend den Prüf- und Wartungsvorschriften einwandfreien Zustand befinden (z. B. nach der MPBetreibV!) und demzufolge ständig überwacht und planmäßig instandgehalten werden. Die ständige Verfügbarkeit der Geräte und Anlagen muss sichergestellt sein. Bei der Wartung und Instandhaltung der Anlagen und Geräte sind der Arbeits- und Gesundheitsschutz sowie die Besonderheiten der Pflegeorganisation zu berücksichtigen. Die Bereitstellung der erforderlichen und benötigten Mittel ist eine Verpflichtung der obersten Leitung, damit die Dienstleistungen mit und ohne Hilfsmittel (Funktionstüchtigkeit) auch ohne Störungen durchgeführt werden können. Die regelmäßige Inspektion, Prüfung und Wartung von Geräten und Anlagen muss deshalb geklärt sein (z. B. durch eine QM-Verfahrensanweisung), damit die Leistungsfähigkeit der Geräte und Einrichtungen jederzeit garantiert werden kann.

7.1.5 »Ressourcen zur Überwachung und Messung«

Bereitstellen und Auswählen **geeigneter** Prüf- und Messmittel:
- Inventarisieren
- Kennzeichnen
- Freigebevermerk

Prüfmittelmatrix erstellen und Kalibriervorschriften sowie Wartungsintervalle einhalten und nachweisen können (Kalibrier- und Wartungsnachweise).

- **»Misst das Gerät, das was es messen soll?«**

Matrix zur Übersicht der prüfpflichtigen Anlagen und Geräte (Wartungspläne) erarbeiten (s. Abb. 36), z. B. Elektrische Anlagen und Betriebsmittel, Medizinprodukte (MPG-Bücher), etc.

- Die Lenkung von Prüfaufzeichnungen, Prüfberichten, Prüfprotokollen sowie Wartungsverträge und Wartungsanweisungen sind aufzubewahren (Aufzeichnungen).

6

Qualitätsmanagementsystem nach der DIN EN ISO 9001:2015	Muster-Einrichtung	Einrichtung Mustereinrichtung
Seite 1 von XX	**Qualitätsmanagement – Handbuch**	Dokumentationsschlüssel:

Messmittelüberwachung

Prüfmittel	**Hersteller/ Lieferant**	**Identifikation**	**Standort**	**Überprüfungs-zyklus**	**Nächster Überprüfungs-termin**	**Vorschriften** • **Eichung** • **Justierung** • **Kalibrierung**	**Überprüfungs-ergebnis**	**Handzeichen QM-B QM-V**
Küchenwaage bis 5 Kg	Fa.XXX	Nr.: 01	Küche	alle 12 Monate	01/2020	Eich.	**E**	
Blutdruck-messgerät	Fa.XXX	Nr.: 02	Wohnbereich 1	alle 2 Jahre (gem. gesetzlichen Vorgaben)	01/2020	Eich.	**E**	
Personenwaage	Fa.XXX	Nr.: 03 Nr.: 04	Wohnbereich 2 Badezimmer	alle 12 Monate	12/2020	Eich.	**E**	
...								

Legende:
E = im Einsatz und o.k.
A = Ausmustern
G = Gesperrt (Sperrvermerk)
K / J / Eich. = zur Kalibrierung, zur Justierung, zur Eichung

	Revisionsstand:	Revision am:	Geprüft:	Freigabe am (Stempel der Einrichtung):
Datum:	12.02.2008	04.04.2019	18.05.2019	
Name:		J. Weigert	Qualitätsmanagement	
Mitwirkende:				

Abb. 36: Beispiel für eine Mess- und Prüfmittelmatrix

In dem Anforderungsteil »Wissen der Organisation« ist das benötigte Wissen und deren Bewertung sowie die Lenkung des vorhandenen Wissens (WM) nach der DIN EN ISO 9001 in den ambulanten, teil- und vollstationären Pflegeeinrichtungen zu bestimmen, um ggf. »Zusatzwissen« (z. B. zu einer bestimmten Versorgungssituation etc.) zu generieren, vorhandenes Wissen verfügbar zu machen und vor allen Dingen auch aufrechtzuerhalten, damit die Leistungserbringung und die damit verbundenen Prozesse geplant ablaufen können. Die Festlegung von Wissenszielen wird in den Anforderungsteilen der ISO zum WM in den Norm-Festlegungen nicht gefordert.

Die Normanforderungen zum Wissensmanagement (▶ Abb. 37) beziehen sich auf die festgelegten Prozesse (Dienstleistungserbringung) und auf die qualitätsbezogene Verbesserung im Organisationskontext durch die Implementierung eines Wissensmanagements, um ein notwendiges Wissen zur Leistungserbringung in der Pflegeorganisation dauerhaft sicherstellen zu können. Die oberste Leitung hat im Wissensmanagement den Auftrag immer wieder zu prüfen und zu reflektieren, welche Veränderungen im Kontext der Organisation bieten Potenziale an, um sich weiterzuentwickeln (Kontext- und Marktwissen). Hier ist es erforderlich die Stärken und Schwächen des Einzelnen zu kennen und die Schwachstellen und Potenziale innerhalb der gesamten Organisation aufzuspüren, um Maßnahmen zum Wissensmanagement (WM) einleiten zu können. Wichtig dabei ist es, auch das altbewährte Wissen von älteren Kolleginnen und Kollegen frühzeitig für die Organisation abzusichern, damit dieses Wissen, z. B. beim Ausscheiden aus dem Erwerbsleben nicht verlorengehen kann.

7.1.6 »Wissen der Organisation«

Die Führung und der Unternehmenserfolg sind neben den Managementansätzen stark von einem gemeinsamen Lernen und der Innovationskraft des Einzelnen abhängig!

6

- Übersichtslisten mit den Qualifikationen und durchgeführte Weiterbildungen (Zusatzwissen) erarbeiten (Qualifikationsprofile) und aufbewahren.
- Aufbau einer wissensstimulierenden Kultur in der Pflegeorganisation durch Generierung und Erhalt von Wissen.
- Wissensstand der Mitarbeiter ermitteln und bewerten und die Förderung einer wissensorientierten Organisation.
- Vgl. 9.3 »Managementbewertung«
- Um ein Wissensbedarf erkennen zu können, sollte mindestens einmal im Jahr eine Bewertung des vorhandenen und notwendigen Wissens durchgeführt und dokumentiert werden, um Nachschulungen und Aktualisierungen von notwendigen Zusatzwissen etc. zielgruppenspezifisch anbieten zu können.

Motivation der Mitarbeiter: Erwerb und Speicherung von individuellem, intellektuellem Fachwissen (Wissensbausteine).

- Wissensmanagementkonzept entwickeln, z. B. für den Bereich der Palliativpflege, Portversorgung, Umgang mit MRSA, Gerätetechnik, Praxisanleitung gem. § 4 PflAPrV, Wundexperte etc.
- Zum Wissensaufbau, Wissensgenerierung und zur Wissensspeicherung stehen vielfältige Methoden und Instrumente (werden als Toolbox bezeichnet) zur Verfügung: Balanced Scorecard (Unternehmenssteuerungskonzept), Benchmarking (Kunden- und Konkurrenzanalysen), Wissenslandkarten (Wissensbausteine), »Gelbe Seiten-System« (Dokumentation in Expertenhandbüchern) sowie Mind-Map-Technik (Visualisierung von Gedanken und »Überblick verschaffen«) uvm.

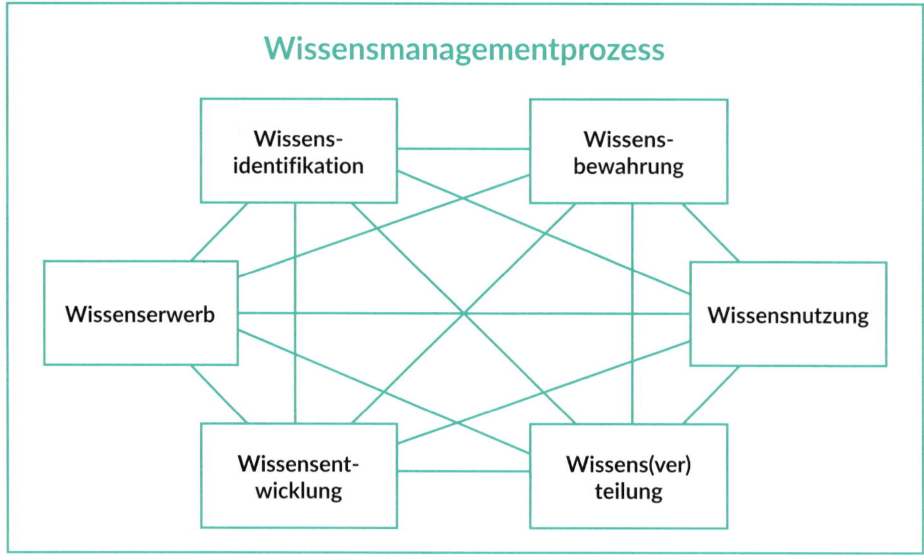

Abb. 37: Wissensmanagementprozess (in Anlehnung an Probst; Raub; Romhardt, 2012: 30)

Durch die Pflegeorganisation sollte bezogen auf das interne QM-System bereichsübergreifend eine interne Kommunikationsstruktur (inkl. Berichtswesen) erarbeitet, freigeben und verwirklicht werden. Es ist z. B. eine Kommunikations- oder Konferenzstruktur mit den Tätigkeiten und Aufgaben und sonstigen Arbeitsbeziehungen der Einrichtung abzustimmen und verbindlich, z. B. durch eine Matrix, für alle Bereiche festzulegen. Gesetzlich geforderte Besprechungen, z. B. die vierteljährlichen ASA-Sitzungen etc. sind zu dokumentieren und ggf. nachzuweisen (BGW, Gewerbeaufsichtsämter etc.).

Besondere Bedeutung hat dabei die Kommunikation mit den Kunden, da sie eine wichtige Grundvoraussetzung für die Zusammenarbeit darstellt. Dies erfolgt bspw. durch:

- Vorstellung der Einrichtung durch Informations- und Heimbroschüren (Heimzeitung)
- Zielorientierte Kundenbesuche (ambulante Pflege) und Kundengespräche mit festgelegter Aufgabenstellung
- Angebots- und Vertragsgestaltung
- Leistungsdokumentation und sonstiger Schriftverkehr
- Angehörigentreffen und Heimbeirat
- Reklamationsbearbeitung
- Zielgerichtete Ermittlung der Kundenzufriedenheit
- »Tag der offenen Tür«
- Kommunikation mit externen Anbietern

7.4 »Kommunikation«

Interne Konferenzstruktur erarbeiten
Schlüsselfragen bei der Erarbeitung können sein:

- Wer kommuniziert mit »Wem«?
- Wer kommuniziert »Worüber«?
- Warum passiert Kommunikation?
- Wie erfolgt die Kommunikation?

In den Kommunikationsstrukturen (Kommunikationsmatrix) sind nach der Qualitätsnorm die Themen des QM-Systems aufzugreifen, z. B. Vorstellung von Projekten, Ergebnisse von Audits, externe Qualitätsbewertungen, Reklamationen oder Beschwerden etc.

Die **externe** Kommunikation, z. B. auch mit Kooperationspartnern kann durch die Homepage der Pflegeorganisation, Imagebroschüren, Newsletter, Veröffentlichungen oder sonstige Flyer unterstützt werden.

Die Eignung der Kommunikationssysteme sollten jährlich in der Managementbewertung betrachtet werden.

Die Lenkung von dokumentierten Informationen des QM-Systems ist ein wichtiges Instrument zu seiner Verwirklichung, Aufrechterhaltung und zur fortlaufenden Verbesserung. Die Beschreibung und Darlegung des QM-Systems erfolgt in der Regel in einem Qualitätsmanagement-Handbuch (QM-H) o. Ä.

Durch die Anforderungen im Normabschnitt 7.5 »Dokumentierte Informationen« und deren Lenkung (ISO 9001, Abschnitt 7.5.2 »Erstellen und Aktualisieren« und Abschnitt 7.5.3 »Lenkung dokumentierter Informationen«) muss durch die Pflegeorganisation sichergestellt werden, dass die richtigen und aktuellen dokumentierten Informationen durch die dokumentierten Informationen (zur Dienstleistungserbringung) an zentraler Stelle in der Organisation jederzeit vorhanden und auffindbar sind sowie im erforderlichen Umfang für die Anwender zur Verfügung stehen (Verteilersystematik).

Die Anforderungen zur Lenkung von Dokumenten beziehen sich darauf, dass die Pflegeorganisation die Anforderungen an Struktur, notwendigen Umfang, Form und Mindestinhalt der im Rahmen des Qualitätsmanagementsystems erforderlichen Dokumente und Aufzeichnungen festgelegt hat. Die Lenkung von dokumentierten Informationen ist darzulegen. Dazu müssen die Zuständigkeit, Erstellung, Freigabe, Verteilung, Aktualität, Benutzer- und Zugriffsbefugnisse, Zurücknahme veralteter QM-Dokumente (ungültige Dokumente) sowie die Aufbewahrung der dokumentierten Informationen (Formulare, Checklisten, Arbeits- und Verfahrensanweisungen, Qualitätsberichte, Protokolle, Auditergebnisse, Erhebungsreport, Feedbackbericht der DAS uvm.) durch benannte Personen sowie der gesamte Umgang mit Dokumenten in der Pflegeeinrichtung schriftlich festgelegt werden.

Die Aktualität, Richtigkeit und die Benutzerfreundlichkeit von Dokumenten ist für die korrekte Durchführung der Arbeit von grundlegender Bedeutung. Die in der Pflegeorganisation notwendigen Dokumente müssen von Anfang an richtig gelenkt werden, d. h. sie müssen gesichtet, sortiert, geprüft, freigegeben (nur durch befugte Personen oder Stellen), aktuell und an entsprechender Stelle für berechtigte Personen (d. h. Mitarbeiter als Benutzer) zur Verfügung stehen. Es hat sich als sinnvoll erwiesen, alle verwendeten qualitätsrelevanten Dokumente zur Dienstleistungserbringung in einer Liste »zugelassene Dokumente« aufzuführen und zu verwalten.

7.5 »Dokumentierte Informationen«

7.5.1 »Allgemeines«

7.5.2 »Erstellen und Aktualisieren«

7.5.3 »Lenkung dokumentierter Informationen«

- Aufbau einer QM-Dokumentation zur Lenkung der »dokumentierten Informationen« festzulegen.

Dokumentenlenkung:
a) Vorgabedokumente
b) Aufzeichnungen (Nachweisdokumente)

Dokumentenmatrix erarbeiten:
a) Definition
b) Erstellung
c) Registrierung
d) Sammlung
e) Ablage
f) Aufbewahrung
g) Schutz

Folgende dokumentierte Informationen sind nach der ISO 9001:2015 aufzubewahren:
- Festlegen des Anwendungsbereichs des Qualitätsmanagementsystems (Abschnitt 4.3)
- QM-system und seine Prozesse (Abschnitt 4.4)
- Qualitätspolitik (Abschnitt 5.2.2)
- Qualitätsziele (Abschnitt 6.2.1)
- Ressourcen zur Überwachung (Abschnitt 7.1.5.1)
- Nachweise zur Eichung oder Kalibrierung (Abschnitt 7.1.5.2)
- Kompetenz (Abschnitt 7.2)
- Dokumentierte Informationen (Abschnitt 7.5)

In den ISO-Anforderungen sind die dokumentierten Informationen in den Sätzen der Unterpunkte folgendermaßen zu entnehmen: »[...] in erforderlichen Umfang dokumentierte Information bestimmt, aufrechterhält und aufbewahrt [...]« (z. B. ISO 9001, Betriebliche Planung und Steuerung, Abschnitt 8.1 e).

Aufzeichnungen als Nachweisdokumente dienen als Nachweis erbrachter Leistungen und ihrer Ergebnisse. Aufzeichnungen sind die Nachweise über die Erfüllung der erbrachten Qualität, Leistung, Ergebnissicherung sowie über die Erfüllung gesetzlicher und kundenspezifischer Anforderungen. Die Nachweise umfassen allerdings auch die Durchführung und die Ergebnisse von Überprüfungen und Überwachungen, einschließlich der eingeleiteten Korrektur- und Abstellmaßnahmen.

Die Organisationsform, Betriebsart, Betriebsgröße und gesetzliche und behördliche Bestimmungen und sonstige Rechtsvorschriften und normative Anforderungen bestimmen den Aufwand und den Grad für den Lenkungs- und Regelungsbedarf der verschiedenen Aufzeichnungen in einer Pflegeorganisation. Aufzeichnungen müssen besonders sicher und geschützt aufbewahrt werden. Bei Aufzeichnungen sind ggf. bestimmte Aufbewahrungszeiten (z. B. ein Auditbericht!) einzuhalten (z. B. ein Verbandsbuch ist fünf Jahre und Arbeitsplatzbeurteilungen sind bspw. zehn Jahre aufzubewahren, etc.). **So hat eine Pflegeeinrichtung eine Pflegedokumentation mindestens drei Jahre nach Ablauf des Kalenderjahres der Leistungserbringung aufzubewahren (vgl. MuG, 2018a: 10).**

Es sollte deshalb im vornherein genau geprüft werden, welche externen und welche internen Anforderungen bezüglich der Nachweisbarkeit von Aufzeichnungen und Rückverfolgbarkeit gegenüber Dritten (als Abgrenzung zu den Vorgabedokumenten) in einer Pflegeorganisation existieren und welche Aufbewahrungsfristen einzuhalten sind (z. B. für Heimverträge, Dienstpläne, Personalunterlagen, Fortbildungsnachweise, Unterweisungsprotokolle uvm.).

Weiterhin müssen Aufzeichnungen entsprechend sicher aufbewahrt werden, um sie als Nachweisdokumente vor Beschädigungen und ungewollter Vernichtung zu schützen (evtl. im Tresor bei sensiblen Daten, z. B. Erhebungsreport der stationären Pflegeeinrichtung). Wenn es gesetzlich vorgeschrieben ist bzw. vertraglich geregelt wurde, müssen Aufzeichnungen von relevanten interessierten Parteien, zugänglich gemacht werden (z. B. Vorsorgevollmachten, Patientenverfügungen im Original, ein Testament, die Pflegedokumentation, bei externen Qualitätsprüfungen oder bei Begehungen durch die Heimaufsicht, Feedbackberichte der DAS uvm.).

Die Anforderungen zu den dokumentierten Informationen finden sich beispielhaft auch in den nachfolgenden Normabschnitten: 8.2.3.2, 8.3.2 j, 8.3.3 in der letzten Zeile zu diesem Unterpunkt, 8.3.4 f, 8.3.5, 8.3.6, 8.4.1 (Bewertungen der Leistungen), 8.5.2, 8.5.3, 8.5.6, 8.6, 8.7.2 (Nichtkonforme Ergebnisse), 9.1.1 (Bewertung des QM-Systems), 9.2.2 f (Audit), 9.3.3 (Ergebnisse der Managementbewertung) sowie 10.2.2 (Korrekturmaßnahmen).

Dokumentenmatrix zur »Lenkung dokumentierter Informationen« mit Festlegungen von Zuständigkeiten:
a) Vorgabedokumente
b) Nachweisdokumente
c) Externe Dokumente, z. B. Rechtsvorschriften, Normen etc.

Aufzeichnungen (»Dokumentierte Informationen«) dienen zur Nachweisführung und zur **Beurteilung der Wirksamkeit des QM-Systems,** Maßnahmen zur Verbesserung sowie der Prozessergebnisse und Leistungsparameter der Pflegeorganisation.

- An Computer-Arbeitsplätzen ist die Datensicherung durch Benutzer- und Zugangsberechtigungen (Kennwörter) o.ä. nach diesen Normanforderungen zu regeln.
- Regelungsbedarf besteht auch, bei der Sicherung von Daten auf CD-ROM, USB-Sticks, Server und sonstiger Maßnahmen im Hinblick auf den Datenschutz und zur Datensicherung.

Die Normanforderungen erwarten z. B., dass die Ergebnisse der Planung des QM-Systems, Ergebnisse von Managementbewertungen (s. ISO 9001, Abschnitt 9.3.3) oder Projektaufzeichnungen bei allen Entwicklungsprojekten (Projektmanagementdokumentation) aufzubewahren sind.

Datenschutzrechtliche Bestimmungen sind dabei in diesen Normanforderungen besonders zu berücksichtigten (z. B. durch Datenschutzbeauftragte auf der Grundlage der Datenschutz-Grundverordnung). Der unbefugte Zugang (auch bei Computer-Arbeitsplätzen, z. B. bei sensiblen Daten durch Zugriffsbefugnisse) ist zu regeln. Alle zu lenkenden Aufzeichnungen müssen grundsätzlich während der gesamten Aufbewahrungszeit gut leserlich und jederzeit zu identifizieren (inkl. der EDV-gestützten Daten und Aufzeichnungen) sein.

Empfehlungen und Anleitungen

Die Führung einer Pflegeorganisation (oL) muss die infrastrukturellen Voraussetzungen (personell und materiell) eine geeignete Prozessumgebung unter Berücksichtigung der Anforderungen des Arbeits- und Gesundheitsschutzes ermitteln, festlegen, bereitstellen und schaffen, damit die Dienstleistungs-, Kunden- und Mitarbeiteranforderungen erfüllt und nachweislich eingehalten werden können (z. B. für Gebäude, Arbeitsort, Versorgungseinrichtungen, Schnittstellen und unterstützende Dienstleistungen). Diese Frage muss im Kontext der Organisation in jedem Fall nach den Normanforderungen im 7. Anforderungsabschnitt »Unterstützung« beantwortet werden: **»Welche personellen Ressourcen sind zur Leistungserbringung in der Pflegeorganisation erforderlich und werden zur Auftragserfüllung durch die Pflegeorganisation benötigt?«**

Die Maßnahmen zur Einhaltung von zutreffenden Vorschriften, z. B. Arbeitsstättenverordnung oder der Biostoffverordnung etc., müssen beachtet und eingehalten werden. Auf den Grundlagen der Biostoffverordnung sind bspw. Betriebsanweisungen arbeitsbereichs-, tätigkeits- und stoffbezogen auf der Grundlage der Gefährdungsbeurteilung und der festgelegten Schutzmaßnahmen zu erstellen und die Mitarbeiter dahingehend zu informieren und unterweisen. Daraus abgeleitet sind die entsprechende Schutzmaßnahmen zur Verfügung zu stellen, d. h. bereitzustellen (z. B. Schutzkittel, Einmalhandschuhe, Schutzbrille, Arbeitsschuhe etc.).

Die Einarbeitung (Einarbeitungskonzept und Einarbeitungschecklisten) von neuen Mitarbeitern sowie die fortlaufende Unterweisung und Schulungen der Mitarbeiter (Arbeits- und Gesundheitsschutz) müssen eindeutig in der gesamten Pflegeeinrichtung geklärt werden und alle Hierarchieebenen betreffen. Auch sollten bereichsübergreifende geeignete interne und externe Informations- und Kommunikationsstrukturen bestimmt und festgelegt werden, z. B. durch eine interne Besprechungs- und Konferenzstruktur.

Die Pflegeorganisation sollte einen Wartungs- und Instandhaltungsplan (Prüfplan) auf der Grundlage gesetzlicher Bestimmungen und Vorgaben als Übersichtsplan (Jahresplanung) und zur eigenen Kontrolle entsprechend erarbeiten. Ein Medizinproduktebuch sowie ein Bestandsverzeichnis nach der MPBetreibV ist anzufertigen und der Umgang mit Medizinprodukten und die Einweisung in Medizinprodukte sind eindeutig durch den Beauftragten nach dem Medizinprodukterecht zu klären. Inventarlisten und Hilfsmittelliste in der Pflege sind anzufertigen. Der Umgang mit Gefahrstoffen ist für die Pflegeorganisation darzulegen und ein Gefahrstoffverzeichnis im Einvernehmen mit dem Sicherheitsbeauftragten bzw. mit der Fachkraft für Arbeitssicherheit sowie mit der Betriebsärztin oder dem Betriebsarzt ist anzufertigen. Zuständigkeiten und Verantwortungen, (z. B. eine Ersatzstoffprüfung, Gefährdungsbeurteilungen (GBU) unter Berücksichtigung der Technischen Regeln für Biologische Arbeitsstoffe (TRBA), z. B. nach der Biostoffverordnung (TRBA 400), oder eine GBU nach der »Verordnung zum Schutze der Mütter am Arbeitsplatz« (MuSchArbV) etc.) sind in diesem Zusammenhang gemeinsam mit der FaSi und der Betriebsärztin oder dem Betriebsarzt einrichtungsintern je nach Betreuungsmodell (Regelbetreuung oder alternative bedarfsorientierte Betreuung) nach der »DGUV Vorschrift 2« zu regeln und umzusetzen.

Einrichtungsindividuelles Wissensmanagement **(Human- oder intellektuelles Kapital)** ist abhängig von den: Aufgaben der Organisation, Rahmenbedingungen, Anforderungen der relevanten interessierten Parteien (Rahmenbedingungen), Visionen, Mission (Existenzzweck der Organisation), strategische Ausrichtung des QM-Systems, Personalentwicklung und -förderung, Pflege- und Gesundheitsmarkt (Trends erkennen durch externe Wissensquellen) und den eigenen Interessen etc. Ein eingeführtes und gelebtes Wissensmanagement als vierter Produktionsfaktor steigert den Marktwert einer Pflegeorganisation.

UND: Die Kernkompetenzen einer Organisation sind die Wurzel der Wertschöpfung und sichern die Wettbewerbsfähigkeit: »Besser als die »Anderen« zu sein!«

Ein Wissensmanagement erfordert Teamarbeit und sollte in einem Projektmanagement mit den Projekterfahrungen der einzelnen Mitarbeiter erfasst und durchgeführt werden! Dabei sollte beachtet werden, dass Wissensmanagement-Barrieren, z. B. durch die Schaffung von materiellen oder immateriellen Anreizsystemen, bei den Mitarbeitern abgebaut werden können. Falls ein Wissen z. B. beim Beschaffungsprozess bei einem Mitarbeiter durch Wissenslücken fehlen, entstehen neben der erhöhten Zeit und dem Aufwand auch zusätzliche Kosten und ggf. kann sich auch eine Kundenunzufriedenheit entwickeln, z. B. durch ein falsches Produkt, durch mangelnde Fähigkeit mit den externen Anbietern eine Preisverhandlung zu führen sowie durch das fehlende Wissen eines wichtigen Lieferanten (externe Wissensquellen). Die Zuständigkeit des Wissensmanagements, z. B. eines »Wissensmanagers« sollte in der Organisation gemeinsam mit der obersten Leitung entschieden und etabliert werden.

6

In einem QM-System wird grundsätzlich immer unterschieden zwischen Vorgabe- und Nachweisdokumenten als Aufzeichnungen und werden in der ISO 9001:2015 als »Dokumentierte Informationen« bezeichnet. Aus einem Dokument (z. B. Checkliste zur Durchführung einer Pflegevisite als Vorgabedokument oder Arbeitsanweisungen, Standards, QM-Handbuch, QM-Pläne etc.) können durchaus nach dem Ausfüllen und nach der Bearbeitung ein Nachweisdokument im Sinne einer Aufzeichnung entstehen, welches besonders im Sinne der Nachweisführung gelenkt und durch die Einhaltung von Aufbewahrungsfristen gesichert werden muss. Vorgabedokumente werden i. d. R. von einem Anwender ausgefüllt und bearbeitet, z. B. eine Checkliste, ein Aufnahmeantrag, eine Checkliste zur Pflegevisite bzw. Betreuungsvisite oder ein Personalbogen etc. Nachweisdokumente sind hingegen nach der Bearbeitung unveränderbar, z. B. Pflegeverträge, Heimverträge, Kalibriernachweise für Prüf- und Messmittel, Berichte über Begutachtungen, Auditberichte etc. und müssen besonders gelenkt und aufbewahrt werden. Die Dokumentenlenkung (z. B. mit Hilfe eines Dokumentationsschlüssels zur Identifikation der Dokumente) ist eine wichtige, aber sehr zeitaufwändige Maßnahme, da alle wichtigen Dokumente und Aufzeichnungen zur Dienstleistungserbringung gesichtet, bewertet, sortiert, aktualisiert und im Sinne der Anforderungen der DIN EN ISO 9001 gelenkt werden müssen.

Zur Lenkung der dokumentierten Informationen **(inkl. externer Herkunft)** sollte eine Dokumentenmatrix nach folgenden Kriterien erarbeitet werden: Dokumentenname, Verantwortung, Adressat, Standort (wo befinden sich diese Dokumente?), Identifikation (Dokumentenschlüssel oder Bezeichnung) (▶ Tab. 19), Dokumentenart (Vorgabe- oder Nachweisdokument bzw. Aufzeichnungen), Archivierungsdauer (Ablage- und Archivierungssystem) und Vernichtungsart (z. B. Aktenvernichter) inkl. der Berücksichtigung datenschutzrechtlicher Bestimmungen.

Zur Archivierung bestimmter Nachweisdokumente und Aufzeichnungen (abschließbare Schränke, Tresor o. ä.) ist es empfehlenswert, eine Archivordnung und Archivliste sowie ein Entnahmeprotokoll durch eine QM-Verfahrensanweisung einrichtungsintern zu erarbeiten. Das Verfahren für die Archivierung, Lagerung und Pflege von internen/externen Aufzeichnungen muss eindeutig in der Pflegeorganisation festgelegt werden, unter Berücksichtigung der schnellen Wiederauffindbarkeit (Ordnungssystematik in den Schränken) von Aufzeichnungen (z. B. Pflegedokumentation gegenüber Kostenträger, externen Qualitätsprüfungen usw.). Bei EDV-gestützten Daten sollten neben der Benutzungs- und Zugriffsberechtigung (Kennwörter etc.) auch an einen Virenschutz (Virenscanner) gedacht werden. Arbeitsplätze mit Kontakt zu externen Datenquellen (Internet, Disketten, CDs, USB-Sticks usw.) sind immer mit einem Virenscanner auszustatten. Dabei ist die jeweils aktuelle Virensignatur zu verwenden.

6.4.5 Normabschnitt 8 »Betrieb«

Die Anforderungen im Normabschnitt 8 »Betrieb« (▶ Abb. 38) beziehen sich auf die Bereitstellung und Dienstleistungserbringung auf der Grundlage der Kundenanforderungen. Damit dies nach den Anforderungen der ISO 9001:2015 in den Pflegeorganisationen gelingen kann, muss die Pflegeorganisation die entsprechenden Prozesse im prozessorientierten QM-System aufbauen und aufrechterhalten. Eine Besonderheit dabei ist, dass durch die Vorgaben die ermittelten Risiken und Chancen (s. ISO 9001, Abschnitt 4.4 und Abschnitt 6.1) bei der Dienstleistungserbringung zu berücksichtigen sind. Der Normabschnitt 8.3 »Entwicklung von Produkten und Dienstleistungen« wird im Rahmen der Erstzertifizierung aufgrund des hohen Arbeitsaufwandes der Darstellung des Entwicklungsprozesses und deren Steuerung häufig als »nicht zutreffend« eingestuft. Ausschlüsse von Normanforderungen (gemeint sind jegliche Normanforderungen) sind grundsätzlich ganz allgemein nicht möglich. Falls einzelne Normanforderungen durch ein Nichtvorhandensein ausgeschlossen werden, so müssen diese Ausschlüsse schriftlich als »nicht zutreffend« begründet werden (s. ISO 9001, Abschnitt 4.3 »Festlegen des Anwendungsbereichs des Qualitätsmanagementsystems«). Neben der Steuerung und Lenkung der Kennzeichnung und der Rückverfolgbarkeit enthält die Norm 9001:2015 sehr detaillierte Normanforderungen zum Beschaffungsprozess (Normabschnitt 8.4 »Steuerung von extern bereitgestellten Prozessen, Produkten und Dienstleistungen«) und zur Bewertung von externen Anbietern (Lieferanten) die ansatzweise kurz dargestellt werden. Im Rahmen der »Tätigkeiten nach der Lieferung« (ISO 9001, 8.5.5) kann in den Pflegeorganisationen die Überleitung in einen anderen Versorgungsbereich beinhalten, z. B. von einer Tages- oder Kurzzeitpflege in die ambulante oder vollstationäre Langzeitversorgung. Nach den Anforderungen der ISO 9001 können diese Übergänge und der damit verbundene Regelungsbedarf im Zuge eines Schnittstellenmanagements und der externen Kommunikation mit anderen Leistungserbringern konzeptionell, z. B. im Pflegekonzept festgehalten werden. In jedem Fall muss der Anspruch sein, jegliche Versorgungsabbrüche durch unzureichende Regelungen von Abläufen und Zuständigkeiten, zu verhindern! Dies sind auch wichtige Anforderungen in den Qualitätsprüfungs-Richtlinien (QPR, Prüfbogen B zur Beurteilung auf der Einrichtungsebene). So werden durch die Prüfinstitutionen im Rahmen der externen Qualitätsprüfung in dem Qualitätsaspekt 4.2 »Überleitung bei Krankenhausaufenthalten« und der »Übergang zwischen einer Pflegeeinrichtung und einem Krankenhaus« falls zutreffend, in den vollstationären Pflegeeinrichtungen beurteilt (vgl. QPR, Anlage 4: Erläuterungen zu den Prüfbögen, 2018: 22 f.).

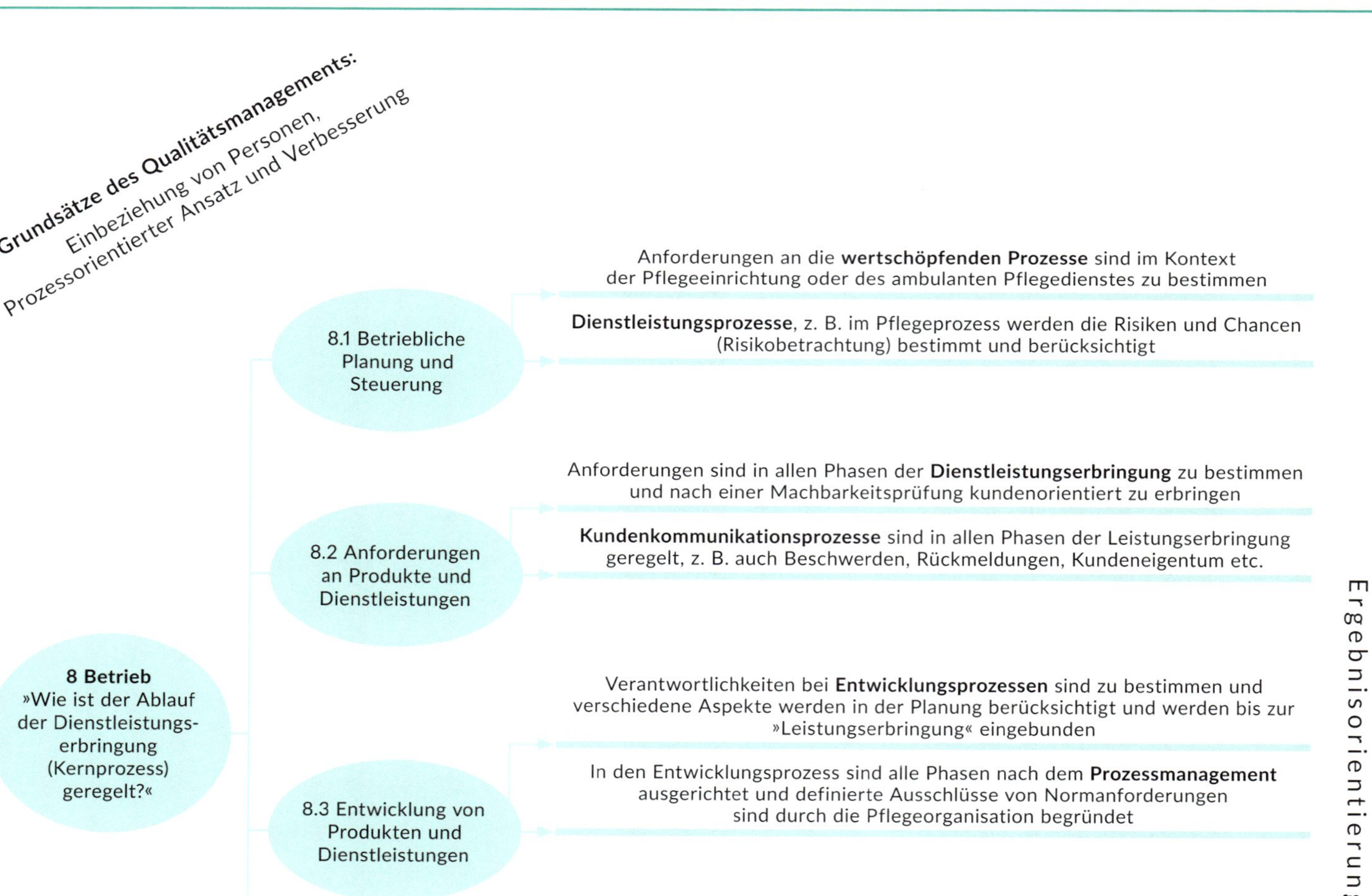

Abb. 38: Betrieb

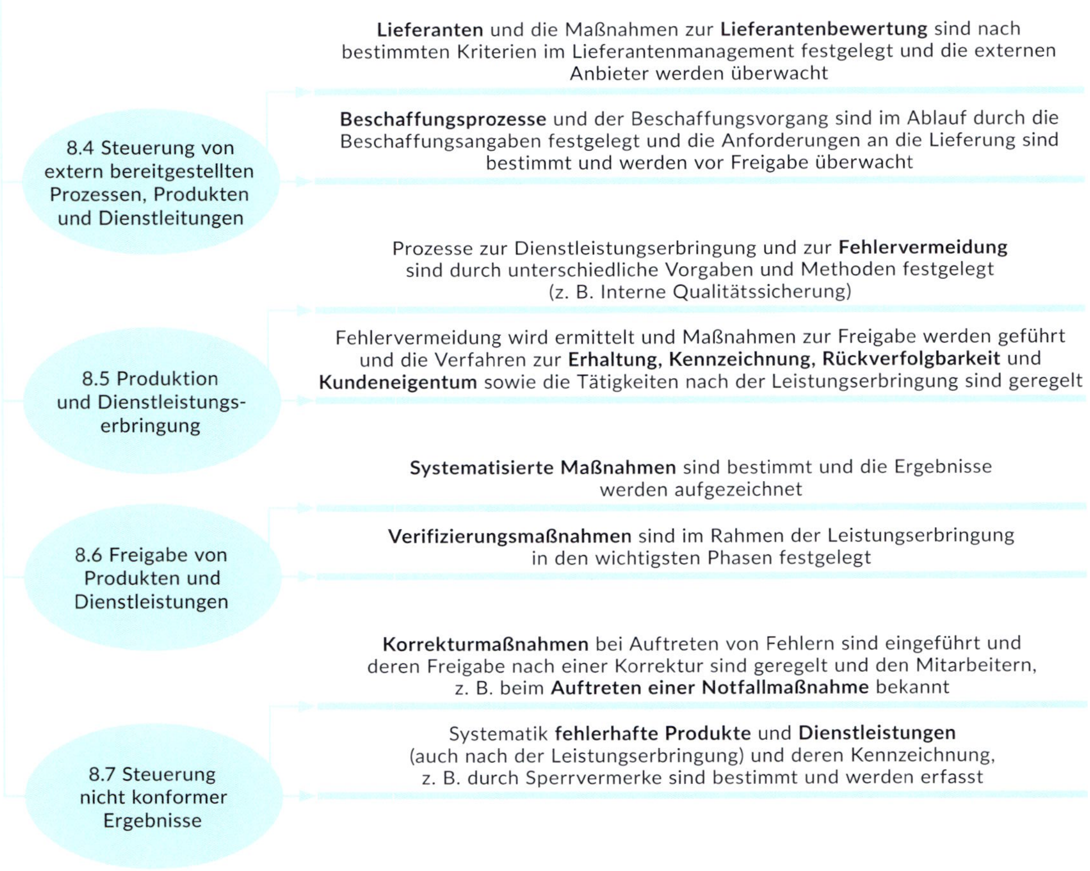

8.4 Steuerung von extern bereitgestellten Prozessen, Produkten und Dienstleitungen

- **Lieferanten** und die Maßnahmen zur **Lieferantenbewertung** sind nach bestimmten Kriterien im Lieferantenmanagement festgelegt und die externen Anbieter werden überwacht
- **Beschaffungsprozesse** und der Beschaffungsvorgang sind im Ablauf durch die Beschaffungsangaben festgelegt und die Anforderungen an die Lieferung sind bestimmt und werden vor Freigabe überwacht

8.5 Produktion und Dienstleistungs-erbringung

- Prozesse zur Dienstleistungserbringung und zur **Fehlervermeidung** sind durch unterschiedliche Vorgaben und Methoden festgelegt (z. B. Interne Qualitätssicherung)
- Fehlervermeidung wird ermittelt und Maßnahmen zur Freigabe werden geführt und die Verfahren zur **Erhaltung, Kennzeichnung, Rückverfolgbarkeit** und **Kundeneigentum** sowie die Tätigkeiten nach der Leistungserbringung sind geregelt

8.6 Freigabe von Produkten und Dienstleistungen

- **Systematisierte Maßnahmen** sind bestimmt und die Ergebnisse werden aufgezeichnet
- **Verifizierungsmaßnahmen** sind im Rahmen der Leistungserbringung in den wichtigsten Phasen festgelegt

8.7 Steuerung nicht konformer Ergebnisse

- **Korrekturmaßnahmen** bei Auftreten von Fehlern sind eingeführt und deren Freigabe nach einer Korrektur sind geregelt und den Mitarbeitern, z. B. beim **Auftreten einer Notfallmaßnahme** bekannt
- Systematik **fehlerhafte Produkte** und **Dienstleistungen** (auch nach der Leistungserbringung) und deren Kennzeichnung, z. B. durch Sperrvermerke sind bestimmt und werden erfasst

»Was ist zu tun und wie?«

Im Bereich der Dienstleistungserbringung (Dienstleistungspfad: »Pflege, Betreuung und Versorgungsprozess«) sind nachweislich das Leistungsspektrum und die wiederholbaren Dienstleistungsangebote sowie die Realisierung der Dienstleistungserbringung der Pflegeorganisation unter Berücksichtigung der gesetzlichen und behördlichen sowie sonstiger Vorgaben darzulegen und unter beherrschten Bedingungen zu erbringen. Der Kernprozess mit seinen Ausführungsprozessen, die Führungs- und Managementprozesse, sowie die Unterstützungsprozesse müssen konsequent und geplant den Kundenanfordernissen entsprechen. Nur geplante Prozesse sind beherrschbare und sichere Prozesse. Die Pflegeeinrichtung muss ihre Dienstleistungen sowohl »kundenorientiert« als auch »vertragskonform« unter Berücksichtigung fachlich gebotener Standards anbieten und die Leistung und Wirksamkeit messen (Leistungs- und Qualitätsfähigkeit der Pflegeeinrichtung) können. Festgelegte Prozesse müssen dokumentiert und auf ihre Wirksamkeit überwacht und ständig überprüft werden (z. B. durch Maßnahmen zur intern gesteuerten Qualitätssicherung). Die Prüfung der Dienstleistungsprozesse (Verifizierung und Validierung) muss auch dann erfolgen, wenn erst nach Umsetzung der Leistungen sich Unzulänglichkeiten zeigen können.

8.1 »Betriebliche Planung und Steuerung«

- Planung und Lenkung der Prozesse
- Betriebswirtschaftliche Ziele erreichen

Dienstleistungen müssen prozess- und kundenorientiert durchgeführt und bewertet werden. Das Ergebnis muss messbar sein.

- Abfolge der Prozesse unter Berücksichtigung der Risiken und Chancen in Prozess- oder QM-Verfahrensanweisungen festlegen und dabei die bestehenden Schnittstellen zu anderen Bereichen, Aufgaben oder Tätigkeiten berücksichtigen.

Grundlagen hierzu sind:
a) Prozessmodell und Prozessnetzwerk
b) Pflegekonzept mit dem Pflegeprozess mit seiner Pflegeprozessdokumentation
c) Gesetzliche und behördliche Vorgaben etc.
d) Mitarbeitereinsatzplanungen, z. B. Dienst- oder Tourenpläne etc.

Die Mitarbeiter müssen die erforderlichen Qualifikationen für die Tätigkeiten besitzen!

Unter Bezugnahme der Leistungsangebote und der Dienstleistungserbringung (Machbarkeit) sollte eine geregelte Kommunikation mit den Kunden über die Realisierung der angebotenen Dienstleistungen in der Pflegeorganisation aufgebaut werden. Im Rahmen der Leistungserbringung sind die relevanten gesetzlichen, behördlichen und vertraglichen Anforderungen (z. B. in einem Pflege- oder Heimvertrag) ausnahmslos einzuhalten. Sind Änderungen in den Verträgen (Heim- und/oder Pflegeverträge etc.) erforderlich, sind die Kunden unverzüglich über den Inhalt des Änderungsbedarf schriftlich zu informieren. Ziel der Normanforderungen ist es, bezogen auf die Dienstleistungen entsprechende Kommunikations- und Wissensdefizite gegenüber den Kunden zu erkennen und umgehend durch Informationen zu beseitigen. Des Weiteren sind die Anforderungen zur Dienstleistungserbringung in der Pflegeorganisation zu bestimmen, z. B. durch Kundenanfragen, Veränderungen in den Rechtsvorschriften, marktbezogene Veränderungen etc.

8.2 »Anforderungen an Produkte und Dienstleistungen«

8.2.1 »Kommunikation mit den Kunden«

- Klare Dienstleistungsinformation gegenüber den Kunden.

Kundenbezogene Prozesse darlegen (Verträge jeglicher Art und deren Vertragsprüfung, Vertragserfüllung und der Umgang mit Vertrags-änderungen) sind zu regeln.

Vertragsgestaltung mit den Kunden (Heimvertrag, Pflegevertrag etc.)

Wichtige Maßnahmen dabei sind:
a) QM-VA: Angebotsprüfung
b) QM-VA: Vertragsprüfung
c) QM-VA: Vertragsänderungen

- Kundenanfragen oder auch Beschwerden sowie sonstige Rückmeldungen durch die Kunden oder Reklamationen sind zügig durch die Pflegeorganisation zu bearbeiten und schriftlich zu erfassen.

Beratungsgespräche mit dem Kunden über Patientenverfügungen oder Vollmachten.

Patientenrechtegesetz (Aufklärung) ist durch die Hausärzte etc. zu beachten.

Zur Durchführung der Leistungserbringung sind verschiedene spezifische qualitätssichernde Maßnahmen, z. B. zur Kennzeichnung und Rückverfolgbarkeit im Rahmen der Zuordnung und zur unverwechselbaren Identifikation von Dokumenten, Medikamenten und zu Bewohner- bzw. Kundeneigentum, zu treffen. Durch die Pflegeorganisation sollte ein Verfahren zum sach- und fachgerechten Umgang mit Kundeneigentum (Wäsche, Mobiliar, Pflegehilfsmittel, Bargeld etc.) dokumentiert und eingehalten werden.

- Vgl. 8.5.2 »Kennzeichnung der Rückverfolgbarkeit«
- Vgl. 8.5.3 »Eigentum der Kunden oder der externen Anbieter«

Die Entwicklungsplanung (also die Absicht, eine neue Dienstleistung anzubieten und zu entwickeln, z. B. die Gründung eines Heimcafés oder die Einrichtung eines »beschützenden« Wohnbereichs) muss durch ein nachweisliches Projektmanagement mit seinen Projektphasen entsprechend gesetzlicher und projektbedingten Anforderungen in einem Qualitätsmanagementsystem nach der DIN EN ISO 9001:2015 im Detail dargelegt werden:

Entwicklungsplanung (Projekt- und Maßnahmenplan sowie Projektphasen), **Entwicklungseingaben** (Was oder wer ist zur Realisierung notwendig bzw. was ist konkret zu tun und welche gesetzlichen und behördlichen Bestimmungen oder Hindernisse müssen beachtet werden?) und die **Steuerungsmaßnahmen** für die Entwicklung (Entwicklungsbewertung, -verifizierung und Entwicklungsvalidierung) sind vor in einem Projektmanagement festzulegen:

a) Entwicklungsbewertung (durchzuführende Prüfungen, Ergebnisvergleich mit der Zielstellung, Schwachstellenanalyse, Zulassungsbedingungen, Arbeits- und Gesundheitsschutz etc.)
b) Entwicklungsverifizierung (Prüftätigkeiten, Vergleich der Ergebnisse mit den Anforderungen, Tätigkeiten dokumentieren)

8.3 »Entwicklung von Produkten und Dienstleistungen«

Entwicklungstätigkeiten müssen in **allen Phasen** durch einen aussagekräftigen Projekt- und Maßnahmenplan und durch sonstige Projektdokumentationen (z. B. Projektskizzen und -pläne) dargelegt (neue Dienstleistungen in einer Pflegeorganisation) werden.

c) Entwicklungsvalidierung (Probelauf, Einsatz unter realen Bedingungen, Bestätigung und Freigabekriterien, Ergebnisse der Validierung sind entsprechend schriftlich festzuhalten)
d) **Entwicklungsergebnisse** (Wie sollen die zu erreichenden Ergebnisse aussehen?) in allen wichtigen Phasen festhalten
e) Lenkung von Entwicklungsänderungen (Was ist zu tun bei Änderungen?) dokumentieren und schriftlich darlegen

Ein besonderer Regelungsbedarf besteht beim wiederkehrenden Beschaffungsprozess (Einkauf von Produkten und Dienstleistungen) für alle Arbeitsbereiche der Pflegeorganisation. Nach der neuen ISO 9001 bezieht sich der Beschaffungsprozess auch auf die bereitgestellten Prozesse. Im gesamten Beschaffungsprozess sind neben den Kundenanforderungen ebenso die gesetzlichen und behördlichen Anforderungen (konforme Leistungen und Produkte!), z. B. Beschaffungsanforderungen, Bestellwesen etc. zu ermitteln und einzuhalten. Diese Informationen können dann zur Risikoeinstufung der jeweiligen Prozesse, Produkte und Dienstleistungen herangezogen werden, wie z. B. auch Gewährleistungen, Garantien, Fehlersammelkarten zur Fehlererfassung (Häufigkeiten) als ein Quality-Tool oder Lieferantenbewertungen und -beurteilungen nach festzulegenden Qualitätskriterien. Im Vordergrund dabei steht auch die Qualität von beschafften Prozessen, Produkten oder Dienstleistungen, zum richtigen Zeitpunkt und in der geforderten Menge sowie die Bestellung bei zugelassenen Lieferanten **(s. ISO 9001, Abschnitt 8.4.2 »Art und Umfang der Steuerung«)** der Organisation vorzunehmen. Der Prozess muss von der Angebotseinholung, Lieferantenauswahl (z. B. bei Erstlieferungen sind die Kriterien für die Auswahl von Lieferanten festzulegen, wie z. B. die Lieferantenselbstauskunft, Erstbemusterung und/oder Referenzliste), Auslöser einer Bestellung über die Warenannahme, Wareneingangsprüfung (teilweise nach Prüfvorschriften), Zurückweisung von Ware, Einlagerung bis zur Entnahme der Ware oder der Bereitstellung der Dienstleistung geregelt werden. Die Prozesseigner müssen bei der Warenannahme sicherstellen, dass die eingehenden Lieferungen mit den erforderlichen Dokumenten (Bestellung und Lieferschein) und den Bestell- und Beschaffungsanforderungen übereinstimmen. Der Wareneingang und die damit verbundenen Prüfungen sollten durch eine QM-Verfahrensanweisung (Prozessbeschreibung) sichergestellt werden. Der Umgang mit den externen Anbietern ist in diesem Normabschnitt durch eine regelmäßige Lieferantenbewertung und -beurteilung darzustellen.

8.4 »Steuerung von extern bereitgestellten Prozessen, Produkten und Dienstleistungen«

Der Vorgang der Beschaffung ist zu beschreiben von der Bestellabwicklung, Wareneingang und -prüfung, Einlagerung und Entnahme:

- Vorbeugen von Beschädigungen.
- Befugnisse für Warenannahme und -ausgabe (Beschaffungsverantwortung – s. Abb. 39) festlegen.
- Zyklische Überprüfung der Lagerräume auf Unversehrtheit der Produkte und gesetzlich festgelegte Lagerungskriterien und -bedingungen.
- Zugelieferte Produkte eindeutig kennzeichnen (Identifizierung).

Auch im Beschaffungsprozess wird eine Risikobetrachtung und -bewertung bezogen auf die Bereitstellung der Prozesse, Produkte oder Dienstleistungen durch die Norm gefordert, z. B. nach der HACCP (Kontrollpunkte) oder Schulungsbewertung etc. Nach der Risikobewertung sind geeignete Maßnahmen zu installieren und deren Wirksamkeit muss durch die Organisation dargestellt werden (Prozesseigner), z. B. durch interne Qualitätssicherungsmaßnahen, Kontrollen, Stichproben im Wareneingang, **Lieferantenaudits**, Schulungsauswertungen, interne Audits, Wareneingangsprüfungen nach einem Prüfplan etc.

Bewertungskriterien zur Lieferantenauswahl, -beurteilung sowie Liste zugelassener Lieferanten erarbeiten (Lieferantenmatrix) und Ergebnisse der Beurteilung dokumentieren (▶ Abb. 40) (▶ Abb. 41).

Die Lieferantenauswahl und die regelmäßige Lieferantenbewertung der wichtigsten Lieferanten ist eine elementare Anforderung an das Qualitätsmanagementsystem. Die Kriterien zur Lieferantenbeurteilung müssen schriftlich festgelegt, durchgeführt und dokumentiert werden, z. B. Preis, Lieferqualität, Zuverlässigkeit, Zahlungsziele usw.

Es ist von der Pflegeorganisation detailliert zu planen, wann, durch wen, wie und welche Prüfungen und Überwachungen von Produkten und Dienstleistungen durchgeführt werden müssen, um sicherzustellen, dass nur einwandfreie und sichere Dienstleistungen erbracht werden. Die Festlegung von Prüfungen sollte zur Übersicht und zur Planungsgrundlage in einem Prüfplan erfolgen und/oder in QM-Verfahrensanweisungen geregelt werden (z. B. Prüfungen zur Versorgungssituation durch kollegiale Pflegevisiten, Prüfungen der Pflegeprozessdokumentation, Prüfungen der Therapieplanung, Prüfungen im Rahmen der HACCP uvm.). Wichtig dabei ist, dass der Prüfablauf durch Prüfanweisungen (Checklisten zum Prüfinhalt) schriftlich dokumentiert sind und dass die Angemessenheit, Art und Umfang der Prüfungen aus den Prüfplänen ersichtlich sind. Insgesamt ist jede Prüfplanung mit der Arbeitsorganisation abzustimmen (Prüfmerkmale, was soll geprüft werden und durch wen, welche Prüfmittel werden eingesetzt, wie ist der Prüfumfang bzw. wie sind die Prüfzeiten durch die Prozesseigner festgelegt?).

- Vgl. 8.6 »Freigabe von Produkten und Dienstleistungen«

Messung der Prozessleistung und Bewertung der Ergebnisse durch einen zu erstellenden Prüfplan.

- Wichtig ist die Erarbeitung eines **Prüfplans** in der Pflegeorganisation:

a) Prüfgegenstand
b) Verantwortliche
c) Prüfmethoden
d) Prüfumfang

Qualitätsmanagementsystem nach der DIN EN ISO 9001:2015	Muster-Einrichtung	Einrichtung Mustereinrichtung
Seite 1 von XX	**Qualitätsmanagement – Handbuch**	Dokumentationsschlüssel:

Beschaffungsverantwortung:

Material	**HL**	**PDL**	**KL**	**HWL**	**Therapie**	**Verwaltung**	**Haus-technik**	**QM-B. QM-V.**	**Sib**
Büromaterial		X	X	X	X	X		X	
Medizinprodukte	X	X							
Fachliteratur	X	X							
PSA	X	X							X
...									

	Revisionsstand:	Revision am:	Geprüft:	Freigabe am (Stempel der Einrichtung):
Datum:	12.02.2008	04.04.2019	18.05.2019	
Name:		J. Weigert	Qualitätsmanagement	
Mitwirkende:				

Abb. 39: Beispiel für eine Beschaffungsverantwortung

Nach den Normanforderungen »Produktion und Dienstleistungserbringung« sind die Prozesse zur Dienstleitungserbringung zu beschreiben inkl. der erwarteten Ergebnisse unter der Berücksichtigung der erforderlichen Ressourcen sowie einer geeigneten Infrastruktur.

8.5 »Produktion und Dienstleistungserbringung«

8.5.1 »Steuerung der Produktion und der Dienstleistungserbringung«

- Steuerung des Pflegeprozesses.

Die gesamte Dienstleistungserbringung im Rahmen des Dienstleistungspfades **»Pflege, Betreuung und Versorgungsprozess«** muss dargestellt (Abläufe) und durch verschiedene Methoden gemessen und überwacht werden. Der Zweck dieser Beschreibungen ist die Qualitätssicherung in der Steuerung und Messung zur Überwachung der pflegerischen Prozesse damit festgestellt werden kann, ob die Leistungen unter **beherrschten Bedingungen** erbracht werden.

Zur Steuerung des Pflegeprozesses gehört es, dass die Vorgaben der nationalen Expertenstandards des DNQP im Rahmen der Umsetzung berücksichtigt und in der Pflegeorganisation einrichtungsspezifisch eingebunden werden.

6

Die Realisierung des Pflegeprozesses steht dabei im Vordergrund. Bei erkennbaren Abweichungen und Feststellungen sind zeitnah erforderliche Korrekturmaßnahmen einzuleiten. Der Prozessablauf des Pflegeprozesses ist in den einzelnen Leistungs- und Prozessbeschreibungen festzulegen. Die Methoden zur Überwachung werden im Hinblick auf einen möglichen Verbesserungs- und Optimierungsbedarf sowie der fortlaufenden Weiterentwicklung des QM-Systems durchgeführt. Nachweise zur Beurteilung der Prozessleistung sind aufzubewahren (s. Rückverfolgbarkeit). Prozessplanung und -durchführung, fehlerfreie Prozessabwicklung und kontinuierliche Prozessbewertung sind in diesem Normabschnitt wichtige Anforderungen unter der Berücksichtigung der Ressourcenverfügbarkeit und einer geeigneten Infrastruktur.

- Vgl. 7.1.3 »Infrastruktur«
- Vgl. 7.1.4 »Prozessumgebung«
- Verfahren zum Überleitungsmanagement entwickeln.
- Arbeitsplatzbezogene Standards oder Verfahren sind im Rahmen der Umsetzung der Dienstleistungsprozesse einbeziehen.

Zur Durchführung der Leistungserbringung sind verschiedene spezifische qualitätssichernde Maßnahmen der Kennzeichnung und Rückverfolgbarkeit zur Zuordnung und zur unverwechselbaren Identifikation zu treffen, um Verwechslungen (z. B. von Medikamenten etc.) auszuschließen. Die eindeutige Kennzeichnung muss während des gesamten Dienstleistungsprozesses erhalten bleiben (wichtig z. B. bei medizinischen Hilfsmitteln, Medikamenten mit Bewohnername und Datum, Tropfen mit Anbruch- und Ablaufdatum etc.). Wenn Rückverfolgbarkeit gefordert ist, muss die Einrichtung eine eindeutige Kennzeichnung festlegen und Aufzeichnungen hierüber aufrechterhalten.

8.5.2 »Kennzeichnung der Rückverfolgbarkeit«

- Kennzeichnung nur vornehmen, wenn Rückverfolgbarkeit gefordert und sinnvoll ist (z. B. Rückstellproben, Medikamente, Bewohnereigentum, Hilfsmittel etc.).

Das Kennzeichnungssystem und der sach- und fachgerechte Umgang mit Bewohner- bzw. Kundeneigentum (auch überlassenes Eigentum eines Lieferanten, z. B. Schulungsunterlagen, fachliches Know-how, Werkmaterialien oder eine Bemusterung) sowie die Klärung von Schadenersatzansprüchen ist für die gesamte Pflegeorganisation darzulegen. Das Kennzeichnungsverfahren ist schriftlich bspw. im QM-Handbuch oder sonstigen Verfahren zu dokumentieren bzw. vorzuhalten.

8.5.3 »Eigentum des Kunden oder der externen Anbieter«

Mit Kundeneigentum ist grundsätzlich sorgfältig und achtsam umzugehen!

Aus der QM-Dokumentation oder durch andere Nachweise muss ebenfalls hervorgehen, welche Maßnahmen bei Beschädigung, Beeinträchtigung und Verlust eingeleitet werden. Werden Produkte jeglicher Art bis zur weiteren Verwendung und Verarbeitung (evtl. FIFO-Prinzip bei Medikamente und Lebensmittel) gelagert (z. B. Lebensmittel, Farbe und Lacke in der Haustechnik, medizinische und pflegerische Produkte im Pflegebereich usw.), sind entsprechende Lagerungskriterien (z. B. sauber, trocken, evtl. lichtgeschützt, kühl usw.) festzulegen bzw. einzuhalten, damit kein Schaden entstehen kann: z. B. medizinische Hilfsmittel, Medikamente im Medikamentenschrank entsprechend den Anforderungen, Lebensmittel unter Einhaltung der HACCP, Möbel, Dokumente zur Pflegeprozessdokumentation oder ein Testament, Patientenverfügungen sowie Vorsorgevollmachten und sonstige Wertgegenstände im Tresor etc. Ziel der Erhaltung ist es, in allen Phasen der Herstellung oder Leistungserbringung entsprechende Maßnahmen zu ergreifen, damit diese Produkte oder Dienstleistungen keinesfalls negativ belastet oder qualitätsmindernd beeinträchtigt werden können.

8.5.4 »Erhaltung«

- Verantwortungen und Befugnisse zum Erhalt der Produkte und Dienstleistungen in der Pflegeorganisation regeln.
- Aufzeichnungsumfang und -form sollte in der Pflegeorganisation geregelt werden.

8.5.5 Tätigkeiten nach der Lieferung

- Die Tätigkeiten nach der Lieferung (Dienstleistungserbringung) kann vertraglich oder gesetzlich geregelt sein, z. B. die Überleitung bei Krankenhauseinweisung oder der Auszug aus der Pflegeeinrichtung und die anschließende Übernahme durch einen ambulanten Pflegedienst.

Ziel ist es auf der Grundlage der Normanforderungen, während der Einlagerung und Be- und Verarbeitung dafür zu sorgen, dass beim Umgang mit den Materialien, Dienstleistungen und Produkten, Methoden und Mittel eingesetzt werden, die eine Beschädigung oder Beeinträchtigung der Weiterverwendung verhindern.

Ein **Fehlermanagement** ist in allen Phasen der Leistungserbringung zu implementieren (vormals 9001:2008, Abschnitt 8.3: »Lenkung fehlerhafter Produkte«) und deren Inverkehrbringen muss durch eine Steuerung in der gesamten Pflegeorganisation durch eine Fehlerkultur verhindert werden.

8.7 »Steuerung nichtkonformer Ergebnisse«
a) Fehlererfassung
b) Risikomanagement
c) Ursachenanalyse

Formular: »Fehler- und Reparaturmeldung« erarbeiten, den Umgang mit allen Mitarbeitern besprechen und in der Pflegeorganisation freigeben.

Das frühzeitige Lenken von nichtkonformen Ergebnissen (abhängig vom Gefährdungspotential) und die zeitnahe Fehlerbehebung - durch das Einleiten von geeigneten Maßnahmen - ist eine der wichtigsten Aufgaben jedes Mitarbeiters. Dazu sollte in der Pflegeorganisation eine entsprechende Haltung zur Fehlerkultur durch die Führungskräfte vorgelebt werden.

Die Normanforderung setzt in diesem Normabschnitt »Steuerung nichtkonformer Ergebnisse« ein sicheres Verfahren voraus, das sicherstellt, dass fehlerhafte Produkte und Dienstleistungen oder nichtkonforme Ergebnisse gekennzeichnet und nicht weiter verarbeitet oder genutzt werden, bis der Fehler (Nichtkonformität) durch die prozessverantwortlichen Personen bzw. durch den Prozesseigner bewertet worden sind (ggf. Sperrvermerk (wenn möglich) mit einem Aufkleber »Gesperrt«, Sonderfreigabe mit Information an den Kunden, Nachbearbeitung bis hin zur Vernichtung des fehlerhaften Produktes). Die Fehlerursache bestimmt letztendlich das Einleiten entsprechender Korrektur- und Abstellmaßnahmen zur Schadensabwehr bzw. zur Fehlerbehebung. Wichtig ist, die eindeutige Dokumentation eines entdeckten Fehlers und die Beurteilung sowie die Behebung der Fehlerursachen, sodass eine unbeabsichtigte Nutzung in der Zukunft verhindert wird.

Nach der Beurteilung des Fehlers und der Bewertung seines Gefährdungspotenzials müssen sofort entsprechende Korrekturmaßnahmen eingeleitet werden.

Mögliche Entscheidungen bei fehlerhaften Produkten oder nichtkonformer Ergebnisse sind:

- Rücksendung (bei Falschlieferungen),
- Verhinderung des Inverkehrbringen und deren unbeabsichtigte Verwendung,
- Sonderfreigabe (mit Zustimmung des Kunden, wenn kein qualitätsmindernder Einfluss besteht),
- Nacharbeit (Qualitätsabweichung ist durch Nacharbeit zu beheben bzw. unter wirtschaftlichen Gesichtspunkten nachzubessern),
- Freigabe nach Information und Zustimmung des Kunden,
- Einleitung zukünftiger Verbesserungsmaßnahmen,
- Vernichtung (Fehlerhaftes Produkt ist für jegliche Verwendung ungeeignet).

Fehlermanagement als eine bestehende »Fehlerkultur« im Unternehmen einführen, bestehend aus:

- Fehlerentdeckung,
- Dokumentation,
- Weiterleitung und Meldung,
- Prüfung und Bewertung des Fehlers,
- Maßnahmen zur Fehlerbehebung - wenn möglich - Maßnahmendokumentation,
- Rückinformation an den »Ersteller« der den Fehler bemerkt hat (Feedback).

Wichtig: Die Nutzung fehlerhafter Ergebnisse muss in dem Fall durch ein gesichertes Verfahren in der Pflegeorganisation verhindert werden.

	Lieferant	Qualität			Preis			Termintreue			Lieferfähigkeit			Service			
		G	BF	Status	G	BF	Status	G	BF	Status	G	BF	Status	G	BF	Status	**Maßnahmen**
1	Müller GmbH	3	0,95	A	2	0,79	A	3	0,7	**B**	1	0,6	A	2	0,7	A	Lieferanten informieren
2	Meier & Co	2	0,66	**C**	x	x	x	x	x	x	x	x	x	x	x	x	Die Lieferleistung ist nicht akzeptabel

Legende Bewertungsfaktoren (BF) für Berechnung
1 bis 0,95 = **sehr gut**
0,94 bis 0,85 = **gut**
0,84 bis 0,70 = **befriedigend**
0,69 bis 0,50 = **ausreichend**
0,49 bis 0,30 = **mangelhaft**
0,29 bis 0,00 = **ungenügend**

Gewichtung (G) :

1	gering	1,0 bis 0,70	**A**
		< 0,70	**C**
2	mittel	1,0 bis 0,85	**A**
		0,84 bis 0,70	**B**
		< 0,69	**C**
3	hoch	0,95 bis 1,0	**A**
		0,85 bis 0,94	**B**
		< 0,85	**C**

Berechnung der Q-Zahl zur Bewertung der Qualität

$$\text{Q-Zahl} = \frac{\text{Anzahl L x L1 + Anzahl L x L2 + Anzahl L x L3}}{\text{Anzahl der gesamten Lieferungen x 100}}$$

L = Anzahl der Lieferungen zu L_1, L_2, L_3

Fehlerfreie Lieferung $= L_1 = 100$

Annahme unter Vorbehalt $= L_2 = 50$

Rückweisung $= L_3 = 0$

***Hinweis:* Annahme unter Vorbehalt bedeutet nicht das eine Sonderfreigabe erteilt wurde. Produkte mit Sonderfreigaben gibt es in unserer Pflegeeinrichtung bzw. in unserem ambulanten Pflegedienst nicht. Solche Produkte werden zurückgewiesen bzw. Dienstleistungen nicht angenommen.**

Status A : Keine Maßnahmen erforderlich

Status B : Der Lieferant muß informiert werden. Es ist durch den Einkauf zu entscheiden ob Korrektur oder Verbesserungsmaßnahmen eingeleitet werden müssen

Status C: Die Lieferleistung ist nicht akzeptabel. Es müssen Korrektur und/oder Verbesserungsmaßnahmen eingeleitet werden

Berechnung Q-Zahl

	L1	L2	L3	BF	(G)	Status	L_{ges}
Müller GmbH	50	4	1	0,95	3	A	55
Meier & Co	15	3	7	0,66	2	C	25

Abb. 40: Beispiel für eine EDV-gestützte Lieferantenbewertung

Qualitätsmanagementsystem nach der DIN EN ISO 9001:2015	Muster-Einrichtung	Einrichtung Mustereinrichtung
Seite 1 von XX	**Qualitätsmanagement – Handbuch**	Dokumentationsschlüssel:

Lieferantenbewertung (Bewertung einmal jährlich) **Ubernahme der Bewertung in Matrix: 07.02.2019**

Bedeutung der Zeichen: „++“ = sehr gut, „+“ = gut, „0“ = befriedigend, „-“ = ausreichend, „- -“ = mangelhaft

Lieferant	Produkte/ Dienstleistung	Ansprech-partner	Preis	Produkt-qualität	Flexibilität	Zuverlässigkeit	Zusätzliche Bewertungs-kriterien erforderlich	Datum/ Bewerter
Fa. Mustermann	Büroartikel	Herr Meier	+	++	++	++	entfällt	20.01.2019 Verwaltung
Fa. Pflege	Pflegebedarf	Frau Müller	+	+	+	+	entfällt	17.01.2019 PDL
Muster-Apotheke	Medikamente*	Frau Schulze	+	+	--	+	erforderlich	12.01.2019 PDL
Fa. Müller	Desinfektions-mittel	Herr Fritz	++	+	++	-	erforderlich: Verträge	18.01.2019 PDL, Hygiene-beauftragter
…								

Bedeutung der Zeichen: „++“ = sehr gut, „+“ = gut, „0“ = befriedigend, „-“ = ausreichend, „- -“ = mangelhaft
Einteilung in „A, B und C-Lieferanten“

A = Lieferanten:
Mindestens drei Doppelplus und zwei Pluszeichen

B = Lieferanten:
Alle Bewertungen zwischen A und C

C = Lieferanten:
Mindestens drei Nullen wobei eine Null bei Preis oder Qualität ermittelt sein muss oder schlechter

*Bestehende Risiken beachten, z. B. Fehler in der Bestellmenge, Darreichungsform, Dosierung etc.

	Revisionsstand:	Revision am:	Geprüft:	Freigabe am (Stempel der Einrichtung):
Datum:	12.02.2008	15.02.2019	18.02.2019	
Name:		J. Weigert	Qualitätsmanagement	
Mitwirkende:				

Abb. 41: Beispiel für eine einfache Lieferantenbewertung

6

Empfehlungen und Anleitungen

Die Dienstleistung ist unter beherrschten und sicheren Bedingungen sowie durch qualifizierte Mitarbeiter auszuführen. Dazu muss die Führung der Pflegeorganisation die Kundenanforderungen (auch spezifiziert) ermitteln, kennen, umsetzen und schriftlich festhalten (Heimvertrag, Pflegevertrag, Wohnverträge etc.):

a) Sind die Anforderungen angemessen und dokumentiert?
b) Sind alle abweichenden Anforderungen des Kunden geklärt?

Die Entwicklungsplanung muss, falls sie nicht im Anwendungsbereich der Norm ausgeschlossen worden ist (z. B. Anforderungsabschnitt(e) sind »nicht zutreffend«), ein systematisiertes und dokumentiertes Verfahren sein und alle Planungsschritte und Projektphasen von der Idee und dem schriftlichen Projektauftrag (Analysephase etc.) bis zur Übernahme in den Regelbetrieb beinhalten. Wichtig an der Stelle ist, dass entsprechende Aufzeichnungen über die Entwicklungsbewertung, -verifizierung und Entwicklungsvalidierung ausgeführt und aufgezeichnet werden können (Projektskizze bzw. Projektplanung).

Bei den Beschaffungsprozessen in der gesamten Pflegeorganisation sind die Beschaffungsangaben und die Beschaffungsverantwortung (▶ Abb. 39) zu bestimmen und darzulegen. Die arbeitsrechtlichen Bestimmungen bei der Vergabe von Aufträgen sind dabei entsprechend zu berücksichtigen. Die eingekauften Produkte oder Dienstleistungen (z. B. eine externe Glasreinigung durch einen Gebäudedienstleister etc.) müssen die festgelegten Anforderungen hinsichtlich des Arbeits- und Gesundheitsschutzes und die Qualitätsanforderungen, erfüllen. Die Bereiche der Beschaffung können durch eine QM-VA eindeutig geregelt und dargestellt sein.

Die Lieferantenbeurteilung stellt im Sinne der Norm eine wichtige Aufgabe zur kontinuierlichen Überprüfung aller qualitätsbezogenen Kriterien dar und kann auf unterschiedliche Art und Weise durchgeführt werden. Der Umfang der Beurteilung kann beispielsweise abhängig gemacht werden von der Art der zu beschaffenden Produkte und Dienstleistungen. Die zur Beurteilung (evtl. durch den Einkauf) herangezogenen Lieferanten werden in den folgenden Abbildungen (▶ Abb. 40) (▶ Abb. 41) beispielhaft dargestellt. Die einzelnen Lieferanten werden gemäß der an sie gestellten Anforderungen bewertet. Dies bedeutet, dass alle aufgeführten Kriterien zur Bewertung herangezogen werden können oder nur einzelne wichtige Teile ausgewählt werden. Die Bewertung erfolgt bspw. durch Berechnung von (Qualitätskennzahlen für anforderungsgerechte Ausführung) und/oder durch die Beurteilung des Bestellers aufgrund des Erfahrungswertes über einen zu betrachtenden Zeitraum.

Bei der Kennzeichnung und Rückverfolgbarkeit von Geräten, Medikamenten, Bewohner- bzw. Patienteneigentum, dokumentierte Informationen (Aufzeichnungen) sowie zum Datenschutz während des gesamten Dienstleistungsprozesses kann eine zu erstellende Matrix als Hilfsmittel ein Vorteil sein. So ist bspw. die Kennzeichnung und die Rückverfolgbarkeit der Lebensmittel bzw. der Rückstellproben als eine wichtige Anforderung »Lebensmittelhygiene – Rückstellproben in der Gemeinschaftsverpflegung« nach der DIN 10526:2017 geregelt. Im Zuge der Rückverfolgbarkeit sollte eine Probenmenge von mindestens 100 g bzw. 100 ml je Menükomponente aufbewahrt und kühl gelagert werden. Um jedoch eine umfassende Untersuchung im Erkrankungsfall sicherzustellen, sollte im Hinblick auf die Verpflichtung (Kennzeichnung und Rückverfolgbarkeit) zur Entnahme von Rückstellproben eine größere Probenmengen (mindesten 200 g bzw. 200 ml) zur eigenen Sicherheit entnommen werden. Die Menükomponenten sollten jeweils separat in ein Gefäß gefüllt und mit Datum beschriftet und 14 Tage aufbewahrt werden.

Wiederholtes Auftreten von Mängeln und Fehlern sind in einem QM-System durch eine vorgelebte »Fehlerkultur« auszuschließen. »Fehler können entstehen, aber es ist auszuschließen, dass ein Fehler ein zweites Mal auftritt!«

6.4.6 Normabschnitt 9 »Bewertung der Leistung«

Jedes QM-System mit seinen festgelegten Qualitätszielen auf der Grundlage der Qualitätspolitik (wird mitbestimmt durch die Organisationskultur) muss anhand verschiedener Leistungsindikatoren als Set überwacht und bewertet werden. Durch die Überwachung, Messung und Analyse soll die Wirksamkeit des QM-Systems festgestellt und dargelegt werden (▶ Abb. 42). Die überwachenden Tätigkeiten eröffnen verschiede Handlungsoptionen, um zeitnah Handlungsbedarfe erkennen und geeignete Maßnahmen i.S. der Normanforderungen einleiten zu können. Auch wird durch die Überwachung, Messung und Analyse und deren Ergebnisse sichtbar, inwieweit das QM-System in der Pflegeorganisation umgesetzt und gelebt wird und ob die erzielten Ergebnisse den Erwartungen der Kunden entsprechen. Hierzu wurden in diesem Normabschnitt »Bewertung der Leistung« neben der Ermittlung der Kundenzufriedenheit (Pflegekunden und Mitarbeiter), die Datenanalyse, das interne Audit sowie die durchzuführende Managementbewertung als Anforderungen festgelegt, welche als Aufzeichnung im Falle einer Zertifizierung schriftlich vorliegen müssen. Die Datenanalyse hat sich ebenso auf die Erfüllung von gesetzlichen und behördlichen Anforderungen zu beziehen (z. B. Versorgungsergebnisse und Qualitätsbeurteilungen durch externe Prüfinstitutionen).

Empfehlungen und Anleitungen

Der Erfolg einer Pflegeorganisation ist stark davon abhängig, inwieweit die Einrichtung die aktuellen Bedürfnisse, Erwartungen sowie die Anforderungen der Kunden und anderer Anspruchsgruppen versteht, interpretiert und nachhaltig erfüllt oder sogar übertrifft. Die oberste Leitung sollte hierzu ein Verfahren entwickeln, mit dem die Erfüllung der Anforderungen an die Dienstleistung (Prozessfähigkeit, Kundenerwartungen (die sich mitunter auch verändern können!), Erwartungen anderer Parteien (z. B. auch externe Anbieter), Geschäftsergebnisse und die Erfüllung der Anforderungen) regelmäßig, d. h. in einem festzulegenden Zyklus, überprüft und sichergestellt werden kann. Umfangreiche Qualitätsverbesserungsmaßnahmen, die die Mitwirkung mehrerer Personen erfordern, können mit Hilfe einer geeigneten Systematik als Projekt definiert werden. Ziel dabei ist es, das QM-System ständig weiter zu entwickeln, zu verbessern und wettbewerbsfähig und marktorientiert voranzutreiben. Die Messung der Prozesse und Verbesserungsprojekte im Sinne einer fortlaufenden Leistungs- und Qualitätsverbesserung (KVP) kann dabei mit Hilfe und dem angemessenen Einsatz von »numerischen« (z. B. Radardiagramm, Fehlersammelkarte, Kreis/Kuchendiagramm, Pareto-Diagramm, Korrelations-Diagramm, Verlaufsdiagramm und Histogramm etc.) und »nicht-numerischen« Methoden (Ishikawa-Diagramm, Paarweiser Vergleich, Portfolio etc.) durchgeführt werden. Die oberste Leitung einer Pflegeorganisation sollte in diesem Kontext klären, ob eine Methode für einen bestimmten Anwendungsfall geeignet ist oder nicht. Für Mitarbeiter in Verbesserungsprojekten ist es wichtig, mehrere statistische Methoden und Verfahren zu kennen, um für einen Anwendungsfall aus einem Quality Tool von möglichen Methoden (QM-Werkzeuge) die jeweils geeignete(n) zu bestimmen. Die Eignung, Wirksamkeit und Angemessenheit des QM-Systems sollten vorher durch bestimmte Methoden und Verfahren festgelegt werden:

- Gewinn- und Verlustrechnung
- Belegungs- und Auslastungssituation
- Liquidität
- Personalstatistik
- Kostenentwicklung
- Prozess- und Marktanalysen, wie z. B. Kunden- und Mitarbeiterbefragungen, Benchmarking etc.

Um Entscheidungen auf der Grundlage von Informationen, **Z**ahlen, **D**aten und **F**akten (»Z-D-F-Prinzip«) durch die Führung der Pflegeorganisation treffen zu können, müssen alle wichtigen Schlüsselprozesse in der Dienstleistungserbringung und in den Prozessabläufen beobachtet und deren Leistungen faktengestützt bewertet und deren Ergebnisse dargestellt werden. Die oberste Leitung der Pflegeorganisation sollte dazu geeignete Methoden festlegen und die Ergebnisse, unter der Berücksichtigung der Festlegungen in der DIN EN ISO 9001:2015 nach den »Eingaben in die Managementbewertung« (s. Normabschnitt 9.3.2), in die Managementbewertung einfließen lassen und zur Aufrechterhaltung und Weiterentwicklung des QM-Systems schriftlich darstellen (Managementbewertung ist ein Nachweisdokument bzw. eine Aufzeichnung!).

Neben den Kundenzufriedenheitsbefragungen (u. a. auch Angehörigenbefragungen oder dokumentierte Gespräche zur Zufriedenheit) mit Hilfe eines klassischen Fragebogens können auch persönliche Feedbackgespräche dazu dienen, die Kundenanforderungen und die Kundenzufriedenheit gezielt und präzise festzustellen, zu ermitteln und zu dokumentieren sowie Abweichungen zwischen erbrachter Dienstleistung und Kundenzufriedenheit aufzuzeigen, um Möglichkeiten zu Verbesserungen zu initiieren.

Führungskräfte sind grundsätzlich an einem internen Audit zu beteiligen. Werden bei einem internen Audit Mängel oder Qualitätsdefizite festgestellt, sollte ein terminiertes Nachaudit durchgeführt werden, um die Behebung von besprochenen Korrekturmaßnahmen zu überprüfen. Der Auditbericht wird immer der obersten Leitung als Auditauftraggeber ausgehändigt. Die folgenden Abbildungen (▶ Abb. 43) (▶ Abb. 44) (▶ Abb. 45) stellen die wichtigsten Auditdokumente zur Durchführung von internen Audits als Mustervorlage (Beispiele) vor.

Qualitätsmanagementsystem nach der DIN EN ISO 9001:2015	Muster-Einrichtung	Einrichtung Mustereinrichtung
Seite 1 von XX	**Qualitätsmanagement – Handbuch**	Dokumentationsschlüssel:

Beispiel:

Auditziel: Sicherstellung und Einhaltung der Regelungen nach der HACCP (EU-VO 852/2004)

Auditdatum : Auditdauer:	Verantwortlicher Mitarbeiter:	Ort/Raum:	**Auditplan-Nr.:**
Auditleiter Datum:	Erstellt: Datum/Name:	Genehmigt durch Vorstand am: Datum/Unterschrift	Auditleiter: Datum/Unterschrift

Fachbereich:	**Namen der zu auditierenden Mitarbeiter/innen**	**Prozess/ Verfahrensanweisungen und andere einschlägige Verfahren und Regelungen**
Küche	KL und ein ausgewählter Mitarbeiter in der Küche	Speiseversorgungsprozess Ermittlung der Kerntemperatur, Prüfmittelüberwachung und Überprüfung deren Angemessenheit im Einsatz, Ermittlung und Festlegung der kritischen Lenkungspunkte (CCP1 und CCP 2)

	Revisionsstand:	Revision am:	Geprüft:	Freigabe am (Stempel der Einrichtung):
Datum:	12.02.2008	04.04.2019	18.05.2019	
Name:		J. Weigert	Qualitätsmanagement	
Mitwirkende:				

Abb. 43: Auditplan

Qualitätsmanagementsystem nach der DIN EN ISO 9001:2015	Muster-Einrichtung	Einrichtung Mustereinrichtung
Seite 1 von 1	**Qualitätsmanagement – Handbuch**	Dokumentationsschlüssel:

Auditprotokoll zu dem Auditplan-Nr.: ___________

Datum:
Uhrzeit:

Fachbereich:

Teilnehmer/innen: ______________________________

Auditleiter: ______________________________

Thema:

A= Aufforderung
B = Beschluß
E = Empfehlung
F = Feststellung

Angaben bezüglich der Behebung der Abweichungen

Fragen Nr.: Auditfragenkatalog: ___________

Die Abweichungen werden behoben bis zum ___________

☐ Nachaudit oder Nachschulung erforderlich

Datum: ______________ Unterschrift der auditierten Person: ______________________

Datum: ______________ Unterschrift des Auditleiters: ______________________

	Revisionsstand:	Revision am:	Geprüft:	Freigabe am (Stempel der Einrichtung):
Datum:	07.02.2008	04.04.2019	18.05.2019	
Name:		J. Weigert	Qualitätsmanagement	
Mitwirkende:				

Abb. 44: Auditprotokoll

6

Qualitätsmanagementsystem nach der DIN EN ISO 9001:2015	Muster-Einrichtung	Einrichtung Mustereinrichtung
Seite 1 von 1	**Qualitätsmanagement – Handbuch**	Dokumentationsschlüssel:

Auditbericht zu dem Auditprotokoll und Auditplan-Nr.: ________________

Auditierter Prozess: ______________________________

Audittermin / Uhrzeit: ____________________________

Auditleiter: ____________________________________

Auditierte Person: ______________________________

Verantwortlicher Mitarbeiter: _______________________

Entwicklungsmöglichkeiten und Hinweise:

Stärken des/der Mitarbeiters/in:

Verbesserungspotentiale und Empfehlungen:

Anzahl der Abweichungen/Feststellungen:

Datum: _______________________ Auditleiter: ____________________

Datum: _______________________ QM-Beauftragter: ______________________________

	Revisionsstand:	Revision am:	Geprüft:	Freigabe am (Stempel der Einrichtung):
Datum:	07.02.2008	04.04.2019	18.05.2019	
Name:		J. Weigert	Qualitätsmanagement	
Mitwirkende:				

Abb. 45: Auditbericht

6.4.7 Normabschnitt 10 »Verbesserung«

Die Steigerung der Leistung einer Organisation durch eine fortlaufende Verbesserung (s. ISO 9001, Abschnitt 10.3) oder die Entscheidung zu Verbesserungsmöglichkeiten muss nach der Qualitätsnorm grundsätzlich immer nachvollziehbar sein (»Wie erfolgreich sind wir?«) bspw. durch das Festlegen von Kennzahlen (z. B. die Häufigkeit von Beschwerden, Krankenstände der Mitarbeiter, Fluktuationsrate, Qualitätsergebnisse und -beurteilungen, Auditergebnisse, Jahresumsatz etc.). Die Qualitätsverbesserungen stellen das Fundament in einem risikobasierten Management dar, damit sich eine Organisation in eine gewollte Richtung entwickeln kann. In diesem Bestreben sind die internen und externen Rahmenbedingungen im Zuge der Organisationsentwicklung als eine Chance aufzugreifen, da Veränderungen immer Auswirkungen in den Gegebenheiten und Auswirkungen auf das QM-System haben können. Aber auch gut informierte Mitarbeiter sind wichtige Multiplikatoren für Verbesserungsmöglichkeiten in einer Pflegeorganisation und können oftmals eine Initialzündung zur Prozessoptimierung bewirken die durch die oberste Leitung für die Weiterentwicklung des QM-Systems genutzt werden kann.

Nach den Normanforderungen sind die Verbesserungsmöglichkeiten zu ermitteln, damit die Kundenzufriedenheit nachhaltig erfüllt bleibt. Die Verbesserung von Produkten und Dienstleistungen sollte sich auf der Grundlage der Norm 9001:2015 auf folgende Aspekte beziehen, um …

- Anforderungen zu erfüllen und um zukünftige Erfordernisse und Erwartungen zu berücksichtigen,
- unerwünschte Auswirkungen zu verhindern oder zu verringern und
- die Wirksamkeit des QM-Systems zu verbessern

10.1 Allgemeines

Um Verbesserungspotentiale zu nutzen, sollten die Ergebnisse der Managementbewertung genutzt werden.

- Auch interne Audits, ein Beschwerdemanagement, Feedbackgespräche oder Korrekturmaßnahmen können Auslöser für Verbesserungsmöglichkeiten sein.

Bei Korrekturmaßnahmen und deren zeitnahe Reaktion steht immer die Frage im Vordergrund:
»Kann der »Fehler« wieder auftreten?«
Korrekturmaßnahmen müssen gelenkt, geregelt und z. B. ein »Fehler« behoben werden (z. B. durch eine Ursachenanalyse). Dazu ist es erforderlich, dass die Reklamation oder der »Fehler« identifiziert und die Ursache des Auftretens näher analysiert und beseitigt wird (z. B. Prozess-FMEA). Die Korrekturmaßnahmen zielen darauf ab, alles Mögliche umzusetzen damit ein wiederholtes Problem oder der aufgetretene Fehler, welche die Korrekturmaßnahme ausgelöst hat, nicht wieder auftreten kann und die Kundenzufriedenheit erhalten bleibt.

10.2 »Nichtkonformität und Korrekturmaßnahmen«

- Beschwerden oder Reklamationen
- Bei Nichtkonformität und deren Korrekturmaßnahmen müssen die sich daraus ergebenden Risiken und Chancen im QM-System betrachtet werden.

10.3 »Fortlaufende Verbesserung«

Wichtig ist, dass die Maßnahmen im Zusammenhang mit den Auswirkungen auch in einem angemessenen Verhältnis zueinanderstehen.

Empfehlungen und Anleitungen

Zu den fortlaufenden Verbesserungen und deren Maßnahmen ist es wichtig, dass Änderungen am QM-System, z. B. durch erkannte Probleme und die daraufhin eingeleiteten Korrekturmaßnahmen, nur auf faktengestützten Informationen (Bewertungen, Auswertungen und Datenanalysen etc.) durch die oberste Leitung entschieden werden. »Die Organisation muss die Eignung, Angemessenheit und Wirksamkeit ihres Qualitätsmanagementsystems fortlaufend verbessern« (DIN EN ISO 9001, 2015: 49). Zur fortlaufenden Verbesserung ist es wichtig, dass der PDCA-Zyklus (PLAN-DO-CHECK-ACT) als ein fortwährender Prozess in dem QM-System der DIN EN ISO 9000 ff. verstanden und fortwährend in dem normenkonformen QM-System Beachtung findet.

6.5 Werkzeuge des Qualitätsmanagements und der Qualitätssicherung

Ein Qualitätsmanagementsystem ermöglicht es, sowohl eigene Veränderungsabsichten (z. B. «Erweiterung der Geschäftstätigkeiten« oder »Organisatorische Veränderungen«) als auch externe Anforderungen (z. B. seitens des Gesetzgebers) und Themen mithilfe von »Managementwerkzeugen« des QM-Systems (»numerische« und »nicht-numerische Methoden« und QC-Werkzeuge auch als Quality Tool bezeichnet) zu erfüllen. Der Einsatz unterschiedlicher Qualitätsmanagementmethoden ist aus keinem Projektmanagement (nach dem PDCA-Zyklus) wegzudenken!

Die Anwendung verschiedener Quality Tools (quantitative oder qualitative Methoden) im Qualitätsmanagement ist aber auch im Hinblick auf die Maßnahmen zur intern gestützten Qualitätssicherung, z. B. in einem Pflegecontrolling absolut notwendig, die beispielsweise auch in den neuen »Maßstäben und Grundsätze für die Qualität« (MuG, 2018a: 14 f.) in der vollstationären Pflege und in den Qualitätsprüfung-Richtlinien nach § 114 SGB XI sowie in den Pflege-Transparenzvereinbarungen der ambulanten Pflege (PTVA) genannt werden:

- Durchführung von Pflegevisiten
- Einsatz eines QM-Beauftragten
- Durchführung von Betreuungsvisiten (Einrichtungen der Eingliederungshilfe)
- Fallbesprechungen
- Mitwirkung an Assessmentrunden

- Qualitätszirkelrunden
- Mitwirkung an externen Audits
- Mitwirkung an Qualitätskonferenzen
- Entwicklung und Weiterentwicklung von Verfahrensstandards für die Pflege und Versorgung
- etc.

Info
Numerische Daten und Methoden sind Daten in Zahlenform (1, 2, 3 ...), z. B. Belegungszahlen, Zahlen zur Auslastung, Fluktuationsraten, Fehlerquoten, Häufigkeiten von Beschwerden oder Vorschläge zur Verbesserung, Reklamationen, Bearbeitungszeiten etc.

Falls Daten (dokumentierte Informationen) nur in nicht-numerischer Form (▶ Abb. 46) vorliegen, kann die Anwendung entsprechender Methoden die Auswertung der vorliegenden Daten erleichtern. Dies unterstützt eine Entscheidungs- und Lösungsfindung bei einem Problem oder bei Qualitätsverbesserungsprojekten in einem Projektmanagement.

Info
Bei nicht-numerischen Daten handelt es sich um dokumentierte Informationen, die nicht zahlenmäßig definiert sind. Nicht-numerische Daten sind z. B. Ideen, Kartenabfragen, Meinungen, Analysen, Kundenaussagen oder Fehlerarten.

Mit der Anwendung der verschiedenen Management-Werkzeuge werden Daten (▶ Abb. 47), Erhebungen oder gesammelte Informationen, die zu einer Problemlösung und Entscheidungsfindung beitragen können, herangezogen, visualisiert und analysiert (ausgewertet z. B. in Form einer Ursachenermittlung).

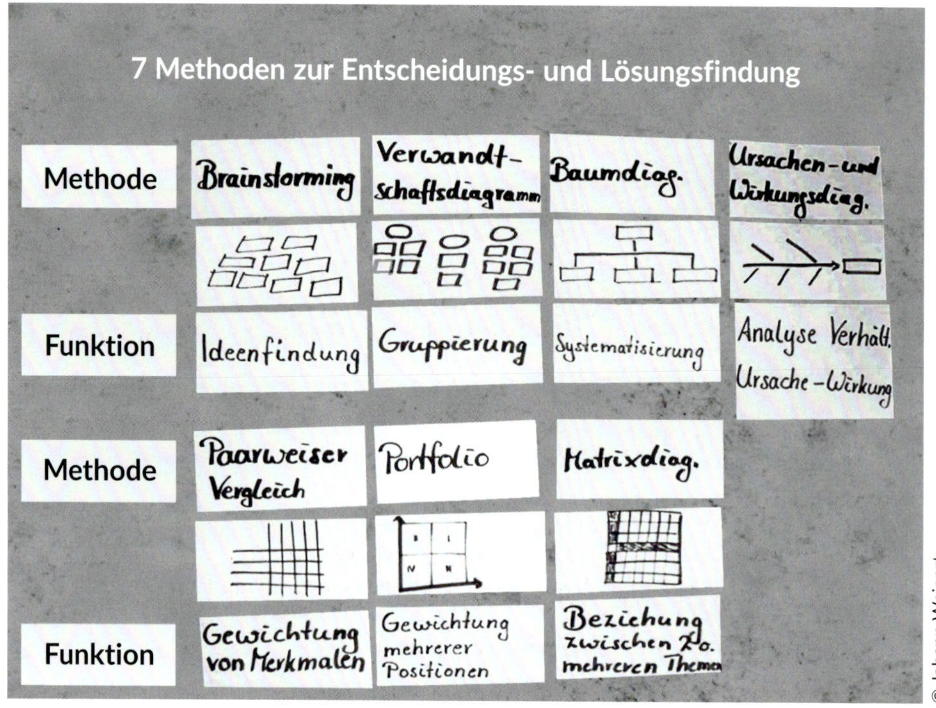

Abb. 46: Sieben qualitative Methoden zur Entscheidungs- und Lösungsfindung.

Abb. 47: Sieben quantitative statistische Werkzeuge.

Es wird auf dem Gebiet des Qualitätsmanagements in Pflegeorganisationen unterschieden zwischen:

- Sieben Methoden zur Entscheidungs- und Lösungsfindung
- Sieben statistischen Methoden

Die Anwendung von numerischen oder nicht-numerischen Methoden unterstützt eine gezielte und systematische Durchführung von Qualitätsverbesserungsprojekten/-tätigkeiten. Die Anwendung ermöglicht auch eine nachvollziehbare und auf Daten beruhende Entscheidungs- und Lösungsfindung für die oberste Leitung. Denn: Die oberste Leitung soll grundsätzlich nur Entscheidungen aufgrund von vorliegenden Informationen, Daten und Fakten treffen! Dies setzt voraus, dass die eingesetzten Methoden für die entsprechende Anwendung ausgewählt und geeignet sind sowie korrekt angewendet werden (Methodenkompetenz!).

Die Methoden des Qualitätsmanagements zur Qualitätsverbesserung sind u. a. eine Hilfe zur Strukturierung und vor allen Dingen zur Darstellung und Betrachtung von kausalen Fragestellungen und unterstützen die Phasen des Problemlösungsprozesses nach Deming (PDCA-Zyklus) oder dienen zur faktengestützten Entscheidungsfindung.

6.6 FMEA-Prozess als Methode zur internen Qualitätssicherung

Die Analyse von Fehlerursachen und ihren Auswirkungen kann mithilfe einer Fehlermöglichkeitsanalyse und Fehlereinflussnahme (FMEA = Failure Mode and Effects Analysis) im Zusammenhang von Prozessen in einem QM-System angewendet werden.

Tipp

Die FMEA als Methode zur Fehlervermeidung bietet sich hervorragend an, um Fehlerquellen, deren Ursache und Entdeckungswahrscheinlichkeit zu analysieren und zu priorisieren. Besonders bei der Bewertung von Prozessen und zur fortlaufenden Qualitätsverbesserung kann die FMEA als präventive Technik gezielt eingesetzt werden.

In der Industrie wird die FMEA im Bereich der Entwicklungsplanung (siehe auch ISO 9001, Abschnitt 8.3 »Entwicklung von Produkten und Dienstleistungen«) angewandt, um:

- die Funktionsweise von Prozessen oder Systeme zu bewerten,
- Fehler frühzeitig aufzudecken,
- Fehler zu bewerten – und zu analysieren sowie
- Korrekturmaßnahmen einleiten zu können (zukünftige Fehlervermeidung).

Die Fehlermöglichkeits- und –einflussnahme (wird auch als Fehler-Möglichkeits- und Einfluss-Analyse bezeichnet) stützt sich auf den Grundsatz, dass es immer besser und kostengünstiger ist, Fehler zu vermeiden, als sie hinterher entdecken und abstellen zu müssen bzw. für die Fehlerfolgekosten aufkommen zu müssen (Fehlerentdeckung und -vermeidung!).

Die FMEA ist eine Analysetechnik zur Fehlervermeidung und die Suche nach geeigneten Maßnahmen und Methoden zur fehlerfreien Beherrschung der wichtigsten Prozesse in der Organisation! Der Nachteil der FMEA besteht darin, dass diese Methode sehr subjektiv ist und abhängig gemacht werden muss vom Teamdenken, dass sie anwenden wird. Nicht in allen Bereichen des Dienstleistungssektors ist die FMEA die geeignete Methode, da hier als Ergebnis eine Risiko-Prioritätszahl (RPZ) ermittelt wird, um anschließend geeignete einzuleitende Maßnahmen festzulegen. So gibt es auf dem Gebiet des Qualitätsmanagements noch eine Reihe von anderen QM-Methoden oder QM-Instrumenten, um Probleme zu analysieren oder eine Entscheidung nach einer genaueren Analyse des zu betrachtenden Sachverhalts oder einer komplexen Situation zu unterstützen. Ein hierzu bekanntes Verfahren ist z. B. ein Baumdiagramm, mit dem sich die logischen Abhängigkeiten von hierarchisch angeordneten Ereignissen (Entscheidungsregeln) durch eine Visualisierung recht schnell und einfach veranschaulichen lassen. Ein Baumdiagramm ist einem Organigramm sehr ähnlich, wenn ein Organigramm auf einem Blatt Papier nach links seitlich gedreht wird.

Der Nutzen von FMEA

- systematische Ermittlung von potenziellen Fehlern
- Ermittlung der Fehlerursachen
- Bewertung der Auswirkungen auf die Kunden
- Maßnahmendokumentation
- Bewertung der gefundenen Schwachstellen
- Definition von Abstellmaßnahmen
- Verantwortliche und Termine werden genannt (Zeit-, Projektplan und Meilensteine)
- Neubewertung des restlichen Risikos

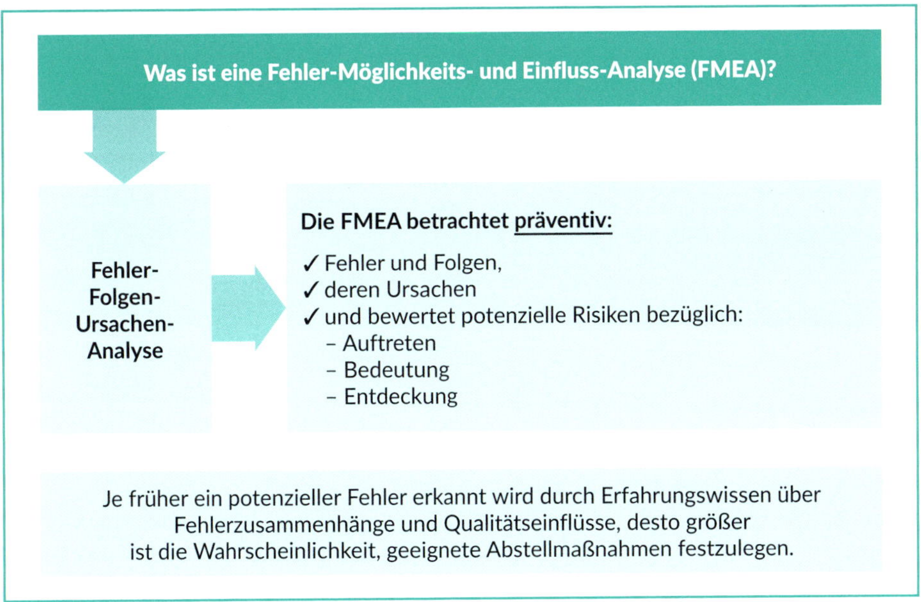

Abb. 48: Was ist eine Fehler-Möglichkeits- und Einfluss-Analyse?

6

6.6.1 FMEA als Analysetechnik

Die FMEA ist eine systematische Analysetechnik und formale Denkhilfe für Führungskräfte in einer Organisation. Durch die Anwendung der FMEA werden potenzielle Fehler und Fehlermöglichkeiten bzw. deren Auftretens- und Eintrittswahrscheinlichkeit (Risikoidentifikation) analysiert, die bei der Leistungserbringung (wertschöpfende Prozesse) und insbesondere bei der Entwicklung neuer Dienstleistungen in einer Organisation innerhalb der Prozessphasen und Überprüfungen auftreten können. Neben der Ermittlung der potenziellen Fehler werden die potenziellen Fehlerursachen und Folgen des Fehlers (Auswirkungen) sowie der derzeitige Zustand bzw. die derzeitigen Maßnahmen zur Fehlerentdeckung durch das FMEA-Team festgehalten. Die FMEA beruht auf dem Erfahrungswissen der Mitarbeiter, das es ermöglicht, Fehler, Ursachen und Folgen sowie Risiken frühzeitig zu erkennen, aufzuzeigen, zu bewerten und die entsprechenden Maßnahmen und Methoden als eine Risikostrategie in den Entscheidungsprozessen einzubringen (Risikoidentifikation – Risikoanalyse – Risikosteuerung – Risikoüberwachung).

Bei der FMEA als eine methodische Strategie geht es zunächst darum, mögliche Fehler in den Prozessen oder in einem Bereich zu entdecken und zu bewerten, bevor sie den Kunden und andere relevante interessierte Anspruchsgruppen erreicht. Diese Technik ist somit ein Mittel zur Rationalisierung durch Systematisierung und hat sich als ein hilfreiches Frühwarnsystem bewährt.

Info

Bei der FMEA als ein »Frühwarnsystem« geht es darum, Fehler, die möglicherweise auftreten könnten, aufzudecken und durch einzuleitende Maßnahmen zu verhindern. Auch geht es darum, Schwachstellen vor dem Regelbetrieb (z. B. vor Freigabe bei Neuentwicklungen) zu ermitteln und Fehlleistung, Blindleistung oder eine Doppelarbeit in einer Organisation zu verringern.

Mithilfe der FMEA ist es möglich, dass in einer Organisation vorliegende Erfahrungswissen über Fehlerzusammenhänge sowie Qualitätseinflüsse auf systematische Weise zu sammeln und damit verfügbar zu machen.

6.6.2 Einsatzmöglichkeiten der FMEA

Die Technik der FMEA findet Anwendung bei der Entwicklung und Herstellung neuer Produkte und Dienstleistungen, bei neuen Verfahren und Abläufen, bei allen Änderungen an Produkten und Dienstleistungen und technischen sowie organisatorischen Abwicklungsverfahren. Normalerweise besteht die höchste Priorität für eine FMEA dort, wo die höchsten Risiken, Gefahren bzw. aufgetretenen Fehlerfolgen vorhanden sind.

Beispiel **Risiko-Prioritätszahl**

Bei der FMEA wird eine Risiko-Prioritätszahl mithilfe von drei Kennzahlen bestimmt:
A = Wahrscheinlichkeit des **A**uftretens eines Fehlers
(kann mehrere Ursachen haben!),
B = **B**edeutung des Fehlers im Hinblick auf den Kunden und
E = Wahrscheinlichkeit der **E**ntdeckung des Fehlers.

Die Einsatzmöglichkeiten der FMEA-Technik zur Fehlervermeidung ist vielfältig und kann sich in einem **Risikomanagementprozess** ebenso auf ein pflegefachliches Risikomanagement im Pflegecontrolling beziehen (z. B. die Gefahr von Stürzen, Dekubitus, Mangelernährung u. v. m.). Die FMEA unterstützt den Risikomanagementprozess und kann sich ebenso auf die Erfüllung der in einem Lastenheft festgelegten Anforderungen (Organisation) beziehen. Auf dieser Grundlage kann die konkrete Umsetzung bspw. eines Projektes oder Auftrag in einem Pflichtenheft (z. B. durch den Auftragnehmer) ausformuliert werden und ein detaillierter Projektstruktur- und

Maßnahmenplan zur Präzisierung der Anforderungen erarbeitet werden. Die Voraussetzung zur Erstellung eines Pflichtenheftes (Auftragnehmer) ist die vorherige strukturierte Sammlung der Anforderungen sowie die Festlegung der Ziele und der Verantwortungen mit Terminsetzung, z. B. durch ein FMEA-Team (oder Projektgruppe) die idealerweise dem Lastenheft (z. B. durch den Auftraggeber) entnommen werden können. Je früher eine FMEA gewählt wird, desto größer ist die Möglichkeit, die Kostenstruktur im Griff und unter Kontrolle zu haben. Die Abbildung (▶ Abb. 49) zeigt weitere Einsatzgebiete einer FMEA in den ambulanten, teil- und vollstationären Pflegeeinrichtungen.

In der Praxis wird die FMEA aber auch nachträglich angewandt, um einen bereits aufgetretenen Fehler in den Abläufen näher zu analysieren und für die Zukunft abzustellen. So wurde bspw. die FMEA in der Praxis eingesetzt um zu ermitteln, warum die leeren Pfandflaschen in einer stationären Pflegeeinrichtung im Verhältnis zur Anlieferung der vollen Flaschen nicht in der Anzahl stimmig sind und die Pfandflaschen in der Pflegeeinrichtung fehlen. Dabei wurde ein Warenwert innerhalb eines Quartals von insgesamt knapp 900,- € durch die kaufmännische Leitung und ein »hohes Risiko« durch die fehlende Prozesslenkung im Zusammenhang des Leerguts ermittelt. Im Ergebnis der FMEA stellte sich letztendlich heraus, dass einige Bewohner die Pfandflaschen zum Leergutautomaten in den Supermarkt gebracht haben,

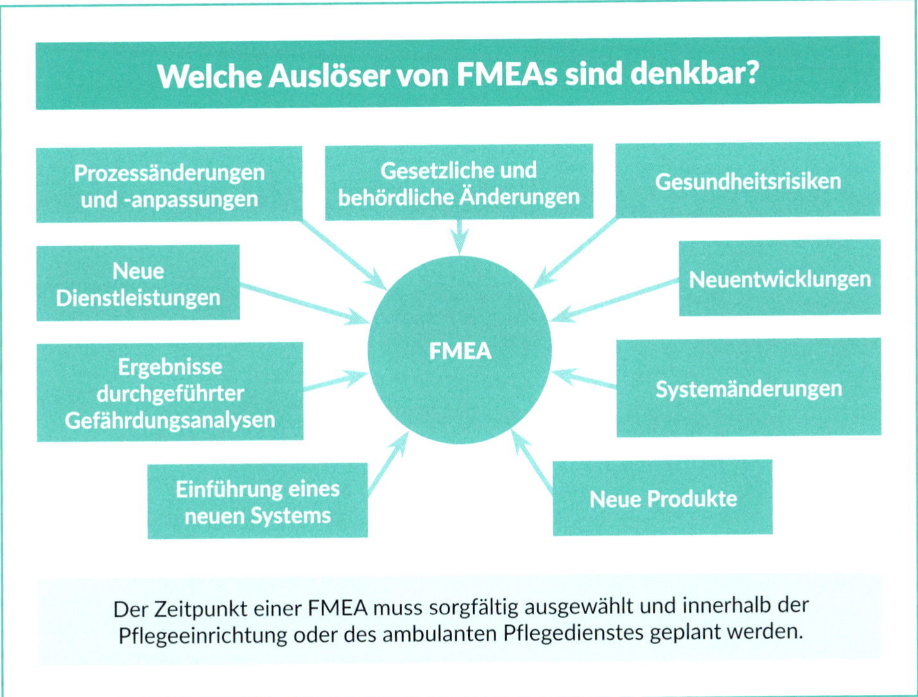

Abb. 49: Weitere Auslöser von FMEA

um das Pfandgeld zu vereinnahmen. Als einzuleitende Maßnahmen wurden nach einer Fehlerursachenanalyse durch die Pflegeeinrichtung die Pfandflaschen und deren Verbleib besser überwacht und die Anlieferung neuer Getränkeflaschen und die Übernahme des Leerguts in Anwesenheit der Küchenleitung zwischen der Pflegeeinrichtung und des Dienstleisters besser organisiert sowie die Anzahl des Leerguts dokumentiert. Des Weiteren wurden die leeren Pfandflaschen im Lager unter Verschluss gehalten, sodass nun niemand mehr unbemerkt die Pfandflaschen entnehmen konnte. Das Verfahren wurde im Ablauf der Beschaffung und Entnahme durch eine Verfahrensanweisung für alle Mitarbeiter in der Küche schriftlich festgehalten und zur Kenntnis genommen sowie auf die anderen Pflegeeinrichtungen des gleichen Pflegeheimbetreibers übertragen. Durch die Übertragung des Verfahrens auf die anderen Pflegeeinrichtungen des Trägers wird bei dieser FMEA grundsätzlich davon ausgegangen, dass der Fehler auch in anderen Pflegeeinrichtungen auftreten könnte (Auftretenswahrscheinlichkeit), aber nicht unbedingt aufgetreten ist!

Bei der Fehlerursachenanalyse und deren Eintrittswahrscheinlichkeit sind somit sämtliche denkbaren Ursachen aufzulisten (strukturierte Sammlung), die dem aufgezeigten Fehler zugeordnet werden können. Da ein potenzieller Fehler mehrere Fehlerursachen haben kann, muss nach der FMEA jede Fehlerursache einzeln aufgelistet werden. Die exakte Identifikation und Auflistung der möglichen Ursachen für die angenommene Ausfall-/Fehlerart ist als Strategie notwendig, um die Auftretenswahrscheinlichkeit einschätzen oder berechnen sowie Verhütungs- und Kompensationsmaßnahmen ableiten zu können. Die möglichen Fehlerauswirkungen sind so zu beschreiben, wie der Kunde oder die Organisation sie bemerkt oder empfindet (Bedeutung für den Kunden).

Info

Die FMEA ist eine bereichsübergreifende und kooperative Aufgabe der Fach- und Führungskräfte einer Organisation und erfordert neben der Teamkompetenz eine gute interne Kommunikation.

Die in der Abbildung (▶ Abb. 50) dargestellte FMEA-Gruppe (Arbeitsteam) setzt eine bereichsübergreifende Zusammensetzung analog dem QM-Systems voraus. Das FMEA-Team sollte aus nicht mehr als vier Mitarbeitern (Fachexperten) bestehen, die in diesem System oder in diesem zu betrachtendem Prozess über die notwendige Erfahrung und das Wissen verfügen. Neben diesem Team ist die Anwesenheit des Qualitätsmanagement-Beauftragten (QM-B.) oder QM-Verantwortlichen (QM-V) sowie anderen Fachexperten empfehlenswert.

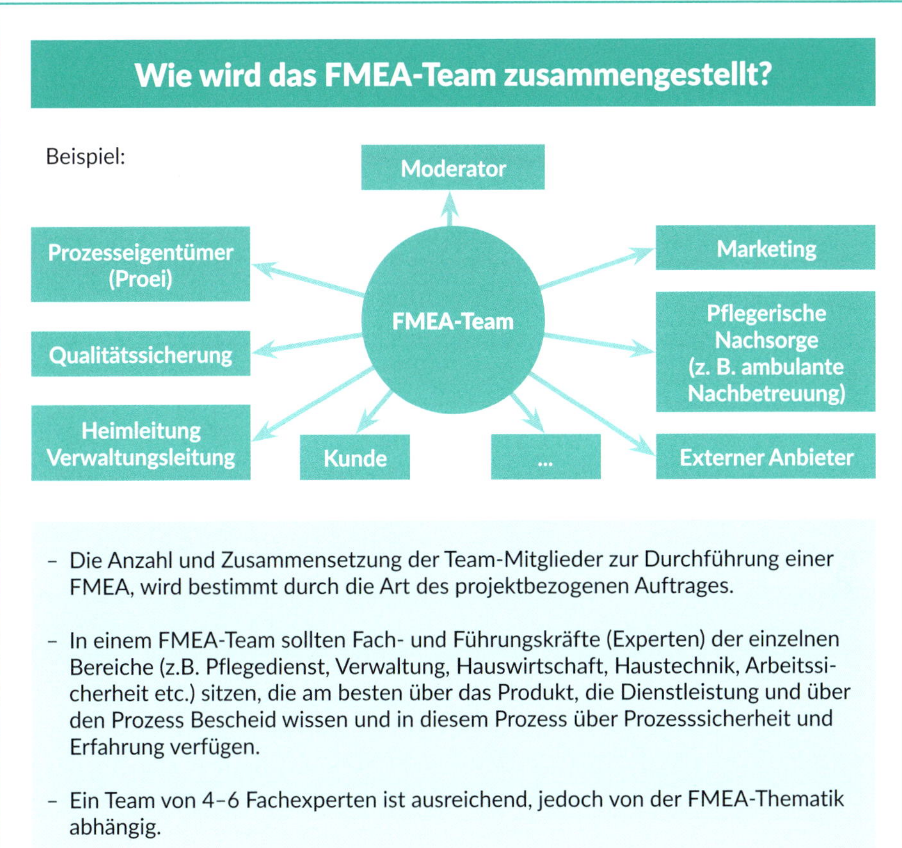

- Die Anzahl und Zusammensetzung der Team-Mitglieder zur Durchführung einer FMEA, wird bestimmt durch die Art des projektbezogenen Auftrages.
- In einem FMEA-Team sollten Fach- und Führungskräfte (Experten) der einzelnen Bereiche (z.B. Pflegedienst, Verwaltung, Hauswirtschaft, Haustechnik, Arbeitssicherheit etc.) sitzen, die am besten über das Produkt, die Dienstleistung und über den Prozess Bescheid wissen und in diesem Prozess über Prozesssicherheit und Erfahrung verfügen.
- Ein Team von 4–6 Fachexperten ist ausreichend, jedoch von der FMEA-Thematik abhängig.

Abb. 50: Teamzusammensetzung

6

Dieses Team wird federführend durch einen geschulten Moderator, ähnlich wie bei Qualitätszirkeln oder anderen Arbeitsgruppen, moderiert. In diesem Arbeitsteam sollte ein »FMEA-Verantwortlicher« als Moderator benannt. Er ist dafür verantwortlich, dass alle Maßnahmen durchgeführt und Verantwortlichkeiten festgelegt und Termine eingehalten werden. Die wichtigste Aufgabe des Moderators ist, die Maßnahmenverfolgung und den Zeitplan (Termine) im Blick zu behalten und einzuhalten. Die Teamarbeit bei der FMEA sichert die Effektivität und Sicherstellung der FMEA-Technik.

6.6.3 Schritte der FMEA

Bei der Durchführung und Erstellung einer FMEA sind aufeinander aufbauende Schritte (▶ Abb. 51) zu unterscheiden.

Im ersten Schritt der FMEA ist es wichtig, die Betrachtungseinheit (Prozess), deren Schnittstellen und deren Wechselwirkung zueinander genau abzugrenzen und die zu betrachtende Einheit oder den Prozess auszuwählen (deduktive bzw. induktive Prozessanalyse). Aus zeitlichen und wirtschaftlichen Gründen ist es sinnvoll, alle Faktoren bzw. alle Schritte eines Prozesses einer genauen Risikoanalyse (Risikobewertung) zu unterziehen.

Es muss in jedem Fall eine Vorselektion stattfinden, z. B. mithilfe der Mind-Map-Technik! Die Teammitglieder sollten alle notwendigen Informationen zur Durch-

Abb. 51: Schritte der FMEA

führung der FMEA zusammenstellen, d. h. sammeln und zu einem Ganzen strukturieren. In der Phase der Vorselektion sind sämtliche Informationen, Zahlen, Daten und Fakten, Checklisten, Fehlermeldungen, Spezifikationen, Beanstandungslisten, Fehlermeldungen, Reklamationen und Begehungsprotokolle, die der Analyse dienen, heranzuziehen und für die FMEA zu nutzen. Die Auswahl der zu analysierenden Prozesse oder Aspekte erfolgen unter Berücksichtigung der festgelegten Ziele der Einrichtung, gesetzlicher und behördlicher Anforderungen sowie der Anforderungen und Interessen der relevanten interessierten Parteien. Das wichtigste Handwerkszeug zur Durchführung der FMEA ist ein spezielles Formblatt, das FMEA-Analyseblatt. In diesem Arbeitsschema werden die einzelnen Schritte der FMEA aufgezeigt und dokumentiert. Unabhängig davon, wie dieses Analyseblatt aufgebaut wird, sind bestimmte Inhalte, erforderlich.

Das Formblatt zur FMEA sollte folgende Aspekte als Mindestanforderungen beinhalten:

- potenzielle Fehlerarten, -folgen und -ursachen
- mögliche Kontroll- und Prüfmaßnahmen
- Gewichtung der Bewertungskriterien für Auftreten, Bedeutung und Entdeckung der Fehlerursachen
- Verbesserungsvorschläge und Abstellmaßnahmen mit Zuordnung der Verantwortlichkeiten
- der erreichte und verbesserte Zustand mit einer Bewertung als Rest-Risiko-Prioritätszahl (RRPZ).

Das in der Abbildung (▶ Abb. 52) dargestellte »FMEA-Analyseblatt« kann in drei Blöcke aufgeteilt werden:

Block 1: Auflistung und Analyse der möglichen Probleme. Kontroll- und Prüfmaßnahmen, Risikobeurteilung und Ermittlung der Risiko-Prioritätszahl (RPZ).

Block 2: Empfohlene Abstellmaßnahmen und Klärung der Verantwortlichkeiten.

Block 3: Getroffene Maßnahmen und Ermittlung der Rest-Risikoprioritätszahl (RRPZ) in Form einer Neubewertung.

Block 1: Auflistung und Analyse der möglichen Probleme

a) Fehlerort (Frage: »Wo könnte etwas nicht in Ordnung sein?«)
b) Potenzielle Fehler (Frage: »Wie würde sich der Fehler bemerkbar machen?«)
c) Potenzielle Fehlerursachen (Frage: »Warum würde oder könnte der Fehler entstehen?«)
d) Potenzielle Folgen (Auswirkung) des Fehlers auf den Kunden (Frage: »Was könnte im Fehlerfall passieren?«)

Firma (Stempel)	Fehler-Möglichkeits- und Einfluss-Analyse									FMEA-Verantwortlicher (Name):		Team-Mitglieder:				
										Erstellt durch (Name/Abt):		Erstellungsdatum:		Revisionsstand:		
					Derzeitiger Zustand							Verbesserter Zustand				
Fehlerort / Systeme / Merkmale:	Potenzielle Fehler:	Fehlernummer:	Potenzielle Fehlerursachen: A	Potenzielle Folgen des Fehlers: (Auswirkung für den Kunden) B	Vorgesehene Prüfmaßnahmen: (Entdeckung) E	Auftreten	Bedeutung	Entdeckung	Risiko-Proiritäts-Zahl (RPZ)	Empfohlene Abstellmaßnahmen:	Verantwortlichkeit:	Getroffene Maßnahmen:	Auftreten	Bedeutung	Entdeckung	Rest-Risiko-Proiritäts-Zahl (RRPZ)
Mittagessen	*Verkocht*	*1*	*Kochzeit zu lange*	*Unansehnliches Essen und keine Vitamine, Mieter im Haus nehmen nicht an der Verpflegung teil; schlimmstenfalls Reduzierung des Bodymass-Index (BMI) bei den Bewohnern*	*Kochzeit überwachen*	*9*	*8*	*1*	*72*	*Standard erarbeiten, Mitarbeiter schulen*	*KL der Einrichtung*	*Erarbeiteter Standard, Mitarbeiterschulung, HACCP-Konzept überprüft*	*2*	*8*	*1*	*16*

A Wahrscheinlichkeit der Fehlerursache (Fehler kann vorkommen)

unwahrscheinlich	1
sehr gering	2 - 3
gering	4 - 6
mäßig	7 - 8
hoch	9 - 10

B Bedeutung (Auswirkung auf den Kunden)

Kaum wahrnehmbare Auswirkung	1
unbedeutender Fehler, geringe Belästigung des Kunden	2 – 3
mäßig schwerer Fehler	4 – 6
schwerer Fehler, Verärgerung des Kunden	7 – 8
äußerst schwerwiegender Fehler	9 –10

E Wahrscheinlichkeit der Entdeckung

Hoch	1
Mäßig	2 – 5
Gering	6 – 8
Sehr gering	9
Unwahrscheinlich	10

Priorität (RPZ)

Hoch	1000
Mittel	125
Keine	1

Abb. 52: FMEA-Analyseblatt und vereinfachtes Beispiel

In der ersten Spalte wird der Fehlerort bezogen auf das System, Merkmal, Arbeitsablauf oder Verfahren eingetragen. In dieser Spalte wird also der Frage nachgegangen, wo sich der Fehler zeigt.

Die zweite Spalte bezieht sich auf die potenziellen Fehler, die bei den angegebenen Fehlerorten entstehen können.

Die Fehlerarten werden aufgelistet und erhalten eine Fehlernummer (dritte Spalte), die fortlaufend ist.

Die vierte Spalte bezieht sich auf die Auflistung der potenziellen Fehlerursachen (A). Bei den Fehlerursachen sind alle denkbaren Ursachen eines potenziellen Fehlers einzeln zu erfassen. Ein Fehler kann u. U. mehrere Ursachen (falsche Bedienung, keine Beachtung von Arbeitsanweisungen, unzureichende Qualifikation der Mitarbeiter etc.) haben.

In der fünften Spalte werden die Auswirkungen der möglichen Fehler aus der Sicht des Kunden dargestellt (B). Die Fehlerauswirkungen werden aufgelistet.

Tab. 24: Beispiel einer erstellten FMEA »Mittagessen«

Fehlerort System / Merkmal	Potenzielle Fehler	Fehlerart-Nummer	Potenzielle Fehlerursachen A	Potenzielle Folgen des Fehlers (Auswirkungen) B
Mittagessen	verkocht	1	Kochzeit zu lange	unansehnliches Essen und keine Vitamine, Mieter im Hause nehmen nicht an der Verpflegung teil; schlimmstenfalls Reduzierung des Body-Mass-Index (BMI) bei den Bewohnern (pflegerisches Risiko)
	ungewürzt	2	fehlende Standards	geschmacklose Mahlzeit
	keine frischen Zutaten	3	zu geringes Budget, fehlende Mitarbeiter, mangelnde Mitarbeiterschulung	fehlende Vitamine
	lieblos angerichtet	4	fehlendes Verständnis	unansehnliches Essen und nicht appetitanregend
	Fleisch zäh	5	schlechte Qualität, schlechte Zubereitung	kann nicht gekaut oder gut geschnitten werden
	kalte Speisen	6	fehlende Kontrolle, Nichteinhaltung von Standards und Temperaturkontrollen laut HACCP-Konzept (VO (EG) 2073/2005)	Mahlzeiten bleiben unberührt stehen

In der weiteren Vorgehensweise wird der »Derzeitige Zustand« ermittelt. In der sechsten Spalte »Vorgesehene Prüfmaßnahmen« (E) wird festgehalten, welche Maßnahmen, Verfahren, Methoden oder Tests derzeit angewendet werden, um den genannten potenziellen Fehler zu entdecken. Da es sich in diesem Schritt um den derzeitigen Zustand handelt, sind Spezifikationen, Prüfvorschriften, Standards oder Verfahren aufzuführen, die in der momentanen Situation Anwendung finden.

In den nächsten drei Spalten wird die Risikoprioritätszahl für den genannten potenziellen Fehler ermittelt und unter drei Betrachtungsrichtungen untersucht:
1. Auftreten
2. Bedeutung
3. Entdeckung

Hier handelt es sich um Wahrscheinlichkeitsannahmen aus der Sicht der Fachexperten.

Tab. 25: Derzeitiger Zustand und Prüfmaßnahmen

Derzeitiger Zustand				
Vorgesehene Prüfmaßnahmen	Auftreten	Bedeutung	Entdeckung	Risiko-Prioritäts-Zahl

Die Beurteilung des potenziellen Fehlers erfolgt nach einem 10-Punkte-Schema und wird als Risikoprioritätszahl zusammengeführt. Durch Multiplikation der drei Einzelzahlen (A x B x E) erhält man die Risikoprioritätszahl (RPZ). Bei Fehlern mit hohen Risikoprioritätszahlen sind die Fehlerzustände zu untersuchen und zeitnahe Maßnahmen festzulegen. Durch die Risikoprioritätszahl wird die Reihenfolge und Intensität der Untersuchung bestimmt.

Auftretenswahrscheinlichkeit

Die Wahrscheinlichkeit des Fehlers muss unabhängig von der möglichen Bedeutung des Fehlers und der Wahrscheinlichkeit, den Fehler rechtzeitig vor der Weiterverarbeitung zu entdecken, untersucht werden. Die Punktevergabe beruht auf den Einschätzungen, ob man erfahrungsgemäß ein Problem hat, oder ob man möglicherweise ein Problem erwartet.

Die Tabelle (▶ Tab. 26) stellt ein Raster einer möglichen Punktevergabe, die der Wahrscheinlichkeit des Auftretens beigemessen wird, dar.

Tab. 26: Raster einer möglichen Punktvergabe

A	Wahrscheinlichkeit der Fehlerursache	
	unwahrscheinlich	1
	sehr gering	2 - 3
	gering	4 - 6
	mäßig	7 - 8
	hoch	9 - 10

Bedeutungsbeurteilung

Auch die Bedeutungsbeurteilung der Folge eines Fehlers für den Kunden oder einer anderen interessierten Partei wird anhand einer Skala von 1–10 bewertet. Die zu vergebende Punktezahl entspricht der Auswirkung eines Fehlers auf den davon betroffenen Kunden. Mit der Punktevergabe werden die Auswirkungen auf den Kunden bewertet. Die Tabelle (▶ Tab. 27) zeigt die Bedeutung der Bewertungspunkte.

6

Tab. 27: Bedeutung der Bewertungspunkte

B	Bedeutung (Auswirkung auf den Kunden)	
	kaum wahrnehmbare Auswirkung	1
	unbedeutender Fehler, geringe Belästigung des Kunden	2 - 3
	mäßig schwerer Fehler	4 - 6
	schwerer Fehler, Verärgerung des Kunden	7 - 8
	äußerst schwerwiegender Fehler	9 - 10

Fehlerentdeckung

Prüfmaßnahmen und Prüfmethoden erhöhen die Wahrscheinlichkeit, den Fehler zu entdecken (▶ Tab. 28). Die Wahrscheinlichkeit der Fehlerentdeckung (potenzieller Fehler) wird ebenfalls anhand einer Skala 1 bis 10 bewertet. Wichtig dabei ist, dass der Fehler durch die Einrichtung bemerkt wird und nicht erst durch den Kunden.

Tab. 28: Gebräuchliche Bewertung

E	Wahrscheinlichkeit der Entdeckung		Priorität (RPZ)	
	Hoch	1	Hoch	1000
	Mäßig	2 - 5	Mittel	125
	Gering	6 - 8	Keine	1
	Sehr gering	9		
	Unwahrscheinlich	10		

Durch die in Tabelle 28 dargestellte Risiko-Prioritätszahl (RPZ) werden die Risiken bezüglich des Auftretens, der Bedeutung und der Entdeckung für jeden möglichen Fehler berechnet. Die so erhaltene Messzahl ermöglicht es, das Gesamtrisiko der verschiedenen Fehlermöglichkeiten miteinander zu vergleichen. Je größer die Risiko-Prioritätszahl subjektiv bewertet worden ist, desto vorrangiger ist der Handlungs- und Optimierungsbedarf, das entsprechende Risiko zu minimieren oder zu senken. Die Skala reicht von 1 = kein Risiko, über 125 = mittleres Risiko (5 x 5 x 5 = 125) bis 1000 = höchstes Risiko. Die höchste Prioritätszahl bedeutet, dass ein häufig auftretender, äußerst schwerer, potenzieller Fehler auftritt, bei dem die Entdeckung unwahrscheinlich ist. Der Kunde erleidet u. U. einen Schaden oder wird zukünftig die Dienstleistung nicht wieder in Anspruch nehmen. Weiterhin wird der Kunde seine Unzufriedenheit mit der Dienstleistung an viele weitere potenzielle Kunden weitergeben.

Block 2: Empfohlene Abstellmaßnahmen und Verantwortlichkeiten

Der zweite Block konzentriert sich auf die Maßnahmen und Lösungen sowie auf die Verantwortlichkeiten als sogenannte Erfolgskontrolle. Die Einleitung von gezielten Abstellmaßnahmen ist von äußerster Wichtigkeit. Ohne die Durchführung von Abstellmaßnahmen ist jede FMEA wertlos. Zur Sicherstellung und Umsetzung der getroffenen Abstellmaßnahmen ist es wichtig, Zuständigkeiten und zu überwachende Termine im FMEA-Team festzulegen. Dazu empfiehlt es sich, einen geeigneten Projektstruktur- und/oder Maßnahmenplan anzuwenden.

Block 3: Getroffene Maßnahmen und Ermittlung der Restrisiko-Prioritätszahl (RRPZ)

Im dritten Block wird eine erneute Beurteilung, bezogen auf den verbesserten Zustand, durchgeführt. Hier wird das Restrisiko beurteilt. Die Risikobeurteilung kann aus drei Situationen heraus betrachtet werden:

- Planerisch: Das Restrisiko wird danach beurteilt, ob die vorgeschlagenen Maßnahmen ordnungsgemäß durchgeführt wurden.
- Statusmäßig: Zu einem späteren Zeitpunkt wird beurteilt, inwieweit getroffene Maßnahmen die Risikoeinschätzung verbessern.
- Abschließende Beurteilung: Bewertung nach Abschluss aller Maßnahmen.

In der Spalte »Verbesserter Zustand« sind die getroffenen Maßnahmen einzutragen. Jeder der aufgeführten potenziellen Fehler ist nach Festlegung der Abstellmaßnahmen nochmals in Hinsicht auf »**A**uftreten, **B**edeutung und **E**ntdeckung« zu bewerten. Die Bewertung erfolgt gemäß der Bewertung des »Derzeitigen Zustandes.« Nach der Bewertung ist die Rest-Risiko-Prioritätszahl zu errechnen und in die dafür vorgesehene Spalte einzutragen.

Schließlich sollte durch die Analyse-Technik der FMEA zu erkennen sein, ob die getroffenen Maßnahmen erfolgreich gewesen sind. Der Vergleich der RPZ und RRPZ gibt einen Aufschluss über den Erfolg durchgeführter Maßnahmen.

7 Verwirklichung des QM-Systems nach ISO 9001

7.1 Schrittweise Implementierung des QM-Systems nach der ISO 9001

Die Einführung eines QM-Systems muss von der obersten Leitung (oL) sorgfältig und teamorientiert geplant werden. Bevor in einer Pflegeorganisation mit dem Aufbau eines QM-Systems, dessen Dokumentation, Einführung und Aufrechterhaltung begonnen wird, sollten sich die Verantwortlichen in ihrer Funktion als oberste Leitung (oL) genau über die Anforderungen des Qualitätsmanagementsystems und deren Verpflichtungen z. B. nach der DIN EN ISO 9001:2015 und ggf. auch über den wettbewerblichen bzw. marktbezogenen Nutzen von verband-, pflege- oder andere systemspezifischen Anforderungen als ein externes Thema gut informieren.

Ein sinnstiftendes Managementsystem (QM-System) muss grundsätzlich immer unter der Berücksichtigung der Organisationskultur die tatsächlichen Gegebenheiten und die festgelegten Schlüsselprozesse einer Pflegeorganisation verwirklichen und darstellen. Es kann – je nach Größe oder strategischer Ausrichtung – unterschiedliche Strukturen aufweisen und kann mithilfe einer SWOT-Analyse (Stärken und Schwächen) vor Projektbeginn visualisiert, analysiert und reflektiert werden. Über die Einführung und Verwirklichung eines QM-Systems in ambulanten, teil- und vollstationären Pflegeeinrichtungen entscheidet meist ein Vorstand, Träger bzw. eine Geschäftsleitung als die oberste Leitung. Dies können dann die Initialzündung und der Auslöser als auch der erste wichtige Schritt für die Durchführung eines Projektmanagements zur **»Implementierung eines QM-Systems«** als ein Projektauftrag für ein zu gründendes Projektteam sein. Dabei hat die oberste Leitung (oL) eine Grundsatzerklärung zur Qualitätspolitik und zu den beabsichtigten Qualitätszielen abzugeben und bei der Entwicklung des Managementsystems in ihrer aktiven Rolle, z. B. durch die Festlegung der Projektaufbauorganisation des Projektteams mit den unterschiedlichen Akteuren (Teamrollen), mitzuwirken. Sie muss die Qualitätsziele klar aus der Qualitätspolitik heraus definieren und so festlegen, dass sie zeitlich (Zeit- und Maßnahmenplan) und finanziell (Kosten- und Finanzplan) messbar sind und dass der Erfüllungsgrad der Anforderungen überprüft werden kann. Die Ressourcenverfügbarkeit ist dabei ein entscheidender Erfolgsfaktor und kann auch eine Motivation für die Mitarbeiter der Pflegeorganisation sein. Alle formulierten und festgelegten Qualitätsziele müssen realistisch, überprüfbar und erreichbar sein (s. ISO, Abschnitt 6.2 »Qualitätsziele und Planung zur deren Erreichung«). Ein QM-System mit seinen spezifischen Anforderungen sollte grundsätzlich immer unter Zuhilfenahme des PDCA-Zyklus als ein zeitlich befristetes Projekt in einem Projektmanagementplan[12] (z. B. Projekt- und Maßnahmenplan oder in einer umfassenden Projektskizze o.ä.) schriftlich mit den einzelnen Projektphasen projektiert werden.

Wichtig **4 Projektphasen**

Die nachfolgend vorgestellte Herangehensweise bei der Einführung eines QM-Systems nach der DIN EN ISO 9001 gliedert sich beispielhaft in vier Abschnitte oder Projektphasen, die sich alle wiederum in einzelne Schritte (▶ Tab. 16) einteilen lassen:

1. Phase: Analysephase – Vorüberlegung, Organisation und Information
2. Phase: Anforderungen im Kontext der Organisation ermitteln
3. Phase: Prozessgestaltung und Implementierung des QM-Systems
4. Phase: Zertifizierung und Auftrag zur fortlaufenden Verbesserung

1. Phase: Analysephase – Vorüberlegungen, Organisation und Information

- Projektidee »Implementierung eines QM-Systems« und Initialzündung für ein Projektmanagement mit der ersten Festsetzung der Projektaufbauorganisation (Projektteam).
- Information und Beteiligung der Mitarbeitervertretungen (Betriebsrat) bzw. betrieblichen Interessenvertretung zu dem geplanten Vorhaben zur Implementierung eins QM-Systems.
- Erarbeitung einer Vorplanung mit den **Projektzielen** und den zu erwarteten Ergebnissen, z. B. durch eine Projektplanung (Projektmanagementplan mit Zeitplan), um die Richtung festzulegen und Meilensteine als Etappenziele vorzugeben. Dies setzt voraus, dass die Projektaufbauorganisation also die Hierarchisierung der

---

[12] Anmerkung: In einem Projektmanagement werden nach der DIN EN ISO 9000:2015 die planerischen Vorgaben durchgehend als »Projektmanagementplan« bezeichnet. In der Praxis finden sich unterschiedliche Begriffe zu den schriftlichen Vorgaben, z. B. Projektstruktur- und Maßnahmenplan, Projektplan oder Projektskizze.
Der Umfang der Dokumentation in einem Projektmanagement ist in der Praxis sehr unterschiedlich und kann ebenso durch unterschiedliche Projektmanagement-Tools (PM), z. B. durch eine »**Projektmanagement-Software**« unterstützt werden. Mithilfe dieser PM kann der gesamte Projektlebenszyklus für ein Projektteam deutlich effizienter und einfacher gestaltet werden.

Projektbeteiligten in dem Projekt bereits zu Projektbeginn verbindlich festgelegt wurden und somit die Aufgaben im Projektverlauf zielgerichtet gebündelt werden können. Die Festlegung eines Projektteams (z. B. Projektgruppe, Qualitätsstabsstelle, Qualitätskommission, QM-Steuerungsgruppe etc.) sowie die Benennung einer Projektleitung ist zur weiteren Planung und Steuerung des zeitlich festgelegten Projektes fortan wichtig. Die Mitglieder in dieser Projektgruppe werden häufig in der Gesamtheit auch als »QM-Steuerungsgruppe« in den Pflegeorganisationen bezeichnet.

- Vorüberlegungen der obersten Leitung, ob auch andere verbands-, pflege- oder systemspezifische Managementanforderungen, z. B. »Managementsystem für Sicherheit und Gesundheit bei der Arbeit – Anforderungen mit Anleitung zur Anwendung« oder ein anderes Qualitätssiegel oder Qualitätszertifikat in das QM-System nach der DIN EN ISO 9001:2015 integriert und letztendlich nach Projektabschluss durch ein kombiniertes Audit zertifiziert werden soll.
- Wichtig dabei ist, dass mit Hilfe des Projektmanagementplans o. Ä. eine Terminplanung inkl. einer Finanz- oder Kostenkalkulation und der Festsetzung von Kostenzielen vor Projektbeginn durch die oberste Leitung vorgenommen werden.
- Überlegungen, inwieweit und in welchem Umfang ein externer »QM-Trainer« oder ein Qualitätsmanagementsystem-Berater zur Unterstützung und zur Realisierung von Teilen des QM-Systems hinzugezogen und beauftragt werden soll (vgl. ISO 9000:2015). Die Beteiligung von externen Fachexperten kann ein Vorteil sein, weil externe Berater zum Einem unabhängig sind und zum anderen nicht in das soziale Gefüge oder Netzwerk der Pflegeorganisation eingebunden und somit Unvoreingenommen sind.
- Ggf. Unterstützung und Benennung eines Qualitätsmanagement-Beauftragten (QM-B) sowie Erarbeitung einer Aufgabenbeschreibung, z. B. durch eine Stellenbeschreibung. Dabei ist nicht zu vergessen, dass durch die Revision der ISO 9001 die oberste Leitung in den Normanforderungen stark in die Pflicht genommen wurde und dass ist unabhängig der Nennung und der Anzahl von weiteren QM-Verantwortlichen durch die Organisation zu verstehen.
- Benennung weiterer Personen als »QM-Verantwortliche« zu Maßnahmen der intern gesteuerten Qualitätssicherung, z. B. Durchführung von internen Audits oder Qualitätsverbesserungsprojekten etc.
- Festlegung von internen Informations- und Kommunikationsstrukturen innerhalb der Führungssysteme und Arbeitsbereiche der Pflegeorganisation.
- Zielgruppengerechte Mitarbeiterinformationen und Mitarbeiterschulungen (»Train the Trainer«).
- Bestandsaufnahme = »Analysephase« zu Projektbeginn (interne und externe Themen, d. h. interne und externe Rahmenbedingungen ermitteln) durchführen.

- Verabschiedung und verbindliche Festsetzung des zeitlichen Projektstrukturplans und Maßnahmenplans (Projektmanagementplan mit der Nennung von Verantwortlichkeiten) für den gesamten Implementierungszeitraum, d. h. Projektlebenszyklus. In einem Projektmanagementplan wird festgelegt, was zum Erreichen der Ziele des Projektes erforderlich ist (vgl. ISO 9000:2015).

2. Phase: Anforderungen im Kontext der Organisation ermitteln

- Anforderungen an das zu implementierende Qualitätsmanagementsystem und ggf. systemspezifische Anforderungen als Auswirkungen kennenlernen und sich damit inhaltlich auseinandersetzen.
- Soll-Ist-Vergleich bezogen auf die Qualitätsanforderungen vornehmen.
- Art der QM-Dokumentation inkl. der Prozessbeschreibungen als dokumentierte Informationen festlegen.

3. Phase: Prozessgestaltung und Implementierung des QM-Systems

- Aufbau, Einführung, Verwirklichung und Bewertung des QM-Systems nach der ISO 9001 in der gesamten Pflegeorganisation (Anwendungsbereich).
- Prozesskette, Prozessabfolge, Prozesslandschaft als ein Prozessnetzwerk darstellen und festlegen.
- Motivation der Mitarbeiter zur Beteiligung an Qualitätszirkeln oder Projektgruppen (z. B. QM-Steuerungsgruppe), z. B. durch Schaffung von materiellen und immateriellen Anreizsystemen, z. B. besondere Fachweiterbildungen oder Fitnesskarten, Tankgutscheine etc.
- Blockaden oder Widerstände bei den Mitarbeitern mit Verständnis begegnen und durch Überzeugung und Vorbildfunktion der Führungskräfte versuchen diese Hemmnisse abzubauen.
- Zielgruppengerechte Wissensverbreitung und Wissensverteilung (WM) sowie tiefergehende Information zum QM-System (z. B. Informationstafel, »Schwarzes Brett« usw.) an alle Mitarbeiter der Organisation.
- Projektbezogene auftrags- bzw. themenbezogene Qualitätszirkelgruppen implementieren und Moderatoren benennen.
- Einzelne Verfahren, Tätigkeiten und Maßnahmen werden auf andere Organisationsbereiche der Organisation abgestimmt und somit auf die Mitarbeiter ausgedehnt und durch Wissensmanagement übertragen und in den Routinetätigkeiten als Bestandteil verfestigt.
- QM-System und seine Prozesse (Kernprozess, Unterstützungsprozesse etc.) werden »step by step« zu einem sinnvollen Ganzen strukturiert und neue Verfahren in die bestehenden Arbeitsabläufe behutsam integriert.
- Arbeitsergebnisse von kleineren Teams (z. B. Qualitätszirkel) und Lösungen werden durch die Führungskräfte den betreffenden Mitarbeitern vorgestellt und inhaltlich besprochen und ggf. angepasst..

- QM-Steuerungsgruppe und die Projektleitung legen in Abstimmung mit der obersten Leitung den Zeitpunkt der Einführung neuer oder geänderter Verfahren für einzelne Organisationsbereiche fest.
- Nutzen des Qualitätsmanagementsystems wird für andere Mitarbeiter als auch für andere relevanten interessierte Parteien, z. B. Lieferanten, Angehörige, Betreuer, Kostenträger, Prüforganisationen etc. sichtbar und rechtfertigt nun letztendlich mit Stolz den investierten Aufwand der Projektgruppe.
- Auswirkungen eingeführter Verfahren müssen verfolgt, abgesichert und manche Verfahren als dokumentierte Informationen nachvollziehbar aufbewahrt (z. B. Aufzeichnungen) und gesichert werden.
- Auswertung des Projektes »Implementierung eines QM-Systems« und Projektabschluss gemeinsam mit dem Projektteam organisieren. Zum Projektabschluss müssen die anfangs festgelegten Projektziele und deren Erreichung bewertet werden. 7

4. Phase: Zertifizierung und Auftrag zur forlaufenden Verbesserung

- Initiierung eines Prozesses zur fortlaufenden Verbesserung und die gemachten Projekterfahrungen für nachfolgende Projekte nach einem Workshop durch die Projektleitung gemeinsam mit dem Projektteam schriftlich als eine »Wissensbewahrung« (Projektabschlussbericht) festhalten.
- Systematische Evaluation (Assessment und Review) des QM-Systems in der gesamten Pflegeorganisation.
- Koordination und Begleitung von qualitätsverbessernden Maßnahmen (Qualitätsmanagement – Qualität einer Organisation – Anleitung zum Erreichen nachhaltigen Erfolgs – ISO 9004:2018-08) zur fortlaufenden Verbesserung und zur Steigerung der Leistung des QM-Systems. Die Grundlagen zum Herausfinden von Risiken und Chancen zur fortlaufenden Verbesserung können neben den externen Qualitätsprüfungen ebenso Auditfeststellungen, Auditschlussfolgerungen oder Managementbewertungen sein.
- Durchführung von kontinuierlichen internen Qualitätsaudits und -bewertungen des QM-Systems durch die Festlegung von Auditteams in der Pflegeorganisation. Als ein Audit wird ein *»systematischer, unabhängiger und dokumentierter Prozess zum Erlangen von objektiven Nachweisen und zu deren objektiver Auswertung, um zu bestimmen, inwieweit Auditkriterien erfüllt sind«* verstanden (ISO 9000:2015: 59 ff.).
- Durchführung einer Managementbewertung durch die oberste Leitung.
- Vorbereitung auf eine freiwillige Zertifizierung (Bestätigung der Konformität) durch ein Zertifizierungsunternehmen. Ein Zertifizierungsunternehmen wird für Zertifizierung nach der ISO 9001 entsprechend den Branchen (Scope) ausgewählt und sind von der Deutschen Akkreditierungsstelle GmbH (DAkkS) zugelassen worden. Die DAkkS ist die nationale Akkreditierungsstelle der Bundesrepublik Deutschland und deren rechtliche Aufsicht untersteht den zuständigen Bundesministerien. Die Federführung hat dabei das Bundesministerium für Wirtschaft und Energie (BMWi).

- Auswahl der Zertifizierungsstelle und Antragstellung durch die Pflegeorganisation.
- Durchführung des Zertifizierungsaudits.

Die dokumentierten Informationen zum Managementsystem in einem »QM-Handbuch« (z. B. EDV-gestützt etc.) werden im Rahmen eines internen Audits durch Auditoren daraufhin überprüft, ob es in der Praxis auch »gelebt« wird und ob alle relevanten Anforderungen und Festlegungen (Vorgaben) der ISO 9001:2015 »normenkonform« erfüllt werden. Dazu werden in Absprache mit der obersten Leitung (Genehmigung) regelmäßig in allen Arbeitsbereichen in der Pflegeorganisation (z. B. Küche, Pflege, Soziale Betreuung etc.) interne Audits (s. ISO 9002, Abschnitt 9.2 »Internes Audit«) durchgeführt.

Info

In einem internen Audit ist der Auditumfang unter Berücksichtigung des risikobasierten Ansatzes bei der Planung, Durchführung und Berichterstattung auf der Grundlage eines Auditplans (Tätigkeiten und Vorkehrungen für ein Audit) oder eines Auditprogramms festzulegen.

Unter einem Auditprogramm wird ein »Satz von einem oder mehreren Audits, die für einen spezifischen Zeitraum geplant werden und auf einen spezifischen Zweck gerichtet sind« verstanden (vgl. ISO 9000:2015: 61). Zweck eines internen Audits ist es, auf der Grundlage von objektiven Nachweisen und objektiver Auswertung die Auswirkungen und die Umsetzung der Normanforderungen des jeweiligen QM-Systems zu bewerten sowie Schwachstellen bzw. Verbesserungsmöglichkeiten als Chance oder als ein Risiko frühzeitig zu identifizieren. Als objektive Nachweise zählen in einem Audit, z. B. QM-Dokumente, Aufzeichnungen (Nachweise) oder Prozessbeschreibungen mit dem Abgleich der vorherrschenden Praxis. Für die systematische und geplante Auditdurchführung ist die Vorgehensweise nach dem PDCA-Zyklus sehr sinnvoll:

- **PLAN:** Rahmenbedingungen und Schwerpunkte im Audit durch die Festlegung von Auditzielen setzen.
- **DO:** Umsetzen des Auditprogramms bzw. des Audits.
- **CHECK:** Überwachen des Auditprogramms bzw. des Audits.
- **ACT:** Bewerten und verbessern des Auditprogramms bzw. des Audits, z. B. in der Managementbewertung.

Wichtig **Auditinstrumente können sein …**

Zur Durchführung von Audits sind folgende Auditdokumente notwendig:
1. Auditprogramm
2. Auditplan
3. Auditfragecheckliste
4. Auditprotokoll
5. Auditbericht
6. Maßnahmenverfolgungsplan

Die Ergebnisse von prädefinierten Vorgaben und die Auditschlussfolgerungen nach einem internen Audit müssen in einem Auditbericht dokumentiert und der obersten Leitung (Führung der Pflegeorganisation) zur Kenntnis gebracht werden, um evtl. Korrektur- und Abstellmaßnahmen zeitnah abstimmen und einleiten zu können. Dafür sollte zur Umsetzung von Abstell- oder Verbesserungsmaßnahmen (Korrekturmaßnahmen) eine angemessene Frist zur Behebung der Feststellungen vereinbart werden.

Die Durchführung eines internen Audits durch interne Qualitätsauditoren der Pflegeorganisation haben sich sechs Schritte in der Praxis bewährt:
1. Begrüßung durch die QM-Auditoren (Auditteam)
2. Eröffnung des Audits mit der Nennung der Auditziele
3. Informationsphase und Klärung von Verständnisfragen
4. Argumentationsphase
5. Entscheidungsfindung
6. Ausklang (Verabschiedung)

Die internen Audits bilden eine wichtige Grundlage für eine von der obersten Leitung regelmäßig durchzuführende Managementbewertung (QM-Review). Zu bewerten sind im Rahmen der Managementbewertung die Eignung und Angemessenheit des QM-Systems hinsichtlich der Wirksamkeit und der Übereinstimmung mit der strategischen Ausrichtung der Pflegeorganisation. Die Managementbewertung (s. ISO 9001, Abschnitt 9.3 »Managementbewertung) ist mindestens jährlich und rechtzeitig durch die oberste Leitung und ggf. vor dem externen Zertifizierungsaudit, vorzunehmen.

Die Managementbewertung ist neben den internen Audits auch eine wichtige Voraussetzung für den nachhaltigen Erfolg eines Managementsystems und zeigt, dass die Leistungen und die Effizienz regelmäßig, im Vergleich mit den unternehmerischen und betriebswirtschaftlichen Zielvorgaben, kritisch und selbstreflektierend bewertet werden. Anschließend ist durch die oberste Leitung einer Pflegeorganisation zu entscheiden, ob Maßnahmen zur Korrektur und Verbesserung im Sinne einer Weiterentwicklung des QM-Systems zu treffen sind. Dies ist eine grundlegende Anforderung in einem QM-System nach den Normanforderungen der DIN EN ISO 9001:2015 zur Verbesserung und Weiterentwicklung der Prozesse in einer Organisation (s. DIN EN ISO 9004:2018).

Eine Bewertung des QM-Systems im Rahmen der Managementbewertung kann z. B. auch mithilfe von Qualitäts- oder Leistungsindikatoren (z. B. durch ein Kennzahlensystem) erfolgen, wenn die Wahl, die Erkenntnisse, die Vergleichszeiträume und die Gesamtheit der Ereignisse, Abweichungen und Feststellungen ausreichend und aussagekräftig sind (Zahl, Häufigkeit, Anteil im Verhältnis). Um dies durchführen zu können, sind Kenntnisse hinsichtlich der »QM-Werkzeuge« und Methoden zur Qualitätsverbesserung und -entwicklung erforderlich.

Die Grundlagen zur Managementbewertung sind nach der Qualitätsnorm von vornherein durch die oberste Leitung unter den Begriff der »Eingaben für die Managementbewertung« (ISO 9001, Abschnitt 9.3.2) festzulegen. Hierzu gehören z. B. Auswirkungen von Fehlermeldungen, Reklamationsstatistik, Häufigkeit von Beschwerden (qualitativ und quantitativ), einrichtungsinterner Erhebungsreport und Feedbackbericht der DAS, MDK-Qualitätsberichte, Ergebnisse von durchgeführten Audits, Umgang mit Abweichungen, Veranlassung von Nachaudits, Betriebsbegehungen, Auswertung von Marketingaktivitäten, Berichte über externe Qualitätsbeurteilungen, die Ergebnisse von Überprüfungen und Überwachungen etc.

7.2 Projektplanung zur Umsetzung des QM-Systems nach ISO 9001

Bei den Vorüberlegungen zur »Einführung eines QM-Systems« muss die oberste Leitung in ihrer Führungsverantwortung entscheiden, ob andere systemspezifische Managementsysteme in das Managementsystem integriert werden sollen. Zu den Vorüberlegungen gehört auch, dass die oberste Leitung festlegen muss, ob ein externer »Trainer« oder QM-Berater zur Unterstützung beauftragt werden soll. Hat sich die oberste Leitung für eine externe Unterstützung und Hilfestellung entschieden, muss erfahrungsgemäß für die gesamte Implementierungsphase der Qualitätsnorm (max. 18 Monate) mit einem Beratungsumfang von mindestens 15 Manntagen (ein Manntag entspricht einem Arbeitstag bzw. Personentag) gerechnet und geplant werden.

Bereits vor der Entscheidung der obersten Leitung, ein QM-System einzuführen, zu verwirklichen und anzuwenden (1. Phase: Analysephase), sind Vorüberlegungen notwendig, um vorab den Aufwand und den zu erwartenden Nutzen und die Wirkung für die Pflegeorganisation abschätzen zu können. Neben diesen Vorüberlegungen muss bereits zu Beginn des Projekts überlegt werden, an wen die Projektverantwortung und -koordination als Projektleitung und wichtigen Multiplikator und Schnittstelle zu den anderen Bereichen übertragen werden soll.

Die Projektverantwortung wird oft im Gesundheits- und Pflegewesen von einem Qualitätsmanagement-Beauftragten (QM-B.) oder durch andere QM-Verantwortliche in enger Kooperation mit der obersten Leitung übernommen. In diesem Zusammenhang sollte die Aufbauorganisation, auch im Hinblick auf die Führungssysteme, vor Einführung eines Managementsystems durch ein Organigramm verankert und eindeutig die Verantwortungen und Kompetenzen im Zuge der Projektsteuerung geregelt werden.

Erst dann kann als nächster Schritt die zeitintensive Analyse als Bestandsaufnahme nach dem schriftlichen Projektauftrag durch die oberste Leitung in einer Organisation geplant und gemeinsam mit einem festgelegten Projektteam (nach Verankerung der Projektaufbauorganisation) umgesetzt werden. Diese Analyse sollte erfahrungsgemäß vorgenommen werden, bevor die Mitarbeiter in Qualitätszirkeln bzw. anderen Arbeitsgruppen oder speziell eingerichteten Arbeitskreisen verschiedene Maßnahmen im Rahmen des prozessorientierten QM-Systems erarbeiten.

Tipp

Die Bestandsanalyse oder auch die Umfeldanalyse dienen u. a. auch dazu, bisherige gesetzliche und behördliche Anforderungen, Verfahren und Abläufe zum Qualitätsmanagementsystem sowie andere Regelungen festzustellen, zu bewerten (deduktive und induktive Prozessanalyse) und in einem Projektmanagementplan als wichtige Erkenntnisse zu berücksichtigen.

Diese Regelungen und sonstigen neuen QM-Verfahren sowie Normanforderungen sind beim Aufbau eines Managementsystems zu erarbeiten und einrichtungsintern in das zu implementierende QM-System zu integrieren. Bei der Bestandsanalyse wird aber auch festgestellt, welche Abweichungen (Soll-Ist-Vergleich) von den internen und externen Themen (Rahmenbedingungen) derzeit bestehen oder noch aufzubauen und als ein Bestandteil in das QM-System zu berücksichtigen sind. Das Qualitätsmanagementsystem wird durch die Ergänzung der noch fehlenden Inhalte sowie Anpassungen der bereits vorliegenden Festlegungen und funktionierenden Regelungen Schritt für Schritt im Projektteam (Qualitätsstabsstelle, QM-Steuerungsgruppe, Qualitätszirkelrunden etc.) gemeinsam mit der Projektleitung aufgebaut, eingeführt und verwirklicht. Die oberste Leitung hat dabei in ihrer aktiven Rolle zu entscheiden, dass und bis wann die Analyse der dienstleistungsbezogenen Abläufe und Tätigkeiten in den Arbeitsbereichen erfolgen soll. Sie muss das Vorgehen mit der QM-Steuerungsgruppe besprechen und abstimmen (Top-down Aufgabe) und sich proaktiv in den Implementierungsvorhaben einbringen.

Grundsätzlich sollte zur Erleichterung der Aufgabenverteilung das Vorgehen zur Implementierung eines QM-Systems mit seinen unterschiedlichen Projektphasen in einem Projekt- bzw. Maßnahmenplan (Projektskizze oder Projektmanagementplan o. Ä.) vorher durch die Projektleitung und der obersten Leitung in gemeinsamer Abstimmung mit der Projektgruppe (Projektteam) festgelegt werden. Auch wenn der Projektmanagementprozess verschiedene Herausforderungen für die Mitarbeiter mit sich bringen kann, so sind die einzelnen Entwicklungsschritte und die Projektstruktur auf den Grundlagen einer schriftlichen Planung als »FLOW« und deren Abfolge sowie die Verantwortungen grundsätzlich immer festzuhalten (Aufzeichnungen!) und die Entwicklungen in der Organisation im Zuge des Implementierungsprozesses zu überwachen. Durch die Einmaligkeit des Projektes ist vor Beginn jeglicher Implementierung im Rahmen des Projektmanagements die Erarbeitung und Freigabe eines Projektplan (Projektstruktur) zur Planung und Durchführung in der Praxis eines der wichtigsten Maßnahmen: Ohne vorherige Verschriftlichung ist ein zeitlich befristetes Projekt nur sehr schwer oder überhaupt nicht möglich!

Die Gründung eines Projektteams ist in jedem Projektmanagement wichtig, um z. B. die Bestandsaufnahme durchführen zu können, um so alle in der Pflegeorganisation bereits verfügbaren Arbeitsanweisungen, Standards, Prozess- und Ablaufbeschreibungen, Arbeitsschutzanforderungen, Prüfanweisungen, Formulare und vorhandene Checklisten und einrichtungsinterne Verfahren als dokumentierte Informationen zu erfassen, zu sichten und aufgaben- bzw. bereichsbezogen auf Sinnhaftigkeit und Gültigkeit zu bewerten und zu sortieren.

Auf der Grundlage der dokumentierten Informationen, Unterlagen, Zahlen, Daten und Fakten sind alle dienstleistungsbezogenen Abläufe und Tätigkeiten, die bereits ausreichend geregelt und dokumentiert worden sind (z. B. auch in den Anforderungen des Arbeits- und Gesundheitsschutzes, Hygienemaßnahmen zur Umsetzung der Basishygiene, Pflegekonzept etc.), zu erfassen, ggf. für das »Neue« im Abgleich mit den ISO-Anforderungen zu ergänzen und der Erfüllungsgrad (Soll-Ist-Abgleich) ist dazulegen. Die Verfahren, die praktiziert werden, aber noch nicht schriftlich dargelegt wurden (aber durch die Normanforderungen notwendig sind), sollten von den jeweiligen Prozessverantwortlichen aufgenommen und i. S. der Normforderungen geregelt werden. Der anschließende Abgleich bezüglich der rechtlichen, behördlichen, normativen Vorgaben und Anforderungen der relevanten interessierten Parteien (kundenbezogene Prozesse) müssen gemeinsam mit der QM-Steuerungsgruppe (Projektteam) im Einvernehmen mit der obersten Leitung erfolgen.

Gibt es unterschiedliche Regelungen für bestimmte Vorgänge, sind diese zunächst vollständig zu erfassen, sodass im Anschluss geklärt werden kann, welche Regelungen weiterhin gelten müssen und zur Aufrechterhaltung und Wirksamkeit des QM-Systems zu verwirklichen und aufrechtzuerhalten sind. Grundsätzlich sind einheitliche Regelungen in der Pflegeorganisation anzustreben, die die qualitätsrelevanten Anforderungen enthalten müssen. Nur in Ausnahmefällen sind Sonderregelungen zu vereinbaren bzw. zuzulassen. Fehlende QM-Verfahren sollten im Hinblick der ISO-Qualitätsanforderungen ergänzt, unzureichende Unterlagen überarbeitet und veraltete Dokumente zurückgezogen werden, bis neue dokumentierte Informationen für ein bestimmtes Verfahren entwickelt und für einen Bereich freigegeben worden sind. In dem Kapitel (▶ Kap. 6.1.2) wurde bereits darauf eingegangen, wie wichtig es nach der ISO 9001 ist, die internen und externen Anforderungen (Themen), die sich aus den Rahmenbedingungen im Kontext der Organisation ergeben, zu ermitteln und zu bewerten (s. 2. Phase: »Anforderungen im Kontext der Organisation ermitteln«). Jedes Managementsystem setzt bestimmte interne und externe Anforderungen (systemspezifische Anforderungen) voraus, die durch eine deduktive und induktive Prozessanalyse zu ermitteln sowie zu dokumentieren und nachhaltig zur fortlaufenden Verbesserung der Prozesse zu erfüllen sind.

Als einfache Methode zur Prozessanalyse oder zur Darlegung eines Prozesses (Prozessmanagement) mit seinen Risiken und Chancen kann die Turtle-Methode (Turtle-Diagramm/Schildkröte) als Quality-Tool durch das Projektteam eingesetzt werden. Die Turtle-Methode als eine Abbildung werden vorne und hinten der Prozess festgehalten (Input-vorne – und Output-hinten) und an den einzelnen vier Gliedmaßen werden die Einflussfaktoren auf den benannten Prozess und die Prozessrisiken visualisiert.

Fazit **Erfolg und Akzeptanz**

Der Erfolg und die Akzeptanz eines Qualitätsmanagementsystems sind umso höher, je besser sich die Anforderungen an den einrichtungsinternen und spezifischen Bedürfnissen und Gegebenheiten einer Pflegeeinrichtung bzw. eines ambulanten Pflegedienstes orientieren!

In der dritten Phase der »Prozessgestaltung und der Implementierung des QM-Systems« werden nach der Festlegung der Meilensteine und ggf. der Kostenziele die Arbeits- und Aufgabenpakete im Rahmen der Qualitätsentwicklung definiert, festgelegt und den einzelnen Arbeitsbereichen (Prozessverantwortliche) zugeordnet. Im weiteren Verlauf werden die Prozesse strukturiert, gestaltet und mit anderen Schnittstellen (Verbindungsstellen) einer Pflegeorganisation kompatibel, d. h. normenkonform angepasst sowie die Gliederungsstruktur des QM-Systems für die einzelnen Bereiche durch die oberste Leitung verbindlich vereinbart.

Info
Die umfassende Projektplanung mit all seinen Schritten erstreckt sich über einen längeren zu planenden Zeitraum und verläuft in mehreren Phasen (vgl. Abbildung 6.1) und ist grundsätzlich eine zentrale Aufgabe des Projektteams.

Von daher ist es immer sinnvoll, als ersten Schritt einen Projektstrukturplan (Projektskizze o.ä.) mit einzelnen Projektphasen zu entwickeln, der ein sequenzielles Vorgehen ermöglicht, da während der Projektarbeit der genaue Detaillierungsrad innerhalb der Projektphasen ansteigt und sich oftmals im Verlauf noch einmal verändert und konkretisiert. Im Rahmen der Projektstrukturplanung müssen anschließend in einem Maßnahmenplan die Arbeitsschritte, Aufgabenpakete und Tätigkeiten, Projektverantwortliche Personen und einzelne Projektziele mit zu erwartenden Endergebnissen erarbeitet und verbindlich für alle Projektbeteiligten vereinbart werden.

Wichtig bei dem Projekt und dem klaren Projektauftrag »Implementierung eines QM-Systems« ist, dass das Projekt von anderen Aufgaben der Pflegeeinrichtung klar abgegrenzt und mit anderen Tätigkeiten und Aufgaben oder Projekten, z. B. mit einer beabsichtigten Verblisterung der Medikamente oder der Aufbau einer Palliativversorgung etc., nicht vermischt werden darf.

UND: Nicht jede Herausforderung oder Gegebenheit ist gleich ein Projekt i. S. eines Projektmanagements.

Aus dem Projektstrukturplan o.Ä. müssen die angestrebten Meilensteine für die einzelnen Phasen in einer zeitlichen sinnvollen Abfolge hervorgehen und die Zuständigkeiten im Projektverlauf verankert werden. Die zeitliche Dauer einer Implementierung der branchenneutralen Qualitätsnorm nach der DIN EN ISO 9001 für eine Pflegeorganisation ist von vielen Faktoren abhängig, wie z. B. Handlungsbedarf, Information und Kommunikation, Wissensmanagement und Kompetenzerwerb, Engagement der involvierten Mitarbeiter, zeitnahe Umsetzung der Aufgabenpakete u. v. m. Eines ist dabei ganz sicher: **Der zu erwartende nachhaltige Erfolg durch das Erreichen eines Ziels bei der »Einführung eines Qualitätsmanagementsystems« stellt sich nicht automatisch von heute auf morgen und vor allen Dingen nicht ohne entsprechendes Engagement und Führungsstärke ein.**

Im Folgenden werden zur faktengestützten Entscheidungsfindung die wichtigsten Schritte der Umsetzung als grobe Orientierung zusammenfassend noch einmal dargestellt:

1. Entscheidung der obersten Leitung (oL) zur Einführung und Anwendung eines Qualitätsmanagementsystems mit oder ohne systemspezifische Anforderungen (z. B. Arbeits- und Gesundheitsschutz etc.).
2. Ggf. Benennung und Qualifizierung eines Qualitätsmanagement-Beauftragten (QM-B.) oder anderer QM-Verantwortlicher (QM-V.). Unabhängig der Anzahl der unterstützenden Führungs- und Leitungskräfte bleibt in dem QM-System die oberste Leitung nach der Revision der ISO 9001:2015 in der Verantwortung und muss sich proaktiv in das Managementsystem einbringen (Pflicht!). Andere Personen sind zur intern gestützten Qualitätssicherung zu beauftragen, zu benennen bzw. zur Übernahme bestimmter Aufgaben zu bestellen (▶ Kap. 1.7.1 »Personen in der Qualitätssicherung«).
3. Festlegen der Anforderungen der relevanten interessierten Parteien (Anspruchsgruppen).
4. Bestandsanalyse (Soll-Ist-Vergleich) in der Pflegeorganisation durchführen und Ermittlung der internen und externen Themen im Kontext der Organisation kennen, bestimmen und überwachen.
5. Mitarbeiterinformation (interner Eröffnungsworkshop, z. B in einer »Kick-off-Veranstaltung«) und Mitarbeiterschulung durch ein gezieltes Wissensmanagement (s. ISO 9001, Abschnitt 7.1.6 »Wissen der Organisation«) frühzeitig initiieren.
6. Bildung eines Projektteams (Führungssysteme vorher festlegen!) aus dem Management der Pflegeorganisation (z. B. QM-Steuerungsgruppe) und Projektaufbauorganisation verbindlich projektbezogen verankern.
7. Anwendungsbereich des Managementsystems mit dem risikobasierten Ansatz, z. B. nach der Qualitätsnorm festlegen, d. h. ist die gesamte Einrichtung davon betroffen und gibt es Ausschlüsse aus der Qualitätsnorm (z. B: ISO 9001, Abschnitt 8.3 »Entwicklung von Produkten und Dienstleistungen«)?
8. Klärung von Verantwortungen, Zuständigkeiten, Informationsweitergabe und Transparenz in der Pflegeorganisation i. S. des Qualitätsmanagements (s. ISO 9001, Kapitel 7 »Unterstützung«).
9. Festlegen der Qualitätspolitik und der daraus abzuleitenden Qualitätsziele (s. ISO 9001, 5.2 »Politik«, 5.2.1 »Festlegung der Qualitätspolitik« sowie der Normabschnitt 6.2 »Qualitätsziele und Planung zu deren Erreichung«).
10. Definieren des Leistungsspektrums und ermitteln der entsprechenden Schlüsselprozesse (Eingaben und erwartete Ergebnisse der Prozesse bestimmen - Was oder wie wird ein Prozess ausgelöst?) als Prozessbeschreibungen bestimmen, erarbeiten und festlegen.
11. Festlegung des Kernprozesses, der Ausführungsprozesse und der unterstützenden Prozesse in der gesamten Pflegeeinrichtung in der Abfolge und mit deren Wechselwirkung bestimmen, d. h. angefangen von der Kundenanfrage und -be-

7

ratung über Angebotserstellung, Vertrag, Vertragsprüfung, Einzug, Pflegeauftrag, Pflegeprozess bis zur Pflegeüberleitung (Auszug, Beendigung oder Unterbrechung der Pflege).

12. Prozesskette festlegen, Prozesse zuordnen und die Prozesse strukturieren in:
    - Kernprozess und Ausführungsprozesse,
    - Führungs- und Managementprozesse und
    - Unterstützungsprozesse (Küche, Haustechnik, Wäscherei etc.).
13. Risiken und Chancen in den o.g. wichtigsten Prozessen identifizieren und darstellen:
    - Welche Risiken und Chancen gibt es im Ablauf der Prozesse?
    - Welche Maßnahmen sind in den Prozessbeschreibungen zur Risikobeherrschung zu integrieren und müssen in der Praxis angegangen werden?
    - Gibt es in der Pflegeorganisation besonders risikobehaftete Bereiche, z. B. im Verpflegungsprozess (Kontrollpunkte und Eigenkontrollen nach dem HACCP-Verfahren) oder Pflegeprozess (Vermeidung von gesundheitlichen bzw. pflegesensitive Probleme, z. B. Dekubitus, Stürze) etc.?

7.2.1 Ein Etappenziel – Zertifizierung des Managementsystems

Mit Abschluss des Projektes »Implementierung eines QM-Systems« kann sich die Pflegeorganisation durch eine Vorinformation darüber Gedanken machen, ob eine freiwillige Zertifizierung oder nach Wunsch ein Voraudit (»Generalprobe«) des gewählten Managementsystems, z. B. nach der DIN EN ISO 9001:2015, durch eine zugelassene Zertifizierungsstelle nach Antragstellung durch die Pflegeorganisation durchgeführt werden soll. Die Zertifizierung als eine unabhängige Bestätigung, kann für die Pflegeorganisation als ein erreichtes Etappenziel ein wichtiger Ansporn in dem gesamten Projektmanagementprozess sein.

Das Zertifizierungsaudit in einer Pflegeorganisation gliedert sich in der Regel in die nachfolgenden Phasen:

1. Phase: Auditvorbereitung durch den QM-Auditor[13]

Die Auditvorbereitung ist Teil der Arbeit des QM-Auditors (Auditteam) vor jedem Zertifizierungsverfahrens. Auf Wunsch des Auftraggebers (Pflegeorganisation) kann ein Vorgespräch und Voraudit durch die Zertifizierungsstelle in der Einrichtung durchgeführt werden.

[13] Die Informationen zum Ablauf des Zertifizierungsverfahrens sind zu großen Teilen als sinngemäße Zitation aus den auf der Webseite www.eqzert.de verfügbaren Informationen übernommen worden, abgerufen am 28.07.2019.

2. Phase: Prüfung Managementsystem-Dokumentation

Prüfung und Bewertung der von der Pflegeorganisation eingereichten oder zugänglich gemachten QM-Dokumentation des Managementsystems durch den leitenden QM-Auditor (Auditteam) der Zertifizierungsstelle, auf Basis einer Frageliste und/oder anderen normativen Regelwerken. Nach der abgeschlossenen Prüfung der Managementsystem-Dokumentation erhält die Pflegeorganisation durch die Zertifizierungsstelle einen Ergebnisbericht mit einer Empfehlung zur weiteren Vorgehensweise.

3. Phase: Durchführung des Zertifizierungsaudits (2-stufig)

Nach einer Terminabsprache und Zeitplanung erfolgt die Durchführung des Zertifizierungsaudits in der Pflegeorganisation auf Basis eines Auditplans durch das externe Auditteam und es erfolgt Vorort eine Begutachtung der Wirksamkeit und der Konformität des Managementsystems mit dem maßgebenden Regelwerk. Die Beurteilung erfolgt durch Begehungen, Interviews mit den Mitarbeitern und durch Beobachtungen während der Zertifizierung in der Pflegeorganisation. Bei positivem Ergebnis bzw. nach der fristgerechten Behebung unkritischer Abweichungen wird die Zertifikatserteilung durch das Auditteam empfohlen.

Das Zertifikat besitzt eine Gültigkeit von drei Jahren, wobei jährliche Überwachungsaudits als Kurzaudit zur Aufrechterhaltung und Weiterentwicklung des Managementsystems durchgeführt werden. Nach drei Jahren erfolgt ein Wiederholungsaudit zur Re-Zertifizierung um weitere drei Jahre.

In einem Zertifizierungsaudit werden die Auditfeststellungen durch die Auditoren der ausgesuchten und zugelassenen Zertifizierungsstelle in drei Risikoklassen eingestuft:

1. Hauptabweichung: Eine relevante Normanforderung wurde nicht erfüllt und wird als ein Verstoß gegen die Normanforderungen bewertet; Korrekturmaßnahmen **müssen** eingeleitet werden.
2. Nebenabweichung: Im Zertifizierungsaudit wurde ein Auditkriterium nicht erfüllt, z. B. wurde keine Lieferantenbewertung durchgeführt; Korrekturmaßnahmen **müssen** eingeleitet werden.
3. Empfehlungen und Hinweise: Möglichkeiten zu Verbesserungen wurden im Zertifizierungsaudit erkannt; die Empfehlung **kann** durch die Organisation aufgegriffen und umgesetzt werden.

Andere Zertifizierungsstellen unterscheiden bei den Auditfeststellungen auch zwischen »kritischen« und »unkritischen« Abweichungen. Unkritische Abweichungen können meist sofort oder mit einer Frist behoben werden und erfordern i. d. R. im Rahmen der Zertifizierung kein Nachaudit.

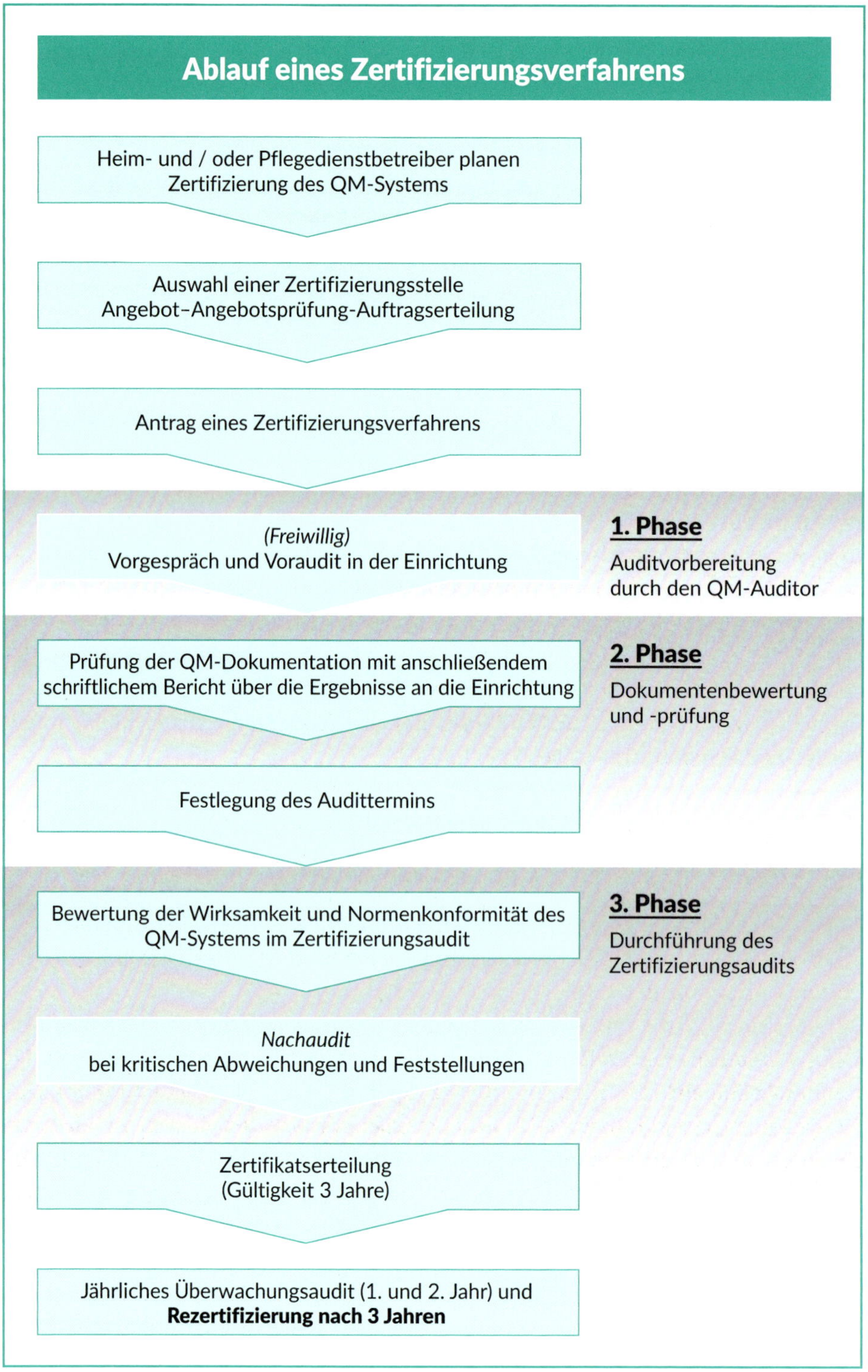

Ablauf eines Zertifizierungsverfahrens

Heim- und / oder Pflegedienstbetreiber planen Zertifizierung des QM-Systems

Auswahl einer Zertifizierungsstelle
Angebot-Angebotsprüfung-Auftragserteilung

Antrag eines Zertifizierungsverfahrens

(Freiwillig)
Vorgespräch und Voraudit in der Einrichtung

1. Phase
Auditvorbereitung durch den QM-Auditor

Prüfung der QM-Dokumentation mit anschließendem schriftlichem Bericht über die Ergebnisse an die Einrichtung

Festlegung des Audittermins

2. Phase
Dokumentenbewertung und -prüfung

Bewertung der Wirksamkeit und Normenkonformität des QM-Systems im Zertifizierungsaudit

Nachaudit
bei kritischen Abweichungen und Feststellungen

Zertifikatserteilung
(Gültigkeit 3 Jahre)

Jährliches Überwachungsaudit (1. und 2. Jahr) und **Rezertifizierung nach 3 Jahren**

3. Phase
Durchführung des Zertifizierungsaudits

Abb. 53: Ablauf eines Zertifizierungsverfahrens

8 Umfassendes Qualitätsmanagement – TQM

8.1 EFQM Excellence Modell

Ein Qualitätsmanagementsystem zu implementieren ist im Dienstleistungsbereich auch nach dem Modell und der Methodik der EFQM möglich. In der Betrachtung der ISO 9000 ff. ist im Vergleich zum EFQM-Modell festzustellen, dass mit der Revision der Qualitätsnorm ein großer Schritt auf den Excellence-Ansatz vollzogen wurde, wie z. B. durch die Erweiterung der Interessensgruppen im Kontext einer Organisation oder durch den risikobasierten Ansatz in wichtigen Schlüsselprozessen. Diese Ansätze leisten einen wichtigen Beitrag, einen höheren Reifegrad des QM-System zu erzielen (s. ISO 9004) und ein DIN EN ISO 9001:2015 Zertifikat ist ein erster und wichtiger Schritt zum Total-Quality-Management (TQM).

Das EFQM-Modell als ein ganzheitlicher Ansatz steht für »European Foundation for Quality Management« und ist ein wichtiges Beispiel für die Umsetzung des TQM. Das TQM ist ein soziotechnisches Unternehmensführungskonzept mit einer starken Einbeziehung und Mitwirkung der Mitarbeiterinnen und Mitarbeiter auf allen Hierarchieebenen und ein Bestandteil von Organisationsentwicklungsprozessen zum gegenseitigen Nutzen.

Demnach stellen sich ein Unternehmenserfolg und das Erreichen einer Spitzenleistung nur dann ein, wenn alle Mitarbeiter durch ihre Einstellungen und durch eine wertschätzende und fördernde Unternehmenskultur sich auf die Zufriedenheit der Kunden konzentrieren und ihr berufliches Handeln in einer Organisation danach ausrichten. Das TQM-Konzept als eine Weiterentwicklung der ISO 9000 ff. ist ein neues und anderes Denken des Qualitätsmanagements und fokussiert als ein branchenunabhängiger Ansatz die starke Ausrichtung zwischen der Organisation und seinen Kunden. Die Kunden der Organisation und deren Zufriedenheit stehen in diesem Konzept neben dem Auftrag zur kontinuierlichen Verbesserung der Wertschöpfungsprozesse im Mittelpunkt des Geschehens. In seiner Grundstruktur besteht es neben dem ganzheitlichen Qualitätsverständnis aus den Menschen, den zugrundeliegenden

Prozessen und der Ergebniserzielung; »a priori« – Umfassendes Qualitätsmanagement. Das TQM ist dabei kein Modell, sondern eine Denkweise im Sinne eines ganzheitlichen Konzepts und es sollte die DIN EN ISO 9004:2018 (Reifegrad-Modell) als eine weitere unterstützende Norm für ein umfassendes Qualitätsmanagement herangezogen werden. Total Quality Management bezeichnet den Willen der obersten Leitung zu andauernder, ganzheitlicher und kontinuierlicher Verbesserung.

Als »Europäisches Modell für umfassendes Qualitätsmanagement« gilt das »EFQM-Modell« für Exzellenz der European Foundation als ein QM-System nach dem TQM-Konzept für Beste, d. h. exzellente Organisationen, die dauerhaft herausragende Ergebnisse erzielen. Das EFQM als ein Excellence Modell favorisiert einen ganzheitlichen und ergebnisorientierten Ansatz und deren Inhalt besteht aus den Grundkonzepten und dem Kriterienmodell.

Info
Das EFQM als ein sogenanntes »Excellence-Modell« ist ein ganzheitliches Modell im Sinne von »Total Quality Management«. Der ganzheitliche Management-Ansatz »TQM« umfasst alle Tätigkeiten einer Organisation unter dem Aspekt der Kunden- und Mitarbeiterzufriedenheit als fortwährender Prozess.

Mit dem EFQM-Modell als QM-System auf den Säulen des TQM-Konzeptes ist es möglich, den Grad der TQM-Implementierung in den festgelegten Kriterien zu messen und mit anderen TQM-orientierten Organisationen zu vergleichen (Benchmarking), bzw. dauerhaft herausragende Leistungen und die nachhaltigen Ergebnisse im QM-System selbst zu bewerten. In diesem Verbesserungsprozess werden die eigenen Leistungen und Ergebnisse mit anderen relevanten Organisationen verglichen, um aus deren Erfahrungen und Stärken zu lernen. Insbesondere Kliniken orientieren sich sehr häufig an diesem Modell, um vergleichbare Ergebnisse (Results) einzelner Bereiche z. B. im Krankenhaus oder über die Mitarbeiter- und Patientenzufriedenheit bis hin zu den Ergebnissen nach bestimmten medizinischen Eingriffen aufgrund objektiver Daten im Vergleich zu Mitbewerbern zu erhalten, um sich durch kontinuierliches Lernen, Kreativität und Innovationen weiterzuentwickeln.

Die EFQM mit Sitz in Brüssel ist ein 1988 gegründeter Zusammenschluss von 14 europäischen Unternehmen, die das Ziel verfolgen, die Position europäischer Firmen als »exzellente Organisationen« auf dem Weltmarkt zu stärken. Dazu soll die Bedeutung von Qualität als Erfolgsfaktor und die Akzeptanz von Total Quality Management in den Unternehmen auf allen Ebenen verbreitet werden. »Excellence« versteht sich als überragende Praktik in der strategischen Führung der Organisation und beim Erzielen von Ergebnissen mit Hilfe bestimmter Grundkonzepte. Dies sind: Ergebnisorientierung, Kundenorientierung, Führung und Zielkonsequenz, Management mit Prozessen und Fakten, Mitarbeiterentwicklung und -beteiligung, kontinuierliches Lernen, Kreativität, und Innovation der Wert schafft. Die kontinuierliche Verbesserung, Partnerschaften und Ressourcen sowie die Verantwortung gegenüber der Gesellschaft sind weitere wichtige Faktoren, welche in dem Kriterienmodell immer wieder bei den »Befähiger-Kriterien« als auch bei den »Ergebnis-Kriterien« zum Ausdruck gebracht werden.

Das »EFQM-Modell für Excellence« ist ein praktisches Modell die den Organisationen eine Hilfestellung gibt und zugleich konkretisiert, wo sie sich auf der Reise zur Excellence befinden (»Der Weg ist das Ziel«) und für die Organisation den »Reifegrad« des QM-Systems aufzeigen kann.

Definition **EFQM-Modell**

Das »European Foundation for Quality Management (EFQM)-Modell« ist ein strukturiertes und vorgegebenes Konzept, das einem Unternehmen die Möglichkeit zur Selbstbewertung seines QM-Systems gibt. Es dient als Leitfaden für den Aufbau eines QM-Systems und als Fortschrittskontrolle.

Es beschreibt in seinen Ausführungen und Erläuterungen die klare Führungsverantwortung, die Mitarbeiter- und die Ressourcenverantwortung. Das EFQM-Modell ist ein Selbstbewertungssystem mit einer fortlaufenden Leistungsverbesserung und dem Bestreben der Organisation nach nachhaltigem **Erfolg**! Die Anforderungen der DIN EN ISO 9000 ff. sind in allen Komponenten des EFQM-Modells vorhanden. Aber nicht als Leitfaden, sondern als Fundament und Basis, auf denen die Strukturen des TQM aufgebaut werden können.

TQM wird als ein ganzheitliches Konzept verstanden, um bessere messbare Ergebnisse zu erzielen. Durch die stärkere Einbindung der Mitarbeiter und anderer relevanter Interessengruppen zum gegenseitigen Nutzen können alle Prozesse kontinuierlich und gezielt verbessert werden. Obwohl die DIN EN ISO 9000-Normen in den Bewertungskriterien nicht erwähnt werden, hat ein zertifiziertes Unternehmen mit einem funktionierenden Qualitätsmanagementsystem den ersten und wichtigen Schritt auf dem Weg zu einer TQM-Organisation bereits schon vollzogen. Denn: Die ISO-Zertifizierung ist ein Etappenziel für eine Organisation.

Die nachfolgenden Grundprinzipien wurden mit der Revision 2010 des EFQM Excellence Modells als Orientierungspunkte in die Kriterien integriert (vgl. EFQM, 2012).

Die acht Grundkonzepte bzw. -prinzipien des EFQM Excellence Modells beziehen sich größtenteils auf die Einbeziehung aller Interessengruppen und auf eine kontinuierliche Verbesserung der Prozesse sowie auf die Erzielung von besten Ergebnissen und dauerhaft herausragenden Leistungen. Nachfolgend werden diese Grundprinzipien des EFQM Excellence Modells zusammenfassend als ein Überblick dargestellt:[14]

- Nutzen für Kunden schaffen: Vergleichen der eigenen Leistung mit anderen Organisationen und eigener Antrieb zum Nutzen von Chancen (Innovationen).
- Zukunft nachhaltig gestalten: Einbeziehung von Nachhaltigkeitskonzepte in die Strategie, z. B. Verbesserung der ökonomischen, ökologischen und sozialen Bedingungen.
- Die Fähigkeit der Organisation entwickeln: Veränderungen innerhalb und außerhalb der Organisationen werden einbezogen (Partnerschaften und Netzwerke zum gegenseitigen Nutzen).
- Kreativität und Innovationen nutzen: Schaffung von Mehrwert und steigern der Leistung durch kontinuierliche Verbesserung unter Berücksichtigung der Kreativität aller Interessengruppen (Wissensmanagement).
- Mit Vision, Inspiration und Integrität führen: Auf allen Organisationsebenen gibt es eine gemeinsame Wertehaltung und ethische Grundsätze sowie Vorbilder in Bezug auf Integrität und soziale Verantwortung sowohl innerhalb als auch außerhalb der Organisation.
- Veränderungen aktiv managen: Prozesse, Projekte und deren Leistungsfähigkeit werden verstanden und durch verschiedene Prozessleistungsindikatoren bewertet, um die Leistungen in der Organisation stets zu verbessern.
- Durch Mitarbeiterinnen und Mitarbeiter erfolgreich sein: Wertschätzung der Mitarbeiter und Schaffung einer Kultur zur aktiven Mitwirkung und Beteiligung, z. B. zu handeln und Wissen und Erfahrungen in den Teams zur Zielerreichung auszutauschen.
- Dauerhaft herausragende Ergebnisse erzielen: Transparente kurz- und langfristige Bedürfnisse und Erwartungen der Interessensgruppen erfüllen.

8.1.1 Kriterienmodell nach dem EFQM Excellence Modell

Die EFQM als dynamisches Modell (▸Abb. 54) besteht aus neun Hauptkriterien die sich wiederum in Unterkriterien aufteilen. Um dem Modell zu entsprechen, müssen Unternehmen oder Organisationen zu neun Kriterien umfassend in einem Qualitätsbericht entsprechend Stellung nehmen. Fünf davon sind Befähiger-Kriterien (Enabler), vier sind Ergebniskriterien (Results).

---

[14] Anmerkung: Die Informationen zu den o. g. Grundprinzipien sind sinngemäß dem EFQM EXCELLENCE MODELL (2012) entnommen. EFQM Leading Excellence, Avenue des Olympiades, 21140 Brussels, Belgium, S. 4-8. www.efqm.org, abgerufen am 26.07.2019.

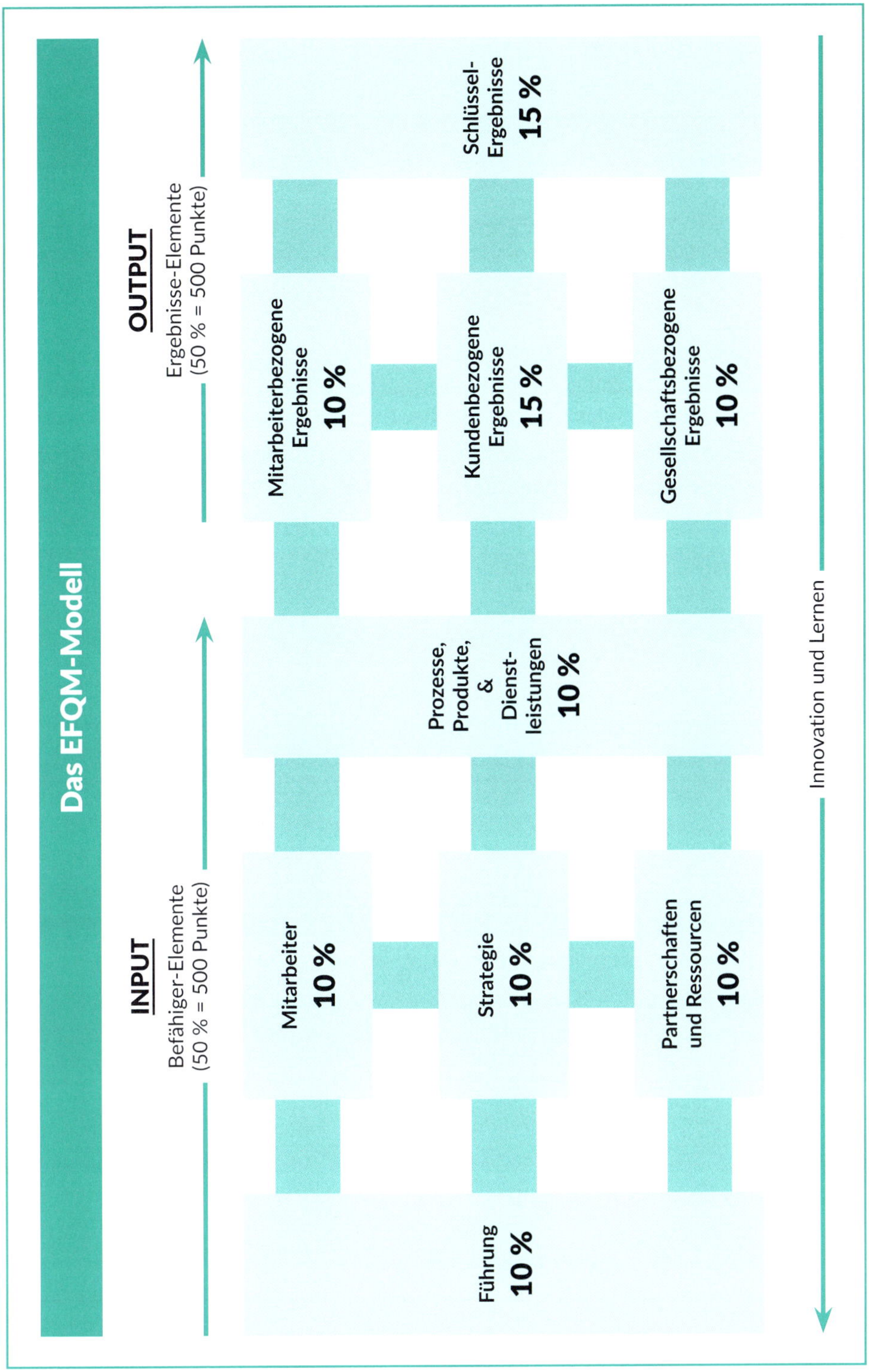

Das EFQM-Modell

INPUT
Befähiger-Elemente
(50 % = 500 Punkte)

OUTPUT
Ergebnisse-Elemente
(50 % = 500 Punkte)

Führung
10 %

Mitarbeiter
10 %

Strategie
10 %

Partnerschaften und Ressourcen
10 %

Prozesse, Produkte, & Dienst-leistungen
10 %

Mitarbeiterbezogene Ergebnisse
10 %

Kundenbezogene Ergebnisse
15 %

Gesellschaftsbezogene Ergebnisse
10 %

Schlüssel-Ergebnisse
15 %

Innovation und Lernen

Abb. 54: EFQM-Modell

Diese Ergebniskriterien befassen sich damit, was eine Organisation gemeinsam unter Einbeziehung ihrer Interessengruppen erreicht hat. Die fünf Befähiger-Kriterien beinhalten das, was eine Organisation realisieren muss und wie sie dabei vorgehen sollte. Die Ergebnis-Kriterien beschreiben, wie die Organisation die Ergebnisse erzielt hat. Die Ergebnisse sind dabei auf die »Befähiger« zurückzuführen. Beide Gruppen (Befähiger und Ergebnisse) werden mit jeweils 50 Prozent der erreichbaren Punkte prozentual gewichtet und bewertet. Dadurch ist für jedes Kriterium eine Anzahl von Punkten festgelegt, die in diesem Kriterium maximal von den insgesamt 1000 Punkten erreicht werden kann (500 Punkte für die Befähiger und 500 Punkte für die Ergebnisse).

Die in der Abbildung (▶ Abb. 54) dargestellte Wertung und Wichtigkeit des Kriterienmodells ist nach dem EFQM Excellence Modell unterschiedlich. Jedes Teilkriterium hat einen prozentualen Anteil an der Gesamtbewertung. Die Gewichtung erfolgt anhand von Punktevorgaben (10 Punkte je 1 Prozent).

Befähiger-Elemente (Input)

Fünf Befähiger-Kriterien (50 %)

1. Führung – Verhalten aller Führungskräfte, um die Organisation zu umfassender Qualität zu führen (10 %).
2. Strategie – Daseinszweck, Wertesystem, Leitbild und strategische Ausrichtung des Unternehmens sowie die Art und Weise der Verwirklichung dieser Aspekte (10 %).
3. Mitarbeiterinnen und Mitarbeiter – Umgang der Organisation mit ihren Mitarbeitern (10 %).
4. Partnerschaften und Ressourcen – Management, Einsatz und Erhaltung von Ressourcen (10 %).
5. Prozesse, Produkte und Dienstleistungen – Management aller wertschöpfenden Prozesse im Unternehmen (10 %).

Ergebnisse-Elemente (Output)

Vier Ergebnis-Kriterien (50 %)

1. Kundenbezogene Ergebnisse – Dauerhaft herausragende Ergebnisse erzielen und die Bedürfnisse und Erwartungen der Kunden erfüllen und übertreffen (15 %).
2. Mitarbeiterbezogene Ergebnisse – Dauerhaft herausragende Ergebnisse erzielen und die Bedürfnisse und Erwartungen der Mitarbeiterinnen und Mitarbeiter erfüllen und übertreffen (10 %).
3. Gesellschaftsbezogene Ergebnisse – Dauerhaft herausragende Ergebnisse erzielen und die Bedürfnisse und Erwartungen der Mitarbeiterinnen und Mitarbeiter erfüllen und übertreffen (10 %).
4. Schlüsselergebnisse – Dauerhaft herausragende Ergebnisse, welche die Bedürfnisse und Erwartungen der Interessengruppen, welche Einfluss auf die Mission der Organisation sowie ein berechtigtes Interesse an ihr haben, erfüllen oder übertreffen (15 %).

8.1.2 EFQM-Kriterienmodell

Die EFQM empfiehlt zur nachhaltigen Verbesserung der Leistung einer exzellenten Organisation die Einführung des Selbstbewertungsprozesses nach den Kriterien des EFQM-Modells.[15] Dabei handelt es sich um eine umfassende, systematische und regelmäßige Überprüfung der Prozesse, Leitlinien und dauerhaft herausragende Ergebnisse einer Organisation, bei der die Stärken und Verbesserungspotenziale deutlich sichtbar werden. Bei der Selbstbewertung kann die von der EFQM vorgegebene Punktbewertung verwendet werden, die auch zur Bewertung von Bewerbungen um den Europäischen Qualitätspreis dem »EFQM-Excellence-Award« (EEA) zugrunde liegt. Als Eigentümerin des »EFQM Excellence Modells« organisiert die EFQM diesen »Europäischen Qualitätspreis«. Die Kriterien beziehen sich auf die Strategie, Leitlinien, Prozesse und deren nachhaltige Verbesserung. Auf den Grundlagen der Handlungsanleitung »EFQM EXCELLENCE MODELL« (2012) werden die nachfolgenden Kriterien dargestellt. *»Exzellente Organisationen erzielen dauerhaft herausragende Leistungen, welche die Erwartungen aller ihrer Interessengruppen erfüllen oder übertreffen«* (EFQM, Titelseite, 2012).

---

[15] Anmerkung: Die Informationen zu dem o. g. Kriterienmodell sind größtenteils dem EFQM EXCELLENCE MODELL (2012) entnommen. EFQM Leading Excellence, Avenue des Olympiades, 21140 Brussels, Belgium, S. 9-23. www.efqm.org, abgerufen am 26.07.2019.

Wichtig **Die fünf Befähiger-Kriterien**

Die Befähiger-Kriterien befassen sich damit, wie das Unternehmen/die Organisation bezüglich der Kriterien vorgeht. Erforderlich sind Angaben über die Qualität des Vorgehens und den Grad der Umsetzung des Konzepts.

1. Führung

Das Kriterium »Führung« beschreibt das Verhalten aller Führungskräfte und wie die Organisationen zu umfassender Qualität und exzellenter Organisation geführt werden soll. Wichtig ist, dass Qualitätsverbesserung als grundlegender Prozess initiiert und durchgesetzt wird. Von besonderer Bedeutung sind folgende Punkte (EFQM, 2012).

Wichtige Kriterien und Qualitätsaspekte sind:

1a) Führungskräfte entwickeln die Vision, Mission und die Werte und ethischen Grundsätze und sie agieren als Vorbilder für eine Kultur der Excellence.

1b) Führungskräfte definieren, überprüfen und verbessern das Managementsystem sowie die Leistung der Organisation.

1c) Führungskräfte bemühen sich persönlich um externe Interessengruppen.

1d) Führungskräfte stärken mit den Mitarbeitern der Organisation eine Kultur der Excellence.

1e) Führungskräfte gewährleisten, dass die Organisation flexibel ist und Veränderungen effektiv gemanagt werden.

TQM, dass auch als »Business Excellence« genannt wird, beinhaltet den Gedanken des Benchmarkings und die Grundlagen bilden hierzu die festzulegenden Maßstäbe als eine strategische Ausrichtung sowie die **Orientierung an den Besten.**

- Wo stehen wir mit unserer Organisation im Wettbewerb und welche Wettbewerbsvorteile können zum Vorteil eingesetzt werden (Organisationsentwicklungsprozesse)?
- Wo wollen/müssen wir hin?
- Was brauchen wir, um dahin zu kommen?
- Was können die Mitbewerber besser als wir?

Tipp

Eine gute Auslastungs- und Belegungssituation bedeutet noch lange nicht, dass Organisations- und Personalentwicklungsprozesse mit Blick auf die Interessensgruppen angeschoben wurden.

Um seine Organisation nach TQM-Konzept auszurichten und effektiv arbeiten zu können, brauchen die Mitarbeiter zur Durchführung der Prozesse in einem QM-System neben ihrer Einbeziehung und der Ressourcenverfügbarkeit:

- klare Ziele,
- festgelegte Verantwortung und Befugnisse,
- Befähigung,
- klar definierte Aufgaben,
- Coaching, im Team (z. B. Supervision),
- Bestätigung, Einbeziehung, Wertschätzung, Lob und Anerkennung.

2. Strategie

Die Strategie beruht auf den gegenwärtigen Bedürfnissen und Erwartungen der Interessengruppen sowie auf die Verwirklichung der Mission und dem Erreichen der Vision. Das Kriterium »Strategie« beschreibt, wie sich das Konzept für die umfassende Qualität in der Strategie des Unternehmens widerspiegelt. Die Strategie bildet das Fundament für die Festlegung, Umsetzung, Überprüfung und der dauerhaften Verbesserung. Durch die Entwicklung von Leitlinien, Plänen, Zielsetzungen und Prozessen wird die Strategie umgesetzt (EFQM, 2012).

Wichtige Kriterien und Qualitätsaspekte sind:

2a) Die Strategie orientiert sich an den Bedürfnissen und Erwartungen der Interessengruppen und unter Einbindung des externen Umfelds (u. a. Stakeholderanalyse als Kontextanalyse).

2b) Die Strategie beruht auf den Grundlagen der eigenen Leistungen und Fähigkeiten und dazu sind die eigenen Leistungstrends und die Fähigkeiten der Partner der Organisation zu analysieren (u.a. Leistungsvergleiche), um Handlungsoptionen zur Verbesserung der Organisation daraus generieren zu können.

2c) Die Strategie und unterstützenden Leitlinien werden entwickelt, um die Mission und Vision der Organisation nicht nur im Blick zu behalten, sondern als ein wichtiges Ziel zu erreichen. Die Strategie wird durch das Erkennen und verstehen der Schlüsselprozesse in der gesamten Organisation umgesetzt.

2d) Die Strategie und unterstützenden Leitlinien werden in der Organisation und an die wesentlichen Interessengruppen kommuniziert, umgesetzt und überwacht, um Veränderungen u.a. durch Marktbeobachtungen in den Wertschöpfungsprozessen mit angemessener Schnelligkeit umsetzen zu können.

3. Mitarbeiterinnen und Mitarbeiter

Mitarbeiterorientierung zielt darauf ab, das gesamte Potenzial der Mitarbeiter durch Wertschätzung freizusetzen, um die Geschäftstätigkeit zu verbessern. Alle Mitarbeiter werden eingebunden, unterstützt, motiviert, geschult, fachlich und menschlich zum Wohl der Organisation gefördert. Mitarbeiter sind als Schlüsselwirtschaftsfaktor anzusehen und die Organisation fördert dabei Fairness und Gleichberechtigung (EFQM, 2012).

Wichtige Kriterien und Qualitätsaspekte sind:

3a) Die Mitarbeiterressourcen werden geplant, gemanagt (u.a. Personalbeschaffung) und durch Feedback, z. B. durch Mitarbeiterbefragungen und anderen Formen der Rückmeldungen von Mitarbeiterinnen und Mitarbeitern, verbessert.

3b) Das Wissen und die Fähigkeiten sowie Kompetenzen der Mitarbeiterinnen und Mitarbeiter werden ermittelt, ausgebaut und aufrechterhalten (Personalplanung, Personalauswahl und Personalentwicklung) mit dem Ziel, die Mitarbeiterkompetenz und deren Leistung und Engagement zu erhöhen.

3c) Die Mitarbeiterinnen und Mitarbeiter werden beteiligt und zu einem abgestimmten selbstständigen Handeln ermächtigt (Zielvereinbarungen, z. B. Teamziele die auch erreichbar sein müssen). Sie werden zur Teilnahme an Aktivitäten ermuntert, um somit einen Beitrag für die Gesellschaft zu leisten.

3d) Die Mitarbeiterinnen und Mitarbeiter und die Organisation führen einen Dialog und sind einbezogen in die ständige Verbesserung der Geschäftsprozesse.

3e) Die Mitarbeiterinnen und Mitarbeiter werden beteiligt, belohnt, anerkannt und betreut. Es besteht eine hierarchieunabhängige wirksame Kommunikation – sowohl vertikal als auch horizontal.

4. Partnerschaften und Ressourcen

Die Kriterien »Partnerschaften und Ressourcen« zeigen, wie die Ressourcen der Organisation wirksam eingesetzt werden und zur Entfaltung gelangen, um die Strategie und Leitlinien der Organisation wirkungsvoll zu unterstützen. Unter anderem werden finanzielle und materielle Ressourcen sowie Informationen und der Gebrauch von modernen Technologien, die von signifikanter Bedeutung sind, berücksichtigt (EFQM, 2012).

Wichtige Kriterien und Qualitätsaspekte sind:

4a) Externe Partner und Lieferanten werden zum nachhaltigen Erfolg unter Einbeziehung der Strategie, Leitlinien und Prozesse, gemanagt. Die Basis für die gemeinsamen Beziehungen bilden hierzu gegenseitiges Vertrauen und Nutzen sowie Respekt, Offenheit und geeignete Netzwerke.

4b) Finanzen werden zum nachhaltigen Erfolg unter Berücksichtigung der finanziellen Strategien, Leitlinien und Prozesse, gemanagt. Dazu sind finanzielle Planungs-, Controllings, Reporting und Überprüfungsprozesse zur optimierten Nutzung von Ressourcen unerlässlich.

4c) Der Nutzen von Gebäuden, Sachmitteln, Material, Anlagen und Ausrüstungsgütern werden zur Unterstützung der Strategie nachhaltig gemanagt. Dabei werden in dem Nutzen der Strategie neben den Leitlinien und Prozessen, ökonomische und ökologische Aspekte sowie soziale Standards und das Wohl der Gesellschaft als auch die Sicherheit sowie die Umwelt miteinbezogen.

4d) Technologie wird gemanagt, um die Realisierung der Strategie im Kontext der gesamten Organisation zu unterstützen. Die Bewertung und die Entwicklung des Technologieportfolios dienen der Verbesserung der Leistungsfähigkeit von Prozessen und Projekten.

4e) Informationen und Wissen werden gemanagt, um die effektive Entscheidungsfähigkeit zu unterstützen und um die Fähigkeiten der Organisation auszubauen, z. B. durch präzise und hinreichende Informationen der Führungskräfte (Wissen), Schaffung von Netzwerken zum Erfahrungsaustausch etc.

5. Prozesse, Produkte und Dienstleistungen

Das Kriterium »Prozesse, Produkte und Dienstleistungen« hat mit der Identifikation, Überprüfung und falls erforderlich, mit der Änderung von Wertschöpfungsprozessen zu tun, mit dem Ziel, die Wertschöpfung für Kunden und anderen Interessengruppen daraus generieren zu können (EFQM, 2012).

Wichtige Kriterien und Qualitätsaspekte sind:

5a) Prozesse, die eine bedeutende Auswirkung auf die Ergebnisse haben, werden gestaltet, gelenkt und verbessert, um den Nutzen für die Interessengruppen zu optimieren und optimale Werte für die Kunden zu schaffen

5b) Produkte und Dienstleistungen werden entwickelt und verbessert, um durch diese neuen Innovationen optimale Werte für Kunden zu schaffen. In diesem Streben der Organisation werden die Interessengruppen bei Bedarf in die Entwicklung eingebunden. Dazu ist es für eine exzellente Organisation erforderlich, die Märkte und die Ergebnisse der Marktforschung und andere Formen der Rückmeldungen in die weiteren Planungsprozesse, die auf eine Stärkung des Produkt- und Serviceportfolio abzielen, einzubeziehen.

5c) Produkte und Dienstleistungen werden effektiv beworben und vermarktet unter der Prämisse, dass die aktuellen und potenziellen Bedürfnisse und Erwartungen in attraktive und auf lange Sicht durch Nachhaltigkeit durch die exzellente Organisation erfüllt werden (Nutzenversprechen). Zur Umsetzung sind neben der Marktpositionierung zielgerichtete Marketingstrategien zu entwickeln, um die Produkte und Dienstleistungen bei den Kunden zu bewerben.

5d) Produkte werden durch eine exzellente Organisation erstellt, geliefert und gemanagt, um den laufenden Erfolg der Organisation auf den Grundlagen des Nutzenversprechens zu sichern. Dabei zeichnen exzellente Organisationen aus, dass die Kundenanforderungen nicht nur konsequent erfüllt, sondern übertroffen werden. Dabei werden die eigenen Leistungen mit relevanten besten Organisationen verglichen und lernen von den Stärken und Verbesserungsmöglichkeiten, um einen Kundennutzen zu schaffen.

5e) Kundenbeziehungen werden gemanagt und durch ein professionelles Beziehungsmanagement vertieft. Hierzu werden die Kontakterfordernisse der Kunden im Tagesgeschäft ermittelt und der Dialog mit den Kunden besteht aus Offenheit und Transparenz.

Info

Die **vier Ergebnis-Kriterien** beziehen sich auf das, was das Unternehmen/die Organisation erreicht hat und noch erreichen will. Die Ergebnisse und Trends der Organisation sind für alle Ergebnis-Kriterien im Hinblick auf folgende Aspekte und lange Sicht darzustellen:

- die konkreten dauerhaft herausragenden Leistungen der Organisation sowie
- die eigenen diesbezüglichen Ziele, Mission und Visionen.

6. Kundenbezogene Ergebnisse

Das Kriterium »Kundenbezogene Ergebnisse«, ist neben der »Schlüsselergebnisse« das höchstgewichtete Kriterium (jeweils 15 Prozent) des EFQM-Modells und betrifft maßgeblich die Zufriedenheit aller externen Kunden der Organisation. Dabei müssen die Bedürfnisse und Erwartungen sowie die **Wahrnehmung** der Kunden durch die exzellente Organisation durch eine kundenbezogene Strategie nicht nur erfüllt, sondern ggf. als ein herausragendes Ergebnis dauerhaft übertroffen werden. Entscheidend sind die Rückmeldungen seitens der Kunden über die Organisationserfolge in der Erfüllung der Kundenanforderungen. Die Messergebnisse und die damit verbundenen Leistungsindikatoren werden durch die exzellente Organisation als ein Set festgelegt, um die erfolgreiche Umsetzung der Strategie und die unterstützenden Leitlinien auf Basis der Bedürfnisse und Erwartungen der Kunden durch die exzellente Organisation sicherzustellen (EFQM, 2012).

Wichtige Kriterien und Qualitätsaspekte sind:

6a) Die internen Messergebnisse zeigen der exzellenten Organisation auf, wie die Kunden die Organisation wahrnehmen, z. B. durch Kundenbefragungen, Beschwerdemanagement, Bewertungen, Lob und Anerkennung.

6b) Durch Leistungsindikatoren werden die Leistungen der Organisation systematisch überwacht um zu prognostizieren, wie die Kunden die Leistungen wahrnehmen, z. B. Dienstleistungserbringung, Kundenservice, Umgang mit Beschwerden etc.

7. Mitarbeiterbezogene Ergebnisse

Die »Mitarbeiterbezogenen Ergebnisse« beschreiben was die Organisation im Hinblick auf die Zufriedenheit der Mitarbeiter leisten kann. Neben den Kundenanforderungen sind ebenso durch herausragende Ergebnisse die Bedürfnisse und Erwartungen der Mitarbeiterinnen und Mitarbeiter zu erfüllen oder zu übertreffen (EFQM, 2012).

Wichtige Kriterien und Qualitätsaspekte sind:

7a) Die internen Messergebnisse zeigen der exzellenten Organisation auf, wie die Mitarbeiterinnen und Mitarbeiter die Organisation wahrnehmen, z. B. durch Umfragen, innerbetriebliches Vorschlagswesen, Fördergespräche, Fokusgruppen, Interviews sowie strukturierte Beurteilungsgespräche.

7b) Durch Leistungsindikatoren werden die Leistungen der Organisation systematisch überwacht um zu prognostizieren, wie die Mitarbeiterinnen und Mitarbeiter die Leistungen wahrnehmen, z. B. Beteiligung und Engagement, Kompetenz, Führungsleistung, Training und Karriereentwicklung etc.

8. Gesellschaftsbezogene Ergebnisse

Die Gesellschaft hat bestimmte Erwartungen und Bedürfnisse bezüglich der Einstellung der Organisation zu Lebensqualität, Umwelt und Erhaltung der globalen Ressourcen. Wie nimmt die Gesellschaft die Auswirkungen der exzellenten Organisation auf das Umfeld wahr? Auch in diesem Kriterium sind durch eine exzellente Organisation herausragende Ergebnisse zu erzielen, welche die Bedürfnisse und Erwartungen der Gesellschaft erfüllen oder übertreffen (EFQM, 2012).

Wichtige Kriterien und Qualitätsaspekte sind:

8a) Die internen Messergebnisse zeigen der exzellenten Organisation auf, wie die Gesellschaft die Organisation wahrnimmt, z. B. durch Umfragen, Berichte, Presseartikel und Rückmeldungen von öffentlichen Veranstaltungen.

8b) Durch Leistungsindikatoren werden die Leistungen der Organisation systematisch überwacht um zu prognostizieren, wie die Gesellschaft diese Leistungen wahrnehmen wird, z. B. Ökologische, ökonomische und soziale Aktivitäten, Einhaltung behördlicher und regulatorischer Anforderungen sowie die Leistungen hinsichtlich Gesundheit und Sicherheit etc.

9. Schlüsselergebnisse

Das Kriterium »Schlüsselergebnisse« (Geschäftsergebnisse) und deren Betonung ist ein Spezifikum des EFQM-Modells. Auch in diesem Kriterium müssen exzellente Organisation herausragende Ergebnisse erzielen, welche die Bedürfnisse und Erwartungen der Interessengruppen, welchen Einfluss auf die Mission der Organisation sowie ein berechtigtes Interesse an ihr haben, erfüllen oder übertreffen (EFQM, 2012).

Wichtige Kriterien und Qualitätsaspekte sind:

9a) Hierzu zählen die Ergebnisse der Schlüsselleistungen, d. h. die finanziellen und nicht-finanziellen Ergebnisse, welche die Umsetzung der Strategie einer Organisation aufzeigen können. Nicht-finanzielle Messgröße für die Messung des Organisationserfolges ist z. B. der Bekanntheitsgrad des Unternehmens. Die Messergebnisse in dem festzulegenden Set sowie die Ziele müssen dazu definiert und mit den Interessengruppen, die einen Einfluss auf die Mission der Organisation sowie ein berechtigtes Interesse an ihr haben, abgestimmt werden.

9b) Bei den Schlüsselleistungsindikatoren handelt es sich um die operativen Leistungen der Organisation, die anhand von Schlüsselleistungsindikatoren gemessen werden müssen, z. B. durch Finanzkennzahlen, Projektkosten, Lieferantenleistungen, Technologieeinsatz sowie Nutzen von Informationen und Wissen.

8.1.3 Qualitätspreise für herausragende Leistungen - TQM

Das Beurteilungsverfahren und Bewertungsverfahren auf dem Gebiet des TQM erfolgt in englischer Sprache nach einem bestimmten Bewertungsverfahren, z. B. durch die EFQM (s. Bewerbungsbroschüre vom EFQM) für dauerhaft herausragende Leistungen und Ergebnisse sowie mit einem Vergleich der besten Organisationen. Der europäische Qualitätspreis wurde durch die European Foundation for Quality Management (EFQM) in Zusammenarbeit mit der European Organization for Quality (EOQ) sowie der Kommission der Europäischen Gemeinschaft entwickelt. Die Qualitätsauszeichnung wird seit 2006 als **»EFQM Excellence Award«** (EEA) genannt (vormals: European Quality Award - EQA) und an diejenigen Organisationen verliehen, die sich auf dem Themengebiet des TQM ganz besonders verdient gemacht haben (vgl. Kamiske, Brauer, 2011).

Die europäische Qualitätsauszeichnung wurde im Jahr 1992 erstmals für hervorragende Leistungen durch die EFQM verliehen. Zu allen Unterkriterien muss bei Bewertung oder bei einer Beteiligung eines Qualitätspreises bei dem »EFQM Excellence Award« eine Beantwortung vorgenommen worden sein, welche Maßnahmen (TQM-Praktik) entwickelt und nachhaltig mit Erfolg umgesetzt worden sind und welche herausragenden Ergebnisse im Sinne der »Wettbewerbs-Effektivität« dabei erzielt wurden. Die Jury der EFQM wählt aus den Bewerbern (nach vorherigem Besuch im Unternehmen durch Assessoren) eine Gruppe von Finalisten aus. Bei Vergabe vieler Qualitätspreise bildet häufig das EFQM-Modell die Grundlagen. Aber, nicht der Preis, sondern der Weg ist das Ziel dieser grundlegenden Analysen im Bewerbungsverfahren um einen Qualitätspreis.

Die Vorstufe des »EFQM-Excellence-Award« ist der deutsche **»Ludwig-Erhard-Preis«** (LEP). Er wurde als ein deutscher Qualitätspreis nach dem deutschen Wirtschaftsminister und Bundeskanzler Ludwig Erhard (1897–1977) benannt.

Neben den europäischen Ländern werden in zahlreichen anderen Ländern, wie z. B. Japan oder den Vereinigten Staaten von Amerika ebenso seit Jahren Qualitätspreise und Qualitätsauszeichnungen für ausgezeichnete Leistung auf dem Gebiet des Qualitätsmanagements verliehen.

Die bekanntesten und wichtigsten Qualitätspreise (European Excellence Awards) nach dem TQM-Konzept sind:

- EFQM-Excellence-Award (EEA)
- Ludwig Erhard Preis (LEP)
- Deming Prize (TQC – Modell)
- Malcolm Baldrige National Quality Award (MBNQA)

Der Deming-Preis (Japan), mit dem Namen »Total Quality Control-Modell« (TQC-Modell – 1951) ist bei den Qualitätspreisen die älteste Auszeichnung für Organisationen. Der Qualitätspreis wurde erstmalig im Jahr 1951 von der »Japanese Union of Scientists and Engineers« (JUSE) verliehen und wurde durch die Verdienste um die japanische Wirtschaft nach W. Edwards Deming benannt.

Der amerikanische Malcolm Baldrige National Quality Award (MBNQA-Model) wurde 1987 vom US-amerikanischen Kongress zur Verbesserung der Wettbewerbsfähigkeit der Wirtschaft durch ein Gesetz geschaffen. Durch die politische Auszeichnung wurde dieser Award nach dem Handelsminister Malcolm Baldrige, benannt. Die Preisverleihung erfolgt seit 1988 jährlich durch den Präsidenten der USA, wodurch das hohe Ansehen dieser Auszeichnung unterstrichen wird (vgl. Kamiske; Brauer, 2011).

Losgelöst von den Qualitätspreisen und den Qualitätsauszeichnungen (Excellence Awards und/oder German Awards for Excellence durch die DQS) mit dem Schwerpunkt der Nachhaltigkeit sollte grundsätzlich jede Organisation und somit jede ambulante, teil- und vollstationäre Pflegeeinrichtung danach streben, bestmögliche Leistungen für die hilfe- und pflegebedürftigen Menschen zu erzielen. Dabei sollte es ein Ansporn sein, diesen »Quality Leaders« oder »Quality Leadership« als Vorbilder annähernd gleichzutun. Viele Pflege- und Betreuungsmitarbeiter in der Versorgungslandschaft des Gesundheits- und Pflegewesens leisten tagtäglich hervorragende Arbeit und manchmal sind es die Bewohner und die Pflegekunden oder ihre Angehörigen als auch deren Betreuer, die einer Fachkraft oder einem engagierten Mitarbeiter eine »Auszeichnung« für ein professionelles Tun, Handeln und Verhalten in den unterschiedlichen Pflege- und Betreuungssettings verleihen.

EAC-Branchenschlüssel

Nr.	Branche
1.	Land und Forstwirtschaft, Fischerei und Fischzucht
2.	Bergbau und Gewinnung von Steinen und Erden
3.	Ernährungsgewerbe und Tabakverarbeitung
4.	Textil- und Bekleidungsgewerbe
5.	Ledergewerbe
6.	Holzgewerbe
7.	Papiergewerbe
8.	Verlagsgewerbe
9.	Druckgewerbe, Vervielfältigung von bespielten Trägern
10.	Kokerei und Mineralölverarbeitung
11.	Herstellung und Verarbeitung von Spalt- und Brutstoffen
12.	Chemische Industrie
13.	Herstellung von pharmazeutischen Erzeugnissen
14.	Herstellung von Gummi- und Kunststoffwaren
15.	Glasgewerbe, Keramik, Verarbeitung von Steinen und Erden
16.	Herstellung von Zement, Kalk, Gips und Erzeugnissen aus Beton, Kalk und Gips
17.	Metallerzeugung und -bearbeitung, Herstellung von Metallerzeugnissen
18.	Maschinenbau
19.	Herstellung von Büromaschinen, Datenverarbeitungsgeräten und -einrichtungen; Elektrotechnik; Feinmechanik; Optik

Nr.	Branche
20.	Schiffbau
21.	Luft- und Raumfahrzeugbau
22.	Anderer Fahrzeugbau (Kraftwagen, Schienenfahrzeuge, Krafträder, Fahrräder)
23.	Herstellung von Möbeln, Schmuck, Musikinstrumenten, Sportgeräten, Spielwaren und sonstigen Erzeugnissen
24.	Rückgewinnung, Recycling
25.	Elektrizitätsversorgung
26.	Gasversorgung
27.	Wasserversorgung, Fernwärmeversorgung
28.	Baugewerbe
29.	Baugewerbe
30.	Gastgewerbe
31.	Verkehr und Nachrichtenübermittlung
32.	Kredit- und Versicherungsgewerbe, Grundstücks- und Wohnwesen, Vermietung beweglicher Sachen (ohne Bedienungspersonal)
33.	Datenverarbeitung, Informationstechnik
34.	Forschung und Entwicklung, Architektur- und Ingenieurbüros
35.	Erbringung von Dienstleistungen für Unternehmen
36.	Öffentliche Verwaltung, Verteidigung, Sozialversicherung
37.	Erziehung und Unterricht
38.	Gesundheits-, Veterinär- und Sozialwesen
39.	Erbringung von sonstigen öffentlichen und persönlichen Dienstleistungen

Glossar

Abweichungen Nichterfüllung einer Anforderung (Nichtkonformität).

Akkreditierung Beglaubigung, Zulassung, Anerkennung von Zertifizierungsstellen, die Managementsysteme zertifizieren.

Anforderung Ist ein Anspruch (Spezifikation), der unter normalen Umständen vorausgesetzt werden kann, d. h. eine Forderung an eine bestimmte Leistung die von einer Einrichtung erfüllt werden muss (gesetzliche, behördliche, normative oder vertragliche Anforderungen); »Erfordernis oder Erwartung, das oder die festgelegt, üblicherweise vorausgesetzt oder verpflichtend ist« (ISO 9000:2015).

Arbeitsanweisung Anweisung, die detailliert und für den Anwender verbindlich und verpflichtend be- und vorschreibt, wann, wo und auf welche Art eine Tätigkeit und durch welche Personen eine Arbeit auszuführen ist.

Arbeitsschutz Ein Kernpunkt der Prävention ist die Arbeitssicherheit. Die Berufsgenossenschaften räumen der Gewährleistung von Sicherheit und Gesundheit im Betrieb höchsten Stellenwert ein. In verbindlichen Berufsgenossenschaftlichen Vorschriften und Regelwerke geben sie vor, welche Maßnahmen für Sicherheit und Gesundheit bei der Arbeit Unternehmer und Versicherte zu beachten haben. Dabei werden nach dem T-O-P-Modell die **t**echnischen, **o**rganisatorischen und **p**ersonenbezogene Schutzmaßnahmen zugeordnet.

Arbeitsschutzausschuss Der Arbeitsschutzausschuss (ASA) nach dem Arbeitssicherheitsgesetz (gem. § 11 ASiG) hat die Aufgabe vierteljährlich die Anliegen des Arbeitsschutzes und der Unfallverhütung zu beraten. Ein Arbeitsschutzausschuss ist in Betrieben mit mehr als 20 Beschäftigten zu bilden.

Arbeitsschutzgesetz Gesetz über die Durchführung von Maßnahmen des Arbeitsschutzes zur Verbesserung der Sicherheit und des Gesundheitsschutzes der Beschäftigten bei der Arbeit.

Assessment Bewertung bzw. Einschätzung, z. B. Assessmentinstrumente in der Pflege, z. B. Pflegerische Erfassung von Mangelernährung und deren Ursachen (PEMU).

Audit Überprüfung einer Wirksamkeit. Ein Audit ist ein systematischer, unabhängiger und dokumentierter Prozess. Ziel eines Audits ist es, objektive Nachweise zu erhalten, um festzustellen, inwieweit die Wirksamkeit und Verwirklichung eines QM-Systems erreicht wurde (Soll-Ist-Vergleich). Durch ein Audit soll eine Normenkonformität anhand von Auditkriterien (Normanforderungen) festgestellt werden (Übereinstimmung mit Anforderungen).

Auditpartner Akkreditierte Zertifizierungsgesellschaft, mit der gemeinsam ein Audit (z. B. kombiniertes Audit) durchgeführt wird.

Aufzeichnung Nachweis auf Papier oder in elektronischer Form über die Ausführung oder die erzielten Ergebnisse von Tätigkeiten (Dokumentierte Informationen).

Australian Refined Diagnosis Related Groups Australian Refined Diagnosis Related Groups wurden als Grundlage für die Entwicklung eines deutschen G-DRG-Systems ausgewählt, wonach durch das DRG-System ein pauschalisiertes Entgeltsystem (Fallpauschalensystem) für Krankenhäuser in Deutschland zum Einsatz kommen wird (ab 2004 fallbezogene Veränderung des Abrechnungswesens).

Baumdiagramm Mithilfe des Baumdiagramms werden Themen, Aufgaben oder Prozesse in verschiedene Detaillierungsstufen gegliedert, wobei Zusammenhänge und Verbindungen zwischen den einzelnen Ebenen aufgezeigt werden können.

Beauftragte für Medizinproduktesicherheit Beauftragter einer Einrichtung sind verantwortlich für die Einweisung und den fach- und sachgerechten Umgang mit medizintechnischen Geräten, um mögliche Fehler durch Fehlbedienung oder am Medizinprodukt (Gerät) auszuschließen. Der Betreiber hat einen Beauftragten für Medizinproduktesicherheit (§ 6 MPBetreibV) zu benennen und eine Funktions-E-Mail-Adresse des Beauftragten für die Medizinproduktesicherheit einzurichten und auf der Homepage zu veröffentlichen.

Berater (»QM-Trainer«) Ratgeber; jemand der berufsmäßig auf seinem Fachgebiet professionellen Rat und praktische Tipps über Neuerungen als »Trainer« gibt, z. B. beim Aufbau und der Einführung eines Qualitätsmanagementsystems, Maßnahmen zur internen Qualitätssicherung und Initiierung von Qualitätsverbesserungsprojekten als »QM-Trainer« (Fachinhaltliche Beratung und Schulung).

Betriebliche Gesundheitsförderung Maßnahmen einer Einrichtung, die Gesundheit der Mitarbeiter und deren Gesundheitskompetenzen durch Maßnahmen zu verbessern, um die Arbeitsfähigkeit und Wohlbefinden am Arbeitsplatz zu erhalten.

Betriebsanweisung Die Erstellung von Betriebsanweisungen als eine Anweisung ist die Pflicht einer Einrichtung zur Gewährleistung der Sicherheit und des Gesundheitsschutzes am Arbeitsplatz. Betriebsanweisungen sind gefahrstoffbezogene, arbeitsplatz- oder tätigkeitsspezifische Anweisungen, die alle sicherheitstechnischen Anforderungen berücksichtigen sollen, um Unfälle und Gesundheitsrisiken zu vermeiden. Häufig wird eine Betriebsanweisung nach einer durchgeführten Gefährdungsbeurteilung oder bei der Einführung von neuen Produkten gem. § 14 GefStoffV (Gefahrstoffverordnung) oder Geräten gem. § 12 BetrSichV (Betriebssicherheitsverordnung) im Betrieb erstellt.

Betriebsmanagement *Oftmals:* Synonym für Qualitätsmanagement, indem es darum geht, eine Organisation (Einrichtung) zu »Lenken« und zu »Leiten.« Interne Regelungen, Strukturen und Verfahren sind durch die operative Ebene vorzugeben und zu schaffen (Aufbau- und Ablauforganisation).

Bezugspflege bzw. »Bezugs-orientierte« Pflege Eine bestimmte Anzahl von Pflegekräften betreut in einer Pflegeeinrichtung täglich in der Arbeitszeit eine festgelegte Gruppe von hilfe- und pflegebedürftigen Menschen.

BG-Vorschriften Unfallverhütungsvorschriften, z. B. DGUV Vorschrift 1 »Grundsätze der Prävention« im Sinne des SGB VII (Siebtes Sozialgesetzbuch – Gesetzliche Unfallversicherung)

Blindleistungen Sind Aktivitäten, die ungeplant sind und nicht zur Wertsteigerung beitragen und somit überflüssig sind, wie z. B. nutzlose Arbeiten durch ungenaue Aufgabenstellung, Fehler durch Unkenntnisse, nachträgliche Rückfragen, Nacherklärungen, Doppelarbeiten durch mangelhafte Koordination und organisatorische Schwachstellen, Reibungsverluste, unvorhergesehene Problemfälle, ungeplante und ungleichmäßige Auslastungen usw.

Datenauswertungsstelle (DAS) Versorgungsdaten der vollstationären Pflegeeinrichtungen werden verschlüsselt an die Datenauswertungsstelle (DAS) gesendet, ausgewertet (berechnet) und nach der Qualitätsdarstellungsvereinbarung für die stationäre Pflege (QDVS) vom 19.03.2019 dargestellt.

Deduktive Analyse Vom Besonderen zum Allgemeinen (von oben nach unten: »Top-down«), d. h. von einem größeren Prozess zu einem kleineren Prozess. Bsp.: Schulung von Mitarbeiter – Schulungsbedarfsermittlung und Schulungsauswertung, d. h. Zerlegung von Prozessen in Teilprozesse, z. B. in Form eines Baumdiagramms.

Deutsche Akkreditierungs-stelle (DakkS) Die DAkkS ist die nationale Akkreditierungsstelle der Bundesrepublik Deutschland.

Dokumentierte Information Sammelbegriff der ISO 9001:2015 für Dokumente (oder das Medium in dem Informationen enthalten sind) verschiedener Art (Vorgabedokumente oder Nachweisdokumente) die gelenkt und aufrechterhalten werden müssen (vgl. ISO 9000:2015).

EOQ-Kriterien Economic Order Quantity: Kriterien, die in dem harmonisierten Programm der EOQ zur Registrierung und Zertifizierung von QM-Fachkräften, QM-Auditoren und Managementsystemen festgeschrieben sind.

Externe Kunden Bewohner, Patienten, Klienten, Menschen mit Behinderungen, Angehörige, Betreuer, Kooperationspartner, Gäste, Lieferanten (externe Anbieter), Behörden und Kostenträger etc. (abhängig von der Organisationsart) für die eine Dienstleistung erbracht bzw. bereitgestellt wird. Die externen Kunden haben an der Leistung oder am Erfolg einer Einrichtung (Organisation) ein Interesse und haben eine beeinflussende Wirkung.

Externer Anbieter »Lieferanten« werden nach der DIN EN ISO 9001:2015 umfassender betrachtet.

Fehlleistungen	Sind Aktivitäten, die aufgrund von Fehlern durchgeführt werden, wie z. B. Nacharbeit, Reklamationsbearbeitung und Korrekturmaßnahmen.
Frailty-Syndrom	Darunter wird eine Gebrechlichkeit mit Abbau von Muskelmasse und Abnahme der Muskelkraft (Sarkopenie) verstanden.
Gefährdung	Eine Eigenschaft, möglicherweise einen Schaden zu erleiden bzw. zu verursachen. Gefährdungen können bspw. biologisch, chemisch oder physikalisch sein.
Gefahrstoff-verordnung	Regelt den Umgang mit gasförmigen, flüssigen oder festen Gefahrstoffen.
Goldstandard	Treffsicherste verfügbare Methode oder Verfahren mit der z. B. eine neue Entwicklung oder eine Denkrichtung verglichen werden kann.
Gutachter	Sachverständiger, der ein Gutachten schriftlich erstellt.
Hazard Analysis Critical Control Points (HACCP)	System zur Ermittlung spezifischer Gefährdungen und vorbeugender Maßnahmen im Bereich der Lebensmittelhygiene (Lenkungspunkte).
High Level Structure	Einheitliche Grundstruktur (Gliederung und Aufbau) aller Managementsystemenormen, z. B. Umweltmanagementsysteme nach DIN ISO 14001:2015 etc.
Hygieneplanung	Die Infektionshygiene wird nach § 36 Abs. 1 des IfSG (Infektionsschutzgesetz) von Pflegeeinrichtungen und sonstigen Gemeinschaftseinrichtungen gesetzlich gefordert.
Hygieneschulung nach DIN 10514	Jährliche Schulung der Küchenmitarbeiter zur Lebensmittelhygiene – Hygieneschulung nach DIN 10514:2009.
Implementierung	Aufbau, Einführung, Aufrechterhaltung und Verwirklichung eines Qualitätsmanagementsystems; Neuerungen (auch Innovationen oder immaterielle Komponenten) werden in ein bestimmtes System oder in einem Prozess integriert (Implementierungspraxis) und fokussieren eine fortlaufende Verbesserung von bisherigen Vorgehensweisen oder Situationen.
Indikatoren	Anzeichen oder Merkmale (Leistungsindikatoren zur Prozesslenkung), z. B. durch eine Kennzahlensystematik (z. B. Krankenstände, Fluktuation, Anzahl der Verbesserungsvorschläge, Häufigkeit von Beschwerden in einem bestimmten Leistungsbereich etc.).
Interessierte Partei	Anspruchsgruppen (z. B. Kunden, Mitarbeiter, Kooperationspartner, Lieferanten etc.), die eine Entscheidung oder eine Tätigkeit beeinflussen können, die davon beeinflusst sein kann oder die sich davon beeinflusst fühlen kann (vgl. ISO 9000:2015).
Interne Kunde	Sind die Mitarbeiter in einer Organisation, die Leistungen (Arbeitskraft und Arbeitseinsatz) erbringen und am Erfolg einer Einrichtung ein Interesse haben (Arbeitsplatz, »Geld verdienen« etc.).

ISO/IEC 17021-1:2015	Allgemeine Anforderungen an Zertifizierungsstellen, die QM-Systeme begutachten und zertifizieren.
Kaoru Ishikawa	Japanischer Chemiker entwickelte viele QM-Werkzeuge (Methoden), wie z. B. das Ishikawa-Diagramm (Fischgrätendiagramm) bzw. »Ursache-Wirkungs-Diagramm«; QM-Methode als grafische Darstellung zur Identifikation von Ursachen und deren Wirkungszusammenhänge.
Klassifizierung	Einordnen, Einteilen und Untergliedern.
Kombiniertes Audit	Audit, das in einer einzelnen auditierten Organisation an zwei oder mehr Managementsystemen (Tandemzertifizierung) zusammen durchgeführt wird (vgl. ISO 9000:2015).
Kompetenz	Wissen und Fertigkeiten verstehen und anwenden, um ein Ziel oder Ergebnisse zu erreichen (Wissensmanagement).
Kritischer Kontrollpunkt (nach der HACCP auch als CCP bezeichnet)	Eine bestimmte Stelle oder ein Bereich, eine Stufe oder eine Vorgehensweise, bei der regulierend eingegriffen werden muss, um eine Gefährdung der Lebensmittelhygiene vorzubeugen.
Kunde	Ist ein Begriff aus der DIN EN ISO 9001 und bezieht sich auf alle interessierten Anspruchsgruppen einer Organisation, die ein Produkt oder eine Dienstleistung erhalten können.
Kundenzufriedenheit	Wahrnehmung des Kunden (bezogen auf die Produkte und Dienstleistungen) zu dem Grad, in dem die Erwartungen des Kunden erfüllt und durch fortlaufende Verbesserungen übertroffen werden können (vgl. ISO 9000:2015).
Längsschnittuntersuchungen	Repräsentative Stichproben (Datenerhebungen, z. B. eine Befragung) und eine wissenschaftliche Methode, mit mehreren Zeitpunkten (Wiederholungs- bzw. Langzeitstudie).
Lastenheft	Anforderungen des Auftraggebers – bezogen auf die Umsetzung eines Projektauftrages zum Erreichen von beabsichtigten Prozess- oder Projektzielen.
Leitlinien	Sind wissenschaftlich begründete und praxisorientierte Entscheidungshilfen, z. B. für ärztliche Vorgehensweisen oder bei speziellen gesundheitlichen Problemen (vgl. dnebm-glossar, 2011: 28).
Malcolm Baldrige National Quality Award	Ist seit 1987 die wichtigste staatlich geförderte und gesetzlich verankerte Fördermaßnahme des »United States Department of Commerce« und des »National Institute of Standards and Technology«. Hier handelt es sich, um einen amerikanischen Qualitätspreis der einmal jährlich durch den Präsidenten der USA an den Gewinner verliehen wird.
Managementsystem	Managementsystem (es können verschiedene Managementsysteme bestehen) ist ein System, um »Politiken, Ziele und Prozesse zum Erreichen dieser Ziele festzulegen« (ISO 9000:2015).

Managen	Leitung und Steuerung, zustande bringen, geschickt zu bewerkstelligen und zu organisieren.
Manual	Handbuch (»Betriebsanleitung«) beispielsweise zur Anleitung und Umsetzung des Qualitätsmanagementsystems.
MDK-Reformgesetz	Gesetz für besondere und unabhängige Prüfungen (Entwurfsfassung 08/2019); demnach sollen die Medizinischen Dienste der Krankenversicherungen (MDK) künftig keine Arbeitsgemeinschaften der Krankenkassen mehr darstellen, sondern sie sollen als eigenständige Körperschaft des öffentlichen Rechts einheitlich unter der Bezeichnung »Medizinischer Dienst« (MD) geführt werden.
Medical Device Regulation (MDR)	Die neue europäische EU-Medizinprodukteverordnung 2017/745 (Medical Device Regulation – kurz: MDR) ersetzt die bestehenden Medizinprodukte-Richtlinien (Medical Device Directive – kurz: MDD).
Medizinprodukte	Die Medizinprodukte werden im Sinne der Richtlinie als Medical Device (MD=Geräte) bezeichnet. Für Medizinprodukte ist u. a. die CE-Kennzeichnung die Voraussetzung für den Marktzugang.
Medizinprodukte-Betreiber-verordnung (MPBetreibV)	Die Anforderungen an die Herstellung und Vertrieb von Medizinprodukten wurde in einem eigenständigen Gesetz zusammengefasst. Die MPBetreibV findet Anwendung auf alle Arten von Medizinprodukte, die gewerblichen bzw. wirtschaftlichen Zwecken dienen.
Multiplikator(en)	Werden Personen bezeichnet, die ein spezifisches Wissen oder Informationen in der Organisation zielgerichtet verbreiten, sodass sich »Zusatzwissen« und »Know-how« für die Organisationsentwicklung vermehren, ausbreiten, verdichten oder entwickeln kann.
Nachaudit	Wiederholte Überprüfung und Bewertung der Einführung, Anwendung und Wirksamkeit der Prozesse mit kritischen Abweichungen im Vergleich zu den geforderten Qualitätsanforderungen der DIN EN ISO 9001:2015 oder anderen Qualitätsnormen.
Nachweis-dokumente	Aufzeichnungen in Form von Beurteilungen und Berichten (dokumentierte Informationen).
Oberste Leitung	Unternehmensleitung, Eigentümer, Träger, Geschäftsleitung oder der Vorstand sowie die operativ leitenden Personen auf der obersten Ebene einer Organisation.
Organisation	Betrieb, Gesellschaft und Körperschaft . Hier: Ambulante, teil- und vollstationäre Pflegeeinrichtungen sowie Einrichtungen der Behindertenhilfe etc. die Dienstleistungen anbieten, erbringen und bereitstellen.
Organisations-handbuch (QM-H)	Beschreibt die Spezifikationen eines Managementsystems bzw. die Realisierung bestimmter Managementanforderungen (z. B. nach § 113 SGB XI oder/und der DIN EN ISO 9001: 2015) und wird synonym auch für ein »Qualitätsmanagement-Handbuch« (Manual) verwendet.

Pflichtenheft	Konkrete Realisierbarkeit eines Projektauftrages und wird durch den Auftragnehmer im Rahmen eines Projektmanagements erarbeitet (z. B. die detaillierte Erstellung eines Projekt- und Maßnahmenplans mit Nennung von Meilensteinen, Projektrisiken etc.).
Projekt	Bei einem Projekt werden Anfangs- und Endzeiten vorher durch die verantwortliche Projektleitung im Einvernehmen mit dem Auftraggeber verbindlich festgelegt. Die Projektphasen werden in der Regel nur ein einziges Mal durchlaufen, »um unter Berücksichtigung von Beschränkungen bezüglich Zeit, Kosten und Ressourcen ein Ziel zu erreichen, das spezifische Anforderungen erfüllt« (ISO 9000:2015).
Projektmanagement	Sammelbegriff für überwachende, planende, koordinierende, berichtende als auch steuernde Maßnahmen in einem Projekt mit zeitlicher Begrenzung »und die Motivation aller Beteiligten, die Ziele des Projekts zu erreichen« (ISO 9000:2015).
Prozessbeteiligte	Mitarbeiter in einem Fachbereich (Arbeitsbereich), z. B. Pflegemitarbeiter im Pflegedienst oder Mitarbeiter aus der Hauswirtschaft etc.
Prozesse	Abfolge aller, in der Regel miteinander in Wechselwirkung stehende Abläufe, Tätigkeiten und eingesetzten Mittel, die Eingaben in angestrebte Ergebnisse überführen. Ein Prozess entwickelt sich aus den internen und externen Themen sowie Rahmenbedingungen und muss zur fortlaufenden Verbesserung gemessen werden (Input – Throughput – Output).
Prozesseigentümer oder -verantwortliche (auch Prozesseigner genannt)	Sind planend und steuernd als Fach- und Führungskräfte für einen Fachbereich/Arbeitsbereich verantwortlich.
Prüfstatus	Ist der Prüfzustand eines Produktes oder einer Dienstleistung und muss schriftlich festgehalten werden (Kennzeichnungsmittel, z. B. Belege zur Freigabe oder Sperrung).
QM-Auditor	Anhören, Anhörung (im Gespräch), Zuhörerschaft; Auditor ist eine Person, die ein Audit (z. B. Zertifizierungsaudit eines QM-Systems) in einer Einrichtung durchführt (Anforderungen gem. DIN EN ISO 19011:2018)
QM-Beauftragte (QM-B.) oder synonym: ***QM-Verantwortliche (QM-V.)***	Jemand der einen bestimmten Auftrag hat; hier: ist als Unterstützung der obersten Leitung mitverantwortlich für die Aufrechterhaltung und Verwirklichung eines QM-Systems und berichtet der obersten Leitung über die Kundenzufriedenheit oder über den Erfolg von eingeleiteten Verbesserungsmaßnahmen etc.

QM-Verfahrens-anweisung Prozessbeschreibungen oder Prozessketten bzw. Ablaufbeschreibungen werden als »QM-Verfahrensanweisung« (QM-VA) bezeichnet (Flowchart). Verfahrensanweisungen enthalten verbindliche Anweisungen zur Durchführung abgegrenzter Verfahren, Prozesse, Abläufe und Festlegungen, was, wann, wo, wie, durch wen und unter Einsatz welcher Materialien oder Methoden; QM-VA werden als grafische Darstellung von Prozessen und deren Abläufen eingesetzt.

qu.int.as-Beauftragte Managementbeauftragte für den Arbeitsschutz. Hat die Aufgabe die Maßnahmen zu Einführung, Aufrechterhaltung und Verbesserung des qu.int.as-Systems zum Arbeitsschutz (MAAS-BGW) zu steuern und zu koordinieren und die oberste Leitung über das Funktionieren des qu.int.as-System in der Einrichtung fortlaufend zu berichten.

Qualität »Grad, in dem ein Satz inhärenter Merkmale eines Objekts Anforderungen erfüllt« (ISO 9000:2015).

Qualitäts-indikatoren Festgelegte Kriterien und Sachverhalte, mit deren Hilfe die objektive Wirksamkeit (z. B. Versorgungsergebnisse) von Anforderungen kontinuierlich erfasst, dokumentiert und dargestellt werden kann (s. QDVS, 2019).

Qualitätsmanagement (QM) Aufeinander abgestimmte Tätigkeiten zum Leiten und Lenken einer Organisation bezüglich der Qualität (vgl. ISO 9000:2015).

Qualitäts-management-Handbuch Darlegung und Beschreibung der Umsetzung der Anforderungen eines bestimmten Managementsystems. Es kann auch als Organisationshandbuch oder als »Manual« bezeichnet werden.

Qualitätsmanagementsystem (QMS bzw. QM-System) Managementsystem oder auch Betriebsmanagement in einer Einrichtung (einrichtungs- bzw. auch betriebsintern) genannt.

Qualitätssicherung Teil des Qualitätsmanagements, der auf das Erzeugen von Vertrauen darauf ausgerichtet ist, dass Qualitätsanforderungen erfüllt werden (vgl. ISO 9000:2015; MuG, 2018a, S. 14 f.).

Qualitäts-verbesserung »Teil des Qualitätsmanagements, der auf die Erhöhung der Eignung zur Erfüllung der Qualitätsanforderungen gerichtet ist« (ISO 9000:2015).

Quality-Tools Werkzeuge, Techniken, Verfahren, Instrumente und Methoden des Qualitätsmanagements und zur intern gesteuerten Qualitätssicherung.

Querschnitts-untersuchungen Repräsentative Stichproben (Datenerhebungen, z. B. eine Befragung) und eine wissenschaftliche Methode, die sich auf einen bestimmten Erhebungszeitpunkt bezieht, z. B. eine Umfrage zu einem festgelegten Thema und zu einem bestimmten Zeitpunkt.

Ranking Ist eine Rangordnung, Rangfolge, Rangordnung (Gewichtung) oder auch Rangliste und Ergebnis einer Sortierung nach vergleichbaren Kriterien.

Risiko	Risiken vs. Chancen: »Auswirkung von Ungewissheit« (ISO 9000:2015)
Risikoanalyse	Risiken erkennen – bewerten und Maßnahmen planen zur Risikoabwehr (Betrachtung von Ursachen und Quellen der Risiken).
Risikobasiertes Denken	Grundlage des Qualitätsmanagementsystems zur Fehlervermeidung; QM-System nach der ISO 9001 haben grundsätzlich einen planenden und vorbeugenden Charakter und beinhaltet eine Leistungs- und Prozessfähigkeit; der Begriff »Vorbeugungsmaßnahmen« ist in den ISO-Anforderungen nach DIN EN ISO 9001:2015 verschwunden.
Scope	Geltungs- bzw. Anwendungsbereich, Wirtschaftsbranche und -zweig (EAC-Branchenschlüssel) für Zertifizierungsstellen von Bedeutung, da Zertifizierungsstellen für den jeweiligen Scope zugelassen sein müssen.
Screening	Ist eine Untersuchung symptomfreier Personen (zumeist Gesunder) zur Früherkennung von Krankheiten oder gesundheitlicher Probleme (vgl. vgl. dnebm-glossar, 2011: 50).
Sicherheits-beauftragte Person	Sicherheitsbeauftragte nach § 22 SGB VII in Verbindung mit § 20 DGUV Vorschrift 1 – Unfallverhütungsvorschrift »Grundsätze der Prävention«.
Sicherheits-fachkraft (Sifa)	Sicherheitsfachkraft (Sicherheitsmeister, Sicherheitstechniker, Sicherheitsingenieure) oder Fachkraft für Arbeitssicherheit (FaSi) gem. § 5 ASiG. Typische Aufgaben der Sicherheitsfachkräfte (Sifa) durch den Auftraggeber (Betrieb) sind: Gefährdungsbeurteilungen (GBU) und Gefahrenquellen identifizieren, Risiken beurteilen, Arbeitsschutzmaßnahmen entwickeln und die Wirksamkeit getroffener Vorkehrungen überprüfen.
Spezifikation	Festgelegte Anforderungen, z. B. durch die Kunden, rechtliche, gesetzliche, normative, vertragliche Anforderungen, Standards oder Verfahrensanweisungen die von einer Einrichtung in jedem Fall zu erfüllen sind.
Stabstellen-funktion	Eine Organisations- oder Funktionseinheit, die der Führungsebene (Unternehmensleitung) angeordnet ist und bestimmte operative Aufgaben wahrnimmt.
Stakeholder	Interessenvertreter bzw. Akteure (Aktivisten oder Personengruppen) – können positiv oder auch bremsend auf eine Organisation wirken, z. B. niedergelassene Haus- und Fachärzte, externes Wundmanagement, SAPV, Betreuungsverein, Kooperationspartner und -netzwerke etc.
Stakeholder-analyse	Interessengruppen einer Organisation wird auch als Kontext- oder Umfeldanalyse bezeichnet und beinhaltet die frühzeitige Betrachtung des Umfelds, um wichtige Aspekte (externe Themen) im Rahmen der Organisationsentwicklung und des QM-Systems berücksichtigen zu können.

Standard	Beschreibt ein dokumentiertes einheitliches Verfahren, Anforderungen oder Spezifikationen auf welche Art und Weise, z. B. Dienstleitungen verbindlich durchzuführen sind.
SWOT-Analyse	Strenghts – (Stärken) – Weaknesses (Schwächen) – Opportunities (Chancen) – Threats (Risiken): Methode zur strategischen Planung (Standortbestimmung – Strategieentwicklung: »Wo soll die Reise in der Zukunft hingehen?«).
Tandem-zertifizierung	Ist eine Zertifizierung eines Qualitätsmanagementsystems hintereinander, d. h. nach den branchen-, verbands-, träger- oder pflegespezifischen Anforderungen (kombiniertes Audit).
Technische Regeln für Gefahrstoffe	Die Technischen Regeln für Gefahrstoffe (TRGS) geben den Stand der sicherheitstechnischen, arbeitsmedizinischen, hygienischen sowie arbeitswissenschaftlichen Anforderungen an Gefahrstoffe hinsichtlich Inverkehrbringens und den Umgang wieder.
Teilstationäre Pflegeeinrichtung	Einrichtungen der Tages- oder Nachtpflege (zeitweise Betreuung im Tagesverlauf einer Einrichtung).
TQM-Auditor/in® bzw. QM-Auditor/in®	Ein TQM-Auditor® arbeitet im direkten Auftrag der obersten Leitung und berichtet dem Führungskreis. Er ist kompetenter Ansprechpartner in allen Fragen der ISO 9000 und der Zertifizierung von Qualitätsmanagementsystemen (Auditor), aktiviert und überprüft den fortlaufenden Verbesserungsprozess in der Aufbau- und Ablauforganisation, stabilisiert die Integration des Qualitätsmanagements und sichert gemeinsam mit der obersten Leitung die Zertifizierbarkeit einer Einrichtung.
TQM-Beauftragter® auch QM-Beauftragter genannt	Eine TQM-Beauftragte® verfügt über praktische Erfahrung im Qualitätsmanagement und besitzt das »Know-how«, um Qualitätsmanagementsysteme auf Basis der ISO 9000-Normenfamilie individuell zu gestalten und im Sinne der fortlaufenden Verbesserung weiterzuentwickeln.
Überprüfung	Nicht fortlaufende (kontinuierliche) Kontrolle eines Gegenstandes, Zustandes oder Prozesses, die anhand von Prüfparametern zu festgesetzten und geplanten Fristen oder Anlass bezogen erfolgt und zu einer Momentaufnahme der Situation am geprüften Gegenstand oder Zustand führt mit einer dokumentierten Ergebnismeldung (z. B. Prüfbericht).
Überwachung	Ständige (fortlaufende) oder in kurzen zeitlichen Abständen sich wiederholende Kontrolle eines Gegenstandes oder Zustandes. Ergebnisse der Überwachung werden in festgesetzten Zeitabständen und beim Erkennen von Abweichungen selbsttätig ausgegeben.

Überwachungs-audit Stichprobenartige Überprüfung der Anwendung und Wirksamkeit (Aufrechterhaltung und Weiterentwicklung) des Managementsystems nach Zertifikatserteilung in Teilbereichen der Einrichtung. Erfolgt jährlich in einer zertifizierten Organisation bis zum Wiederholungsaudit im dritten Jahr.

Umfeldanalyse Betrachtung der beeinflussenden Faktoren (Standortbestimmung) im Umfeld eines Projektes damit u.a. die Projektziele auch erreicht werden können oder neu ausgerichtet werden können (Strategieplanung).

Validierung (von validus (lat.) gültig) Gebrauch des Produkts bzw. Erbringen der Leistung unter Einsatz- bzw. Anwenderbedingungen (»Probelauf«) und Bewerten der Erfüllung der bestehenden Anforderungen (Gültigkeit).

Verbund-zertifizierung Verbund- bzw. Gruppenzertifizierung (s. Matrixzertifizierung) werden angewandt auf Organisationen mit mehreren gleichartigen Einrichtungen oder Unternehmen mit Niederlassungen mit reinen Außenstellenfunktionen, d. h. mit Anwendung des Stichprobenverfahrens. Das Hauptzertifikat erhält das Gesamtunternehmen (Zentral- oder Geschäftsstelle); Unterzertifikate werden durch die Zertifizierungsstelle für die Niederlassungen erteilt.

Verfahren Festgelegte Art und Weise, eine Tätigkeit oder einen Prozess auszuführen (vgl. ISO 9000:2015).

Verifizierung Vergleichen und Überprüfung der Ergebnisse mit den Vorgaben (Bewahrheiten von »Etwas«).

Verifizierung (von verus (lat.) wahr) Dokumentierte Überprüfung, ob festgelegte Anforderungen erfüllt sind.

Vertretungsberechtigte Person Wird die Person einer vollstationären Pflegeeirichtung bezeichnet, die befugt ist, gegenüber der Datenauswertungsstelle (DAS) rechtsverbindliche Angaben zu machen. Freigabe der Versorgungsdaten der Pflegeeinrichtung zum Zwecke der Auswertung durch die DAS und Kommentierung der berechneten Versorgungsergebnisse der Pflegeeinrichtung.

Verwandtschafts-diagramm Durch das Verwandtschaftsdiagramm werden eine große Anzahl Ideen, Ansichten oder Meinungen zu einem vorgegebenen Thema wenigen Gruppen zugeordnet (Systematisierung).

Voraudit Freiwillige, stichprobenartige Überprüfung und Bewertung der Einführung, Anwendung und Wirksamkeit des Managementsystems auf Basis der vereinbarten Nachweisstufe (Qualitätsanforderungen) mit verkürzter Auditdauer zur Vorbereitung auf das Zertifizierungsaudit.

Vorgabe-dokumente Sind Dokumente, die dem Mitarbeiter (oder dem Anwender) wichtige dokumentierte Informationen vermitteln. Vorgabedokumente werden in der Regel nur in längeren Zeitabschnitten (bei Bedarf) geändert und können beispielsweise Checklisten, Standards oder Formulare etc. sein

Wertschöpfungsprozess Gesamttätigkeiten der Organisationen (Kernprozess), die Unternehmensergebnisse und geldwirtschaftliche Ziele sowie die Qualität positiv beeinflussen.

Zertifikat Zeugnis über eine abgelegte Prüfung (Bescheinigung oder Beglaubigung).

Zertifizierung Beglaubigung oder Bescheinigung durch ein unabhängiges Verfahren (z. B. ein erfolgreiches Zertifizierungsaudit) durch eine unabhängige Zertifizierungsstelle (»ein Etappenziel«) welches bescheinigt, dass bestimmte Anforderungen durch die Organisation nachgewiesen wurden. Das ISO-Zertifikat für Qualitätsmanagement ist in der Regel auf drei Jahre zeitlich begrenzt.

Zertifizierungsaudit Stichweise Überprüfung und Bewertung der Einführung, Anwendung und Wirksamkeit des gesamten Managementsystems auf Basis der vereinbarten Nachweisstufe (Qualitätsanforderungen) in einer Einrichtung.

Zertifizierungsstelle Akkreditierte Zertifizierungsstelle für Qualitätsmanagementsysteme nach DIN EN ISO/IEC 17020 – Anforderungen an Stellen, die Managementsysteme auditieren und zertifizieren

Abkürzungsverzeichnis

AA	Arbeitsanweisungen
AAL	Ambient Assisted Living
AEDL	Aktivitäten und existentiellen Erfahrungen des Lebens
AG ZMB	Arbeitsgemeinschaft Zahnmedizin für Menschen mit Behinderung oder besonderen medizinischen Unterstützungsbedarf
AMS	Arbeitsschutzmanagementsystem
APH	Arbeitsgemeinschaft Privater Heime und Ambulanter Dienste Bundesverband e. V.
aQua	Institut für angewandte Qualitätsförderung und Forschung im Gesundheitswesen
ArbMedVV	Verordnung zur arbeitsmedizinischen Vorsorge
ArbSchG	Arbeitsschutzgesetz
ArbStättV	Arbeitsstättenverordnung
AS	Arbeitsschutz
ASA	Arbeitsschutzausschuss
ASiG	Arbeitssicherheitsgesetz
ASR	Arbeitsstätten-Richtlinien
ATS	Antithrombosestrümpfe
BAGFW	Bundesarbeitsgemeinschaft der Freien Wohlfahrtspflege e. V.
BAnz	Bundesanzeiger
BASE	Berliner Altersstudie
BAuA	Bundesanstalt für Arbeitsschutz und Arbeitsmedizin
bDSB	Betrieblicher Datenschutzbeauftragter
BDSG	Bundesdatenschutzgesetz
BetrSichV	Betriebssicherheitsverordnung
BGB	Bürgerliches Gesetzbuch
BGM	Betriebliches Gesundheitsmanagement
BGR	Berufsgenossenschaftliche Regeln für Sicherheit und Gesundheit bei der Arbeit
BGW	Berufsgenossenschaft für Gesundheitsdienst und Wohlfahrtspflege
BI	Begutachtungsinstrument
BioStoffV	Biostoffverordnung
BMAS	Bundesministerium für Arbeit und Soziales

BMFSFJ	Bundesministerium für Familie, Senioren, Frauen und Jugend
BMG	Bundesministerium für Gesundheit
BMI	Body-Mass-Index
BMWi	Bundesministerium für Wirtschaft und Energie
bpa	Bundesverband privater Anbieter sozialer Dienste e. V.
BRi	Begutachtungs-Richtlinien zur Feststellung von Pflegebedürftigkeit
BS OHSA 18001:2007	Occupational Health and Safety Assessment Series (Zertifizierung von Arbeitsschutzmanagementsysteme)
BV	Bundesverband
BVG	Bundesverband Geriatrie e. V.
BZÄK	Bundeszahnärztekammer
CCP	Critical Control Points (Kritische Kontrollpunkte nach der HACCP im Lebensmittelbereich)
CEN	Comitée Europeen de Normalisation – Europäisches Komitee für Normung
CH	Checkliste
CWQC	Company Wide Quality Control
DakkS	Deutsche Akkreditierungsstelle
DAS	Datenauswertungsstelle
DBfK	Deutscher Berufsverband für Pflegeberufe e. V.
DCS	DatenClearingStelle
DEAS	Deutsche Alterssurvey
DEGEMED	Deutsche Gesellschaft für Medizinische Rehabilitation e. V.
DGAZ	Deutsche Gesellschaft für AlterszahnMedizin e. V.
DGUV	Deutsche Gesetzliche Unfallversicherung
DGUV Vorschrift 1	Deutsche Gesetzliche Unfallversicherung »Grundsätze der Prävention«
DGUV Vorschrift 2	Deutsche Gesetzliche Unfallversicherung »Betriebsärzte und Fachkräfte für Arbeitssicherheit«
DGUV Vorschrift 3	Deutsche Gesetzliche Unfallversicherung »Elektrische Anlagen und Betriebsmittel«
DIN	Deutsches Institut für Normung e. V.
DIN EN ISO	DIN=Deutsches Institut für Normung – EN=Europäische Norm – ISO=International Organization of Standardization
DIN 69901-1: 2009-01	Projektmanagement - Projektmanagementsysteme – Teil 1: Grundlagen

DIN EN ISO 10075-1:2017	Ergonomische Grundlagen bezüglich psychischer Arbeitsbelastung Teil 1: Allgemeine Aspekte und Konzepte und Begriffe
DIN EN ISO 19011:2018	Leitfaden zur Auditierung von Managementsystemen
DIN EN ISO 9000:2015	Qualitätsmanagementsysteme – Grundlagen und Begriffe
DIN EN ISO 9001:2015	Qualitätsmanagementsysteme – Anforderungen
DIN EN ISO 9004:2018	Qualitätsmanagement – Qualität einer Organisation – Anleitung zum Erreichen nachhaltigen Erfolgs
DNEbM	Deutsches Netzwerk Evidenzbasierte Medizin e. V.
DNQP	Deutsche Netzwerk für Qualitätsentwicklung in der Pflege
DPR	Deutscher Pflegerat e. V.
DQE	Diakonisches Institut für Qualitätsentwicklung
DQS	Deutsche Gesellschaft zur Zertifizierung von Managementsystemen
DSB	Datenschutzbeauftragte
DSGVO	Datenschutz-Grundverordnung
DZA	Deutsche Zentrum für Altersfragen
EEA	EFQM Excellence Award
EFQM	European Foundation for Quality Management
EinSTEP	Einführung des Strukturmodells zur Entbürokratisierung der Pflegedokumentation
EN	Europäische Norm
EOQ	European Organization for Quality
EQA	European Quality Award
FaSi	Fachkraft für Arbeitssicherheit
FAZ	Frankfurter Allgemeine Zeitung
FEG	Fachkräfteeinwanderungsgesetz
FIFO-Prinzip	»First in, first out«. Dinge die zuerst eingelagert wurden (z. B. Lebensmittel) sind auch als erstes wieder zu entnehmen.
FM	Formular
FMEA	Failure Mode and Effects Analysis (Deutsch: Fehlermöglichkeits- und -einflussanalyse)
GAS	Generali Altersstudie
GBU	Gefährdungsbeurteilung
GDA	Gemeinsame Deutsche Arbeitsschutzstrategie

GefStoffV	Gefahrstoffverordnung
GER	Gemeinsamer Europäischer Referenzrahmen
GKV	Gesetzliche Krankenversicherung
GPV	Gesetzliche Pflegeversicherung
gs-qsa-pflege	Geschäftsstelle Qualitätsausschuss Pflege
gVP	gesundheitliche Versorgungsplanung
HACCP	Hazard Analysis Critical Control Point (Lebensmittelwirtschaft und Lebensmittelhygienebereich) – »Gefahrenanalyse und kritische Kontrollpunkte« und deren Beherrschung
HAZ	Hannoversche Allgemeine Zeitung
HeimmwV	Heimmitwirkungsverordnung
HKP-R	Häusliche Krankenpflege-Richtlinie
HLS	High Level Structure (einheitliche Gliederungsstruktur für Management-Normen)
IAF	International Accreditation Forum
ICN	International Council of Nurse
IfSG	Infektionsschutzgesetz
IKMT	Informations-, Kommunikations- und Medizintechnologien
IKT	Informations- und Kommunikationstechnologien
IMS	Integriertes Managementsystem
IPW	Institut für Pflegewissenschaften an der Universität Bielefeld
ISG	Institut für Sozialforschung und Gesellschaftspolitik GmbH
ISO	International Organization for Standardization
KAP	Konzertierte Aktion Pflege
KRINKO	Kommission für Krankenhaushygiene und Infektionsprävention
KTQ®	Kooperation für Transparenz und Qualität im Gesundheitswesen
KVP	Kontinuierlicher Verbesserungsprozess
KZP	Kurzzeitpflege
KZV BW	Kassenzahnärztliche Vereinigung Baden-Württemberg
LEP	Ludwig-Erhard-Preis
LOAP	List Of Actual Publication
MAAS-BGW	Managementanforderungen der BGW zum Arbeitsschutz
MAKS	Motorisches, alltagspraktisches, kognitives und spirituelles Aktivierungstraining
MBNQA	Malcolm Baldrige National Quality Award

MD	Medizinischer Dienst
MD Bund	Medizinische Dienste Bund
MDK	Medizinischer Dienst der Krankenversicherung
MDR	Medical Device Regulation
MDS	Medizinischer Dienst des Spitzenverbandes Bund der Krankenkassen e. V.
MoPIP	Studie zur modellhaften Pilotierung von Indikatoren in der stationären Pflege
MPBetreibV	Medizinprodukte-Betreiberverordnung
MPSV	Medizinprodukte-Sicherheitsplanverordnung
MRSA	Methicillin-resistente Staphylococcus aureus
MuG	Maßstäbe und Grundsätze für die Qualität, die Qualitätssicherung und -darstellung sowie für die Entwicklung eines einrichtungsinternen Qualitätsmanagements nach § 113 SGB XI in der vollstationären Pflege
MuSchArbV	Verordnung zum Schutze der Mütter am Arbeitsplatz
MV	Mitarbeitervertretung
MVZ	Medizinische Versorgungszentren
NBA	Neues Begutachtungsassessment
ND	Nachweisdokument (Aufzeichnung)
NDGR	Netzwerk Deutsche Gesundheitsregionen e. V.
NIST	National Institute of Standards and Technology
o. J.	ohne Jahresangaben
oL	oberste Leitung
OWiG	Ordnungswidrigkeitenrecht
PDCA	Plan – Do – Check – Act
PDL	Pflegedienstleitung
Pfk/PFK	Pflegefachkraft
PflAPrV	Ausbildungs- und Prüfungsverordnung für die Pflegeberufe (Pflegeberufe-Ausbildungs- und Prüfungsverordnung)
PfleWoqG	Pflege- und Wohnqualitätsgesetz
PfWG	Pflege-Weiterentwicklungsgesetz
PG	Pflegegrad
PKV	Verband der Privaten Krankenversicherung e. V.
PM	Projektmanagement-Tools
PNG	Pflege-Neuausrichtungs-Gesetz
Proei	Prozesseigentümer (oder: Prozesseigner)

PSA	Persönliche Schutzausrüstung
PSG II	Zweites Gesetz zur Stärkung der Pflegerischen Versorgung und zur Änderung weiterer Vorschriften (Zweites Pflegestärkungsgesetz)
PTV	Pflege-Transparenzvereinbarung
PTVA	Pflege-Transparenzvereinbarung – Ambulant
PTVen	Pflege-Transparenzvereinbarungen
PTVS	Pflege-Transparenzvereinbarung – Stationär
QA	Qualitätsaspekt
QC	Quality Control
QDVS	Qualitätsdarstellungsvereinbarung
QEP	Qualität und Entwicklung in Praxen
QI	Qualitätsindikatoren
QIs	Qualitätsindikatorenset
QM	Qualitätsmanagement
QM-B.	Qualitätsmanagement-Beauftragter
QM-H	Qualitätsmanagement-Handbuch
QM-Stg.	Qualitätsmanagement-Steuerungsgruppe
QM-V.	QM-Verantwortlicher
QM-VA	Qualitätsmanagement-Verfahrensanweisungen
QPR	Qualitätsprüfungs-Richtlinien
QPR-HKP	Qualitätsprüfungs-Richtlinie Häusliche Krankenpflege
QS	Qualitätssicherung
qu.int.as	Qualitätsmanagement mit integriertem Arbeitsschutz
Quality Tools	Qualitäts-Werkzeuge (quantitative und qualitative Methoden)
RBMF	Robert Bosch Gesellschaft für medizinische Forschung mbH
ReduFix-Studie	Reduktion von körpernaher Fixierung
RKI	Robert Koch-Institut
RPZ	Risiko-Prioritätszahl
RRPZ	Rest-Risiko-Prioritätszahl
RS	Rollstuhl
SAPV	Spezialisierte ambulante Palliativversorgung
SGB	Sozialgesetzbuch
SGB V	Sozialgesetzbuch, Fünftes Buch – Gesetzliche Krankenversicherung
SGB VII	Sozialgesetzbuch, Siebtes Buch – Gesetzliche Unfallversicherung

SGB IX	Sozialgesetzbuch, Neuntes Buch – Rehabilitation und Teilhabe behinderter Menschen
SGB XI	Sozialgesetzbuch, Elftes Buch – Soziale Pflegeversicherung
SGB XII	Sozialgesetzbuch, Zwölftes Buch – Sozialhilfe
Sib	Sicherheitsbeauftragte
SiFa	Sicherheitsfachkraft
SIS	Strukturierte Informationssammlung
SOEP	Sozio-oekonomisches Panel
StBA	Statistisches Bundesamt
SVR	Sachverständigenrat
TK	Techniker Krankenkasse
TQC-Modell	Total Quality Control-Modell
TQM	Total Quality Management
TRBA	Technische Regeln für Biologische Arbeitsstoffe
TRBA 250	Biologische Arbeitsstoffe im Gesundheitswesen und in der Wohlfahrtspflege
UAWs	Unerwünschte Arzneimittelwirkungen
VD	Vorgabedokument (Dokumentierte Information)
VDAB	Verband Deutscher Alten- und Behindertenhilfe e. V.
VP	Verständigungsprozess
VVKVO	Vollzugs- und Vollstreckungskostenordnung
WBVG	Wohn- und Betreuungsvertragsgesetz
WHO	World Health Organization
WIdO	Wissenschaftliches Institut der AOK
WM	Wissensmanagement
WTPG	Wohn-, Teilhabe- und Pflegegesetz
ZQP	Zentrum für Qualität in der Pflege

Literatur

AWO – Arbeiterwohlfahrt (2016): AWO – Handlungsempfehlungen zur Umsetzung der ISO 9001:2015. Berlin: AWO Bundesverband e. V.: https://www.awo.org/sites/default/files/2017-01/AWO-Handlungsempfehlungen_ISO_9001_2015_01.pdf (Letzter Zugriff: 02.08.2019).

Baltes PB & Baltes MM. (1990): Psychological perspectives on successful aging: The model of selective optimization with compensation. In: Baltes PB & Baltes MM (Eds.), Successful aging. Perspectives from the behavioral sciences (pp. 1–34). New York: Cambridge University Press.

Bartholomeyczik S, Halek M (2017): Pflege von Menschen mit Demenz. In: Jacobs K, Kuhlmey A, Greß S, Klauber J, Schwinger A. In: Pflege-Report 2017. Stuttgart: Schattauer GmbH.

BAuA – Bundesanstalt für Arbeitsschutz und Arbeitsmedizin (2010): Psychische Belastungen und Beanspruchung im Berufsleben. Erkennen – Gestalten.

BAuA – Bundesinstitut für Arbeitsschutz und Arbeitsmedizin (2014): Gefährdungsbeurteilung psychischer Belastung. Erfahrungen und Empfehlungen. Berlin: Erich Schmdit Verlag & Co. KG.

Becker S, Brandenburg H (2014): Lehrbuch Gerontologie. Gerontologisches Fachwissen für Pflege- und Sozialberufe – Eine interdisziplinäre Aufgabe. 1. Auflage, Bern: Huber.

Beikirch E. et al. (2014): Anlagenband zum Abschlussbericht. Allgemeine Erläuterungen zur praktischen Anwendung (ambulant/stationär) des Strukturmodells, der Strukturierten Informationssammlung (SIS), zum Verfahren der Risikoeinschätzung (Matrix) und der Maßnahmenplanung. Berlin/Witten. https://www.landespflegerat-sachsen-anhalt.de/fileadmin/inhalt/downloads/140415_-_Anlagenband_fin_10UHR_EB_sicher.pdf (Letzter Zugriff: 14.05.2019).

Beikirch E, Fährmann E, Hindrichs S, Schulz A, Schumann S, Triftshäuser K, Umlandt-Korsch S (2015): Informations- und Schulungsunterlagen für Pflegeeinrichtungen und Multiplikator(inn)en zur Einführung des Strukturmodells in der ambulanten und stationären Langzeitpflege (Version 1.2). S-03-2015/1.2. Freigabe: 20.01.2016, Berlin: Projektbüro Ein-STEP, c/o IGES Institut GmbH.

BMFSFJ und BMG – Bundesministerium für Familie, Senioren, Frauen und Jugend; Bundesministerium für Gesundheit (2019): Charta der Rechte hilfe- und pflegebedürftiger Menschen. 13. Auflage, Berlin. https://www.bmfsfj.de/blob/93450/534bd1b2e04282ca14bb725d684bdf20/charta-der-rechte-hilfe-und-pflegebeduerftiger-menschen-data.pdf (Letzter Zugriff: 16.03.2019).

BMFSFJ - Bundesministerium für Familie, Senioren, Frauen und Jugend (2015): Siebter Bericht zur Lage der älteren Generation in der Bundesrepublik Deutschland. Sorge und Mitverantwortung in der Kommune – Aufbau und Sicherung zukunftsfähiger Gemeinschaften. https://www.bmfsfj.de/blob/120144/2a5de459ec4984cb2f83739785c908d6/7--altenbericht--- bundestagsdrucksache-data.pdf (Letzter Zugriff: 21.03.2019).

BMG – BMFSFJ (2011): Entwicklung und Erprobung von Instrumenten zur Beurteilung der Ergebnisqualität in der stationären Altenhilfe. Abschlussbericht. https://www.bagfw.de/fileadmin/user_upload/Abschlussbericht_Ergebnisqualitaet_.pdf (Letzter Zugriff: 16.03.2019).

BMG – Bundesministerium für Gesundheit. Beikirch E, Kämmer K, Roes M (2015): Handlungsanleitung (Version 1.1) zur praktischen Anwendung de Strukturmodells (ambulant/stationär) der integrierten Strukturierten Informationssammlung (SIS) mit der Matrix zur Risikoeinschätzung, der Maßnahmenplanung und der Evaluation sowie mit Hinweisen zum Handlungsbedarf auf der betrieblichen Ebene. Berlin.

BMG – Bundesministerium für Gesundheit (2016): Sechster Bericht der Bundesregierung über die Entwicklung der Pflegeversicherung und den Stand der pflegerischen Versorgung in der Bundesrepublik Deutschland. https://www.bundesgesundheitsministerium.de/fileadmin/Dateien/5_Publikationen/Pflege/Berichte/6.Pflegebericht.pdf (Letzter Zugriff: 14.03.2019).

BMG, BMFSFJ, BMAS – Bundesministerium für Gesundheit, Bundesministerium für Familie, Senioren, Frauen und Jugend, Bundesministerium für Arbeit und Soziales (2019): Konzertierte Aktion Pflege. Vereinbarungen der Arbeitsgruppen 1–5. Gemeinsam für Pflege. https://www.bundesgesundheitsministerium.de/fileadmin/Dateien/3_Downloads/K/Konzertierte_Aktion_Pflege/0619_KAP_Vereinbarungstexte_AG_1-5.pdf (Letzter Zugriff: 14.06.2019).

Bolz H (2013): Unternehmenserfolg durch marktorientierte Führung. Unternehmenskultur systematisch reflektieren, Veränderungsprozesse durchdacht gestalten. Wiesbaden: Springer Fachmedien.

Bortz J, Döring N (2006): Forschungsmethoden und Evaluation für Human- und Sozialwissenschaftler. 4. überarbeitete Auflage, Heidelberg: Springer Medizin Verlag.

bpa – Bundesverband privater Anbieter sozialer Dienste e. V. (2016): bpa-Arbeitshilfe zur Einstufung in Pflegegrade auf Basis von Microsoft Excel 2010. Neues Begutachtungsassessment (NBA) ab 01.01.2017. Bundesgeschäftsstelle, Berlin.

bpa – Bundesverband privater Anbieter sozialer Dienste e. V. (2019a): Die vorliegende Präsentation beruht auf einer Musterpräsentation des Instituts für Pflegewissenschaft an der Universität Bielefeld (IPW). Diese Musterpräsentation wurde für die Durchführung der Schulung durch den bpa angepasst. Indikatoren zur Beurteilung von Ergebnisindikatoren in der stationären Langzeitpflege. Version 1.0, Stand: 14.03.2019, Berlin.

bpa – Bundesverband privater Anbieter sozialer Dienste e. V. (2019b): bpa.intern. Informationen der Bundesgeschäftsstelle für stationäre Einrichtungen. Ausgabe 2 am 02. Juli 2019, Berlin.

Brandhorst A, Focke K, Kalwitzki T, Müller R, Schmelzer C, Rothgang H (2016): Versorgungspotentiale in der Mundgesundheit bei Pflegebedürftigen erkennen und nutzen. In: Gesundheits- und Sozialpolitik (G+S). Zeitschrift für das gesamte Gesundheitswesen. 70. Jahrgang. Baden-Baden: Nomos Library: 53–58.

Brauckhoff G, Kocher T, Holtfreter B, Bernhardt O, Splieth C, Biffar R und Saß A-C (2009): Mundgesundheit. In: Robert Koch-Institut (Hrsg.): Gesundheitsberichterstattung des Bundes Heft 47. Berlin: Oktoberdruck AG.

Brüsemeister T, Abels H et al. (Hrsg.) (2008): Qualitative Forschung. Ein Überblick. 2., überarbeitete Auflage, Wiesbaden: VS Verlag für Sozialwissenschaften I GWV Fachverlage GmbH.

Büscher A, Wingenfeld K und Igl G (2018): Weiterentwicklung der gesetzlichen Qualitätssicherung in der Sozialen Pflegeversicherung. In: Jacobs K, Kuhlmey A, Greß S, Klauber J, Schwinger A (Hrsg.) (2018). Pflege-Report 2018. Berlin: Springer: 37–44.

DBfK – Deutscher Berufsverband für Pflegeberufe (2010). ICN-Ethikkodex für Pflegende. Berlin. https://deutscher-pflegerat.de/Downloads/DPR%20Dokumentee/ICN-Ethik-E04kl-web.pdf (Letzter Zugriff: 12.05.2019).

Delnoij, DMJ (2017): Mehr Transparenz über die Ergebnisse. Gesundheit und Gesellschaft. SPEZIAL 10/17, 20. Jahrgang: 7.

DNEbM – Deutsches Netzwerk Evidenzbasierte Medizin e. V. (2011): Glossar zur Evidenzbasierten Medizin. https://www.ebm-netzwerk.de/pdf/publikationen/dnebm-glossar-2011.pdf (Letzter Zugriff: 12.07.2019).

DPR – Deutscher Pflegerat e. V. (2015): Bundesarbeitsgemeinschaft Pflege- und Hebammenwesen. Der DPR unterstützt das Strukturmodell zur Effizienzsteigerung der Pflegedokumentation in der ambulanten und stationären Pflege. https://deutscher-pflegerat.de/Fachinformationen/2015-01-19-DPR_Entbuerokratisierung.pdf (Letzter Zugriff: 19.03.2019).

EQ ZERT (2017): Zertifizierung aktuell. MAAS-BGW für ISO 9001:2015. Ausgabe 2 I 2017: 5.

Fachinger U, Henke K-D, Koch H, Schöpke B, Troppens S (2014): Gesund altern: Sicherheit und Wohlbefinden zu Hause. Marktpotenzial und neuartige Geschäftsmodelle altersgerechter Assistenzsysteme. Baden-Baden: Nomos.

Fischer P, Asal K, Krueger JI (2014): Sozialpsychologie. Berlin, Heidelberg: Springer-Verlag.

Frick F, Noack M (2013): Weiterbildungsverlierer. Weniger Weiterbildung für immer mehr atypisch Beschäftigte. Gütersloh: Bertelsmann Stiftung.

Generali Deutschland AG Hrsg. (2017): Generali Altersstudie 2017. Wie ältere Menschen in Deutschland denken und leben. Frankfurt am Main: Fischer Taschenbuch Verlag.

Gerhards S, Trauner B (2010): Wissens-Management. 7 Bausteine für die Umsetzung in der Praxis. 4. Auflage, München: Carl Hanser Verlag.

Gerste B, Schwinger A, Rehbein I (2004): Qualitätssiegel und Zertifikate für Pflegeeinrichtungen. Ein Marktüberblick. Bonn: Wissenschaftliches Institut der AOK. WIdO Materialien.

Goetz D, Reinhardt E (2017): Führung: Feedback auf Augenhöhe. Wie Sie Ihre Mitarbeiter erreichen und klare Ansagen mit Wertschätzung verbinden. Wiesbaden: Springer Fachmedien GmbH.

Gordijn B, Steinkamp N (2003): Ethik in der Klinik. Ein Arbeitsbuch: Zwischen Leitbild und Stationsalltag. Neuwied, Köln, München: Lichterhand.

Hasseler M (2018): Ergebnisindikatoren bergen Risiken für die Beteiligten. Carekonkret. Die Wochenzeitung für Entscheider in der Pflege vom 27.10.2018.

Hasseler M, Stemmer R (2018): Entwicklung eines wissenschaftlich basierten Qualitätsverständnisses für die Pflegequalität. In: Jacobs K, Kuhlmey A, Greß S, Klauber J, Schwinger A (Hrsg.) (2018): Pflege-Report 2018. Berlin: Springer: 23–36.

Hauer J, Schmidt E, Farin-Glattacker E, Jäckel WH (2011): Erstellung einer Übersicht und Bewertung von Qualitätssiegeln und Zertifikaten in der deutschen Langzeitpflege – Abschlussbericht. Freiburg: Universitätsklinikum Freiburg – Abt. Qualitätsmanagement und Sozialmedizin. https://www.zqp.de/wp-content/uploads/Abschlussbericht_Uebersicht_Bewertung_Qualitaetssiegeln_Zertifikaten.pdf (Letzter Zugriff. 17.07.2019).

Hödl J (2015): 9.1.2 Kundenzufriedenheit. In: Koubek A (Hrsg.): Praxisbuch ISO 9001:2015. 3. unveränderter Nachdruck der 1. Auflage von 2015, München: Carl Hanser Verlag: 260–268.

Holt S, Schmiedl S, Thürmann PA (2011): PRISCUS-Liste potenziell inadäquater Medikation für ältere Menschen. Die PRISCUS-Liste. http://priscus.net/download/PRISCUS-Liste_PRISCUS-TP3_2011.pdf (Letzter Zugriff: 26.03.2019).

Illison M, Kerner JG (2016): Praxisleitfaden Qualitätsmanagement in Pflegeeinrichtungen. EQ ZERT/Steinbeis GmbH & Co. KG. www.eqzert.de/www.steinbeis.de (Letzter Zugriff: 02.08.2019).

IPW – Institut für Pflegewissenschaft an der Universität Bielefeld (IPW) (2019): Indikatoren zur Beurteilung von Ergebnisqualität in der stationären Langzeitpflege. Schulungsmaterial zur Ergebniserfassung. Gefördert durch: Bundesministerium für Gesundheit. Version 1.0, Bielefeld. https://www.bundesgesundheitsministerium.de/fileadmin/Dateien/5_Publikationen/Pflege/Berichte/2019-02-13_Schulungsmaterial_Ergebniserfassung_V1.0___IPW___BMG.pdf (Letzter Zugriff: 16.03.2019).

Jeschke K (2005): Beschwerdemanagement – Grundlagen und Konzepte, in Symposium Kundenorientierung, Beschwerdemanagement in der Praxis, Kundenkritik als Chance benutzen. Düsseldorf: Symposion Publishing GmbH.

Jurgschat-Geer H (2019): Eine Frage der Ansicht. Altenheim. Lösungen für Management. Hannover: Vincentz Network GmbH & Co. KG. In: 58 Jhg.: 16–20.

Kamiske GF, Brauer JP (2011): Qualitätsmanagement A bis Z. Wichtige Begriffe des Qualitätsmanagements und ihre Bedeutung. 7., aktualisierte und erweiterte Auflage, München: Hanser Verlag: 170–186.

Kellnhauser E (2014): Krankenpflegekammern und Professionalisierung der Pflege. 2., erweiterte Auflage, Mönchengladbach: Ursula Zawada Fachverlag.

Kettner-Nikolaus F (2017): Bottom-up-Strategie zur Entwicklung einer nachhaltigen Netzwerklösung – Erfahrungen aus der Gesundheitsregion Hannover. In: Pfannstiel MA, Focke A, Mehlich H (Hrsg.) (2017): Management von Gesundheitsregionen II. Regionale Versorgungsstrategien und Lösungsansätze zur Verbesserung der Gesundheitsversorgung. Wiesbaden: Springer Gabler.

Kloepfer I (2019): Der Pfleger kommt aus Jordanien. FAZ – Frankfurter Allgemeine Sonntagszeitung. Nr. 7. 17.02.2019.

Koll V (2019): Die ersten Pfleger sind da. HAZ – Hannoversche Allgemeine. Nr. 112. 15.05.2019.

KZV BW – Kassenzahnärztliche Vereinigung Baden-Württemberg (2014): Kooperationsverträge mit stationären Pflegeeinrichtungen: Infos und Materialien. http://www.kzvbw.de/site/praxis/vertraege-mitkostentraegern/kooperationsvertraege_uebersicht (Letzter Zugriff: 14.05.2019).

MAAS-BGW (2017): Managementanforderungen der BGW zum Arbeitsschutz (MAAS-BGW). Hamburg: Berufsgenossenschaft für Gesundheitsdienst und Wohlfahrtspflege (BGW). https://www.bgw-online.de/SharedDocs/Downloads/DE/Medientypen/BGW%20Broschueren/BGW04-08-003_Managementanforderungen-der-BGW-zum-Arbeitsschutz-MAAS_Download.pdf?___blob=publicationFile (Letzter Zugriff: 16.03.2019).

MAAS-BGW (2019): Managementanforderungen der BGW zum Arbeitsschutz (MAAS-BGW). Hamburg: Berufsgenossenschaft für Gesundheitsdienst und Wohlfahrtspflege (BGW). https://www.bgw-online.de/SharedDocs/Downloads/DE/Medientypen/BGW%20Broschueren/BGW04-08-003_Managementanforderungen-der-BGW-zum-Arbeitsschutz-MAAS_Download. pdf?___blob=publicationFile (Letzter Zugriff: 08.08.2019).

Mahne K, Wolff KJ, Simonson J, Tesch-Römer C (Hrsg.) (2017): Altern im Wandel. Zwei Jahrzehnte Deutscher Alterssurvey (DEAS). Wiesbaden: Springer Fachmedien.

Mauel B (2019) – bpa – Bundesverband privater Anbieter sozialer Dienste e. V.: Das Registrierungsverfahren bei der Datenauswertungsstelle (DAS). Herbert Mauel, Geschäftsführer Bundesverband privater Anbieter sozialer Dienste e. V. Information. 10.07.2019, Berlin.

MDS – Medizinischer Dienst des Spitzenverbandes Bund der Krankenkassen e. V. (2007): 2. Bericht des MDS nach § 118 Abs. 4 SGB XI. Qualität in der ambulanten und stationären Pflege. Essen: MDS e. V.

MDS – Medizinischer Dienst des Spitzenverbandes Bund der Krankenkassen e. V. (2017a): Richtlinien des GKV-Spitzenverbandes zur Feststellung der Pflegebedürftigkeit nach dem XI. Buch des Sozialgesetzbuches. 2., aktualisierte Auflage, Essen: Medizinischer Dienst des Spitzenverbandes Bund der Krankenkassen e. V. (MDS) und GKV-Spitzenverband Körperschaft des öffentlichen Rechts.

MDS – Medizinischer Dienst des Spitzenverbandes Bund der Krankenkassen e. V. (2017b): 5. Pflege-Qualitätsbericht des MDS nach § 114a Abs. 6 SGB XI. Qualität in der ambulanten und stationären Pflege. Essen: MDS e. V.

Meyer M, Wenzel J, Schenkel A (2018): Krankheitsbedingte Fehlzeiten in der deutschen Wirtschaft im Jahr 2017. In: Badura B et al. (Hrsg.): Fehlzeiten Report 2018. Springer Verlag GmbH Deutschland: 331–387. https://www.wido.de/fileadmin/Dateien/Dokumente/Publikationen_Produkte/Buchreihen/Fehlzeitenreport/wido_pra_fzr_2018_krankheitsbedingte_fehlzeiten.pdf (Letzter Zugriff: 04.08.2019).

Motel-Klingebiel A et al. (2010): Altern im Wandel. Befunde des Deutschen Alterssurveys (DEAS). 1. Auflage, Stuttgart: W. Kohlhammer GmbH.

Mühlenbrock I (2017): Alterns- und altersgerechte Arbeitsgestaltung. Grundlagen und Handlungsfelder für die Praxis. 2., durchgesehene Auflage, Dortmund: Bundesanstalt für Arbeitsschutz und Arbeitsmedizin (BAuA).

North K (2016): Wissensorientierte Unternehmensführung. 6. Auflage, Wiesbaden: Springer Verlag.

Penzlien M, Schmidt-Statzkowski (oJ): Der Weg zum Pflegegrad. Neues Begutachtungsassessment (NBA) ab 2017. Hamburg/Berlin.

Piekenbrock D, Hasenbalg C (2014): Kompakt-Lexikon Wirtschaft. 12. Auflage, Wiesbaden: Springer Gabler.

Preusker U (2013) (Hrsg.): Lexikon des deutschen Gesundheitssystems. 4., neu bearbeitete und erweiterte Auflage, Heidelberg: medhochzwei Verlag GmbH.

Probst G, Raub S, Romhardt K (2012): Wissen managen. Wie Unternehmen ihre wertvollste Ressource optimal nuten. 7. Auflage, Wiesbaden: Springer Fachmedien.

Raithel J (2008): Quantitative Forschung. Ein Praxiskurs. 2., durchgesehene Auflage, Wiesbaden: VS Verlag für Sozialwissenschaften | GWV Fachverlage GmbH.

RBMF – Robert Bosch Gesellschaft für medizinische Forschung mbH (2008): Reduktion von körpernaher Fixierung bei demenzerkrankten Heimbewohnern. http://redufix.com/html/img /pool/redufix_Abschlussbericht_Ministerium_Entfixierung.pdf (Letzter Zugriff: 14.04.2019).

Reißmann D, Lamprecht R (2018): Zahn- und Mundgesundheit im Alter. In: Kuhlmey, A. und Renteln-Kruse (Hrsg.): Praxiswissen Gerontologie und Geriatrie kompakt. Band 8. Berlin / Boston: Walter de Gruyter GmbH.

RKI – Robert Koch-Institut (Hrsg.) (2015): Gesundheit in Deutschland. Gesundheitsberichterstattung des Bundes. Gemeinsam getragen von RKI und Destatis. Berlin: RKI.

Rohmert W, Rutenfranz J (1975): Arbeitswissenschaftliche Beurteilung der Belastung und Beanspruchung an unterschiedlichen industriellen Arbeitsplätzen. Bonn: Bundesminister für Arbeit und Sozialordnung.

Schein E H (2010): Organisationskultur. »The Ed Schein Corporate Culture Survival Guide.« 3. Auflage, Bergisch Gladbach: EPH Edition Humanistische Psychologie. Schmidt S (2012): Expertenstandards in der Pflege – eine Gebrauchsanleitung. 2. überarb. Auflage, Berlin – Heidelberg: Springer-Verlag.

Schulz von Thun F (2011): Miteinander reden: 1. Störungen und Klärungen. Sonderausgabe April 2011, Reinbek bei Hamburg: Rowohlt Taschenbuch Verlag.

Schulz von Thun F (2016): Miteinander reden: 4. Fragen und Antworten. 7. Auflage, Reinbek bei Hamburg: Rowohlt Taschenbuch Verlag.

Schwinger A et al. (2018): Qualitätsmessung mit Routinedaten in deutschen Pflegeheimen: Eine erste Standortbestimmung. In: Jacobs K, Kuhlmey A, Greß S, Klauber J, Schwinger A. In: Pflege-Report 2018. Stuttgart: Schattauer GmbH.

Siebens H (1990): Deconditioning. In: Kemp B, Brummel-Smith K & Raamsdell JW (Eds.): Geriatric Rehabilitation (pp. 177–191). Boston: Little, Brown.

Spuling SM, Wurm S, Wolff JK, Wünsche J (2017): Heißt krank zu sein sich auch krank fühlen? Subjektive Gesundheit und ihr Zusammenhang mit anderen Gesundheitsdimensionen. In: Mahne K, Wolff JK, Simonson J, Tesch-Römer C (Hrsg.): Altern im Wandel: Zwei Jahrzehnte Deutscher Alterssurvey (DEAS). Wiesbaden: Springer Fachmedien: 157–170.

Staudinger UM (2000): Viele Gründe sprechen dagegen, und trotzdem geht es vielen Menschen gut: Paradox des subjektiven Wohlbefindens, Psychologische Rundschau, 51 (4): 185–197.

StBA – Statistisches Bundesamt (2015): Bevölkerung Deutschlands bis 2060. 13. koordinierte Bevölkerungsvorausberechnung. Wiesbaden. https://www.destatis.de/DE/Publikationen/Thematisch/Bevoelkerung/VorausberechnungBevoelkerung/ (Letzter Zugriff: 16.03.2019).

StBA – Statistisches Bundesamt (2018): Pflegestatistik. Pflege im Rahmen der Pflegeversicherung Deutschlandergebnisse 2017. https://www.destatis.de/DE/ Publikationen/Thematisch/Gesundheit/Pflege/PflegeDeutschlandergebnisse5224001179004.pdf?___blob=publicationFile (Letzter Zugriff: 16.03.2019).

Steinkamp N, Gordijn B (2000): Die Nimwegener Methode für ethische Fallbesprechungen. Rheinisches Ärzteblatt. https://www.aekno.de/downloads/archiv/2000.05. 022.pdf (Letzter Zugriff: 10.05.2019).

Sutter A. (2018): Wissen, der vierte Produktionsfaktor. Wissensmanagement. Das Magazin für Führungskräfte. 20. Jahrgang. Heft 1/2018: 10–11.

Tietze KO (2003): Kollegiale Beratung. Problemlösungen gemeinsam entwickeln. Reinbek: Rowohlt.

TK – Techniker Krankenkasse (2019): Gesundheitsreport Pflegefall Pflegebranche? So geht's Deutschlands Pflegekräften. https://www.tk.de/resource/blob/2059766/2ee52f-34b8d545eb81ef1f3d87278e0e/gesundheitsreport-2019-data.pdf (Letzter Zugriff: 06.08.2019).

UBC (2017): Modellhafte Pilotierung von Indikatoren in der stationären Pflege (MoPIP). (SV14-9015). Abschlussbericht zum Forschungsprojekt. UBC-Zentrum für Alterns- und Pflegeforschung und UBC-Zentrum für Sozialpolitik. Bremen. https://www.bagfw.de/fileadmin/user_upload/Erga___nzt_Abschlussbericht_MoPIP_Universita___t_Bremen_20.03.2017.pdf (Letzter Zugriff: 07.03.2019).

Vincentz Network, Bundesgesundheitsminister Spahn J (2018): Neuer Pflege-TÜV startet im Herbst 2019. In: Altenheim Lösungen fürs Management. Hannover: Vincentz Network GmbH & Co. KG. http://www.altenheim.net/Info-pool/Nachrichten/Politik/Spahn-Neuer-Pflege-TUeV-startet-im-Herbst-2019 (Letzter Zugriff: 16.03.2019).

Vincentz Network (2019): Qualitätsvereinbarung ist veröffentlicht. So werden Informationen dargestellt. In: Altenheim Lösungen fürs Management. Hannover: Vincentz Network GmbH & Co. KG. http://www.altenheim.net/Infopool/Nachrichten/Qualitaet/So-werden-die-Informationen -dargestellt (Letzter Zugriff: 25.05.2019).

Wagner B (2011). Betriebe lernen Ältere schätzen. Analyse und Berichte – Beschäftigung. Wirtschaftsdienst: 855–857.

Wahl HW, Heyl V (2015): Gerontologie – Einführung und Geschichte. 2., vollständig überarbeitete Auflage, Stuttgart: W. Kohlhammer GmbH.

Wahl HW, Tesch-Römer C, Ziegelmann JP (Hrsg.) (2012): Angewandte Gerontologie. Interventionen für ein gutes Altern in 100 Schlüsselbegriffen. 2., vollständig überarbeitete und erweiterte Auflage, Stuttgart: W. Kohlhammer GmbH.

Wingenfeld K, Stegbauer C, Willms G,Voigt C, Woitzik R (2018a): Entwicklung der Instrumente und Verfahren für Qualitätsprüfungen nach § 114 ff. SGB XI und die Qualitätsdarstellung nach § 115 SGB XI in der stationären Pflege. Abschlussbericht: Darstellung der Konzeptionen für das neue Prüfverfahren und die Qualitätsdarstellung: Im Auftrag des Qualitätsausschusses Pflege. Überarbeitete Fassung. Bielefeld/Göttingen: Institut für Pflegewissenschaft an der Universität Bielefeld, (IPW) und aQua – Institut für angewandte Qualitätsförderung und Forschung im Gesundheitswesen GmbH. https://www.gs-qsa-pflege.de/wp-content/uploads/2018/10/20180903_Entwicklungsauftrag_stationa%CC%88r_Abschlussbericht.pdf (Letzter Zugriff: 06.03.2019).

Wingenfeld K, Stegbauer C, Willms G, Voigt C, Woitzik R (2018b): Zusammenfassung der Konzeption für das neue Prüfverfahren und Qualitätsdarstellung in der stationären Pflege. Kurzfassung des Abschlussberichtes zum Projekt »Entwicklung der Instrumente und Verfahren für Qualitätsprüfungen nach §§ 114 ff. SGB XI und die Qualitätsdarstellung nach § 115 Abs. 1a SGB XI in der stationären Pflege«. Im Auftrag des Qualitätsausschusses Pflege. Bielefeld/Göttingen: Institut für Pflegewissenschaft an der Universität Bielefeld, (IPW) und aQua – Institut für angewandte Qualitätsförderung und Forschung im Gesundheitswesen GmbH. https://www.gs-qsa-pflege.de/wp-content/uploads/2018/11/Kurzfassung-des-Abschluss-berichts-von-IPW-und-aQua.pdf (Letzter Zugriff: 06.03.2019).

Wingenfeld K (2018c): »Pflegenoten sind bald passé.« Reform des »Pflege-TÜV«. Die Schwester / Der Pfleger. Die Fachzeitschrift für die Pflege (57. Jahrg. 10/18). Melsungen: Bibliomed Medizinische Verlagsgesellschaft mbH.

Wirtz MA (Hrsg.) (2017): Lexikon der Psychologie. 18., überarbeitete Auflage. Bern: Hogrefe Verlag.

Rechtsquellen- und Normenverzeichnis

Aichberger F (Oktober 2017): Sozialgesetzbuch Textsammlung. 133. Ergänzungslieferung, München: Verlag, C.H. Beck oHG.

Austrian Standard Institute (2014) (Hrsg.): Normensammlung Risikomanagement. Die wichtigsten Normen und Regeln mit einer kompakten Einführung in das Thema. Wien: Austrian Publishing.

BAnz – Bundesministerium für Gesundheit (2013): Bekanntmachung des GKV-Spitzenverbandes der Pflegekassen. Maßstäbe und Grundsätze für die Qualität und die Qualitätssicherung sowie für die Entwicklung eines einrichtungsinternen Qualitätsmanagements nach § 113 des Elften Buches Sozialgesetzbuch (SGB XI) in der teilstationären Pflege (Tagespflege) vom 10. Dezember 2012. https://www.mds-ev.de/fileadmin/dokumente/Publikationen/SPV/Expertenstandards_113/PV_Massst_und_Grunds_teilstationaer.pdf (Letzter Zugriff: 05.06.2019).

BGW qu.int.as® (2017): Managementanforderungen der BGW zum Arbeitsschutz (MAAS-BGW). Integration von Sicherheit und Gesundheit in ein Qualitätsmanagementsystem nach DIN EN ISO 9001:2015. Bestellnummer: BGW 04-08-004. Hamburg: Berufsgenossenschaft für Gesundheitsdienst und Wohlfahrtspflege (BGW).

Bürgerliches Gesetzbuch (2014): Mit den Nebengesetzen zum Verbraucherschutz, Mietrecht und Familienrecht. 11. Auflage, Regensburg: Walhalla u. Praetoria Verlag GmbH.

DIN EN ISO 10006 (2017): Qualitätsmanagementsysteme – Leitfaden für Qualitätsmanagement in Projekten. Berlin: Beuth Verlag GmbH.

DIN EN ISO 10075-1:2017: Ergonomische Grundlagen bezüglich psychischer Arbeitsbelastung – Teil 1: Allgemeine Aspekte und Konzepte und Begriffe. Berlin: Beth Verlag GmbH.

DIN EN ISO 14001:2015: Leitfaden zur ISO 14001:2015 – Interpretation der Anforderungen und Berücksichtigung der Anforderungen der DIN EN ISO 14001:2015.

DIN EN ISO 19011:2018: Leitfaden zur Auditierung von Managementsystemen. Berlin: Beuth Verlag GmbH.

DIN EN ISO 69901-1 (2009): Projektmanagement – Projektmanagementsysteme – Teil 1. Grundlagen. Berlin: Beuth Verlag GmbH.

DIN EN ISO 9000:2015: Qualitätsmanagementsysteme – Grundlagen und Begriffe. Berlin: Beuth Verlag GmbH.

DIN EN ISO 9001:2015: Qualitätsmanagementsysteme – Anforderungen. Berlin: Beuth Verlag GmbH.

DIN EN ISO 9004:2018: Qualitätsmanagement – Qualität einer Organisation – Anleitung zum Erreichen nachhaltigen Erfolgs. Berlin: Beuth Verlag GmbH.

DIN ISO 45001:2018: Managementsysteme für Sicherheit und Gesundheit bei der Arbeit – Anforderungen mit Anleitung. Berlin: Beuth Verlag GmbH.

MDK und MDS (2016): Ergänzende Erläuterungen für Qualitätsprüfungen in Pflegeeinrichtungen nach den Qualitätsprüfungs-Richtlinien – QPR bei Umsetzung des Strukturmodells zur Effizienzsteigerung der Pflegedokumentation. MDK SEG 2 Sozialmed. Expertengruppe »Pflege« der MDK-Gemeinschaft und Medizinsicher Dienst des Spitzenverbandes Bund der Krankenkassen. Version 3.1.

MDS – Medizinischer Dienst des Spitzenverbandes Bund der Krankenkassen (2019). Pflegeversicherung. Home Richtlinien / Publikationen Pflegeversicherung Qualitätsprüfungen – Rechtliche Grundlagen. https://www.mds-ev.de/richtlinien-publikationen/pflegeversicherung/qualitaetspruefungen-rechtliche-grundlagen.html (Letzter Zugriff: 03.06.2019).

MuG (2018a): Maßstäbe und Grundsätze für die Qualität, die Qualitätssicherung und -darstellung sowie für die Entwicklung eines einrichtungsinternen Qualitätsmanagements nach § 113 SGB XI in der vollstationären Pflege vom 23.11.2018. https://www.gs-qsa-pflege.de/wp-content/uploads/2019/02/Vereinbarungstext.pdf (Letzter Zugriff: 16.03.2019).

MuG – Anlage 1 (2018b): Anforderungen an das indikatorengestützte Verfahren. https://www.gs-qsa-pflege.de/wp-content/uploads/ 2019/02/Anlage-1.pdf (16.03.2019).

MuG – Anlage 2 (2018c): Indikatoren zur Messung der Ergebnisqualität. https://www.gs-qsa-pflege.de/wp-content/uploads/2019/02/Anlage-2.pdf (Letzter Zugriff: 16.03.2019).

MuG – Anlage 3 (2018d): Erhebungsinstrument. https://www.gs-qsa-pflege.de/wp-content/uploads/2019/02/Anlage-3.pdf (Letzter Zugriff: 16.03.2019).

MuG – Anlage 4 (2018e): Datenaufbereitung und -übermittlung. Stichprobenbildung. https://www.gs-qsa-pflege.de/wp-content/uploads/2019/02/Anlage-4.pdf (Letzter Zugriff: 16.03.2019).

PruP-RiLi – Richtlinien des GKV-Spitzenverbandes zur Verlängerung des Prüfrhythmus bei guter Qualität und zur Veranlassung unangemeldeter Prüfungen in vollstationären Pflegeeinrichtungen nach § 114c Abs. 1 SGB XI vom 23.09.2019.

QPR – Qualitätsprüfungs-Richtlinien (2017a). Richtlinien des GKV-Spitzenverbandes über die Prüfung der in Pflegeeinrichtungen erbrachten Leistungen und deren Qualität nach § 114 SGB XI vom 27. September 2017 (Teil 1 Ambulante Pflege) mit 3 Anlagen. https://www.gkv-spitzenverband.de/media/dokumente/pflegeversicherung/richtlinien___vereinbarungen___formulare/richtlinien_und_grundsaetze_zur_qualitaetssicherung/qpr_2017/2017_11_27_QPR_Teil_1_und_2_genehmigt.pdf (Letzter Zugriff: 16.03.2019).

QPR – Qualitätsprüfungs-Richtlinien (2017b). Richtlinien des GKV-Spitzenverbandes über die Prüfung der in Pflegeeinrichtungen erbrachten Leistungen und deren Qualität nach § 114 SGB XI vom 27. September 2017 (Teil 2 – stationäre Pflege) mit 3 Anlagen. https://www.gkv-spitzenverband.de/media/dokumente/pflegeversicherung/richtlinien___vereinbarungen___formulare/richtlinien_und_grundsaetze_zur_qualitaetssicherung/qpr_2017/2017_11_27_QPR_Teil_1_und_2_genehmigt.pdf (Letzter Zugriff: 16.03.2019).

QPR – Qualitätsprüfungs-Richtlinien für die vollstationäre Pflege (QPR vollstationär) (2018). Richtlinien des GKV-Spitzenverbandes über die Durchführung der Prüfung der in Pflegeeinrichtungen erbrachten Leistungen und deren Qualität nach § 114 SGB XI für die vollstationäre Pflege vom 17. Dezember 2018 mit 9 Anlagen. https://www.mds-ev.de/uploads/media/downloads/QPR_vollstationaer_190221_gesamt_01.pdf (Letzter Zugriff: 16.03.2019).

QPR-HKP Qualitätsprüfungs-Richtlinien häusliche Krankenpflege (2017). Erhebungsbogen zur Prüfung der Qualität nach § 275 SGB V zuletzt geändert am 17. Januar 2019. https://www.mds-ev.de/uploads/media/downloads/2017-11-22_QPR-HKP_mit_Anlagen.pdf (Letzter Zugriff: 16.03.2019).

QVDS – Anlage 1 (2019). Vereinbarung nach § 115 Abs. 1a SGB XI über die Darstellung und Bewertung der Qualitätsindikatoren gemäß § 113 Abs. 1a SGB XI und der Ergebnisse aus Qualitätsprüfungen nach §§ 114 f. SGB XI. https://www.gs-qsa-pflege.de/wp-content/uploads/2019/05/Anlage-1-der-QDVS-Qualitätsdarstellung.pdf (Letzter Zugriff: 18.06.2019).

QVDS – Anlage 2 (2019). Vereinbarung nach § 115 Abs. 1a SGB XI über die Darstellung und Bewertung der Qualitätsindikatoren gemäß § 113 Abs. 1a SGB XI und der Ergebnisse aus Qualitätsprüfungen nach §§ 114 f. SGB X. https://www.gs-qsa-pflege.de/wp-content/uploads/2019/05/Anlage-2-der-QDVS-Bewertungssystematik-für-die-Indikatoren.pdf (Letzter Zugriff: 18.06.2019).

QVDS – Anlage 3 (2019). Vereinbarung nach § 115 Abs. 1a SGB XI über die Darstellung und Bewertung der Qualitätsindikatoren gemäß § 113 Abs. 1a SGB XI und der Ergebnisse aus Qualitätsprüfungen nach §§ 114 f. SGB XI. https://www.gs-qsa-pflege.de/wp-content/uploads/2019/05/Anlage-3-der-QDVS-Darstellung-der-Indikatoren.pdf (Letzter Zugriff: 18.06.2019).

QVDS – Anlage 4 (2019). Vereinbarung nach § 115 Abs. 1a SGB XI über die Darstellung und Bewertung der Qualitätsindikatoren gemäß § 113 Abs. 1a SGB XI und der Ergebnisse aus Qualitätsprüfungen nach §§ 114 f. SGB XI. https://www.gs-qsa-pflege.de/wp-content/uploads/2019/05/Anlage-4-der-QDVS-Informationen-über-die-Pflegeeinrichtung.pdf (Letzter Zugriff: 18.06.2019).

QVDS – Anlage 5 (2019). Vereinbarung nach § 115 Abs. 1a SGB XI über die Darstellung und Bewertung der Qualitätsindikatoren gemäß § 113 Abs. 1a SGB XI und der Ergebnisse aus Qualitätsprüfungen nach §§ 114 f. SGB XI. https://www.gs-qsa-pflege.de/wp-content/uploads/2019/05/Anlage-5-der-QDVS-Darstellung-der-von-den-Pflegeeinrichtungen-bereitgestellten-Informationen.pdf (Letzter Zugriff: 18.06.2019).

QVDS – Anlage 6 (2019). Vereinbarung nach § 115 Abs. 1a SGB XI über die Darstellung und Bewertung der Qualitätsindikatoren gemäß § 113 Abs. 1a SGB XI und der Ergebnisse aus Qualitätsprüfungen nach §§ 114 f. SGB XI. https://www.gs-qsa-pflege.de/wp-content/uploads/2019/05/Anlage-6-der-QDVS-Zu-veröffentlichende-Prüfergebnisse.pdf (Letzter Zugriff: 18.06.2019).

QVDS – Anlage 7 (2019). Vereinbarung nach § 115 Abs. 1a SGB XI über die Darstellung und Bewertung der Qualitätsindikatoren gemäß § 113 Abs. 1a SGB XI und der Ergebnisse aus Qualitätsprüfungen nach §§ 114 f. SGB XI. https://www.gs-qsa-pflege.de/wp-content/uploads/2019/05/Anlage-7-der-QDVS-Bewertungssystematik-der-Prüfergebnisse.pdf (Letzter Zugriff: 18.06.2019).

QVDS – Anlage 8 (2019). Vereinbarung nach § 115 Abs. 1a SGB XI über die Darstellung und Bewertung der Qualitätsindikatoren gemäß § 113 Abs. 1a SGB XI und der Ergebnisse aus Qualitätsprüfungen nach §§ 114 f. SGB XI. https://www.gs-qsa-pflege.de/wp-content/uploads/2019/05/Anlage-8-der-QDVS-Darstellung-der-Prüfergebnisse.pdf (Letzter Zugriff: 18.06.2019).

WBVG – Wohn- und Betreuungsvertragsgesetz (2016). Gesetz zur Regelung von Verträgen über Wohnraum mit Pflege- oder Betreuungsleistungen vom 29.07.2009 (BGBl. 2319), das zuletzt durch Artikel 20 Absatz 5 des Gesetzes vom 23. Dezember 2016 (BGBl. I: 3234) geändert worden ist.

Anhänge

Normabschnitte der DIN EN ISO 9001:2015-11

	Vorwort
	Einleitung
0.1	Allgemeines
0.2	Grundsätze des Qualitätsmanagements
0.3	Prozessorientierter Ansatz
0.3.1	Allgemeines
0.3.2	»Planen-Durchführen-Prüfen-Handeln«-Zyklus
0.3.3	Risikobasiertes Denken
0.4	Zusammenhang mit anderen Normen zu Managementsystemen
1	**Anwendungsbereich**
2	**Normative Verweisungen**
3	**Begriffe**
4	**Kontext der Organisation (vormals: ISO 9001:2008 – 4 Qualitätsmanagementsystem)**
4.1	Verstehen der Organisation und ihres Kontextes
4.2	Verstehen der Erfordernisse und Erwartungen interessierter Parteien
4.3	Festlegen des Anwendungsbereichs des Qualitätsmanagementsystems (vormals: ISO 9001:2008 - 4.2.2 Qualitätsmanagementhandbuch)
4.4	Qualitätsmanagementsystem und seine Prozesse (vormals: ISO 9001:2008 – 4.1 Allgemeine Anforderungen)
5	**Führung (vormals: ISO 9001:2008 - 5 Verantwortung der Leitung)**
5.1	Führung und Verpflichtung (vormals: ISO 9001:2008 - 5.1 Selbstverpflichtung der Leitung)
5.1.1	Allgemeines
5.1.2	Kundenorientierung
5.2	Politik (vormals: ISO 9001:2008 - 5.3 Qualitätspolitik)
5.2.1	Festlegung der Qualitätspolitik
5.2.2	Bekanntmachung der Qualitätspolitik
5.3	Rollen, Verantwortlichkeiten und Befugnisse in der Organisation (vormals: ISO 9001:2008 - 5.5 Verantwortung, Befugnis und Kommunikation)
6	**Planung (vormals: 9001:2008 - 5.4 Planung)**
6.1	Maßnahmen zum Umgang mit Risiken und Chancen (vormals: ISO 9001:2008 - 5.4.2 Planung des Qualitätsmanagementsystem und 8.5.3 Vorbeugungsmaßnahmen)

6.2	Qualitätsziele und Planung zu deren Erreichung (vormals: ISO 9001:2008 - 5.4 Planung und 5.4.1 Qualitätsziele sowie 5.4.2 Planung des Qualitätsmanagementsystems)
6.3	Planung von Änderungen
7	**Unterstützung (vormals: ISO 9001:2008 - 6 Management von Ressourcen)**
7.1	Ressourcen
7.1.1	Allgemeines (vormals: ISO 9001:2008 - 6.1 Bereitstellen von Ressourcen)
7.1.2	Personen
7.1.3	Infrastruktur (vormals: ISO 9001:2008 - 6.3 Infrastruktur)
7.1.4	Prozessumgebung (vormals: ISO 9001:2008 - 6.4 Prozessumgebung)
7.1.5	Ressourcen zur Überwachung und Messung (vormals: ISO 9001:2008 - 7.6 Lenkung von Überwachungs- und Messmitteln)
7.1.6	Wissen der Organisation
7.2	Kompetenz (vormals: ISO 9001:2008 - 6.2.2 Kompetenz, Schulung und Bewusstsein)
7.3	Bewusstsein
7.4	Kommunikation (vormals: ISO 9001:2008 - 5.5.3 Interne Kommunikation)
7.5	Dokumentierte Informationen (vormals: ISO 9001:2008 - 4.2 Dokumentationsanforderungen)
7.5.1	Allgemeines (vormals: ISO 9001:2008 - 4.2.2 Qualitätsmanagementhandbuch)
7.5.2	Erstellen und Aktualisieren (vormals: ISO 9001:2008 - 4.2.3 Lenkung von Dokumenten und 4.2.4 Lenkung von Aufzeichnungen)
7.5.3	Lenkung dokumentierter Informationen (vormals: ISO 9001:2008 - 4.2.3 Lenkung von Dokumenten und 4.2.4 Lenkung von Aufzeichnungen)
8	**Betrieb (vormals: ISO 9001:2008 - 7 Produktrealisierung)**
8.1	Betriebliche Planung und Steuerung (vormals: ISO 9001:2008 - 7.1 Planung der Produktrealisierung)
8.2	Anforderungen an Produkte und Dienstleitungen (vormals: ISO 9001:2008 - 7.2 Kundenbezogene Prozesse)
8.2.1	Kommunikation mit den Kunden
8.2.2	Bestimmen von Anforderungen für Produkte und Dienstleistungen
8.2.3	Überprüfung der Anforderungen für Produkte und Dienstleistungen
8.2.4	Änderungen von Anforderungen an Produkte und Dienstleitungen
8.3	Entwicklung von Produkten und Dienstleitungen (vormals: ISO 9001:2008 - 7.3 Entwicklung)

8.3.1 Allgemeines

8.3.2 Entwicklungsplanung

8.3.3 Entwicklungseingaben

8.3.4 Steuerungsmaßnahmen für die Entwicklung
(vormals: ISO 9001:2008 - 7.3.4 Entwicklungsbewertung, 7.3.5 Entwicklungsverifizierung und 7.3.6 Entwicklungsvalidierung)

8.3.5 Entwicklungsergebnisse

8.3.6 Entwicklungsänderungen

8.4 Steuerung von extern bereitgestellten Prozessen, Produkten und Dienstleistungen
(vormals: ISO 9001:2008 - 7.4 Beschaffung usw.)

8.4.1 Allgemeines

8.4.2 Art und Umfang der Steuerung
(vormals: ISO 9001:2008 - 7.4.3 Verifizierung von beschafften Produkten)

8.4.3 Informationen für externe Anbieter
(vormals: ISO 9001:2008 - 7.4.2 Beschaffungsangaben)

8.5 Produktion und Dienstleistungserbringung
(vormals: ISO 9001:2008 - 7.5 Produktion und Dienstleistungserbringung)

8.5.1 Steuerung der Produktion und der Dienstleistungserbringung

8.5.2 Kennzeichnung der Rückverfolgbarkeit
(vormals: ISO 9001:2008 - 7.5.3 Kennzeichnung und Rückverfolgbarkeit)

8.5.3 Eigentum des Kunden oder der externen Anbieter
(vormals: ISO 9001:2008 - 7.5.4 Eigentum des Kunden)

8.5.4 Erhaltung (vormals: ISO 9001:2008 - 7.5.5 Produkterhaltung)

8.5.5 Tätigkeiten nach der Lieferung

8.5.6 Überwachung von Änderungen

8.6 Freigabe von Produkten und Dienstleistungen
(vormals: ISO 9001:2008 - 8.2.4 Überwachung und Messung des Produkts)

8.7 Steuerung nichtkonformer Ergebnisse
(vormals: ISO 9001:2008 - 8.3 Lenkung fehlerhafter Produkte)

9 Bewertung der Leistung
(vormals: ISO 9001:2008 - 8 Messung, Analyse und Verbesserung)

9.1 Überwachung, Messung, Analyse und Bewertung

9.1.1 Allgemeines

9.1.2 Kundenzufriedenheit (vormals: ISO 9001:2008 - 8.2.1 Kundenzufriedenheit)

9.1.3 Analyse und Bewertung (vormals: ISO 9001:2008 - 8.4 Datenanalyse)

9.2 Internes Audit (vormals: ISO 9001:2008 - 8.2.2 Internes Audit)

9.3	Managementbewertung (vormals: ISO 9001:2008 - 5.6 Managementbewertung)
9.3.1	Allgemeines
9.3.2	Eingaben für die Managementbewertung (vormals: ISO 9001:2008 - 5.6.2 Eingaben für die Bewertung)
9.3.3	Ergebnisse der Managementbewertung (vormals: ISO 9001:2008 - 5.6.3 Ergebnisse der Bewertung)
10	**Verbesserung (vormals: ISO 9001:2008 - 8.5 Verbesserung)**
10.1	Allgemeines
10.2	Nichtkonformität und Korrekturmaßnahmen (vormals: ISO 9001:2008 - 8.5.2 Korrekturmaßnahmen)
10.3	Fortlaufende Verbesserung (vormals: ISO 9001:2008 - 8.5.1 Ständige Verbesserung)

Qualitätsmanagementsystem nach der DIN EN ISO 9001:2015	Mustereinrichtung	Einrichtung Mustereinrichtung
Seite 1 von 1	**Qualitätsmanagement**	Handbuch Nr.:

Ermittlung von gesetzlichen Vorgaben sowie sonstigen Spezifikationen | E | D | I | K

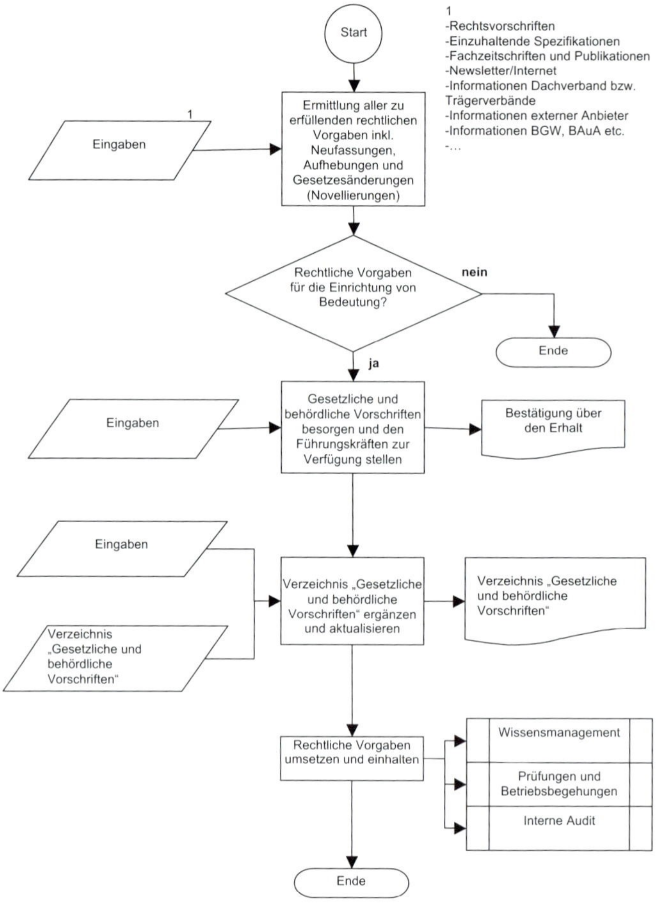

	Revisionsstand:	Revision am:	Geprüft:	Freigabe am (Stempel der Einrichtung):
Datum:	12.02.2008	04.04.2019	18.05.2019	
Name:		J. Weigert	Qualitätsmanagement	
Mitwirkende:				

Qualitätsmanagementsystem nach der DIN EN ISO 9001:2015	Mustereinrichtung	Einrichtung Mustereinrichtung
Seite 1 von 1	**Qualitätsmanagement**	Handbuch Nr.:

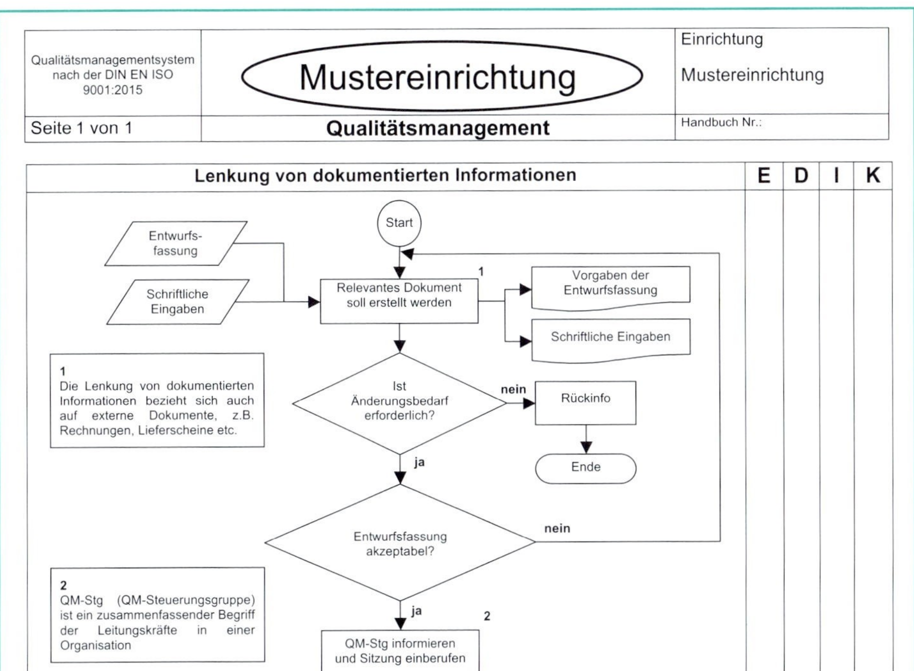

	Revisionsstand:	Revision am:	Geprüft:	Freigabe am (Stempel der Einrichtung):
Datum:	12.02.2008	04.04.2019	18.05.2019	
Name:		J. Weigert	Qualitätsmanagement	
Mitwirkende:				

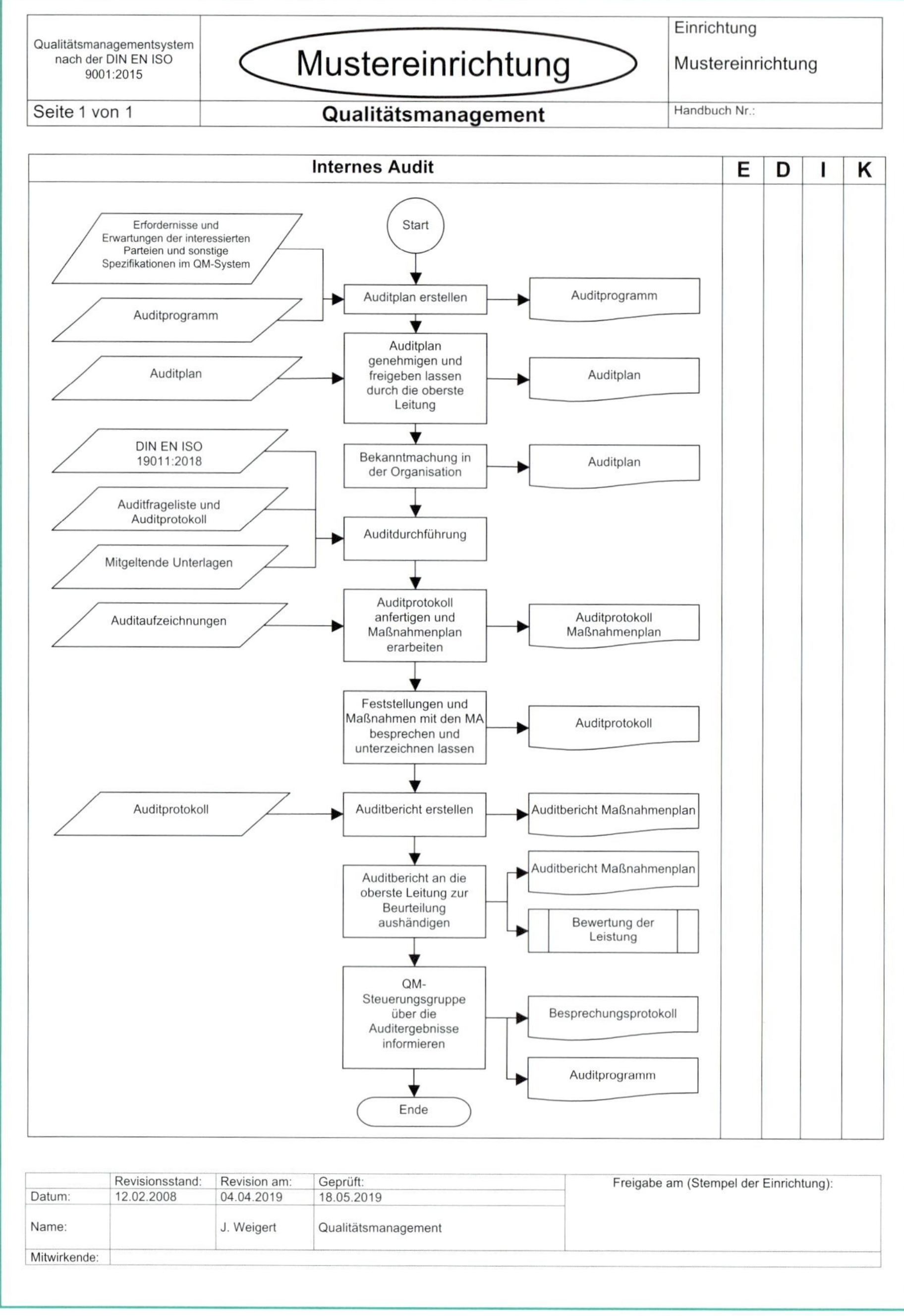
Qualitätsmanagementsystem nach der DIN EN ISO 9001:2015
Mustereinrichtung
Einrichtung
Mustereinrichtung
Seite 1 von 1
Qualitätsmanagement
Handbuch Nr.:
Internes Audit
E
D
I
K
Erfordernisse und Erwartungen der interessierten Parteien und sonstige Spezifikationen im QM-System
Start
Auditprogramm
Auditplan erstellen
Auditprogramm
Auditplan
Auditplan genehmigen und freigeben lassen durch die oberste Leitung
Auditplan
DIN EN ISO 19011:2018
Bekanntmachung in der Organisation
Auditplan
Auditfrageliste und Auditprotokoll
Auditdurchführung
Mitgeltende Unterlagen
Auditaufzeichnungen
Auditprotokoll anfertigen und Maßnahmenplan erarbeiten
Auditprotokoll Maßnahmenplan
Feststellungen und Maßnahmen mit den MA besprechen und unterzeichnen lassen
Auditprotokoll
Auditprotokoll
Auditbericht erstellen
Auditbericht Maßnahmenplan
Auditbericht an die oberste Leitung zur Beurteilung aushändigen
Auditbericht Maßnahmenplan
Bewertung der Leistung
QM-Steuerungsgruppe über die Auditergebnisse informieren
Besprechungsprotokoll
Auditprogramm
Ende
Datum:
Revisionsstand: 12.02.2008
Revision am: 04.04.2019
Geprüft: 18.05.2019
Freigabe am (Stempel der Einrichtung):
Name:
J. Weigert
Qualitätsmanagement
Mitwirkende:

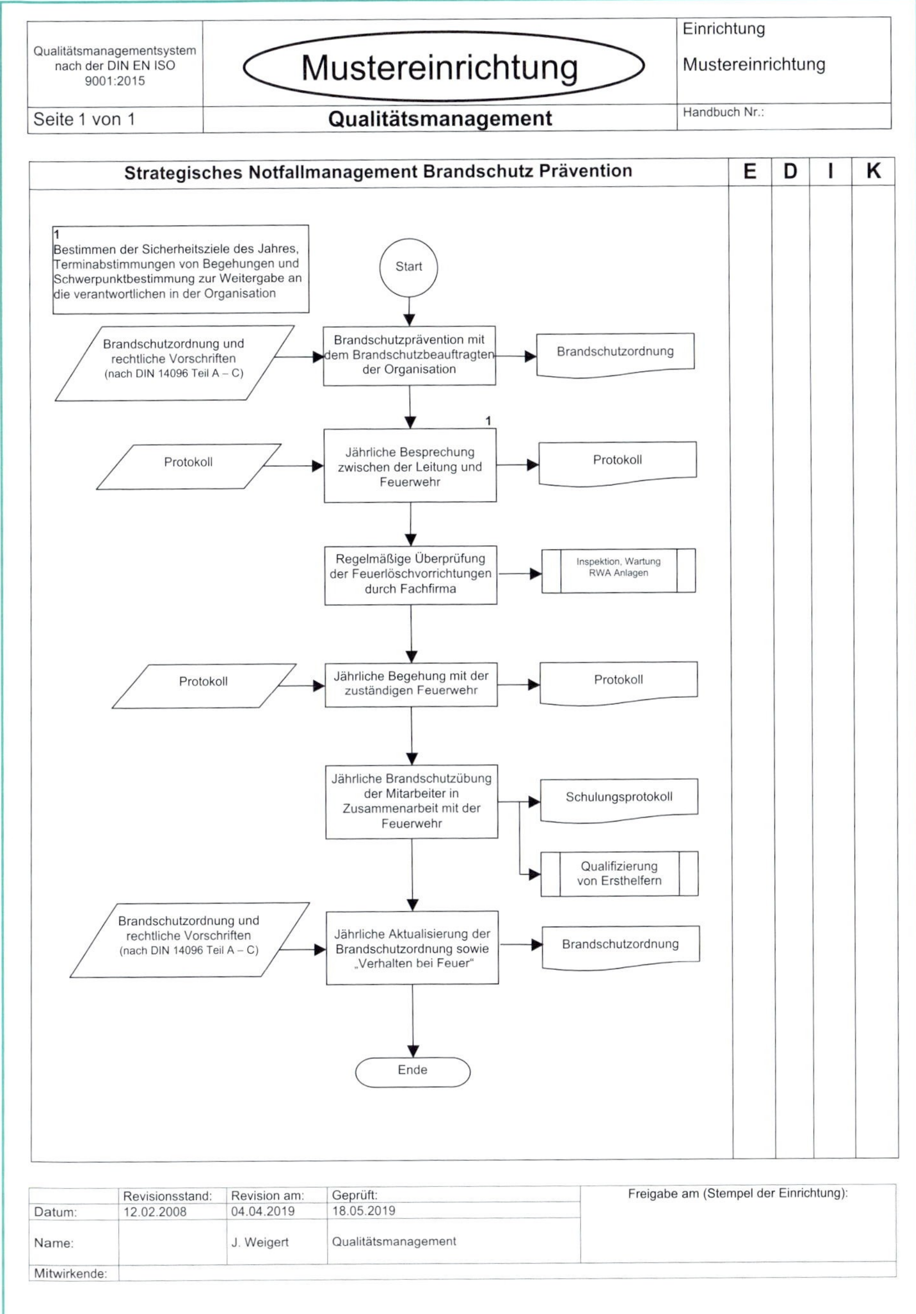

Qualitätsmanagementsystem nach der DIN EN ISO 9001:2015	Mustereinrichtung	Einrichtung Mustereinrichtung
Seite 1 von 1	**Qualitätsmanagement**	Handbuch Nr.:

	Revisionsstand:	Revision am:	Geprüft:	Freigabe am (Stempel der Einrichtung):
Datum:	12.02.2008	04.04.2019	18.05.2019	
Name:		J. Weigert	Qualitätsmanagement	
Mitwirkende:				

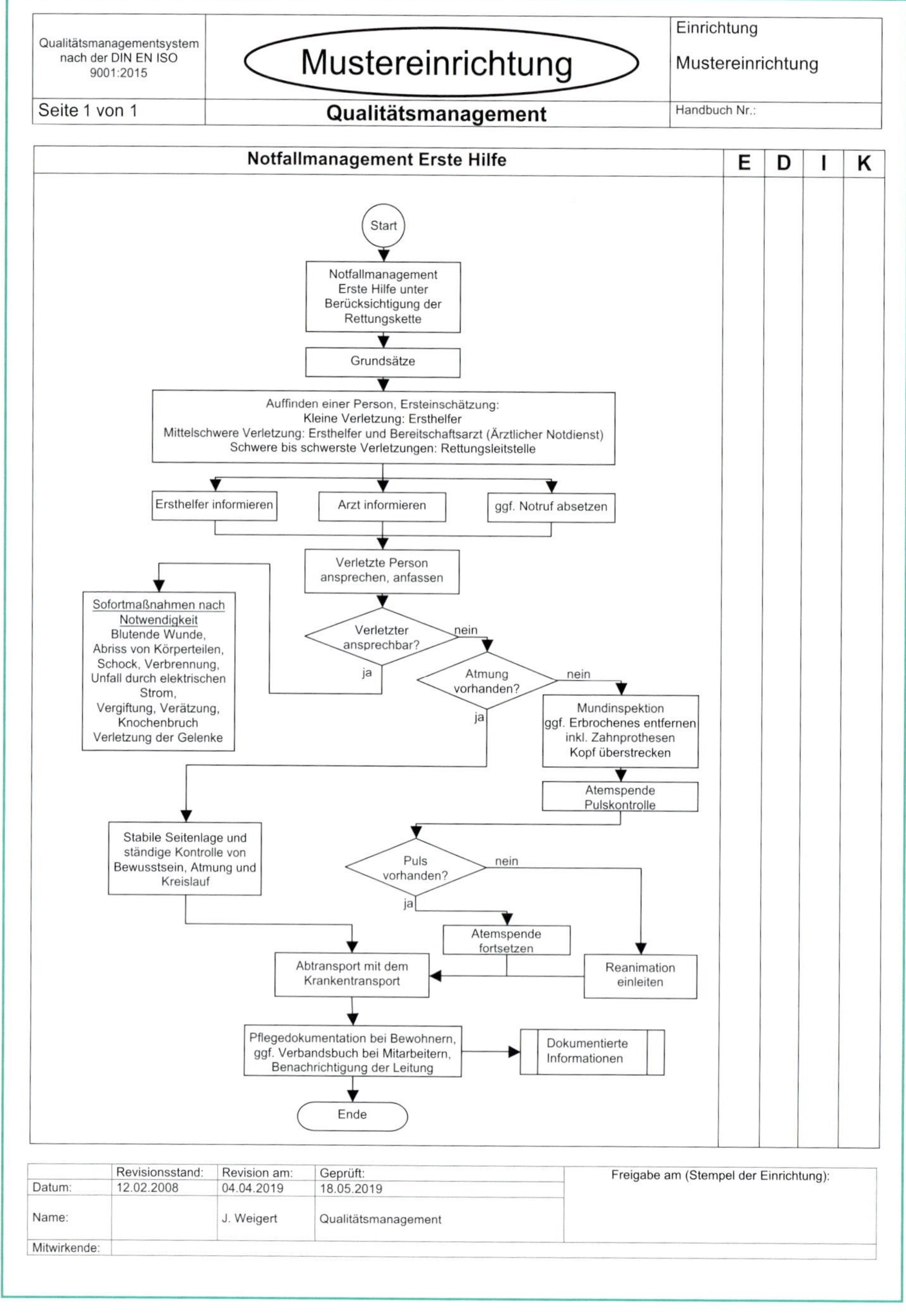
Qualitätsmanagementsystem nach der DIN EN ISO 9001:2015
Mustereinrichtung
Einrichtung
Mustereinrichtung
Seite 1 von 1
Qualitätsmanagement
Handbuch Nr.:
Notfallmanagement Erste Hilfe
E
D
I
K
Start
Notfallmanagement Erste Hilfe unter Berücksichtigung der Rettungskette
Grundsätze
Auffinden einer Person, Ersteinschätzung:
Kleine Verletzung: Ersthelfer
Mittelschwere Verletzung: Ersthelfer und Bereitschaftsarzt (Ärztlicher Notdienst)
Schwere bis schwerste Verletzungen: Rettungsleitstelle
Ersthelfer informieren
Arzt informieren
ggf. Notruf absetzen
Verletzte Person ansprechen, anfassen
Sofortmaßnahmen nach Notwendigkeit
Blutende Wunde, Abriss von Körperteilen, Schock, Verbrennung, Unfall durch elektrischen Strom, Vergiftung, Verätzung, Knochenbruch Verletzung der Gelenke
Verletzter ansprechbar?
nein
ja
Atmung vorhanden?
nein
ja
Mundinspektion ggf. Erbrochenes entfernen inkl. Zahnprothesen Kopf überstrecken
Atemspende Pulskontrolle
Stabile Seitenlage und ständige Kontrolle von Bewusstsein, Atmung und Kreislauf
Puls vorhanden?
nein
ja
Atemspende fortsetzen
Reanimation einleiten
Abtransport mit dem Krankentransport
Pflegedokumentation bei Bewohnern, ggf. Verbandsbuch bei Mitarbeitern, Benachrichtigung der Leitung
Dokumentierte Informationen
Ende
Revisionsstand:
Revision am:
Geprüft:
Freigabe am (Stempel der Einrichtung):
Datum:
12.02.2008
04.04.2019
18.05.2019
Name:
J. Weigert
Qualitätsmanagement
Mitwirkende:

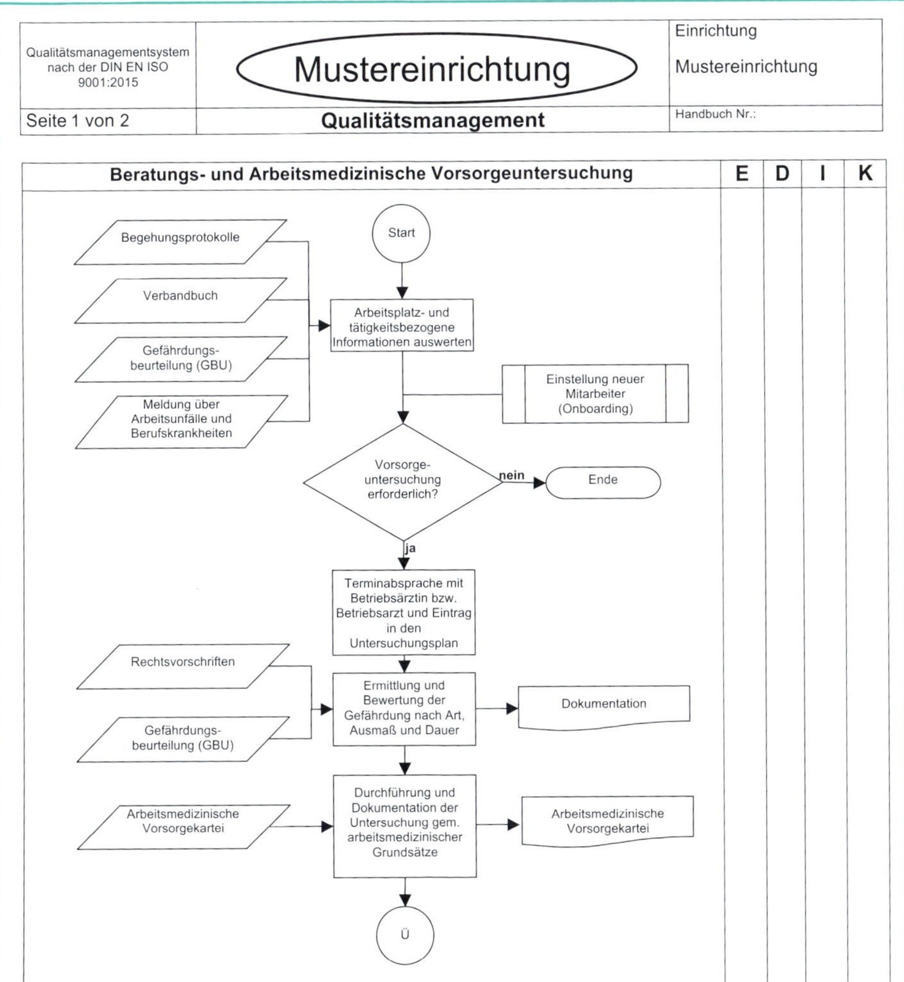

Qualitätsmanagementsystem nach der DIN EN ISO 9001:2015	Mustereinrichtung	Einrichtung Mustereinrichtung
Seite 1 von 2	**Qualitätsmanagement**	Handbuch Nr.:

Beratungs- und Arbeitsmedizinische Vorsorgeuntersuchung	**E**	**D**	**I**	**K**

	Revisionsstand:	Revision am:	Geprüft:	Freigabe am (Stempel der Einrichtung):
Datum:	12.02.2008	04.04.2019	18.05.2019	
Name:		J. Weigert	Qualitätsmanagement	
Mitwirkende:				

Qualitätsmanagementsystem nach der DIN EN ISO 9001:2015	Mustereinrichtung	Einrichtung Mustereinrichtung
Seite 2 von 2	**Qualitätsmanagement**	Handbuch Nr.:

Beratungs- und Arbeitsmedizinische Vorsorgeuntersuchung | E | D | I | K

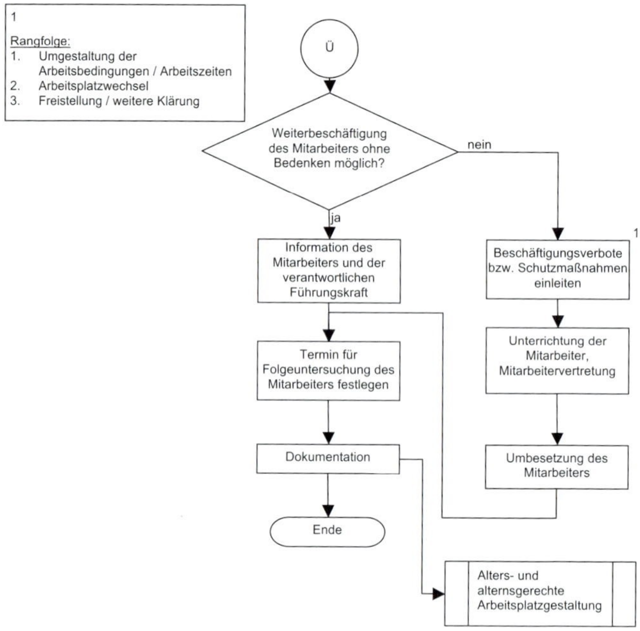

	Revisionsstand:	Revision am:	Geprüft:	Freigabe am (Stempel der Einrichtung):
Datum:	12.02.2008	04.04.2019	18.05.2019	
Name:		J. Weigert	Qualitätsmanagement	
Mitwirkende:				

Register